薛伟宏⊙著

中外检察法律研究

ZHONG WAI JIAN CHA FA LV YAN JIU

中国检察出版社

图书在版编目（CIP）数据

中外检察法律研究/薛伟宏著. —北京：中国检察出版社，2013.9
ISBN 978 - 7 - 5102 - 0961 - 1

Ⅰ.①中… Ⅱ.①薛… Ⅲ.①检察机关 - 司法制度 - 对比研究 -
世界 Ⅳ.①D916.3

中国版本图书馆 CIP 数据核字（2013）第 178203 号

中外检察法律研究

薛伟宏/著

出版发行：中国检察出版社

社　　址：北京市石景山区香山南路 111 号（100144）

网　　址：中国检察出版社（www.zgjccbs.com）

电　　话：(010)68630385(编辑)　68650015(发行)　68636518(门市)

经　　销：新华书店

印　　刷：三河市西华印务有限公司

开　　本：720 mm×960 mm　16 开

印　　张：42 印张

字　　数：542 千字

版　　次：2013 年 9 月第一版　　2013 年 9 月第一次印刷

书　　号：ISBN 978 - 7 - 5102 - 0961 - 1

定　　价：92.00 元

目　录

绪　　论

  本书酝酿由来已久。概可追溯到 20 世纪 80 年代末，本人开始关注检察制度之时。之所以开始关注，一方面，当时质疑甚至主张取消检方（即"检察机关及其检察人员"的统称）免予起诉、职务犯罪侦查、司法解释等检察权能的呼声不绝于耳，① 以至于"在修改宪法过程中，有位领导同志提出，为了精简机构，检察机关可以同司法部合并，不再设立独立于行政部门之外的人民检察院，像美国、日本那样，检察机关属于司法部，司法部长

---

  ① 在我国，根据《中华人民共和国人民检察院组织法》（1986 年 12 月 2 日再修正，以下简称《检察院组织法》）第 2 条的规定，检察机关包括最高人民检察院、地方各级人民检察院和军事检察院等专门人民检察院，地方各级人民检察院包括：省、自治区、直辖市人民检察院；省、自治区、直辖市人民检察院分院，自治州和省辖市人民检察院；县、市、自治县和市辖区人民检察院，以及省、县一级人民检察院根据工作需要在工矿区、农垦区、林区等区域设置的人民检察院派出机构。检察人员通常是指除检察机关工勤人员之外的检察人员，包括正副检察长，检察官或检察员、助理检察员，书记员、司法警察。而所谓检察权能，即检察权力与检察职能的统称。其中，检察权力（以下简称"检察权"）是针对检察机关来说的，检察职能则是针对检察人员来讲的；而两者似一枚硬币的两面，共同构成检察权这枚硬币。与其他权力一样，检察权的原始、基本、职能和执行主体也依次为人民、国家、检察机关及其内设部门以及有血、有肉、有意识、有主观能动性的检察人员。比较而言，无疑检察人员是检察权得以适用的主导力量。

就是总检察长"。当然，最后"小平同志批示：检察院仍维持现状，不与司法部合并"，主要理由有两条："一条是我们建国以来一直是检察机关独立于行政部门之外，这么多年的实践表明并没有什么大的问题和不可行的地方；另一条是检察机关独立于行政部门之外，有利于行使权力。因为检察机关除了刑事案件外，还要对国家工作人员的违法、渎职行为，进行侦查起诉，包括像贪污罪、贿赂罪，还有公安机关刑讯逼供、虐待犯人等。检察机关独立于行政部门之外，就能使办案超脱一些，有利于行使职权，保证司法公正。"[①] 可随后，立法上，诸如全国人大《关于修改〈中华人民共和国刑事诉讼法〉的决定》（1996 年 3 月 17 日）、[②]国务院《拘留所条例》（2012 年 2 月 23 日）却取消了检方的免予起诉、对拘留所工作实行法律监督等权能；学术上，质疑检察制度的声音亦未偃旗息鼓。直至中共中央《转发〈中央司法体制改革领导小组关于司法体制和工作机制改革的初步意见〉的通知》（2004 年 12 月 28 日）和中央政法委员会《关于深化司法体制和工作机制若干问题的意见》（2008 年 12 月 5 日）的印发，诸质疑声才有所减弱。

另一方面，从 1988 年至今的 1/4 个世纪里，不仅亲历了 1996

---

① 参见王汉斌：《王汉斌访谈录》，中国民主法制出版社 2012 年版，第 111 ~ 112 页。而现在看来，在中国特色社会主义法律体系业已形成的今天，在"保证宪法实施的监督机制和具体制度还不健全，有法不依、执法不严、违法不究现象在一些地方和部门依然存在；关系人民群众切身利益的执法司法问题还比较突出；一些公职人员滥用职权、失职渎职、执法犯法甚至徇私枉法严重损害国家法制权威"（参见习近平：《在首都各界纪念现行宪法公布施行 30 周年大会上的讲话》，载《人民日报》2012 年 12 月 5 日）的当下，肩负国家法律监督之宪法和法律使命的检方不仅大有作为，也任重道远。

② 而值得说明的是，除特别注明者外，本书所引法律主要源于全国人大常委会办公厅主办的中国人大网之"法律法规数据库"，国务院法制办公室主办的"国务院法制办公室网"之"法律法规全文检索系统"，中华人民共和国外交部主办的中华人民共和国外交部网，以及联合国主办的联合国网。

年《刑事诉讼法》修改带来的检察阵痛，也始终未停止对检察理论与实务研究的执着、深思和追问：为什么被法律明明规定的检察制度或其构成要素——检察权（或检察行为）、检察机关、检察人员，却屡遭质疑、责难、打压甚至被中（终）止？且古今中外概莫能外。难道检察制度从"坐胎"伊始就出了问题？难道作为"种子"的检察法律属"假冒伪劣"？……不然，怎能出现"如何厘清检察官定位，使其摆脱'副标题'命运，向来为各国检察官制的难题"？① 1906 年才诞生的中国检察制度，也始终没有摆脱存废论争；② 不足百年的中国人民检察制度，却经历了两度"三落三起"；③ 即便是在推翻"三座大山"之后而建立的新中国检察制度，也未逃脱"八大责难"：检方的法律监督定位影响审判权的独立行使；由检方行使职务犯罪侦查权，是"既当运动员又当裁判员"；检方的批捕权应移交法院；应取消检方的免予起诉权和最高人民检察院的司法解释权；检方不应介入死刑复核程序；检察长不应列席法院审判委员会；九九归一，理应取消检察机关建制。④ 此情此景，针对饱受"三落三起"磨难的新中国检方来说，产生杯弓蛇影的余悸也就不足为怪了。但退一步讲，就

① 参见林钰雄：《检察官论》，法律出版社 2008 年版，第 51 页。

② 而关于检察制度特别是中国检察制度存废之详情，可参见"检察制度论"（朱鸿达）、"检察制度存废论"（黎藩）、"国民政府司法检察官员对检察制度存废问题的意见"、"民国学者对检察制度存废问题的见解"（载《中国检察史料选编》，中国检察出版社 2008 年版，第 82 ~ 91 页、第 168 ~ 171 页、第 183 ~ 195 页）、"由检察制度在各国之发展史论及我国检察制度之存废问题"（杨兆龙，载《杨兆龙法学文选》，中国政法大学出版社 2000 年版，第 235 ~ 277 页），以及"民国关于检察制度存废争论的缘起与演变"、"民国关于检察制度存废争论的主要内容与争点"、"民国关于检察制度存废争论的理论探讨与评析"（参见龙宗智等：《知识与路径：检察学理论体系及其探索》，中国检察出版社 2011 年版，第 113 ~ 142 页）。

③ 参见王丽丽、王松苗：《两度"三落三起"说明了什么》，载《检察史的新闻阅读》，中国检察出版社 2011 年版，第 39 ~ 49 页。

④ 参见李勇：《传承与创新：新中国检察监督制度史》，中国检察出版社 2010 年版，第 63 ~ 67 页。

算作为检察权或检察行为主宰的检察官"乃奇奇怪怪的'半人半马兽'"、"来路不明的'特洛伊木马'",① 又何尝不是国家依法孕育的社会存在——"麋鹿",至少在近现代中外各国或地区无不如此。于是,便有了探究孕育检察制度之"母胎"——检察法律的好奇心。

当然,25 年间,既有将书名变为"检察立法研究"、"检察法制研究"、"检察法律制度研究"等思想波动,也有改成"中外检察法研究"的实际行动。此等啰唆,聊以算做本书及其书名之缘起,何况还有如下两点论证理由,自圆其说。

一、没有检察法律,就没有检察制度

制度是从哪里来的?不是人的头脑中固有的,也不是从天上掉下来的;而与法律一样,是与国俱来的。有了国家,便有了国家方(即"国家机关及其工作人员"的统称);有了国家方,便有了法律;有了法律,便有了权力;有了权力,便有了法律或其权力的适用——行为(亦即"国家行为");有了法律或其权力的适用——国家行为,便有了旨在规范国家方权力或其现实展示——国家行为的制度。一言以蔽之,规范权力或国家行为的制度,与法律孪生。

一方面,权力与其现实展示——国家行为均源于法律,像一枚硬币(可视为法律)的两面(可视为权力或国家行为)。其中,国家行为是法律及其所规定权力适用的实然性结果(如公诉行为,就是法律所规定的公诉权得以行使的结果),而权力则是法律对国家行为的应然性规定(如公诉权,就是法律对公诉行为的具体规定)。因此,没有检察法律,就没有检察权或其现实展

---

① 参见林钰雄:《检察官论》,法律出版社 2008 年版,第 51 页。

示——检察行为；① 检察权是检察法律规定的应然结果，检察行为则是检察法律适用的实然产物，也是检察权行使的现实展示。而本书之所以将法律的实（施）行和权力（或国家行为）的行使统称为"适用"，因为法律与权力（或国家行为）之间存在着生死相依关系：有法律，才有权力（或国家行为）；权力（或国家行为）的行使，就是法律的实（施）行。

另一方面，"国家的法律是调整或规范国家制度的形式或手段，国家的制度是国家的法律对有关社会关系加以调整或规范的结果；如果无国家法律这种形式或手段，国家的有关制度就建立不起来。这就告诉人们，国家的有关制度，无论是其有根本性的国家制度（或社会制度）、政治制度、经济制度、文化制度、军事制度等，还是国家的各种各样的具体制度等，都是离不开国家的有关法律的，无法律调整或规范的国家有关制度是不存在的"。② 同样，作为法律和制度子集的检察法律与检察制度之间的关系，又何尝不是——检察法律是调整或规范检察制度的形式或手段，检察制度是检察法律对检察权或检察行为加以调整或规范的结果。进而言之，检察法律是检察制度得以生成、发展的"种子"、"母胎"和圭臬，检察制度是检察法律得以适用的现实结果；没有检察法律，就没有检察制度；有检察制度，必有检察法律。③ 正基于此，实践中，便有了将检察法律存在与否作为衡量一国检察制度是否建立（唯一）或中（废）止标志的主张。

---

① 因此，本书所称的"检察权"也有检察行为之意，而"检察行为"也包括检察权之意。

② 参见王先勇：《我国法制建设应以实现"法治国家"为最基本的出发点》，载《社会科学研究》1995年第6期。譬如，倘若1986年4月中共中央办公厅、国务院办公厅不联合颁行《关于在全国范围内实行夏时制的通知》，那么，随后我国就不会实行夏时制（1986年4月18日至1992年3月15日）。

③ 但值得注意的是，有检察法律，并不一定有检察制度。因为，倘若将检察法律束之高阁不用或来不及适用，具有生命活力的检察制度就不可能建立、发展。

例如，"1670 年，法国国王路易十四颁布刑事法律敕令，明确规定：在最高审判机关中设置检察官，称总检察官，下设检察官于各级法院内部，这就是大陆法系国家检察机构的设置实行'审检合署'的历史开端，并且明确规定了检察官在诉讼中的权力和义务，规定检察官的职责不仅仅限于通过诉讼保护王室利益，而且具有对一切刑事案件行使侦查和起诉的权力。至此，法国检察制度基本形成……。1877 年德意志帝国颁布了《刑事诉讼法》和《法院组织法》，要求在各级法院内设检察事务署，并明确规定检察制度是司法制度的重要组成部分，从而形成了类似于法国的检察制度……。1873 年（明治五年），日本由当时的最高行政机关首领——太正官——制定《司法职务定制》，设立专章规定了检事职制和检事章程，明确规定检察官为追诉官，标志着日本现代检察制度的出现……。1879 年英国颁布了《犯罪起诉法》，设立了皇家检察长的职位，并规定皇家检察长在皇家检察总长的监督下工作，承担部分公诉职能，从而形成了英国近代检察制度的雏形"。①

而基于同样理路，似乎也可将清末《大理院审判编制法》［光绪三十二年十月二十七日（1906 年 12 月 12 日）］的颁行，标志着中国检察制度的建立；北洋政府对清末《法院编制法》

---

① 参见朱孝清、张智辉主编：《检察学》，中国检察出版社 2010 年版，第 54～58 页。

（1912 年 3 月 1 日）的援用，① 标志着中华民国检察制度的建立；《中华苏维埃共和国工农检查部的组织条例》（1931 年 11 月 20 日）的颁行，② 标志着中国人民检察制度的建立；《中央人民政府组织法》（1949 年 9 月 27 日）的颁行，标志着中华人民共和国检察制度的建立。而国民政府《裁撤各级检察厅并改定检察长名称

① "民国初建，所有法制，均未遑制定，临时大总统于元年三月一日（1912 年 3 月 1 日），下令宣告暂行援用前清法律及新刑律；文云：'现在民国法律未经议定颁布，所有从前施行之法律及新刑律，除与民国国体抵触各条应失效力外，余均暂行援用，以资遵守'。三月二十一日（1912 年 3 月 21 日），临时大总统据司法部呈请转咨参议院承认，将前清制定之各项法律及草案，以命令公布遵行，复咨参议院查照议决。其咨文有云：'据司法总长伍廷芳呈称：'窃自光复以来，前清政府之法规既失效力；中华民国之法律，尚未颁行；而各省暂行规约，尤不一致，当此新旧递嬗之际，必有补救方法，始足以昭划一而示标准。本部现拟就前清制定之《民律草案》、《第一次刑律草案》、《刑事民事诉讼法》、《法院编制法》、《商律》、《破产律》、《违警律》中，除《第一次刑事草案》关于帝室之罪全章及关于内乱罪之死刑，碍难适用外，余皆由民国政府声明继续有效，以为临时适用法律，俾司法者有所根据。谨将所拟呈请大总统咨由参议院承认，然后以命令公布，通饬全国一律遵行。俟中华民国法律颁布，即行废止。……'旋参议院开会讨论，其议决暂适用之法律，较司法部所拟为多，且亦略有异同；当即咨请政府查照办理。文略云：'本院于四月三日（1912 年 4 月 3 日），开会决议，佥以现在国体既更，所有前清之各种法规，已规无效。但中华民国之法律，未能仓猝一时规定颁行。而当此新旧递嬗之交，又不可不设补救之法，以为临时适用之资。此次政府交议当新法律未经规定颁行之前，暂酌用旧有法律，自属可行。所有前清时规定之《法院编制法》、《商律》、《违警律》、及宣统三年（即 1911 年）颁布之《新刑律》、《刑事民事诉讼律草案》，并先后颁布之禁烟条例、国籍条例等，除与民主国体抵触之处，应行废止外，其余均准暂时适用。'"（参见谢振民编著：《中华民国立法史》上下册，中国政法大学出版社 2000 年版，第 54～56 页、第 989 页。）

② 当时，"查"通"察"。该条例，为 1931 年 11 月 7 日至 20 日在江西瑞金县叶坪村召开的中华工农苏维埃第一次全国代表大会通过。对此，异议不多。但其颁行的具体时间是 1931 年 11 月 7 日至 20 日的哪一天？认识不一。本书认为，它早在 1931 年 6 月就已起草完成（参见最高人民检察院编：《人民检察史》（画册），中国检察出版社、江西美术出版社 2008 年版，第 25 页），根据法律通常在会议结束之日起通过实施惯例，因而它应为 1931 年 11 月 20 日颁行。

令》（1927 年 8 月 16 日）的颁行，^①标志着中华民国检察制度的被中（废）止；最高人民法院、最高人民检察院（以下简称"两高"）和内务部军代表以及公安部领导小组《关于撤销高检、内务部、内务办三个单位，公安部、高法院留下少数人的请示报告》（1966 年 12 月 21 日）和《七五宪法》（1975 年 1 月 17 日，以下均称《七五宪法》）的颁行，标志着新中国检察制度的被中（废）止。而《七八宪法》（1978 年 3 月 5 日，以下均称《七八宪法》）的颁行，标志着新中国检察制度的恢复、重建；1979 年《刑事诉讼法》、《刑法》和《检察院组织法》（1979 年 7 月 1 日）以及《民事诉讼法（试行）》（1982 年 3 月 8 日）、《八二宪法》（1982 年 12 月 4 日，以下均称《八二宪法》）的颁行，标志着中国特色社会主义检察制度的全面发展；《九五检察官法》（1995 年 2 月 28 日，以下均称《九五检察官法》）与修正后《刑事诉讼法》（1996 年 3 月 17 日）和《刑法》（1997 年 3 月 14 日）以及全国人大《关于修改〈中华人民共和国刑事诉讼法〉的决定（第二次修正）》（2012 年 3 月 14 日，即现行《刑事诉讼法》）、《关于修改〈中华人民共和国民事诉讼法〉的决定（第二次修正）》（2012 年 8 月 31 日，即现行《民事诉讼法》）的颁行，则标志着中国特色社会主义检察制度的纵深发展……

总之，基于上述分析，可得出四个基本结论：一是没有检察法律，就没有检察权或其现实展示——检察行为；有检察权或检察行为，必有检察法律——"法律旨在防止强者滥用权力为所欲

---

① 其中规定："司法事务经纬万端，近值刷新时期，亟应实行改进。即如检察制度，体察现在国情，参酌各国法制，实无专设机关之必要，应自本年十月一日起将各级检察厅一律裁撤。所有原日之检察官暂行配置于各该级法院之内，暂时仍旧行使检察职权。其原设之检察长及监督检察官一并改为各级法院之首席检察官。着司法部迅即遵照筹办。此令。"

为"；① 二是检察法律有国内与国际之分；② 三是有检察法律或其检察权或其检察行为，必有检方——"要运用法律就需要法官"；③ 四是有检方，必有检察制度——"任何人的权力都是来自宪法和法律；任何权力都要受立法和司法的制约；法律的作用既要治民，更要治吏，制约政府"。④ 因此，没有检察法律，就没有检察权或其检察行为及其主体——检方；没有检察权或其检察行为及其主体——检方，也就没有检察制度。因而衡量检察制度是否真正建立的不可或缺的标志并不仅限于检察法律的客观存在，还须有检方的客观存在——"夫法之善者，仍在有用法之人，苟非其人，徒法而已"。⑤ 所以，检察制度是检察法律与检方相互作用的结果——检察法律孕育了检方（亦即赋予了检方检察权能），检方赋予了检察法律生命活力（亦即使死的或纸面的检察法律，变成活的或实践中的检察法律）；而检察法律基于生命活力而适用的结果，便产生了检察制度——没有检察法律，就没有检察制度；有检察制度，就必有检察法律。

二、检察法律是规范检方权力或行为之行为规范的总和

作为一个偏正词组，"检察法律"就是关于"检察"的法律及其法律规范的统称。因此，要给其下一个科学而正当的定义，还须正当界定"检察"、"法律"和"法律规范"的含义。

（一）"检察"的含义

毋庸讳言，"检察"要先于"检察法"、"检察权"、"检察

---

① 西方法谚。

② 而现在看来，作为"地球村民"的任何国家或地区，其法律都包括国内法与国际法两方面。但实践中，常出现无视国际法存在之情形。

③ 马克思语（参见复旦大学法律系编：《马克思恩格斯论国家和法》，法律出版社1958年版，第133~134页）。

④ 参见郭道晖：《民主·法制·法律意识》，人民出版社1988年版，第90页。

⑤ 参见沈家本：《历代刑法考》，中华书局1985年版，第51页。

机关"、"检察人员"、"检察制度"、"检察法制"、"检察法律"、"检察法令"、"检察法规"、"检察法典"等词汇产生。因为，倘若没有作为核心词素或其词根的"检察"，又哪来的这些因"检察"而生的派生词？而在汉语语境中，"检察"究竟有哪些含义？

1. 从词源、词义上看，检察："①稽查。《后汉书·百官志·五》：'里魁掌一里百家，什主十家，伍主五家，以相检察。'《晋书·曹摅传》：'时天大雨雪，关门夜失行马，群官检察，莫知所在。'②官署名。金于东京、西、南三路设检察司，掌检察支散军粮、军户实给及军户差役、私屠、私监等事，有检查史和副使。"① 可见，"检察"初义有二：一是稽查，二是官署名。

而稽查："①检查（走私、偷税、违禁等活动）。②担任这种检查工作的人。"官署即"官厅"，官厅即"旧时称政府机关"。②

2. 从现代词义、词性上看，检察："检举稽查；考察。特指审查被检举的犯罪事实。"③ 可见，"检察"具有动名词性，并由原来的两义演变为现今的专用法学（律）术语，且含有"审查被检举的犯罪事实"的国家行为之意。

3. 从"检察"由一般词汇变成法学（律）术语上看，"《后汉书》称：'里魁掌一里百家，什主十家，伍主五家，以相检察。'这里虽然没有说明检察的内容，但不能排除其中包括对法律的检察。参阅《淮南子》中下述说法，更可以肯定这一点：'人主立法，先自为检式仪表，故令行于天下。'王家的法要推行于天下，当然也要普及到闾里，成为里魁等实行检察的内容之一。

---

① 参见商务印书馆编辑部编：《辞源（缩印版）》，商务印书馆1991年修订版，第888页。

② 参见中国社会科学院语言研究所词典编辑室编：《现代汉语词典》（修订本），商务印书馆1999年版，第587页、第464页。

③ 参见商务印书馆辞书研究中心修订：《新华词典》，商务印书馆2001年版，第475页。

据《魏志·武帝纪》记载：'其收田租，亩四升，户出绢二匹，绵二斤而已矣，其他不得擅发。郡国守相明检察之，无令强民有所隐蔽，而弱民兼赋也。'这是检察赋税法的执行，已经具有法律监督的含义。据《资治通鉴·唐纪八》所载，唐太宗李世民谓黄门侍郎王珪曰：'国家本置中书、门下以相检察，中书诏敕或有差失，则门下当行驳正。'这简直是中国古代的'一般监督'，以保障皇帝下达文书的正确性。再如元朝马端临在《文献通考》中所说：'自东晋至陈，西有石头津，东有方山津，各置津主一人……以检察禁物及亡叛者。'这种检察当然也是根据法律或命令进行的。我们当然不能说在古代文献中凡使用'检察'一词都具有法律监督的含义，但根据以上的考察，可以说'检察'的主要含义是法律检察或法律监督，至少是包括法律监督，这是无可疑义的。由此可见，在清朝末年进行司法改制时采用'检察'这一概念，形成检察制度不是偶然的，是与我国的传统法律文化相联系的。当时不采取其他概念（比如'监察'），而使用'检察'一词，乃是取'检'字的'法度'、'检制'的本义。而'检'与'察'连用，就具有法律监督的意义了。"① 可见，"检察"还有法律监督之意。

而何谓法律监督？莫衷一是。本书认为，作为监督子集的法律监督，是指监督主体依法对执法方行使执法权或适用法律之行为合法性而实行的察看并督促。一方面，监督主体是指依法执掌监督权力（利）的人，包括官方与非官方；而官方即监督权力的享有者，包括执政党、权力方（即"权力机关及其工作人员"的统称）、行政方（即"行政机关及其行政人员"的统称）和司法方（即"司法机关及其司法人员"的统称），而司法方又包括羁押方（即"羁押机关及其羁押人员"的统称）、侦查方（即"侦

---

① 　参见王桂五主编：《中华人民共和国检察制度研究》，法律出版社1991年版，第243～244页。

查机关及其侦查人员"的统称）、检察方（即"检方"）、审判方（即"审批机关及其审判人员"的统称）、执行方（即"执行机关及其执行人员"的统称）和监管方（即"监管机关及其监管人员"的统称）；非官方即监督权利的享有者，包括非执政党、社团、群众和舆论。因此，官方监督亦可称为以权力监督权力，非官方监督亦可称为以权利监督权力。另一方面，执法方即法律的执行（或适用、实行、实施）者或官方，即执法机关及其执法人员的统称。①

4. 从我国现行含有"检察"的常见法学（律）名词上看，既有检察署、检察院、军事检察院、军事检察所、铁路运输检察院、水上运输检察院、林业检察院、农垦检察院、新疆生产建设兵团检察院、检察机关和检察局，也有检察厅、检察处、检察科和检察委员会；既有检察人员、检察员、检察官、检察技官、检察事务官、检察书记员、司法警察，也有检察长、副检察长、检察委员会委员；既有检察制度，也有检察权、检察工作、检察（法律）职务、检察业务和检察建议；既有刑事、法纪、经济、监所（狱）、控告申诉检察，也有民事行政、劳教检察；既有检察技术、检察信息、检察信箱、检察通讯、检察标志，也有检察（法律）文书、检察统计；既有检察学，也有检察理论、检察教育；既有检察学会、检察审查会，也有检察年鉴、检察简报、检察报等词目。② 可见，"检察"既是检方（如检察院、检察机关、检察人员、检察官）权力（如检察权、检察职权）和义务（如检察职能、检察职责）的一种体现，也是检方行为（如检察工作、检察业务、检察建议、刑事检察、法纪检察、经济检察、监所检

---

① 而有关法律监督的具体论述，还可参见《诉讼监督研究——中国检察诉讼监督视角》第三章第四节（杨迎泽、薛伟宏主编，法律出版社 2012 年版）的相关论述。
② 参见张思卿主编：《检察大辞典》词目表，上海辞书出版社 1996 年版，第 1~37 页；最高人民检察院政治部编：《人民检察院机构名录》（2005），中国检察出版社 2005 年版。

察）的一种彰显。

5. 从我国最早含有"检察"的法律条文上看，清末《大理院审判编制法》："使巡警单独或协同本院以下直辖检察官调查一切案件"（第七条），"凡大理院以下审判厅局均须设有检察官，其检察局附属该衙署之内。检察官于刑事有提起公诉之责，检察官可请求用正当之法律，检察官监视判决后正当施行"（第十二条），"各检察局亦须置有一定之员数"（第十三条），"高等审判厅内附设检察局，置检察长一员"（第三十一条），"各地方审判厅各检察局附设于该厅之内，检察局须置检察长一人"（第三十九条），"各城谳局内附设检察局。城谳局内之检察局，其管辖地段内警察须听其指挥"（第四十五条）。① 可见，"检察"不仅随着检察官、检察长和检察局一起入法，也隐含着检方是检察权或其显示展示——检察行为的主宰之意。

而当时之所以选择"检察"而不是"监察"、"指控"或"公共起诉"等入法表示"public prosecution"，是因为，"作为现代司法制度中的检察制度，形成于西方，其'检察'一词，系我国清朝末年由英语的 public prosecution 翻译而来。清朝末年，清政府迫于国外帝国主义和国内变法思潮的双重压力，学习西方的政治、法律制度，实行'变法修宪'，始将西方的检察制度引入中国。public prosecution 的原意为告发、检举、指控、公共起诉。然而，修法大臣沈家本等人在起草我国法律时，没有将英语的

---

① 该法共有 7 条含有"检察"的法律规范，亦即检察法律规范。同时值得说明的，一是为与国外检察法律相区别，本书国内检察法律之条文数字用汉字表示，国外检察法律之条文数字用阿拉伯数字表示。例如，我国《宪法》第 129 条、《日本国宪法》第 10 条、《联合国关于检察官作用的准则》第 1 条。二是对国外检察法律诸如"××条副××"、"××条之××"等条文提法，统一采用条文阿拉伯数字下加阿拉伯数字标识的方式。例如，"第 9 条之一"表示为"第 9_1 条"，"第 8 条副二"表示为"第 8_2 条"。三是书中"《×法》第×条:"、"《×法》第×条,"之后内容，系条文原文正式内容；"《×法》第×条规定"之后内容，系该条文概括、演绎表述内容。

public prosecution 直译成'指控'或'公共起诉',而是创造性地将其翻译为'检察',其原因在于西方的检察制度特别是清廷所主要借鉴的法国、德国、日本等国的检察制度,其检察官都履行对刑事案件提起公诉、监督、指挥警察侦查和监督法官审判等职能,这既与'检察'一词所包含的'检视、查验'、'检举、制止'的意思相近,又与我国封建社会御史的职能具有一定的相似之处。可见,修法大臣的这一翻译,既揭示了西方检察制度所蕴涵的'指控'、'监督'的内涵,又传承了我国封建社会御史制度'纠察百官、监督狱讼'所蕴涵的'监督'内核,可谓'神来之笔'。"①

当然,当时含有"检察"的外国法,也不胜枚举。例如,作为大陆法系代表的法国,早在1808年12月27日颁行的《拿破仑治罪法典》(亦译为《法国刑事诉讼法》、《重罪审理法典》)第410条第1款就有"判决宣告刑罚如与法律就被告所犯的重罪规定的刑罚不相符者,检察员及受刑罚宣告的被告,均得申请撤销原判决"的记载;② 作为英美法系典型代表的英国,"1879年《犯罪起诉法》(亦译为《刑事起诉法》、《罪行检控法》、《检察法》——引者注)在历史上第一次设立了检察长一职,并授权检察长在总检察长的监督之下提起和从事刑事起诉,以及向与刑事程序相关的警察、法庭书记员和其他人提出建议或帮助";③ 作为社会主义法系典型代表的苏联,早在1917年11月14日颁行的《关于法院的第一号法令》第3条第1款也有"废除现有的法院侦查员制度、检察监督制度、律师制度和私人代理制度"的记

---

① 参见朱孝清、张智辉主编:《检察学》,中国检察出版社2010年版,第4页。

② 参见《检察制度参考资料》第三编(外国部分)下册,最高人民检察院研究室1980年编印,第98页。

③ 参见程汉大、李培锋:《英国司法制度史》,清华大学出版社2007年版,第387页。而有"检察长"出现,势必有"检察"存在。

载。① 可见，"检察"入法由来已久，且相当广泛。

6. 从我国检察机关性质上看，最早规定检察机关性质为"中华人民共和国人民检察院是国家的法律监督机关"的法律，是《七九检察院组织法》（1979 年 7 月 1 日通过，以下均称《七九检察院组织法》）第 1 条。随后，《八二宪法》将其原封不动地作为第 129 条内容上升为宪法规范；之后，《八三检察院组织法》（1983 年 9 月 2 日修正，以下均称《八三检察院组织法》）和现行《检察院组织法》又将其只字未改地仍作为第 1 条内容加以明示。② 因此，自法律规定检察机关性质以来，我国检察机关就始终定位为国家的法律监督机关。

然而，诚如著名法学家、人民检察理论的主要奠基人王桂五先生所云："检察机关的职能与法律监督的性质不相适应"，是《七九检察院组织法》遗留的主要问题之一——"组织法规定检察机关是国家的法律监督机关，从逻辑上讲法律监督的外延应当与法律的外延相一致，也就是说应当对各种法律的实施实行监督。但组织法规定的检察职权却只是对刑事法律的实施实行监督（监所监督中有非刑事的内容），这样就使组织法自身陷于矛盾。"③同时，也隐含着检察机关是国家的检察机关还是国家的监督机关之抉择？"这两种意见，曾经同时提交第七次全国检察工作会议讨论，仍未取得一致意见。实质问题仍然是 20 世纪 50 年代批判法律监督的消极影响所产生的后遗症，企图回避法律监督这一概念。当组织法草案送交全国人大法制委员会审查时，彭真同志同意第二种意见，他在向五届人大二次会议作检察院组织法的说明时指出：'确定检察院的性质是国家的法律监督机关'，并且说明这是运用了列宁的指导思想，'列宁在十月革命后，曾坚持检察

① 参见党凤德等译：《苏维埃检察制度（重要文件）》，人民出版社 1954 年版，第 8 页。

② 而之所以说《八三检察院组织法》并非我国现行《检察院组织法》的具体理由，可参见本书第二章第四节的相关内容。

③ 参见王桂五：《王桂五论检察》，中国检察出版社 2008 年版，第 186 页。

机关的职权是维护国家法制的统一'。检察院组织法的这一规定是完全正确的，坚持法律监督就是坚持检察机关的根本性质和职能，是设置检察机关的根本意义所在，不能再有所动摇。"① 其中，"企图回避法律监督这一概念"的具体表现，主要有二：一是弱化、否认或混淆检察机关的法律监督性质；二是极力主张将"监督"改为"检察"。可见，在确定我国检察机关的性质时，"检察"还有代替"监督"功能。

7. 从被监督者对"监督"与"检察"的认同程度上看，"监督"——高高在上，"逆耳"，不易被接受；"检察"——事后监督，相对温和，"顺耳"，易被接受。

而在我国检察法律特别是检察院组织法典发展史上，存在两个"有趣现象"：一个是未规定"中华人民共和国人民检察院是国家的法律监督机关"的《五四检察院组织法》（1954 年 9 月 21 日，以下均称《五四检察院组织法》），却包括 9 个"监督"，而作为行为动词使用的"检察"未现；另一个是规定"中华人民共和国人民检察院是国家的法律监督机关"的《七九检察院组织法》和《八三检察院组织法》，"监督"仅出现了 5 次，而作为行为动词使用的"检察"同样未现。正如制定亲历者，王桂五先生所云："1979 年检察院组织法将检察业务划分为：刑事检察、法纪检察、经济检察、监所检察等。这种划分方法存在着两个问题：一是回避了'监督'，改用'检察'；二是分工不科学，概念不清，并且互相重复。回避监督的原因，在上文已经谈过了。② 关于分工不科学的问题，情况比较复杂，需要多花费一些笔墨才

---

① 参见王桂五：《王桂五论检察》，中国检察出版社 2008 年版，第 183 页。

② 即"对于这个问题（即关于检察机关的性质问题——引者注），当时有两种意见：一种意见认为，检察院是国家的检察机关；另一种意见认为，检察院是国家的法律监督机关。主张第一种意见的主要理由是，认为监督是事先的监视，而检察是事后的监督，实行法律监督容易引起他人的反感，而使自己隔于孤立，等等。主张第二种意见的主要理由是，认为法律监督是列宁提出的原则，结合我国的实际情况，如果没有一个坚强的专门法律监督机关，法律的实施就没有可靠的保证，把检察院确定为检察机关是同义反复，没有实际意义"。

能说清楚。刑事检察的原意是刑事侦查监督和刑事审判监督的合称，为了回避监督遂改为刑事侦查检察和刑事审判检察，简称刑事检察。当时组织法草稿中还保留了一般监督和民事诉讼监督，可以作为刑事检察的对称（非刑事检察）。后来，在进一步的修改中，删去了一般监督和民事诉讼监督，使刑事检察这一概念失去了它的对称方面而变得难以理解了。"① 其实，自《五四检察院组织法》颁行特别是"反右"后，建议将"监督"改为"检察"的呼声就一直未断。究其原因，除"认为监督是事先的监视，而检察是事后的监督，实行法律监督容易引起他人的反感"外，还有诸如"'监督'二字，大多数人都不习惯"、"助长检察干部以监督者自居的特权思想和忽视党委领导的倾向"等原因。②

　　然而，在"文革"后召开的"七检"会议上，与会代表在讨论检察机关的性质时，一种观点主张，第 1 条应写明"中华人民共和国人民检察院是国家法律监督机关"。理由是：法律监督是检察机关的性质，董必武同志曾经明确指出：人民检察院是法律监督机关；监督机关不特殊，上下左右都可以互相监督，法律监督又是区别和补充党的监督、群众的监督、自上而下的行政监督的一种专门监督；监督的含义较宽，包括了检察的意思在内；监督的含义较缓和，检察听来较刺耳；监督是监督法律的正确实施，而检察则是实行法律监督的方法；说检察院是法律检察机关，是同一语词的反复，在逻辑和文法上不够确切和适当。另一种观点主张，第 1 条应写明"中华人民共和国人民检察院是国家法律检察机关"。理由是：宪法上用的是检察；检察的含义较宽，包括

---

　　① 参见王桂五:《王桂五论检察》，中国检察出版社 2008 年版，第 182～187 页。
　　② 参见"第四次全国检察工作会议材料"之二《关于检察机关性质的认识》、之十五《关于修改人民检察院组织法问题》，最高人民检察院第四次全国检察工作会议秘书处 1958 年 8 月编印。

了监督的意思在内；检察既包括发现违法，也包括纠正违法；检察成了法律的专用名词，如"依法检察"、"检察法律执行情况"等；检察一词比较不刺耳。① 可见，"检察"与"监督"之间，还有相互变通、包容、替代的作用。

8. 从我国现行法律来看，"检察"存在于全国和地方性法律之中。譬如，通过"中国法律法规信息系统"统计数据检索显示，截至 2012 年 11 月 30 日，正文中含有"检察"的全国和地方性法律 4242 件；而在 132 件全国性"法律及有关问题的决定"中，"检察"主要随下列 25 个法律术语出现：②

（1）"检察院"。例如，《关于加强民主法制维护安定团结保障改革和建设顺利进行的决定》（1988 年 11 月 8 日）第 7 条和《关于加强社会治安综合治理的决定》（1991 年 3 月 2 日）第 4 条等，有之。

（2）"人民检察院"。例如，《户口登记条例》（1958 年 1 月 9 日）第 13 条、《批准〈国务院关于劳动教养的补充规定〉的决议》（1979 年 11 月 29 日）第 5 条、《中华人民共和国公民出境入境管理法》（1985 年 11 月 22 日）第 8 条、《中华人民共和国戒严法》（1996 年 3 月 1 日）第 27 条、《中华人民共和国海关法》（2000 年 7 月 8 日修正）第 75 条、《中华人民共和国宪法》（2004 年 3 月 14 日修正，以下简称《宪法》）第 37 条第 2 款、《中华人民共和国护照法》（2006 年 4 月 29 日）第 15 条、《中华人民共和国民事诉讼法》（2012 年 8 月 31 日修正，以下简称《民事诉讼法》）第 14 条，以及《中华人民共和国未成年人保护法》（以下简称《未成年人保护法》）第 50 条、《中华人民共和国治安管理

---

① 参见《预备会分组讨论修改人民检察院组织法》，最高人民检察院第七次全国检察工作会议秘书处 1978 年 11 月编印。

② 其中，注明时间者，为我国目前含有"检察"的现行法律。同样，存有"检察"的 43 件"中共中央、国务院法规及文件"、1057 件"司法解释及文件"和 130 件"部委规章及文件"以及 2880 件地方性法律中，"检察"也主要随这 25 个法律术语出现。

处罚法》（以下简称《治安管理处罚法》）第 114 条、《中华人民共和国人民警察法》（以下简称《人民警察法》）第 42 条、《中华人民共和国监狱法》（2012 年 10 月 26 日修正，以下简称《监狱法》）第 55 条等，有之。

（3）"最高人民检察院"。例如，《关于设置最高人民法院顾问、最高人民检察院顾问的决议》（1982 年 5 月 4 日）、《中华人民共和国集会游行示威法》（1989 年 10 月 31 日）第 23 条、《中华人民共和国立法法》（2000 年 3 月 15 日，以下简称《立法法》）第 43 条、《中华人民共和国引渡法》（2000 年 12 月 28 日，以下简称《引渡法》）第 19 条、《中华人民共和国全国人民代表大会和地方各级人民代表大会代表法》（2010 年 10 月 28 日修正）第 14 条等，有之。

（4）"人民检察院分院"。例如，《检察院组织法》第 2 条第 2 款、《中华人民共和国检察官法》（2001 年 6 月 30 日修正，以下简称《检察官法》）第 12 条第 5 款、《中华人民共和国各级人民代表大会常务委员会监督法》（2006 年 8 月 27 日，以下简称《监督法》）第 44 条等，有之。

（5）"军事检察院"。例如，《宪法》第 130 条、《检察院组织法》第 2 条第 1 款、《检察官法》第 2 条等，有之。

（6）"检察机关"。例如，《中华人民共和国行政诉讼法》（1989 年 4 月 4 日，以下简称《行政诉讼法》）第 56 条、《中华人民共和国法官法》（2002 年 6 月 30 日修正）第 15 条、《中华人民共和国保守国家秘密法》（2010 年 4 月 29 日修正）第 28 条、《中华人民共和国邮政法》（2012 年 10 月 26 日修正，以下简称《邮政法》）第 36 条等，有之。

（7）"检察委员会"。例如，《检察院组织法》第 3 条第 2 款、《刑事诉讼法》第 30 条等，有之。

（8）"检察厅"。例如，《检察院组织法》第 20 条、《关于成立最高人民检察院特别检察厅和最高人民法院特别法庭检察、审判林彪、江青反革命集团案主犯的决定》（1980 年 9 月 25 日）等，有之。

（9）"检察长"。例如，《中华人民共和国全国人民代表大会组织法》（1982 年 12 月 10 日）第 8 条、《中华人民共和国地方各级人民代表大会和地方各级人民政府组织法》（2004 年 10 月 27 日修正）第 21 条、《中华人民共和国人民法院组织法》（2006 年 10 月 31 日修正）第 10 条等，有之。

（10）"副检察长"。例如，《关于新疆维吾尔自治区生产建设兵团设置人民法院和人民检察院的决定》（1998 年 12 月 29 日）第 4 条等，有之。

（11）"检察委员会委员"。例如，《宪法》第 67 条、《检察官法》第 2 条、《监督法》第 44 条等，有之。

（12）"检察官"。例如，《中华人民共和国公务员法》（2005 年 4 月 27 日，以下简称《公务员法》）第 3 条第 2 款、《中华人民共和国律师法》（2012 年 10 月 26 日修正，以下简称《律师法》）第 41 条等，有之。

（13）"检察员"。例如，《宪法》第 67 条、《检察院组织法》第 3 条第 1 款、《检察官法》第 2 条、《监督法》第 44 条等，有之。

（14）"助理检察员"。例如，《检察院组织法》第 27 条、《检察官法》第 2 条等，有之。

（15）"检察人员"。例如，《中华人民共和国枪支管理法》（1996 年 7 月 5 日）、《刑事诉讼法》第 14 条第 2 款等，有之。

（16）"检察权"。例如，《宪法》第 131 条、《检察院组织法》第 4 条、《检察官法》第 1 条、《刑事诉讼法》第 5 条等，有之。

（17）"检察职权"。例如，《中华人民共和国国家赔偿法》（2012 年 10 月 26 日修正，以下简称《国家赔偿法》）第 17 条等，有之。

（18）"检察职责"。例如，《检察官法》第48条第2款等，有之。

（19）"检察职能"。例如，《澳门特别行政区基本法》（1993年3月31日）第19条等，有之。

（20）"检察"。例如，《中华人民共和国民族区域自治法》（2001年2月28日修正）第47条、《国家赔偿法》第17条、《中华人民共和国公证法》（2005年8月28日修正）第19条等，有之。

（21）"检察活动"。例如，《检察院组织法》第4条第2款等，有之。

（22）"检察工作"。例如，《关于加强法律解释工作的决议》（1981年6月10日）第2条、《香港特别行政区基本法》（1990年4月4日）第63条等，有之。

（23）"检察业务"。例如，《检察官法》第26条等，有之。

（24）"检察建议"。例如，《检察官法》第33条等，有之。

（25）"检察意见"。例如，《刑事诉讼法》第173条第3款等，有之。

由上可见，"检察"既可视为检察院〔如（1）至（5）〕、检察机关〔如（6）〕、检察机关内设组织、部门或机构〔如（7）至（8）〕的简称，也可视为检察人员〔如（9）至（15）〕的简称；① 既可视为检察权〔如（16）至（19）〕的简称，也可视为检察行为〔如（20）至（25）〕的简称。② 因此，"检察"系"检方权力或行为"的简称。与此同时，"检察"入法的25种情形，也可证明"检察法律即旨在规范检方权力或行为之行为规范的总称"概念的正当、普适性。换言之，我国现行4242件正文中含有"检

---

① 而如此两种"视为"，也与"检察"最初就有"官署名"含义相契合。

② 而此等视为，亦可证明检察既是检方权力的一种体现，也是检方行为的一种彰显。

察"的法律，就是名副其实的检察法律；其中含有"检察"的法律规范，也都是直接或间接规范检方权力或行为的检察法律规范——亦即附属性检察法律。

总之，在我国，基于上述"八看"、"八可见"亦可得出六个基本结论：一是"检察"经历了一个由书面一般词汇向法学再向法律术语转变的过程。易言之，在1906年12月12日《大理院审判编制法》颁行之前，作为一般词汇或法学术语的"检察"已客观存在；①颁行之时，它即变为法律术语。二是在"检察"由法学名词变为法律术语的同时，其含义也由一般人的行为（如"稽查"、"检举稽查"、"考察"等）蜕变为近现代国家的特定行为——"审查被检举的犯罪事实"，抑或"检察是检察机关代表国家与社会公益所进行的一种以公诉为主要职能、以监督为属性、以维护国家法制为目的的国家活动"。②三是"检察"词义经历了一个由"稽查"、"官署名"两初义，向"检举稽查"、"考察"、"检视"、"查验"、"制止"、"指控"、"监督"多义，再向"审查被检举的犯罪事实"特定含义的演变过程。四是作为近现代国家的特定行为，检察不仅含有"审查被检举的犯罪事实"之行为、手段、措施、活动等动词词义，也含有"审查被检举的犯罪事实"之工作、业务、权力、职权、职能、职责等名词词义，是名副其实的、多义的动名词。五是在国外，以"public prosecution"身份出现的"检察"，同样也有"告发、检举、指控、公共起诉"之国家权力或行为之意。六是作为近现代国家的特定权力，检察权与其他权力一样，其原始主体是人民，基本主体是国家，职能主体是检察机关及其内设部门，执行主体则是有血、有

---

① 而早在《三国志》作者陈寿（233～297年）的生活年代，"检察"就已出现。因为，如上所述，早在《三国志·魏志·武帝纪》中，就有"其收田租，亩四升，户出绢二匹，绵二斤而已矣，其他不得擅发。郡国守相明检察之，无令强民有所隐蔽，而弱民兼赋也"的记载。

② 参见朱孝清、张智辉主编：《检察学》，中国检察出版社2010年版，第4页。

肉、有意识、有主观能动性的检察人员。一言以蔽之，"检察"就是近代国家所特有的、关于"审查被检举的犯罪事实"之权力或行为的、多义的动名词。

（二）"法律"和"法律规范"的含义

从监督学角度看，由于检察是国家的一种特定权力或行为，因而也理应受到必要的控制——"任何公权力的行使都必须受到监督制约，检察权也不例外"；[①] 而"监督是权力的伴生物，随着阶级、国家的出现而产生。监督一经产生，就成为国家政治制度和法律制度的重要组成部分。虽然不同国家、不同社会监督制度的阶级属性、内容和作用不同，但它始终是统治阶级巩固政权、维护其阶级利益、保障国家机器正常运转的有力工具。其本质都是共同的——对政治权力的制约。它作为上层建筑的重要组成部分，通过对国家和社会权力的有效控制，而服务于经济基础"。[②] 否则，作为权力或其司法权的一种，作为肩负防范法官恣意与警察滥权责任的检察权，同样也有蜕变为绝对权力的危险，并为祸尤烈——"没有任何行为比起法官的徇私枉法对一个社会更为有害的了。司法的腐败，即使是局部腐败，也是对正义的源头活水的玷污"；[③] 而己不正，焉能正人！

之所以说，权力或其司法权或其检察权也有蜕变为绝对权力的危险，究其原因，与生俱有趋利避害、权欲、逐利等劣根性甚至兽性的人包括人民委托国家所选任的国家代表或其司法人员或其检察人员，一旦与固有强制、整合、目的、扩张、侵犯、排他、诱惑、用益、腐蚀、不确定、双刃诸本性的权力或其司法权或其

---

① 参见曹建明：《坚定不移走中国特色社会主义检察事业发展道路》，载《检察日报》2012年3月1日。

② 参见刘剑华：《中外监督体制比较研究》，中国方正出版社2005年版，第23页。

③ ［美］道格拉斯语（参见《格言》，载《法律咨询》2008年第2期）。

检察权结合，① 必然产生恣意、肆行等权力腐败情形。正是"一切有权力的人都容易滥用权力，这是万古不易的一条经验"，② 而"权势的自豪感是最容易触发人的弱点的东西"。③ 因此，国家代表在依法缔造权力的同时，也依法防范其蜕变为绝对权力——"在人类努力建设有序与和平的'国家组织'中，法律一直都起到了关键的和最主要的作用。法律是社会中合理分配权力、限制权力的一种工具"；④ 而"事实上不受足够的制衡性权力反对的权力，是绝对权力"。⑤ 也正基于此，"现代检察官制度是基于对法官和警察的不信任而产生的，承担着防范法官恣意与警察滥权的功能。但是检察官在肩负挽救人民对司法不信任重任的同时，自身又面临着如何对抗不信任的问题，即如何防范自身的恣意与滥权"。⑥ 与此同时，古今中外的控权实践、经验表明，"挽救"、"对抗"的最理想、最现实的路径模式，就是用法律为权力或其检察权的适用，铺设轨道、设立界碑。而这，也恰是法制（治）主旨、精义所在——规范权力包括检察权与管理官吏包括检察官。当然，实行治权治吏的前提，是法律或其检察法律的客观存在。

---

① 而这些本性的固有和无法根除，同样是基于其执掌者本身所固有的趋利避害、权欲、逐利、贪婪等劣根性甚至"兽性"，而非无意识、无主观能动性的权力本身。具体情况还可参见杨迎泽译、薛伟宏主编：《诉讼监督研究——中国检察诉讼监督视角》，法律出版社 2012 年版，第 1~9 页。

② 参见［法］孟德斯鸠：《论法的精神》（上册），张雁深译，商务印书馆 1995 年版，第 154 页。

③ 参见［法］让·雅克·皮佑：《皮佑选集》，陈太先译，商务印书馆 1985 年版，第 69 页。

④ 参见［美］E. 博登海默：《法理学——法哲学及其方法》，邓正来等译，华夏出版社 1997 年版，第 379 页。

⑤ 参见［美］乔·萨托利：《民主新论》，冯克利、阎克文译，东方出版社 1993 年版，第 196 页。

⑥ 参见林钰雄：《检察官论》，台湾学林文化事业有限公司 1999 年版，第 113 页。

1. 法律的含义。所谓法律，"有广狭二义。广义上的法律与'法'一词通用，泛指法律、法规、决定、条例等所有国家有权机关制定的具有规范性效力的文件。狭义上的法律仅指享有国家立法权的机关依照宪法的规定，按照立法程序制定并且颁布实施的规范性文件。在中国，法律可分为基本法律和法律，基本法律由全国人民代表大会制定，全国人民代表大会常务委员会制定和修改应当由全国人民代表大会制定的法律以外的其他法律"。①

　　另外，基于概念差异不难看出，法律与法制、立法、法令、法规、法典、法律渊源、法律规范、法律解释，不尽相同：法制、法律渊源是法律的上位（属）概念，而法律则是它们的下位（种）概念或子集；法规、法典、法律规范是法律的下位（种）概念或子集，法律则是它们的上位（属）概念；立法和法律解释是创造法律的一种常见形式，法律则是它们的结果；法令等同于法律，但其提法已不合时宜。因为，"在我国，1954 年宪法曾将全国人大常委会制定的法律文件称做法令，而将全国人大制定的法律文件称作法律，1982 年宪法取消此种区别"。②

　　此外，据划分标准的不同，可将法律分为许多种类。一据制定主体和效力范围的不同，可将其分为国内法与国际法。例如，我国现行《检察院组织法》与《联合国打击跨国有组织犯罪公约》（2000 年 11 月 15 口，全国人大常委会 2003 年 8 月 27 日批准）；二据制定主体和适用范围的不同，可将其分为全局（全国、中央）性法律与局部（区域、地方）性法律。例如，《苏联检察监督条例》（1922 年 5 月 28 日）与《乌克兰检察监督条例》（1922 年 6 月 28 日）、我国《检察官法》与沈阳市人民代表大会常务委员会《关于加强检察机关法律监督工作的决定》（1999 年

---

　　① 参见信春鹰主编：《法律辞典》，法律出版社 2003 年版，第 288 页。
　　② 参见曹建明、何勤华主编：《大辞海·法学卷》，上海辞书出版社 2003 年版，第 3 页。

5 月 26 日）、《联合国打击跨国有组织犯罪公约》与《欧洲理事会成员国部长会议检察官在刑事司法制度中的作用》（2000 年 10 月 6 日）；三据适用对象和客体的不同，可将其分为一般性法律与特殊（特别）性法律。例如，德国《刑法典》（2007 年 12 月 21 日修正）和《法官法》（2006 年 12 月 22 日修正）；四据性质、内容的不同，可将其分为实体法与程序法。例如，法国《民法典》（2008 年 1 月 1 日修正）与《民事诉讼法典》（2007 年 5 月 11 日修正）；五据产生方式和存在形式的不同，可将其分为成文法与不成文法。例如，《俄罗斯联邦检察机关法》（2009 年 7 月 17 日修正）与《全美检察官准则（第二版）》（1991 年）。

2. 法律规范的含义。所谓法律规范，通常是指"由国家制定或认可的体现掌握国家政权者意志、并以国家强制力保证实施的行为规则。这种行为规则指具体规定权力和义务以及具体法律后果的准则，即对一个事实状态赋予一种确定的具体后果的各种指示和规定"。因此，一方面，它包括法律规则和法律原则两部分。其中，法律原则是指"能够作为法律规则基础或本源的原理或准则"；法律规则是指"规定法律上的权力、义务、责任的准则、标准，或赋予某种事实状态以法律意义的指示、规定，是构成法律的首要组成部分"，[①] 并由假定条件、行为模式和法律后果三要素构成。例如，我国《检察院组织法》第 9 条所规定的"人民检察院依照法律规定独立行使检察权，不受其他行政机关、团体和个人的干涉"，就属于检察法律原则，而第 15 条所规定的"人民检察院提起公诉的案件，由检察长或者检察员以国家公诉人的身份出席法庭，支持公诉，并且监督审判活动是否合法"，则属于检察法律规则。

另一方面，法律规范并不等于法律条文，它是法律条文的内

---

① 参见信春鹰主编：《法律辞典》，法律出版社 2003 年版，第 297 页、第 314 页、第 298 页。

容，法律条文则是它的文字表达方式。

总之，法律泛指法、法规、决定、条例等所有国家有权机关制定的具有规范性效力的文件；法律规范是指由国家制定或认可的体现掌握国家政权者意志，并以国家强制力保证实施的行为规则。因此，没有法律，就没有法律规范；有法律规范必有法律，法律规范附属于法律而存在；法律是法律规范的上位（属）概念，法律规范是法律的下位（种）概念或子集。

（三）检察法律是规范检方权力或行为之行为规范的总和

基于上述界定，本书认为，所谓检察法律，就是旨在规范检方权力（检察权）或行为（检察行为）之行为规范的总和，也是关于检察的法律及其法律规范的总称。其中，检方既包括检察权的执行者——自然人——检察人员（含正副检察长，检察官或检察员、助理检察员，书记员、司法警察等），也包括检察权的职能者——法人——检察机关（含其内设机构或派出机构）；检察是附属于国家并含有多种词义的动名词；法律是法典和其他专门性法律的统称；法律规范是指以国家强制力保证实施的行为规则；而基于法律与法律规则的孪生、包容性，除特别说明外，本书所称检察法律是专门性检察法律（含检察法典与其他专门性检察法律）与检察法律规范（亦即附属性检察法律）的统称。

另外，本书所称的检察法典、其他专门性检察法律和附属性检察法律，类似于平常所说的刑法典、特别刑法和附属刑法。其中，刑法典是指"按照一定的体系全面地、系统地规定犯罪与刑罚的法律文件"。例如，我国现行《刑法》。特别刑法"又称'例外刑法'。以适用范围的广狭为标准对刑法所作的分类。国家为适应某种特殊需要而颁布的仅适用于特定的人、特定的时间、特定的地域或者特定的事项的刑法法规"。例如，全国人大常委会《关于惩治骗购外汇、逃汇和非法买卖外汇犯罪的决定》（1998

年12月29日）。附属刑法是指"从立法体例上对刑法所作的一种分类。民商、经济、行政等非刑事法律、法规中规定的刑法规范的总称"。① 例如，《未成年人保护法》第60条规定："违反本法规定，侵害未成年人的合法权益，其他法律、法规已规定行政处罚的，从其规定；造成人身财产损失或者其他损害的，依法承担民事责任；构成犯罪的，依法追究刑事责任。"

此外，据适用范围、对象的不同，还可将检察法律分为国内与国际检察法律两类，而国内与国际检察法律又可分为附属与专门、全局与局部、实体与程序性检察法律等多种形态。

---

① 参见邹瑜、顾明总主编：《法学大辞典》，中国政法大学出版社1991年版，第442页、第1318页、第838页。

第一章　检察法律概述

有检察制度，必有检察法律；没有检察法律，就没有检察制度。作为近现代国家创造的一种社会存在，检察法律既是旨在规范检方权力（检察权）或行为（检察行为）之行为规范的总称，也是国内法与国际法中有关检察的法律及其法律规范的总和，并包括附属与专门、全局与局部性检察法律等多种形态。因此，其词源、词义、概念、特点和类型，有别于其他法律；基于此，检察制度也有别于立法、行政乃至侦查、羁押、审判、执行、监管等制度。究其原因，是检察法律的"种子"基因作用使然。

——题记

第一节　检察法律的词源与词义

一、检察法律的词源

目前，中外有无"检察法律"称谓？概言之，尽管其出现频率不高，但绝非没有或标新立异。① 例如，"我国的第一部《中华人民共和国人民检察院组织法》……是一部比较完善的检察法律"；② 最高人民检察院《关于在全国检察机关开展执法大检查的通知》（1998年4月14日）第3条（检查中要注意的几个问题）规定，各检察业务部门还要认真学习：（1）修改后的刑法、刑事诉讼法及有关配套司法解释；（2）有关民事行政检察法律规定……因此，在我国目前，"检察法律"既是法学名词，也是广义的法律术语。

第一，我国目前不仅有"检察法律"的表述，甚至还有"检察法"、"检察法令"等提法。例如，"检察法是贯彻宪法有关检察机关规定的具体化，是法律监督机关工作的总纲"；③ "从已经收集到的检察法令看，清末时期的检察立法工作，总体上有以下几个特点……""据有关资料不完全统计显示，我国这一时期形形色色的检察法多达199件（强）"。④ 当然，基于《八二宪法》对"法令"的摒弃，"检察法令"已成明日黄花。

第二，倘若没有"检察法律"这一词根或词素，就难有"检察法律监督"、"检察法律规范"、"检察法律制度"、"检察法律文书"、"检察法制"、"检察立法"等派生词语和相关术语的客观存在。例如，"我国检察法律监督地位取决于司法体制对政权组织形式的顺应"；⑤ "以现行检察法律规范形成的学科，首先和主

---

① 其实，我国早在20世纪40年代就有与之类似的"检察法规"提法。例如，（伪满）司法协会1941年1月就编印有《检察警察法规总览》一书（共448页）（参见崔清兰、曹为主编：《中国法学图书目录》，群众出版社1986年版，第785页）。

② 参见王桂五主编：《中华人民共和国检察制度研究》，中国检察出版社2006年再版（法律出版社1991年初版），第75页。

③ 参见王然冀、张之又：《改革和完善检察机关领导体制当议》，载《现代法学》1988年第3期。

④ 参见闵钐、谢如程、薛伟宏编著：《中国检察制度法令规范解读》，中国检察出版社2011年版，第3页、第362页。而具体例证，还可参见本章第二节的相关内容。

⑤ 参见王俊民：《论检察法律监督权的本质》，载《山东社会科学》2011年第4期。

要的任务是，注释现行的检察法律规范"；①"各级检察院研究室
要不断增强检察调研工作的前瞻性、预见性，为检察业务工作和
完善检察法律制度提供有价值的调研成果"；②"本着诉讼经济、
增强法律文书的说理性、权威性的原则，简化检察法律文书的种
类和内容"；③"积极推动检察法制建设"；④"我国有关检察立法
及实践曾严重地受到'左'倾思潮和法律虚无主义的影响"。⑤

　　第三，通过中国知网"高级检索"发现，1979 年 1 月至
2012 年 11 月全文含有"检察法律"的论文 1270 篇。⑥ 其中，既
有诸如"检察法律监督几个问题的研究"（载《法学杂志》2001
年第 4 期）等标题和内文均含有"检察法律"的论文 45 篇，也
有诸如"评检察机关法律监督合理论"（载《环球法律评论》
2004 年第 4 期）等只有内文含有"检察法律"的论文 1225 篇；
而较早含有"检察法律"的论文，是"制衡学说与检察机关的法

---

①　而其中"检察法律规范，是指有关法律监督活动的法律规范"（参见王牧：
《学科任务是学科建设的根据》，载《检察日报》2008 年 12 月 1 日）观点，与本书中的
"检察宪法规范"、"检察基本法律规范"、"检察法律规范"、"检察法律解释规范"、
"检察司法解释规范"、"检察行政法规规范"、"检察行政规章规范"以及"检察地方
性法规规范"等表述，异曲同工、不谋而合。同时，实践中不仅有"检察法律规范"
称谓，还有诸如"检察院组织法的规范"、"检察院组织法规范"、"检察院组织法律规
范"（参见陈建民主编：《检察院组织法比较研究》，中国检察出版社 1999 年版，目录
第 2~4 页、内容第 64 页、第 60 页）等提法。
②　参见陈国庆：《积极研究新情况新问题　有效推进检察制度完善》，载《人民
检察》2011 年第 1 期。
③　参见最高人民检察院《检察改革三年实施意见》（2000 年 2 月 15 日）第 6 条。
④　参见最高人民检察院《十二五时期检察工作发展规划纲要》（2011 年 9 月 19
日）第 55 条。
⑤　参见李龙：《法律监督理念如何适应转型期的社会》，载《检察日报》2010 年
11 月 19 日。
⑥　但值得注意的是，通过实地检验，其中诸如"浅议劳改工作法制建设协调发展
的问题"（蔡德森，载《法学》1985 年第 6 期）、"谈免予起诉"（肖胜喜，载《河北法
学》1986 年第 3 期）等所谓含有"检察法律"的论文，实际上并不含有。因此，对于
中国知网的统计数据，也不能过于迷信。

律监督职能"（曾龙跃，《检察理论研究》1991 年创刊号）——"关于检察法律监督理论的研究，属于我国检察制度的基础理论方面的研究"。当然，"检察法律"多以"检察法律监督"、"检察法律文书"和"民事行政检察法律监督"的形式出现。

第四，我国澳门特别行政区也有诸如《澳门检察法律汇编》（澳门特别行政区检察院 2000 年 10 月编印）等提法。

第五，若将"检察法"视为"检察法律"之简称，通过中国知网"高级检索"还可发现，截至 2012 年 11 月 30 日，全文含有"检察法"的论文却仅有 360 篇。① 其中，较早含有的是"完善检察立法的途径"［［苏］B. N. 申德著，董晓阳译，载《国外法学》（即现在的《中外法学》）1979 年第 4 期］——"要制定检察法，有许多有关问题需要讨论，这些问题促使人们考虑应当制定一个什么样的检察法"。② 而另据人民网 2003 年 12 月 4 日报

---

① 究其原因，也许将"检察法"和"检察法律"当成了两个不同的法律概念。

② 该文原载于《苏联国家与法》1978 年第 7 期。同时，它不仅证明了"检察法律"或其简称"检察法"在国外的客观存在，也是如何制定检察法律的一篇立法建议。而作者所主张制定的"苏联检察法"，既可视为《苏维埃社会主义共和国联盟检察院法》（1979 年 11 月 30 日）的前身，也可视为《俄罗斯联邦检察机关法》的前世。而早在 20 世纪 80 年代末，我国也有人提出制定统一检察法典的建议。例如，"我国宪法规定公民享有的权利许多方面还没有用具体的法津规范加以确认。如没有《言论自由法》、《出版法》、《集会法》、《结社法》、《住宅法》、《民主管理法》、《公民批评、建议、申诉、控告、检举条例》、《国家赔偿条例》、《行政程序法》、《违宪诉讼法》、《法律监督检察法》等等"（参见宋世杰：《论诉讼民主制的完善——社会主义法制建设的一个重要问题》，载《湘潭大学学报（社会科学版）》1989 年第 1 期）。当然，时至今日，此类建议亦不绝于耳。例如，"我国现有的《组织法》和《检察官法》两部法律，虽经修改但仍不能体现中国特色的检察法律特征。检察机关在国家机关中是一个独立的机关，具有单一性，不像行政机关那样有庞大的职能机构体系，所以，没有必要立众多的法律来规范检察机关，应制定统一的检察法来规范检察机关的行为。笔者认为，统一的检察法即人民检察法，就是由全国人民代表大会根据宪法和法律制定，并由国家强制力保障检察机关独立行使检察权的行为规范。基本思路是归并现有的人民检察院组织法和检察官法，把两部法律的精华列入检察法。其基本框架是：总则；检察机构及领导体制；检察权；检察官；奖励与惩处；经费保障和装备建设"（参见夏思扬：《强化法律监督，为构建和谐社会服务》，载正义网 2007 年 5 月 22 日）。

道，韩国国会今天就卢武铉总统亲信受贿嫌疑案举行会议，并以
209 票赞成、54 票反对再次通过了关于卢武铉总统亲信受贿嫌疑
案的"特别检察法"。

因此，在我国，"检察法律"或其简称"检察法"，早在 20
世纪 70～90 年代就已出现。同样，这一时期国外也有"检察法
律"或其简称"检察法"提法。譬如，除上述"完善检察立法的
途径"一文中就有"检察法"提法；而对英国《1985 年犯罪起诉
法》（1985 年 5 月 23 日），不仅有人将其译为《1985 年刑事起诉
法》、《1985 年罪行检控法》，也有人将其译为《1985 年检察法》、
《1985 年英国检察法》。例如，"1985 年《检察法》通过，并诞生
了皇家检察署"，"本规则根据《1985 年英国检察法》第 10 条发
布……"① 但不可否认的是，迄今为止，不论是诸如《辞源》
（商务印书馆 2004 年修订版）、《辞海》（上海辞书出版社 2009 年
修订版）、《新华词典》（商务印书馆 2011 年版）、《现代汉语词
典》（商务印书馆 2012 年版）等常用词（辞）典，还是诸如《法
学词典（增订本）》（上海辞书出版社 1984 年版）、《法律辞典》
（法律出版社 2003 年版）、《诉讼法大词典》（四川人民出版社
1989 年版）、《中国检察百科辞典》（黑龙江人民出版社 1993 年
版）、《检察大辞典》（上海辞书出版社 1996 年版）、《法学辞海》
（吉林人民出版社 1998 年版）、《大辞海·法学卷》（上海辞书出
版社 2003 年版）、《中国大百科全书·法学（修订本）》（中国大
百科全书出版社 2006 年版）、《法学大辞典》（上海辞书出版社
2009 年版）等专业词（辞）典，乃至诸如《常用汉英法律辞典》
（法律出版社 1998 年版）、《汉法法律词典》（中国社会科学出版
社 2003 年版）、《俄汉法律常用词典》（商务印书馆 2012 年版）

---

① 参见莫洪宪、易建国：《刑事检察比较研究》，载《中国刑事法杂志》1999 年
第 4 期；《〈皇家检察官准则〉第 1 条》，载《世界各国检察院组织法选编》，中国社会
科学出版社 1994 年版，第 111 页。

等外文词（辞）典，都鲜有"检察法律"或其简称"检察法"和"检察法令"条目。因此，从这个意义上说，本书还有填补学术空白之效。

二、检察法律的词义

尽管"检察法（律、令）"称谓客观存在，但能否将其视为严格意义上的法学（律）术语，却有肯定和否定两种观点。本书认为，在我国目前，它们只是一个法学名词，而非法律术语。但这并不影响对检察法律的探究。

（一）检察法律是一个集合概念

无疑，检察法律是一个集合或属种概念，称谓和内容也具有多元性。以我国为例，完全可将诸如《检察院组织法》、《检察官法》等检察法典与诸如最高人民检察院《检察人员纪律处分条例（试行）》（2007 年 5 月 14 日修正）、吉林省人大常委会《关于加强检察机关法律监督工作切实维护司法公正的决议》（1999 年 9 月 22 日）等全国和地方其他专门性检察法律，以及下列第 1～19 或第 1～10 项检察法律规范，[1] 统一、抽象地概括为"检察法律"，抑或它们是检察法律的种（下位）概念或子集，而检察法律则是它们的属（上位）概念：

1. 诸如《宪法》第 3 条第 2 款"国家行政机关、审判机关、检察机关都由人民代表大会产生，对它负责，受它监督"等检察宪法规范。

2. 诸如《刑事诉讼法》第 55 条"人民检察院接到报案、控

---

① 而之所以也可仅将第 1～10 种检察法律规范视为附属性检察法律，因为根据我国《立法法》第 8 条、第 9 条规定，从严格意义上说，我国规范检方权力或行为的检察法律仅限于宪法、基本法律、法律、法定解释、行政法规和检察政策；而除此之外低位阶的行政规章、地方性法规、自治条例、单行条例和规章、执政党政策、"准司法解释"等规范性文件则不能规范检察事务。同时，亦可将第 5～9 项检察法律规范统称为"检察法定解释规范"。

告、举报或者发现侦查人员以非法方法收集证据的，应当进行调查核实。对于确有以非法方法收集证据情形的，应当提出纠正意见；构成犯罪的，依法追究刑事责任"等检察基本法律规范。

3. 诸如《监狱法》第 6 条"人民检察院对监狱执行刑罚的活动是否合法，依法实行监督"等检察法律规范。

4. 诸如国务院《看守所条例》第 8 条"看守所的监管活动受人民检察院的法律监督"等检察行政法规规范。

5. 诸如全国人大常委会法制工作委员会《如何理解〈中华人民共和国检察官法〉规定的"从事法律工作"和"具有法律专业知识"的答复》（2006 年 8 月 14 日）"其中'从事检察工作'，应以从事检察机关的检察业务工作为宜"等检察立法解释规范。

6. 诸如"两高"《关于人民检察院检察长列席人民法院审判委员会会议的实施意见》（2010 年 1 月 12 日）第 2 条"人民检察院检察长列席人民法院审判委员会会议的任务是，对于审判委员会讨论的案件和其他有关议题发表意见，依法履行法律监督职责"等检察司法解释规范。

7. 诸如最高人民检察院《人民检察院刑事诉讼规则（试行）》（2012 年 10 月 16 日）第 4 条"人民检察院办理刑事案件，由检察人员承办，办案部门负责人审核，检察长或者检察委员会决定"等检察解释规范。[①]

8. 诸如最高人民法院《关于审理人民检察院按照审判监督程序提出的刑事抗诉案件若干问题的规定》（2011 年 4 月 18 日）第 6 条"在开庭审理前，人民检察院撤回抗诉的，人民法院应当裁定准许"等检察审判解释规范。

[①] 该规则最初于 1997 年 1 月 15 日通过，随后又经 1998 年 12 月 16 日、1999 年 9 月 21 日两次修正，并至 2013 年 1 月 1 日废止。因为，最高人民检察院《人民检察院刑事诉讼规则（试行）》（2012 年 11 月 22 日）第 708 条规定："本规则自 2013 年 1 月 1 日起施行。最高人民检察院 1999 年 1 月 18 日发布的《人民检察院刑事诉讼规则》同时废止；最高人民检察院以前发布的司法解释和规范性文件与本规则不一致的，以本规则为准。"

9. 诸如国务院《道路交通安全法实施条例》（2004 年 4 月 30日）第 10 条第 2 款"人民法院、人民检察院以及行政执法部门依法查封、扣押的机动车，公安机关交通管理部门不予办理机动车登记"等检察行政解释规范。

10. 诸如最高人民检察院《关于汶川地震灾区检察机关办理审查起诉案件有关问题的通知》（2008 年 6 月 26 日）第 1 条第 1款"人民检察院在审查起诉过程中，由于遭遇地震等重大自然灾害，致使办理的案件在较长时间内无法继续审查起诉的，可以决定中止审查"等检察政策规范。

11. 诸如交通运输部《邮政行业安全监督管理办法》（2011年 1 月 4 日）第 14 条"未经法律明确授权或者用户书面同意，邮政企业、快递企业不得将用户使用邮政服务、快递业务的信息提供给任何组织或者个人，但公安机关、国家安全机关、检察机关依法行使职权的除外"等检察行政规章规范。

12. 诸如山东省人大常委会《山东省司法鉴定条例》（2011 年11 月 25 日）第 7 条"检察、侦查机关应当将所属司法鉴定机构的有关情况定期向同级司法行政部门通报"等检察地方性法规规范。

13. 诸如浙江省景宁畲族自治县人大《浙江省景宁畲族自治县自治条例》（2007 年 5 月 25 日）第 13 条"自治县的人民法院和人民检察院的组织、职能和工作，依照法律有关规定执行。自治县的人民法院和人民检察院的领导成员中应当有畲族公民"等检察地方性自治条例规范。①

14. 诸如山西省人大《山西省人民代表大会议事规则》（2004

---

① 而值得说明的是，在新中国成立初期，诸如此类的自治条例之名称为"自治区、自治州、自治县组织条例"，并由全国人大常委会批准。当然，其中也含有相应的检察法律规范。例如，《广西壮族自治区人民代表大会和人民委员会组织条例》（1958年 7 月 9 日）第 27 条、《湘西土家族苗族自治州人民代表大会和人民委员会组织条例》（1959 年 11 月 27 日）第 18 条、《黑龙江省杜尔伯特蒙古族自治县人民代表大会和人民委员会组织条例》（1957 年 6 月 17 日）第 17 条等。

年2月19日）第50条第2款"省人民检察院检察长的选举、罢免和辞职，经代表大会通过后，应当报经最高人民检察院检察长提请全国人民代表大会常务委员会批准"等检察地方性单行条例规范。

15. 诸如安徽省人民政府《安徽省生产安全事故报告和调查处理办法》（2011年6月1日）第8条第1款"安全生产监督管理部门和负有安全生产监督管理职责的有关部门接到事故报告后，应当依照下列规定逐级上报事故情况，并通知公安机关、监察机关、人力资源社会保障行政主管部门、工会和人民检察院，每级上报的时间不得超过两小时"等检察地方性规章规范。

16. 诸如中共中央办公厅、国务院办公厅《关于领导干部报告个人重大事项的规定》（1997年1月31日）第5条第1款"各级党委及其纪委，各级人大、政府、政协、法院、检察院党组，以及上述领导机关所属的部门和单位（包括事业单位，下同）的党组（党委），负责受理本级领导干部的报告（不设党组、党委的部门和单位，由相应的机构受理，下同）。各部门和单位内设机构的领导干部的报告，由本部门、本单位的组织人事部门负责受理"等检察执政党政策规范。

17. 诸如湖北省人民检察院《刑事立案与侦查活动监督调查办法（试行）》（2006年9月25日）第5条第1款"人民检察院控告申诉检察部门负责接待公民、法人或其他组织对刑事立案与侦查活动中违法行为的投诉，接待的检察人员应当制作笔录，必要时可以录音、照相和录像"等检察准司法解释规范。①

---

① 所谓"准司法解释"，是指由"六大行政区"、省、地、县级抑或"两高"以下职级的司法机关制定的类似于司法解释的规范性文件。其中，六大行政区即我国国民经济恢复时期，先后将全国划分为华北、东北、西北、华东、中南、西南6个大行政区，并分别设置相应的地方政权机构大行政区人民政府（军政委员会）领导各省、自治区、直辖市。1954年6月19日，中央人民政府委员会第32次会议通过了《关于撤销大区一级行政机构和合并若干省市的决定》，先后于同年8～11月撤销了华北、东北、华东、西北、中南、西南6个大区行政委员会。

18. 诸如北京市高级人民法院、人民检察院、公安局、物价局《关于加强北京市涉案财产价格鉴定管理的通知》（2000 年 11 月 2 日）第 3 条第 1 款 "涉案财产价格鉴定机构依法出具的《北京市涉案财产价格鉴定结论书》是人民法院、人民检察院、公安机关及其他行政执法机关查处、审理及执行各类案件中确定涉案财产价格的依据"，广东省东莞市人民检察院、东莞市公安局《关于刑事案件中'另案处理人员'的监督办法》（2010 年 8 月 31 日）第 8 条 "检察机关、公安机关可组织对'另案处理'人员进行监督检查，并将检查情况互相通报，同时可根据实际需要召开联席会议，就对'另案处理'人员监督的情况进行交流，提出修改意见"，四川省剑阁县人民检察院《关于加强对诉讼活动法律监督工作的实施意见》（2010 年 5 月 21 日）第 2 条第 1 项 "依法监督纠正侦查机关用刑事手段插手经济纠纷以及出于地方保护、部门保护而违法立案的行为，发现侦查机关违反法律规定不应当立案而立案或者违反管辖规定立案的，应当通知其纠正" 等检察其他规范性文件规范。

19. 诸如《联合国反腐败公约》（2005 年 12 月 14 日生效，共 8 章 71 条，全国人大常委会 2005 年 10 月 27 日批准）第 39 条第 1 款 "各缔约国均应当采取必要的措施，根据本国法律鼓励本国侦查和检察机关与私营部门实体特别是与金融机构之间就根据本公约确立的犯罪的实施所涉的事项进行合作" 等国际检察法律规范。①

（二）"三大法系"都有检察法律之魂

无疑，"三大法系"（即大陆法系、英美法系和社会主义法系）国家或地区也有类似上述我国附属与专门性检察法律的客观存在，因而同样也可将其统一、抽象地概括为"检察法律"。例如，在日本，不仅有诸如《检察厅法》（2007 年 4 月 1 日修正）和《检察官俸给法》（2004 年 12 月 1 日修正）等检察法典和其他专门性检察法律，② 也有诸如"检察官必须遵守最高法院制定的规则"［《宪法》（1946 年 10 月 7 日）第 77 条第 2 款］、③ "拘传证或者羁押证，根据检察官的指挥，由检察事务官或者司法警察职员执行"［《刑事诉讼法》（1999 年 8 月 18 日修正）第 70 条第

---

① 我国在批准该公约时对公约第 66 条第 2 款关于将争端提交国际法院的规定提出保留，并以政府声明方式作出如下声明：（1）根据《中华人民共和国香港特别行政区基本法》第 153 条和《中华人民共和国澳门特别行政区基本法》第 138 条的规定，中华人民共和国决定，公约适用于中华人民共和国香港特别行政区和澳门特别行政区。（2）根据公约第 6 条第 3 款的规定，指定中华人民共和国监察部为协助其他缔约国制订和实施具体预防腐败措施的机关（国家预防腐败局设立后，我于 2007 年 12 月照会联合国秘书长，中国指定"国家预防腐败局为协助其他缔约国制订和实施具体预防腐败措施的机关"）；就香港特别行政区而言，香港特别行政区廉政公署为协助其他缔约国制订和实施具体预防腐败措施的机关；就澳门特别行政区而言，澳门特别行政区廉政公署为协助其他缔约国制订和实施具体预防腐败措施的机关。（3）根据公约第 46 条第 13 款的规定，指定中华人民共和国最高人民检察院为负责和接受司法协助请求等事宜的中央机关；就香港特别行政区而言，香港特别行政区律政司司长为负责和接受司法协助请求等事宜的中央机关；就澳门特别行政区而言，澳门特别行政区行政法务司为负责和接受司法协助请求等事宜的中央机关。（4）根据公约第 46 条第 14 款的规定，中华人民共和国仅接受以中文提出的司法协助请求；就香港特别行政区而言，仅接受以英文或中文提出的司法协助请求；就澳门特别行政区而言，仅接受以中文或葡萄牙文提出的司法协助请求（参见我国《外交部官方网站》2012 年 6 月 22 日）。

② 参见徐尉：《日本检察制度概述》，中国政法大学出版社 2011 年版，附录。

③ 参见孙谦、韩大元主编：《世界各国宪法（亚洲卷）》，中国检察出版社 2012 年版。而值得说明的是，本书除特别注明者外，各国宪法条文内容均源于本书之亚洲、欧洲、非洲、美洲和大洋洲 4 卷。

1 款]，① 以及"笔录应记载下列事项，由法院书记官在上面签名盖章后再由审判长盖章。但法院书记官得以记名盖章代替签名盖章：一、案件的表示……三、参与检察官的姓名……"（《民事诉讼法》第 143 条）、"检察官应列席婚姻案件的辩论并发表意见"（《人事诉讼程序法》第 5 条第 1 款）、"罚款的裁判，以检察官的命令执行"（《非诉讼案件程序法》第 208 条第 1 款）等附属性检察法律。②

在苏联，不仅有《苏联检察院条例》（也译为《苏联检察署条例》，1933 年 12 月 17 日）和《苏联检察监督条例》等检察法典和其他专门性检察法律，③ 也有诸如"各级检察机关独立地行使自己的权限，不受任何地方机关的干涉，仅隶属于苏联总检察长"［苏联《宪法（根本法）》（1977 年 10 月 7 日）第168 条］、"在进行调查和侦查时，检察长应当依照《苏联检察监督条例》对于执行法律实行监督"［《苏俄刑事诉讼法典》（1985 年 1 月 24 日修正）第 211 条］，④ 以及"根据《苏联和各加盟共和国民事诉讼纲要》（1961 年 12 月 2 日）第 14 条，苏

① 参见：《日本刑事诉讼法》，宋英辉译，中国政法大学出版社 2000 年版，第 19 页。

② 参见《民事行政诉讼检察参考资料》，最高人民检察院民事行政检察厅 1989 年编印，第 488 页、第 489 页、第 492 页。而诸如此类的附属性检察法律，目前依然为日本相关的现行法律所规定。例如，《人事诉讼法》第 23 条规定，在婚姻案件、亲生父母和子女关系案件和养子关系案件等人事诉讼案件中，按照需要，检察官可列席陈述意见，主张事实，提出证据；《非诉讼程序法》第 15 条规定，在非诉讼案件中，检察官可要求通知案件和审问的日期，就此陈诉意见，列席审问；检察官作为公共利益的代表人，有进行其他法令（如《民法》、《民事诉讼法》、《公职选举法》、《人身保护法》、《缓期执行者保护观察法》、《犯罪人预防更生法》、《刑事补偿法》、《监狱法》、《公证人法》、《律师法》、《刑事确定诉讼记录法》）规定的属于自己权限的事务的权限（参见甄贞等：《检察制度比较研究》，法律出版社 2010 年版，第 399～400 页）。

③ 参见：《苏联检察制度史（重要文件汇编）》，党凤德等译，中国检察出版社 2008 年重印，第 411 页、第 341 页。

④ 参见：《苏俄刑事诉讼法典》，张仲麟等译，中国政法大学出版社 1989 年版，第 236 页。

联总检察长直接地或者通过俄罗斯联邦共和国总检察长和从属于他的各级检察长，对在民事诉讼中是否准确执行苏联、各加盟共和国和自治共和国法律实行监督"［《俄罗斯苏维埃联邦社会主义共和国民事诉讼法典》（1964 年 6 月 11 日）第 12 条第 1 款］、"上级机关和公职人员的经常监督，检察长的监督，申诉权利和立法规定的其他办法，都能保证在对行政违法行为适用处罚措施时遵守立法的要求"［《俄罗斯联邦行政违法行为法典》（1985 年 1 月 1 日）第 8 条第 5 款］、"如果在审理控告时法院发现公职人员或其他人员的行为有犯罪要件，法院应将此通知检察长或提起诉讼"［《苏联关于对公职人员损害公民权利的违法行为向法院控告的程序法》（1987 年 6 月 30 日）第 8 条第 2 款］等附属性检察法律。①

在英国，不仅有诸如《1985 年检察法》和《皇家检察官准则》（2010 年 2 月修正，亦译为《皇家检察官法》、《王室检察官法》、《王室检察官条例》、《王室检察官守则》、《1994 年皇家检控官守则》、《英国皇家检察官起诉规则》）等检察法典和其他专门性检察法律，也有诸如"当法院已准许刑事诉讼保释，可以基

---

① 参见《民事行政诉讼检察参考资料》，最高人民检察院民事行政检察厅 1989 年编印，第 259 页、第 298 页、第 313~314 页。而诸如此类的附属性检察法律，目前仍为俄罗斯相关的现行法律所保留。例如，"1993 年 12 月 25 日，《俄罗斯联邦现行宪法》颁布生效后，俄罗斯联邦不仅颁布了大量的司法机关组织法，而且颁布了宪法司法、民事司法、刑事司法、行政司法、仲裁司法领域的大批法律。例如，1994 年 7 月颁布的《宪法法院法》，1995 年 4 月颁布的《仲裁法院法》，1997 年 1 月颁布的《刑事执行法典》，1997 年 7 月颁布的《司法警察法》，1994、1995、2001 年先后颁布《民法典》的三大部分，2001 年 12 月先后颁布的《刑事诉讼法典》和《行政违法法典》，2002 年 7 月和 11 月先后颁布的《仲裁诉讼法典》和《民事诉讼法典》等。鉴于俄罗斯联邦建立了仲裁法院系统和司法警察系统，鉴于俄罗斯联邦的宪法诉讼程序、民事诉讼程序、刑事诉讼程序、仲裁诉讼程序和行政违法诉讼程序发生了重大变化，1992 年检察机关法相应地进行了第二至五次修改补充"（参见何家弘主编：《检察制度比较研究》，中国检察出版社 2008 年版，第 222 页）。

于以下人申请——（a）……或（b）检察官或警察，变更保释条件或对无条件保释附加条件"［《1976年保释法》（1976年11月15日）第3条第8款］、"本法条规定的在英格兰和威尔士对一项犯罪进行起诉审的程序，非经检察总长批准或同意，不应被启动"［《1980年治安法院法》（1980年8月1日）第8条第6款］等附属性检察法律。[①]

（三）当今没有检察法律的国家是不存在的

据《世界各国宪法》（孙谦、韩大元主编，中国检察出版社2012年版）等资料统计显示，截至2012年11月30日，在当今世界的200个国家31个地区中，[②] 都建有检察制度。也就是说，当今世界的231个行政区域内，都存有与其国情区情、国体政体相适应的检察法律，包括附属性检察法律乃至检察法典和其他专门性检察法律。

总之，作为广义的法律术语也好，作为狭义的法学术语也罢，目前，"检察法律"客观存在，且"形神兼备"。而它既是初现于近代而为当今世界各国普遍制定或认可的、不以人的意志为转移的社会存在，也是国内与国际、附属与专门、全局与局部性检察法律的统称。然而，尽管我国目前"检察法律"或其简称"检察法"提法并不普遍，甚至对此提法存在质疑，但从广义上说，它们既是法学名词，也是法律术语，更是不以人的意志为转移的社会存在。因此，自本世纪以来，人们对检察法律的关注、研究开始逐渐增多起来。甚至可以预言，在中国特色社会主义法律体系

---

① 参见中国政法大学刑事法律研究中心组织编译：《英国刑事诉讼法（选编）》，中国政法大学出版社2001年版，第541页、第117页、第164页、第507～508页；陈国庆译："英国皇家检察官起诉规则"，载《检察论丛》第3卷，法律出版社2001年版。

② 截至2012年11月30日，联合国成员国共计193个，非成员国包括梵蒂冈、巴勒斯坦、库克群岛、纽埃、特克斯和凯科斯群岛、安圭拉、波多黎各，不包括印度所属锡金、塞尔维亚所属科索沃、俄罗斯所属车臣。

业已形成的今天，"保证宪法实施的监督机制和具体制度还不健全，有法不依、执法不严、违法不究现象在一些地方和部门依然存在；关系人民群众切身利益的执法司法问题还比较突出；一些公职人员滥用职权、失职渎职、执法犯法甚至徇私枉法严重损害国家法制权威；公民包括一些领导干部的宪法意识还有待进一步提高"的当下，[①] 肩负国家法律监督使命的检方任重道远——"检察官，乃因对法官及警察的不信任而诞生，在此氛围之下，新生儿不但命定要为防范法官恣意与警察滥权而奋斗，更需为自身不被相类的病毒感染而苦斗"；[②] 而奋斗也好，苦斗也罢，都必须以形形色色的检察法律为圭臬。

第二节　检察法律的概念与类型

一、检察法律的概念

（一）观点综述和评价

尽管"检察法律"或其简称"检察法"神形兼备地客观存在于"三大法系"国家或地区之中。但目前，中外对检察法律的关注与系统研究并不多，且少共识。譬如，在我国，何谓检察法律或检察法？就有如下五种代表性观点：

第一，"检察法是贯彻宪法有关检察机关规定的具体化，是法律监督机关工作的总纲。有了检察法才能派生出检察院组织法、检察院法律监督程序详则、检察院工作条例等共体的法律规

[①] 参见习近平：《在首都各界纪念现行宪法公布施行 30 周年大会上的讲话》，载《人民日报》2012 年 12 月 5 日。

[②] 参见林钰雄：《检察官论》，法律出版社 2008 年版，第 134 页、第 94~95 页。

定。"① 因此，此定义的可取之处在于，指出专门性检察法律不仅包括诸如检察院组织法和检察官法等检察法典，也包括诸如检察院法律监督程序详则、检察院工作条例等其他专门性检察法律。而不足是，既忽略了附属性检察法律的客观存在，也忽略了国内与国际、全局与局部性检察法律的并存性。同时，也未揭示检察法律的本质属性。

第二，"我国还没有综合统一的检察法，我国检察机关的职权分别由宪法、人民检察院组织法、检察官法、刑法、刑事诉讼法、民法、民事诉讼法、行政法、行政诉讼法等国家法律加以规定的。"② 因此，此定义的可取之处在于，指出检察法律不仅包括诸如检察院组织法和检察官法等检察法典，也包括诸如刑法、刑事诉讼法等附属性检察法律。而不足是，既忽略了国内与国际、全局与局部性检察法律的并存性，也未揭示出检察法律的本质属性。

第三，"检察法是国家制定的调整人民检察院和检察官实施法律监督的法律规范的总称。检察法有广义和狭义两种理解，狭义的检察法是指检察法典，世界各国包括我国目前都没有单独的检察法典，大多数国家的检察法都是散见于其他法律之中，或者以多个单独的法律规范来表现。广义的检察法是指所有调整检察机关和检察官进行法律监督的各种法律规范。除包括检察法典外，还包括宪法、基本法律、司法解释、行政法规、我国签署的国际公约、双边或多边协议、条约中有关检察机关和检察官实施法律监督的法律规范。检察法的内容包括检察机关组织法、检察主体

---

① 参见王然冀、张之义：《改革和完善检察机关领导体制当议》，载《现代法学》1988 年第 3 期。

② 参见周其华：《对检察机关职权配置的研究》，载《法学杂志》2003 年第 1 期。

法、检察行为法、检察责任法这些基本内容。"① 因此，此定义的可取之处在于，强调检察法律由广义的（即本书所称附属与专门性检察法律）与狭义的检察法律（亦即本书所称专门性检察法律中的检察法典）或者国内与国际检察法律两部分组成；而不足在于：一方面，将检察法律界定为"由国家制定的调整人民检察院和检察官实施法律监督的法律规范的总称"，不妥。尽管我国现行《宪法》第 129 条和《检察院组织法》第 1 条都规定"中华人民共和国人民检察院是国家的法律监督机关"，尽管"三大诉讼法"也规定"人民检察院依法对刑事、民事、行政诉讼实行法律监督"，《检察官法》第 6 条第 1 项也规定"检察官的职责"包括"依法进行法律监督工作"。但是，《检察官法》第 8 条第 6 项还明确规定"检察官应当履行接受法律监督和人民群众监督"的义务，《监督法》第 5 条更明确规定"各级人民代表大会常务委员会对本级人民政府、人民法院和人民检察院的工作实施监督"。因此，检方既不是法律监督权的独享者，② 也不是法律监督权能的专司者，至少各级人大常委会有权对本级"人民检察院的工作（含法律监督工作）实施监督"。另一方面，将狭义的检察法律界定为检察法典而不包括其他专门性检察法律［如全国人大常委会《关于省人民代表大会闭会期间省人民检察院检察长产生程序的决定》（1978 年 5 月 24 日）］，也值得商榷。

第四，"所谓检察法，即检察法律的简称，它有广狭两义：广义的是指由国家依法制定或认可的、规范检察机关及其检察人员行为之法律及其法律规范的总称；狭义的仅指由国家依法制定

---

① 参见《〈检察法〉答疑库》，载百度文库（http://wenku.baidu.com/view/）2012 年 5 月 27 日。

② 而何谓法律监督权？莫衷一是。本书认为，它包括法律监督权力与法律监督权利两方面：前者为官方法律监督主体所享有，后者为非官方法律监督主体所享有。

或认可的、规范检察机关及其检察人员行为之专门法律或法典。"① 因此，此定义的可取之处在于，基本揭示了检察法律的内涵、外延；而不足是，忽略了国际检察法律的客观存在以及附属与专门性检察法律的客观存在。

第五，"所谓检察法，即检察法律的简称。作为法律及其司法法的一种，它是指由国家依法制定或认可的、规范检察机关及其检察人员（以下统称'检方'）行为之法律及其法律规范的总称，抑或检察法是指由国家制定或认可的，支撑、规范、调整和引领检察制度诸要素，例如，检察机关及其检察人员（含正副检察长，检察官或检察员、助理检察员，书记员、司法警察等）及其检察权能之广义法律及其法律规范的总和。因此，检察法又包括检察法律与检察法律规范两种。前者包括诸如我国《检察院组织法》、《检察官法》等专门的'检察法典'，后者则包括诸如'人民检察院是国家的法律监督机关'（《宪法》第 129 条）、'人民检察院依法对刑事诉讼实行法律监督'（《刑事诉讼法》第 8 条）等检察法律规范。"② 因此，此定义的可取之处在于，大体上揭示了检察法律的内涵、外延；而不足在于：一是忽略了国内与国际、附属与专门、全局与局部性检察法律的并存性；二是将狭义的检察法律界定为检察法典而不包括其他专门性检察法律［如最高人民检察院《人民检察院国家赔偿工作规定》（2010 年 11 月 11 日）］，也值得商榷。

总之，上述定义都或多或少地弱化了检察法律概念的普适性，也都忽略了国内与国际、附属与专门、全局与局部性检察法律的并存性，可谓"管中窥豹，只见一斑"。

---

① 参见杨迎泽、薛伟宏："人民检察院组织法回顾"，载孙谦主编：《检察论丛》第 16 卷，法律出版社 2011 年版。

② 参见曹南江：《新中国检察法之特点》，载《第七届国家高级检察官论坛会议文章》，国家检察官学院、大连市人民检察院 2011 年 10 月编印。

（二）本书观点

那么，应如何给检察法律下一个科学而正当的定义？本书认为，为保证检察法律概念的普适性，应把握以下两方面：

一方面，检察法律是出现于近现代国家的社会存在，也是"检察法"的全称；它既是关于检察的法律及其法律规范的总称，也是一个法学名词乃至广义的法律术语。

另一方面，从内涵、本质上说，它就是旨在规范检方权力或行为之行为规范的总和；从外延或形式上讲，它除包括检察法律（亦即专门性检察法律，包括检察法典和其他专门性检察法律）与检察法律规范（亦即附属性检察法律）之外，还包括国内与国际检察法律两类；而国内与国际检察法律又包括附属与专门性、实体与程序性、全局与局部性、一般与特殊性、成文与不成文检察法律等多种形态。

因此，不论是国内法还是国际法中，凡是规范检方权力或行为的法律及其法律规范，本书都称之为检察法律。

二、检察法律的类型

自世界上第一部检察法律随着 1670 年法国国王路易十四颁布刑事法律敕令而诞生以来，作为旨在规范检方权力或行为的国际与国内检察法律的总称，检察法律不仅神形兼备地存在于"三大法系"之中，而且除包括检察法律和检察法律规范之外，还包括许多类型。

（一）国内和国际检察法律

据制定主体、管辖效力范围和适用对象的不同，可将其分为国内和国际检察法律两类。

1. 国内检察法律。即由国家或地区依法制定或认可的、旨在规范本国本地区检方权力或行为的国内法（含法律规范）的总称。其中，国内法是相对于国际法而言的，是指"由本国制定或认可，在本国主权管辖范围内适用的法律。其内容以调整本国内部社会关系为主。包括宪法、行政法、民法、刑法、诉讼法等成文法以及国内认可的习惯、判例等不成文法"；① 制定是指"定出（法律、章程、计划等）"，认可是指"承认；许可"。② 因此，法律制定是先前没有法律而后制定出法律，法律认可则是先前有相关的法律而后承认该法律的适用效力。例如，各国或地区对《联合国反腐败公约》的签署并批准，就是一种法律认可。

另外，诸如《韩国检事惩戒法》（1986 年 12 月 31 日修正）、《波兰人民共和国检察院法》（1985 年 6 月 20 日）、《英国皇家检察官准则》和我国《最高人民检察署试行组织条例》（1949 年 12 月 2 日）、香港特别行政区《香港律政司检控政策及常规》（2008 年 12 月 23 日修正）、③ 澳门特别行政区《司法组织纲要法》（2004 年 8 月 12 日修正）、我国台湾地区"司法人员人事条例"（1989 年 12 月 22 日）等中外法律，以及诸如"最高司法委员会检察官事务组对检察官的提名提供意见"［《法国宪法》（2008 年 7 月 21 日修正）第 64 条］、"检察长应该在刑事诉讼程序的各个阶段，及时采取法律所规定的办法，消除一切违法行为，不论这种违法行为是由何人引起的"［《苏俄刑事诉讼法典》（1960 年 10 月 27 日）第 25 条第 2 款］、"在下述情况下，检察长应发布含有适用于检察官的一般原则的检察官规则：……"（英国《1985 年检察法》第 10 条）、"检察官或者司法警察员，关于监听的实施，

---

① 参见曹建明、何勤华主编：《大辞海·法学卷》，上海辞书出版社 2003 年版，第 6 页。

② 参见商务印书馆辞书研究中心修订：《新华词典》，商务印书馆 2001 年版，第 1269 页、第 826 页。

③ 另据中新社 2008 年 12 月 23 日报道，今天，香港律政司刑事检控专员举行简报会，江乐士资深大律师与律政司刑事检控专员及检控官一同向媒体展示《检控政策及常规》新修订版。《检控政策及常规》是检控人员的行为守则，旨在确保检控人员在刑事检控程序的各阶段，均能作出公正和一致的决定，并借此守则使公众明了刑事检控制度的运作。

可以要求通讯营业者等连接用于监听的机器或进行其他必要的协助，在此场合，通讯营业者等没有正当理由不得拒绝"〔日本《关于犯罪侦查中监听通讯的法律》（平成十一年法律第137号）〕、"司法警察官，在有不保全证据就难以使用该证据的情况时，应当向检事陈明其理由，申请保全证据"〔韩国法务部《司法警察官吏执行职务规则》（1975 年 10 月 28 日）第 48 条〕和我国"人民检察院的组织由法律规定"（《宪法》第 130 条第 3 款）、"各级人民检察院对审判监督程序以外的其他审判程序中审判人员的违法行为，有权向同级人民法院提出检察建议"（《民事诉讼法》第 208 条第 2 款）、"因国家安全或者追查刑事犯罪的需要，公安机关、国家安全机关或者检察机关可以依法检查、扣留有关邮件，并可以要求邮政企业提供相关用户使用邮政服务的信息"（《邮政法》第 32 条）、"被收容教育人员在收容教育期间死亡的，应当由公安机关组织法医或者指定医生作出死亡鉴定，经同级人民检察院检验，报上一级公安机关和人民检察院备案，并填写死亡通知书，通知被收容教育人员家属、所在单位和户口所在地公安派出所"〔国务院《卖淫嫖娼人员收容教育办法》（2011 年 1 月 8 日修正）第 21 条〕等中外法律规范，① 就属于典型的国内检察法律。

此外，据划分标准的不同，还可将国内检察法律分为附属与专门、中央与地方、实体与程序、一般与特殊性以及成文与不成文国内检察法律等多种形态。

2. 国际检察法律。即由国家间制定的、旨在规范国家间检方权力或行为的国际法（含法律规范）的总称。其中，国际法是指

---

① 参见：《苏俄刑事诉讼法典》，张仲麟等译，中国政法大学出版社 1989 年版，第 9 页；王克主编：《世界各国检察院组织法选编》，中国社会科学出版社 1994 年版，第 436 页；《日本刑事诉讼法》，宋英辉译，中国政法大学出版社 2000 年版，第 215 页；《韩国刑事诉讼法》，马向哲译，中国政法大学出版社 2004 年版，第 253 页。

"调整国家间相互关系的准则的总称。主要特点是：主体（权利和义务的承受者）为国家和国际组织而非个人和企业；其主要法律渊源是国际条约和国际惯例。没有像国内法那样的统一的立法机关、统一的司法机关和统一集中的强制执行机关，而是通过各国的协议来制定、修改和执行"；条约有广狭两义："广义指两个或两个以上国际法主体关于政治、经济、军事、文化等方面的相互权利和义务的各种书面协议，包括公约、协定、议定书、换文、联合宣言、联合声明、宪章等。狭义指以条约为名称的重要国家协议，如同盟条约、互不侵犯条约、友好合作互助条约、通商航海条约、边界条约等。条约以国际法为依据"；国际惯例是指"国际交往过程中逐渐形成的不成文的行为规则。有两种理解：其一，指作为国际法渊源之一的国际习惯；其二，专指不具有当然法律约束力的行为规则，如国际贸易中的离岸价格、到岸价格等"。①

另外，诸如《联合国关于检察官作用的准则》（1990 年 9 月 7 日，我国未签署）、《欧洲理事会成员国部长会议检察官在刑事司法制度中的作用》和《中华人民共和国最高人民检察院和墨西哥合众国总检察院合作协议》（2001 年 6 月 6 日）等国际法，② 以及诸如《联合国反腐败公约》第 39 条、《中华人民共和国和乌克兰关于民事和刑事司法协助的条约》（1992 年 10 月 31 日）第 2 条、《中华人民共和国和立陶宛共和国引渡条约》（2002 年 6 月 17 日）第 6 条、《中华人民共和国和俄罗斯联邦关于移管被判刑人的条约》（2002 年 12 月 2 日）第 3 条等国际法律规范，就属于典型的国际检察法律。

---

① 参见曹建明、何勤华主编：《大辞海·法学卷》，上海辞书出版社 2003 年版，第 441 页、第 453 页、第 441 页。

② 而值得说明的是，本书所引诸如此类"最高人民检察院国际合作协议"，主要源于最高人民检察院国际合作局 2008 年 3 月编印的《中华人民共和国最高人民检察院国际合作协议集》。

此外，与国内检察法律一样，据划分标准的不同，也可将其分为附属与专门、世界与地区、实体与程序、一般与特殊性以及成文与不成文国际检察法律等多种形态。

（二）附属性和专门性检察法律

据存在形态或是否具有附属（依附）性，可将其分为附属性和专门性检察法律两类。

1.附属性检察法律。即旨在规范检方权力或行为并附属于国际法或国内法中的检察法律规范的总称。因此，它类似于诸如"司法行政部门工作人员违反本法规定，滥用职权、玩忽职守，构成犯罪的，依法追究刑事责任"（《律师法》第56条）等附属刑法。它又包括以下两类：

（1）国际附属性检察法律。即旨在规范检方权力或行为并附属于国际法中的检察法律规范的总称。例如，《联合国打击跨国有组织犯罪公约》第29条第1款规定，各缔约国均应在必要时为其执法人员，包括检察官、进行调查的法官和海关人员及其他负责预防、侦查和控制本公约所涵盖的犯罪的人员开展、拟订或改进具体的培训方案。

《中华人民共和国和朝鲜民主主义人民共和国关于民事和刑事司法协助的条约》（2003年11月19日）第2条第2款规定，第1款所指的中央机关，在中华人民共和国方面为最高人民法院、最高人民检察院和司法部。在朝鲜民主主义人民共和国方面为中央裁判所和中央检察所。

《哈萨克斯坦共和国和中华人民共和国引渡条约》（1996年7月5日）第6条规定，为实施本条约，缔约双方应通过中华人民共和国经由外交途径通知的指定机关和哈萨克斯坦共和国司法部和总检察院进行联系。

（2）国内附属性检察法律。即旨在规范检方权力或行为并附属于国内法中的检察法律规范的总称。例如，苏联《军事法庭和军事检察机构条例》第 18 条规定，军事检察机构在工作上，以苏联立法及该管的加盟共和国立法为准则。

《日本检察官、公证人特别任用等审查会令》（2004 年 1 月 1 日）第 1 条第 1 款规定，检察官、公证人特别任用等审查会，组成委员为 12 名以内。

《新加坡最高法院法》第 42 条规定，检察官可担当上诉人，对刑事判决提出抗诉。

我国《监狱法》第 34 条第 2 款规定："人民检察院认为人民法院减刑、假释的裁定不当，应当依照刑事诉讼法规定的期间向人民法院提出书面纠正意见"；"两高"、民政部《人民法院、人民检察院司法警察抚恤办法》（1998 年 5 月 14 日）第 5 条规定："各级人民法院、人民检察院的政治工作部门，对伤亡司法警察的有关材料，应当严格管理，详细登记，按牺牲、病故、伤残分类建立档案，一人一档，长期保存"；陕西省人大常委会《陕西省各级人民法院、人民检察院、公安机关错案责任追究条例》（1996 年 3 月 27 日）第 6 条规定："人民代表大会常务委员会对本级人民法院、人民检察院和公安机关的错案责任追究工作进行监督。"

而总的来说，"三大法系"国家（如我国）之国内附属性检察法律，还至少包括：检察宪法、基本法律、法律、行政法规、法定解释（包括立法、司法、检察、审判和行政解释）、政策、行政规章、执政党政策规范（以上 8 种检察法律规范属于全国性检察法律规范），以及检察地方性法规、自治条例、单行条例、规章规范，准司法解释和其他规范性文件规范（以上 6 种检察法律规范属于地方性检察法律规范）等 14 种情形。

2. 专门性检察法律。即旨在规范检方权力或行为的、国际与国内专门性检察法律的总称。它又包括以下两类：

（1）检察法典。即旨在规范检方权力或行为的国内与国际法典的总称。因此，它类似于诸如《中华人民共和国刑法》等刑法典。它又包括以下两类：

一类是诸如《联合国关于检察官作用的准则》等国际检察法典。

另一类是诸如俄罗斯《联邦检察机关法》（2005年11月4日修正）和《联邦检察官法》、越南《人民检察院组织法》（1992年10月7日）和《人民检察官法》（2002年10月4日）、澳大利亚《1982年检察长法》和《检察官法》（1986年），以及我国《检察院组织法》和《检察官法》等国内检察法典。

此外，据制定主体、适用效力范围等不同，还可将国内检察法典分为全国（或中央）与地方性检察法典两种。例如，苏联的《苏联检察院条例》与《南高加索社会主义联邦苏维埃共和国检察机关条例》。

（2）其他专门性检察法律。即除检察法典之外的、国内与国际其他专门性检察法律的总称。因此，它类似于诸如全国人大常委会《关于加强反恐怖工作有关问题的决定》（2011年10月29日）等特定刑法。它又包括以下两类：

一类是国际其他专门性检察法律。例如，《国际检察官联合会检察官职业责任准则和主要权利义务准则》（亦译为《国际检察官联合会检控人员专业责任守则和主要职责及权利的声明》，1999年4月23日通过，我国未签署）、《欧洲委员会关于以刑法保护欧盟财政利益和设立欧洲检察院的绿皮书》（2001年12月11日）、《中华人民共和国最高人民检察院和蒙古国总检察院关于加强人员交流与合作的备忘录》（2005年12月19日）。

另一类是国内其他专门性检察法律。例如，《大韩民国检事惩戒法》、《英国皇家检察官准则》、《苏联检察监督条例》（1955年5月24日修正）以及我国最高人民检察院《检察人员执法过错责任追究条例》（2007年9月26日）。

此外，据制定主体、适用效力范围等不同，还可将其分为全国（或中央）与地方其他专门性检察法律两种。例如，苏联的

《检察监督条例》与《乌克兰检察监督条例》；加拿大的《联邦检控专员法》（2006 年 12 月 12 日）与《新斯科舍省公诉法》（1990 年 9 月）；我国最高人民检察院《人民检察院执法办案内部监督暂行规定》（2008 年 3 月 3 日）和《检察官职业道德规范》（2002 年 2 月 26 日）等全国其他专门性检察法律以及诸如山西省人大常委会《关于批准省人民检察院提请设立山西省晋城晋普山地区人民检察院的决议》（1985 年 4 月 30 日）、辽宁省人大常委会《关于在省属大型劳改、劳教场所设置人民检察院的决议》（1981 年 12 月 23 日）、新疆维吾尔自治区人大常委会《关于批准自治区人民检察院设立三个派出机构的决议》（1984 年 11 月 2 日）、沈阳市人大常委会《关于加强检察机关法律监督工作的决定》（1999 年 5 月 26 日）、云南省昆明市人大常委会《关于进一步加强人民检察院对诉讼活动的法律监督工作的决议》（2009 年 6 月 12 日）、安徽省人大常委会《关于加强民事行政检察工作的决议》（2001 年 12 月 27 日）、四川省人大常委会《关于加强全省检察机关人民监督员试点工作的决议》（2004 年 7 月 30 日）等地方其他专门性检察法律。

（三）制定性和认可性检察法律

据创制方式的不同，可将其分为制定性和认可性检察法律两类：前者是指通过制定方式而产生的检察法律。例如，成文检察法律都是制定法，而后者是指通过认可方式而产生的检察法律。例如，各国对联合国《关于检察官作用的准则》、《反腐败公约》的签署并批准，就是一种对国际检察法律的认可。

（四）全局性和局部性检察法律

据制定主体、管辖效力范围的不同，可将其分为全局（全国、中央）性和局部（区域、地方）性检察法律两类：前者是指管辖效力范围及于全局、全国或中央之检方权力或行为的检察法律；后者是指管辖效力范围仅限于特定区域、地方或局部之检方权力或行为的检察法律。例如，在国际检察法律层面，《联合国反腐败公约》就属于全局性检察法律，而欧洲委员会《关于以刑法保护欧盟财政利益和设立欧洲检察院的绿皮书》、《中华人民共和国最高人民检察院和阿塞拜疆共和国总检察院合作协议》（1999 年 9 月 8 日）则属于局部性检察法律。

在国内检察法律层面，德国既有诸如《法院组织法》（2007 年 4 月 13 日修正）、《法官法》等全国性检察法律，[①] 也有诸如《检察机关组织和工作命令》等地方性检察法律；澳大利亚既有诸如《1986 年检察长法》和《1983 年检察官法》等全国性检察法律，也有诸如《新南威尔士州起诉准则》等地方性检察法律；[②] 苏联既有诸如《苏联检察院条例》等全国性检察法律，也有诸如《白俄罗斯关于检察人员的权限》（1924 年 6 月 20 日）等地方性检察法律。[③] 而我国既有诸如《检察官法》、最高人民检察院《人民检察院刑事诉讼规则（试行）》等全国性检察法律，也有诸如海南省人大常委会《海南省各级人民法院、人民检察院、公安机关错案责任追究条例》、（1997 年 9 月 26 日）、河南省人民检察院《关于自侦案件涉案款物处理工作的规定》（2007 年 9 月 25 日）等地方性检察法律。

（五）实体性和程序性检察法律

从国内检察法律层面上说，一方面，诸如俄罗斯联邦《检察机关法》和《检察官法》、澳大利亚《1982 年检察长法》和

---

① 参见魏武：《法德检察制度》，中国检察出版社 2008 年版，第 320 页、第 324 页、第 172 页。其中，《法院组织法》第 141 条规定："在每个法院都应存在一个检察院"；《法官法》第 122 条第 1 款规定："只有具有履行法官职务资格之人（第 5 条至第 7 条），方可被任命为检察官。"

② 参见何家弘主编：《检察制度比较研究》，中国检察出版社 2008 年版，第 57 页、第 76 页。

③ 参见《苏维埃检察制度（重要文件）》，党凤德等译，中国检察出版社 2008 年版，第 341 页、第 242 页。

《1986 年检察官法》、越南《人民检察院组织法》和《人民检察官法》等检察院组织法和检察官法本身，就是名副其实的实体法。因为"实体法亦称'主法'、'主体法'，'程序法'的对称，规定法律关系主体之间权利、义务本体的法律。如宪法、刑法、民法、行政法、组织法等"。① 另一方面，诸如《日本检察厅事务章程》、《韩国检察案件规则》、我国《吉林高等检察厅处务规则》（1926 年 2 月 25 日）、《澳大利亚联邦检察院起诉规则》等检务章程以及案件管理、处务和起诉规则本身，就是名副其实的程序法。因为"程序法是'实体法'的对称。规定实体法运用手续、程序、方法的法律。如立法程序法、行政程序法、刑事诉讼法、民事诉讼法、行政诉讼法等"。② 当然，这些检察法律本身，也是实体法与程序法规范并存的。例如，英国《1985 年检察法》既有诸如"检察长的职责"（第 3 条）等实体性检察法律规范，也有诸如"治安法庭诉讼的中断"等程序性检察法律规范；韩国《检察案件规则》既有诸如"案件记录的处理"（第 5 条）等实体性检察法律规范，也有诸如"受理程序"（第 3 条）等程序性检察法律规范。

从国际检察法律层面上讲，诸如联合国《关于检察官作用的准则》和《反腐败公约》第 39 条，就是名副其实的实体性检察法律；而诸如《联合国国际刑事法院罗马规约》（1998 年 7 月 17

---

① 参见曹建明、何勤华主编：《大辞海·法学卷》，上海辞书出版社 2003 年版，第 4 页。

② 参见曹建明、何勤华主编：《大辞海·法学卷》，上海辞书出版社 2003 年版，第 4 页。

日）第 15 条,① 则是实实在在的程序性检察法律规范。同样，这些国际检察法律本身，也是实体法与程序法规范并存的。

而无论是国内还是国际检察法律，既有附属性与专门性检察法律内容，也有实体性与程序性检察法律内容。比较而言，附属性检察法律不仅要早于专门性检察法律产生，也为当今各国或地区所普遍拥有；专门性检察法律仅为少数国家或地区所制定，且数量少于附属性检察法律，并以检察院组织和检察官"两法典"以及起诉或检务规则等其他专门性检察法律最为常见。

（六）显性和隐性检察法律

据法律是否明显彰显检察法律特点，或者法律条文内容是否含有"检察"一词，还可将其概分为显性与隐性检察法律两类。其中，显性是相对于隐性而言的，即性质或性状表现在外；隐性是相对于显性来说的，即性质或性状隐藏在内。

所谓显性检察法律，是指明显彰显检察法律特点，或者法律条文内容含有"检察"一词的法律。例如，《联合国关于检察官作用的准则》、《大韩民国检察厅法》（1988 年 12 月 31 日修正）、英国《1985 年检察法》和《苏联检察院法》（1987 年 6 月 16 日修正）等。

---

① 其中，第 15 条（检察官）第 1 款规定："（1）检察官可以自行根据有关本法院管辖权内的犯罪的资料开始调查。（2）检察官应分析所收到的资料的严肃性。为此目的，检察官可以要求国家、联合国机构、政府间组织或非政府组织，或检察官认为适当的其他可靠来源提供进一步资料，并可以在本法院所在地接受书面或口头证言。(3）检察官如果认为有合理根据进行调查，应请求预审分庭授权调查，并附上收集到的任何辅助材料。被害人可以依照《程序和证据规则》向预审分庭作出陈述。（4）预审分庭在审查请求及辅助材料后，如果认为有合理根据进行调查，并认为案件显然属于本法院管辖权内的案件，应授权开始调查。这并不妨碍本法院其后就案件的管辖权和可受理性问题作出断定。（5）预审分庭拒绝授权调查，并不排除检察官以后根据新的事实或证据就同一情势再次提出请求。（6）检察官在进行了第一款和第二款所述的初步审查后，如果认为所提供的资料不构成进行调查的合理根据，即应通知提供资料的人。这并不排除检察官审查根据新的事实或证据，就同一情势提交的进一步资料。"

所谓隐性检察法律，是指隐含检察法律特性，或者法律条文内容不含有"检察"一词，但却具有检察法律特点的法律。例如，《联合国执法人员行为守则》（1979年12月17日，我国未签署）第1条"执法人员无论何时均应执行法律赋予他们的任务，本着其专业所要求的高度责任感，为社会群体服务，保护人人不受非法行为的伤害"中的"执法人员"，就理应包括检察人员。为此，其"评注"也明确指出："'执法人员'一词包括行使警察权力、特别是行使逮捕或拘禁权力的所有司法人员，无论是指派的还是选举的。"

　　再如，我国《刑法》第93条第1款"本法所称国家工作人员，是指国家机关中从事公务的人员"中的"国家工作人员"，理当包括检察人员。因此，此条也属于隐性检察法律规范。

　　又如，《罗马尼亚人民共和国关于检察署组织与活动的法令》（1948年4月22日）第21条"检察长由主席团以法令任命。检察长就职时，根据国家工作人员章程所规定的规则宣誓"中的"国家工作人员章程所规定的规则"，[①]也属于隐性检察法律。

　　而之所以作显性与隐性检察法律的分类，主要说明检察法律的"无时不有，无处不在"。

　　（七）规范检察诉讼监督权和非诉讼监督权的检察法律

　　据检察法律所规范检察权性质的不同，可将其分为规范检察诉讼监督权的检察法律与规范检察非诉讼监督权的检察法律两类。

　　1. 规范检察诉讼监督权的检察法律。所谓检察诉讼监督权，是指检方在诉讼过程中依法所执掌的权能的总称，包括检察刑事、民事和行政诉讼监督权三种。因此，规范检察诉讼监督权的检察法律包括以下三种：

　　（1）规范检察刑事诉讼监督权的检察法律。即旨在规范检方

---

　　① 参见《检察制度参考资料》第三编（上），最高人民检察院研究室1980年编印，第35页。

刑事诉讼监督权或行为的检察法律的总称。

例如，俄罗斯《侦查搜查活动法》（1992年3月13日）、《执行剥夺自由刑罚的机关和机构法》（1993年7月21日）、《犯罪嫌疑人和被告人羁押法》（1995年7月15日）、《刑事执行法典》（1997年1月8日）、《刑事诉讼法典》（2001年11月12日）、《刑事执行体系看守所的内部规章》（2005年10月14日）和《劳动改造机构的内部规章》（2005年11月3日），美国《律师协会刑事司法准则》之《检察职能》和《检察侦查》、《全美检察准则》、《联邦地区检察长手册》，苏联《检察监督条例》、《刑事诉讼法》，以及我国《刑事诉讼法》、最高人民检察院《检察机关执法工作基本规范（2010年版）》（2010年12月29日），其中都有规范检察刑事诉讼监督权的检察法律规范。

（2）规范检察民事诉讼监督权的检察法律。即旨在规范检方民事诉讼监督权或行为的检察法律的总称。例如，《法国民事诉讼法典》第421条规定，检察院得作为主当事人进行诉讼或者作为从当事人参加诉讼；于法律规定之情形，检察院代表他人；

《老挝民事诉讼法》（2003年5月6日修正）第4条规定，为保护国家或公共利益，各级检察官办公室可提起民事诉讼；

《苏联和各加盟共和国民事诉讼纲要》第14条（民事诉讼中检察长的监督）第1款规定，苏联总检察长及所属各级检察长，对民事诉讼中是否切实和一致执行苏联、各加盟共和国和自治共和国的法律，实行监督。

而我国《民事诉讼法》第14条、第208条至第213条、第235条和"两高"《关于对民事审判活动与行政诉讼实行法律监督的若干意见（试行）》（2011年3月10日）以及安徽省人大常委会《关于加强民事行政检察工作的决议》，其中都有规范检察民事诉讼监督权的检察法律规范。

（3）规范检察行政诉讼监督权的检察法律。即旨在规范检方行政诉讼监督权或行为的检察法律的总称。例如，《南斯拉夫社会主义联邦共和国行政诉讼法》（1977 年 7 月 1 日）第 2 条第 3 款规定，如果违法的行政文件有利于个人、联合劳动组织、其他自治组织或共同体，具有管辖权的检察员或法律授权的其他机关可以提起行政诉讼。为此，所有国家机关、联合劳动组织、其他自治组织和共同体一旦发现此种性质的行政文件，有义务向具有管辖权的的检察员或法律授权的其他机关报告。

《格鲁吉亚行政诉讼法典》（1999 年 7 月 23 日）第 21 条规定，在行政诉讼过程中，检察官可依法定程序阻止公职人员或其家庭成员、近亲属财产的非法或不合理转让；经法院批准，检察官有权扣押、冻结被逮捕公职人员或其家庭成员、近亲属的财产或银行账户；如果法院证明公职人员或其家庭成员、近亲属、相关人员拥有不合法、不合理的财产时，检察官有权追究该公职人员的刑事犯罪行为。

《新加坡政府诉讼程序法》（1965 年 2 月 25 日）第 19 条规定，对于政府及其公务员所提起的诉讼，总检察长代表应诉。

而我国《行政诉讼法》第 10 条、第 56 条、第 64 条和最高人民检察院《关于最高人民检察院检察委员会审议民事行政抗诉案件范围的规定》（2004 年 7 月 27 日）以及安徽省人大常委会《关于加强民事行政检察工作的决议》，其中都有规范检察行政诉讼监督权的检察法律规范。

2. 规范检察非诉讼监督权的检察法律。所谓检察非诉讼监督权，是指检方在非诉讼过程中依法所执掌的权的总称；[①] 而规范检察非诉讼监督权的检察法律，即旨在规范检方非诉讼监督权或行为的检察法律的总称。

例如，《德国秩序违反法》第 35 条第 1 款规定，违反秩序行为一般由行政机构负责处罚，在特殊情况下由检察官或法官进行处罚；

《阿富汗产权交易法》（1999 年 8 月 5 日）第 22 条规定，如果财产交易商屡次违反承诺，检察官办公室可根据主管法院裁决终止其业务或注销其许可证；

《波兰人民共和国检察署法》（1950 年 7 月 24 日）第 4 条规定，总检察长可提请国务委员会解释现行法律；

《美国谢尔曼反托拉斯法》（1890 年）第 4 条规定，各区的检察官，以司法部长的指示，在其各自区内提出衡平诉讼，以防止、限制违反本法行为。

而我国全国人大常委会《批准〈国务院关于劳动教养的补充规定〉的决议》第 5 条和《关于加强法律解释工作的决议》第 2 条，以及《立法法》第 12 条、《监督法》第 31 条，就属于规范检察非诉讼监督权的检察法律规范。

（八）成文和不成文检察法律

据表现形式的不同，可将其分为成文与不成文检察法律两类。

---

① 而实践中，也有人认为，"（检察）非诉讼监督权，是指检察机关对一些非诉讼活动进行监督的职权。检察权的前几项内容（即公诉权、公务犯罪侦查权、逮捕权、诉讼监督权）都是与诉讼活动直接相关的，要么是通过诉讼行为行使，要么是针对其他机关的诉讼活动行使。但根据法律规定，检察机关还拥有一些针对非诉讼活动的监督权，我们姑且称之为非诉讼监督权。非诉讼监督权并非是针对所有非诉讼活动的，而是有其特定范围和内容的，与理论上所谓的'一般监督权'是不同的。检察机关的非诉讼监督权包括两个方面：（1）对劳动教养活动的监督权。……（2）参与综合治理、预防犯罪权"（参见刘立宪等：《检察机关职权研究》，载《检察论丛》第 2 卷，法律出版社 2000 年版）。

由于成文法是指"有权制定法律规范的国家机关按照法定程序所制定的、以规范性文件的形式表现出来的法。如宪法性法律、普通法律、行政法规等。在法学上，称为法的直接渊源（法源），它们都直接具有法律效力。国际条约也属于成文法的范畴，对缔约国具有约束力。在一般法学著作中，成文法亦称'制定法'"，不成文法是指"未经国家制定，但经国家认可并赋予法律效力的行为规则。如习惯法、判例法、法理等。在法学上，称为法的间接渊源。在一般法学著作中，不成文法亦称为'非制定法'"。①因此，成文检察法律就是以成文法形态存在的检察法律。例如，《国际检察官联合会检控人员专业责任守则和主要职责及权利的声明》（1999 年 4 月 23 日）、《欧洲委员会关于以刑法保护欧盟财政利益和设立欧洲检察院的绿皮书》、《中华人民共和国最高人民检察院和阿拉伯埃及共和国总检察院合作谅解备忘录》（2000 年 9 月 11 日），以及日本《检察厅法》和《检察厅事务章程》、苏联《检察监督法》和《检察院法》、英国《1985 年检察法》和《皇家检察官准则》。

而不成文检察法律，就是以不成文法形态存在的检察法律。例如，联合国《世界人权宣言》（1948 年 12 月 10 日）第 11 条和《公民权利和政治权利国际公约》（1976 年 3 月 23 日，我国已签署尚未批准）第 14 条第 2 款所确立的"无罪推定原则"，以及诸如《美国律师协会刑事司法准则》之《检察职能》和《侦查职能》、《全美检察准则》和《联邦地区检察长手册》等检察判例。其中，《联邦地区检察长手册》第 9—2.101 条特别规定，尽管《全美律师协会刑事司法准则》尚未为司法部作为官方政策予以证实采纳，但虑及法院定罪量刑时对该准则大加援用，建议所有联邦地区检察长仔细参详之。

---

① 参见曹建明、何勤华主编：《大辞海·法学卷》，上海辞书出版社 2003 年版，第 4 页。

（九）宪法、基本法律、法律、法律解释、行政法规等型检察法律

据法律位阶的不同，还可将"三大法系"检察法律按照效力等级从高到低依次分为：宪法、基本法律、法律、法律解释、行政法规等型检察法律。例如：

日本既有诸如"检察官必须遵守最高法院制定的规则"（《宪法》第 77 条第 2 款）、《检察厅法》等宪法型检察法律，也有诸如"拘传证或者羁押证，根据检察官的指挥，由检察事务官或者司法警察职员执行"（《刑事诉讼法》第 70 条第 1 款）等基本法律型检察法律；既有诸如《检察审查会法》、《检察官俸给法》等法律型检察法律，也有诸如《检察厅事务章程》等法律解释型检察法律与《检察官适格审查会令》（2000 年 6 月 7 日修正）、《检察官、公证人特别任用等审查会令》等行政法规型检察法律。[①]

爱尔兰既有诸如"总检察长是政府法律问题或法律意见方面的顾问，其在宪法或法律的明确规定下行使和履行其权力、职责和义务"（《宪法》第 30 条第 1 款）等宪法型检察法律，也有诸如"如果检察长认为对于严重犯罪案件作出的判决畸轻的话，他可以要求上诉法院重新审核该判决"（1993 年《刑事司法法》）、《起诉法》等基本法律型检察法律，还有诸如"如果犯罪人从监狱逃跑或者实施非法行为，监狱管理人员将通知警察。一旦被抓获，该犯罪人将被立即带回监狱，并且警察将会向检察长提交该案件以便决定是否起诉犯罪人的脱逃或者非法行为"（1960 年《服刑人员暂时释放条例》）等法律型检察法律。[②]

苏联既有诸如"苏联总检察长及所有下级检察长的每届任

---

① 参见徐尉：《日本检察制度概述》，中国政法大学出版社 2011 年版；《日本刑事诉讼法》，中国政法大学出版社 2000 年版。

② 参见［荷兰］皮特·J. P. 泰克编著：《欧盟成员国检察机关的任务和权力》，吕清、马腾飞译，中国检察出版社 2007 年版，第 163～164 页。

期，均为 5 年"（《宪法（根本法）》第 167 条）等宪法型检察法律，也有诸如《苏联检察监督条例》等基本法律型检察法律；既有诸如《关于苏联检察长定名为苏联总检察长的法令》（1946 年 3 月 19 日）等法律型检察法律，也有诸如《关于改善检察机关审查报告的工作》（1946 年 7 月 3 日）等法律解释型检察法律与《关于苏联检察院的编制》（1936 年 11 月 5 日）等行政法规型检察法律。①

而在我国目前，除有上述五种法律位阶型的检察法律外，② 还有诸如最高人民检察院《关于加强检察机关领导班子思想政治建设的实施意见》（2009 年 4 月 24 日）等检察政策规范；

诸如"戒毒人员在强制隔离戒毒期间死亡的，强制隔离戒毒所应当立即向主管公安机关报告，同时通报强制隔离戒毒决定机关，通知其家属和同级人民检察院"［公安部《公安机关强制隔离戒毒所管理办法》（2011 年 9 月 28 日）第 38 条］、"同一案件既涉嫌职务犯罪又涉嫌其他犯罪，检察机关与公安机关分别具有管辖权的，向案件所涉嫌主罪的管辖机关移送"［财政部《财政监督检查案件移送办法》（2008 年 12 月 16 日）第 7 条第 2 款］等检察行政规章规范；

诸如"本规定所称县级以下党政领导干部，是指县（旗）、自治县、不设区的市、市辖区直属的党政机关、审判机关、检察

---

① 参见：《苏维埃检察制度（重要文件）》，党凤德等译，中国检察出版社 2008 年版，第 322 页、第 411 页、第 386 页、第 387 页、第 360 页。

② 例如，《宪法》第 129 条和《检察院组织法》（即宪法型检察法律）→《刑事诉讼法》第 8 条和《刑法》第 88 条（即基本法律型检察法律）→《监狱法》第 6 条和《人民警察法》第 18 条（即法律型检察法律）→"两高"《关于人民检察院检察长列席人民法院审判委员会会议的实施意见》（2010 年 1 月 12 日）和最高人民检察院《人民检察院检察建议工作规定（试行）》（2009 年 11 月 17 日）（即法律解释型检察法律）→国务院《行政执法机关移送涉嫌犯罪案件的规定》（2001 年 7 月 9 日）第 17 条和《生产安全事故报告和调查处理条例》（2007 年 4 月 9 日）第 12 条（即行政法规型检察法律）。

机关、群众团体和事业单位的党政正职领导干部，乡、民族乡、镇的党委、人民政府正职领导干部"［中共中央办公厅、国务院办公厅《县级以下党政领导干部任期经济责任审计暂行规定》（1999 年 5 月 24 日）第 2 条］等检察执政党政策规范；

诸如"因审理、办理案件或者其他工作需要，人民法院、人民检察院、其他有关国家机关或者组织要求查阅公证档案的，相关公证机构应当依法予以配合"［江苏省人大常委会《江苏省公证条例》（2012 年 1 月 1 日）第 38 条第 2 款］等检察地方性法规规范；

诸如"自治县人民法院和人民检察院领导成员和工作人员中应有适当比例的满族公民"［辽宁省宽甸满族自治县人大常委会《宽甸满族自治县自治条例》（2010 年 12 月 18 日）第 19 条第 2 款］等检察地方性自治条例规范；

诸如"市人民代表大会选出的市人民检察院检察长，须报经省人民检察院检察长提请省人民代表大会常务委员会批准"［济南市人大《济南市人民代表大会议事规则》（1999 年 3 月 1 日）第 41 条第 4 款］等检察地方性单行条例规范；

诸如"凡本市审判机关、检察机关和行政执法机关罚没财物收据的使用和管理，均适用本办法"［北京市人民政府《北京市罚没财物收据使用和管理暂行办法》（1997 年 12 月 31 日修正）第 2 条］等检察地方性规章规范；

诸如江西省人民检察院《关于确保查办职务犯罪案件质量的 20 条规定（试行）》（2005 年 1 月 19 日）、安徽省马鞍山市人民检察院《巡视工作实施办法》（2008 年 12 月 2 日）、吉林省长春市南关区人民检察院《民事行政办案流程管理规定》（2005 年 7 月 15 日）等检察其他规范性文件的规范型检察法律。

（十）法、命令、法令、章程、条例、规则、准则、公（条）约、协议（定）、谅解备忘录型检察法律

无疑，法律文本是最典型的公文；而作为公文的法律文本同

样有公文文种要求、特点。所谓文种,即"公文文种(种类)"的简称,是指法定的、公文的具体类型(种类)。譬如,国务院《国家行政机关公文处理办法》(2000年8月24日)第9条就规定,行政机关的公文种类主要有:命令(令)、决定、公告、通告、通知、通报、议案、报告、请示、批复、意见、函和会议纪要13种;最高人民检察院《公文处理办法》(2005年10月28日)第7条也规定,最高人民检察院机关公文种类主要有:议案,报告,决定,公告,通告,条例、规则、规定、细则,意见、办法,通知,通报,请示,批复,命令,函,会议纪要14类;而《最高人民检察院司法解释工作规定》第17条则规定:"司法解释文件采用'解释'、'规定'、'规则'、'意见'、'批复'等形式,统一编排最高人民检察院司法解释文号。"因此,据文种的不同,可将"三大法系"国家(特别是我国)或地区检察法律分为以下十种:①

第一,文种为"法"的检察法律。例如,《日本检察厅法》、《波兰人民共和国检察院法》(1985年6月20日)、英国《1985年检察法》以及我国《检察院组织法》和《检察官法》。

第二,文种为"命令"的检察法律。例如,俄罗斯《关于检察机关任务的命令》(1992年3月11日)、苏联《关于从苏维埃社会主义共和国联盟检察院中央机关向工作组织的地区主题原则过渡的命令》(1989年2月3日)以及我国《福建省苏维埃政府工农检察部命令第一号》(1932年10月5日)、《陕甘宁边区政府(有关检察制度)命令》(1946年11月12日)、《江苏省苏南人民行政公署命令——为撤销苏州专区检察分署令知遵照由》。

第三,文种为"法令"的检察法律。例如,《葡萄牙总检察

---

① 参见王克主编:《世界各国检察院组织法选编》,中国社会科学出版社1994年版;徐尉:《日本检察制度概述》,中国政法大学出版社2011年版;《苏维埃检察制度(重要文件)》,党凤德等译,中国检察出版社2008年版。

长第 295—A/90 号法令》、苏联《关于苏联检察长定名为苏联总检察长的法令》（1946 年 3 月 19 日）、《马耳他总检察长和共和国法律顾问（机构设置）法令》（1936 年），以及我国全国人大常委会《关于中华人民共和国建国以来制定的法律、法令效力问题的决议》（1979 年 11 月 29 日）。

第四，文种为"章程"的检察法律。例如，《古巴共和国总检察院组织章程》（1977 年 8 月 10 日）、《日本检察厅事务章程》（1991 年 6 月 8 日修正）、《西班牙国检察部组织章程》（1981 年 12 月 10 日），以及我国《高等以下各级审判厅试办章程》［亦称《各级审判厅试办章程》，光绪三十三年十月二十九日（1907 年 12 月 4 日）］、司法部《高等检察厅办事章程》（1919 年 8 月 23 日）、最高人民检察院《检察官考评委员会章程（试行）》（1995 年 8 月 7 日）。

第五，文种为"条例"的检察法律。例如，《奥地利检察机关组织法的实施条例》、《保加利亚人民共和国检察院组织法实施条例》（1981 年 7 月 17 日）、《爱尔兰 1960 年服刑人员暂时释放条例》，以及我国司法部《各省高等法院检察官办事权限暂行条例》（1927 年 12 月 23 日）、《中华苏维埃共和国工农检察部的组织条例》（1931 年 11 月 20 日）、《最高人民检察署暂行组织条例》（1951 年 9 月 3 日）、最高人民检察院《人民检察院监察工作条例》（2000 年 5 月 25 日）。

第六，文种为"规则"的检察法律。例如，《大韩民国检察案件事务规则》（1988 年 12 月 19 日修正）、《苏联关于撤销全俄肃反委员会以及关于搜查、扣押和逮捕的规则》（1922 年 2 月 6 日）、《马尔代夫司法人员叙用委员会规则》（2005 年）、《联合国少年司法最低限度标准规则》（亦称《北京规则》，1985 年 11 月 29 日），以及我国《检察厅驻厅司法警察职务规则》（清末）、《江苏各级检察厅办事规则》［宣统二年（1910 年）］、总检察厅《检察执务应行注意事项规则》（1915 年 11 月 22 日）、最高人民检察院《人民检察院鉴定规则（试行）》（2006 年 11 月 30 日）。

第七，文种为"准则"的检察法律。例如，《德国刑事诉讼程序和罚金程序准则》、《美国律师协会刑事司法准则》、《联合国关于检察官作用的准则》、《国际检察官联合会检察官职业责任准则和主要权利义务准则》，以及我国司法部《劳改劳教工作干警行为准则》（1991 年 9 月 10 日）。

第八，文种为"公（条）约"的检察法律。例如，联合国《反腐败公约》、《制止恐怖主义爆炸的国际公约》（1997 年 12 月 15 日，2001 年 12 月 13 日对我国生效）、《打击跨国有组织犯罪公约》，以及我国外交部条约法律司《关于我与有关国家司法协助条约生效情况的通知》（1994 年 7 月 5 日）、《中华人民共和国和越南社会主义共和国关于民事和刑事司法协助的条约》（1999 年 12 月 25 日）、《中华人民共和国和巴基斯坦伊斯兰共和国引渡条约》（2003 年 11 月 3 日）、《中华人民共和国和印度尼西亚共和国关于刑事司法协助的条约》（2006 年 7 月 28 日）。

第九，文种为"协定（议）"的检察法律。例如，《中华人民共和国最高人民检察院和古巴共和国总检察院合作协定》（1992 年 9 月 1 日）、《中华人民共和国最高人民检察院和斯洛伐克共和国总检察院合作协议》（1994 年 4 月 10 日）。

第十，文种为"谅解备忘录"的检察法律。例如，《中华人民共和国最高人民检察院和希腊共和国总检察院合作备忘录》（1995 年 10 月 15 日）。

（十一）大陆、英美和社会主义法系检察法律

据一国或地区所处法系的不同，也可将其检察法律分为大陆、英美和社会主义法系检察法律 3 种。

另据有关资料统计显示，在现今的 200 个国家（包括联合国成员国 193 个，非成员国 7 个）和 31 个地区中，有 137 个国家和 16 个地区属于大陆法系检察法律范畴，63 个国家和 15 个地区属

于英美法系检察法律范畴，16 个或 39 个国家曾经或现今仍属社会主义法系检察法律范畴。

截至 2012 年 11 月 30 日，属于大陆法系检察法律的国家和地区包括：亚洲的中国、阿富汗、阿拉伯联合酋长国、阿曼、阿塞拜疆、巴勒斯坦、巴林、不丹、朝鲜、东帝汶、菲律宾、格鲁吉亚、哈萨克斯坦、韩国、吉尔吉斯斯坦、柬埔寨、卡塔尔、科威特、老挝、黎巴嫩、蒙古、尼泊尔、日本、沙特阿拉伯、塔吉克斯坦、泰国、土耳其、土库曼斯坦、乌兹别克斯坦、叙利亚、亚美尼亚、伊拉克、伊朗、以色列、印度尼西亚、约旦、越南 37 国；欧洲的阿尔巴尼亚、爱沙尼亚、安道尔、奥地利、白俄罗斯、保加利亚、比利时、冰岛、波兰、波斯尼亚和黑塞哥维那、丹麦、德国、俄罗斯联邦、法国、梵蒂冈、芬兰、荷兰、黑山、捷克、克罗地亚、拉脱维亚、立陶宛、列支敦士登、卢森堡、罗马尼亚、马其顿、摩尔多瓦、摩纳哥、挪威、葡萄牙、瑞典、瑞士、塞尔维亚、圣马力诺、斯洛伐克、斯洛文尼亚、乌克兰、西班牙、希腊、匈牙利、意大利 41 国；美洲的阿根廷、巴拉圭、巴拿马、巴西、秘鲁、玻利维亚、多米尼加、厄瓜多尔、哥伦比亚、哥斯达黎加、古巴、海地、洪都拉斯、墨西哥、尼加拉瓜、萨尔瓦多、苏里南、危地马拉、委内瑞拉、乌拉圭、智利 21 国；非洲的阿尔及利亚、埃及、埃塞俄比亚、安哥拉、贝宁、布基纳法索、布隆迪、赤道几内亚、多哥、厄立特里亚、佛得角、刚果（布）、刚果（金）、吉布提、几内亚、几内亚比绍、加蓬、科摩罗、科特迪瓦、利比里亚、利比亚、卢旺达、马达加斯加、马里、毛里塔尼亚、摩洛哥、南苏丹、尼日尔、塞内加尔、圣多美和普林西比、苏丹、索马里、突尼斯、乍得、中非 35 国；大洋洲的马绍尔群岛、密克罗尼西亚、帕劳 3 国，共计 137 个国家，以及法国所属留尼旺、新喀里多尼亚、波利尼西亚、瓦利斯与富图纳、圭亚那、瓜德罗普、马提尼克，丹麦所属法罗群岛、格陵兰，葡萄牙所属亚速尔群岛、马德拉群岛，西班牙所属加那利群岛，荷兰所属安的列斯、阿鲁巴，我国的澳门特别行政区、台湾地区，共计 16 个地区。

截至 2012 年 11 月 30 日，属于英美法系检察法律的国家和地区包括：亚洲的巴基斯坦、马尔代夫、马来西亚、孟加拉国、缅甸、斯里兰卡、文莱、新加坡、也门、印度 10 国；欧洲的爱尔兰、马耳他、塞浦路斯、英国 4 国；美洲的安圭拉、安提瓜和巴布达、巴巴多斯、巴哈马、波多黎各、伯利兹、多米尼克、格林纳达、圭亚那、加拿大、美国、圣基茨和尼维斯、圣卢西亚、圣文森特和格林纳丁斯、特立尼达和多巴哥、牙买加 16 国；非洲的博茨瓦纳、冈比亚、加纳、津巴布韦、喀麦隆、肯尼亚、莱索托、马拉维、毛里求斯、莫桑比克、纳米比亚、南非、尼日利亚、塞拉利昂、塞舌尔、斯威士兰、坦桑尼亚、乌干达、赞比亚 19 国；大洋洲的澳大利亚、巴布亚新几内亚、斐济、基里巴斯、库克群岛、瑙鲁、纽埃、萨摩亚、所罗门群岛、汤加、特克斯和凯科斯群岛、图瓦卢、瓦努阿图、新西兰 14 国，共计 63 个国家，以及英国所属直布罗陀、皮特凯恩岛、开曼群岛、皮特凯恩群岛、马尔维纳斯群岛、圣赫勒拿、维尔京群岛、蒙特塞拉特、百慕大群岛，美国所属关岛、萨摩亚、北马里亚纳群岛，澳大利亚所属诺福克岛，新西兰所属托克劳，印度所属锡金，我国的香港特别行政区，共计 16 个地区。

截至 2012 年 11 月 30 日，属社会主义法系检察法律的国家包括：中国、朝鲜、越南、老挝和古巴 5 国。

当然，随着经济、社会的发展，国际交流的加强，"三大法系"检察制度呈现相互借鉴和吸收的趋势：一是检方权能范围呈扩大趋势；二是检方独立性增强；三是对检察权行使的监督制约也日趋加强。而之所以出现这种趋势，是"种子"——检察法律的趋同性使然。

（十二）资本主义和社会主义检察法律

由于"在人的历史上，法的类型可分为 4 种，即奴隶制法、封建制法、资本主义法、社会主义法",① 因而也可将诞生于近代的检察法律分为资本主义与社会主义检察法律两类。

而基于国家经济基础、阶级本质、国体政体的社会主义特点,截至 2012 年 11 月 30 日,仍属社会主义检察法律的国家仅有中国、朝鲜、越南、老挝和古巴 5 国。

但曾经属于社会主义检察法律的国家包括:② 欧洲的格鲁吉亚(1917 年 11 月 7 日至 1991 年 4 月 9 日)、乌克兰(1917 年 11 月 7 日至 1991 年 8 月 24 日)、白俄罗斯(1917 年 11 月 7 日至 1991 年 8 月 25 日)、吉尔吉斯斯坦(1917 年 11 月 7 日至 1991 年 8 月 31 日)、乌兹别克斯坦(1917 年 11 月 7 日至 1991 年 9 月 1 日)、塔吉克斯坦(1917 年 11 月 7 日至 1991 年 9 月 9 日)、俄罗斯(1917 年 11 月 7 日至 1991 年 12 月 26 日)、土库曼斯坦(1917 年 12 月至 1991 年 10 月 27 日)、捷克斯洛伐克(1918 年 10 月 28 日至 1992 年 12 月 31 日)、立陶宛(1918 年 12 月至 1991 年 9 月 6 日)、匈牙利(1919 年 3 月至 1989 年 10 月 23 日)、亚美尼亚(1920 年 1 月 29 日至 1991 年 9 月 21 日)、阿塞拜疆(1920 年 4 月 28 日至 1991 年 8 月 30 日)、苏联(1922 年 12 月 30 日至 1991 年 12 月 25 日)、摩尔多瓦(1924 年 10 月 12 日至 1991 年 8 月 27 日)、哈萨克斯坦(1925 年 4 月 19 日至 1991 年 12 月 16 日)、爱沙尼亚(1940 年 7 月 21 日至 1991 年 8 月 20 日)、拉脱维亚(1940 年 7 月 21 日至 1991 年 8 月 21 日)、波兰(1944 年 7 月 22 日至 1989 年 12 月 29 日)、克罗地亚(1945 年 11 月 29 日至 1991 年 6 月 25 日)、斯洛文尼亚(1945 年 11 月 29 日至 1991 年 6 月 25 日)、马其顿(1945 年 11 月 29 日至 1991 年 11 月 20 日)、波斯尼亚和黑塞哥

---

① 参见曹建明、何勤华主编:《大辞海·法学卷》,上海辞书出版社 2003 年版,第 2 页。

② 也可算为捷克斯洛伐克、匈牙利、苏联、波兰、南斯拉夫、阿尔巴尼亚、保加利亚、罗马尼亚、民主德国和缅甸 10 国。因此,从这个意义上说,现在仍属或曾经属于社会主义检察法律范畴的国家共计 15 个或 38 个国家。

维纳（1945 年 11 月 29 日至 1992 年 5 月 22 日）、南斯拉夫
（1945 年 11 月 29 日至 1992 年）、塞尔维亚（1945 年 11 月 29 日
至 2003 年 6 月 5 日）、黑山（1945 年 11 月 29 日至 2006 年 5 月
21 日）、阿尔巴尼亚（1946 年 1 月 11 日至 1991 年 4 月）、保加利
亚（1946 年 9 月 15 日至 1990 年 2 月 27 日）、罗马尼亚（1947 年
12 月 30 日至 1990 年 2 月 1 日）、捷克（1948 年 5 月 9 日至 1993
年 1 月 1 日）、斯洛伐克（1948 年 5 月 9 日至 1993 年 1 月 1 日）、
民主德国（1949 年 10 月 7 日至 1990 年 10 月 3 日），亚洲的蒙古
（1921 年 3 月 19 日至 1992 年 2 月 12 日）、缅甸（1974 年 1 月至
1988 年 9 月 23 日），共 34 个国家。

因此，除上述仍属社会主义检察法律的 5 国之外，其他 195
个国家和 31 个地区的检察法律，则属于资本主义检察法律的
范畴。

第三节　检察法律的特点

一、检察法律的特点

尽管当下中外有关"检察法律"或其简称"检察法"的提法
并不多，甚至存有质疑，尽管人们针对检察法律内涵与外延的认
识也不尽相同，但自世界上第一部检察法律随着 1670 年法国国王
路易十四颁布刑事法律敕令诞生以来，经过 340 余年的发展，现
已成为"三大法系"所共有的社会存在。而作为一种特殊的法律

形态，检察法律除具有法律的共性之外，①还有如下个性或特点：

（一）检察法律是规范检方权力或行为的圭臬

一方面，由于"法是通过规定某种权利和义务，去规范人们（包括自然人和法人）的行为"的行为规范。②因此，检察法律就是旨在规范检方权力或行为之行为规范的总和。进言之，检察法律所规范的对象是检方，所规范的客体则是检方依法所享有并行使的检察权力或其实践展示——检察行为。

另一方面，有检察制度，必有检察法律。而何谓检察制度？认识不一。本书认为，检察制度就是检察法律得以适用的现实、客观结果，检察法律则是调整检察制度的手段；没有检察法律，就没有检察制度；有什么样的检察法律，就有什么样的检察制度。因此，从这个意义上讲，检察法律既是萌生、孕育检察制度的"种子"和"母胎"，也是造成"三大法系"检察制度差异的根本原因——"种瓜得瓜，种豆得豆"的基因作用。

（二）检察法律诞生于何时何地众说纷纭

毋庸讳言，与民事、刑事等其他基本法律相比，检察法律产生较晚，且诞生于何时何地众说纷纭。而通常认为，世界上第一部检察法律诞生于17世纪的法国。对此，也有不同观点。例如，"一般认为，现代检察制度起源于中世纪的英国和法国……在英

---

①　例如，作为法的一种，它同样也具有法的功能和价值。所谓法的功能，是指"法作为一种特殊的社会规范本身所固有的性能和功能。即不论法是否实际的作用于社会生活，法的性能或功用都是客观存在的。法的功能是基于法的属性、内部诸要素及其结构所决定的某些潜在的能力。法的功能主要有以下几种：（1）调控功能……（2）指引功能……（3）预测功能……（4）评价功能……（5）强制功能……（6）教育功能。"因此，法的功能不等于法的价值。所谓法的价值，是指"法对于满足主体需要的积极意义。首先，法具有工具性价值，即社会主体可以通过法律来满足自我的某种需要……其次，法具有自身价值，即法作为社会关系的特殊调整器所具有的自身特有的价值"。（参见信春鹰主编：《法律辞典》，法律出版社2003年版，第269～270页）

②　参见王启富、陶髦主编：《法律辞海》，吉林人民出版社1998年版，第1050页。

国，检察总长的头衔第一次出现于 1461 年，源于中世纪的国王代理人和王室高级律师职务。1515 年又设立了副总检察长，形成了英国的检察制度……（但随着《1985 年检察法》的颁行——引者注）英国直到 1986 年才建立起统一的检察机构……13 世纪开始，法国的领主就使用'检察官'控诉犯罪人，以维护他们的税收利益。1355 年 12 月 28 日国王颁发敕令，将公诉的职责赋予检察官，以独立于任何私人控诉。这种专门的控诉人机关在 14 世纪初就被称为检察院。1808 年的《重罪审理法典》赋予检察院主动提起公诉的权力，由此确立了国家追诉制度。1811 年 1 月 1 日开始生效的《重罪审理法典》继承了 1808 年法典的规定，形成刑事诉讼中预审（侦查）、追诉、审判三大职能的格局（标志法国检察制度的形成）。"①

（三）检察法律创制主体的多样性

检察法律是从哪里来的？不是从天上掉下来的，而是由法定的立法方（即"立法机关及其立法人员"的统称）创制的。其中，立法方是指有权制定、修改、废除或认可法律的国家或其国家机关及其特定人员，并包括国际与国内立法主体两个方面；而创制包括制定与认可两种。

1. 国内检察法律的创制主体多样。一方面，"三大法系"检察法律的创制主体是多样的，并可概分为特定的立法机关和立法人员两类，而它们又包括许多具体类型。例如，在韩国，《检察厅法》和《检事惩戒法》是由国会制定的，《检察案件事务规则》是由法务部制定的；在英国，《1985 年检察法》是由议院制定的，《皇家检察官准则》是由总检察长（司法大臣）制定的；在保加利亚人民共和国，《检察院组织法》（1983 年 11 月 11 日修正）是由国民议会制定的，《检察院组织法实施条例》是由总检察长制

---

① 参见张智辉：《检察制度的起源与发展》，载《检察日报》2005 年 5 月 22 日。

定的。① 为此，诸如《日本检察厅法》第 32 条规定："检察厅的事务章程由法务大臣规定"；英国《1985 年检察法》第 10 条第 1 款规定："在下述情况下，检察长应发布含有适用于检察官的一般原则的检察官规则：（a）在任何案件中确定下述情况时……"② 《波兰人民共和国检察署法》第 14 条第 2 款规定："关于波兰人民共和国检察署活动的详细规定，由共和国总检察长颁布。"③ 另一方面，据立法权限、性质等不同，还可将"三大法系"检察立法分为以下六种：

第一，全国与地方性检察立法。前者是指在单一制或联邦制国家中，由中央或者联邦立法主体所进行的检察立法活动，由此产生全国性检察法律；后者是指由地方立法主体所进行的检察立法活动，由此产生地方性检察法律。例如，加拿大的《联邦检控署工作守则》（1996 年 10 月）、《联邦检控专员法》与《新斯科舍省公诉法》、《魁北克省检控专员法》（2005 年 12 月）；苏联的《苏联检察监督条例》与《阿塞拜疆关于国家检察机关的法令》（1922 年 7 月 11 日）。

第二，检察立法与授权检察立法。前者是指国家立法机关依据一定的职权和程序，制定、认可、修改、补充或者废止检察法律的活动；后者是指检察立法主体将立法权授予另一个能够承担立法责任的主体，并由受权主体依照授权范围、时间和程序进行立法的行为与结果。例如，我国《立法法》第 9 条规定："本法第八条规定的事项尚未制定法律的，全国人民代表大会及其常务委员会有权作出决定，授权国务院可以根据实际需要，对其中的

---

① 参见王克主编：《世界各国检察院组织法选编》，中国社会科学出版社 1994 年版，第 109 页、第 164 页、第 123 页，第 425 页、第 461 页，第 60 页、第 77 页。

② 参见王克主编：《世界各国检察院组织法选编》，中国社会科学出版社 1994 年版，第 335 页、第 436 页。

③ 参见《检察制度参考资料》第三编（上），最高人民检察院研究室 1980 年编印，第 232 页。

部分事项先制定行政法规，但是有关犯罪和刑罚、对公民政治权利的剥夺和限制人身自由的强制措施和处罚、司法制度等事项除外。"为此，国务院《铁路交通事故应急救援和调查处理条例》（2007年7月11日）第26条第2款规定："根据事故的具体情况，事故调查组由有关人民政府、公安机关、安全生产监督管理部门、监察机关等单位派人组成，并应当邀请人民检察院派人参加。"而上述《日本检察厅法》第32条、英国《1985年检察法》第10条、《波兰人民共和国检察署法》第14条第2款其实也是一种典型的授权立法。

第三，行政与非行政检察立法。前者是指行政主体根据法定权限并按法定程序制定和发布检察行政法规、规章的活动与结果。例如，苏联人民委员会制定或修正的《关于苏联检察院的编制》、《关于苏联各检察机关检察、侦查人员实行穿着制服的规定》（1943年9月16日），①日本内阁制定或修正的《检察官适格审查会令》、《司法考试委员会令》；②而后者是指除行政检察立法之外的检察立法。例如，我国全国人大法制工作委员会《关于如何理解和执行法律若干问题的解答（一）》（1988年4月25日），"两高一部"、安全部、司法部《关于规范量刑程序若干问题的意见（试行）》（2010年9月13日）等关于检察法律的立法、司法解释。③

2. 国际检察法律的制定主体多样。国际检察法律的制定主体

---

① 参见《苏维埃检察制度（重要文件）》，党凤德等译，中国检察出版社2008年版，第360页、第385页。其中，人民委员会是1923年7月6日至1946年3月14日的苏联中央政府。根据1924年苏联宪法，苏维埃社会主义共和国联盟人民委员会为苏维埃社会主义共和国联盟中央执行委员会的执行机关并由该执委会组成，并有权在苏维埃社会主义共和国联盟中央执行委员会所赋予的权限内，审查各人民委员部以及各加盟共和国中央执行委员会及其主席团所提交的法令及决定。

② 参见徐尉：《日本检察制度概述》，中国政法大学出版社2011年版，第347页、第362页。

③ 其中，"两高一部"即最高人民法院、最高人民检察院和公安部的统称。

主要是国家、地区或国际组织，通过签署并批准的国际条约而对本国、本地区、本国际组织产生约束力。

例如，在韩国，《大韩民国大检察厅和中华人民共和国最高人民检察院合作协议》（1999 年 9 月 6 日）是由大检察厅签署的，《大韩民国和中华人民共和国关于刑事司法协助的条约》（1998 年 11 月 12 日）是由国会批准的；而诸如《联合国关于检察官作用的准则》、《欧洲理事会成员国部长会议检察官在刑事司法制度中的作用》等国际检察法律，不仅需要相关国家政府签署，还需该国立法机关批准。例如，我国《宪法》规定，国务院负责"管理对外事务，同外国缔结条约和协定"（第 89 条第 9 项），全国人大常委会负责"决定同外国缔结的条约和重要协定的批准和废除"（第 67 条第 14 项）。

（四）检察法律之间的法律位阶性

由于检察法律创制主体性质、地位的不同，势必导致其所创制的检察法律具有明显的法律位阶性。而作为法律的一种，不论是国内检察法律还是国际检察法律都具有明显的法律位阶性，并包括"高、同、低"3 种情形。

1. 国内检察法律彼此间存在法律位阶性。例如，在日本，由国会制定的《检察厅法》要高于内阁制定的《检察官适格审查会令》和《司法考试委员会令》的法律位阶；《检察官适格审查会令》和《司法考试委员会令》的法律位阶等同；而《检察官适格审查会令》和《司法考试委员会令》要低于《检察厅法》的法律位阶。

在英国，由议院制定的《1985 年检察法》和《2005 年预防恐怖主义法》（2005 年 3 月 11 日）要高于总检察长制定的《皇家检察官准则》的法律位阶；《1985 年检察法》与《2005 年预防恐怖主义法》的法律位阶等同；而由总检察长制定的《皇家检察官准则》要低于《1985 年检察法》和《2005 年预防恐怖主义法》

的法律位阶。

在苏联，苏联中央执行委员会和人民委员会制定的《苏联检察院条例》要高于总检察长制定的《关于中央及地方检察机关的改组》（1934年3月25日）的法律位阶。①

与此同时，"三大法系"附属性检察法律不仅存在"高、同、低"3种法律位阶情形，还存在从高到低依次为：检察宪法规范→检察基本法律规范→检察法律规范（含检察法定解释规范）→检察行政法规规范→检察地方性法规规范（含检察地方性自治条例规范、检察地方性单行条例规范）→检察规章规范（含检察行政规章规范、检察地方性地方政府规章规范）等法律位阶情形。

2. 国际检察法律彼此间也存在法律位阶性。例如，《联合国关于检察官作用的准则》要高于《国际检察官联合会检察官职业责任准则和主要权利义务准则》的法律位阶；《联合国禁止酷刑和其他残忍、不人道或有辱人格的待遇或处罚公约》（1987年6月26日，1988年9月5日我国全国人大常委会批准）要高于《欧洲防止酷刑和不人道或有辱人格的待遇或处罚公约》（1989年2月1日）的法律位阶；《联合国制止恐怖主义爆炸的国际公约》要高于《上海合作组织成员国关于地区反恐怖机构的协定》（2002年6月7日，2002年12月28日我国全国人大常委会批准）的法律位阶；《上海合作组织成员国总检察长会议联合声明》（2002年11月1日）要高于《中华人民共和国最高人民检察院和吉尔吉斯斯坦共和国总检察院合作意向书》（2003年9月3日）的法律位阶。

而联合国《关于检察官作用的准则》、《禁止酷刑和其他残忍、不人道或有辱人格的待遇或处罚公约》、《制止恐怖主义爆炸

---

① 参见《苏维埃检察制度（重要文件）》，党凤德等译，中国检察出版社2008年版，第341页、第344页。

的国际公约》的法律位阶等同。

（五）检察法律的附属性与多元化

1. 检察法律的附属性。除在国内与国际、全局与局部性法律中可找到检察法律及其法律规范的踪迹外，还可在如下法律类型中看到附属性检察法律的身影：

第一，根本法中有，普通法中也有。譬如，宪法中所蕴含的检察宪法规范，刑法与刑事诉讼法、民法与民事诉讼法、行政法与行政诉讼法、司法组织法与司法官法、法院组织法与法官法中所蕴含的检察基本法律规范，以及警察法、监狱法、公务员法、司法考试法、反贪污贿赂法等其他法律中所蕴含的检察法律规范。为此，一方面，苏联《宪法（根本法）》（1977 年 10 月 7 日）第168 条第 2 款规定："各级检察机关的组织和活动程序，由《苏联检察机关法》予以规定"；《哈萨克斯坦共和国宪法》（2007 年 5月 21 日修正）第 83 条第 4 款规定："共和国检察机关的职权范围、组织和活动程序，由法律予以规定"；《不丹王国宪法》（2008 年 7 月 18 日）第 29 条第 8 款规定："总检察长应依据《总检察长法》履行职责"。另一方面，基于检察事务在国家生活中的重要地位，各国都将检察院组织法归入宪法范畴或者宪法范畴内的司法组织法、法院组织法范畴。① 例如，《法国司法院组织法典》（2008 年 5 月 6 日修正）就以 13 条的篇幅，规定了诸如"检察长本人或通过其助理，代表驻上诉法院检察机关"（第 L312 - 7条）等检方行为事宜；《德国法院组织法》（2007 年 4 月 13 日修正）第十章专门规定了"检察院"问题。②

第二，一般法（如刑法）中有，特别法（如反贪污贿赂法）

---

① 例如，《中华人民共和国法律全书》（王怀安等主编，吉林人民出版社 1989 年版，目录第 1 页）就将《中华人民共和国人民检察院组织法》列为"宪法编"内容。

② 参见魏武：《法德检察制度》，中国检察出版社 2008 年版，第 302 ~ 303 页、第 320 ~ 323 页。

中也有。而从特别法适用于特定人之特点上说，检察院组织法典、检察官法典本身就是特别法。

第三，实体法中有，程序法中也有。例如，民法、刑法等实体法，"三大诉讼法"等程序法中，一般都含有附属性检察法律。而现今，不含有检察法律规范的刑事诉讼法典是不存在的。

第四，成文法（如诉讼法典）中有，不成文法（如国际惯例）中也有。例如，《美国律师协会刑事司法准则》之《检察职能》和《侦查职能》、《全美检察准则》和《联邦地区检察长手册》，就属于典型的国内不成文检察法律；而国际检察官联合会编辑的《检察官人权指南》（杨宇冠、李立译，中国检察出版社2006 年版，第 15～16 页）所引案例 "Aksoy（1996 年 12 月 18 日判决）；Allan（2002 年 11 月 5 日判决）；Allenet de Ribemont（1995 年 2 月 10 日判决）；Barberà，Messegué and Jabardo（1988年 12 月 6 日判决）；Brannigan and McBride（1993 年 5 月 26 日判决）……" 就属于典型的国际不成文检察法律。

第五，公法（如宪法、刑法）中有，私法（如民法、商法）中也有。例如，在法国，《民法典》第 88 条第 1 款：在法国国内或国外因足以使当事人面临生命危险的情形而失踪的法国人，如其尸体未找到，经共和国检察官或利害关系人的请求，法院可宣告其死亡；《知识产权法典》（2008 年 4 月 27 日修正）第 L613 - 26 条：检察院可以依职权申请发明专利无效；《商法典》（2008年 1 月 7 日修正）第 L621 - 3 条：经管理人、债务人或检察机关请求，法院得判决开始最长不超过 6 个月的观察期，该期限可以延展一次，但必须作出附具理由的决定。在印度，《欺诈交易审判法》第 9 条：检察官依法有权就欺诈交易行为，向特别法庭提起诉讼。

第六，正当法律位阶的法律（如宪法、基本法律、法律）中有，低法律位阶的法律（如地方性法规、准司法解释）中也有。

因此，检察法律性质具有明显的附属或依附性，并突出地表现为附属性检察法律对所附属法律的依附关系上。

2. 检察法律性质的多元化。基于上述分析不难看出，检察法律具有明显附属性的同时，也折射出检察法律性质的多元化，并突出地表现在附属性检察法律的附属性和多元化上。例如，检察宪法规范既属于检察法律规范，也属于宪法规范；检察诉讼法规范既属于检察法律规范，也属于基本法律规范；检察刑法规范既属于检察法律或刑法规范，也属于基本法律规范；检察民法规范既属于检察法律或民法规范，也属于基本法律规范；检察官法规范既属于检察法律规范，也属于法律规范；检察行政法规规范既属于检察法律规范，也属于行政法规规范；等等。

因此，检察法律不仅具有明显的附属性和多元化特点，而且所依附的法律类型也是相当广泛的。甚至可以毫不夸张地说，哪里有检察权出没，哪里就有检察法律存在。

（六）检察法律内容的广泛性

检察法律不仅是检察制度得以确立的"种子"、"母胎"——法律基础，也是客观记录其产生与发展、今与夕、利与弊、兴与衰、荣与耻、科学正当与否的"晴雨表"，还是保障检方权力或行为正当适用的"定盘星"。而这，也恰是检察法律内容广泛性的彰显结果。

比较而言，国际检察法律所涉及的内容要少于国内检察法律；检察法典所涉及的内容要多于其他专门和附属性检察法律；局部性检察法律所涉及的内容要少于全局性检察法律。

1. 国内检察法律的内容广泛

（1）"三大法系"检察院组织法的内容，相当广泛。[①] 例如，《葡萄牙检察署组织法》（亦译为《检察院组织法》、《检察机关法》，1986 年 11 月 14 日修正）依次包括：第一部分检察署：第

---

① 参见王克主编：《世界各国检察院组织法选编》，中国社会科学出版社 1994 年版，第 274～276 页、第 428～430 页、第 366～387 页。

一编体制、职权和参与诉讼制度：第一章体制和职权，第二章参与诉讼制度；第二编检察机构及其人员：第一章共和国总检察署：第一节组织机构及权限、第二节共和国总检察长、第三节总检察署最高委员会、第四节共和国总检察署协商委员会、第五节法律顾问、第六节共和国总检察署秘书处，第二章检察署工作人员：第一节基本规则、第二节司法行政区的共和国总检察长助理、第三节共和国检察长、第四节共和国检察官。第二部分检察署的管理：第一章组织与章程，第二章检察官兼任职务及其权利和义务，第三章考核，第四章任用：第一节录用及晋升、第二节监察长、第三节职务变动、第四节委派、第五节就职，第五章退休、终止职务和中止职务：第一节退休、第二节终止职务和中止职务，第六章工龄，第七章待派遣，第八章违反纪律的处分：第一节基本规则、第二节处分、第三节违反纪律行为的诉讼、第四节违反纪律处分的复查，第九章调查，第十章辅助机关，第十一章最后条款和过渡条款，共 15 章 21 节 202 条，可谓涉及检方权能方方面面的"统一检察法典"。

同样，《苏联检察院法》不仅依次包括：第一章总则；第二章检察机关的体系及组织机构；第三章检察长监督：第一节对国家管理机关、企事业单位、公职人员和公民是否遵守法律实行监督（一般监督），第二节对调查机关和侦查机关的执法监督，第三节对法院审判案件的执法监督，第四节对拘留所、羁押场所和执行法院判处的刑罚及其他强制性措施的执法监督；第四章检察机关组织和活动的其他问题，共 4 章 4 节 49 条，而且其中既有诸如"检察院的任务"（第 2 条）等规范检察机关权力或行为的内容，也有诸如"检察机关工作人员的衔级"（第 21 条）等规范检察人员权力或行为的内容。

即便是奉行判例法的英国，其《1985 年检察法》也依次包括：第一章检察院组织和职能、第二章刑事诉讼费和中央基金费用的裁决、第三章其他、第四章补充条款和附录，共 5 部分 31

条。其中，既有诸如"滥用起诉的限制"（第 24 条）等旨在规范检察机关权力或行为的内容，也有诸如"检察长住所"（第 13 条）等旨在规范检察人员权力或行为的内容。

（2）"三大法系"检察官法的内容，相当广泛。[1]

第一，诸如《阿尔巴尼亚检察官法》（2005 年 11 月 1 日）依次包括：第一章一般规定、第二章总检察长、第三章总检察长办公室、第四章检察官办公室及其构成、第五章检察官办公室的司法隶属、第六章检察官的任职、第七章纪律处分、第八章检察官任职保障、第九章与其他机构的关系、第十章最后条款，共 10 章 60 条；《越南人民检察官法》依次包括：第一章一般规定，第二章检察官的权力和义务，第三章检察官的选拔条件、任用、免职和解职：第一节检察官的选拔条件、第二节检察官的选拔、任用、免职和解职程序，第四章检察官的任职保障制度，共 4 章 34 条；而《马来西亚 1976 年检察官法》（1999 年 1 月 2 日修正，亦称《马来西亚 1976 年律师法》）也依次包括：序言，第一章总则，第二章资格审查委员会，第三章执业证书，第四章检察官权利，第五章检察官协会，第六章检察官的执业实践、礼仪、行为和纪律，第七章纪律处罚程序，第八章诉讼费用，第九章检察官酬金与罚金，第十章杂项，过渡性条文，共 10 章 152 条。而上述三者，可谓涉及检察人员权利和义务的方方面面。与此同时，其中还有诸如"总检察长办公室"、"检察官办公室及其构成"、"检察官办公室的司法隶属"等规范检察机关权力或行为的内容。

第二，诸如《塞尔维亚共和国公共检察官办公室法》、《克罗地亚共和国国家检察官办公室法》和《阿塞拜疆检察官办公室组织法》等检察官办公室（组织）法本身，既是名副其实的检察院

---

[1] 参见 http：//www. lawmoose. com/internetlawlib/84. htm；http：//www. law. cornell. edu/world/等。

组织法，也是名副其实的检察官法。当然，其内容也是相当广泛的。

第三，若将检察长（或总检察长、检察总长）视为检察人员的一种特殊形态，那么，诸如《澳大利亚联邦1986年检察长法》、《捷克斯洛伐克社会主义共和国检察长法》、《缅甸总检察长法》（2001年2月27日）、《尼泊尔联邦民主共和国总检察长办公室法》、《坦桑尼亚总检察长办公室法》、《圭亚那检察总长法》和《加拿大检察署署长法》（2006年12月12日）等（总）检察（总）长（办公室）法，也似内容涉及检方权能方方面面的"统一检察法典"。例如，《阿富汗总检察长办公室法》（2001年12月15日）依次包括：第一章总则，第二章共和国总检察长办公室的组成和管辖，第三章总检察长办公室的任务，第四章上诉或省检察官办公室管辖，第五章基层检察官办公室管辖，第六章检察官人事事务、雇员和其他工作人员，第七章检察官的纪律责任，第八章杂项规定，共8章62条；《老挝公共检察官办公室法》（1989年11月23日）依次包括：第一章一般原则，第二章检察官的法律监督，第三章对赦免罪犯的审查，第四章公共检察官办公室的组织和结构，第五章公共检察官和审讯人员，第六章财政预算与公共检察官证件、徽章、制服和印章，第七章最后条款，共7章56条；《缅甸总检察长法》也依次包括：第一章名称、第二章总检察长和副总检察长的任命、第三章总检察长的职责、第四章总检察长的权力、第五章总检察长办公室及其设置、第六章检察官的职责、第七章杂项，共7章11条。

（3）"三大法系"其他专门性检察法律的内容，相当广泛。例如，《大韩民国检察案件事务规则》依次包括：第一编总则；第二编地方检察厅及支厅的程序：第一章案件受理，第二章案件调查：第一节总则、第二节调查开始、第三节任意调查、第四节拘留、第五节没收、搜查、对证、第六节其他强制调查，第三章案件处理：第一节总则、第二节提起公诉、第三节不起诉、第四节暂停起诉、第五节保留公诉、第六节移送他管、第七节少年案件的移送、第八节取消拘留时的程序,第四章准起诉程序,第五章抗告、再抗告,第六章公判的程序:第一节总则、第二节被告人等的拘留、第三节指定管辖的申请等、第四节公判日期、第五节证据调查等、第六节判决,第七章上诉,第八章再审;第三编高等检察厅的程序;第四编大检察厅的程序;附则,共 5 部分 8 章 20 节 131 条。①

《英国皇家检察官准则》(1994 年 6 月)依次包括:总则、一般原则、审查、本规则所规定的审查、证据审查、公共利益审查、指控的罪名、审判方式、接受认罪答辩、重新起诉和结语,共 11 部分。

《苏联检察监督条例》(1955 年 5 月 24 日修正)依次包括:第一章总则,第二章对机关、团体、公职人员和苏联公民是否遵守法律的监督,第三章对调查机关和侦查机关的活动是否遵守法律的监督,第四章对审判机关的刑事判决、民事判决、裁定和决定是否合法和有无根据的监督,第五章对剥夺自由场所是否守法的监督,第六章检察机关组织机构、检察工作人员的任命和任职程序,共 6 章 4 节 49 条。

(4)"三大法系"附属性检察法律的内容,相当广泛。② 例如,在日本,《宪法》第 77 条第 2 款:检察官必须遵守最高法院制定的规则;《刑法》(2007 年 5 月 8 日修正)第 194 条:执行或辅助执行审判、检察或者警察职务的人员滥用职权,逮捕或者监禁他人的,处 6 个月以上 10 年以下惩役或者监禁;《刑事诉讼法》(2000 年 8 月 18 日修正)第 247 条:公诉,由检察官提起;

---

① 参见王克主编:《世界各国检察院组织法选编》,中国社会科学出版社 1994 年版,第 123~163 页;《英国皇家检察官起诉规则》,陈国庆译,载《检察论丛》第 3 卷,法律出版社 2001 年版;《苏维埃检察制度(重要文件)》,党凤德等译,中国检察出版社 2008 年版,第 411~419 页。

② 参见 http://translate. googleusercont. com 等。

《民法典》（2006 年 6 月 21 日修正）第 7 条：检事有权向法院提起针对精神病人监护权的诉讼；《民事诉讼法典》（2007 年 6 月 27 日修正）第 189 条第 1 款：根据本节规定，法院的罚款命令，由检事负责执行；《非诉讼案件程序法》（2006 年 12 月 15 日修正）第 163 条：检事负责听证判决的强制执行；《法院组织法》（2009 年 6 月 18 日修正）第 6 条：检事局附设于裁判所；《司法考试法》（2007 年 12 月 26 日修正）第 1 条第 1 款：司法考试，是为了判定立志成为法官、检察官或律师的人员是否具有必要的学识及其应用能力的国家考试；《警察法》（2004 年 6 月 18 日修正）第 76 条第 2 款：国家公安委员会和警察厅长官必须经常保持同检察总长的密切联系。与此同时，《交通事故快速处理法》（1991 年 4 月 17 日修正）、《人事诉讼法》（2003 年 7 月 16 日）、《公证人法》（2006 年 6 月 2 日修正）、《信托法》（2006 年 12 月 15 日修正）、《户籍法》（2007 年 5 月 11 日修正）、《少年法》（2008 年 6 月 18 日修正）、《律师法》（2012 年 10 月 26 日修正）等法律中，也有相应的附属性检察法律。

　　在苏联，《宪法（根本法）》（1936 年 12 月 5 日）第 113 条：苏联总检察长对所有的部及其所属机构、公职人员以及苏联公民是否准确地执行法律实施最高监督；《苏联和各加盟共和国刑事诉讼纲要》（1958 年 12 月 25 日）第 20 条第 1 款：苏联总检察长直接地或通过下级检察长对刑事诉讼中是否切实执行苏联、各加盟共和国和自治共和国的法律实行监督；对法院、检察长、侦查员和调查人员的行为和决定，有利害关系的公民、企业、机关和团体可以依照本法典的规定程序进行申诉；《苏联和各加盟共和国民事诉讼纲要》第 14 条第 1 款：苏联总检察长及所属各级检察长，对民事诉讼中是否切实和一致执行苏联、各加盟共和国和自治共和国的法律，实行监督；《苏联和各加盟共和国行政违法行为立法纲要》（1980 年 10 月 23 日）第 38 条：如果在审理案件过程中，机关（公职人员）得出结论，认为违法行为有犯罪的特征，应将材料移交检察长、预审机关或调查机关；《苏联和各加盟共和国法院组织立法纲要》（1980 年 6 月 25 日）第 15 条第 1款：苏联总检察长及所属各级检察长，依照苏联和各加盟共和国立法规定的理由和程序，对法院审理案件时是否执行法律实行监督。与此同时，《苏俄刑事诉讼法典》、《俄罗斯苏维埃联邦社会主义共和国法院组织法》（1981 年 7 月 8 日）、《俄罗斯联邦行政违法行为法典》等法律中，也有相应的附属性检察法律。

在印度，《宪法》（1949 年 11 月 16 日）第 76 条第 1 款：总统应任命有资格被任命为最高法院法官者为印度总检察长；《刑事诉讼法典》第 436A 条：法院决定保释时，应听取检察官的意见；《警察法》（1983 年修正）第 6 条：督察长、副督察长、助理总检察长和区警司有权随时解雇警察；《公务员行为调查法》第 13 条：检察官有权依法检控公务员的犯罪行为，并有权对口头或书面证据进行审查以及讯问有犯罪嫌疑的公务员。与此同时，《感化院法》第 4 条、《藐视法庭法》第 15 条第 3 款、《恐怖主义特别法庭法》第 6 条、《监狱法》第 3 条、《行政法庭法》第 17条第 1 款、《欺诈交易审判法》第 9 条、《辩护律师福利基金法》第 4 条第 4 款、《反恐怖主义法》第 12 条、《人权保护法》第 31条、《预防非法活动法》第 43 条第 2 款等，也属于典型的附属性检察法律。

2. 国际检察法律的内容广泛

第一，作为国际检察法律典型代表的《联合国关于检察官作用的准则》依次包括："资格、甄选和培训"、"地位和服务条件"、"言论和结社的自由"、"在刑事诉讼中的作用"、"酌处职能"、"起诉之外的办法"、"与其他政府机构或组织的关系"、"纪律处分程序"和"遵守准则"9 章，并可将其视为"国际检察官法典"；《欧洲理事会部长级委员会关于检察官在刑事司法制度中的作用》依次包括："检察官的职责"、"检察官履行职责的保障措施"、"检察官与行政权、立法权的关系"、"检察官与法官

或判刑）。六是涉及"国际合作和司法协助"的包括：第 93 条（其他形式的合作）、第 94 条（因进行中的调查或起诉而推迟执行请求）、第 95 条（因可受理性的质疑而推迟执行请求）、第 99 条（根据第 93 条和第 96 条提出的请求的执行）、第 100 条（费用）。

第三，诸如联合国《非拘禁措施最低限度标准规则》第 5.1 条（审前处置）、《反腐败公约》第 11 条（与审判和检察机关有关的措施）和第 39 条（国家机关与私营部门之间的合作）、《打击跨国有组织犯罪公约》第 31 条（预防）和第 29 条（培训和技术援助）等国际公约所附属的国际检察法律规范所涉及的内容，也是相当广泛的。

第四，通过检索相关的检察文献，也可间接地反映出国际检察法律内容的广泛性。例如，由国际检察官联合会编写的《检察官人权指南》（杨宇冠、李立译，中国检察出版社 2006 年版）依次包括："检察官：'维护人权，职责所在'"、"国际人权法"、"司法和法律职业独立的国际标准"、"人权和生命权"、"人权与犯罪调查"、"逮捕和审前羁押中的人权"、"人权和审前程序"、"人权和审判程序"、"人权和量刑"、"人权和罪犯待遇"、"社会紧急状态下的刑事司法"、"人权与少年司法"、"司法系统中的歧视问题"、"在司法中的男女平等" 14 章。① 换言之，检方特别是检察官在依法履行检察权能时，必须掌握并遵循联合国层面（如《联合国关于检察官作用的准则》）、区域层面（如《欧洲理事会部长级委员会关于检察官在刑事司法制度中的作用》）、软国际法

①　该书前言明确指出："本书旨在提供实用的帮助。国际文件、区域文件和意见就像国内立法一样包含了检察官在日常工作中所应运用的原则。本书向法律工作者介绍了普遍适用和区域适用中的一些问题和原则——各个国家的法律工作者可以将这些合于适用的原则与其本国法律的规定相结合，从而形成一套适用于世界任何地方和任何官方程序的全面的行为准则。本书包含了一些意见，它们有助于使所引文献适用于司法实践具体情况的进程。"（第 1 页）

（如《国际检察官联合会检察官职业责任准则和主要权利义务准则》）中，① 有关"检察官"、"国际人权法"、"司法和法律职业独立"、"生命权"、"犯罪调查"、"逮捕和审前羁押"、"审前程序"、"审判程序"、"量刑"、"罪犯待遇"、"社会紧急状态下的刑事司法"、"少年司法"、"司法系统中的歧视问题"、"在司法中的男女平等"的国际法规范，从而保障当事人的人权。

总之，检察法律内容规定有多宽，检方行为或权力所涉及的范围就有多广。但是，作为旨在规范检方权力或行为的行为规范，检察法律的内容也无外包括直接或间接规范检察机关或检察人员之权力或行为两个方面。同时，无论是附属性与专门性检察法律，还是全国与地方性检察法律都概莫能外——不是规范检察机关权力或行为的，就是规范检察人员权力或行为的。

（七）检察法律的结构不同

所谓法律结构，"通常是指法律的各个组成部分及其内容和形式的关系，以及排列和组合。一般分为形式结构和内容结构两部分。形式结构主要涉及法律外在的各个组成部分（名称、目录、正文和附录等）及其排列组合；内容结构主要包括法律内在的各个组成部分（目的和依据条文、概念条文、适用范围条文、管理部门条文、基本原则条文、但书条款、法律责任条文、解释条文和实行日条文等）及其排列组合"。② 因此，检察法律结构也包括检察法律的内容结构与形式结构两个方面。

另外，基于法系的不同，"三大法系"检察法律的法律结构不尽相同。例如，《日本检察厅法》与英国《1985 年检察法》的

---

① 为此，该书引言还进一步指出："在这本国际检察官联合会检察官人权读本中，检察官将能找到与其日常工作有关的联合国和区域两个层面的国际人权文件汇编。这本书也包含了无法律约束力的相关文件的摘引（所谓的软国际法），这些文件摘引可能对检察官有利用价值。"

② 参见曹建明、何勤华主编：《大辞海·法学卷》，上海辞书出版社 2003 年版，第 2 页。

法律结构不同，同时两者与《苏联检察院法》的法律结构也不尽相同。

此外，基于历史发展、文化传统、国体政体、国情区情等因素的差异，一方面，同一法系国家检察法律的法律结构也不尽相同。例如，《俄罗斯检察机关法》与《韩国检察厅法》、我国《检察官法》与《越南人民检察官法》、《加拿大检察署长法》与《澳大利亚1982年检察长法》的法律结构也不尽相同。另一方面，同一国家不同时期之检察法律的法律结构也不尽相同。例如，在俄罗斯，苏联《苏联检察院条例》、《苏联检察院法》、《俄罗斯联邦检察院法》（1992年1月17日）、《俄罗斯联邦检察机关法》之间的法律结构，就不尽相同。

（八）检察法律的类型众多

这主要表现在：国内和国际、附属和专门性、制定和认可性、全局和局部性、实体和程序性、规范检察诉讼监督权和非诉讼监督权、成文和不成文、显性和隐性检察法律，以及宪法、基本法律、法律、法律解释、行政法规等型，法、命令、法令、章程、条例、规则、准则、公（条）约、协议（定）、谅解备忘录，大陆、英美和社会主义法系，资本主义和社会主义检察法律12个并存上。

二、中国检察法律的特点

毋庸讳言，中国检察制度之所以晚于西方检察制度出现，一个最直接的原因，就是中国检察法律的诞生要晚于西方。而作为中国检察制度生成种子、母胎的中国检察法律，既有与世界各国检察法律相同的一面，也有与之不同的另一面，并始终是当今世界唯一的集中华、大陆、英美和社会主义法系特点于一身的检察法律。

（一）与检察法律所共有的特点

1.起源的众说纷纭

检察法律及其主宰检方的客观存在，是检察制度得以生成的不可或缺因素；而检察制度的建立与否，也标志着检察法律是否客观存在。因而从这个意义上说，正是基于中国检察制度诞生何时何地的众说纷纭，才导致中国检察法律诞生何时何地的莫衷一是；反之亦然。那么，标志并反证中国检察法律客观存在的中国检察制度又诞生于何时何地？目前，主要观点有"五说"，并以"由西方引进说"为多、为要。

第一，御史即（就）是说认为，中国历史上的御史制度，即（就）是我国古代的检察制度；中国古代的御史，即（就）是近现代的检察官。由此反证，我国古代规范御史权力或行为的行为规范，便是我国最早的检察法律。例如，秦朝的《语书》（公元前227年）、汉朝的《监御史九条》（公元前192年）和《刺史六条》、三国曹魏的《察吏六条》、两晋的"地方监察法规"、北朝的《六条诏书》（544年）和《诏制九条》（578年）、唐朝的《巡察六条》和《风俗廉察四十八法》、五代十国的"御史台规"、宋朝的"地方监察法"、元朝的监察台纲《宪台格例》、明朝的《宪刚条例》（1439年）、清朝的《钦定台规》（1743年）和《都察院则例》等；① 而秦朝的《语书》，当属我国古代最早的检察法律。

第二，前身御史说认为，御史制度是我国检察制度的前身，御史亦是检察官的前身。由此反证，规范御史权力或行为的行为规范，便是我国检察法律的渊源。因此，秦朝的《语书》，是我国检察法律最早的法律渊源。

第三，司直即（就）是或其前身说认为，我国历史上的司直

① 参见邱永明：《中国古代监察制度史》，上海人民出版社2006年版，第73页、第121~122页、第150页、第163页、第197页、第265页、第288页、第406页、第440页。

制度，即（就）是我国古代的检察制度或其前身，司直即（就）是我国古代的检察官或其前身。由此反证，规范司直权力或行为的行为规范，即（就）是我国古代的检察法律。

第四，由西方引进说认为，中国检察制度是由西方尤其是日本引进的，① 其起源应以清光绪三十二年（1906 年）为始，并以《大理院审判编制法》的颁行为标志。由此反证，《大理院审判编制法》是我国最早的检察法律。当然，也有人认为，《黑龙江裁判处章程》［光绪三十二年正月初八（1906 年 2 月 1 日）］是我国最早自主制定的检察法律。因为，"根据《黑龙江裁判处章程》，清末最早在地方试设审判检察机关，见于光绪三十二年（1906 年）。黑龙江检察机构，始称'稽查委员'，'如检事之类，责成搜查犯罪，访查案中曲直'。由于缉查之员既有搜查罪犯，访查案中曲直之专责，'所以务须选派公正练达之人充之'。其局中如有徇情舞弊及审断不公等事，该员得举起事揭禀于总办'。由此可见，'稽查委员'既有检控犯罪之权，又有监督审判之权，责任重大。故'该员如或挟嫌捏砌情节，查明重惩'。另外，《黑龙江裁判处章程》还规定了相当于检事的'稽查委员'的级别与薪水。"②

第五，殖民侵入说认为，中国检察制度最早起源于 19 世纪末外国列强在华殖民地。由此反证，19 世纪末，外国列强在华殖民地所颁行的下列附属性检察法律，都可视为我国近代检察法律特别是其中国内附属性检察法律的萌生。

一是由英国殖民者制定并适用于我国香港地区的《英皇制

---

① 而光绪三十二年九月二十（1906 年 11 月 6 日）《军机处、法部、大理院会奏核议大理院官制折》的下列记载，也是"由西方引进说"的重要佐证："远师法德，近仿东瀛，其官称则参以中国之旧制，亦既斟酌中外得所折中。查推官之名肇自有唐，相传甚古，然历代皆属外僚，不系京职。考宋时大理有左右推事之称。拟改推官为推事。司直官称，亦缘古制，惟名义近于台谏，拟改总司直为总检察厅丞；改司直为检察官。"

② 参见张培田：《中国检察制度考论》，中国检察出版社 1997 年版，第 62～63 页。

诰》（1843 年 5 月 4 日）、《皇室训令》（1843 年）和《香港高等法院条例》（1844 年 10 月）等。其中，《英皇制诰》第 6 条第 1 款规定："在本殖民地设立立法局，其成员包括：Ⅰ. 总督；Ⅱ. 三名当然官守议员，他们是现任布政司，律政司和财政司……"《皇室训令》第 2 条也规定："本殖民地行政局成员包括现任驻港英军司令、布政司、律政司、财政司、合为当然官守议员……"① 而"律政司"就是当时香港负责检控事宜的专门机构。

二是由葡萄牙殖民者制定并适用于我国澳门地区的"1847 年 8 月法令"、《检察官署刑事诉讼章程》（1852 年 11 月）和《华务检察官署民事诉讼章程》（1862 年）等。②

三是由日本殖民者制定并适用于我国台湾地区的"台湾住民治罪令"（1895 年 11 月 17 日）和"台湾总督府法院条例"（1896 年 5 月 1 日）等。③

四是由俄国、日本殖民者制定并适用于我国辽东半岛——"关东州"特别是旅大（今大连）地区的《临时关东州厅官制》和《关东州刑事诉讼的特别程序》等。④

五是由德国殖民者制定并适用于我国青岛地区的《关于华人司法问题的条令》（1899 年 4 月 15 日）、《关于德国保护区法律问题的帝国法令》（1900 年 11 月 9 日）和《关于在青岛保护区执行裁判权的工作指示》（1901 年 6 月 1 日）等。⑤

由此可见，1845 年 5 月 4 日由英殖民者颁行并适用于我国香

---

① 参见中华人民共和国香港特别行政区立法会网 2012 年 4 月 14 日。

② 参见王伟华：《澳门检察制度》，中国民主法制出版社 2009 年版，第 9～11 页。

③ 参见王泰升：《台湾检察史》第一篇，台湾法务部 2008 年编印，第 9 页、第 15～16 页。

④ 1899 年 8 月 16 日，沙俄与清政府签订《旅大租地条约》，租借旅大 3200 平方公里为租借地。由于当时山海关以东的地区称做"关东"，因而将旅大租借地称为"关东州"。

⑤ 参见李明：《德意志法院：殖民地的夕阳》，载《青岛晚报》2008 年 10 月 5 日。

港地区的《英皇制诰》，是我国最早的检察法律，比《大理院审判编制法》早颁行了62年。

总之，基于上述事实和分析，不难得出如下四个基本结论：一是我国国内检察法律要先于国际检察法律产生；国内附属性检察法律要先于专门性检察法律出现。当然，我国最早的国内附属性检察法律是《英皇制诰》；而由我国自主制定的、最早的国内附属性检察法律，则是1906年12月12日由清政府颁行的《大理院审判编制法》之第七条、第十二条、第十三条、第三十一条、第三十九条、第四十五条。进言之，我国最早的检察法律是《英皇制诰》，而由我国自主制定、最早的检察法律才是《大理院审判编制法》。二是不能因为我国香港、澳门、台湾、关东州及其旅大、青岛等被殖民地区的检察法律带有殖民主义色彩，而人为地将其排除在我国检察法律沿革的时空体系之外。三是孕育、支撑并引领我国特别是各省检察制度创立的检察法律并不局限于《大理院审判编制法》，还包括：《大理院官制》〔光绪三十三年四月三十日（1907年6月10日）〕、《天津府属试办审判厅章程》〔光绪三十二年（1906年）〕、《各级审判厅试办章程》、《法院编制法》〔宣统元年十二月二十八日（1910年2月7日）〕、《拟定各省城商埠各级审判厅检察厅编制大纲》、《各省城商埠各级审判厅筹办事宜》〔宣统元年七月二十日（1909年9月11日）〕等检察法律集合、群体。① 四是我国不同时期检察法律的创制伊始，就深受大陆、英美乃至社会主义"三大法系"检察法律影响。比较而言，清末的中国深受日、德等大陆法系检察法律影响；澳门（至回归前）、台湾（至今）、关东州旅大（至1945年8月22日解放）、青岛（至1949年6月2日）深受葡、日、俄、德等大陆法系国家检察法律影响；香港至1997年回归前，深受英国等英美

---

① 而通过检索各类《检察志》也不难发现，除《大理院审判编制法》之外，这些检察法律也往往被视为我国各地检察制度得以建立的直接法律依据。

法系国家检察法律影响。中华民国时期的中国深受大陆、英美两大法系检察法律影响，新民主主义革命时期（以下简称"革命根据地"）检察法律深受苏联等社会主义法系国家检察法律影响，伪满洲国、汪伪国民政府和敌占区则深受日本检察法律影响，而1945～1954年旅大地区还受当时苏联与新中国检察法律的共同影响。新中国特别是新中国成立初期深受苏联、蒙古、波兰、阿尔巴尼亚、保加利亚、罗马尼亚、捷克斯洛伐克、朝鲜、匈牙利、民主德国、缅甸等社会主义法系，以及其他大陆（法国、日本、德国、意大利、埃及）和英美（美国、英国、印度）法系国家检察法律影响。[①] 与此同时，清末、中华民国和新中国各阶段检察法律，也都深受中华法系因素影响[②]

2. 制定主体的多样性

（1）在清末，无论是光绪还是宣统时期，尽管有诸如资政院、咨议局、宪政编查馆、修订法律馆、法制院等准立法机关，但由它们直接制定并颁行的检察法律并不多，仅有诸如《法院编制法》（由修订法律馆之修订法律大臣沈家本等起草、宪政编查馆核议并由宣统皇帝批准颁行）等少数几部。相反，此间许多检察法律则由法部（当时的检察首脑机关）、大理院、皇帝、邮传部、地方省府、地方检察厅以及修律大臣等，提案、起草、制定或颁布。例如，由大理院上奏、法部制定并由光绪批准颁行的《大理院审判编制法》；由法部制定并由光绪批准颁行的《各级审

---

① 而这种影响，可为《检察署组织法研究资料》（中央人民政府最高人民检察署办公厅 1954 年 6 月 23 日编印）、《检察制度参考资料》（第 1～4 编）（最高人民检察院办公厅 1959 年国庆节前编印）等检察文献所包括的上述国家的检察法律佐证。

② 所谓中华法系，亦称"中国法系"，是指中国古代社会历史经五千年发展而形成的独具特色的法律体系。其主要特色有五个：一是以中国传统的儒家思想为理论基础，摆脱了宗教神学的束缚，不存在西方国家那种宗教法规；二是维护封建伦理，赋予家族（宗族）法规特殊地位；三是皇帝始终是立法与司法的枢纽；四是官僚、贵族享有法定特权，良贱同罪异罚；五是礼法合一，诸法合体，行政监理司法，强调综合治理。

判厅试办章程》；由大理院和法部联合制定并由光绪批准颁行的《大理院官制》；由法部制定并由宣统批准颁行的《各省城商埠各级审判厅筹办事宜》；由邮传部制定并由宣统批准颁行的《厘定邮政扣押人犯信件章程》；由上海地方检察厅制定的《上海地方检察厅专则》；由天津府制定并由直隶总督袁世凯颁行的《天津府属试办审判厅章程》；等等。

　　比较而言，清末的检察法律多由法部制定并经皇帝批准颁行。究其原因，因为当时实行审检合署机制，且法部是职掌司法行政、检察事务的检察首脑机关；而皇帝始终是国家立法与司法的枢纽和最高权威。

　　（2）在中华民国，无论是北洋（北京）还是国民（南京）政府时期，由于中华民国已有诸如参议院、国会、中央政治会议、约法会议、参政院、国会非常会议、立法院、行政院、司法院、考试院、监察院等立法机关，以及法典编纂会、法制局、法律编查会、修订法律馆等准立法机关，因而此间检察法律的制定主体主要有两类：

　　一类是国民政府、立法院、行政院、司法院、考试院等法定立法机关。例如，北洋政府制定过《裁撤各级检察厅并改定检察长名称令》，国民政府制定过《法官及其他司法人员资格审查办法》（1935 年 8 月 17 日）；北洋政府大理院制定过《关于买卖人口适用法律各问题》（1913 年 4 月 12 日），民国政府司法院制定过《推事、检察官、书记官、律师服制条例》（1929 年 1 月 4 日），而国民政府立法院制定过《调度司法警察章程》（1936 年 8 月 5 日）、行政院制定过《检察官与司法警察机关执行职务联系办法》（1948 年 10 月 7 日）、考试院制定过《高等考试司法官考试条例》（1930 年 12 月 27 日）。

　　另一类是司法（行政）部（当时的检察首脑机关）、内务部、总检察厅、地方高等法院、地方检察厅等非法定立法机关。例如，北洋政府司法部制定过《检察厅指挥司法警察证暂行细则》

（1912 年 12 月 31 日），民国政府司法行政部制定过《最高法院检察署考绩委员会办事细则》（1935 年 12 月 20 日）；北洋政府总检察厅（司法部下设负责检察事务的具体部门）制定过《检察执务应行注意事项规则》，民国政府最高法院检察署制定过《检察官或兼理检察职务之县长办理案件应注意事项》（1939 年 7 月 22 日）；北洋政府司法部指令浙江高等法院制定过《浙江高等法院检察处暂行处务规程》（1929 年 8 月 1 日），民国政府司法行政部指令江苏高等法院第二分院首检官制定过《江苏高等法院第二分院检察处暂行处务规程》（1931 年 5 月 14 日），等等。

比较而言，中华民国时期的检察法律多由司法（行政）部起草、制定并颁行。究其原因在于，当时实行审检合署机制，且司法（行政）部是职掌司法行政、检察事务的检察首脑机关，[①] 并一直延续到国民党退出大陆后的台湾地区（而目前台湾地区的检察首脑机关是"法务部"）。

（3）在革命根据地，尽管已有"全国工农兵苏维埃代表大会与中央执行委员会"、"各级参议会和各级边区政府"、"大解放区人民政府、区乡人民代表会议和军事管制委员会、各界代表会议"等立法机关，[②] 但与中华民国相似，无论是土地革命还是抗日和解放战争，检察法律的制定主体主要也有两类：

一类是法定立法机关。例如，中华苏维埃共和国第一次全国工农兵代表大会制定过《中华苏维埃共和国工农检查部的组织条例》，中华苏维埃共和国中央执行委员会制定过《中华苏维埃共和国军事裁判所暂行组织条例》（1932 年 2 月 1 日），陕甘宁边区

---

① "司法（行政）部"：由清末法部演变而来。北洋政府时称"司法部"。"1928 年 10 月，国民党政府实行五院制，设'司法行政署'，隶属于司法院，掌理全国司法行政事宜。1937 年后改称'司法行政部'，隶属行政院。"（参见华东政法学院本书编写组：《简明法制史辞典》，河南人民出版社 1988 年版，第 261 页。）

② 参见姜爱林、陈海秋：《建国前共产党领导下的立法机关的发展与演变》，载《云南师范大学学报（哲学社会科学版）》2006 年第 2 期。

参议会制定过《陕甘宁边区高等法院组织条例》（1939 年 4 月 4 日），晋察冀边区第一届参议会议制定过《晋察冀边区法院组织条例》，陕甘宁边区政府就制定过《（有关检察制度）命令》，华北人民政府就制定过《为统一各行署司法机关名称，恢复各县原有司法组织及审级的规定通令》（1948 年 10 月 23 日），等等。

另一类则是非法定立法机关。例如，中华苏维埃共和国工农检查部制定过《中华苏维埃共和国工农检查部控告局的组织纲要》（1932 年 9 月 6 日），福建省苏维埃政府工农检查部制定过《为坚决执行中央政府工农检查人民委员会训令第一号》（1932 年 10 月 5 日），中共苏区中央局制定过《关于肃反工作检阅决议》（1932 年 12 月 14 日），中央司法部制定过《训令第一号》（1937 年 2 月 13 日），陕甘宁边区高等法院制定过《对各县司法工作的指示》（1941 年 5 月 10 日），等等。

（4）在新中国，无论是"文革"前，还是"文革"中和"文革"后，抑或 2000 年 7 月 1 日《立法法》颁行之前后，新中国检察法律的创制主体同样也是多样的，并可概分为以下两类：

一类是法定立法机关。包括：一是全国人大（或中国人民政治协商会议第一届全体会议）制定过《中央人民政府组织法》、《宪法》及其修正案、《检察院组织法》、"三大诉讼法"等专门性检察法律和检察宪法、基本法律规范；二是全国人大常委会（或中央人民政府委员会、中央人民政府）制定过《最高人民检察署试行组织条例》、《各级检察署工作人员任免暂行办法》（1950 年 8 月 9 日）、《最高人民检察署暂行组织条例》和《各级地方人民检察署组织通则》（1951 年 9 月 3 日）、《关于加强法律解释工作的决议》、《人民警察法》、《检察官法》、"三大诉讼法"修正案等专门性检察法律和检察法律规范；三是全国人大法制工作委员会制定过《关于如何理解和执行法律若干问题的解答》（一）至（六）（1988 年 4 月 25 日至 1992 年 7 月 6 日）等检察立法解释规范；四是"两高"或与其他中央部委单独或联合制定过

《关于在宪法和人民检察院组织法公布后进一步建设检察工作的组织与业务的意见》（1954 年 11 月 3 日）、《关于公、检、法三机关受理普通刑事案件的职责范围的试行规定》（1962 年 11 月 30 日）、《关于人民检察院对行政诉讼进行法律监督具体程序问题的答复》（1991 年 8 月 19 日）、《关于强化上级人民检察院对下级人民检察院执法办案活动监督的若干意见》（2010 年 12 月 15 日）等专门性检察法律和检察司法解释（含检察和审判解释）规范；五是国务院（或政务院）制定过《关于任免工作人员的暂行办法》（1949 年 11 月 28 日）、《关于省级以上政府建立政法委员会的联合指示》（1951 年 5 月 30 日）、《看守所条例》、《人民警察警衔标志式样和佩带办法》（1995 年 5 月 16 日）等检察行政法规规范；六是诸如司法部制定过《关于建立司法干部业务学习制度的指示》（1950 年 11 月 30 日）和《劳动教养管理工作执法细则》（1992 年 8 月 10 日）、公安部制定过《看守所留所执行刑罚罪犯管理办法》（2008 年 2 月 29 日）、国家安全生产监督管理总局制定过《海洋石油安全管理细则》（2009 年 9 月 7 日）等检察行政规章规范；七是诸如广西壮族自治区人大常委会制定过《关于加强检察机关对诉讼活动法律监督工作的决定》（2011 年 5 月 26 日）、四川省人大常委会制定过《阿坝藏族羌族自治州自治条例》（1988 年 3 月 16 日修正）、吉林省人大制定过《吉林省人民代表大会及其常务委员会立法程序的规定》（2001 年 2 月 16 日）等检察地方性法规、自治条例和单行法规规范；八是诸如山西省人民政府制定过《为建立各级人民检察署由》（1950 年 5 月 2 日）、陕西省人民政府制定过《关于建立县（市）人民检察署的指示》和《陕西省人民检察署检察及公诉暂行程序》（1950 年 6 月 6 日）、中南军政委员会制定过《限期建立与健全各省市及重点建立专市县人民检察署的通令》（1950 年 10 月 27 日）、江苏省苏南人民行政公署制定过《为撤销苏州专区检察分署令知遵照由》（1952 年 6 月 27 日）、杭州市人民政府制定过《杭州市贷款建设的城市道路车辆通行费征收管理办法》（2010 年 1 月 12 日）等检察地方规章规范，等等。

另一类是非法定立法机关。包括：一是诸如中共中央制定过《关于建立检察机构问题的指示》（1950 年 9 月 4 日），中共中央政法委员会制定过《关于深化司法体制和工作机制若干问题的意见》，中国共产党江苏省委员会制定过《关于〈江苏省人民检察院党组请示省委批准江苏省人民检察院及分院按 1956、1957 年编制调配干部的报告〉的批复》（1956 年 8 月 9 日），福建省人民检察院党组制定过《关于加强组织领导、建立分工负责制、改善工作方法的规定》（1956 年 6 月 26 日）等检察执政党政策规范；二是诸如吉林省人民检察院、高级人民法院、公安厅联合制定过《法院、检察院、公安机关在办案分工、执行正规法制工作联系制度以及其他共同有关几个问题上暂行规定》（1955 年 6 月 5 日），山西省高级人民法院、省检察院、省公安厅、省安全厅、省司法厅联合制定过《关于在刑事诉讼活动中加强协作配合与监督制约的规定》（2011 年 5 月 10 日）等检察准司法解释规范；三是诸如吉林省长春市人民检察院制定过《关于逮捕人犯的几项暂行规定》（1955 年 2 月 5 日），陕西省革命委员会政法组制定过《关于拘留、逮捕、判刑审批权限的暂行规定》（1969 年 10 月 11 日），昆明市人民检察院制定过《关于充分发挥检察职能作用服务的意见》（2009 年 1 月 19 日）等检察其他规范性文件。

3. 彼此间的法律位阶性

（1）在清末，《法院编制法》既要高于《初级暨既地方审判厅管辖案件暂行章程》［宣统元年十二月二十八日（1910 年 2 月 7 日）］的法律位阶，也要高于《直隶省各级审判检察厅暂行章程》［宣统二年十一月（1910 年 12 月 2 日至 21 日）］和《吉林各级审判检察厅办事规则》［宣统元年（1909 年）］的法律位阶；而《直隶省各级审判检察厅暂行章程》与《吉林各级审判检察厅办事规则》的法律位阶等同。

（2）在中华民国，北洋政府时期的《法院编制法》（1915年6月20日）既要高于《司法官考试规则》（1917年12月10日）和《司法共助事务第一次条例》（1916年3月2日）的法律位阶，① 也要高于《东省特别区域法院编制条例》（1920年10月31日）的法律位阶。②

国民政府时期的《法院组织法》（1932年10月28日）既要高于《推事检察官任用资格审查规则》（1936年1月9日）的法律位阶，③ 也要高于《河南高等法院第二分院暂行组织条例》（1929年6月13日④）和《云南各级法院检察处处务细则》（1942年3月12日）的法律位阶；而《河南高等法院第二分院暂行组织条例》与《云南各级法院检察处处务细则》的法律位阶等同。

（3）在革命根据地，《中华苏维埃共和国工农检查部的组织条例》既要高于《中华苏维埃共和国军事裁判所暂行组织条例》和《中华苏维埃共和国裁判部暂行组织及裁判条例》（1932年6月9日）的法律位阶，也要高于《福建省工农检查部联席会议决议案——加强检察工作的几项规定》（1932年9月4日）的法律位阶；而《中华苏维埃共和国军事裁判所暂行组织条例》和《中华苏维埃共和国裁判部暂行组织及裁判条例》的法律位阶等同。

（4）在我国目前，据《宪法》、《立法法》和《监督法》等规定，检察法律（包括附属和专门性检察法律）的法律位阶通常

---

① 为此该条例第一条第一项规定："本条例所称司法共助事务，指下列各款：一、法院编制法第十五章之辅助。"同时，它与《司法官考试规则》的法律位阶等同。

② 为此该条例第十一条规定："本条例所未规定者，适用法院编制法及其他法令之规定。"

③ 为此该规则第一条规定："推事检察官任用资格，依法院组织法第三十三条暨第三十七条应经审查者，依本规则行之。"

④ 为此，《河南高等法院第二分院暂行组织条例》第一条规定："本条例在法院组织法未颁布前适用之"；而言外之意，"本条例在法院组织法颁布后废止"。

从高到低可依次分为如下六级：宪法→基本法律→法律（含立法、司法、检察、审判和行政等法定解释以及检察政策）→行政法规→地方性法规（含地方性自治、单行条例）→规章（含行政规章和地方性政府规章）。

而尽管现行《宪法》第 129 条与《检察院组织法》第 1 条都规定"中华人民共和国人民检察院是国家的法律监督机关"，但从这一附属性检察法律之效力等级的法律位阶性上说，《宪法》第 129 条要高于《检察院组织法》第 1 条。而实践中，还存在如下三类游离于法律之外，但同样起规范检方权力或行为作用的规范性文件：

第一，诸如最高人民检察院党组《关于检察干部任免手续的暂行规定》（1981 年 4 月 18 日），中纪委、中政委、中组部、人事部、劳动部、监察部《关于清理调出不适合做政法工作人员的通知》（1992 年 5 月 16 日），中组部、人事部、最高人民检察院《检察官等级暂行规定》（1997 年 12 月 15 日），中共中央办公厅、国务院办公厅《关于党政机关工作人员个人证券投资行为若干规定》（2001 年 4 月 3 日），中央司法体制改革领导小组《关于司法体制和工作机制改革的初步意见》，中共中央《关于进一步加强人民法院、人民检察院工作的决定》（2006 年 5 月 3 日），中共中央政法委员会《关于深化司法体制和工作机制若干问题的意见》等中共中央政策。

第二，诸如北京市高级人民法院、人民检察院、公安局、物价局《关于加强北京市涉案财产价格鉴定管理的通知》，山西省朔州市人民政府、中级人民法院、市人民检察院《关于严惩非法违法开采煤炭资源的办法》（2008 年 1 月 17 日）等准司法解释。

第三，诸如重庆市渝北区人民检察院《主诉主办检察官办案责任制实施细则（试行）》（2000 年 4 月 30 日），湖北省人民检察院《刑事立案与侦查活动监督调查办法（试行）》，四川省剑阁县人民检察院《关于加强对诉讼活动法律监督工作的实施意见》

等准检察解释。

4. 附属性和多元化

（1）在清末，既有诸如"凡大理院以下审判厅局均须设有检察官，其检察局附属该衙署之内。检察官于刑事有提起公诉之责。检察官可请求用正当之法律。检察官监视判决后正当施行"（《大理院审判编制法》第十二条）等全国附属性检察法律，也有诸如"凡刑事案件，因被告者之告诉他人之告发，司法警察官之移送或自行发觉者，皆由检察官提起公诉。但必须亲告之事件（如协迫、诽毁、奸通等罪）不在此限"［《吉林行省提法司吉林行省各级审判厅试办章程》（1908 年）第四十六条］等地方附属性检察法律。

既有诸如"凡豫（通"预"）审案件，除豫审推事、检察官及录供者莅庭外，不准他人旁听"（《各级审判厅试办章程》第二十五条）等检察基本法律规范，也有诸如"各级检察厅检察事务，由该科随时稽核，并得呈由提法使发布命令，统一全省检察事宜"［《法部奏定提法司办事划一章程》（1907 年）第五十五条］等检察行政法规规范。

既有诸如"审判、检察厅开办之初，用人甚多，其各厅得力之员，又时为外省奏调，以后如不敷用，拟准随时由臣部奏调京外谙习法律适用人员及法律毕业生，以资任使"［《酌拟京师审判检察各厅员缺任用补主章程》（1909 年 10 月 31 日）第一条］等检察法律规范，也有诸如"凡有来院内总检察厅上控，及各厅现审案内有至本庭续行具呈者，由点簿厅派人带往。每日将告状人何时来源、何时放出、所呈是否推理，详细注明，呈堂阅看"［《大理院稽察票传人证出入章程》（1908 年）第九条］等检察审判解释规范。

既有诸如"审判或检察、巡警、监狱及其他行政官员或其佐理，当执行职务时，对于被告人、嫌疑人或关系人有强暴凌虐之行为者，处三等至五等有期徒刑"［《大清新刑律》（1910 年 3 月 6 日）第一百四十四条］等检察实体法规范，也有诸如"驳斥禁治产声请之决定，审判衙门因职权送达于声请人及检察官"［《民事诉讼律草案》（1911 年 1 月 28 日）第七百三十四条］等检察程序法规范。

（2）在中华民国，既有诸如"检察厅之设立废止以法律定之"［《法院编制法》第八十八条］、"检察官得随时视察看守所"［《羁押法》（1945 年 12 月 29 日）第四条第二款］等全国附属性检察法律，也有诸如"各级审判厅及检察厅，各独立行其职权，不受何方之干涉，但各级检察厅为一体，检察官应服从上官之命令"［《湖南省法院编制法》（1923 年 2 月 5 日）第四条］、"对于应被审判之犯罪人，以湖北高等检察厅检察长为原告人"［《湖北刑事特别审判所组织大纲》（1937 年 12 月 6 日）第八条］等地方附属性检察法律。

既有诸如"推事检察官及书记官等员在法庭执务时，均应一定制服"［《法院编制法》第六十八条第一款］、"各级法院及分院配置检察官之员额，以法律定之"［《法院组织法》第二十七条］等检察宪法规范，也有诸如"审判衙门接受该声请书后，应速付送于配置该审判衙门之检察官"［《民刑事诉讼律草案管辖各节》（1912 年 5 月 12 日）第二十五条第二款］、"通缉经通知或布告后，检察官、司法警察官对于被告，得命拘提或逮捕之"［《刑事诉讼法》（1928 年 7 月 28 日）第五十三条］等检察基本法律规范。

既有诸如"推事检察官律师制服式，如第一图第二图色用黑，领袖及对襟均须镶边"［《推事检察官律师书记官服制令》（1913 年 1 月 7 日）第一条］、"法院讯问被逮捕拘禁人后，认为不应逮捕拘禁者，应即释放；认为有犯罪嫌疑者，应移付检察官侦查"［《提审法》（1935 年 6 月 21 日）第九条］等检察法律规范，也有诸如"人犯在保释期内发生第六条情形时，由该管检察厅付案送监执行并随时呈报司法部"［《监犯保释暂行条例》（1920 年 12 月 7 日）第八条］、"各省区高等法院院长、首席检察官应视察所属法院及监所，每年至少二次"[《视察各省区司法规程》（1932 年 5 月 10 日）第二条]等检察行政法规规范。

　　既有诸如"高等检察厅除遵照法令外，依本章程之规定办理事务"（《司法部高等检察厅办事章程》第一条）、"检察官指挥司法警察证，由司法行政部制定之"[《司法行政部检察官指挥司法警察证暂行细则》（1929 年 2 月 14 日）第一条]以及诸如"检察官之执务应力求敏速，毋失事机"（《总检察厅检察执务应行注意事项规则》第二条）、"职员请假，应依定式缮具请假书载明事由及日期，呈请检察长核准"[《最高法院检察署职员给假规则》（1935 年 8 月 12 日）第二条第一款]等准检察解释规范，也有诸如"案诉讼法理亲告罪，基无代行告诉人时，管辖检察厅检察官得因利害关系人之声请，指定代行告诉人"（《大理院议决关于买卖人口适用法律各问题》第四条）、"推事、检察官、书记官、律师凡莅庭时，均着制服，但就席后得脱帽"（《司法院推事检察官书记官律师服制条例》第六条）等检察审判解释规范。

　　既有诸如"高等审判厅以下法院之判决，如显然与约法或其效力相等之法律优待条例有抵触而业经确定者，决检察长得承受时向大理院请求撤销之"[《民事非常上告暂行条例》（1914 年 4 月 3 日）第一条]、"执行死刑，应由检察官、审判衙门书记官莅视"[《刑事诉讼法草案执行编有关条令》（1918 年 5 月 25 日）第四百八十四条第一款]与"本法称当事人者，谓检察官、自诉人及被告"[《刑事诉讼法》（1945 年 11 月 30 日修正）第三条]、"受刑人在监死亡，监狱长官应通知检察官相验，并通知其家属"[《监狱行刑法》（1948 年 1 月 19 日）第九十二条]等检察程序法规范，也有诸如"检察长对于检察官之检察事务，得征收报告并查察其进行方法，如有不当情形，随时指正之"（《司法部高等检察厅办事章程》第九条）、"检察长对于所属各机关职员，得考核其办事情形及行检，分别呈请奖励或惩戒"[《司法院最高法院检察署处务规程》（1929 年 5 月 4 日）第三条]等检察实体法规范。

（3）在革命根据地，既有诸如"最高法院设检察长1人，副检察长1人，检察员若干人。检察长副检察长由中央执行委员会主席团委任之"［《中华苏维埃共和国中央苏维埃组织法》（1934年2月17日）第三十九条］等检察宪法规范，也有诸如"自中央执行委员会到区执行委员会及城市苏维埃，应当有工农检查部或科的组织，为各级政府的行政机关的一部分"［《中华苏维埃共和国工农检查部的组织条例》第一条］等检察基本法律规范；

既有诸如"各级工农检查部或科之下得设立控告局"（《中华苏维埃共和国工农检查部控告局的组织纲要》第一条）等检察法律规范，也有诸如"关于刑事案件的执行，应由各级国家检察员指挥，死刑的执行，必须由国家检察员呈送卷判及证物件来部审核经本部核准后方得执行"［《中央司法部训令第二号》（1937年2月22日）第二条］等检察行政规章规范；

既有诸如"任何案件，经过两级审判之后不能再上诉。但是检察员认为该案件经过两审后，尚有不同意见时，还可以向司法机关抗议，再行审判一次"［《中华苏维埃共和国司法程序》（1934年4月8日）第六条］等检察程序法规范，也有诸如"高等法院检察处，设检察长及检察员，独立行使其检察职权"（《陕甘宁边区高等法院组织条例》第十二条）等检察实体法规范。

（4）在新中国，既有诸如"最高人民检察院对全国人民代表大会负责并报告工作"［《五四宪法》（1954年9月20日通过，以下均称《五四宪法》）第84条］、"检察机关的职权由各级公安机关行使"（《七五宪法》第25条第2款）、"最高人民检察院监督地方各级人民检察院和专门人民检察院的检察工作"（《七八宪法》第43条第2款）、"人民检察院的组织由法律规定"（《八二宪法》第130条第2款）等检察宪法规范，也有诸如"人民检察署为执行检察职务，得向人民法院调阅案卷"［《人民法院暂行组织条例》（1951年9月3日）第36条第2款］、"批准逮捕和检察

中外检察法律研究

（包括侦查）、提起公诉，由人民检察院负责"（《七九刑事诉讼法》（1979 年 7 月 1 日通过，以下均称《七九刑事诉讼法》）第 3 条）等检察基本法律规范；

既有诸如"任何公民，非经人民法院决定或者人民检察院批准，不受逮捕"[《逮捕拘留条例》（1954 年 12 月 20 日）第 1 条]、"人民法院、人民检察院、公安机关、国家安全机关、行政监察机关因办理案件需要，可以依法扣押案件当事人的护照"（《护照法》第 15 条第 1 款）等检察法律规范，也有诸如"最高人民检察署得在各大行政区设置分署"[政务院《大行政区人民政府委员会组织通则》（1949 年 12 月 26 日）第 9 条]、"保安员服装和保安服务标志应当与人民解放军、人民武装警察和人民警察、工商税务等行政执法机关以及人民法院、人民检察院工作人员的制式服装、标志服饰有明显区别"[国务院《保安服务管理条例》（2009 年 10 月 13 日）第 27 条]等检察行政法规规范；

既有诸如"市（自治州）人民检察院根据工作需要，提请本级人大常委会批准，可以在工矿区、农垦区、林区以及劳改劳教场所等区域设置人民检察院，作为派出机构"[全国人大常委会办公厅、法制工作委员会《对人民法院组织法和人民检察院组织法的部分解答》（1985 年 10 月 9 日）第 1 条]等检察立法解释规范，也有诸如"属于国家机关工作人员、基层干部和企业的职工中贪污、侵吞公共财产、侵犯人身权利等严重行为，已经构成犯罪需要依法处理的，由检察机关受理，提起公诉，法院审理判决"["两高一部"《关于公、检、法三机关受理普通刑事案件的职责范围的试行规定》第 2 条]、"检察院全是抄外国的，早就应该撤销"（"两高"和内务部军代表以及公安部领导小组《关于撤销高检、内务部、内务办三个单位，公安部、高法院留下少数人的请示报告》）、"地方人员到军队作案，由军队保卫部门与地方公安机关共同查清犯罪事实，由地方公安机关、人民检察院、人民法院依法处理"["两高一部"、总政治部《关于军队和地方互涉案件几个问题的规定》（1982 年 11 月 25 日）第 3 条〕等检察司法解释规范；

既有诸如"按照第五、六两条规定办理后，应当通过参加有关机关讨论'建议书'、'抗议书'、'提请书'等的会议以及其他方法查明它的结果，在必要的时候，并可采取适当的措施"〔《最高人民检察院第一厅《（一般监督）工作试行办法（草稿）》（1955 年发各级人民检察院参考试行）第 9 条〕"、"检察官考评委员会是人民检察院指导检察官培训、考核、评议工作的机构"（《最高人民检察院检察官考评委员会章程（试行）》第 2 条）等检察解释规范，也有诸如"对人民检察院提起公诉而被告人未被采取逮捕措施的，除存在被告人逃跑、串供、重新犯罪等具有人身危险性或者可能影响刑事诉讼正常进行的情形外，人民法院一般可不决定逮捕被告人"〔最高人民法院《关于贯彻宽严相济刑事政策的若干意见》（2010 年 2 月 8 日）第 24 条〕等检察审判解释规范；

既有诸如"人民法院、人民检察院、公安机关、海关和工商行政管理部门依法没收的文物应当登记造册，妥善保管"〔江西省人大常委会《江西省文物保护条例》（2011 年 12 月 1 日修正）第 37 条〕等检察地方法规规范，也有诸如"自治县人民法院的人民陪审员、人民检察院的人民监督员中应当有黎族、苗族公民"〔海南省人大常委会《琼中黎族苗族自治县自治条例》（2006 年 7 月 28 日修正）第 21 条第 5 款〕等检察地方性自治条例规范。

既有诸如"主席团、省人民代表大会常务委员会、省人民政府、省高级人民法院、省人民检察院，可以向省人民代表大会提出属于省人民代表大会职权范围内的议案"〔海南省人大《海南省人民代表大会议事规则》（1994 年 3 月 5 日）第 22 条第 1 款〕等检察单行法规规范，也有诸如"涉及招标人、投标人、评标委员会成员、国家机关及其工作人员违反法律、法规、规章及相关规定，可能涉嫌行贿、受贿或职务犯罪行为的，应当向市检察机关投诉或举报"〔珠海市人民政府《珠海市建设工程招标投标管理办法》（2010 年 2 月 23 日修正）第 97 条第 5 款〕等检察地方性规章规范。

因此，旧中国与新中国检察法律彰显附属性的同时，也展现出我国检察法律除具有检察法律本性之外，还具有宪法、基本法律、法律（含法律解释）、行政法规，以及地方性法规、自治条例和单行法规、规章等特性的多元化。

5. 内容广泛

无论是旧中国还是新中国检察法律（包括国内与国际检察法律）所涉及的内容，都是相当广泛的。其中，就国内检察法律的内容广泛来说，一方面，检察院组织法、检察官法等检察法典所涉及的内容相当广泛，其他专门性和附属性检察法律所涉及的内容也相当广泛。比较而言，清末检察法律内容的广泛程度，要弱于中华民国；中华民国和革命根据地检察法律内容的广泛程度，又要弱于新中国。

另一方面，我国国内检察法律内容经历了一个从无到有、从不完备到完备、从不健全到健全的循序渐进过程。进言之，作为旨在规范检方权力或行为的行为规范，无论是清末和中华民国检察法律，还是革命根据地和新中国检察法律，它们所涉及的具体内容无外包括规范检察机关（含其内外设机构或派出机关）与规范检察人员权力或行为两个方面。而这两个方面，又可细化为如下三类三十五种具体情形：

第一，直接或间接规范检察机关权力或行为的检察法律。包括针对如下十一种情形的其他专门或附属性检察法律：（1）性质（法律监督）和行政隶属；（2）检察机关（含专门检察院和派出机构）设置；（3）任务和职权；（4）领导体制（检察一体化）；（5）活动原则；（6）内部机构（含检委会）设置与内部监督制约（含纪检、监察、督查、顾问咨询）机制；（7）与其他机关（含人大、政协、公安和审判机关、人民监督员、特约检察员）

的联系与外部监督制约机制；（8）业务管理：举报、初查（案件线索、信息管理），案件流程和管理，案件督办、协作，案件质量管理；（9）办公场所、车辆、经费等财务装备管理；（10）政策、宣传、理论研究；（11）日常办公管理：公文、文书、统计、信息、机要、档案、保密、保卫管理。

第二，直接或间接规范检察人员权利和义务的检察法律。包括针对如下二十种情形的其他专门或附属性检察法律：（1）构成：检察长、副检察长、检委会委员、检察官、助理检察员、主诉（办）检察官、书记员、司法警察、法医等司法鉴定人员、检察通讯员；（2）职责（权）；（3）义务和权利；（4）任职资格和（一般和特殊、禁止）条件；（5）资格考试；（6）任职期限；（7）就职和宣誓；（8）任职回避和交流；（9）职业禁止；（10）等级（含检衔）和职称；（11）教育培训；（12）职业道德；（13）考核（评）及其组织；（14）晋升和免职；（15）奖励（勋章）；（16）惩戒（纪律处分、法律责任）；（17）工资、保险、福利、假期等人身保障；（18）辞职辞退；（19）退休；（20）申诉控告。

第三，直接或间接规范检方权能的检察法律。包括针对如下四种情形的其他专门或附属性检察法律：一是针对刑事诉讼监督权的，其包括针对如下六种情形的其他专门或附属性检察法律：（1）职务犯罪侦查权：反贪污贿赂、反渎职侵权、控告申诉（刑事赔偿）权；（2）强制与侦查措施监督权；（3）侦查监督权：批准或决定逮捕权、立案监督权、退回补充侦查、提前介入和引导侦查、审查起诉、不起诉、免予起诉权；（4）刑事审判活动监督权：刑事公诉、量刑建议、刑事审判监督、刑事抗诉权；（5）刑罚（含管制、拘役、徒刑、死刑，罚金、剥夺政治权利、没收财产，缓刑、减刑、假释、保外就医、暂予监外执行）执行监督权；（6）羁押（看守所检察）、监管（监狱、劳改检察）监督权。二是针对民事行政诉讼监督权的，包括针对如下四种情形的其他专门或附属性检察法律：（1）任务；（2）监督方式：民事行政检察建议、抗诉；（3）监督范围；（4）监督程序。三是针对"三大诉讼"通用诉讼监督方式的：检察意见、检察建议、检察长出席审判委员会。四是针对非诉讼监督权的，包括针对如下六种情形的其他专门或附属性检察法律：（1）对司法行政机关劳动教养活动的法律监督权；（2）对公安机关、国家安全机关留置、收容等活动的法律监督权；（3）对其他行政机关特定活动的法律监督权；（4）参与社会综合治理权；（5）预防职务犯罪权；（6）引渡等刑事司法协助、司法解释、立法建议等由最高人民检察院所享有的专门职权。

6. 类型众多

无论是旧中国还是新中国检察法律（包括国内与国际检察法律）都是类型众多的。除鲜有成文和不成文检察法律并存情形外，这种类型众多主要体现在如下的十四种"并存"上：

（1）国内与国际检察法律并存。旧中国既有诸如司法院《最高法院检察署处务规程》等国内检察法律，也有诸如"促成国际合作，以解决国际间属于经济、社会、文化及人类福利性质之国际问题，且不分种族、性别、语言、或宗教、增进并激励对于全体人类之人权及基本自由之尊重"［《联合国宪章》（1945年10月24日，1945年9月28日我国签署并批准）第1条第3款］等国际检察法律。

新中国既有诸如《检察院组织法》、《检察官法》等国内检察法律，也有诸如《联合国反腐败公约》、《亚欧会议总检察长会议宣言》（2005年12月12日）、《中华人民共和国最高人民检察院和大韩民国大检察厅合作协议》（1999年9月6日）、《中华人民共和国和希腊共和国关于民事和刑事司法协助的协定》（1994年10月17日）等国际检察法律。

（2）制定与认可性检察法律并存。概言之，旧中国与新中国对国内检察法律的制定，属于检察法律的制定；而旧中国与新中国对含有检察法律规范国际条约的签署并批准，属于检察法律的认可。

（3）附属与专门性检察法律并存。譬如，清末既有诸如"各检察局亦须置有一定之员数"（《大理院审判编制法》第十三条）等附属性检察法律，也有诸如《各级审判厅、检察厅办事规则》[宣统元年（1909年）]等专门性检察法律。

中华民国既有诸如"看守所由地方检察厅检察长监督之"[《看守所暂行规则》（1913年1月28日）第二条]、"各级法院及分院配置检察官之员额，以法律定之"（《法院组织法》第二十七条）等附属性检察法律，也有诸如《地方检察厅办事暂行规则》（1925年12月17日）、《最高法院检察署处务规程》（1935年6月28日修正）等专门性检察法律。

革命根据地既有诸如"省裁判部得设正副检查员各一人"[《中华苏维埃共和国裁判部的暂行组织及裁判条例》（1932年6月9日）第三十三条]、"高等法院检查处，设检查长及检查员，独立行使其检察职权"（《陕甘宁边区高等法院组织条例》第十二条）等附属性检察法律，也有诸如《中华苏维埃共和国工农检查部的组织条例》、《中华苏维埃人民共和国工农检查局的组织条例》（1935年12月22日）、《陕甘宁边区暂行检察条例》（1946年10月19日）、《旅大检察工作条例（草案）》（1947年4月）等检察法典，还有诸如《中华苏维埃共和国工农检查部控告局的组织纲要》、《福建省工农检查部联席会议决议案——加强检察工作的几项规定》、《山东省各级检察委员会组织条例》（1941年4月23日）等其他专门性检察法律。

新中国既有诸如"地方各级人民检察院和专门人民检察院在上级人民检察院的领导下，并且一律在最高人民检察院的统一领导下，进行工作"（《五四宪法》第81条第2款）、"人民法院、人民检察院和公安机关进行刑事诉讼，应当分工负责，互相配合，互相制约"（《刑事诉讼法》第7条）等附属性检察法律，也有诸如《最高人民检察署试行组织条例》（1949年11月2日）、《最高人民检察署暂行组织条例》和《各级地方人民检察署组织通则》（1951年9月3日）、《五四检察院组织法》、《最高人民检察院组织条例（草稿）》（1954年11月23日）、《七九检察院组织法》、《八三检察院组织法》和现行《检察院组织法》以及《九五检察官法》、现行《检察官法》等检察法典，还有诸如《各级检察署工作人员任免暂行办法》、最高人民检察院《关于在宪法和人民检察院组织法公布后进一步建设检察工作的组织与业务的意见》、《人民检察院侦查协作的暂行规定》（2000年10月12日）等其他专门性检察法律。

（4）中央与地方性检察法律并存。譬如，清末有《拟定各省城商埠各级审判检察厅编制大纲》〔宣统元年七月十日（1909年8月25日）〕与《贵州各级审判检察厅办事规则》（1909年）。

中华民国北洋政府有《总检察厅刑事案件须照检察制度各节办理通令》（1912年10月8日）与《江苏省高等法院第一分院检察处暂行处务规程》（1927年12月），国民政府有《检察官与司法警察机关执行职务联系办法》与《云南省长公署附设临时最高审检处暂行章程》（1940年9月29日）。

革命根据地有《中华苏维埃共和国工农检查部的组织条例》与《福建省苏维埃政府工农检查部命令第一号》（1932年10月5日）。

新中国"文革"前有《政务院及其所属各机关组织通则》（1949年12月2日）与《北京市人民检察署一般监督工作暂行办法》（1954年5月），"文革"后有全国人大常委会《关于省人民代表大会闭会期间省人民检察院检察长产生程序的决定》与辽宁省人大常委会《关于在省属大型劳改、劳教场所设置人民检察院的决议》。

另据"中国法律法规信息系统"检索显示，截至2012年11月30日，正文中含有"检察"的全国性法律1362件，包括：法律及有关问题的决定132件，中共中央、国务院法规及文件43件，司法解释及文件1057件，部委规章及文件130件；正文中含有"检察"的地方性法规、规章 2882 件：北京 66 件，天津 69 件，河北 96 件，山西 104 件，内蒙古 107 件，辽宁 136 件，吉林 119 件，黑龙江 95 件，上海 21 件，江苏 103 件，浙江 82 件，安徽 114 件，福建 102 件，江西 75 件，山东 86 件，河南 93 件，湖北 84 件，湖南 92 件，广东 144 件，广西 76 件，海南 78 件，四川 113 件，重庆 83 件，贵州 109 件，云南 176 件，西藏 64 件，陕西 79 件，青海 106 件，甘肃 84 件、宁夏 56 件，新疆 70 件。

（5）程序与实体性检察法律并存。譬如，清末有《刑事诉讼律草案》与《大清新刑律》。

中华民国北洋政府有《刑事诉讼审限规则》（1915 年 1 月 21 日）与《法院编制法》，国民政府有《刑事诉讼法》与《法院组织法》。

革命根据地有《中华苏维埃共和国裁判部暂行组织及裁判条例》与《中华苏维埃共和国关于惩治贪污浪费行为》（1933 年 12 月 15 日）。

新中国"文革"前有《逮捕拘留条例》与《惩治贪污条例》（1952 年 3 月 28 日），"文革"后有《刑事诉讼法》与《刑法》。

（6）显性与隐性检察法律并存。譬如，清末有《大理院审判编制法》与《法部法官分发章程》（1910 年 8 月 30 日）。

中华民国北洋政府有《审判及检察事务成绩表编制细则》（1914 年 2 月 16 日）与《司法部用人考试条例》（1912 年 2 月 2 日），国民政府有《最高法院关于上级检察官命令下级检察官侦查案件应受刑诉法第二百五十二条约束令》（1930 年 1 月 18 日）与《司法行政部文卷保存规程》（1931 年 2 月 2 日）。

革命根据地有《中华苏维埃人民共和国工农检查局的组织条例》与《中华苏维埃共和国肃反委员会暂行组织条例》（1936 年 1 月 28 日）。

新中国"文革"前有《人民法院暂行组织条例》与《共同纲领》，"文革"后有《刑事诉讼法》与全国人大常委会《关于

〈中华人民共和国刑法〉第九章渎职罪主体适用问题的解释》
（2002 年 12 月 28 日）。

（7）规范检察诉讼监督权与非诉讼监督权的检察法律并存。譬如，清末有《检察厅调度司法警察章程》［宣统二年四月四日（1910 年 5 月 12 日）］与《法官考试任用暂行章程》［宣统元年十二月二十八日（1910 年 2 月 7 日）］。

中华民国北洋政府有《总检察厅刑事案件须照检察制度各节办理通令》与《推事检察官律师书记官服制令》，国民政府有《办理刑事诉讼案件应行注意事项》（1935 年 8 月 23 日）与《最高法院检察署考绩委员会办事细则》。

革命根据地有《中华苏维埃共和国军事裁判所暂行组织条例》与《中华苏维埃共和国关于健全各级工农检查部组织事》（1933 年 4 月 13 日）。

新中国"文革"前有《逮捕拘留条例》与《各级检察署工作人员任免暂行办法》，"文革"后有全国人大常委会《关于国家安全机关行使公安机关的侦查、拘留、预审和执行逮捕的职权的决定》（1983 年 9 月 2 日）与全国人大常委会《批准〈国务院关于劳动教养的补充规定〉的决议》。

当然，除上述七个"并存"之外，还有不同法域，殖民地与非殖民地，大陆、英美与社会主义法系，资本主义与社会主义，有效与无效，各法律位阶，多文种检察法律七个"并存"上的体现。而这七个"并存"在彰显我国检察法律类型众多的同时，也体现了我国检察法律的类型特点。具体情况参下，不予赘述。

（二）本身所特有的特点

1. 沿革的阶段、时期性

如上所述，我国最早的检察法律（亦即国内附属性检察法律），是 1843 年 5 月 4 日由英国殖民者制定颁行并适用于我国香港地区的《英皇制诰》。随后，我国检察法律又经历了如下三个阶段七个时期：

清末阶段（1843 年 5 月 4 日至 1911 年 12 月 31 日），它又包括非自主制定检察法律（1843 年 5 月 4 日至 1906 年 12 月 11 日）与自主制定检察法律（1906 年 12 月 12 日至 1911 年 12 月 31 日），或者光绪（1843 年 5 月 4 日至 1908 年 12 月 1 日）与宣统（1908 年 12 月 2 日至 1911 年 12 月 31 日）两个时期的检察法律。其中，非自主制定时期的检察法律，以《英皇制诰》、"1847 年 8 月法令"、《台湾住民治罪令》、《临时关东州厅官制》、《关东州刑事诉讼的特别程序》、《关于华人司法问题的条令》的颁行为代表；而自主制定时期的检察法律，则以《大理院审判编制法》的颁行为标志、分水岭。

中华民国阶段（1912 年 1 月 1 日至 1949 年 9 月 30 日），它又包括北洋政府（1912 年 1 月 1 日至 1925 年 6 月 30 日）与国民政府（1925 年 7 月 1 日至 1949 年 9 月 30 日）两个时期的检察法律。其中，前者以修正援用清末《法院编制法》、《民刑事诉讼律草案》、《刑事诉讼律草案》，并制定《推事检察官律师书记官服制令》等检察法律为标志；后者则以制定《法院组织法》、《刑事诉讼法》等检察法律为代表。而此间革命根据地，主要以摒弃中华民国检察法律并仿苏制定诸如《中华苏维埃共和国工农检查部的组织条例》、《中华苏维埃共和国军事裁判所暂行组织条例》等检察法律为特点。

新中国阶段（1949 年 10 月 1 日至今），它又包括"文革"前（1949 年 10 月 1 日至 1966 年 5 月 16 日）、"文革"中（1966 年 5 月 16 日至 1976 年 10 月 6 日）和"文革"后（1976 年 10 月 6 日至今）三个时期的检察法律。其中，"文革"前，以《中央人民政府组织法》、《最高人民检察署试行组织条例》、《最高人民检察署暂行组织条例》、《各级地方人民检察署组织通则》、《五四宪法》、《五四检察院组织法》、《逮捕拘留条例》、《最高人民检察院组织条例（草稿）》等检察法律的相继颁行为代表；"文革"

中外检察法律研究

中，以"两高"和内务部军代表以及公安部领导小组《关于撤销高检、内务部、内务办三个单位，公安部、高法院留下少数人的请示报告》和《七五宪法》等检察法律的相继颁行为代表；"文革"后，则以《七八宪法》、《七九检察院组织法》、《七九刑事诉讼法》、《七九刑法》（1979 年 7 月 1 日通过，以下均称《七九刑法》）、《八二宪法》、《九一民事诉讼法》（1991 年 4 月 9 日通过，以下均称《九一民事诉讼法》）、《九五检察官法》以及现行《刑法》、《刑事诉讼法》、《行政诉讼法》和《民事诉讼法》等检察法律的颁行为代表。

2. 创制的自主性与非自主性

概言之，不论半殖民地、半封建社会的清末和中华民国，还是"终于推翻了帝国主义、封建主义和官僚资本主义的统治"的新中国，① 却始终没有改变在中华版图上自主制定检察法律与非自主（即殖民者）制定检察法律并存的客观事实。

在清末，我国自主制定的检察法律与港澳台、关东州旅大、青岛等殖民地殖民者制定的检察法律并存；

在中华民国，大陆内地自主制定的检察法律与港澳台、关东州旅大、青岛、伪满洲国、敌占区、汪伪国民政府等殖民地殖民者、伪满和汪伪统治者、日本侵略者制定的检察法律并存；

在新中国，我国自主制定的检察法律与港澳台地区制定的检察法律并存，即便是业已回归的香港特别行政区和澳门特别行政区也享有包括检察法律在内的立法权。为此，《香港特别行政区基本法》第 2 条规定："全国人民代表大会授权香港特别行政区依照本法的规定实行高度自治，享有行政管理权、立法权、独立的司法权和终审权"；《澳门特别行政区基本法》第 2 条也明确规定："中华人民共和国全国人民代表大会授权澳门特别行政区依照本法的规定实行高度自治，享有行政管理权、立法权、独立的司法权和终审权。"

---

① 参见我国现行《宪法》序言。

当然，随着新中国的成立以及港、澳特别行政区的建立，新中国一法域趋势逐渐增强，而多法域趋势逐步较弱；但随着"一国两制"宪法原则的确立，我国多法域现状将长期存在，包括我国检察法域也如是。

3. 生成的总结与借鉴、仿效与承袭、摒弃性

（1）生成的总结与借鉴性。诚然，"自现代检察制度引入中国后，中国检察制度的缘起、存续、发展以及更迭，几乎在每一个阶段都受到了域外检察制度设计或理念的影响"。[①] 易言之，作为中国检察制度生成"种子"、"母胎"的我国检察法律，也始终秉持对内总结、对外借鉴的创制理念。

在清末，诚如《军机处、法部、大理院会奏核议大理院官制折》（1906 年 11 月 6 日）所云："远师法德，近仿东瀛，其官称则参以中国之旧制，亦既斟酌中外得所折衷"；《法部奏设京内外各级审判厅官制并附设检察厅章程》（1907 年 7 月 21 日）所云："各国法制，凡一裁判所必有一检事局，虽附设于裁判所之中，实对裁判所而独立。其职务在代表公益监督判官的行为，纠正裁判之谬误。盖检事局属于司法上行政之组织，检事并非裁判所之职员也"；《法部代奏会员考察各国司法制度报告书》所云："检察之制，以国法所在必伸，代表之者，即为检察……其理论发明于后世，初制则源于法兰西。盖法当王政时代，有所谓国王之代理人者，即检察官。故法之检察官，因沿革上有绝大之权限，他国继踵仿行，均加限制。奥国乃予检察官对于终审案件有以回重审之权。荷兰则无论民刑，均由检察官莅审。未始非求保裁判公平之意"……[②]因此，清末检察法律被深深打上了日、德、法等大陆法系国家检察法律的烙印，甚至诸如《法院

[①] 参见甄贞等：《检察制度比较研究》，法律出版社 2010 年版，第 2 页。

[②] 参见闵钤编：《中国检察史资料选编》，中国检察出版社 2008 年版，第 27 ~ 29 页、第 32 页。

编制法》等检察法律，即为当时日本《裁判所构成法》（也译为《法院组织法》、《法院法》，1890 年 2 月 8 日）的中国翻版。

在中华民国，其"法律制度主要有两个渊源：一是承继中国传统法律制度，尤其是沿用或援用清末法律改革中制定的法律制度；二是仿效西方国家法律制度及根据中国社会经济、政治发展的需要，逐步制定颁行新的法律。就检察制度法令规范而言，亦体现出承继清末检察制度法令规范的特点，在机构设置、职权厘定等方面有一些变动，但整个检察制度和司法制度近仿日本，远师法德的格局未有大变"。① 换言之，在中华民国建国之初和北洋政府时期，因修正援用清末检察法律，导致其检察法律也深受大陆法系国家检察法律影响；之后的国民政府因承袭北洋政府检察法律，并未改变半殖民地和半封建社会性质，因而其检察法律同样深受大陆法系国家检察法律影响。特别是作为日本政府扶持的傀儡政府满洲国、汪伪国民政府和敌占区之检察法律，更深受日本检察法律影响。例如，伪满洲国制定的诸如《司法部改各级法院检察处为各级检察厅的训令》（1932 年 2 月 29 日）、《司法部法令审议委员会章程》（1932 年 8 月 20 日）、《诉讼状纸规则》（1932 年 10 月 1 日）、《组织法》（1934 年 3 月 1 日）、《刑事诉讼审限规程》（1934 年 7 月 1 日）、《重要犯罪请训并报告规程》（1934 年 9 月 1 日）、《恩赦令》及其《施行规则》（1935 年 3 月 1 日）、《刑事诉讼费用法》（1935 年 3 月 15 日）、《重要犯罪请训并报告规程》（1935 年 7 月 1 日）、《法院组织法》（1936 年 1 月 4 日）、《司法考试令》和《书记官考试令》以及《法官考选委员会官制》（1936 年 5 月 21 日）、《司法警察职务规范》（1936 年 6 月 2 日）、《监狱法》（1937 年 11 月 29 日）、《司法警察职务规范》（1937 年 12 月 16 日）、《军事审判法》（1937 年 12 月 13

---

① 参见闵钐、谢如程、薛伟宏编著：《中国检察制度法令规范解读》，中国检察出版社 2011 年版，第 165 页。

日）、《监狱法施行规则》（1938 年 1 月 22 日）、《文官令》（1938
年 5 月 7 日）、《法官惩戒法》（1938 年 9 月 12 日）、《经济事犯
处理手续法》（1941 年 12 月 8 日）、《矫正辅导院令》（1943 年
12 月 1 日）、《时局刑事手续法》（1944 年 5 月 1 日）等隐性和显
性检察法律中，① 既能找到当时日本检察法律的踪影，也能看到
其对当时中华民国检察法律的借鉴。

　　在革命根据地，诚如《人民检察制度的历史变迁》所云：
"根据地人民检察制度尤其是苏区人民检察制度的建立，较大程
度地吸收和借鉴了苏联的检察制度，因而列宁的法律监督思想在
人民检察制度初创时就得到了认真贯彻，尤其是在苏区工农检查
人民委员部的有关制度中，得到了充分体现。在机构设置上，苏
区工农检查机关的建立仿效了当时苏联工农检查院制度；在职权
分配上，苏区工农检查机关享有广泛的法律监督权，负责对法律
实施情况的一般监督，是完整意义上的法律监督机关"；② "从大
的背景上说，苏区政治和法律制度基本上就是以俄为师的。从苏
区司法制度的重要奠基人梁柏台的履历背景看，1922 年他在莫斯
科东方劳动大学学习，1924 年到海参崴工作，在伯力法院做过审
判员。瑞金时期，梁柏台长期担任司法人民委员部领导工作，起
草了大量的苏区法律、法规。这么说来，参照苏联检察制度规定
检察员职权甚是自然"……③因此，革命根据地检察法律主要是
借鉴当时苏联检察法律；而当时苏联检察法律主要有：《苏联检
察监督条例》、《白俄罗斯检察监督条例》（1922 年 6 月 26 日）、
《乌克兰检察监督条例》、《阿塞拜疆关于国家检察机关的法令》、
《苏俄法院组织条例》（1922 年 11 月 11 日）、《白俄罗斯关于检

---

①　而伪满洲国司法部，亦是其检察首脑机关；抑或伪满洲国也实行审检合署机制。

②　参见孙谦主编：《人民检察制度的历史变迁》，中国检察出版社 2009 年版，第
125 ~ 126 页。

③　参见孙谦主编：《人民检察制度的历史变迁》，中国检察出版社 2009 年版，第
49 ~ 51 页。

察人员的权限》、《苏联及各加盟共和国刑事诉讼原则》（1924 年 10 月 31 日）、《军事法庭和军事检察机构条例》（1926 年 8 月 20 日）、《关于设立苏联检察院》（1933 年 6 月 20 日）、《苏联检察院条例》等。①

在新中国，诚如，"这部条例（即《最高人民检察署试行组织条例》），根据列宁提出的法制原则，吸取苏联的经验，规定检察系统实行垂直领导，独立行使职权"；②"1954 年的人民检察院组织法，它是从我国的实际情况出发的，同时又吸取了列宁、斯大林领导创建的社会主义检察工作的有益经验。人民检察机关不仅在阶级性质上不同于旧中国的检察机关，而且在体制上也不相同，它不是法院的一部分，而是一个独立的国家机关，即国家的法律监督机关。这就是运用列宁、斯大林创建的社会主义检察制度的指导思想，把维护法制统一的任务赋予检察机关。另一方面，又根据我国的实际情况，作出了一些和苏联不同的规定"；③"对于检察院组织法，这次做了较大的修改。第一，确定检察院的性质是国家的法律监督机关。列宁在十月革命后，曾坚持检察机关的职权是维护国家法制的统一。我们的检察院组织法运用列宁这一指导思想，结合我们的情况"制定……④

凡此种种，归根结底，诚如《中国特色社会主义检察制度》所总结的——大陆法系检察制度为近代中国检察制度的确立提供了直接的制度和理念渊源，它的形成和发展轨迹对中国检察制度有深刻的影响，它对中国检察制度的具体内容和特点有一定的影响。因此，中国检察制度与大陆法系国家的检察制度在基本理念、

---

① 参见《苏维埃检察制度（重要文件）》，党凤德等译，人民出版社 1954 年版，第 171～343 页。

② 参见王桂五主编：《中华人民共和国检察制度研究》，中国检察出版社 2008 年再版，第 72 页。

③ 参见《学习〈人民检察院组织法〉讨论稿》，最高人民检察院 1979 年 7 月编印。

④ 参见《人民日报》1979 年 7 月 1 日。

制度建构等方面具有很多相通性和制度亲和性；英美法系国家检察制度从增强权利保护的角度对中国检察制度的发展产生了一定的影响；而苏联检察制度既为新中国检察制度的创建提供了思想渊源，这主要是列宁的法律监督思想，也为新中国检察制度的创建提供了直接的制度蓝本。[①] 比较而言，旧中国检察法律主要受大陆、英美和社会主义法系国家检察法律的影响；而新中国改革开放之前主要受苏联等社会主义法系国家检察法律的影响，之后主要受英美、大陆两大法系国家检察法律的影响。

因此，我国检察法律的起草、制定、修改、补充甚至废止，始终受大陆、英美乃至社会主义法系国家法制理念及其检察法律之影响；而作为"舶来品"中国检察制度的存在本身，就是外国检察法律对我国发生持续影响的最直接的结果。

（2）生成的仿效与承袭、摒弃性。尽管清末已自觉或不自觉地实行变法图治，但在"远师法德，近仿东瀛"的同时，并未完全摒弃其以前所制定的法律和法制理念。例如，《各级审判厅试办章程》第三条就明确规定："凡本章程未规定者，依旧章行之。无旧章者，由法部酌核办理。"当然，由于无检察法律可承袭，因而清末检察法律承袭主要表现在对法制理念的承袭与检察法律的仿效创制上；而对检察法律的仿效创制，主要以日、德检察法律为蓝本。例如，清末最重要的检察法律——《法院编制法》就是在《法院编制法最初之稿》的基础上修订、颁行的；而《法院编制法最初之稿》（亦称《审判厅检察厅构成法草案》）则系

---

① 孙谦主编：《中国特色社会主义检察制度》，中国检察出版社 2009 年版，第 48 ~ 71 页。

"［日］冈天朝太郎创稿；曹汝霖译，沈家本、刘若曾同订"；①
而《审判厅检察厅构成法草案》的称谓和内容，也与当时日本的
《裁判所构成法》藕断丝连。

中华民国成立之初的北洋政府时期，明令昭示承袭清末检察
法律。例如，"民国初建，所有法制，均未遑制定，临时大总统
于元年三月一日（即 1912 年 3 月 1 日），下令宣告暂行援用前清
法律及新刑律。"② 为此，北洋政府司法部便于 1912 年 5 月 12 日
重刊清末《民刑事诉讼律草案管辖各节》，1913 年 9 月 30 日修正
重刊清末《各级审判厅试办章程三条》，1915 年 8 月 19 日重刊清
末《呈刑事再理办法请暂用刑事诉讼律草案备条文》，1915 年 8
月 22 日重刊清末《刑事再理暂用刑事诉讼律草案各条》，1915 年
10 月 2 日重刊《拟请修改各级审判厅试办章程关于豫审各条条
文》，1915 年 12 月 3 日重刊《拟表修订各级审判厅试办章程第一
百一十一条文》，1915 年 12 月 3 日重刊《高等以下各级审判厅试
办章程》，1916 年 2 月 2 日呈准将最高法院法官改为简任官后重
刊《法院编制法》，1918 年 5 月 25 日颁行《刑事诉讼法草案执行
编有关条令》等附属与专门性检察法律。随后，国民政府修正援
用北洋政府所制定的检察法律。例如，1936 年 8 月 5 日，国民政
府在北洋政府所援用清末《检察厅调度司法警察章程》的基础
上，修正颁行《调度司法警察章程》。与此同时，又模仿日本、
德国等大陆法系国家检察法律，而制定了诸如《法院组织法》、

---

① 参见怀效锋主编：《清末法制变革史料》（上卷），中国政法大学出版社 2010
年版，第 477 页。其中，冈田朝太郎："1891 年毕业于东京帝国大学法科（法学士），
1897～1900 年受教育部委派赴德国、法国进修刑法 4 年，成为刑法方面的一流权
威……冈田于 1906～1915 年在华期间任各种法律改革顾问，是《大清新刑律》草拟者、
京师法律学堂总教习、京师大学堂及京师法政学堂法律教授。"（参见［日］冈田朝太
郎等口授，郑言笔述，蒋士宜编纂：《检察制度》，中国政法大学出版社 2003 年版，前
言第 5 页）

② 参见谢振民编著：《中华民国立法史》（上、下册），中国政法大学出版社 2000
年版，第 54～56 页、第 989 页。

《最高法院检察署处务规程》等隐性与显性检察法律。

革命根据地的检察法律，主要是摒弃中华民国检察法律与仿效苏联检察法律并结合新民主主义革命斗争的实际需要制定的。例如，为了革命特别是抗日统一战线的实际需要，部分革命根据地也曾沿用国民政府之法制包括其检察法律。例如，《晋察冀边区法院组织条例》规定："本条例根据中华民国法院组织法之基本精神，适应边区基本环境制定之"（第一条）；"本边区民刑诉讼及其他司法事务之处理，除本条例别有规定外，适用国民政府关于法院通用之一切法令"（第二条）。但诚如中共中央《关于废除国民党的六法全书与确定解放区的司法原则的指示》（1949年2月28日）所指出的："我们在抗日时期，在各根据地曾经个别地利用过国民党法律中有利于人民的条文来保护或实现人民的利益，在反动统治下，我们也常常利用反动法律中个别有利于群众的条文来保护与争取群众的利益，并向群众揭露反动法律的本质上的反动性。无疑的，这样做是正确的。但不能把我们这种一时的策略上的行动，解释为我们在基本上承认国民党的反动法律，或者认为在新民主主义政权下能够在基本上采用国民党的反动的旧法律"（第四条）。

中华人民共和国完全摒弃了中华民国法律制度，并与之检察法律也彻底决裂，不予承袭、援用；而是在承袭革命根据地和仿效苏联等人民民主共和国检察法律的基础上，另起炉灶。例如，中共中央《关于废除国民党的六法全书与确定解放区的司法原则的指示》指出："人民的司法工作，不能再以国民党的六法全书为依据，而应该以人民的新的法律作依据。在人民新的法律还没有系统地发布以前，应该以共产党政策以及人民政府与人民解放军所已发布的各种纲领、法律、条例、决议作依据。目前，在人民的法律还不完备的情况下，司法机关的办事原则，应该是：有纲领、法律、命令、条例、决议规定者，从纲领、法律、命令、条例、决议之规定；无纲领、法律、命令、条例、决议规定者，从新民主主义的政策"

（第 5 条）；《中华人民共和国政治协商会议共同纲领》（以下简称《共同纲领》）第 17 条更是明确提出："废除国民党反动政府一切压迫人民的法律、法令和司法制度，制定保护人民的法律、法令，建立人民司法制度。"① 随后，通过仿效当时苏联、蒙古、波兰、阿尔巴尼亚、保加利亚、罗马尼亚、捷克斯洛伐克、朝鲜、匈牙利、民主德国等人民民主共和国检察法律，踏上了新中国检察立法之征程。正是："中华人民共和国检察制度是伴随着中华人民共和国的诞生而建立起来的。它是根据人民民主专政的理论和列宁关于社会主义检察制度的思想，在继承新民主主义革命时期根据地和解放区的检察工作的优良传统，发扬中国古代政治法律制度特别是御史制度的精华，吸取国外特别是苏联社会主义检察制度建设的经验的基础上，结合中国的实际情况而建立的"；② 而作为新中国检察制度支撑的新中国检察法律的生成，也是如此。

4. 适用的法域性

一般认为，法域是法律适用的地域。其实，法域的概念不仅仅是地域意义上的，还有法律的有效管辖与适用范围之意。因此，法域有属地性、属人性和属时性法域之分。

而基于我国检察法律之"沿革的阶段、时期性"、"创制的自主与非自主性"和"生成的总结与借鉴、仿效与承袭、摒弃性"特点不难看出，它具有明显的适用法域性，并突出变现为不同检察法律适用于不同地域上：在旧中国，非殖民地（如祖国大陆）的检察法律只能适用于本区域，殖民地（如港澳台、伪满洲国）的检察法律也只能适用于本殖民地；在新中国，祖国大陆的检察法律只能适用于祖国大陆，港澳台地区的检察法律也只能适用于港澳台本地区。

---

① 参见武延平、刘根菊主编：《刑事诉讼法学参考资料汇编》（上、中、下），北京大学出版社 2005 年版，第 646～649 页。

② 参见王桂五主编：《中华人民共和国检察制度研究》，中国检察出版社 2008 年版，第 40 页。

因此，自中国第一部检察法律——《英皇制诰》在香港诞生以来，我国就始终没有摆脱检察法律适用的多法域状况。即便是翻天覆地的当下，我国仍存在祖国大陆与港澳台地区并存的"检察四法域"。

5. 法律结构的同异交融

同样，基于我国检察法律之"沿革的阶段、时期性"、"创制的自主与非自主性"和"生成的总结与借鉴、仿效与承袭、摒弃性"特点也不难看出，其法律结构特别是其中的内容结构具有明显趋同与趋异的交融性。

一方面，中华民国北洋政府对清末《民刑事诉讼律草案》、《刑事诉讼律草案》、《法院编制法》、《高等以下各级审判厅试办章程》等检察法律的修正援用，民国政府对北洋政府《检察厅调度司法警察章程》等检察法律的修正援用，标志着这三个阶段检察法律之法律结构特别是其中的内容结构的趋同性。

另一方面，人民检察法律对中华民国检察法律的彻底摒弃，则表明人民检察法律与半封建、半殖民地检察法律之法律结构特别是其中内容结构的趋异性。

但是，旧中国与新中国检察法律的形式结构，依然藕断丝连。

6. 文种繁多

譬如，清末主要有：法（如《大理院审判编制法》）、章程（如《高等以下各级审判厅试办章程》）、大纲（如《拟定各省城商埠各级审判检察厅编制大纲》）、律（如《新刑律》）、规则（《提法使详咨部审判官服务规则》）等文种检察法律。

中华民国主要有：通令（如总检察厅《刑事案件须照检察制度各节办理通令》）、条例（如司法部《县知事兼理司法事务暂行条例》）、章程（如司法部《各县地方帮审员办事暂行章程》）、规则（如司法部《地方审判厅刑事简易庭暂行规则》）、细则（如司法部《审检厅处理简易案件暂行细则》）、令（如司法部《实行司法会议议决改良监狱事项令》）、法（如《最高法院组织法》）、规程（如司法院《最高法院检察署处务规程》）、办法（如司法行政部《司法官任用回避办法》）等文种检察法律。

革命根据地主要有：法（如《中华苏维埃共和国中央苏维埃组织法》）、条例（如《东北各级司法机关暂行组织条例》）、细则（如《苏皖边区第六行政区人民法庭办事细则》）、规则（如《山东省渤海区人权保障条例执行规则》）、规定（如《福建省工农检查部联席会议决议案——加强检察工作的几项规定》）、办法（如《苏中区处理诉讼案件暂行办法》）、制度（如《晋冀鲁豫边区太岳区暂行司法制度》）、大纲（如《少共中央局轻骑队的组织与工作大纲》）、章程（如《中华苏维埃共和国劳动感化院暂行章程》）、决议（如《中共苏区中央局关于肃反工作检阅决议》）、决定（如《江西、福建及瑞金等县工农检查部联席会议决定》）、指示（如《皖北人民行政公署对目前司法工作的指示（草案）》）、通令（如《华北人民政府为各级司法委员会改为裁判研究委员会通令》）、通告（如《江西省政治保卫局通告第一号》）、解答（如《晋察冀边区行政委员会通知——关于取消法庭法院干部分工等问题的解答》）、说明（如《鄂豫皖区苏维埃政府关于各种委员会工作概要说明》）、规程（如《陕甘宁边区参议会会议规程》）等文种检察法律。

新中国主要有：法（如《检察院组织法》）、条例（如《人民法院暂行组织条例》）、细则（如《最高人民检察院人民检察院刑事审判监督工作细则（草案）》）、规则（如《最高人民检察院人民检察院临场监督执行死刑工作规则（试行）》）、规定（如《最高人民检察院各级人民检察院办案程序试行规定（草案）》）、办法（如《政务院关于任免工作人员的暂行办法》）、制度（如《辽宁省旅大市人民检察署转出（移办）案件催办制度》）、大纲（如《人民检察任务及工作报告大纲》）、章程（如《最高人民检察院检察官考评委员会章程（试行）》）、决议（如《全国人大常委会关于批准设立最高人民法院西藏分院和最高人民检察院西藏分院的决议》）、决定（如《全国人大常委会关于地方各级人民法院院长、人民检察院检察长可否兼任各级人民委员会的组成人员问题的决定》）、指示（如《政务院关于加强人民司法工作的指示》）、通令（如《东北人民政府、最高人民法院东北分院关于规定死刑审核办法的通令》）、通告（如《吉林省人民法院、吉林省人民检察院、吉林省公安厅、吉林省司法厅关于依法严厉打击严重刑事犯罪活动维护社会治安秩序的通告》）、解答（如《全国人大常委会办公厅对县级以上地方各级人大常委会在发干部任命书工作中遇到的一些问题的解答》）、说明（如《最高人民检察院组织法修改小组关于人民检察院组织法"修改意见六稿"的说明》）、规程（如湘西自治州人民检察院《湘西自治州检察机关执法质量考评规程（试行）》）等文种检察法律。

7. 除共有类型外，还有自有种类

就检察法律的类型而言，我国除具有"三大法系"国家所共有的国内与国际、制定与认可性、附属与专门性、中央与地方性、程序与实体性、显性与隐性、规范检察诉讼监督权与非诉讼监督权等检察法律类型外，还有如下自有检察法律种类：

第一，不同法域检察法律并存。在旧中国，适用于主权领域（如祖国大陆）与非主权领域（如港澳台、伪满洲国、敌占区）的检察法律并存；在新中国，适用于祖国大陆与港澳台地区的检察法律并存，并将长期并存。

第二，殖民地和非殖民地检察法律并存。特别是在旧中国，这种并存性是相当突出的。即便是新中国彻底推翻了"三座大山"的统治，祖国大陆与港澳台地区"四法域"检察法律长期并存，也是不争的事实。

第三，大陆、英美和社会主义法系检察法律并存。在旧中国，祖国大陆与作为殖民地的澳门、台湾地区以及革命根据地分属于大陆和社会主义法系检察法律范畴；而香港属于英美法系检察法律范畴。在新中国，祖国大陆与澳门特别行政区、台湾地区分属于社会主义和大陆法系检察法律范畴；而香港特别行政区仍属于英美法系检察法律范畴。

第四，半封建和半殖民地社会、资本主义和社会主义检察法律并存。在旧中国，祖国大陆与作为殖民地的港澳台等地区以及革命根据地分别属于半封建和半殖民地社会、资本主义与社会主义性质的检察法律范畴。在新中国，祖国大陆属于社会主义性质的检察法律范畴；而港澳台地区属于资本主义性质的检察法律范畴。

第五，各法律位阶检察法律并存。基于我国检察法律"彼此间的法律位阶性"等特点不难看出，无论旧中国还是新中国，各法律位阶的检察法律，在我国检察法律发展的历史阶段及其每个具体时期都是并存的。例如，仅就附属性检察法律而言，不论是旧中国还是新中国，既有检察宪法规范，也有检察基本法律规范；既有检察法律规范，也有检察法律解释规范；既有检察行政法规规范，也有检察行政规章规范……

第六，多文种检察法律并存。基于我国检察法律"文种繁多"等特点不难看出，无论是旧中国还是新中国，各文种的检察法律，在我国检察法律发展的历史阶段及其每个具体时期，都是并存的。

第七，有效和无效检察法律并存。检察法律发展的直接表象，就是检察法律的立改废；而检察法律立改废的直接结果，就是有的颁行而有效，有的废止而无效。而基于我国检察法律"生成的总结与借鉴、仿效与承袭、摒弃性"等自身特点，导致旧中国包括革命根据地所制定的检察法律对新中国而言，都归于废止、无效。与此同时，随着时代的变迁，即便是新中国制定的检察法律，也存在许多废止、无效情形。为此，专门颁行有诸如全国人大常委会《关于批准法制工作委员会关于对1978年底以前颁布的法律进行清理的情况和意见的报告的决定》（1987年11月24日）、《关于废止部分法律的决定》（2009年6

月 27 日）、最高人民检察院《关于废止部分司法解释和业务文件的通知》（1993 年 11 月 3 日）、最高人民法院《有关于废止1993 年年底以前发布的部分司法解释的通知（第一批）》（1994年 7 月 27 日）、"两高"《关于废止 1993 年底以前联合发布的部分司法解释的通知》（1994 年 8 月 29 日）等旨在废止相关法律包括检察法律的法律及其法律解释。

总之，不论旧中国的清末和中华民国的北洋、国民政府乃至革命根据地期间，还是新中国的"文革"前后乃至"文革"中，我国始终都存有：一是以国内检察法律为主，国际检察法律为辅的检察法律体系或检察法网；二是以国内与国际专门性检察法律为主，国内与国际附属性检察法律为辅的检察法律体系或检察法网；三是以中央（或全国、全局）性检察法律为主，地方性（或地域、局域性）检察法律为辅的检察法律体系或检察法网；四是以检察宪法规范为根基，以专门性检察法律和检察基本法律规范为脊梁，以其他检察法律规范筋骨，以检察法定解释、政策和行政法规规范为血肉，以检察地方性法规、自治和单行条例规范、检察规章规范甚至诸如检察准司法解释等检察规范性文件规范、国际检察法律为补充的检察法律体系或检察法网。一言以蔽之，我国是世界上唯一的集中华、大陆、英美和社会主义法系检察法律特点于一身的国家。

第四节　检察法律与相关术语的关系

一、检察法律与检察法制的关系

目前，我国有无"检察法制"的提法？不仅有诸如"积极推动检察法制建设，将强化法律监督、深化检察改革的成果制度化、法制化"等表述，而且《最高人民检察院工作报告——1996 年 3月 12 日在第八届全国人民代表大会第四次会议上》也有"加强检察法制建设，不断改革和完善有中国特色的社会主义检察制度"提法。① 同时，诸如最高人民检察院《检察工作五年发展规划》（1999 年 2 月 8 日，第 33 条）、福州市人民检察院《关于实施依法治市决议的方案》（1998 年 10 月 31 日，第 31 条）等检察法律中也有"检察法制"一词。因此，从这个意义上说，"检察法制"既是法学名词，也是广义的法律术语或其检察法律术语。

而由于法律与制度之间存在着生死相依关系，也由于"最广义的法制泛指国家的法律与制度"，② 所以，没有检察法律，就没有检察制度；没有检察法律或其检察制度，就没有检察法制；检察法制是检察法律或检察制度的上位（属）概念，检察法律或检察制度则是检察法制的下位（种）概念或子集。

二、检察法律与检察立法的关系

目前，我国有无"检察立法"的提法？不仅有诸如"不能否认，我们的检察立法和检察实践，与社会主义民主和法制建设的发展仍存在不相适应的地方"等表述，③ 也有诸如"检察立法研究"、"中华人民共和国检察制度立法的发展"、"我国检察立法的发展和完善"等专题研究，④ 甚至还有诸如《检察立法与检察制度》（陈健民主编，中国检察出版社 2000 年版）、"检察立法发展

---

① 参见《"十二五"时期检察工作发展规划纲要》起草组：《开创中国特色社会主义检察事业新局面的纲领——〈"十二五"时期检察工作发展规划纲要〉解读》，载《检察日报》2011 年 9 月 19 日；《最高人民检察院工作报告集》，中国检察出版社 1999 年版，第 221 页。

② 参见曹建明、何勤华主编：《大辞海·法学卷》，上海辞书出版社 2003 年版，第 12 页。

③ 参见王桂五主编：《中华人民共和国检察制度研究》，中国检察出版社 2008 年版，第 55 页。

④ 参见王然冀主编：《当代中国检察学》第七章名，法律出版社 1989 年版；程荣斌主编：《检察制度基础理论》第二章名，中国检察出版社 1991 年版；陈健民主编：《检察院组织法比较研究》第六编名，中国检察出版社 1999 年版。

方式"（谢鹏程，载《人民检察》2011 年第 9 期）等专门著述。

（一）检察立法概述

何谓"检察立法"？莫衷一是。本书认为，检察立法是指依法享有立法权的立法方（即"立法机关及其立法人员"的统称）依法制定、认可、补充、修改和废止检察法律的国家活动，包括国内与国际检察立法两方面。

另外，在我国，一据《立法法》第 8 条、第 9 条规定，狭义检察法律的立法权由全国人大及其常委会与由其授权的国务院行使；二据《立法法》第 56 条、第 63 条、第 71 条、第 73 条规定，检察行政规章、检察地方性法规、检察自治条例和检察单行条例规范的立法权，分别由国务院各部委、中国人民银行、审计署和具有行政管理职能的直属机构（如中国证券监督管理委员会），省级和较大的市（即省、自治区的人民政府所在地的市、经济特区所在地的市和经国务院批准的较大的市）的人大及其常委会，以及省、自治区、直辖市和较大市的人民政府行使；三据诸如"各级人民检察院的人员编制由最高人民检察院另行规定"（《检察院组织法》第 28 条）、全国人大常委会《关于加强法律解释工作的决议》、最高人民检察院《司法解释工作规定》（2006 年 5 月 10 日）等规定，本书认为，最高人民检察院所享有司法解释权的实质，也是一种特殊的检察立法权。换言之，最高人民检察院也享有相应的检察立法权，并多以依法制定、颁行相应的检察解释（亦即其他专门性检察法律）的方式行使。

此外，据《立法法》、《监督法》等法律规定，检察立法运作，通常包括：制定检察立法计划（通常由全国人大常委会法律工作委员会确定）→起草检察法律草案（通常由最高人民检察院负责起草）→提出制定检察法律议案（通常由最高人民检察院提出）→审议检察法律议案（由全国人大常委会委员审议）→通过检察法律议案（由全国人大或其常委会审议、表决通过）→签署并公布（由国家主席签署并公布）检察法律 5 个具体步骤。

（二）检察法律与检察立法的关系

一方面，检察法律是检察立法的相应结果。但在特殊情况下，检察立法并不一定产生相应的结果——检察法律。例如，尽管早在1989年6月11日，时任最高人民检察院检察长的刘复之曾建议："是否考虑建议并由我们主动起草反贪污法或惩治贪污条例。如可行即可先动手研究，待较为成熟时再报中央批准，即把刑法第155条及人大常委有关补充决定扩大、充实、具体化，作为反贪的强大法律武器。"随后，最高人民检察院牵头成立"反贪污贿赂法研究起草小组"，① 并先后草拟出《反贪污法》或《反贪污贿赂法》（草案）第1～17稿。然而，由于种种原因，迄今我国《反贪污贿赂法》并未出台。② 当然，其中有些内容已为1996年《刑事诉讼法（修正案）》和1997年《刑法（修正案）》所吸收。

另一方面，尽管我国目前有诸如"检察立法是拥有立法权的国家权力机关和最高检察机关通过一定的程序，制定检察法规，实现检察活动规范化、制度化的法制活动。……各国检察立法体系主要有以下四个层次：第一，宪法规范……第二，宪法以外的部门法律规范……第三，行使职权的具体规程……第四，适用法律的解释……"等提法，③ 但检察立法并非检察法律的化身。易言之，检察立法是制定或认可检察法律的手段、途径，检察法律则是检察立法的结果、下位（种）概念或子集。

---

① 参见罗辑主编：《中国反贪污贿赂检察业务全书》，中国检察出版社1996年版，第779页。

② 但迄今为止，建议制定《反贪污贿赂法》的呼声并未终止。例如，"在此间出席十届全国人大四次会议的全国人大代表、河南省高级人民法院院长李道民等向大会提交议案，建议制定反贪污贿赂法、修改刑法和刑事诉讼法、设立藐视法庭罪、修改人民法院组织法，取消部门企业管理法院体制的议案"（参见史宝银：《李道民代表：修改制定反贪污贿赂法等法律法规》，载中新网2008年2月23日）。

③ 参加金明焕主编：《比较检察制度概论》，中国检察出版社1991年版，第34～38页。

三、检察法律与检察解释的关系

目前，我国有无"检察解释"的提法？不仅有诸如"检察解释，即检察机关司法解释，它与审判解释一起构成我国司法解释的体系"等提法，① 也有诸如《最高人民检察院司法解释评析（1979～1989）》（卢泰山主编，中国民主法制出版社1991年版）、"对完善我国检察解释的法理思考"（黄海，载《湖北社会科学》2008年第3期）等专门著述。

而实践中，也有将"检察解释"称为"最高检察解释"或"最高人民检察院司法解释"的。例如，"最高检察机关的司法解释，或称最高检察解释"。②

（一）检察解释概述

作为一种正式、有效的法律解释，③ 检察解释是指一国检察

---

① 参见张亮：《检察解释效力的"三重"维度》，载《检察日报》2010年10月13日；周永年：《检察解释的法律监督作用》，载《人民检察》2011年第16期。

② 参见卢泰山主编：《最高人民检察院司法解释评析（1979～1989）》，中国民主法制出版社1991年版，第1页。

③ 所谓法律解释，亦称"法的解释"，是指对法律规范的含义、用语、精神所作的诠释。依解释效力的不同，可将其分为正式解释与非正式解释。其中，正式解释亦称有权解释或法定解释，是指国家机关在其职权范围内对有关法律等规范性文件所作的解释。它又包括三种：一是立法解释。即由立法机关对法律条文所作的说明或补充规定。例如，全国人大常委会《关于〈中华人民共和国刑法〉第九章渎职罪主体适用问题的解释》（2002年12月28日）。二是司法解释。即最高司法机关对法律、法规的具体应用问题所作的说明。例如，"两高"《关于办理伪造贩卖伪造的高等院校学历学位证明刑事案件如何适用法律问题的解释》（2001年7月3日）。它又包括检察解释［如最高人民检察院《关于办理非法经营食盐刑事案件具体应用法律若干问题的解释》（2002年9月4日）］与审判解释［即最高审判机关依法对审判方在审判工作中如何适用法律问题，所作的对审判方具有普遍约束力的有权解释。如最高人民法院《关于办理生产、销售伪劣商品刑事案件具体应用法律若干问题的解释》（2001年4月5日）］两种。三是行政解释。即行政机关在行使职权时对法律条文所作的说明。例如，国家技术监督局《中华人民共和国标准化法条文解释》（1990年7月23日）。因此，法律解释是创造法律（立法）的一种形式，法律则是法律解释的一种结果。

首脑机关，依法对检方在检察工作中如何适用法律所作的具有普遍约束力的有权解释，属于司法解释的一种。因此，它有以下特点：

第一，检察解释主体——检察首脑机关的法定性。各国不仅依法规定检察首脑机关是谁，通常包括司法部（如美国）、法务部（如韩国）、总检察长办公室（如立陶宛）、总检察长（如俄罗斯）、最高人民检察院（如越南）等，而且明确规定检察首脑机关有法律解释权。例如，韩国《检察厅法》第 11 条规定："与检察厅事务有关的必要事项，由法务部命令决定"；英国《1985 年检察法》第 10 条第 1 款规定："在下述情况下，检察长应发布含有适用于检察官的一般原则的检察官规则"；《保加利亚人民共和国检察院组织法》"过渡性的和最后的规定"第 2 条规定："总检察长颁发实施本法的条例。"为此，韩国法务部制定有《检察案件事务规则》、保加利亚总检察长制定有《保加利亚人民共和国检察院组织法实施条例》、英国皇家总检察长制定有《皇家检察官准则》。① 而在我国，据《关于加强法律解释工作的决议》、《立法法》、《监督法》等规定，检察解释权只能由最高人民检察院（含其内设厅、室、局）及其与其他国家机关（如最高人民法院、公安部、国家安全部、司法部）单独或共同行使。但值得说明的是，早在 1955 年 6 月 23 日，全国人大常委会颁行《关于解释法律问题的决议》只规定："一、凡关于法律、法令条文本身需要进一步明确界限或作补充规定的，由全国人民代表大会常务委员会分别进行解释或用法令加以规定。二、凡关于审判过程中如何具体应用法律、法令的问题，由最高人民法院审判委员会进行解释。"并未赋予最高人民检察院司法或其检察解释权。为此，时至今日，也有人主张取消最高人民检察院的司法解释权。例如，

---

① 参见王克主编：《世界各国检察院组织法选编》，中国社会科学出版社 1994 年版，第 61 页、第 62 页、第 111 页、第 123 页、第 438 页、第 461 页。

"高检行使司法解释权没有宪法和法律依据，应该取消"。①

第二，检察解释的对象——法律，有一定的指定、限制性。例如，《保加利亚人民共和国检察院组织法》和《1985 年英国检察法》；而我国《五四检察院组织法》第 22 条则规定："各级人民检察院的人员编制和办公机构由最高人民检察院另行规定。"②

第三，检察解释形态的双重性。即检察解释是一种司法或检察活动，也是一种立法活动。

因此，检察解释是检察法律的附属、延伸，既是一种广义的检察立法活动，也是一种广义的检察立法活动结果——检察法律。也正基于此，《司法解释工作规定》第 5 条才明确规定："最高人民检察院制定并发布的司法解释具有法律效力。人民检察院在起诉书、抗诉书等法律文书中，可以引用司法解释的规定。"③ 所以，检察解释既不同于检察法律，也不同于检察政策，④ 而是检察法律的附带产品或广义的检察法律；没有检察法律，就没有检

---

① 参见姚仁安、陈翀：《取消最高人民检察院司法解释权管见》，载《中国律师》2000 年第 7 期。

② 参见王克主编：《世界各国检察院组织法选编》，中国社会科学出版社 1994 年版，第 14 页、第 61 页、第 436 页。

③ 同样，最高人民法院《关于司法解释工作的规定》（2007 年 3 月 23 日）第 5 条也规定："最高人民法院发布的司法解释，具有法律效力。"

④ 其中，据最高人民检察院《司法解释工作规定》第 17 条规定，三者区别的内容之一，是检察解释文件通常采用"解释"、"规定"、"规则"、"意见"、"批复"等形式，并统一编排最高人民检察院司法解释文号。但值得注意的是，无论该《规定》颁行之前还是之后，检察解释与检察政策仍难以区分，特别是由最高人民检察院颁发的某些"通知"，就很难说其是检察解释还是检察政策。例如，最高人民检察院《关于清理和纠正检察机关直接受理侦查案件超期羁押犯罪嫌疑人问题的通知》（1998 年 6 月 5 日）与《关于办理服刑人员刑事申诉案件有关问题的通知》（2007 年 9 月 5 日）。再如，由最高人民检察院法律政策研究室（亦即检察解释的起草单位）编辑的《最高人民检察院司法解释评析（1979～1989）》（卢泰山主编，中国民主法制出版社 1991 年版）一书，即将《关于重婚案件管辖的通知》（第 581 页）以及《关于人民检察院自侦案件起诉时限和有关免予起诉的几个问题的答复》（第 770 页）等，视为"最高人民检察院司法解释范畴"。

察解释。

另外，检察解释与检察立法既有联系，也有区别：（1）联系：一是两者都是制定检察法律的一种法定活动；二是两者活动的结果都是要形成具有普遍约束力的检察法律；三是两者都要依法进行。因此，检察解释也是一种广义上的检察立法活动。（2）区别：一是制定主体不尽相同。前者主要包括最高人民检察院或其与最高人民法院或者公安部、国家安全部、司法部、民政部等部委联合制定；后者除包括前者主体外，还包括全国人大及其常委会，国务院，省、自治区、直辖市和较大的市的人大及其常委会，民族自治地方人大，国务院各部委、中国人民银行、审计署和具有行政管理职能的直属机构，以及省、自治区、直辖市和较大的市的人民政府。二是前者所涉及的范围要比后者广泛得多，并涉及检察权或检察行为适用的方方面面。但总的来说，无外乎包括针对检察机关的检察解释与针对检察人员权力或行为的检察解释两个方面。三是制定根据以及活动内容、方式、程序和规范形式、效力等也不尽相同。前者主要遵循《关于加强法律解释工作的决议》第 2 条、《司法解释工作规定》第 2 条等规定运作；后者主要按照《立法法》、《监督法》等法律规定运行。

此外，据《监督法》第 31 条规定，由最高人民检察院作出的检察解释，应当自公布之日起 30 日内报全国人大常委会备案。

再者，据《司法解释工作规定》规定，最高人民检察院在进行检察解释时，应遵循以下规定：一是检察解释应以法律为依据，不得违背和超越法律规定；检察解释工作应密切结合检察工作实际，及时解决检察工作中具体应用法律的问题，保障国家法律统一正确实施，维护司法公正。二是检察解释的主要来源是：省级检察院的请示、报告或建议，全国人大代表、政协委员提出制定检察解释的议案、提案等。三是检察解释工作按以下程序进行：确立检察解释项目→调查研究并提出检察解释意见稿→论证并征求有关部门意见，提出检察解释草案→提交分管检察长审查，报请检察长决定提交检察委员会审议→检察委员会审议→核稿→签署发布 7 个具体步骤。四是对于同时涉及检察和审判工作中具体应用法律的问题,最高人民检察院应当商请最高人民法院联合制定司法解释。

最后,尽管现实中客观存在诸如"各省、自治区、直辖市高级人民法院可根据本地区经济发展状况,并考虑社会治安状况,在前款规定的数额幅度内,分别确定本地区执行的'数额较大'、'数额巨大'、'数额特别巨大'的标准"[最高人民法院《关于审理盗窃案件具体应用法律若干问题的解释》(1997 年 11 月 4 日)第 3 条第 2 款]、"各省级人民检察院可以根据本地实际情况,在上述数额幅度内,确定本地区执行的具体数额标准,并报最高人民检察院备案"[最高人民检察院《关于人民检察院直接受理立案侦查案件立案标准的规定(试行)》(1999 年 8 月 6 日)第 1 条第 2 款]、"各省、自治区、直辖市高级人民法院、人民检察院可以结合本地区经济社会发展状况,在前款规定的数额幅度内,共同研究确定本地区执行的具体数额标准,报最高人民法院、最高人民检察院备案"["两高"《关于办理诈骗刑事案件具体应用法律问题的解释》(2011 年 2 月 21 日)第 1 条]等司法解释规定,但基于上述规定和分析,本书认为,实践中,诸如陕西省高级人民法院、人民检察院、公安厅、司法厅《陕西省罪犯减刑、假释、监外执行暂行规定》(1999 年 2 月 9 日)、广西壮族自治区人民检察院《关于在审查起诉阶段讯问犯罪嫌疑人实行辩护律师在场的暂行办法(试行)》(2011 年 6 月 23 日)、上海市人民检察院《关于刑事案件再审监督的若干规定(试行)》(1995 年 2 月 1 日)、深圳市人民检察院《扣押款物管理办法(试行稿)》(2003 年 6 月 18 日)、重庆市渝北区人民检察院《主诉主办检察官办案责任制实施细则(试行)》、北京市密云县人民检察院《关于进一步加强对诉讼活动法律监督工作的意见》(2009 年 9 月 27 日)等"准检察解释",并不是法定的检察解释,而应将其视为检察其他规范性文件的一种特殊形态。因此,《司法解释工作规定》第 24 条才明确规定:"最高人民检察院对地方各级人民检察院和专门人民检察院执行司法解释和制定规范性文件的情况实行监督。"

(二) 检察法律与检察解释的关系

基于上述分析不难发现,检察法律是检察解释的前提、对象;检察解释则是检察法律的延伸、演绎,并与其所解释的检察法律具有同等效力;没有检察法律,就没有检察解释。

四、检察法律与检察法律制度的关系

目前,我国有无"检察法律制度"的提法?有。譬如,"检察学以检察制度及其运作为对象,主要研究内容包括:(一) 研究检察法律制度……"①

由于最狭义的法制仅指法律制度,即法律制度的简称,② 因而检察法律制度是检察法制的全称;而检察法律是检察法律制度的下位(种)概念或子集,检察法律制度则是检察法律的上位(属)概念。

五、检察法律与检察法令(规、典)的关系

目前,我国有无"检察法令(规、典)"的提法?有。譬如,"毫无疑问,追根溯源,阅读研究清末检察法令,'重新回到我国创建检察制度的最初时代','通过同情的理解去了解历史',是一件很有意义的事","检察立法是拥有立法权的国家权力机关和最高检察机关通过一定的程序,制定检察法规,实现检察活动规范化、制度化的法制活动","狭义的检察法是指检察法典,世界

---

① 参见龙宗智等:《知识与路径:检察学理论体系及其探索》,中国检察出版社 2011 年版,第 8~11 页。

② 参见曹建明、何勤华主编:《大辞海·法学卷》,上海辞书出版社 2003 年版,第 12 页。

各国包括我国目前都没有单独的检察法典"。①

　　而基于法律、法令、法规、法典的概念差异不难看出，在《八二宪法》颁行之前，检察法律也可称为检察法令；而检察法规、检察法典则是检察法律的下位（种）概念或子集。

六、检察法律与检察法律规范的关系

　　目前，我国有无"检察（法律）规范"的提法？有。譬如，"中国近代检察权制度的引入过程也是对一定法系、国别的检察法律规范的移植过程"。②

　　那么，检察法律与检察法律规范关系如何？一方面，没有检察法律规范就没有检察法律，检察法律是检察法律规范、检察法典、其他专门性检察法律的总和；检察法律规范是检察法律的内容，检察法律则是检察法律规范的外在表现形式；检察法律的作用是通过具体的检察法律规范展示的。另一方面，检察法律规范是检察法律的下位（种）概念或子集，检察法律则是检察法律规范的上位（属）概念。

七、检察法律与检察政策的关系

　　目前，我国有无"检察政策"的提法？有。譬如，"检察政策是检察学的研究范畴之一，同时，又是政策科学、管理学与司法制度多科际交融的产物。从内容上看，检察政策是指检察机关在履行法律监督职能的过程中，提出的宏观层面的指导思想、工作方针，以及为推进检察改革、指导司法类案而提出的意见、措

---

　　① 参见《〈检察法〉答疑库》，载百度文库 2012 年 5 月 27 日；金明焕主编：《比较检察制度概论》，中国检察出版社 1991 年版，第 34 页；闵钐、谢如程、薛伟宏编著：《中国检察制度法令规范解读》，中国检察出版社 2011 年版，第 5 页。

　　② 参见刘清生：《中国近代检察权制度研究》，湘潭大学出版社 2010 年版，第 33 页。

施与规定"。①

那么，检察法与检察政策关系如何？"检察政策与法律的关系在不同历史条件下有不同的表现形式。在非法治的状态下，检察政策不仅是检察机关实施法律的调节器，而且是法律的替代品和补充，具有与法律相当甚至更大的权威性。②……在法治状态下，检察政策只是检察机关实施法律的调节器，是保证检察机关正确适用法律的辅助性手段。检察政策必须服从法律，不得超越法律的底线，不具有与法律相当或者更高的权威性。非经国家立法程序，任何政策都不能取代法律，检察机关也不得停止对现行法律的执行，否则就可能损害法律权威，破坏法治。……在当代我国建设社会主义法治国家的历史进程中，我们应当从以下三个方面来把握检察政策与法律的关系：首先，检察政策是根据当前的形势和任务，对法律的精神和内涵所作的权威性解释，是正确理解和执行法律的指导性意见……其次，检察政策是从组织和管理上保证检察机关严格、公正、文明地执行法律的手段……最后，在不同时期，党和人民对检察工作的要求和期待可能有所不同，检察工作面临的形势和任务以及存在的问题也可能不同，检察机关必须根据新情况、新要求，对检察工作的方针、工作重点、工作策略等作出相应的调整。检察政策的调整相对法律的修改来说，具有较大的灵活性、较强的针对性和及时性……法律是检察政策的界碑。法律是国家权力机关制定的，检察机关是由国家权力机

---

① 参见卢希起：《检察政策的价值功能及其运行规范》，载《检察日报》2011 年 5 月 9 日。

② 例如，在我国的"文革"时期，"1968 年 12 月，在谢富治的授意下，最高人民检察院军代表、最高人民法院军代表、内务部军代表和公安部领导小组联合提出《关于撤销高检、内务部、内务办三个单位，公安部、高法院留下少数人的请示报告》，其中提出检察院全是抄袭外国的，早就应该撤销。这个报告经批示下发后，最高人民检察院、军事检察院和地方各级人民检察院先后被撤销，人民检察制度中断"（参见王松苗主编：《检察史的新闻阅读》，中国检察出版社 2011 年版，第 45 页）。

关产生并对国家权力机关负责的国家机关。因此，检察机关的各项工作都必须在法律的范围内活动，都必须遵守法律的规定。检察机关在制定检察工作的政策时要充分考虑有关法律的规定和精神，检察政策的任何内容都不得违背法律的精神。否则，就可能构成对国家法治的破坏。"① 而如上所述，检察政策是检察法律的重要渊源之一。

　　当然，国外也有检察政策。例如，在比利时，"在过去的几年中，司法部长与/或检察长委员会发布了一些《关于刑事政策的指导原则》。比如 1998 年联合发布的《关于占有和销售少量毒品的联合原则》，1998 年部长发布的《关于起诉酒精、毒品和药物作用下的驾驶罪行的统一原则》，1999 年联合发布的《关于刑事调解事务的原则》，1999 年部长发布的《有关侦查和起诉贩卖人口和儿童性侵犯罪行的原则》"。在爱尔兰，"检察长曾经就有关起诉决定发布了一系列指南……但是这些指南并不具有法律约束力，只是检察长发布的政策性文件。没有任何行政权力能够迫使检察长改变或者遵守这些原则或者在具体案件中放弃这些原则。不过，在行使自由裁量权方面，检察长必须服从法律"。② 而《阿尔巴尼亚人民共和国国家检察署法》（1946 年 8 月 9 日）第 5 条第 1 款更明确规定："国家检察长依工作程序，有权对所属检察长作出一般的指示和个别案件的指示。"③

八、检察法律与检察文献的关系

　　目前，我国有无"检察文献"的提法？有。譬如，"该书以

---

　　①　参见朱孝清、张智辉主编：《检察学》，中国检察出版社 2010 年版，第 551～552 页。

　　②　参见［荷兰］皮特·J. P. 泰克编著：《欧盟成员国检察机关的任务和权力》，吕清、马腾飞译，中国检察出版社 2007 年版，第 32 页、第 160 页。

　　③　参见《检察制度参考资料》第三编（上），最高人民检察院研究室 1980 年编印，第 50 页。

马列主义、毛泽东思想为指导，以新中国四十年来检察实践为背景，在广泛涉猎古今中外检察文献的基础上，探讨和论述了新中国检察制度的历史渊源、法律渊源、性质任务、理论基础，以及检察职能、检察程序、检察组织和检察管理等"。①

而尽管我国业已存在"检察文献"一词，但关于检察文献之概念的具体表述，并不多见。本书认为，作为一个合成词或偏正词组，检察文献的概念由"检察"＋"文献"之概念两部分组成。其中，文献是人借助语言文字符号和文具创造的、记录并承载知识及其内容含义——信息的一切物质载体；而检察则是近代国家所特有的、关于"审查被检举的犯罪事实"之权力或行为的、多义的动名词，其中的多义包含：手段、措施、行为、活动、工作、权利、权力、职权（能、责）、法律或制度等多种含义。因此，作为文献或其社会科学文献或其法律科学文献，抑或法律文献，抑或司法文献的下位（或种）概念或子集，所谓检察文献，是指人借助语言文字符号和文具创造的、记录并承载检察知识及其内容含义——信息的一切物质载体。简言之，检察文献就是记录并承载检察知识及其内容含义——信息的一切物质载体。而作为一个集合或属概念，检察文献除包括有关检察（法）学、检察法律和检察实践的文献之外，还包括有关检察主体、检察权能、检察活动、检察工作、检察业务、检察机制、检察制度的文献，等等。一言以蔽之，凡是记录并承载检察知识（主要靠相应的语言文字展示）及其内容含义——信息的一切物质载体，都可称为检察文献。

---

① 参见最高人民检察院办公厅《关于组织征订〈中华人民共和国检察制度研究〉的通知》（〔1991〕高检办发第85号，1991年7月31日）。而在该通知发布之前，早在2010年12月10日国家检察官学院图书馆向各地检察院下发的《最高人民检察院国家检察官学院图书馆关于征集检察文献的函》、2011年6月9日国家检察官学院向各地检察院下发的《国家检察官学院图书馆关于征集检察文献的函》当中，均有"检察文献"的提法。

而基于上述分析不难看出，检察法制、检察立法、检察解释、检察法律制度也好，检察制度的法律渊源、检察令（规、典）、检察法律规范、检察政策也罢，乃至检察法律，都离不开检察文献的记录和承载。因此，如果没有检察文献的记录、承载，那么，检察法律只能是虚无缥缈的精神产品，而不能成为实实在在的物质载体——形形色色的检察法律文本。所以说，检察法律是检察文献所记录并承载的内容之一，检察文献则是记录并承载检察法律的一切物质载体，包括纸质的以及缩微、声像、电子数字、多媒体等非纸质的载体。

九、检察法律与检察制度的法律渊源的关系

（一）检察制度的法律渊源概述

　　目前，我国有无"检察制度的法律渊源"的提法？有。譬如，"在我国……首先，行政法规不能成为检察制度的法律渊源……其次，地方性法规，民族自治地方所制定的自治条例、单行条例，其他国家机关制定的决议、决定等也不能成为检察制度的法律渊源……再次，各种不成文习惯也不能成为检察制度的法律渊源……最后，个人意志更是绝对不能成为检察制度的法律渊源"。①

　　而我国检察制度法律渊源究竟包括哪些法律？莫衷一是。本书认为，我国检察制度的法律渊源，无外乎包括国内法与国际法两个方面或如下三种：

1. 国内专门性检察法律

　　即有关检察制度的国内专门性法律。它又包括以下两类：

---

　　① 参见王桂五主编：《中华人民共和国检察制度研究》，中国检察出版社2006年版，第64~66页。而本书认为，诸如此类的有关检察制度的法律渊源的观点，值得商榷。换言之，行政法规，地方性法规、民族自治地方所制定的自治条例、单行条例，其他国家机关制定的决议、决定，乃至国际检察法律、不成文习惯都可成为我国检察制度的法律渊源。

（1）检察法典。即规范检方权力或行为的专门性法典。例如，中外各国的《检察院组织法》与《检察官法》。

当然，在有些国家（主要联邦制国家），不仅有全国性的检察法典，也有地方性的检察法典。例如，苏联既有全国性的《苏联检察院条例》和《苏联检察院法》，也有地方性的《南高加索社会主义联邦苏维埃共和国检察机构条例》（1931 年 8 月 22 日）。

（2）其他专门性检察法律。即除检察法典之外的、规范检方权力或行为的其他专门性法律，它还包括全国其他专门性检察法律与地方其他专门性检察法律两种。例如，苏联既有全国性的《苏联检察监督条例》，也有地方性的《白俄罗斯检察监督条例》等其他专门性检察法律。

而我国目前，除有诸如最高人民检察院《检察官培训条例》（2007 年 1 月 8 日）等全国其他专门性检察法律外，还有如下八种地方其他专门性检察法律：

一是诸如河北省石家庄市人大常委会《关于批准设立石家庄市冀中南地区人民检察院的决定》（2011 年 8 月 24 日）等，有关检察院设置的其他专门性检察法律。

二是诸如青海省人大常委会《关于批准设置劳改、劳教检察派出机构的决定》（1985 年 4 月 20 日）等，有关劳改劳教检察派出机构设置的其他专门性检察法律。

三是诸如新疆维吾尔自治区人大常委会《关于在农垦区设立人民检察院的决议》（1981 年 7 月 4 日）、吉林省人大常委会《关于在重点林区建立人民检察院的决定》（1982 年 3 月 7 日）等，有关专门检察院设置的其他专门性检察法律。

四是诸如福建省人大常委会《加强检察机关法律监督的若干规定》（1994 年 9 月 17 日）等，有关强化检方法律监督权能的其他专门性检察法律。

五是诸如北京市人大常委会《关于加强人民检察院对诉讼活

动的法律监督工作的决议》（2008 年 9 月 25 日）等，有关强化检方诉讼监督权能的其他专门性检察法律。

六是诸如吉林省人大常委会《关于加强法纪检察工作的决议》（1997 年 9 月 26 日）、湖北省人大常委会《关于加强渎职侵权检察工作的决议》（2000 年 7 月 28 日）、安徽省人大常委会《关于加强民事行政检察工作的决议》（2001 年 12 月 27 日）、宁夏回族自治区银川市人大常委会《关于加强人民检察院对人民法院执行工作法律监督的决定》（2009 年 8 月 6 日）、湖北省十堰市人大常委会《关于进一步加强监所检察及刑罚执行监督工作的决议》（2009 年 12 月 24 日）等，有关强化检方其他权能的其他专门性检察法律。

七是诸如重庆市人大常委会《关于在检察机关推行人民监督员制度的决定》（2007 年 11 月 23 日）等，有关人民检察员制度的其他专门性检察法律。

八是其他。例如，江苏省无锡市人大常委会《无锡市检察举报条例》（1998 年 7 月 23 日）、宁夏回族自治区银川市人大常委会《银川市检察机关法律监督工作条例》（2003 年 10 月 22 日）。

2. 国内附属性检察法律规范

即规范检方权力或行为，而附属于国内其他法律之中的检察法律规范。它又包括以下两类：

（1）正当法律位阶的检察法律规范。[①]　即符合《立法法》第8 条、第 9 条规定的全国性检察法律规范。它又包括以下四种：

第一，诸如《宪法》第 132 条等检察宪法规范。

第二，诸如《民事诉讼法》第 14 条等检察基本法律规范。

第三，诸如《国家赔偿法》第 17 条等检察法律规范。

---

① 所谓法律位阶，是指每一部规范性法律文本在法律体系中的纵向效力等级；下位阶的法律必须服从上位阶的法律，所有的法律必须服从最高位阶的法——宪法（根本法）。

第四，检察法定（含立法、司法、检察、审判和行政）解释规范。它又包括以下七种情形：

一是诸如全国人大常委会法制工作委员会《关于如何理解和执行法律若干问题的解答（五）》（1992 年 7 月 1 日）第 10 条等检察立法解释规范。

二是诸如"两高"《关于死刑第二审案件开庭审理程序若干问题的规定（试行）》（2006 年 8 月 28 日）第 1 条等检察司法解释规范。

三是诸如最高人民检察院《人民检察院刑事赔偿工作规定》（2000 年 11 月 6 日）第 5 条等检察解释规范。

四是诸如最高人民法院《关于改革和完善人民法院审判委员会制度的实施意见》（2010 年 1 月 11 日）第 13 条等检察审判解释规范。

五是诸如国务院《邮政法实施细则》（1990 年 11 月 12 日）第 9 条等检察行政解释规范。

六是诸如国务院《电信条例》（2000 年 9 月 25 日）第 66 条等检察行政法规规范。

七是诸如最高人民检察院《关于进一步加强律师执业权利保障工作的通知》（2006 年 2 月 23 日）第 5 条等检察政策规范。

（2）低法律位阶的检察法律规范。即除宪法、基本法律、法律、法定解释、行政法规和检察政策之外的法律所包括的检察法律规范。它又包括以下八种：

第一，诸如公安部、外交部、交通部《公民出境入境管理法实施细则》（2011 年 1 月 8 日修正）第 16 条等检察行政规章规范。

第二，诸如吉林省延边自治州人大常委会《延边朝鲜族自治州法律援助条例》（2011 年 1 月 14 日）第 21 条等检察地方性法规规范。

第三，诸如云南省寻甸回族彝族自治县人大《云南省寻甸回族彝族自治县自治条例》（1990 年 6 月 20 日）第 20 条等检察地方性自治条例规范。

第四，诸如江苏省人大《江苏省人民代表大会议事规则》（1991 年 3 月 16 日）第 17 条等检察地方性单行条例规范。

第五，诸如上海市人民政府《上海市升挂使用国旗管理办法》（2011 年 12 月 26 日修正）第 5 条等检察地方性规章规范。

第六条，诸如中共中央组织部、人事部、最高人民检察院《检察官等级暂行规定》第 4 条等检察执政党政策规范。

第七，诸如江西省人民检察院《办理自侦案件扣押、冻结款物管理办法（试行）》（2005 年 1 月 1 日）第 6 条等检察准司法解释规范。

第八，诸如北京市东城区人民检察院《尊重律师职业保障律师执行职务的十条承诺》（1999 年 4 月 13 日）第 5 条等检察其他规范性文件规范。

3. 国际检察法律

即规范检方权力或行为，而附属于国际其他法律之中的检察法律规范。

它又包括以下两类：一类是诸如我国参与的《上海合作组织成员国总检察长第二次会议纪要》（2003 年 9 月）、《中华人民共和国最高人民检察院和阿富汗伊斯兰共和国总检察长合作协议》（2008 年 1 月 25 日）等国际专门性检察法律。

另一类是诸如我国参与的联合国《反腐败公约》第 11 条、《打击跨国有组织犯罪公约》第 29 条等多边国际条约，以及诸如《中华人民共和国和罗马尼亚关于民事和刑事司法协助的条约》（1991 年 1 月 16 日）第 8 条、《中华人民共和国和哈萨克斯坦共和国引渡条约》（1996 年 7 月 5 日）第 6 条、《中华人民共和国和俄罗斯联邦关于移管被判刑人的条约》（2002 年 12 月 2 日）第 3 条、《中华人民共和国和葡萄牙共和国关于刑事司法协助的协定》（2005 年 12 月 9 日）第 2 条等双边国际条约中所附属的检察法律规范（亦即国际附属性检察法律）。

当然，据《立法法》、《监督法》和《关于加强法律解释工作的决议》等规定，我国孕育并支撑检察制度的最核心、最主要的法律渊源，则是全国专门性检察法律以及检察宪法、基本法律、法律、法律解释、行政法规规范和检察政策规范。

（二）检察法律与检察制度的法律渊源的关系

基于上述枚举，似乎可得出检察法律与检察制度法律渊源等同的结论来，但并不尽然。因为，尽管法律渊源"又称'法源'、'法的渊源'或'法的形式'。具有法的效力作用和意义的法的外在表现形式。法的渊源主要由以下几种：（1）制定法……（2）判例法……（3）习惯法……（4）法理……（5）国际协定和条约"。① 但除此之外，法律渊源还有其他含义。例如，法的渊源"简称'法源'。通常指法的创立方式及表现为何种法律文件形式"；② "但对法的渊源，更主要和更普遍的是指法的创立方式，即法是由何种国家机关，通过何种方式创立的，表现为何种法律文件的形式"；③ "在中外法学著作中，法律渊源有不同的含义。第一种含义是指法律的终极来源，即法律所依赖的社会物质生活条件，包括生产力、生产关系（经济基础）以及由其构成的生产方式；第二种含义是指法律的效力来源，包括立法、习惯、法理、学说等；第三种含义是指法律的形式来源，即法律的各种表现形式"。④

因此，尽管有人认为，"检察制度的法律渊源是指检察制度法律规范的存在形式。我国检察制度的法律渊源如下：一、宪法……

---

① 参见信春鹰主编：《法律辞典》，法律出版社2003年版，第314页。

② 参见曹建明、何勤华主编：《大辞海·法学卷》，上海辞书出版社2003年版，第4页。

③ 参见张友渔主编：《中国大百科全书·法学》，中国大百科全书出版社1984年版，第86页。

④ 参见张兆松主编：《检察学教程》，浙江大学出版社2009年版，第5~8页。

二、法律……三、司法解释……四、检察规范文件……五、地方性
法规……六、国际条约……"① 但本书认为，检察法律是检察制度
的法律渊源的下位（种）概念或子集，检察制度的法律渊源则是
检察法律的上位（属）概念。

① 参见张兆松主编：《检察学教程》，浙江大学出版社 2009 年版，第 5~8 页。

第二章　中外检察院组织法研究[*]

　　检察法律是旨在规范检方权力或行为之行为规范的总称，并包括旨在规范检察机关（含其内设部门和派出机构）之权力或行为的检察法律与规范检察人员（含检察长、副检察长、检察委员会委员、检察官和其他检察人员）之权力或行为的检察法律两大类。但总的来说，"三大法系"国家和地区旨在规范检察人员执业场所或者检察权的职能主体——检察机关之权力或行为的专门法典——检察院组织法或检察机关法并不多，且五花八门，根基

　　[*] 参见中央人民政府法制委员会编译室编：《人民民主国家宪法汇编》，人民出版社 1953 年版；《检察署组织法研究资料》，最高人民检察署办公厅 1954 年 6 月 23 日编印；《检察制度参考资料》第三编（上），最高人民检察院研究室 1980 年编印；王克主编：《世界各国检察院组织法选编》，中国社会科学出版社 1994 年版；张思卿主编：《中华人民共和国检察业务全书》，吉林人民出版社 1991 年版；曾龙跃主编：《中国检察百科辞典》，黑龙江人民出版社 1993 年版；张思卿主编：《检察大辞典》，上海辞书出版社 1996 年版；姜士林主编：《世界宪法全书》，青岛出版社 1997 年版；［捷］纳普主编：《各国法律制度概况》，高绍先等译，法律出版社 2002 年版；李言静主编：《中外宪法关于检察体制的规定》，海南省人民检察院海南分院 2004 年编印；［荷兰］皮特·J.P.泰克编著：《欧盟成员国检察机关的任务和权力》，吕清、马腾飞译，中国检察出版社 2007 年版；何家弘主编：《检察制度比较研究》，中国检察出版社 2008 年版；魏武：《法德检察制度》，中国检察出版社 2008 年版；何勤华主编：《检察制度史》，中国检察出版社 2009 年版；张文山、李莉：《东盟国家检察制度研究》，人民出版社 2011 年版；孙谦、韩大元主编：《世界各国宪法》，中国检察出版社 2012 年版；http://www. law. cornell. edu/world/；http://www. lawmoose. com/internetlawlib/84. htm。

浅。而这，也许正是中外检察制度屡遭质疑的主因之一。

——题记

第一节　检察院组织法概述

一、检察院组织法的概念、种类和名称

（一）检察院组织法的概念和种类

一般认为，组织法是指"规定国家机关的组织原则、职权范围与活动原则的法律"。[①] 由此推论，检察院组织法亦即规定检察机关的组织原则、职权范围与活动原则的法律。细言之，检察院组织法就是有关检察机关（含其内设部门和派出机构）或其组织的法律，即由特定立法机关制定或认可的、旨在规范检察机关权力或行为之国内与国际法的统称，抑或由特定立法机关制定或认可的旨在规范检察机关的组织原则、系统构成、内设机构、人员组成、职权范围与活动原则诸事宜的国内与国际法的总称。例如，《苏联检察院法》、《奥地利检察机关组织法》（1986 年）、《越南人民检察院组织法》以及《联合国关于司法机关独立的基本原则》（1985 年 9 月 6 日，我国未签署），等等。

另外，除有国内与国际检察院组织法外，它还有广狭两义：广义的检察院组织法含义有三：一指检察院组织法典。例如，我国《检察院组织法》、《俄罗斯联邦检察机关法》和《英国 1985年检察法》。二指其他专门性检察院组织法。例如，我国的《最高人民检察署试行组织条例》、《日本检察厅事务章程》和《澳大利亚联邦检察院起诉规则》。三指检察院组织法律规范。例如，"检察机关有权向银行了解涉嫌犯罪的信息材料"（《亚美尼亚银行保密法》第 10 条）；"缔约国中不属于审判机关但具有类似于审判机关独立性的检察机关，可以实行和适用与依照本条第 1 款

[①]　参见曹建明、何勤华主编：《大辞海·法学卷》，上海辞书出版社 2003 年版，第 4 页。

所采取的具有相同效力的措施"（《联合国反腐败公约》第 11 条第 2 款）。而狭义的检察院组织法，仅指检察院组织法典和其他专门性检察院组织法。

此外，根据是否具有附属（或依附）性，还可将检察院组织法分为两类：一类是专门性检察院组织法，其又包括检察院组织法典和其他专门性检察院组织法两种；另一类则是附属性检察院组织法。

（二）检察院组织法的名称

一方面，作为专门性检察法律的典型代表之一，"'检察院组织法'是个泛指的概念，即凡有关检察组织的法律规范均在此列，而非单指冠以'检察院组织法'字样的法典"。① 另一方面，由于各国或地区有关检察机关的具体称谓不尽相同，② 因此，检

---

① 参见陈健民主编：《检察院组织法比较研究》，中国检察出版社 1999 年版，第 95 页。但本书认为，除名称的泛指之外，还包括检察院的泛指。进言之，除"检察院"外，"检察院"还包括检察署、检察部、检察厅、检察局、检察机关等称谓。同时，由于组织通常是指"按照一定的宗旨和系统建立起来的集体"，因此，常见的检察组织包括检察院、检察分院、检察机关、检察厅、检察部以及检察机关内设的厅（庭）、局、处、科（课）等。

② 譬如，各国宪法有关检察机关的具体名称，就不尽相同，并包括 21 种称谓：(1) 称"检察机关"的有阿塞拜疆、比利时、巴拿马、博茨瓦纳和苏联等国；(2) 称"检察院"的有阿塞拜疆、克罗地亚、秘鲁、布隆迪等国；(3) 称"人民检察院"的有中国和越南等国；(4) 称"检察系统"的有南非等国；(5) 称"总检察长办公室"的有尼泊尔、委内瑞拉、乌干达等国；(6) 称"检察长办公室"的有阿富汗等国；(7) 称"检察官办公室"的有希腊、阿尔巴尼亚、苏里南、洪都拉斯等国；(8) 称"特别检察官办公室"的有菲律宾等国；(9) 称"公共检察官办公室"的有安哥拉等国；(10) 称"首席检察官办公室"的有土耳其等国；(11) 称"总检察官办公室"的有危地马拉等国；(12) 称"检察署"的有多哥等国；(13) 称"检察总署"的有蒙古、洪都拉斯等国；(14) 称"总检察署"的有新加坡、古巴等国；(15) 称"公诉人办公室"的有阿联酋等国；(16) 既称"国家检察署"，又称"总检察院"的有厄瓜多尔等国；(17) 既称"总检察署"，又称"检察机关"的有巴拉圭等国；(18) 既称"检察机关"，又称"检察院"的有中国、保加利亚等国；(19) 既称"检察官办公室"，又称"最高检察官办公室"的有塞尔维亚等国；(20) 既称"检察机关"，又称"检察部门"的有西班牙等国；(21) 既称"总检察长办公室"，又称"检察部门"的有墨西哥等国。究其原因，主要是译者对检察机关性质的理解存在差异所致。

察院组织法的常见名称，或者据名称差异所分检察院组织法的种类，至少有如下十二余种：①

第一，检察法（条例）。例如，《印度尼西亚共和国检察法》（亦译为印度尼西亚《检察机关基本法》、《检察院组织法》，1991年）、《捷克共和国检察法》、《英国 1985 年检察法》、《爱尔兰1974 年检察法》、《缅甸联邦共和国检察法》和《陕甘宁边区暂行检察条例》。当然，尽管这些称谓貌似专门规范检方权力或行为的统一"检察法典"，但结合其具体内容来看，并不是。因此，迄今为止，世界各国还鲜有专门规范检方权力或行为的统一"检察法典"。而实践中，已有这方面的建议。例如，"检察机关在国家机关中是一个独立的机关，具有单一性，不像行政机关那样有庞大的职能机构体系，所以，没有必要立众多的法律来规范检察机关，应制定统一的检察法来规范检察机关的行为……基本思路是归并现有的人民检察院组织法和检察官法，把两部法律的精华列入检察法"。②

第二，检察院（署、厅、部、局）法（章程）。例如，《拉脱维亚共和国检察院法》和《苏联检察院法》、《秘鲁检察署法》和《波兰人民共和国检察署法》、《日本国检察厅法》和《大韩民国检察厅法》、《西班牙王国检察部组织章程》（1981 年 12 月 30日）和《中华苏维埃共和国工农检查部的组织条例》、《沙特阿拉伯王国检察局组织法》和《中华苏维埃人民共和国工农检查局的组织条例》。

第三，检察院（署）组织法。例如，《亚美尼亚检察院组织法》、《叙利亚检察院组织法》、《越南人民检察院组织法》（1981年 7 月 4 日）、《葡萄牙检察署组织法》、《哥斯达黎加检察署组织

---

① 其中，名称为第八种至第十一种的检察院组织法，本书则将其归为检察官法范畴。
② 参见夏思扬：《强化法律监督，为构建和谐社会服务》，载正义网 2007 年 5 月22 日。

法》（1994 年 12 月 25 日）和《中华人民共和国人民检察院组织法》。

第四，总检察署法。例如，《洪都拉斯共和国总检察署法》（1993 年）。

第五，检察院（部）组织章程。例如，《古巴总检察院组织章程》和《西班牙检察部组织章程》。

第六，检察院（署）条例（通则）。例如，《苏联检察院条例》、《蒙古人民共和国检察署条例》（1941 年 7 月 30 日），以及我国《最高人民检察署暂行组织条例》、《各级地方人民检察署组织通则》。

第七，检察机关（组织）法。例如，《俄罗斯联邦检察机关法》、《老挝人民检察机关法》（也译为《公共检察官办公室法》，1989 年 11 月 23 日）、《匈牙利人民共和国检察机关法》（也译为《匈牙利人民共和国检察院法》，1959 年）、《南非检察机关法》以及《奥地利检察机关组织法》、《卢旺达共和国检察机关组织法》。

第八，（总）检察长法。例如，《澳大利亚联邦 1986 年检察长法》、《阿根廷共和国总检察长法》（1994 年）、《尼加拉瓜共和国总检察长法》（2006 年）、《智利共和国总检察长法》（2008 年）、《捷克斯洛伐克社会主义共和国检察长法》和《缅甸总检察长法》。

第九，总检察长办公室法。例如，《尼泊尔联邦民主共和国总检察长办公室法》、《阿富汗总检察长办公室法》和《坦桑尼亚总检察长办公室法》。

第十，检察署署长法。例如，《加拿大检察署署长法》。

第十一，检察官办公室（组织）法。例如，《阿塞拜疆共和国检察官办公室组织法》、《塞尔维亚共和国公共检察官办公室法》、《克罗地亚共和国国家检察官办公室法》。

第十二，其他。例如，《罗马尼亚人民共和国关于检察署组织与活动的法令》、《朝鲜民主主义人民共和国法院和检察所条例》、《巴基斯坦旁遮普邦刑事检控机关组织法》，等等。

而造成检察院组织法名称众多的主因为翻译所致。譬如，西班牙王国《检察部组织章程》，也有译为《检察机关法》、《检察部法》的；捷克斯洛伐克社会主义共和国《关于检察长的法律》，也有译为《检察长法》、《检察长办公室法》的；缅甸联邦共和国《检察法》，也有译为《律政司法》、《总检察长法》、《总检察长办公室法》的。因而不仅在法律结构上检察院组织法与检察监督条例不同，在具体名称上也是有所差异的——前者是针对检察机关组织机构的法律，后者则是针对检方之检察监督行为的法律。

二、检察院组织法的产生和分布

（一）检察院组织法的产生

　　基于检察法律的客观存在，导致检察机关的产生；基于检察机关的客观存在，则反证出检察院组织法的客观存在。易言之，检察院组织法是人类进入近代社会而产生的社会存在。也就是说，最早的检察院组织法同样出生于 17 世纪的法国，并以附属性检察法律最先出现。

　　诚然，"世界各国包括我国目前都没有单独的检察法典，大多数国家的检察法都是散见于其他法律之中，或者以多个单独的法律规范来表现"。① 因此，一方面，诸如检察官法、检察监督条例等专门性检察法律中，也有检察院组织法规范。另一方面，由于人是组织的生命源泉和决定性力量，检察官也是检察机关的生命源泉和决定因素，故而检察院组织法中也包含诸如检察官法等其他专门性检察法律规范。所以，尽管检察院组织法与检察官法可分立，但其内容却是藕断丝连、密不可分的。

　　例如，作为其他专门性检察法律的《苏联检察监督条例》（1955 年 5 月 24 日修正），在依次规定"总则"、"对机关、团

---

　　① 参加《〈检察法〉答疑库》，载百度文库（http：//wenku. baidu. com/view/a7b58660caaedd3383c4d330. html）2012 年 5 月 27 日。

-157-

体、公职人员和苏联公民是否遵守法律的监督"、"对调查机关和侦查机关的活动是否遵守法律的监督"、"对审判机关的刑事判决、民事判决、裁定和决定是否合法和有无根据的监督"和"对剥夺自由场所是否守法的监督"5章有关检察监督行为的内容之后，便在最后的第六章规定了"检察机关组织机构、检察工作人员的任命和任职程序"问题。也许正基于此，有人才将其或其前身全俄中央委员会《检察监督条例》（1922年5月28日）甚至白俄罗斯苏维埃社会主义共和国中央执行委员会《检察监督条例》（1922年6月26日）、全乌克兰中央执行委员会《检察监督条例》（1922年6月28日）误认为世界上第一部专门、系统的检察院组织法典。譬如，"世界上第一部专门、系统的检察院组织法当推俄罗斯苏维埃共和国于1922年5月28日通过的《检察监督条例》，这是一部社会主义性质的检察院组织法"。①

而基于"查"与"察"通用，以及苏联《关于工农检查院条例》（1920年2月8日）的名称、由苏维埃全俄中央执行委员会颁行及其下列内容规定，② 也易将其误认为世界上第一部专门、系统的检察院组织法典：第1条：在吸引工农参加以前的国家监察机关的基础上，改组中央和地方的国家监察机关为统一的社会主义监察机关，定名为"工农检查院"；第3条：根据全俄中央执行委员会和人民委员会的法令和决议，工农检查院除具有以前的国家监察机关所有的一切职权和任务外，并负有下列任务：（1）同苏维埃机关中的官僚主义和拖拉作风作斗争；对一切苏维埃政权机关无论是行政管理部门，或是经济部门以及对于公共组织，应以快速检查和调查的方法来加强实际监督；监督中央和地

---

① 参见陈健民主编：《检察院组织法比较研究》，中国检察出版社1999年版，第60页。而根据有关资料统计显示，迄今为止，世界上共有近60个（54个，含检察长法）国家制定或曾经制定过检察院组织法，占现今194个国家的27%，不足1/3。

② 其中，苏维埃全俄中央执行委员会是1922—1936年间苏联的国家最高权力（立法）机关。

方对苏维埃政权的一切法令和决议的执行情形以及监督在艰苦时期的条件下适当地适用这些法令和决议；从实际上所达成的结果方面来检查一切苏维埃政权机关的活动；（2）监督正确执行第六次全俄苏维埃代表大会关于法制的法令；（3）监督各机关中组织接受各种控告和检举以及正确地处理它们；在工农检查院下成立特别局，接受关于对公职人员的不正确行为、滥用职权和违法行为的检举；（4）根据视察和调查的结果制定下列具体的建议提请中央和地方政权机关加以审查：关于精简苏维埃政权机构，消除工作中的重复现象、不经心管理和办事迟延的建议以及关于在国家建设的某些方面改组一切管理系统的建议。①

那么，世界上第一部名副其实的检察院组织法典究竟诞生于何时何地？一方面，从《关于工农检查院条例》上述第1条内容不难看出，将其称为"关于工农监察院条例"更为妥帖。易言之，《关于工农检查院条例》并不是名副其实的检察法律，而是实实在在的监察法律。何况苏联司法人民委员部通令——《关于工农检查院各机关与苏维埃司法机关、检察机关间的相互关系》（1924年6月22日）还明确指出："为了确定已改组的工农检查院各机关与苏维埃司法机关、检察机关间的相互关系，工农检查人民委员部与司法人民委员部作如下的解释：为了实现关于改善苏维埃法院及为法院服务的各机关（调查机关，侦查机关，检察机关和监禁场所）的这一任务起见，工农检查院各机关对于法院及为其服务的各机关的工作，有权进行适当的调查，以便明了其工作方法和遵守规定的审判上的诉讼规范与期限的情形，并检查是否正确执行阶级路线，以及这些机关与各法院实行惩罚政策的

---

① 参见《苏维埃检察制度（重要文件）》，党凤德等译，中国检察出版社2008年版，第101~102页。

结果。"（第1条）①

　　另一方面，《苏联检察监督条例》及其《修正案》也不是世界上第一部全面、专门、系统的检察院组织法典。因为，它们不仅与检察院组织法的惯用名称不符，而且初始内容（即1922年5月28日最初公布的内容）仅包括诸如第1条（检察机构的设置）、第2条（检察机构的职权）、第13条（检察机构的预防犯罪职权）、第17条（军事检察机构）、第18条（司法处职权移归检察机构）等4条检察院组织法规范，却包括诸如第3条（检察长）、第4条（检察长助理）、第5条（省检察长）、第6条（省检察长助理）、第7条（军事检察长）、第8条（自治共和国检察长）、第9条（共和国检察长职权）、第10条（共和国检察长年度报告）、第11条（各地方检察长职权）、第12条（检察长列席地方执行委员会会议）、第14条（检察长职权的行使）、第15条（检察长有要求报告和提供材料职权）、第16条（检察长定期向共和国检察长报告）等13条检察官法规范。② 退一步讲，如果将其视为检察院组织法并结合1955年5月24日的修正事实，那么，就难以理解其后《苏联检察院条例》和《苏联检察院法》的颁行与归属。因此，《苏联检察条例》只能算作世界上第一部全面、专门、系统的"检察监督法典"。③

　　因此，基于上述分析和下列法律结构内容，并就产生时间来

---

　　① 参见《苏维埃检察制度（重要文件）》，党凤德等译，中国检察出版社2008年版，第241～242页。

　　② 参见《苏维埃检察制度（重要文件）》，党凤德等译，中国检察出版社2008年版，第173～176页。

　　③ 而蒙古人民共和国，也曾于1978年颁行过《检察监督法》。但总的来说，制定专门检察监督法的国家并不多。

说，苏联《南高加索社会主义联邦苏维埃共和国检察机构条例》，[①] 才是苏联乃至世界上首部名副其实的全面、专门、系统的检察院组织法典：

第一章"检察机构的组织"：第1条（检察机构的设置）、第2条（共和国检察长领导共和国检察机关）、第3条（副检察长和检察长助理）、第4条（非法定程序，检察长、副检察长及检察长高级助理不受审判、逮捕、拘留或搜查）、第5条（要案侦查员）、第6条（检察机构的预算和编制）、第7条（运输检察院）。

第二章"南高加索社会主义联邦苏维埃共和国检察机构的职权"：第8条（一般监督职权）、第9条（审判监督职权）。

第三章"关于南高加索社会主义联邦苏维埃共和国检察长的权利和义务"：第10条（共和国检察长职权）、第11条（对共和国检察长所颁布命令、通令、指示和解释文件的控告）、第12条（共和国检察长有立法提案权）、第13条（共和国检察长有权出席相关会议）、第14条（共和国检察长的一般监督职责）、第15条（检察长向共和国检察长报告职责）、第16条（规范性文件需送交共和国检察长审查）、第17条（共和国检察长对国家政治保卫局各机关的活动的监督范围）、第18条（共和国检察长对国家政治保卫局各机关活动应依法、实时监督）、第19条（对国家政治保卫局各机关所颁布决议、通令和命令的监督）、第20条（共和国检察长的追诉责任）、第21条（刑事案件须进行侦查）、第22条（检察长指挥侦查）、第23条（侦查监督）、第24条（要案侦查员应接受共和国检察长的建议、指示和要求）、第25条

[①] 1931年8月22日，苏联南高加索社会主义联邦苏维埃共和国中央执行委员会和人民委员会通过《关于批准〈南高加索社会主义联邦苏维埃共和国检察机构条例〉的决议》指出："南高加索社会主义联邦苏维埃共和国中央执行委员会和人民委员会特作出如下决定：一、批准《南高加索社会主义联邦苏维埃共和国检察机构条例》；二、通知加入南高加索社会主义联邦苏维埃共和国的各共和国政府，根据本决议及本决议批准的条例修改自己的立法。"

（侦查终结案件的处理）、第 26 条（检察长要求补充侦查、发回原侦查机关或委托其他侦查机关侦查）、第 27 条（共和国检察长负责国事罪、渎职罪和经济犯罪案件的侦查）、第 28 条（共和国检察长的一切声请需向最高法院提出）、第 29 条（共和国检察长一般监督职责的履行）、第 30 条（共和国检察长的工作报告、定期报告）。

第四章"关于南高加索社会主义联邦苏维埃共和国副检察长和检察长高级助理"：第 31 条（共和国副检察长）、第 32 条（共和国检察长高级助理）、第 33 条（共和国检察长高级助理的履职程序）。①

总之，世界上第一部检察法律，是以国内附属性检察法律形态出现的、诞生于 17 世纪的法国；世界上第一部专门性检察法典（或检察监督法典或者社会主义专门性检察法典、检察监督法典），是 1922 年 5 月 28 日全俄中央执行委员会通过的《苏联检察监督条例》；世界上第一部社会主义检察院组织法典，是苏联中央执行委员会和人民委员会于 1933 年 12 月 17 日表决通过的《苏联检察院条例》；而世界上第一部资本主义检察院组织法典，则是日本国会于 1947 年 4 月 16 日颁行的《日本国检察厅法》。

（二）检察院组织法在"三大法系"的分布

当然，通过检索《检察署组织法研究资料》、《检察制度参考资料》、《中华人民共和国检察业务全书》、《检察大辞典》、《世界各国检察院组织法选编》、《欧盟成员国检察机关的任务和权力》、《东盟国家检察制度研究》、《检察院组织法比较研究》、《检察制度比较研究》（法律出版社 2010 年版）、《世界各国宪法》（中国检察出版社 2012 年版）等检察文献不难发现，与附属性检察法律的普遍存在不同，目前，"三大法系"只有 43 个国家（不

---

① 参见《苏维埃检察制度（重要文件）》，党凤德等译，中国检察出版社 2008 年版，第 315～323 页。

含 9 个有检察长法的国家）有或曾经有过检察院组织法典，仅占世界现有 200 个国家的 22%。

另外，有或曾经有过检察院组织法典的大陆与社会主义法系国家包括：欧洲的苏联、俄罗斯、爱沙尼亚、拉脱维亚、立陶宛、亚美尼亚、波兰、捷克斯洛伐克、匈牙利、阿尔巴尼亚、保加利亚、罗马尼亚、斯洛文尼亚、摩尔多瓦、民主德国、西班牙、葡萄牙、奥地利 18 个，亚洲的中国、蒙古、越南、老挝、朝鲜、日本、韩国、沙特、叙利亚、印尼 10 个，美洲的古巴、哥斯达黎加、洪都拉斯、尼加拉瓜、阿根廷、智利、危地马拉 7 个，非洲的卢旺达 1 个，共计 36 国；有或曾经有过检察院组织法典的英美法系国家包括：美国、英国、爱尔兰、巴基斯坦、南非 5 国。当然，在 41 部检察院组织法典中，并不包括诸如《不丹总检察长法》（亦译为《不丹总检察长办公室法》）、《阿富汗总检察长办公室法》、《捷克斯洛伐克社会主义共和国检察长法》、《塞尔维亚共和国公共检察官办公室法》，以及《加拿大检察署署长法》、澳大利亚《联邦 1986 年检察长法》和《联邦 1982 年检察长法》、《阿联酋公诉人法办公室法》（亦译为《阿联酋公诉人法》）等亦可视为检察官法典的检察院组织法典。

此外，在上述 41 个国家中，现在或者曾经是社会主义法系的国家又包括：苏联、波兰、捷克斯洛伐克、匈牙利、阿尔巴尼亚、保加利亚、罗马尼亚、南斯拉夫、民主德国、中国、蒙古、越南、老挝、朝鲜、缅甸、古巴 16 国（或 39 国，即加上曾经是社会主义国家的 34 国）。当然，作为社会主义国家时的南斯拉夫，并没有制定专门的检察院组织法；而缅甸则是曾经实行社会主义制度的唯一一个英美法系国家，其他 14 个国或 38 个国家是曾经或现在仍实行社会主义制度的大陆法系国家。

再者，据全国人大常委会《中国法律法规信息系统》检索发现，截止到 2012 年 11 月 30 日，我国标题含有"检察院"的法律（含全国与地方性法律）有诸如《检察院组织法》、福建省福州市人大常委会《关于加强人民检察院对诉讼活动的法律监督工作的决议》（2009 年 6 月 17 日）等 766 部；标题含有"检察机关"的法律有诸如最高人民检察院《关于加强检察机关内部监督工作的意见》（2011 年 12 月 5 日）、江西省人大常委会《关于加强检察机关对诉讼活动的法律监督工作的决议》（2009 年 11 月 27 日）等 89 部。

三、检察院组织法的特点

作为一种常见的专门性检察法律，检察院组织法除具有检察法律或其检察法典、其他专门性检察法律之共性外，还有以下特点：

（一）多为宪法授权制定

从法律性质和位阶性上说，检察院组织法都属于宪法范畴。为此，"三大法系"国家宪法往往对其制定加以规定。换言之，各国或地区宪法都含有显性或隐性的检察宪法规范。

另外，在当今的 193 个联合国成员国中，既有诸如"检察机关对侦查犯罪时执行法律的情况实施监督，对法院民事案件、刑事案件和行政违法案件判决的合法性实施监督，在法律规定的情况下进行预审，出庭支持公诉"[《白俄罗斯共和国宪法》（2004 年 10 月 17 日修正）第 125 条第 3 款]、"公诉机关是有等级次序的组织，为共和国总检察长下属的裁判机关"[《莫桑比克共和国宪法》（2004 年 11 月 16 日）第 234 条第 1 款]、"各级检察机关独立地行使自己的权限，不受任何地方机关的干涉，仅隶属于苏联总检察长"[《苏维埃社会主义共和国联盟宪法（根本法）》（1977 年 10 月 7 日）第 168 条第 1 款]等显性规范检察机关权力或行为的宪法规范的国家 155 个，也有诸如"司法部长（也是总检察长——引者注）在自己的活动中是独立的公职人员。他对国家立法权力机关、执行权力机关以及地方自治机关的法律文件是否符合本宪法和法律实施监督"［《爱沙尼亚共和国宪法》（2011年修正）第139条第1款］、"除非有相反的证据，副司法部长的代理人履行职能或职责，或行使权力的事实是其有权这样做的确定证据"［《1986年新西兰宪法法案》（1986年12月13日）第9C条第5款］等隐性规范检察机关权力或行为的宪法规范的国家38个。①

此外，"三大法系"国家宪法通常还有诸如"格鲁吉亚检察机关的权限和活动程序，由组织法予以规定"［《格鲁吉亚宪法》（2004年2月6日修正）第76₁条］、"任何其他关于检察系统的事项应当由国家立法决定"［《南非共和国宪法》（2009年修正）第4款］、"各级检察机关的组织和活动程序，由《苏联检察机关法》予以规定"［《苏维埃社会主义共和国联盟宪法（根本法）》第168条第2款］等授权制定检察院组织法的宪法规范。

（二）名称众多

如上所述，各国检察院组织法名称有12种之多，不可谓不多。究其主因，除翻译因素外，在于检方性质、地位的五花八门以及检察院组织法立法模式的多样化所致。

比较而言，大陆法系和社会主义法系国家多以"检察院（署、机关）法（条例、章程）"或"检察院（署、机关）组织法（条例、章程）"为名，英美法系国家则多以"检察法"、"（总）检察长法"、"（总）检察长办公室法"、"检察署署长法"为称。究其原因，是大陆法系和社会主义法系主张检察权由检察机关主导，而英美法系国家强调检察权由检察长（或检察官）主

---

① 其中，有大陆法系的阿联酋、沙特、印度尼西亚、爱沙尼亚、冰岛、波斯尼亚和黑塞戈维那、丹麦、德国、拉脱维亚、卢森堡、摩纳哥、挪威、瑞士、哥斯达黎加、密克罗尼西亚、帕劳、阿尔及利亚、埃及、埃塞俄比亚、贝宁、多哥、厄立特里亚、刚果（布）、吉布提、科摩罗、利比亚、马里、塞内加尔、苏丹、索马里30个国家；英美法系的孟加拉、英国、加拿大、美国、澳大利亚、巴布亚新几内亚、新西兰、喀麦隆8个国家。

导的检察权执行主体理念使然;^① 而"这些不同国家关于检察院的法律的不同名称,反映出各国检察机关在国家政治体制中的地位和称谓,也反映出其检察法律在该国法律体系中的地位和效力等级,并且还表明了各国检察机关建设和检察组织立法的受重视与完善程度"。^②

例如,在我国,检察院组织法的名称就经历了四次演变。其中,旧中国革命根据地发生了两次演变:一次是由《中华苏维埃共和国工农检查部的组织条例》到《中华苏维埃人民共和国工农检查局的组织条例》的演变;另一次是由《中华苏维埃人民共和国工农检查局的组织条例》到《陕甘宁边区暂行检察条例》的演变。而新中国也经历了两次演变:^③ 一次是由《中央人民政府最高人民检察署试行组织条例》(1949 年 11 月 2 日)到《中央人民政府最高人民检察署暂行组织条例》和《中央人民政府各级地方

---

① 细言之,"以法国和德国为典型的欧陆检察官制是科层官僚式检察体制的代表,一种严格的权力等级结构支撑着这种类型的检察机构。而英、美两国检察官制之间尽管差异甚多,但是,英、美检察体制中的权力等级化、集权化因素都极为薄弱,两国检察官制都呈现出反科层官僚化的共同特质"(参见黎敏:《西方检察制度史研究》,清华大学出版社 2010 年版,第 388 页)。所谓科层制,亦称理性官僚制或官僚制,由德国社会学家马克斯·韦伯提出。其主要特点包括:内部分工,且每一成员的权力和责任都有明确规定;职位分等,下级接受上级指挥;组织成员都具备各专业技术资格而被选中;管理人员是专职的公职人员,而不是该企业的所有者;组织内部有严格的规定、纪律、并毫无例外地普遍适用;组织内部排除私人感情,成员间关系只是工作关系。

② 参见陈健民主编:《检察院组织法比较研究》,中国检察出版社 1999 年版,第 95~96 页。

③ 当然,我国《五四检察院组织法》颁行后,还颁行了《最高人民检察院组织条例(草稿)》(1954 年 11 月 23 日)、《七九检察院组织法》、《八三检察院组织法》。因此,从这个意义上说,新中国检察院组织法名称多次变化:《试行条例》→《暂行条例》和《通则》→《五四检察院组织法》→《草稿》→《七九检察院组织法》。

检察署组织通则》（1951 年 9 月 3 日）的演变；① 另一次是由《中央人民政府最高人民检察署暂行组织条例》和《中央人民政府各级地方检察署组织通则》（1951 年 9 月 3 日）到《人民检察院组织法》（1954 年 9 月 21 日）的演变。而"1954 年宪法颁布后，检察机关被赋予与本级政府、法院并行的法律地位，机构名称亦改'署'为'院'，② 而制定组织法的条件也已成熟，因此于同年颁布了我国第一部《人民检察院组织法》。这一法律名称沿用至今"。③

而与我国类似，苏联、蒙古、保加利亚、波兰、葡萄牙、西班牙等国，既有检察机关名称由"署"变"院"的飞跃，也有检察院组织法典名称由"检察院（组织）条例"变成"检察院组织法"的跨越。其中，苏联、波兰、捷克斯洛伐克、匈牙利、阿尔巴尼亚、保加利亚、罗马尼亚、民主德国、蒙古、朝鲜这种"飞跃"和"跨越"的实现，则是随着其国名由"人民共和国"改为"社会主义共和国"后而逐步实现的。

（三）种类多样

除有广狭两义以及按名称差异可将检察院组织法分为上述十

---

① 而"这些法律名称是缘于初建的检察机关系属于各级人民政府的组成部分，机关名称为'人民检察署'，并未具有后来的检察院那种较高的宪法地位和独立性；加之当时尚处于机关组建初期，还不可能制定出全面、系统的组织法典，因而，只能以'试行条例'、'暂行条例'、'通则'等法律形式来立法"（参见陈健民主编：《检察院组织法比较研究》，中国检察出版社 1999 年版，第 95 页）。

② 细言之，"1954 年起草检察机关组织法时，共写了 21 稿，其中前 20 稿仍然沿用'署'的名称。1954 年 9 月 20 日夜，中央政治局讨论人民检察署组织法草案时，彭真同志作了说明之后，毛主席说：既然检察工作这样重要，为什么不叫做院呢，可以改为院呃！政治局讨论了毛主席的这个意见，一致同意改'署'为'院'"（参见王桂五："我国第一部《人民检察院组织法》的起草情况和经过"，载《王桂五论检察》，中国检察出版社 2008 年版，第 180 页）。

③ 参见陈健民主编：《检察院组织法比较研究》，中国检察出版社 1999 年版，第 95 页。

二种外，按国家性质的不同，还可将其分为资本主义（如《日本检察厅法》与《1985年英国检察法》）与社会主义（如《越南人民检察院组织法》与《古巴总检察院组织章程》）检察院组织法典两类。

按所属法系的不同，可将其分为大陆（如《韩国检察厅法》与《阿尔巴尼亚检察院法》）、英美（如《爱尔兰1974年检察法》与《南非检察机关法》）和社会主义（如我国《检察院组织法》）法系检察院组织法典三类。

按有效性的不同，可将其分为已废止的（如《苏联检察院法》、《德意志民主共和国检察署法》和我国《五四检察院组织法》）和正施行的（如《西班牙王国检察机关法》、《加拿大共和国检察署署长法》、《关于朝鲜民主主义人民共和国检察机关的法律规定》）检察院组织法典两类。

按所属地域的不同，还可将其分为亚洲（如《日本检察厅法》）、欧洲（如《俄罗斯联邦检察机关法》）、美洲（如《阿根廷共和国总检察长法》）、非洲（如《南非共和国1992年检察长法》）和大洋洲（如《澳大利亚联邦1986年检察长法》）检察院组织法典五类，或者本国与外国检察院组织法典两类，等等。

（四）规范性与非规范性内容并存

诚然，"任何一个成文法律，除了规定一系列法律规范外，还要具备各类非规范内容才能形成一部完整的法律文件。这些非规范性内容包括法律的效力等级、立法依据、宗旨、原则，有关术语的解释，适用范围，废止有关法律的规定等"。① 其中，规范性内容，通常是指具有法律规范性质的内容，亦即包括假定条件、行为模式和法律后果（或假定、处理和制裁）内容的法律条文；

---

① 参见陈健民主编：《检察院组织法比较研究》，中国检察出版社1999年版，第98页。至于检察院组织法非规范性内容的具体特点，还可参见该书第98~102页的相关内容，此不赘述。

非规范性内容，一般是指不具有法律规范性质的内容，亦即不包括假定、处理和制裁内容的法律条文。当然，规范性与非规范性内容，均需检察法律文本记录承载。

以《俄罗斯联邦检察机关法》为例，诸如"检察机关，在实施执法监督时，不得越权代替其他国家机关。在检察机关获悉违法事实信息并要求检察官采取措施的时候，执法检查活动开始运行"（第21条第2项）、"检察机关工作人员，对自身职责不予执行或不当执行，抑或实施有损于检察机关工作人员荣誉的行为，检察机关与机构负责人有权对他们处以下列违纪处分：训诫；谴责；严厉谴责；降低检衔；剥夺'为俄罗斯联邦检察工作尽职尽责'胸章；剥夺'俄罗斯联邦检察机关荣誉工作者'胸章；不符合职责要求警告；从检察机关辞退"（第41₇条第1款）等法律条文规定，就属于该法的规范性内容；而诸如"俄罗斯联邦检察机关是统一性联邦中央集权机关与机构系统，遵循下级检察长服从上级检察长与俄罗斯联邦总检察长的原则从事职务活动"（第4条第1款）、"本联邦法中职务名称包括：检察官……意指：俄罗斯联邦总检察长、总检察长顾问、高级助理、助理与特别委托助理、俄罗斯联邦副总检察长、副总检察长特别委托助理、军事总检察长高级助理与助理、各下级检察长与副检察长、检察长特别委托助理、高级助理与检察官助理、在自身职权范围内具有效力的管理局行政处高级检察官与检察官；检察机关工作人员意指检察官与侦查官，以及其他具有检衔（军衔）的检察机关与机构工作人员"（第54条）等法律条文规定，则属于该法的非规范性内容；而纸质与非纸质《俄罗斯联邦检察机关法》本身，就是典型的检察法律文本。

（五）与检察官法、检察监督法的法律结构不同

尽管检察院组织法与检察官法同属专门性检察法律的检察法典范畴，但两者的法律结构却不尽相同。譬如，以越南为例，其

《人民检察院组织法》依次包括：第一章总则，第二章依法对各部、相当于部的机关、其他政府所属机关、地方政权机关、经济组织、社会团体、人民武装单位和公民的执法情况实行监督，第三章侦查监督工作，第四章审判监督工作，第五章执行监督工作，第六章拘留、监禁、改造监督工作，第七章人民检察院的组织机构，第八章军事检察院，第九章最后条款，共 9 章 41 条；而其《人民检察官法》则依次包括：第一章一般规定，第二章检察官的任务和权力，第三章检察官的选拔、任用、免职及解职条件和程序，第四章检察官保障制度，第五章附则，共 5 章 34 条。

而如上所述，检察院组织法与检察监督法的法律结构特别是其中的内容结构，也不尽相同。

当然，本书认为，诸如"'检察院组织法'与'检察院法'不仅其法律名称不同，而且，它们的法律性质、法律形式、法律内容及其在各国法律体系中的地位和效力等级等，也都有着严格的区别"等论断，① 则有些武断。易言之，检察院组织法与检察院（机关）法之间并没有本质差异，都属于专门性检察法律的检察院组织法典范畴。

（六）法律结构复杂

概言之，不论形式结构还是内容结构，检察院组织法的法律结构都相当复杂。譬如，通过检索《检察署组织法研究资料》一书目录不难发现，仅苏联、民主德国、保加利亚、波兰、蒙古、阿尔巴尼亚、朝鲜、罗马尼亚等人民共和国国家检察院组织法典的内容结构，就包括如下六个方面：（1）检察署的性质；（2）检察署的任务；（3）检察署的职权和行使职权的程序，又包括：总的职权、一般监督、侦查与侦查监督、审判监督、监所监督、对于民事案件的监督、其他职权；（4）检察署的组织，又包括：垂

---

① 参见陈健民主编：《检察院组织法比较研究》，中国检察出版社 1999 年版，第 95～96 页。

直领导的原则，对谁负责，任免和任期，任命的条件，组成部分，总检察长、副总检察长和助理检察长的分工，对下领导，与有关部门的分工，关于侦查员的规定，关于工作人员的级别，关于人民检察长的规定；（5）其他规定，包括：宣誓、到职和离职、关于兼职的规定、工作所在地、年龄、工龄、工资、休假、工作人员的提升、纪律和纪律处分、预算；（6）通则和过渡规定。

再如，《西班牙王国检察部组织章程》内容结构包括：总则；第一篇检察部及其职能：第一章检察部，第二章检察部的职能，第三章合作性与公正性的原则，第四章检察部和其他公共权力机构的关系；第二篇检察部各机构及其组织原则：第一章组织、职能与编制，第二章检察部的统一和隶属；第三篇国家总检察长及检察官职业：第一章国家总检察长，第二章检察官的职业、级别及其所担任的职务，第三章检察官资格的获得和失去，第四章检察官职业的地位，第五章检察部工作人员的权利和义务，第六章不能兼任的职务和禁止担任的职务，第七章检察部成员的责任；第四篇人员和物质条件；暂行规定；补充规定；附则，共8部分。另外，其形式结构还依次包括：部分→篇→章→条→款→项→目。

（七）法律体例不一

通过检索《世界各国检察院组织法选编》不难发现，"三大法系"国家检察院组织法典之体例，主要有如下五种：

第一，包括：部分、编（篇）、章、节、条、款、项、目的有：《葡萄牙检察署组织法》。

第二，包括：编（篇）、章、节、条、款、项、目的有：《古巴共和国总检察院组织章程》、《捷克斯洛伐克社会主义共和国检察院法》、《罗马尼亚社会主义共和国检察院组织和工作法》、《苏联检察法》和《匈牙利人民共和国检察院法》。

第三，包括：篇（编）、章、条、款、项、目的有：《西班牙王国检察部组织章程》和《俄罗斯联邦检察院法》。

第四，包括：章、条、款、项、目的有：我国《检察院组织法》、《保加利亚人民共和国检察院组织法》、《波兰人民共和国检察院法》、《大韩民国检察厅法》、《德意志民主共和国检察院法》、《蒙古国检察机关法》、《英国 1985 年检察法》和《越南人民检察院组织法》。

第五，只有条、款、项、目的有：《日本国检察厅法》以及我国的《最高人民检察署试行组织条例》、《最高人民检察署暂行组织条例》、《各级地方人民检察署组织通则》。

（八）编、章、节、条数量不同，且内容繁多

不同国家、不同时期检察院组织法的法律结构不同，抑或不同国家、不同时期检察院组织法的具体内容以及编（篇）、章、节、条的具体数量等，也不尽相同。

例如，以俄罗斯为例，《苏联检察院条例》依次包括："一、通则；二、苏联检察院的职权和行使职权的程序；三、苏联检察院的编制和预算"，共 3 部分 20 条；《苏联检察院法》依次包括：第一章总则，第二章检察机关的体系及组织机构，第三章检察长监督，第四章检察机关组织和活动的其他问题，共 4 章 4 节 49 条；《俄罗斯苏维埃联邦社会主义共和国检察机关法》（1992 年 1 月 17 日）依次包括：第一编总则；第二编俄罗斯联邦检察院的体系和组织机构；第三编检察长的监督：第一章监督地方代表机关、执行权力机关、管理和监察机关、法人、社会团体、公职人员的执法情况及其所发布的法令的合法性，第二章对执行侦查、初步调查和预审活动的机关执法情况的监督，第三章对羁押、拘留、劳改场所以及执行法院判处的刑罚和其他强制措施的执法监督；第四编检察长参加法院的案件审理；第五编检察机关的工作人员；第六编检察机关组织与活动的其他问题，共 6 编 3 章 47 条。而现行的《俄罗斯联邦检察机关法》则依次包括：第一编总则；第二编俄罗斯联邦检察机关组织机构与系统；第三编检察监督：第一

章执法监督，第二章对人与公民的权利与自由恪守状况予以监督，第三章监督从事侦讯活动、预侦（初步调查）与预审机关的法律执行状况，第四章对刑事处罚与法院裁定的强制性处罚措施予以执行的行政机关与机构、关押逮捕与拘禁人员场所的行政管理机关法律执行状况予以监督；第四编检察长参与法庭的案件审理；第五编检察机关与机构的职务与干部；第六编军事检察机关属性与活动保障；第七编检察机关组织活动的其他问题，共7编4章54条。

再如，通过检索《检察院组织法比较研究》一书所研究的"检察院组织法规范"所涉及如下内容的相关法律规范，也可佐证"三大法系"检察院（组织法）内容之繁多。当然，既包括规范检察机关与检察人员之权能两方面规范，也包括规范与非规范性、实体与程序性规范四个方面："第三编检察院组织法的规范（一）：第九章检察机关的性质和任务，第十章检察机关的法律地位和领导体制，第十一章检察机关的组织系统和内部机构，第十二章检察机关的职权和活动原则；第四编检察院组织法的规范（二）：第十三章提起刑事诉讼和侦查中的检察职能及其程序，第十四章刑事起诉讼中的检察职能及其程序，第十五章刑事审判中的检察职能及其程序，第十六章执行刑罚中的检察职能及其程序，第十七章民事诉讼中的检察职能及其程序，第十八章行政诉讼中的检察职能及其程序，第十九章一般监督的检察职能及其程序；第五编检察院组织法的规范（三）：第二十章检察官制度，第二十一章书记官制度，第二十二章检察机关的其他官职制度。"①

---

① 参见陈健民主编：《检察院组织法比较研究》目录，中国检察出版社 1999 年版，第 2~5 页。

四、"三大法系"检察院组织法的特点

基于"三大法系"法制（治）理念、立法与诉讼传统、检方性质与地位等差异，不仅导致"三大法系"检察院组织法之名称不同，也导致其法律结构不尽相同，并呈以下特点：

第一，数量不同。社会主义法系国家制定的检察院组织法最多。除南斯拉夫外，在目前或曾经奉行过社会主义制度的 16 个国家中，有 15 国制定有检察院组织法，占社会主义国家检察院组织法总数的 94%。其次，是其他大陆法系国家（含除缅甸之外的 15 个社会主义法系国家）共 35 个，占大陆法系国家总数（132 个）的 26%。数量最少的是英美法系国家 5 部，占英美法系国家总数（61 个）的 8%。

第二，所规范对象和客体的侧重点不同。大陆和社会主义法系国家检察院组织法侧重于规范检察机关的权力或行为，英美法系国家检察院组织法则侧重于规范检察官的权力或行为。

第三，无论是从内容还是从形式结构上看，大陆和社会主义法系国家检察院组织法更像全面、系统和专门规范检方权力或行为的统一检察法典，而英美法系检察院组织法更像杂乱无章的"大杂烩"。例如，《英国 1985 年检察法》既有针对检察院组织和职能的内容［如第 1 条（检察院）］，也有针对检察官权利和义务的内容［如第 2 条（检察长）、第 3 条（检察长的职责）、第 4 条（检察官）］，还有针对刑事诉讼及其费用的内容［如第 6 条（非公诉）、第 7 条（保释金等）、第 16 条（辩护费）、第 17 条（诉讼费）］。

第四，社会主义法系国家检察院组织法，既深受列宁检察监督思想影响，也深受前苏联《检察监督条例》及其修正案、《检察院条例》和《检察院法》"四法"的影响。而承载列宁法律监督思想的主要文献包括：《关于工农检查院的任务、对任务的理解和执行的问题》（1921 年 9 月 27 日）、《论"双重"领导和法

制——给约·维·斯大林并转政治局的信》（1922年5月20日）、《我们怎样改组工农检查院——向党的第十二次代表大会提出的建议》（1923年1月23日）、《宁肯少些，但要好些》（1923年3月2日）、《〈我们怎样改组工农检查院〉一文的材料》（1923年1月）、《我们对工农检查院怎么办？（续）》（1923年1月13日）、《我们对工农检查院怎么办？（续二）》（1923年1月13日），① 而其精髓：一是社会主义国家的法制应当是统一的；二是为了维护法制的统一，必须有专门的法律监督机关，即检察机关；三是检察权与行政权分开，检察机关独立行使检察权；四是为了保证检察权的行使，检察机关应实行自上而下的集中领导。②

第二节　大陆与社会主义法系国家 检察院组织法评介③

比较而言，作为专门性检察法律的典型代表，作为规范检察

---

① 参见中共中央马克思、恩格斯、列宁、斯大林著作编译局译：《列宁全集》第42~43卷，人民出版社1987年版。当时，"查"与"察"通用。而如何看待列宁？诚如美国著名的传记作家路易丝·费希尔所云："列宁是一位特殊的伟人——除了他在历史上所起的巨大作用外，他不仅对俄国和东欧的发展，而且对地球上其他各大洲的发展，都产生了深刻的影响"［参见［美］路易丝·费希尔：《奇特的伟人——列宁》第1卷（上），中国社会科学出版社1989年版，第2页］。而列宁法律监督思想，对世界的影响也是深远的。例如，列宁逝世后85年的2009年，中华人民共和国依然强调："我国检察制度是在马克思主义理论指导下建立和发展起来的。辩证唯物主义和历史唯物主义是中国特色社会主义检察制度形成和发展的方法论基础，列宁的法律监督思想是社会主义检察制度的理论基石，中国特色社会主义理论体系是中国特色社会主义检察制度的指导思想和理论基础"（参见孙谦主编：《中国特色社会主义检察制度》，中国检察出版社2009年版，第21~22页）。

② 参见曾龙跃主编：《中国检察百科辞典》，黑龙江人民出版社1993年版，第7页。

③ 值得说明的是，限于篇幅，对大陆和社会主义法系代表性检察院组织法进行评介时，一方面，由于它是规范检察机关权力或行为的法律，因而尽量原原本本地照录其中有关检察机关职权的条文内容；另一方面，尽量详尽照录那些不易查询检察院组织法的内容。

机关权力或行为的一般法，检察院组织法多存在于大陆法系特别是现在或曾经奉行社会主义制度的社会主义法系国家。甚至可以毫不夸张地说，现今 43 部检察院组织法，有 80% 以上（38 部）为大陆法系国家所制定。

一、苏联检察院法评介[①]

苏联，即"苏维埃社会主义共和国联盟"的简称。作为世界上第一个社会主义国家于 1917 年 11 月 7 日成立，并于 1991 年 12 月 26 日解体后为俄罗斯联邦共和国所承继。

而作为世界上首部检察院组织法诞生地的苏联，其检察院组织法生成的主要特色在于，联邦与各加盟共和国检察院组织法并行，且有"两个法律"相互领跑：一个是《苏联检察监督条例》及其《修正案》以及各加盟共和国的《检察监督条例》；另一个是《苏联检察院法》及其《修正案》以及各加盟共和国的《检察机构条例》。

早在苏联成立之前的 1917 年 10 月 28 日，苏俄人民委员会便发布《关于法院的第一号法令》指出："废除现有的法院侦查员制度、检察监督制度、律师制度和私人代理制度"（第 3 条）。[②]

但随后，苏联并未建立相应的检察制度，国家公诉权能则由"法律保护人协会"承担。为此，司法人民委员会发布《关于革命法庭及其组成人员、应当管辖的案件、应当适用的刑罚以及开庭程序》（1917 年 12 月 29 日）指出："革命法庭附设法律保护人协会，以社会控诉和社会辩护方式执行职务"（第 7 条第 2 款）；

---

① 参见《苏维埃检察制度（重要文件）》，党凤德等译，中国检察出版社 2008 年版等。

② 而后，"以俄为师"的我国所发布《中共中央关于废除国民党的六法全书与确定解放区的司法原则的指示》、《关于废除伪法统（新华社答读者问）》（1949 年 3 月 14 日），与该法令策略不无关系。

"革命法庭对于每一案件，可以在法律保护人协会中指定社会控诉人"（第 8 条）。全俄中央执行委员会颁行的《关于法院的第二号法令》（1918 年 3 月 7 日）也规定："法庭调查在控诉人和辩护人的参加下进行"（第 23 条）；"在工兵农及哥萨克代表苏维埃的下面，附设法律保护人协会，以社会控诉和社会辩护方式执行职务"（第 24 条）。因此，1917 年 10 月 28 日至 1922 年 5 月 28 日这一阶段，可视为苏联检察院组织法的孕育、萌生时期。

1922 年 5 月 28 日，在列宁检察监督思想的指导下，第九届全俄中央执行委员会第三次会议颁行《检察监督条例》（共两部分 18 条）决议规定：在司法人民委员部内设立国家检察机构（第 1 条）；检察机构职权如下：以对犯罪人追究刑事责任及对违法决议提出抗议的方式，代表国家对一切政权机关、经济机构、社会团体、私人组织以及私人的行为是否合法，实行监督；直接监督侦查机关和调查机关在揭发犯罪方面的活动，并直接监督国家政治保卫局各机关的活动；在法庭上支持控诉；监督对犯人的羁押是否正当（第 2 条）；自本条例颁布的时候起，以前属于司法处，而依本条例的规定，应属于检察机关的一切职责，都移归检察机关专门管理（第 18 条）。因此，尽管 1922 年的《苏联检察监督条例》不是世界上第一部全面、专门、系统的检察院组织法，但它却不愧为苏联第一部检察法律。而随着它的颁行，苏联检察制度进入了由其支撑、领跑时期。

随后，作为苏联加盟共和国的白俄罗斯颁行了《检察监督条例》（1922 年 6 月 26 日）、乌克兰颁行了《检察监督条例》（1922 年 6 月 28 日）、阿塞拜疆颁行了《关于国家检察机关》的法令（1922 年 7 月 11 日）。而它们的法律结构，均属 1922 年《苏联检察监督条例》的翻版、地方化。

1924 年 1 月 31 日，苏联第一部宪法——《苏维埃社会主义共和国联盟根本法（宪法）》颁行。其中，第 46 条规定："苏维埃社会主义共和国联盟最高法院检察长、副检察长，由苏维埃社会主义共和国联盟中央执行委员会主席团任命。"苏维埃社会主义共和国联盟最高法院检察长的职责范围包括：就应当由苏维埃社会主义共和国联盟最高法院解决的所有问题出具结论意见；在最高法院开庭时支持公诉；在不同意苏维埃社会主义共和国联盟最高法院全会判决的情况下，就上述判决向苏维埃社会主义共和国联盟中央执行委员会主席团提出异议。

1931 年 8 月 22 日，南高加索社会主义联邦苏维埃共和国中央执行委员会和人民委员会颁行《检察机构条例》，并标志着世界上第一部名副其实的检察院组织法典的诞生。

而后，随着苏联中央执行委员会和人民委员会《关于设立苏联检察院》和《关于批准〈苏联检察院条例〉》（1933 年 12 月 17 日）决议的颁行，苏联检察制度又进入了由《苏联检察监督条例》和《苏联检察院条例》双重支撑、领跑时期。其中，《关于设立苏联检察院》第 2 条规定："苏联检察长行使下列职权：监督苏联各机关、加盟共和国各机关和各地方政权机关的决议和命令是否符合苏联宪法和苏联政府的决议；监督各加盟共和国审判机关适用法律是否正确和统一，有权调阅在任何审理阶段的任何案件，有权对法院的民、刑事判决向上级法院提出抗议并停止其执行；提起追究刑事责任和在全苏联境内各级法院中支持控诉；依据特别条例，监督国家政治保卫总局、民警局、刑事侦缉机关和劳动改造机关的活动是否合法和正确；对各加盟共和国检察院的工作作一般的领导"；而《苏联检察院条例》则规定："苏联检察院的主要任务，是在苏联全境内巩固社会主义法制并保护公共所有制，使其免遭破坏社会的分子的侵害"（第 1 条）；"苏联检察院的职权如下：监督苏联、各加盟共和国各主管机关，以及各地方政权机关的决议和命令是否符合苏联宪法、苏联政府的决议和苏联政府的命令；监督各审判机关在适用法律上是否正确和统一；追究刑事责任，并在全苏联各级法院支持控诉；根据特别条例监督国家政治保卫总局、民警局和劳动改造机关的活动是否合法和正确；对各加盟共和国检察院的工作，作一般性的领导"（第 4 条）。因此，就产生时间和法律结构而言，上述《苏联检察院条例》则是苏联乃至世界上第二部全面、专门、系统的检察院组织法。

1936 年 12 月 5 日，修正后的《联盟宪法（根本法）》（亦称《斯大林宪法》）第九章"法院和检察院"规定："苏联总检察长对所有的部及其所属机构、公职人员以及苏联公民是否准确地执行法律实施最高监督"（第 113 条）。

1955 年 5 月 24 日，随着《检察监督条例》的被修正以及《苏联检察院条例》的被同时取代，苏联检察制度再进入了由《苏联检察监督条例》单独支撑、领跑时期。它依次包括："通则"、"对于机关、团体、公职人员和苏联公民是否遵守法律的监督"、"对调查机关和侦查机关的活动是否遵守法律的监督"、"对审判机关的刑事判决、民事判决、裁定和决定是否合法和有无根据的监督"、"对于剥夺自由场所是否守法的监督"和"检察机关的组织机构、检察工作人员的任命和任职程序" 6 章 57 条。

1977 年 10 月 7 日，再次修正后的《联盟宪法（根本法）》第十一章"检察院"规定："一切部、国家委员会和主管部门、企业、机构和组织、地方人民代表苏维埃执行和发布命令的机关、集体农庄、合作社和其他社会组织、公职人员以及公民是否严格和一律遵守法律，由苏联总检察长及其所属各级检察长行使最高检察权"（第 164 条）；"各级检察机关的组织和活动程序，由《苏联检察机关法》予以规定"（第 168 条第 2 款）。

1979 年 11 月 30 日，随着《苏联检察院法》的颁行和《苏联检察条例》的被同时废止，苏联检察制度又进入由《苏联检察院法》单独支撑、领跑时期。而后，该法又经过 1982 年 11 月 3 日、1987 年 6 月 16 日两次修正，直至 1991 年 12 月 25 日苏联解体而废止。其主要内容依次包括：

第一章总则：第 1 条（对执行法律的情况实行最高监督）、第 2 条（检察院的任务）、第 3 条（检察院的基本活动）、第 4 条（检察院的组织和活动原则）、第 5 条（关于检察院的立法）、第 6 条（苏联总检察长的任命、责任和报告义务）、第 7 条（下级检察长的任命）、第 8 条（检察长的任期）、第 9 条（苏联总检察长、加盟共和国检察长和自治共和国检察长的立法提案权）、第 9₁ 条（参加国家权力机关和国家管理机关的会议）、第 10 条（检察机关对建议、申诉和控告书的审查）、第 11 条（检察机关解决苏联参加的国际条约中发生问题）。

第二章检察机关的体系及组织机构：第 12 条（检察机关的体系）、第 13 条（苏联总检察长领导各级检察院的职权）、第 14 条（苏维埃社会主义共和国联盟检察院）、第 17 条（军事检察院）、第 18 条（检察院的侦查员）、第 19 条（检察委员会的活动程序）、第 20 条（对被任命为检察长和侦查员的人员的要求）、第 21 条（检察机关工作人员的衔级）。

第三章检察长监督：第一节对国家管理机关、企事业单位、公职人员和公民是否遵守法律实行监督（一般监督），第二节对调查机关和侦查机关的执法监督，第三节对法院审判案件的执法监督，第四节对拘留所、羁押场所和执行法院判处刑罚及其他强制性措施的执法监督。

第四章检察机关组织和活动的其他问题：第 46 条（苏联检察院直属的科研机构及其他机构和组织）、第 47 条（检察机关工作人员的奖励和责任）、第 48 条（检察院组织机构和编制的批准程序）、第 49 条（检察机关的印玺），共 4 章 4 节 49 条。

同时，它还规定："苏联各级检察院根据它所担负的任务，进行以下基本活动：对国家管理机关、企业事业单位、公职人员和公民是否遵守法律实行监督（一般监督）；对调查机关和侦查机关实行执法监督；对法院审判案件实行执法监督；对拘留场所、羁押场所和执行法院判处的刑罚及其他强制性措施实行执法监督；

同侵犯社会主义财产的违法行为和国民经济领域内的其他违法行为进行斗争；同侵犯公民权利和合法利益的违法行为进行斗争；同犯罪和其他违法行为进行斗争，侦查犯罪案件，追究犯罪人的刑事责任，保证使犯罪分子受到惩罚；会同有关国家机关，研究制定预防犯罪和其他违法行为的措施；协调执法、司法机关同犯罪行为和其他违法行为进行斗争的活动；参与完善苏维埃立法和法律的宣传活动"（第 3 条）。

总之，前苏联的检察院组织法是联邦与各加盟共和国并行的。在联邦层面，1922 年《苏联检察监督条例》→1933 年《苏联检察院条例》→1955 年《苏联检察监督条例》→1979 年《苏联检察院法》"四法"之间的法律结构，基本上是一脉相承的。同时，也影响着其继承者俄罗斯联邦检察院法以及当时和现在社会主义国家检察院组织法的制定与修改。而在白俄罗斯、南高加索等加盟共和国层面，也有《检察监督条例》或《检察机构条例》存在。

二、俄罗斯联邦检察机关法评介[①]

诚然，"彼得一世于 1722 年 4 月 27 日签署的《关于总检察长职位的命令》，在检察机关活动的法律调整方面起着重要作用"。[②]因此，可将其视为奠定俄罗斯近代检察制度的第一部检察法律。

而总的来说，1990 年 12 月 26 日独立前，作为最大的加盟共和国，俄罗斯主要适用前苏联检察法律，包括上述"四法"。独立后，俄罗斯联邦最高苏维埃便于当年 11 月 5 日通过《关于组建

---

① 参见［俄］IO. E. 维诺库罗夫主编：《检察监督（第七版）》，刘向文译，中国检察出版社 2009 年版；《〈俄罗斯联邦检察院组织法〉（1999 年 2 月 10 日修订），周志放译：载《中国刑事法杂志》2002 年第 6 期；《俄罗斯联邦检察机关》，赵路译：载《检察论丛》第 14 卷，法律出版社 2009 年版。

② 参见［俄］IO. E. 维诺库罗夫主编：《检察监督（第七版）》，刘向文译，中国检察出版社 2009 年版，第 27～28 页。

俄罗斯苏维埃联邦社会主义共和国统一检察机关体系的决议》宣布，依照 1990 年 6 月 12 日《俄罗斯苏维埃联邦社会主义共和国国家主权宣言》，并根据当时生效的 1978 年《俄罗斯联邦宪法》第 176 条、第 179 条规定，俄罗斯联邦最高苏维埃决定在现有检察机关的基础上，组建由俄罗斯联邦总检察长领导的统一的检察机关体系。

1992 年 1 月 17 日，俄罗斯首任总统叶利钦签署了由联邦最高苏维埃通过的《俄罗斯苏维埃联邦社会主义共和国检察机关法》（亦译为《俄罗斯联邦检察机关法》、《俄罗斯联邦检察院法》），并依次包括："总则"、"俄罗斯联邦检察院的体系和组织机构"、"检察长的监督"、"检察长参加法院的案件审理"、"检察机关的工作人员"和"检察机关组织与活动的其他问题"，共 6编 47 条。

1993 年 12 月 12 日，颁行的《俄罗斯联邦宪法》（2008 年 12月 30 日修正）第七章"司法权"规定："1. 俄罗斯联邦检察机关是一个下级检察长服从上级检察长和俄罗斯联邦总检察长的集中统一的体系。2. 俄罗斯联邦总检察长，由联邦委员会根据俄罗斯联邦总统的提议任免。3. 俄罗斯联邦主体的检察长，由俄罗斯联邦总检察长同相应俄罗斯联邦主体协商后任命。4. 其他检察院的检察长，由俄罗斯联邦总检察长任命。5. 俄罗斯联邦检察机关的职权、组织和活动程序，由联邦法律予以规定"（第 129 条）。

而后，《俄罗斯联邦检察机关法》又经过 1999 年 2 月 10 日、2000 年 1 月 2 日、2001 年 1 月 4 日、2002 年 6 月 28 日、2003 年6 月 30 日、2004 年 8 月 22 日、2007 年 3 月 2 日、2008 年 12 月25 日、2009 年 7 月 17 日等 18 次修正后，其主要内容依次包括：

第一编总则：第 1 条（俄罗斯联邦检察机关）、第 2 条（国际协作）、第 6 条（检察官的要求必须执行）、第 7 条［检察官应当参加联邦立法机关与权力执行机关、俄罗斯联邦各主体代议（立法）机关与执行机关、地方自治机关会议］、第 8 条（犯罪惩

治活动的协调配合)、第 9 条(参与法律创制活动)、第 9₁ 条
(对规范性法令进行反腐败测定);

第二编俄罗斯联邦检察机关组织机构与系统:第 11 条(俄
罗斯联邦检察机关系统)、第 12 条(俄罗斯联邦总检察长的职务
任命)、第 13 条(检察长职务任命、隶属关系与职务解除的根
据)、第 14 条(俄罗斯联邦总检察机关)、第 15 条(俄罗斯联邦
各主体检察机关与同级别检察机关)、第 17 条(俄罗斯联邦总检
察长对俄罗斯联邦检察机关系统的领导职权)、第 20 条(检察委
员会)、第 20₁ 条(俄罗斯联邦检察机关侦查委员会);

第三编检察监督:第一章执法监督,第二章(对人与公民的
权利与自由恪守状况予以监督),第三章监督从事侦讯活动、预
侦(初步调查)与预审机关的法律执行状况,第四章对刑事处罚
与法院裁定的强制性处罚措施予以执行的行政机关与机构、关押
逮捕与拘禁人员场所的行政管理机关法律执行状况予以监督;

第四编检察长参与法庭的案件审理:第 35 条(检察长参与
法庭的案件审理)、第 36 条(对法院判决提起抗诉)、第 37 条
(抗诉撤回)、第 38 条(法院刑事案判决的暂缓执行)、第 39 条
(建议法院进行司法解释);

第五编检察机关与机构的职务与干部:第 40 条(检察机关
与机构职务)、第 40₁ 条(检察官与侦查官任职要求、任职条件与
职务录用程序)、第 40₂ 条(检察机关与机构职务履行的限制、禁
止与责任)、第 40₃ 条(检察机关职务录用时试职)、第 40₄ 条
[检察官(侦查官)誓词]、第 4₅ 条(职务任命与解除权限)、第
41 条(检察机关工作人员工作能力考评与检衔授予)、第 41₁ 条
(职务证件)、第 41₂ 条(检察机关工作人员的人事卷宗)、第 41₃
条(检察制服)、第 41₄ 条(工作人员休假)、第 41₅ 条(检察机
关工作人员的职务调派)、第 41₆ 条(检察机关工作人员表彰与奖
励)、第 41₇ 条(违纪责任)、第 42 条(检察官与侦查官刑事责
任、行政责任追究程序)、第 43 条(检察机关与机构职务的终

止）、第 43_1 条（工作人员，当选为国家权力机关或地方自治机关代表或公职人员时的保障）、第 43_2 条（从检察机关与机构工作人员名录中撤销）、第 43_3 条（检察机关与机构职位、检衔的恢复）、第 43_4 条（工作人员职业培训与进修）、第 44 条（检察机关工作人员的社会保障与物质保障）、第 45 条（检察官与侦查官的法律保护与社会协助）；

第六编军事检察机关属性与活动保障：第 46 条（军事检察机关机构）、第 46_1 条（军事总检察机关）、第 47 条（军事检察长职权）、第 48 条（军事检察机关与俄罗斯联邦检察机关侦查委员会军事侦查机关干部）、第 49 条（军事检察机关与俄罗斯联邦检察机关侦查委员会工作人员与军职人员的物质保障与社会保障）、第 50 条（军事检察机关与俄罗斯联邦检察机关侦查委员会军事侦查机关的财政保障与物资技术保障）；

第七编检察机关组织活动的其他问题：第 51 条（统计报表制度）、第 52 条（检察机关与机构的财政保障与物资技术保障）、第 53 条（检察机关与机构印章）、第 54 条（本联邦法中部分职务名称的说明），共 7 编 4 章 54 条。

总之，俄罗斯检察院法经历了苏联与俄罗斯联邦共和国两个发展时期；而《俄罗斯联邦检察机关法》无论是在内容上还是在形式结构上，仍与苏联上述“四法”藕断丝连。当然，也有诸如“国际协作”、“对规范性法令进行反腐败测定”、“检察机关侦查委员会”、“检察机关与机构的职务与干部”等创新发展。

三、爱沙尼亚检察机关法评介

1918 年，爱沙尼亚作为独立国家成立，并设立检察机关。1918～1920 年，检察官开始参与到刑事和民事诉讼以及行政事务监督活动；1918～1940 年，检察机关在不同法律的基础上经历了很多变化，但始终属于行政机关；1941 年 6 月 14 日，爱沙尼亚经过公投成为苏联的加盟共和国，并适用包括上述“四法”在内

的苏联检察法律。

1990 年 2 月 24 日独立后，爱沙尼亚共和国发布《终止爱沙尼亚检察机关隶属于前苏联以及独立于前苏联的决定》，并于同年 5 月 16 日重建检察机关。

1992 年 6 月 28 日颁行的《宪法》（2011 年修正）第十二章"司法部长"（亦即总检察长）规定："司法部长在自己的活动中是独立的公职人员。他对国家立法权力机关、执行权力机关以及地方自治机关的法律文件是否符合本宪法和法律实施监督"（第139 条第 1 款）；"司法部长的法律地位和司法部的工作程序，由法律规定"（第 144 条）。

1993 年，爱沙尼亚议会颁行《检察机关法》（亦译为《司法部长法》或《司法部长办公室法》、《总检察长法》或《总检察长办公室法》），后经 1998 年、2004 年 1 月 28 日多次修正，现主要内容包括：

第 1 条第 1～2 款规定，检察机关是隶属于司法部的一个政府部门，由总检察长办公室和隶属于它的地区检察官办公室组成。

第 2 条第 2 款规定，检察官独立行使职权，只服从法律和良知。

第 3 条规定，总检察长领导并指挥各级检察机关行动。

第 4 条第 2 款规定，总检察官办公室由总检察长、首席检察官和公诉检察官组成，总检察长是其首长，内设部门负责人则是首席检察官。

第 5 条第 2 款规定，地区检察官办公室由首席检察官、高级检察官、特别检察官、检察官和助理检察官组成，地区检察机关的首长是首席检察官，其部门负责人是高级检察官。

第 9 条规定，司法部长有权监督检察机关活动，总检察长对总检察长办公室以及地区检察机关的首席检察官有监督职责，但他们都不得干预检察官依法独立行使检察权。

第 10 条规定，总检察长和首席检察官可以合适的理由代替检察官开展具体工作，或者要求另外一名下属检察官接管案件，但替代命令须以书面形式作出，并须注明替代的范围和理由。

第 12～14 条规定，在总检察长办公室下设检察官监督（即负责侦查由检察官实施的犯罪以及对检察工作进行分析和评估）、专门处理贿赂和经济犯罪案件、专门处理与麻醉品有关的犯罪以及暴力犯罪案件、专门处理国际司法合作事务的内设部门。

第 15 条第 1 款规定，担任检察官者须是爱沙尼亚公民，21 周岁以上，已完成高等法学教育，熟知爱沙尼亚国情，具有崇高的人格以及必要的能力和个性。

第 16 条规定，总检察长由政府根据司法部长的提名并在征求法律事务委员会意见的基础上任命，司法部长在首席检察官提名的基础上任命检察官，高级检察官在首席检察官提名的基础上由总检察长任命，公诉检察官在检察官职能和评估委员会提名的基础上由司法部长任命，特别检察官、检察官以及助理检察官在检察官职能和评估委员会提名的基础上由总检察长任命。

四、拉脱维亚检察院法评介

1991 年 8 月 21 日独立前，作为加盟共和国，拉脱维亚适用包括上述"四法"在内的苏联检察法律。

1990 年 5 月 4 日，最高苏维埃正式通过《关于恢复拉脱维亚独立的宣言》，将拉脱维亚苏维埃社会主义共和国更名为拉脱维亚共和国，并恢复了 1922 年《宪法》第 1～3 条和第 6 条的效力。1993 年 7 月 6 日，整部 1922 年《宪法》得以恢复生效。其中，第七章"国家检察机关"规定："国家检察机关是一个独立的集体机构。国家检察员的任命和核准的程序与法官相同，但有一定的任职期限，在其任期内可根据法院决议将其撤换。国家检察机关的配置和职权范围由特别法规定"（第 88 条）。

1994 年 5 月 19 日，拉脱维亚议会颁行《检察院法》（亦译为《国家检察机关法》、《检察机关法》或《公共检察官办公室法》），不仅依次包括检察院的任务、职能和运行原则，检察官的职权，检察院的结构，检察官的任免方式，检察官的酬薪等 5 章，而且规定：

第一，国家实行审检合署，检察院是一个独立的司法机构，不受任何行政机关控制。为此，检察院通过其单独预算确保独立；检察院的预算由总检察长向财政部提交，财政部将其提交内阁部长审议，未经总检察长同意该预算不得被更改。

第二，检察院按层级和地域设置，包括最高、地区、地方和专门检察院四级；地方检察院按国家行政区划设立，地区检察院按照司法区划设立；同时，还依法设有负责军事、海关、道路运输、金融与经济犯罪侦查、有组织犯罪案件等专门检察院。

第三，总检察长是检察机关首脑，他据分配的国内预算资金来决定检察院的内部结构和人员，并须保持政治中立；议会则据最高法院院长的建议任命总检察长，任期 5 年。

第四，总检察长有权撤销最高检察院及地区法院检察官作出的没有根据的或不合法的决定，有权在所有法院履行控诉职能，有权参加内阁部长会议并对要审议的问题提出意见，有权参加议会会议并经其同意就直接影响检察院的事项提出意见，有权对全国检察院工作进行检查，有权就民事、刑事案件中的生效判决提起上诉。同时，如果总检察长认为，内阁部长发布的法律法规与宪法和先前的法律相抵触时，有权将其提交宪法法院，并主张其无效。

第五，在最高法院特别授权的法官或院长或最高法院已证实有犯罪行为，且经最高法院法官的一般会议同意时，议会才能撤销总检察长职务；最高法院院长或议会 1/3 成员有权对总检察长启动弹劾程序；如能确认总检察长有以下情形的，便可将其撤职：未能遵循检察官准则，是某一党派或政治组织的成员，没有遵守法律而违反国家官员廉政规定，渎职，行为不端或行为方式不符合身份要求。

第六，检察官的职权包括：监督调查机关的专门调查工作，组织、指导并进行审前侦查并向调查机关作出指令，出席法庭并承担对刑事案件的指控，对法院未生效的不合法或无根据的判决提起上诉，监督刑罚的执行，监督对某人予以逮捕、拘禁和关押场所活动的合法性，参加对先前所定刑期、情形予以更改的听审，依法决定是否释放等。与此同时，一方面，一旦检察官得到违反法律但未表明是刑事犯罪的信息，并有以下情形的，有权进行询问：代理残疾人、病弱者、未成年人、囚犯或其他类似人员的权利受到侵犯的；国家或地方当局的权力受到侵犯的；检察官认为有必要的；有证据表明总统、议会或内阁大臣违反法律的。另一方面，如果在民事或行政案件中法院的判决非法或毫无根据时，检察官也可提出抗议。抗议的条件是，该判决还未生效且检察官是案件的控方；提出抗议是向更高一级权力机构进行诉讼的根据。

第七，要按法官的资格、级别，确定检察官的资格、等级；检察官的资格等级根据其所具有的职位、专业知识、资格或工作经历确定。

而值得注意的是，1993 年《宪法》颁行后，又经过 1994 年 1 月 27 日、1997 年 12 月 31 日、1998 年 11 月 6 日、2002 年 5 月 24 日、2002 年 11 月 5 日、2010 年 11 月 2 日等次修正，并最终取消了 1922 年《宪法》第七章有关"国家检察机关"规定，使之成了仅含有隐性检察宪法规范的国家。为此，《宪法》第 86 条规定："只有法律授权的那些机关（含检察机关——引者注），并且只能依照法律规定的程序，才能行使司法权。军事法院依据单行法律活动。"

五、立陶宛检察院法评介

1990 年 3 月 11 日独立前，作为苏联的加盟共和国，立陶宛适用包括上述"四法"在内的苏联检察法律。

独立后，立陶宛共和国最高委员会于 1990 年 3 月 22 日恢复了包括检察院在内的民主执法机构；3 月 30 日，国家检察官们齐聚位于首都维尔纽斯的最高检察院大厦，统一宣誓忠于法律。为此，现行《检察院法》（亦译为《总检察长法》）规定每年的 3 月 3 日为检察院日。1990 年 7 月 27 日，议会通过《临时基本法修正补充法》，将检察院首脑称为"共和国总检察长"。

1990 年 8 月 27 日，立陶宛共和国首部《检察院法》开始施行。

1992 年 10 月 25 日颁行的《宪法》（2004 年 7 月 13 日修正）规定："审判前的侦查由检察长领导和组织。检察长出庭支持对刑事案件的公诉。检察长在法律规定的情况下，捍卫个人、社会和国家的权利与合法利益。检察长独立履行自己的职能，只服从于法律。立陶宛共和国的检察机关，是指总检察院和各区域性检察院。总检察长由共和国总统在征得议会同意后予以任免。检察长的任免程序，以及检察长的地位，均由法律予以规定"（第 118 条）。

2003 年 4 月 22 日，立陶宛议会修正并通过新的《检察院法》，并于 2003 年 5 月 1 日开始施行。它不仅依次包括检察院的结构（组织）、地位、职能、基本原则与活动控制、工作组织的基本原则，以及检察官的地位、权限、权利和义务、服务过程、提供激励的条件及职务上的责任条件、社会保障等章节，而且规定：

第一，检察院是检察官的执业机构，它由最高、地区和地方检察院以及负责侦查、组织和监督金融犯罪、知识产权犯罪侦查、青少年司法等专门检察院组成。

第二，检察院的职权包括：组织并直接指导、进行审前侦查，侦查监督，代表国家起诉，监督判决执行，保护公共利益，对个人所提交的请愿申请和投诉进行审查，参与国家和国际犯罪行为预防计划的起草和实施，参与立法活动，履行其他法定职能。

第三，总检察长领导最高检察院，由总统提名并经议会批准任命，任期 7 年；副总检察长由总统据总检察长的提名任命，任期 7 年；总检察长及副总检察长的任职条件是：年满 35 岁，道德高尚，能熟练掌握立陶宛语，立陶宛公民，具有法学硕士学位或具有执业律师资格，至少有 10 年以上担任检察官或法官的工作经历或至少有 10 年以上担当大学法律教授（具有博士学位或具有教授任教资格博士学位）的工作经历。

第四，最高检察院内设司、局，由司长、局长负责领导；最高检察院负责领导、指挥地方各级检察院工作。

第五，总检察长的命令、法令、指令及其他规定，对检察官具有普遍约束力。

第六，总检察长的任务和职责包括：决定设立并重新组织各级地方检察院，并确立其地位、结构及活动领域；控制最高检察院和各级地方检察院的经济、财政活动；以命令形式批准管辖权规定，决定最高和各级地方检察院、总检察长和副总检察长、检察官、检察委员会的权限范围；根据选拔委员会的申请任命检察官，包括最高检察院各司长、局长以及各级地方检察院的检察长；担任咨询团体的主席和检察官学会的主席；设立下列协助其领导的各委员会：选拔委员会（为检察院的职位选择候选人），考试委员会（评估候选检察官的任职资格），道德委员会（对违反《检察官职业道德法典》的行为进行调查与评价），行为评价委员会（对检察官的行为、任职资格和是否适合岗位进行评价）；根据行为评价委员会的结论，在评价其行为后依激励程序授予检察官资格等级。同时，总检察长还有权：在报告总统后，暂停对副总检察长的豁免并对其进行侦查；暂停对检察官的豁免并对其侦查；暂停因违反行政法对检察官的豁免；命令对检察官的职务不法行为或使检察官的名誉受损的行为进行官方调查；向政府和整个社会提供检察院活动的信息；就适用法律和其他规定性的立法以及草案的准备向总统、议会和政府提交结论和建议。

第七，检察官资格或职位的资格等级包括：低级司法顾问、

司法顾问、高级司法顾问、首席司法顾问、国家司法顾问、首席国家司法顾问6级。

六、亚美尼亚检察机关法评介

1991年9月21日宣布独立前，作为加盟共和国，亚美尼亚适用包括上述"四法"在内的苏联检察法律。

1995年7月5日，经全民公决通过的《亚美尼亚共和国宪法》（2005年11月27日修正）规定："可以依照法律规定的程序限制武装力量、警察机关、国家安全机关、检察机关的公务员，以及包括宪法法院法官在内的各种法院的法官成立政党、工会联合会和加入政党、工会联合会的权利"（第28条）；"只有法律才可以对武装力量、警察机关、国家安全机关、检察机关的公务员，以及包括宪法法院法官在内的各种法院法官上述权利的行使作出限制性规定"（第29条）；共和国总统有权向国民议会提出总检察长候选人，根据总检察长的提名任免各副总检察长（第55条第9项）；总检察长就涉及其管辖下的具体案件的规范性文件条款的合宪性问题，可以依照本宪法和《宪法法院法》规定的程序诉诸宪法法院（第101条第7项）；"亚美尼亚共和国的检察院是由总检察长领导的统一的体系。总检察长由国民议会根据共和国总统的建议予以任命，每届任期6年。同一个人担任总检察长，不得连续超过两届。国民议会在法律规定的情况下，可以根据共和国总统的建议以其全体代表的1/2以上多数弹劾总检察长。检察机关在法律规定的情况下，并且依照法律规定的程序——1. 提起刑事追诉；2. 对预审和初步调查的合法性实施监督；3. 在法庭上支持公诉；4. 在法庭提起国家公益诉讼；5. 对法院的民事判决、刑事判决和决定提出异议；6. 对适用刑罚和其他强制形式的合法性实施监督。检察机关在本宪法赋予的权限范围内，并根据检察机关法实施活动"（第103条）。

2007年2月22日颁行的《检察院组织法》（亦译为《检察

法》、《检察（起诉）法》或《检察机关法》）主要包括以下内容：

第一章"总则"规定，国家检控（或起诉）机关是一个统一系统，由总检察长统一领导；检方依本法和其他法律规定履行宪法所赋予的职权（第1条）；检察官包括：检察长和副检察长，军事检察官，埃里温市（首都）检察官，埃里温市地区检察官等（第3条）；根据《宪法》第103条规定，检察机关及其检察官依法行使刑事检控权，包括：提起刑事追诉；对预审和初步调查的合法性实施监督；在法庭上支持公诉；在法庭提起国家公益诉讼；对法院的民事判决、刑事判决和决定提出异议；对适用刑罚和其他强制形式的合法性实施监督（第4条）；总检察长每年应向国民大会报告检察工作（第5条）；法律禁止任何干扰检察官依法履行检察职责的行为，检察官不得加入政党和从事政治、竞选活动（第6~7条）。

第二章"检察机关组成"规定，检察机关包括总检察院、市和区检察院、中央和驻军检察院（第8条）；总检察院隶属于总检察长和副检察长领导，总检察长负责管理全国刑事检控工作，制定刑事检控和法律监督政策，确定各检察机关分工，批准总检察院和军事检察院组成、职权，确定检察人员职位工资，制定检察人员内部规范和行为准则，依法批准对国家机关工作人员的起诉，确定检察事务人员职位，法律赋予的其他职权（第9~10条）；副总检察长依法协助总检察长工作，总检察长缺位时代行其职权（第11条）；国家设立起诉（或检察）委员会负责讨论起诉事宜；它由总检察长主持，并由总检察长任命的12名成员组成；其活动由总检察长以命令的形式规定（第22条）；同时，还设立国家伦理和资格委员会。伦理委员会由7名成员组成，包括由总检察长任命的1名副总检察长和两名检察官以及4名法律人士，任期3年，副总检察长主持该委员会工作；资格委员会由9名成员组成，包括1名副总检察长、4名检察官和4名法律学者，任期3年，其日常工作由副总检察长主持（第23条）。

第三章"检控活动"规定，根据《刑事诉讼法》规定，刑事检控程序的启动专属于检察官行使（第24条）；检察官依法有权监督刑事调查（或侦查）、审判活动的合法性，而级别较低的检察官有权将这项职责移送给级别较高的检察官执行，或者级别较高的检察官有权将这项职责指派给级别较低的检察官执行；检察官履行这项职责时，应保证监督的完整性、客观性、全面性和有效性，并可依法适用勘验、调查措施（第25条）；检察官应依法出席法庭支持公诉，包括法庭的初步听证会、一审和上诉审活动，并对审判活动的合法性实行监督（第26条）；违法或犯罪行为侵犯国家或地方政府利益时，检察官依法有权代表国家或地方政府提起民事诉讼、刑事附带民事诉讼（第27条）；检察官如果认为法院的判决、裁定或决定违反法律规定时，依法有权提出上诉，上诉应由检察长或其委托的副检察长参与（第28条）；检察官依法有权监督法院判决的执行以及强制措施适用的合法性，并有权随时访问被剥夺自由者、获取被判刑或被适用强制措施所依据的法律文件、审查执行判决或适用强制措施决定程序的合法性、建议中止执行判决或适用强制措施、讯问被判刑或强制措施者、建议羁押场所立即释放被非法剥夺自由者（第29条）。

第四章"检察官的级别、任免"规定，总检察长是级别最高的检察官；当发现其他检察官有违规情况时，下级检察官应依法向总检察长报告，而总检察长也有权直接指示、纠正；级别较高的检察官有权指示、命令、审查、纠正级别较低的检察官行为（第31条）；符合下列条件的亚美尼亚永久性公民可被任命为检察官：具有学士学位、具有高校法律教育文凭或被专家认可的外国类似教育文凭、精通亚美尼亚语的文学大师（第32条）；而具有下列条件之一者，不得担任检察官：不具有法定的检察官资格或被法院判决限制担任检察官者、被有罪判决者、有生理或精神病症或障碍而不宜担任检察官者、未完成强制兵役服务期者、非因赦免而被终止刑事责任追究者（第33条）；总检察长由总统提名国民大会任命，副总检察长由总检察长提名总统任命，总检察院其他检察官由总检察长从检察官候选人名单中任命，其他检察官由总检察长从检察官升级名册中任命（第36条）；检察官等级包括三级九等：一级一至三等检察官，二级一至三等检察官，三级一至三等检察官（第37条）；检察官在就职前须向起诉委员会宣誓：我宣誓，忠实捍卫亚美尼亚共和国宪法和法律，依法保护公民的权利、自由和安全免受犯罪侵害，保证我的行为有利于维护国家法治和检察官的身份、荣誉（第40条）；除科研、教学和创造性工作之外，检察官不得从事其他有偿活动，不得成为工会或政党成员，不得游行、集会、示威和罢工（第43条）；国家依法对检察官实行任职保护、奖励和纪律处分（第44～46条）。

第五章"检察官任职保障"规定，国家依法保障检察官的报酬、退休金、社会保险、社交活动、休假、制服、教育培训、个人安全（第55～61条）；第六章"支持起诉"；第七章"检察人员分类管理"和第八章"过渡条款"，共8章75条。

七、波兰检察院法评介

1944年7月22日，波兰人民共和国成立。1950年7月24日，颁行的《检察署法》包括：

第一章共和国检察署：第1条（设立检察署的目的）、第2条（检察署的组成）；

第二章共和国检察长的职权：第4条（总检察长可提请国务委员会解释现行法律）；

第三章共和国检察署的组织和活动：第5条（总检察长、副总检察长、军事总检察长任免）、第6条（总检察署和总检察长的隶属与工作报告）、第7条（检察长所领导的人员）、第8条（检察长、其他人员任免）、第9条（总检察长领导权）、第11条

（禁止干涉总检察长行使职权）、第 12 条（协助总检察长行使职权）、第 15 条（工资）、第 16 条（纪律责任）、第 17 条（检察署预算）；

第四章过渡性规定和总结规定，共 4 章 24 条。

同时，它还规定："共和国总检察长的职权如下：1. 对省、县、乡的一切权力机关、其他机关以及各种公共经济组织、社会团体和各个公民是否确切遵守各项法令，实行监督；2. 对第 1 款所列举的权力机关、其他机关、各种公共经济组织和企业所颁布的各种法令和进行的其他活动是否合法，实行监督；3. 保护公民的权利；4. 对各级法院在诉讼程序法所规定的范围内是否正确和统一适用法律，实行监督；5. 提起刑事诉追，执行侦讯监督，并在法院支持告诉；6. 发布执行刑事判决的命令，并对监所执行该项判决，实行监督；7. 采取其他必要措施，以保护公共财产并防止犯罪"（第 3 条）。因此，该法的最大特色在于，结束了波兰以往所实行的"检审合署"，而实行"检审分立"机制。为此该法规定："1. 撤销过去设在普通法院的检察机关；2. 撤销最高人民法庭检察署。最高人民法庭首席检察长和检察长的职权移交共和国总检察长"（第 18 条）；"自本法施行日起，共和国总统 1928 年 2 月 6 日第 231－254 号法令无效（普通法院组织条例，《法令公报》第 102 号法令第 863 号）"（第 22 条）。

1952 年 7 月 2 日颁行的《波兰人民共和国宪法》第六章"法院和检察署"规定："1. 波兰人民共和国总检察长由国务委员会任免之；2. 总检察长所属各检察长的任免程序，以及检察机关的组织与工作原则以法律规定之；3. 总检察长应向国务委员会报告检察机关的工作情况"（第 55 条）；"检察机关隶属于波兰人民共和国总检察长，在执行职务上不受地方机关的干涉"（第 56 条）。

而后，《检察署法》经过 1965 年 5 月 21 日、1967 年 4 月 14 日、1977 年、1982 年 9 月 16 日和 1985 年 6 月 20 日多次修正后，改名为《波兰人民共和国检察院法》，并包括：

第一章总则：第 1 条（检察院的组成）、第 2 条（检察活动的目的）、第 5 条（总检察长解释法律动议）、第 6 条（总检察长参与宪法法院诉讼活动）、第 8 条（总检察长工作报告）、第 9 条（检察官的组成）、第 10 条（检察权独立行使）、第 12 条（各界应协助检察长工作）；

第二章检察院组织：第 13 条（总检察长职责）、第 14 条（副总检察长和军事检察长任命）、第 16 条（检察官的条件）、第 19 条（检察官免职）、第 21 条（总检察长顾问机构）；

第三章检察院活动：第一节预备诉讼：第 23 条（提起、参与预备诉讼活动）、第 24 条（预备诉讼指令）、第 25 条（检察官监督预备诉讼活动）；第二节检察官参加法院诉讼活动：第 30 条（检察官参加法院诉讼活动的方式）、第 31 条（提起民事诉讼）；第三节监督刑事判决执行和决定剥夺自由：第 34 条（监所检察）、第 38 条（赦免令）；第四节对犯罪、犯罪预防及犯罪控制问题进行研究；第五节检察官对法律实施的监督：第 42 条（一般监督）、第 43 条（总检察长的一般监督职责）、第 45 条（行政及经济仲裁监督）、第 47 条（对违反法律之条例的异议）、第 50 条（对违反法律之条例的异议期限）、第 53 条（干预）、第 55 条（检察官一般监督中的职权）、第 57 条（总检察长的一般监督职权）；

第四章检察官的权利和义务：第一节一般规定：第 58 条（检察官的义务）、第 59 条（检察官任职开始与宣誓）、第 60 条（任期）、第 52 条（保密义务）、第 53 条（禁止兼职）、第 64 条（委派检察官）、第 65 条（工资）、第 66 条（假期）、第 67 条（休假）、第 68 条（不受逮捕、审判）、第 70 条（住宅所在地）、第 71 条（房屋）、第 73 条（奖励）、第 74 条（养老金）、第 76 条（薪金）、第 77 条（荣誉称号）；第二节纪律责任：第 79 条（纪律责任）、第 80 条（纪律处分种类）、第 82 条（纪律检查领导）、第 83 条（纪律检查案件裁决）、第 84 条（检察官资格中止）、第 85 条（警告）；

第五章实习检察官和助理检察官：第 87 条（实习实践）、第 91 条（实习考试）；

第六章行政和服务人员；第七章由工作人员选举的联合会；第八章关于军事检察院和军事检察官的特别条款；第九章效力、过渡及最后条款修正案，共 9 章 7 节 120 条。

与此同时，该法还规定："总检察长和其他各级检察官的任务是，通过监督国家机关、其他国家组织、合作社及联盟、专业组织、自治组织、社会团体及公民的活动，保卫人民法律制度"（第 3 条）；"1. 按照第 3 条的规定，总检察长和各级检察官的具体任务如下：（1）进行或监督刑事案件的预备诉讼，在法庭上行使公诉人的职能；（2）对刑事和民事案件提起诉讼，并向法院阐述告诉理由。为维护法制、社会利益、社会所有权及公民权利的需要，还应参加民事案件的诉讼活动；（3）按照法律规定办事，在法院行政、仲裁、轻罪以及其他诉讼程序中，保证法律得以正确和统一实施；（4）监督刑事判决的执行，决定拘留候审，监督其他剥夺自由权利的决定是否合法；（5）对犯罪、犯罪预防及犯罪控制问题进行研究；（6）依据法律和条例规定，对法律的遵守进行监督；（7）对违法的行政命令，向法院进行控告，并依法出庭参加诉讼；（8）与各级人民会议一起监督人民法律制度的贯彻实施，保障社会所有权和公民权利的实现；（9）协调其他国家机关有关犯罪侦查和起诉工作；（10）协助其他国家机关、其他国家组织、社会团体做好预防违法犯罪的工作；（11）对法律和条例的草案发表意见；（12）为加强人民法制和预防犯罪的需要，进行其他法律规定的活动。2. 按照第 1 款的规定，军事检察院的检察官对军事法院和其他军事机关处理的案件进行监督"（第 4 条）。

1989 年 12 月 29 日，波兰人民共和国更名为波兰共和国。1990 年 3 月，众议院通过《检察院法》（亦译为《检察机关法》）规定：

第1条，检察机关由总检察长、隶属于总检察长的普通检察机关、军事检察机关的检察官以及民族记忆协会和指控对波兰民族犯罪的委员会的检察官组成；总检察长是检察机关的最高首脑，由司法部长担任；司法部长作为政府成员对议会负责，负责制定起诉政策，并有权决定具体案件。

第2条，检察机关的主要职责是保护法律得到遵守、监督对犯罪的起诉；总检察长和检察官通过以下方式履行职责：执行或监督刑事案件的初步侦查，并出席法庭；为保障法律的统一和尊严、公共利益和财产或公民权利，可启动并参与民事诉讼；审查逮捕令和其他剥夺自由措施决定的执行；研究，预防和打击犯罪；就不符合法律的行政决定向法院提起并参与行政诉讼；协调国家刑事司法协助；必要时，可与国家犯罪信息登记中心负责人进行合作；就法律活动计划发表意见；进行法律规定的其他活动。

第8条，检察机关应遵循等级隶属、权力移交、代替、统一、不受影响、集中性、独立等组织活动原则。

第10条，总检察长亲自或通过其副手领导全国检察机关，并有权签发命令、指南和指令，可在检察机关的职责范围内进行所有活动或指挥下级检察官行动。

第11条，普通检察院的检察官，由总检察长任命。

第24条，检察官委员会是隶属于总检察长领导，可主动发表意见或经总检察长要求发表意见。

第29条，总检察长可向所有有权进行预备诉讼的机关，签发具有约束力的指令。

1997年4月2日颁行的《宪法》规定："法官、检察官、公务员、现役军人、警察及国家保卫人员不得兼任众议员"（第103条第2款）；检察总长有权就本宪法第188条所规定的事项，向宪法法院提起诉讼"（第191条第1款第1项）。

总之，波兰检察院组织法包括波兰人民共和国颁行的《检察署法》和《检察院法》，以及波兰共和国颁行的《检察院法》两个发展经历；而作为曾经的社会主义国家，其检察院组织法也深受包括上述"四法"在内的苏联检察法律影响。

八、捷克和斯洛伐克检察院法评介

1948 年 5 月 9 日，捷克斯洛伐克社会主义共和国成立。

1952 年 10 月 30 日，国民议会通过的《关于检察长的法律》（亦可译为《检察长法》、《总检察长办公室法》）不仅依次包括：序言，抗议，与其他局、机关、团体的合作，总检察长的机关，过渡条款及总结条款 5 部分 19 条，而且明确规定："1. 总检察长保卫、贯彻、并巩固社会主义法律，首先是：保卫社会秩序、共和国国家制度及其社会主义建设，保卫劳动人民的利益，反对破坏劳动人民建设的敌人和其他破坏者；保卫武装力量的战斗力及武装力量的纪律和秩序，辅助保证国防并教育公民遵守法律、法令及社会主义共处的规则，教育公民执行公民义务。2. 总检察长依靠劳动人民的主动性及劳动人民的组织执行自己的职务，并与这些组织合作；总检察长有义务审理公民的要求、意见及建议"（第 1 条）；"总检察长检查各部、各局、法院、人民委员会、机关、团体、机关工作人员及公民是否遵守法律，因此必须：1. 向局、人民委员会、机关、团体指出已经证实的缺点，并建议重新审查违反法律制度的决定或措施；2. 注意罪行的确定及对犯人的公正裁判并检查判决的执行；3. 检查公安部门是否按法律行事，此项职权由总检察长按其与内政部部长协议所制订的特殊条列行使；4. 按法院规则的规定参加审讯，并检查法院是否正确、一致地应用法律，在处理公民权利事件中，保障国家和公民的利益"（第 2 条）。

1956 年，将《关于检察长的法律》更名为《捷克斯洛伐克社会主义共和国检察院法》。而后，该法又经过 1965 年 6 月 17 日、1969 年 6 月 19 日、1969 年 12 月 18 日、1978 年 4 月 5 日修正后，依次包括：

第一章总则：第1条（检察院的性质）、第2条（检察院的任务）、第4条（独立行使检察权）、第5条（检察院侦查员）、第6条（总检察长的任免）、第7条（总检察长的责任）、第8条（总检察长对法律适用的监督权）、第9条（总检察长列席会议）、第10条（检察员的职责）、第11条（社会各界协助检察员工作）、第12条（检察员义务）、第13条（检察院传讯）；

第二章检察员的监督职能：第一节一般监督；第二节追究刑事责任、对立案侦查是否合法实行监督；第三节参与法庭和国家公证机关的庭审和公证活动，对法庭和国家公证机关的活动和判决、裁定是否合法实行监督；第四节对执行拘留、监禁、保护性治疗和保护性教育的机关的活动是否合法实行监督；

第三章检察院侦查员的侦查：第28条（检察院侦查员职责）、第29条（侦查监督）；

第四章检察院的组织：第30条（检察院组成）、第31条（军事检察院的设置）、第32条（检察院首脑）、第33条（总检察长）、第35条（副检察长）、第36条（检察长职责）；

第五章检察员、检察院侦查员和检察院见习员：第37条（检察员的任职条件）、第38条（检察员和侦查员任免）、第39条（任职宣誓）、第40条（劳资关系）、第41条（辞职）、第43条（检察员义务）、第44条（检察员禁止兼职和保密义务）、第45条（纪律处分种类）、第46条（纪律处分权）、第47条（过失行为处分）、第48条（停职和工资）、第49条（过失行为）、第50条（工资标准）、第51条（见习员）；

第六章尾则，共6章53条。

同时，该法还规定："1. 检察员的任务：（1）对国家各部委、其他国家管理机关、人民委员会、经济组织和其他组织及公民是否严格执行和遵守法律实行监督（一般监督）；（2）对犯罪分子和行为过失分子追究刑事责任；（3）对刑事案件的立案与侦查是否合法实行监督；（4）参与庭审和公证活动，对法庭和国家公证机关的活动和判决、裁定是否合法实行监督；（5）对执行拘留、监禁、保护性治疗和保护性教育的机关的活动是否合法实行监督；2. 上级检察员有权行使其下级检察员的各项职能；3. 只有当自愿结合的社会组织在执行国家机关的任务时，检察员才有权对它们是否执行和遵守法律实行监督，对于合作社和合作社性质的组织，包括统一农业合作社实行监督的问题，本款规定不适用"（第3条）。

而作为曾经的社会主义国家，捷克斯洛伐克检察院组织法深受包括上述"四法"在内的苏联检察法律影响。

1992年11月25日，捷克斯洛伐克联邦议会通过《联邦解体法》。随后，捷克斯洛伐克社会主义共和国依法变成捷克与斯洛伐克两个共和国。

（一）捷克检察法评介

1992年12月16日，捷克共和国颁行的《宪法》（2009年修正）规定："1. 国家检察官应在刑事诉讼中代表公众提出控诉；并应依据法律规定履行其他职责。2. 国家检察官的地位和职权应由法律规定"（第80条）；"在设立国家检察官制度之前，由捷克共和国公诉机关行使其职权"（第109条）。

1993年根据《宪法》而制定颁行《检察法》（亦译为《检察官法》），并于2002年修正后规定：

第一，检察官依法独立行使检察权，其他部门、社会团体、机构或个人不得干预或代替或代表（第3条）。

第二，检察院分四级（最高、高等、地区和地方）与法院对应设置。

第三，最高检察官领导最高检察院，也领导高等检察官，并由政府根据司法部长的提议任免；地区检察官的任免，由司法部长根据其所在地区高等检察官的提议决定；地方检察官在作为第一审法院的地方法院的诉讼中进行公诉，其任免由司法部长根据其所在地区检察官的提议决定；其他检察官由司法部长根据最高检察官的提议任免，无任期限制。

第四，不同级别的检察机关之间相互独立，只有直接上级检察院才有权对其下级检察院的活动进行监督。

第五，地区检察院有权对辖区内警方人员及情报部门官员的犯罪进行侦查。

第六，最高检察官有权发布一般性指令，统一所有检察院和检察官的工作并提高其工作效率。但只能就法律适用问题，通常是程序性的法律问题发布指令，而不能对具体的刑事案件发布指令（第12条）。

总之，捷克检察院组织法经历了捷克斯洛伐克社会主义共和国的《关于检察长的法律》和《检察院法》以及捷克共和国的《检察法》两个发展时期。

（二）斯洛伐克检察院法评介

1992年9月3日，斯洛伐克共和国颁行《宪法》（2006年5月1日修正）规定：检察官不享有罢工权利（第37条第4项）；"法律可以限制法官和检察官从事企业经营和其他商业活动的权利，以及第29条第2款中所列的权利……"（第54条）；[①] "议会议员的岗位同法官、检察官、公设辩护人、武装部队成员、武警部队成员及欧洲议会成员的岗位互不相容"（第77条第1款）；总统有权任命和罢免总检察长，如果检察官被选举为共和国总统则自其当选之日起应终止其检察官职务（第102条第1款第19项、第4款）；总检察长有权建议启动宪法法院诉讼程序（第130条第1款第5项）；"宪法法院有权准许对任一法官或总检察长提出刑事指控或将其拘捕。宪法法院有权对最高法院的院长、副院长以及总检察长执行纪律惩戒程序；如果宪法法院不予准许，则

---

① 其中，第29条第2款中所列的权利，即"公民有权建立政党和从事政治活动，并在其中得以联合"。

不得在其任期内对宪法法院法官、任一法官或总检察长提起刑事指控或拘捕"（第136条第3～4款）；"斯洛伐克共和国检察院保障自然人、法人和国家的权利和合法利益"，"检察院的首脑是总检察长，其由共和国总统根据国民议会的提议任免"，"关于检察官的任免及其权利与义务，以及检察院的组织机构等细节由法律规定"（第149～151条）。

1996年，斯洛伐克共和国根据宪法颁行《检察院法》，经2001年修正后规定：（1）检察机关是总检察长领导的独立、分等级的统一组织，检察官依照上下级关系进行活动；检察机关通过总检察长对国民议会负责（第2条）。（2）检察机关有权监督公共行政部门是否遵守法律。（3）总检察长由总统根据议会的提议任命，任期7年；专门检察官由议会根据总检察长的提议并基于竞争程序选拔，任期5年；其他下级检察官由总检察长任命，无任期限制。（4）总检察长是最高检察院与检察系统的负责人，有3名副手；最高检察院下设局、处、组，分别由局长、处长和组长领导。（5）总检察长有权参加政府会议、提供法律咨询和立法建议，有权向宪法法院提出议案，有权向最高法院提交法律解释申请。（6）上级有权向下级检察官发布如何进行诉讼和完成任务指令。

2003年，斯洛伐克共和国又颁行《关于设立专门法院和专门检察院的法》，以规范专门检察院的组织和管理及其检察官的地位、权利与义务等事宜。

总之，斯洛伐克检察院组织法经历了捷克斯洛伐克社会主义共和国的《关于检察长的法律》和《检察院法》以及斯洛伐克共和国《检察院法》两个发展阶段。

九、匈牙利检察院法评介

1918年11月16日，匈牙利共和国成立；1919年3月，建立匈牙利苏维埃共和国；1919年8月1日，匈牙利苏维埃共和国被推翻，恢复君主立宪制；1946年2月1日，宣布废除君主制，成立匈牙利共和国。

1949年8月18日通过的《匈牙利人民共和国宪法》第七章"检察机关"规定："1.严格遵守法律的监督权，由匈牙利人民共和国总检察长行使之；2.责成总检察长实行监督，务使各部及其所属机关与其他机关，以及国家政权地方机构及各公民一律遵守法律；3.总检察长负责，务使破坏及威胁匈牙利人民共和国的制度、安全与独立的各种罪行，受到彻底追究"（第42条）；"各检察长独立行使职权，不受管理机关及国家政权地方机关的干涉"（第44条）。两天后的8月20日，匈牙利人民共和国宣告成立。

1959年，匈牙利人民共和国颁行《检察院法》（也译为《检察机关法》）。而后，该法经1972年修正后，依次包括：

第一章基本规定：第一节检察院的任务（第1~4条）、第二节总检察长的职权（第5条）、第三节检察人员的隶属关系（第6条）；

第二章对侦查合法性的监督：第7条（侦查监督中检察人员的义务）、第8条（侦查监督）；

第三章检察人员参与法院审理：第10条（审判监督中检察人员的任务）；

第四章对执行判决的合法性的监督：第11条（执行监督的任务）；

第五章一般法律监督：第一节检察人员在一般法律监督方面的职权（第3条）、第二节抗诉（第14~15条）、第三节口头警告和警告（第16条）、第四节检察人员在违章和治安案件方面的任务（第17条）；

第六章检察院组织检察人员和书记员的任命、罢免和纪律责任、检察院的组织机构：第18条（检察员组成）、第19条（检察院的设立、撤销与变动），第一节检察人员的任命（第20~21条）、第二节检察人员的基本权利和义务（第22~23条）、第三节检察人员的工作关系（第24条）；

第七章最后条款（第25~28条），共7章28条。

同时，它还规定："1. 匈牙利人民共和国总检察长和检察院负责彻底追究损害或威胁社会的合法秩序、国家安全与独立的各种行为，保护公民的权利；2. 检察院对侦查的合法性行使监督权，并根据法律程序支持公诉；3. 检察院协助保障国家、社会合作社组织以及公民遵守法律，遇有违法情况时采取措施维护法律"（第1条）；"1. 检察机关参与执行匈牙利人民共和国的法律政策，并行使宪法监督。2. 检察人员活动的目的是：与其他机关合作，维护社会主义法制。为此必须：（1）根据社会要求，为遵守法律采取坚决行动；（2）对犯罪行为进行坚决侦查；（3）维护国家、法人和公民的有法律保证的权利；（4）积极参加守法和树立法制观念的教育。3. 为了实现第1款中提出的目的，总检察长及所属检察院人员的职责是：（1）对侦查案件的合法性进行审查（对侦查合法性的审查）；（2）促使法院正确适用法律（检察人员参与法院活动）；（3）对遵守有关执行刑事案件判决的规定实行监督（对执行刑事案件判决的监督）；（4）促使部长会议以下的国家行政管理机关、地方会议和其他——除法院外的——执法机关及公民遵守法律规定（总的法制监督）"（第3条）。

1989年10月23日通过宪法修正案，确立了多党制和议会民主体制，并取消马列主义政党在国家机构中领导作用的规定。因此，它成为在东欧剧变后唯一一个没有马上制定新宪法的前社会主义国家。

1990年8月24日修正后的《匈牙利共和国宪法》第十一章"检察院"规定："1. 匈牙利共和国最高检察长和检察院负责保护公民权利，并坚决打击一切损害或危及宪法秩序、国家安全和独立的行动；2. 检察院对法律规定的案件进行侦破，对侦破的合法性进行检察，在法院诉讼中代表原告，以及对执行刑罚的合法性进行检察；3. 检察院在保证使所有社会组织、所有国家机关和所有公民都遵守法律方面进行合作。在出现违法的情况下（按照法律中规定的情况和方式）为保护法制而斗争"（第51条）；"1. 检察员由匈牙利共和国最高检察长任命；2. 检察员不能是党员，且不能进行政治活动；3. 检察员组织由最高检察长领导和指导；与检察院有关的条例由法律规定之"（第52条）。

2011年4月18日，匈牙利国会通过了名为《匈牙利根本法》的新宪法草案，并于4月25日由总统签署，于2012年1月1日正式生效实施。其中规定：国会有权选举共和国最高检察长（第1条）；"议员可就其职权范围内的任何事项询问基本权利专员、国家审计署署长、最高检察长以及匈牙利国家银行行长"（第7条第1款）；共和国总统有权提名最高检察长的人选（第9条第1款）；"（1）最高检察长和检察机关执行国家追惩权，参与司法活动。检察机关追诉犯罪，惩办其他非法之作为或者不作为，预防违法行为。（2）根据法律的规定，最高检察长和检察机关应当：（a）行使侦查权；（b）在法院诉讼中代表公诉方；（c）监督刑罚执行的合法性；（d）行使法律规定的其他职责和职权。（3）检察机关由最高检察长领导，检察官由最高检察长任命。除最高检察长外，超过通常退休年龄的其他检察官不得继续任职。（4）根据共和国总统的提名，国会在检察官中选举最高检察长，任期9年。对最高检察长的选举须得到国会议员2/3以上多数通过。（5）最高检察长应当向国会提交年度工作报告。（6）检察官不得参加政党，不得参加政治活动。（7）检察机关之组织和活动、最高检察长和检察官之法律地位和薪酬的具体规则，由基本法律规定"（第29条）。

另外，值得注意的是，尽管1990年修正后的《宪法》规定"与检察院有关的条例由法律规定之"，但在经总检察长令修正的情况下，"1972年第5号法律"——《检察机关法》目前依然实行。因为，"根据《1972年第5号法律》第5条规定，总检察长在公法、刑事法律以及有关司法的一般事务方面被赋予下列权限：①可以以建议者身份参与议会，出席宪法法院的全体会议；有权力向政府、部长或者其他任何全国性权力机构提出制定、修改或者废除法律规定的动议；有权力就任何法律草案、政府指令或部长指令的合法性提出初步意见；有权力向宪法法院提交有关公法法律事务的动议。②在最高法院依法行使其在保证法律统一实施程序中的职权。③有权力依法行使作为一名国家司法委员会成员的职权。④准备检察机关的预算，而该预算作为政府向议会提交政府预算方案的一部分。⑤对享有豁免权的人实施的犯罪以及行政违法案件有权力提出暂缓豁免，或者如果法律规定需要获得某个机构或者人员的同意，则有权力提出该申请；在检察机关管辖范围内发动警察侦查；在检察机关实施的侦查过程中，有权力在征得该机构领导同意的情况下调用任何一名侦查机构人员；向最高法院建议依照《刑事诉讼法》来审核刑事案件的最终判决，或以合法性利益为由提出救济的动议。"① 而这些权力与《匈牙利人民共和国检察院法》（1972 年第 5 号）第 5 条（匈牙利人民共和国总检察长的职权）的具体内容，② 大同小异。

此外，随着《匈牙利根本法》的颁行，其中"检察机关之组织和活动、最高检察长和检察官之法律地位和薪酬的具体规则，由基本法律规定"的规定，已付诸实施。也就是说，经修正的《匈牙利共和国检察院法》，将迎来新的修正。

总之，匈牙利检察院组织法包括匈牙利人民共和国颁行的《检察院法》与匈牙利共和国沿用的《检察院法》两个发展经历；而作为曾经的社会主义国家，其检察院法深受包括上述"四法"

---

① 参见［荷兰］皮特·J. P. 泰克编著：《欧盟成员国检察机关的任务和权力》，吕清、马腾飞译，中国检察出版社 2007 年版，第 143 页。

② 具体内容，可参见王克主编：《世界各国检察院组织法选编》，中国社会科学出版社 1994 年版，第 415 页，此不赘述。

在内的苏联检察法律影响。

十、阿尔巴尼亚检察院法评介

1946 年 1 月 11 日，阿尔巴尼亚共和国成立，后改称阿尔巴尼亚人民共和国。

1946 年 8 月 9 日颁行的《国家检察署法》（共 26 条）依次包括：

第 1 条：国家检察署是阿尔巴尼亚人民共和国人民议会的机关，它的任务在于保护共和国国家、经济和社会的制度。为此，检察署应行使以下职权：（1）对各部、政府委员会及其所属行政机关以及其他单位、企业、社会团体、公务人员和全体公民是否确切执行法律，实行监督；（2）为保护全民财产、执行国家经济计划并为保护各机关、国家企业、社会团体和公民的合法权益，对司法机关和其他有权机关采取必要的法定措施；（3）对刑事案件进行侦查。

第 4 条：国家检察长就职必须宣誓。誓词如下："我以人民的荣誉和自己的荣誉宣誓，忠诚地为人民服务，遵守阿尔巴尼亚人民共和国宪法和其他法律，维护民主的和宪法所规定的秩序，巩固法制，并忠诚地履行自己的职务。"总检察长和各副总检察长向人民议会主席团宣誓，县国家检察长向总检察长宣誓，区国家检察长向县国家检察长宣誓。

第 6 条：为保障在全共和国境内正确、统一地适用法律，总检察长有权报请人民议会确切解释法律。为此，总检察长有权报请人民议会主席团确定某项法律是否符合宪法。总检察长并有权提请上级权力机关确定地方执行机关和号令机关所作的一般性决定是否符合宪法、法律和上级权力机关的一般性决议。

第 7 条：为监督国家管理机关的活动是否合法、正确，国家检察长有权行使下列职权：（1）主动地或根据当事人的申请，依行政程序，提出关于诉讼的各种文件（起诉书、建议书、抗议书）；参加这些案件的审理，提出抗议，以保证案件的正确裁判；
（2）揭发并制止怠工、投机、损害财产、违反职责、玩忽工作和
意图损害国民经济、公共财产或阻止执行国家经济计划，阻挠恢
复国家经济事业的行为；（3）采取一切法律措施，以保障正确适
用劳动法、社会保障法、社会团体活动法和所有其他社会生活方
面的立法；（4）出席人民议会执行委员会的会议，并有发言权。
国家检察长在法律监督程序中，如发现有应受刑事处分的行为时，
应提起刑事诉追。

第 8 条：国家检察长遇有下列情况时，有权提起民事诉讼、
支持告诉、并参加法庭审理：（1）案件涉及国家、合作社和其他
社会团体的重大利益时；（2）当事人的一方受到法律的特别保护
或需要国家的特别保护时；（3）在诉讼案件中，发现足以确定当
事人一方具有犯罪行为的情况时；（4）所审理的案件，在法律的
适用上，具有原则意义时；（5）对于某种案件法律规定国家检察
署应参加审理时。国家检察长如遇有以上情形而没有提起诉讼时，
法庭应将案件的审理，通知国家检察长，并附送所有的文件副本。

第 14 条：总检察长可依法律监督程序，对最高法院的最终判
决，对各部、政府委员会以及全共和国境内所有的国家机关、团
体的决定，行使抗议权；对最高法院判决的抗议向最高法院全体
会议提出，对其他机关的抗议应向政府提出。

第 22 条：国家机关、企业、社会团体和全体公民应根据国家
检察长的要求，提供一切必要的情况和证言。国家机关和企业并
应根据国家检察长的要求提供一切文件材料。

1950 年 7 月 4 日颁行的《宪法》第四章 "法院和检察机关"
规定："检察机关为人民议会的机构，对于各部与其他行政机关、
公职人员与全体公民是否确实遵守法律，负有监督的职责"（第
88 条）；"阿尔巴尼亚人民共和国总检察长与副总检察长，均由人
民议会任命之。各级人民检察长，由总检察长任命之"（第 89
条）；"各级人民检察长对各级地方政权机关独立，只服从总检察

长，接受其命令及训令"（第 90 条）。

而后，《国家检察署法》又经过多次修正并改称《阿尔巴尼亚人民共和国检察院法》，直至 1991 年 4 月 29 日通过《阿尔巴尼亚共和国宪法》并改称阿尔巴尼亚共和国而废止。其中第 16 条第 9 项规定："总检察长（亦即司法部长——引者注）由人民议会选举、任免和罢免。"

1998 年 10 月 21 日议会通过、11 月 22 日全民公决、11 月 28 日公布的《阿尔巴尼亚共和国宪法》规定：检察官在未辞职的情况下不得作为议员候选人，也不得被选为议员（第 69 条第 1 款第 1 项）；"议会有权利并应 1/4 的议员的要求有义务指定调查委员会审查特定的问题。其结论对法院不具有约束力，但是其可以让检察官办公室知晓已按照法定程序对其予以评估"（第 77 条）。同时，第十章"检察官办公室"规定："1. 检察官办公室行使刑事起诉权并在法庭上以国家的名义提出控告。检察官办公室还履行法律规定的其他职责。2. 检察官作为一个中央机关，其组织和运作与司法系统近似。3. 检察官在行使其权力时只服从宪法和法律"（第 148 条）；"1. 总统经议会同意任命总检察长。2. 总检察长可以因在行使职责中违反宪法或严重违反法律、精神或身体原因丧失工作能力、行为举止严重败坏其职位的名声和检察官的声誉，而由共和国总统根据议会的建议解除其职务。3. 其他检察官由共和国总统根据总检察长的提议任免。4. 总检察长随时告知议会有关犯罪的现状"（第 149 条）。

2001 年 2 月 27 日，总统签署经议会批准的、据宪法制定的《总检察长办公室法》（也译为《检察官办公室法》、《检察机关法》、《检察院法》）依次包括：

第一章一般规定：第 1 条（立法目的）、第 3 条（检察官办公室的结构）、第 4 条（检察官的活动原则）、第 5 条（预防犯罪职责）、第 6 条（与公众的关系）；

第二章总检察长：第 7 条（总检察长的任免）、第 8 条（总检察长的权限）；

第三章总检察长办公室：第 9 条（总检察长办公室的组织结构）；

第四章检察官管理委员会（第 10～12 条）；

第五章检察官办公室的司法隶属：第 13 条（高等法院检察官办公室）、第 14 条（上诉法院检察官办公室）、第 15 条（一审法院检察官办公室）；

第六章检察官：第 17 条（担任检察官的一般条件）、第 18 条（担任检察官的特别条件）、第 22 条（宣誓就职）、第 23 条（培训）、第 24 条（晋升与调动）、第 25 条（借调）、第 26 条（停职）、第 27 条（解职）；

第七章纪律处分程序：第 33 条（纪律处分措施）、第 34 条（复议）；

第八章检察官的任职保障：第 35 条（特殊保护）、第 36 条（刑事诉讼保护）、第 38 条（参见协会）、第 39 条（禁止从业）、第 41 条（专业改善）、第 42 条（工作评介）、第 43 条（委任）、第 45 条（身份证明文件）、第 47 条（住房保障）、第 49 条（工作时间）、第 50 条（年假）、第 52 条（薪金补偿）；

第九章与其他机构的关系：第 53 条（与议会的关系）、第 54 条（与内阁的关系）、第 55 条（与高等司法委员会的关系）、第 56 条（与司法部的关系）、第 57 条（财政预算）；

第十章最后条款（第 57～60 条），共 10 章 60 条。

同时，它还规定："1. 检察官办公室以国家名义参与刑事诉讼公诉，代表国家出席法庭，并进行指控；监督对犯罪所采取的措施和决定的执行情况；履行法律规定的其他职责。2. 检察官办公室通过检察官履行职能"（第 2 条）。

总之，阿尔巴尼亚检察院组织法包括阿尔巴尼亚人民共和国颁行的《检察署法》和阿尔巴尼亚共和国颁行的《总检察长办公室法》两个发展经历；而作为曾经的社会主义国家，其检察院组织法深受包括上述"四法"在内的苏联检察法律影响。

十一、保加利亚检察院法评介

1946 年 9 月 15 日，保加利亚人民共和国宣布成立。

1947 年 12 月 4 日颁行的《宪法》第六章"人民法院及检察机关的监督"规定："各种政府机关与一切公务员，以及全体公民确切遵守法律的最高监督责任，属于人民共和国总检察长。人民共和国总检察长应特别严格注意，务使一切破坏人民共和国国家、民族、经济利益的罪行，以及危害国家独立与国家主权的罪行都受到侦查与惩罚"（第 62 条）；"各级法院的检察长，均由人民共和国总检察长任免之；各级检察长在其执行任务时，只服从上级检察长，而全体一律服从共和国总检察长"（第 64 条）。

1948 年 4 月 4 日，国民议会通过《检察署法》；1952 年 11 月 1 日，国民议会又通过《检察署法》修正案依次包括：

第一章检察署的任务：第 1 条（检察署的任务）、第 3 条（检察长执行职务有权要求社会各界协助）；

第二章检察署的组织：第 4 条（检察署的构成与领导）、第 5 条（依法独立行使检察权，只服从总检察长和上级检察长）、第 6 条（上级检察长有权中止或撤销下级检察长的命令）、第 7 条（上级检察长可委托下级检察长代行职责）、第 8 条（检察长和侦查员间的关系）、第 9 条（管辖区）、第 10 条（军检察署检察长和侦查员名额）；

第三章检察人员的任免和工作等级的规定：第 13 条（检察长和侦查员任免）、第 14 条（检察长和侦查人员资格）、第 15 条（宣誓）、第 16 条（检察长和侦查员的级别）、第 19 条（检察长任命）、第 20 条（晋升）、第 21 条（工作等级）、第 23 条（检察署工作人员任免）；

第四章过渡规定，共 4 章 27 条。

同时，它还规定："（检察署有权）对一切政府机关、公务人员、公民及其他一切国家机关、企业和社会团体是否切实遵守法律，实行监督；对一切侵犯人民共和国和社会主义所有制的犯罪及其他一切犯罪，提起刑事诉追、支持告诉；对法院所审理的刑事案件提出意见，并对错误裁判，提出抗议；发出执行刑事判决的命令并监督刑罚的正确执行；在法律有规定时或为保护国家和社会利益，参与民事案件审理；命令恢复横遭破坏前的实际状况；对各部、各级地方权力机关和管理机关以及其他机关的决议、命令、指令、指示实行监督；在和宪法、法律和政府决议相抵触时，向适当的机关提出抗议，指出消除违法的办法"（第2条）。

1960年2月5日，国民议会再次修正《检察署法》，并更名为《保加利亚人民共和国检察院法》；1983年10月29日，经国民议会修正《检察院法》依次包括：

第一章总则：第1条（对执行法律的监督）、第2条（检察院的任务）、第3条（检察院开展工作的基本方向）、第4条（总检察长的选举和职责）、第5条（检察院的组织和工作原则）、第6条（总检察长领导检察院的权限）、第7条（防止违反法律）、第8条（参加部长会议和人民议会会议）、第9条（检察官命令的必须性）、第10条（立法建议和提出法律解释请求）、第11条（检察院就由于国际条约引起的问题而从事的工作）、第12条（基于检察官以协助的义务）；

第二章检察院的体制：第13条（检察院的体系）、第14条（检察院的管辖区和所在地）、第15条（检察官的人数）、第16条（总检察院）、第17条（总检察院的院务会议）、第18条（隶属于总检察院的国家社会机构）、第19条（检察院中的职务）、第20条（检察官之间的相互关系）、第21条（关于任命检察官的一般条件）、第22条（任命检察官的补充条件）、第23条（晋升）、第24条（检察官的刑事追究）；

第三章一般监督：第25条（一般监督的任务）、第26条（查明违法的手段、方法）、第27条（审查处理建议、反映、申诉和请求）、第 28 条（检察官的抗议）、第 29 条（恢复被破坏的权力）、第 30 条（检察官的建议）、第 31 条（追究违法者责任的措施）、第 32 条（排除自判）；

第四章对预审机关的领导和监督：第 33 条（领导和监督的任务）、第 34 条（检察官的权限）、第 35 条（对预审的指示）、第 36 条（批准逮捕）、第 37 条（总检察长对预审机关有关人员的任免与纪律责任的权限）；

第五章参加法院和其他立法机关对案件的审理及其权限：第 38 条（参加的范围和任务）、第 39 条（检察官的权限）、第 40 条（对已生效法规的监督）、第 41 条（关于解释性决议的建议）、第 42 条（参加最高法院会议和国家最高仲裁会议）；

第六章监督判决的执行情况和实行处罚、采取其他强制性措施以及监所等的执法情况：第 43 条（监督的任务）、第 44 条（监督的方法）、第 45 条（排除和预防违法的手段）、第 46 条（对审查结果的记录）、第 47 条（受法律监督单位的义务）；

第七章军事检察院，第八章行政处罚规定，以及过渡性的和最后的规定，共 9 部分 60 条。

同时，它还规定："保加利亚人民共和国总检察长直接地或者通过其下属检察官，对各部门和其他主管部门、地方国家机关、经济和社会组织、公务人员和公民是否准确和同等地遵守各项法律实行监督"（第 1 条）；"1. 检察院的任务是巩固社会主义法制和维护：（1）已经建立的社会制度和国家制度；（2）公民的权利和合法利益；（3）国家、经济和社会组织的权利和合法利益。2. 检察院的全部工作是协助教育公务人员和公民严格地和自觉地遵守宪法和法律"（第 2 条）；"1. 如果不需要更严重的处罚时，属于下列情况者，惩罚 20～200 列弗：（1）不执行在本法基础上发布的书面命令者；（2）在规定期限内，无正当理由不审议或不向检察官通报审议抗议，建议或反映的情况的负责人。2. 检察官在给予被罚款人申辩可能和核实其反驳意见后，可下达罚款命令。3. 当事人可在收到通知后7日内向检察官提出撤销或减少罚款的请求；如果请求未得到应允，当事人可将请求提交上一级检察院作最后裁决"（第60条）。

1990年2月27日，保加利亚人民共和国改为保加利亚共和国。

1991年7月12日，国民议会通过的《保加利亚共和国宪法》（2007年2月6日修正）规定：国民议会应当举行听证会并接受总检察长的年度报告以及由最高司法委员会提交的有关检察院的法律适用与法律活动的报告（第84条第16项）；检察官在履行职责时应当只服从法律（第117条）；"宪法法院根据不少于1/5的国民议会议员、总统、部长会议、最高司法法院、最高行政法院或总检察长的动议采取行动"（第150条）。

与此同时，该《宪法》第六章"司法机关"还规定："1.检察院的组织结构应当对应于法院的组织结构。2.总检察长应当监督所有的其他检察官活动的合法性并为所有的其他检察官提供方法论指导"（第126条）；"检察院应当保证合法性得到遵守：（1）领导调查并监督其合法性；（2）可以进行调查；（3）对犯罪嫌疑人提起控诉并支持可起诉案件的控诉；（4）监督惩罚和其他强制措施的执行；（5）撤销所有的不法行为；（6）在法律规定的情况下参加民事和行政案件的诉讼"（第127条）；1.检察官由最高司法委员会任命、晋升、降职、调动和免职；2.总检察长由共和国总统根据最高司法委员会的建议任命和罢免。任期7年，不得再次任职。在最高司法委员会重复提出建议的情况下，总统不得拒绝任命和罢免；3.作为检察官完成5年的任期并被证实后，由最高司法委员会决定检察官变为不可撤换。他们，包括第2款中提到的人，只有在以下情况下应当予以免职：（1）年满65周岁；（2）辞职；（3）因故意刑事犯罪被处以人身自由限制的最终判决生效；（4）实际上1年以上永久不能履行其职责；（5）严重违反或疏忽履行职责，其行为破坏了司法机构的威信。4.在第

3款第5项规定的情况下，总检察长应当由共和国总统根据国民议会议员的1/4建议并经国民议会议员的2/3多数票通过予以免职。总统不应当拒绝免职的重复建议。5. 在依据第3款第2项和第4项规定免职的情况下，已取得的不得被调换的职务应当根据后来的检察官职务的任命予以恢复……"（第129条）；"1. 最高司法委员会应由25人组成。最高司法法院院长、最高行政法院院长和总检察长是当然成员……6. 最高司法委员会应当：（1）任命、晋升、调动和免除法官、检察官和侦查员；（2）对法官、检察官和侦查员处以'降级'和'免职'的纪律制裁；（3）组织法官、检察官和侦查员资格考试……7. 最高司法委员会应当举行听证，通过最高司法法院、最高行政法院和总检察长的关于法律适用与活动的年度报告并将其提交给国民议会……"（第130条）；"司法部长：……（3）可以提出法官、检察官和侦查员职务的任命、晋升、降级、调动和免职的建议；（4）应当参加组织法官、检察官和侦查员的培训"（第130₁条）；最高司法委员会对检察官的任命、晋升、降职、调动和免职以及对依照第129条第2款提出的建议，应当以无记名投票方式通过决议（第131条）；"当行使司法职责时，法官、检察官和侦查员不应当对他们的职务行为或者他们实施的行为承担民事或刑事责任，但该行为构成可起诉的故意犯罪除外"（第132条）；"1. 最高司法委员会应设立督察处，由1名总督察和10名督察员组成……6. 督察处应当在不影响法官、法院陪审员、检察官和侦查员履行职责的独立性的同时检查司法机构的活动。总督察和督察员独立并应当在履行其职责时只服从法律。7. 督察处应当在包括法官、检察官和侦查员在内的公民、法律实体或国家机关的倡议下，依职权行事……"（第132₁条）；"最高司法委员会、法院、检察机关和侦查局的组织和活动，法官、检察官和侦查员的地位，法官、法院陪审员、检察官和侦查员的任命和免职的条件和程序以及具体责任由法律规定"（第133条）。

1994 年 7 月 22 日，根据《宪法》第 133 条规定，保加利亚共和国颁行《司法系统法》（亦译为《司法法》）以规范最高司法委员会、法院、检察机关和侦查局的组织和活动，法官、检察官和侦查员的地位，法官、法院陪审员、检察官和侦查员任命和免职的条件和程序以及具体责任。随后，该法经 2002 年 7 月修正一直适用至今。

　　总之，保加利亚检察院组织法，经过了保加利亚人民共和国有《检察署法》和《检察院法》与保加利亚共和国为《司法系统法》所替代两个发展时期；而作为曾经的社会主义国家，其检察院法深受上述"四法"在内的苏联检察法律影响。

十二、罗马尼亚检察院组织法评介

　　1947 年 12 月 30 日，罗马尼亚人民共和国宣告成立。

　　1948 年 4 月 22 日颁行的《关于检察署组织与活动的法令》依次包括：

　　第一编总则：第 3 条（检察署隶属）、第 4 条（检察署人员组成）；

　　第二编检察署的成员、机构和活动：第一章共和国总检察署：第 5 条（总检察长职权）、第 6 条（总检察长应向司法部长报告有关情况）、第 7 条（总检察长可将职权交由助理总检察长和检察长行使）、第 8 条（总检察长向司法部干部处报告所属人员的工作状况，并直接向部长提出任命、提升建议）、第 9 条（检察长任命），第二章设在最高法院的检察署（第 10 条），第三章设在省法院的检察署（第 11 ~ 12 条），第四章设在法庭的检察署（第 13 ~ 15 条），第五章设在人民法院的检察署（第 16 ~ 17 条）；

　　第三编检察长的任命：第一章职务上的隶属关系（第 18 ~ 19 条），第二章检察长任命的一般条件：第 20 条（担任检察长的条件）、第 21 条（检察长的任命和宣誓）、第 23 条（检察长职务的提升与解除），第三章检察长任命的特殊条件；

第四编权利、义务和纪律处分的方法：第一章权利和义务、禁止兼职（第31~40条），第二章纪律处分的方法（第41~52条），第三章纪律处分权（第53~58条），第四章纪律委员会（第59条），第五章纪律处分的程序（第60~65条）；

第五编休假：第66条（请假的提出与决定）、第67条（休假）、第68条（事假）、第69条（撤职）、第70条（假期增补）、第71条（假期撤销）；

第六编总结规定：第72条（工作登记）、第73条（奖金），共6编13章73条。

同时，它还规定："检察署对国家工作人员和其他公民是否遵守罗马尼亚人民共和国刑法，实行监督"（第1条）；"检察署对追究和惩罚破坏罗马尼亚国家秩序和民主自由、危害罗马尼亚国家经济利益、民族独立和国家主权的活动，应特别实行监督"（第2条）。

1952年9月24日颁行的《罗马尼亚人民共和国宪法》第六章"法院与检察机关"规定："对于各部和其他中央机关、行使国家政权和管理权的地方机关，以及公务人员和个别公民遵守法律的最高监督权，赋予罗马尼亚共和国总检察长"（第73条）；"总检察长对罗马尼亚人民共和国国民议会负责；在休会期间，对国民议会主席团负责"（第74条）。

而后，《关于检察署组织与活动的法令》又经1952年6月21日、1956年2月28日、1956年3月23日、1961年5月29日、1968年12月27日、1974年6月19日修正后，[1] 不仅更名为《罗马尼亚社会主义共和国检察院组织和工作法》，而且依次包括：

第一章总则：第1条（检察院的性质）、第2条（检察院的任务）。

第二章检察院职权：第4条（依法独立行使检察权和服从上

---

① 其间，1965年通过新宪法，改国名为罗马尼亚社会主义共和国。

级)、第5条(上级检察员领导下级检察员)、第6条(不得干涉其他机关工作)、第7条(社会各界协助检察员履行职务)。

第三章检察院行使职权的程序:第一节刑事侦查及其监督、对拘留场所的法律监督(第8~14条),第二节对法院的一切类型的诉讼以及法院判决和裁定的实施是否遵守法律开展的活动的监督(第15~22条),第三节对刑事判决执行机关的活动以及刑罚、教育与安全措施执行机关的活动是否遵守法律的监督(第23~25条),第四节对不属于司法诉讼范围的申诉和要求的处理及对法制的恢复(第27~30条),第五节研究和运用侦破与预防犯罪的科学方法和手段(第31~33条)。

第四章军事检察机关的职权(第34~35条)。

第五章检察院的组织:第36条(总检察长)、第37条(总检察长向国民议会和国务委员会负责)、第38条(总检察长的命令与指示)、第39条(总检察长提出立法建议)、第40条(检察机关设置)、第41条(军事检察院设置)。

第六章检察院人员的任免:第42条(检察人员的组成)、第43条(检察员的条件)、第44条(总检察长的选举与任期)、第45条(县市检察长的任免)、第46条(检察人员的任命)、第47条(检察员的见习)、第48条(军事检察员的授衔和晋升)、第50条(检察员的义务)、第51条(纪律责任)、第52条(纪律处分的种类)、第53条(纪律处分的执行)、第54条(工资)、第55条(检察员职务的终止)、第56条(总检察长对检察员综合素质的考察)。

第七章附则:第60条(制式服装),共7章60条。

同时,它还规定:"罗马尼亚社会主义共和国检察院在实现党和国家继续保障和加强社会主义法制的政策中,保卫人民的革命成果,保卫社会主义国家制度,保卫社会主义所有制,保卫社会主义组织,其他法人以及公民的合法权利和利益"(第1条);"罗马尼亚社会主义共和国检察院通过自己的全部活动,促进正确地全面地实施法律，预防和反对犯罪及其他违反法律秩序的行为，用遵守法律和社会公共生活准则的精神教育公民"（第2条）；"罗马尼亚社会主义共和国检察院行使下列职权：1. 保障并监督刑事侦查工作的进行，监督拘留和羁押场所遵守法律；2. 注视法院在审理任何案件时以及在执行判决和裁定的活动中遵守法律；3. 监督刑事判决执行机关和实施刑罚、实施教育措施与安全措施的机关在工作中遵守法律；4. 处理对破坏法制的行为提出的控告和意见，并在不采取诉讼程序的情况下，采取措施恢复法制；5. 在属于检察院受理的刑事案件中和预防犯罪问题方面，组织与开展活动；6. 行使法律赋予检察机关的一切其他职权"（第3条）。

1989年12月28日，罗马尼亚人民共和国改称罗马尼亚。

1991年11月21日，颁行的《罗马尼亚宪法》（2003年10月31日修正）规定：依据组织法设立的人民检察官，不得参加政党（第40条第3款）；"议员可因与其投票或政治见解之表达无关的行为而受刑事指控、审判，但非经其所在议院在正当的听证程序之后作出同意决定，不受调查、拘留或逮捕。检控和起诉只能由附属于高等上诉法院的检察官提起"（第72条）；"最高司法委员会应由19名成员组成，他们包括：a. 14位由委员会全体会议中选出，并由参议院批准；其分为两部分，一部分为法官，共9人；另一部分为检察官，共5人……c. 司法部部长、高等上诉法院院长、附属于高等上诉法院的检察机构的总检察长……（1）最高司法委员会依法向总统建议任命除初级之外的法官和检察官。（2）最高司法委员会的机构应根据组织法的规定，作为法官和检察官的纪律机构。在此情况下，司法部部长、高等上诉法院院长、附属于高等上诉法院的检察机构的总检察长无投票权……"（第133～134条）。

同时，该宪法第六章"司法机构"第二节"公诉机关"还规定："公诉机关的角色：（1）在司法活动中，公诉机关代表社会整体的利益，维护法律秩序和公民权利与自由。（2）公诉机关应依法组成检察机构，通过检察官来行使公诉权力。（3）附属于法院的检察机构应依法指导和监督警察的刑事侦查活动"（第 131 条）；"检察官的地位：（1）检察官应在司法部长的领导下，根据合法、公正和垂直领导的原则来行使职权。（2）除学术活动外，检察官不得兼任其他公私职务"（第 132 条）。

1993 年，议会据《宪法》颁行《司法法》（亦译为《司法机关法》、《司法机关组织法》），以规范法院、公诉机关、最高司法委员会的权力或行为。

总之，罗马尼亚经历了罗马尼亚共和国和罗马尼亚人民共和国有检察院组织法，而最终为《罗马尼亚共和国司法法》所替代两个发展时期；而作为曾经的社会主义国家，其检察院法深受包括上述"四法"在内的苏联检察法律影响。

十三、斯洛文尼亚检察机关法评介

1991 年 6 月 25 日宣布独立前，作为南斯拉夫社会主义联邦共和国的加盟共和国，斯洛文尼亚适用前南斯拉夫检察法律。而当时的南斯拉夫并未制定检察院组织法典，仅有相关的附属性检察法律。

1991 年 12 月 23 日，国民议会颁行的《斯洛文尼亚共和国宪法》（2006 年 6 月 20 日修正）第四章"国家制度"第八节"国家检察官"规定："国家检察官提起和出席刑事诉讼并行使法律规定的其他职权。国家检察院的建制和职权由法律规定"（第 135 条）；"国家检察官不能同时在其他国家机关、地方自治机关和政党机关中任职，也不能兼任法律规定的其他职务和从事法律规定的其他活动"（第 136 条）。

随后，国民议会据《宪法》第 135 条规定，制定并颁行的《检察机关法》（亦译为《国家检察官法》、《检察官办公室法》）规定：

第一，作为广义的司法机构，检察官办公室是独立的国家机关（第 5 条），它由最高国家检察官办公室和位于较大城镇的 11 个地区检察官办公室组成。

第二，最高检察官办公室由总检察长来领导，下设刑事、民事和行政事务、上诉和监督部门等内设机构，以及派驻高等法院内的检察官。同时，它还内设特殊事务国家检察官组［负责全国范围内有组织犯罪案件的起诉工作以及对国家检察官的任命、分派（第 4 条）或者指定（第 34～38b 条）］、法律信息中心（负责向国家检察官办公室提供、协调和承运 IT 支持）以及专家中心（负责向检察官提供在税务、金融和会计方面的专家支持）。

第三，总检察长有权发布协调统一适用法律和起诉政策的一般指令（第 64 条）。如果国家检察官不同意一般指令，可拒绝处理具体案件；其上级领导或者高等检察官可以接管这个案件或者将这个案件分派给另外一名检察官来办理。不过，他必须发出书面的命令，并将复印件递交给国家检察长一份（第 65～66 条）。

第四，对于那些处理大量相同类型案件的地区检察官办公室，它的各部门可以按其处理的特殊案件的形式组织起来，从而提高检察官办公室在处理具体案件和责任范围更加集中的任务时的效率（第 55 条）。

第五，依法设有国家检察委员会。它负责挑选检察官候选人和检察机关其他职务人选、检察官的考核、晋升、教育培训，并由国家总检察长及其副职、司法部长从地区检察官办公室的领导中挑选 1 人、由国家检察官中选任的 4 人共 7 人组成。

第六，国家检察委员会处理国家检察官失职案件时，国家总检察长需要通知司法部长采取决定，司法部长也可建议解除国家检察官职务（第 27 条），或要求国家检察官通报其处理案件的信息（第 61 条）。国家检察官办公室向高级检察官办公室递交年度工作报告，同时还要抄送司法部长；最高检察官办公室还需向司法部长递交年度报告；国家总检察长向国民大会提交年度工作报告；同时，国家总检察长向司法部长递交由最高检察官办公室开展的一般监督工作报告（第 67 条）。

第七，国家检察官依照宪法和法律履行其职责（第 1 条），包括地区、高等和最高国家检察官三个层级，并在不同层级的检察官办公室工作。在基层被任命的检察官，只能在基层法院辖区内工作；地区检察官可出席基层和地区法院；高等检察官可出席高等法院，只有最高检察官可出席最高法院。最高和高等国家检察官在最高检察官办公室工作。高等国家检察官通常在最高和高等法院行使其职责；地区检察官可以被分派到最高检察官办公室里承担工作。

第八，国家检察官的职位是终身的。而依法满足下列一般条件的人，可被任命为国家检察官：必须是斯洛文尼亚公民，熟练掌握斯洛文尼亚语言，拥有良好的健康状况，至少 30 周岁，已经获得法律学位或者获得国家承认的外国法律学位，通过国家法律考试，适合开展起诉工作。而满足上述一般条件，以及在通过国家法律考试后从事至少 6 年法律职业或从事至少 3 年国家检察官助手工作者，可被任命为地区检察官；符合地区检察官条件，并担任地区检察官至少 5 年者，可被任命为高等国家检察官；符合地区检察官条件，已经成功担任至少 5 年地区检察官或担任地区检察官至少 10 年者，则可以被任命为最高国家检察官。而地区国家检察官、高等国家检察官和最高国家检察官经司法部长推荐由政府任命；总检察长经政府推荐由议会选举产生，任期 6 年。

第九，国家检察官设有助手，任何人符合基层法官条件的人可被任命为国家检察官助手（第 56 条）。

第十，维护检察官的声誉和尊严，保守职业秘密，禁止收受礼物和其他不当得利，禁止从事与其职位不相称的活动，以及不延迟地完成工作。同时，检察官依法享有领取与法官同样等级的薪水、奖金及其他补贴，平等的残疾、养老和社会保险，每年 30～40 天的带薪假期，培训和晋升等权利。

第十一，尽管检察官不需要为其在处理具体案件中的言行负责，但在下列情况下，他将被追究违反纪律的责任：严重违反职业纪律，破坏了检察官的声誉和尊严；未尽职守；错误拒绝履行职责或者没有遵守依法作出的指令；违反了职业秘密的规定；严重违反了关于健康与安全工作的规定；滥用职权等。纪律惩戒程序可由总检察长或者司法部长启动，纪律法庭作出最终决定；违反纪律的行为可导致解除职务、停止晋升以及减少薪水。与此同时，国家总检察长负责检察官的行政监督；司法部长负责检察官的司法监督；最高检察官办公室负责检察官的职业监督。

十四、德意志民主共和国检察院法评介

1949 年 10 月 7 日，德意志民主共和国（亦称东德、民主德国）成立。同日颁行的《宪法》第三章"国家政权的组织"第八节"司法"规定："共和国最高法院的审判员及最高检察机关的检察员由政府提名，人民议院选举"（第 131 条第 1 款）；"共和国最高法院的审判员及最高检察机关的检察官因违反宪法或法律，或重大渎职，得由人民议院免职"（第 132 条第 1 款）。

1952 年 6 月 1 日颁行的《检察署法》不仅依次包括：第一章检察署的组织和机构：第 2 条（总检察长领导检察署并任免检察长）、第 3 条（总检察长选举与任期）、第 4 条（检察长的任职资格）、第 5 条（下级服从上级检察长，各级检察长服从总检察长）、第 6 条（上级可调办下级检察长管辖案件，或将案件委托其他检察长办理）、第 7 条（总检察长所领导的检察长）、第 8 条（检察长领导检察署工作）、第 9 条（检察系统组成与检察长任职地）；第二章检察长对严格遵守德意志民主共和国法律和决议的监督（第 10 ~ 16 条）；第三章调查程序和侦讯监督（第 17 条）；第四章检察长参加法院案件审理（第 18 ~ 22 条）；第五章执行判决、赦免、定罪登记表（第 23 ~ 26 条），共 6 部分 5 章 27 条，而且还规定："1. 德意志民主共和国检察署是国家权力机关，隶属

于部长会议，不受其他国家机关的干涉。2. 检察署特有的任务
是：监督确切遵守德意志民主共和国各项法律和决议、进行调查
和侦查、参加法院刑事案件、民事案件的审理，并监督判决的执
行"（第1条）。①

　　而后，该法经1963年4月17日、1977年4月7日等多次修
改，直至1990年8月31日，东、西德双方在柏林签署《两德统
一条约》，10月3日民主德国正式加入联邦德国时废止。其中，
1977年修正时将名称改为《德意志民主共和国检察院法》，并依
次包括：

　　第一章检察院的地位和任务：第4条（检察院的法制教育和
宣传、接受投诉）、第24条（监所检察）、第5条（检察院领导
与总检察长任免）、第6条（检察院领导与院务会议）、第7条
（总检察长的权利）、第8条（检察员）、第9条（专区和县检察
院）、第10条（军事检察院）、第11条（检察院与其他机关合
作）、第12条（检察院与法院、司法部的合作）、第13条（负责
刑事犯罪登记）；

　　第二章调查过程中的任务、权利和义务：第14条（对调查
和拘留的监督）、第15条（侦查监督方式）、第16条（检察员的
义务）、第17条（检察员的权利）、第18条（总检察长职权）、
第19条（专区检察院领导人的权利）；

　　第三章法庭审判时的任务、权利和义务：第20条（提起公
诉和参与法庭审理）、第21条（参与民事诉讼活动）、第22条
（再审监督）、第23条（调阅案件诉讼档案）、第25条（检察长

---

　　①　而该法序言还规定："巩固民主法制、加强反法西斯的民主制度和保护公民的
民主权利是我国国家的任务。遵守法制是每一个国家机关和每一个公民的崇高义务；而
保障遵守各项法律则是检察署的特殊职能。德意志民主共和国检察署的发展是根据
1951年12月8日关于设立最高检察署的法令、1951年9月27日关于简化审判工作的
各项办法的决议以及1952年3月27日部长会议关于巩固民主法制的决定进行的。按照
检察署这个发展的途径，人民议院通过如下法律：……"

参加相关会议）；

第四章判决实施、监管和获释人员重新进入社会过程的任务、权利和义务：第 26 条（监所检察）、第 27 条（监所检察措施）；

第五章一般监督的任务、权利和义务：第 29 条（一般监督内容）、第 30 条（调阅相关档案材料）、第 31 条（书面抗议）、第 32 条（建议纪律处分）、第 33 条（中止执行有关机关的决定）、第 34 条（向社会保险申诉委员会提出申请）；

第六章检察员：第 35 条（检察员的任职条件）、第 36 条（检察员的义务）、第 37 条（检察员的任免）、第 38 条（检察员的培养）；

第七章最后规定，共 7 章 39 条。

同时，《检察院法》还明确规定："（1）德意志民主共和国的检察院是统一的社会主义国家政权的一个中央机构，在德意志民主共和国宪法、法律和其他法规的基础上，在实现工人阶级政党的决议过程中，负责监督社会主义法制的严格执行。（2）检察院负责领导打击犯罪行为的斗争，对于违反法律的人员，有义务采取法律所规定的措施，确保犯罪分子和违法人员承担法律责任。它应当施加影响，使其他种类的违法行为根据法律规定受到有关机关或领导人的惩处"（第 1 条）；"（1）检察院负责监督严格遵守法律和法规的统一实施，服务于社会主义国家政权，完成建设发达的社会主义社会的任务，为逐步向共产主义过渡创造根本的前提条件。检察院特别在以下方面应当作出贡献：维护社会主义社会制度和国家秩序、社会主义财产和国民经济；维护、保障和实现法律所保障的公民权益；增强公民的社会主义的国家意识和法律意识，培养他们的社会主义积极性以及对任何违法行为的警惕性和紧迫感，避免违法行为的发生。（2）检察院应当施加影响，使国家机构、经济领导部门、联合企业、工厂机关的领导人以及合作社主席团和社会团体的领导机构，承担起执行社会主义法制，保障秩序与安全的责任，并坚持履行与此有关的义务"

（第 2 条）；"检察院为了完成自己的任务，必须：领导调查过程，保证调查机关的调查活动以及拘留实施的合法性；在法庭调查中为维护社会主义的法制施加影响，特别是在刑事案件中，代表国家向法院提起公诉；监督刑事责任措施的实现、实施判决及获释人员重新进入社会的合法性；监督国家机构、经济领导部门、联合企业、工厂机关、合作社、社会团体和公民是否严格遵守社会主义法制（一般监督）"（第 3 条）。

总之，作为曾经的社会主义国家，民主德国检察院法也深受包括上述"四法"在内的苏联检察法律影响。

十五、西班牙检察部组织章程评介

1962 年 6 月 21 日，西班牙王国司法部颁行《检察部组织章程》。

1978 年 12 月 6 日，经全民公决的《宪法》（2011 年 9 月 2 日修正）第六章"司法权"规定：在职检察官无当选和兼任众议员、参议员资格（第 70 条第 1 款第 4 项）；"在适当情况下，众议院和参议院进行的两院联合，可针对任何公共利益问题任命事实调查委员会，其调查的结论对法院无约束力，也不影响司法判决，但调查结果可能被提交到检察部门，以便其在必要时采取适当措施"（第 76 条第 1 款）；"1. 在不损害其他机构职能的情况下，检察部门的任务是出于维护法律、公民权利和受法律保护的公共利益而依职权或根据利害关系当事人请求促进司法活动的开展，并保护法院独立，以及通过保护法院满足社会利益。2. 检察部门通过自己的机构，根据行动统一、下级服从上级、在任何情况下均须服从法制和公正的原则，行使其职权。3. 法律应规定检察部门的组织条例。4. 国家总检察官由国王根据政府提名并听取司法权总委员会意见任命"（第 124 条）；"在法律规定的条件下，当行使犯罪侦查、逮捕犯罪嫌疑人的职责时，法警应对法官、法院和检察机关负责"（第 126 条）；"法官、大法官和检察官在任职期间，不得担任其他公职，也不得参加政党或工会。法官、大法官和检察官职业协会的制度和运作方式应由法律加以规定"（第127条第1款）；检察官可担任宪法法院成员，宪法法院成员不可兼任检察官工作（第159条）；"可提出个人上诉寻求保护的主体有：任何有合法利益的自然人和法人以及护民官、检察机关"（第162条）。

1981年12月30日，国王胡安·卡洛斯签署第50号令公布根据《宪法》第124条修正的《检察部组织章程》（亦译为《检察机关法》、《检察部法》、《检察部门法》），并适用至今。其主要内容依次包括：

第一篇检察部及其职能：第一章检察部：第1条（检察部的性质）、第2条（合法、公正和检察一体原则），第二章检察部的职能：第3条（检察部的职责）、第4条（检察部的工作）、第5条（接受控告），第三章合法性与公正性的原则：第6条（合法性原则）、第7条（公正性原则），第四章检察部和其他公共权力机构的关系：第8条（检察部与政府的关系）、第9条（总检察长的年度报告）、第10条（检察部与议会的关系）、第11条（总检察长听取申诉）；

第二篇检察部各机构及其组织原则：第一章组织、职能与编制：第12条（检察部组成）、第13条（协助检察部工作的机构）、第14条（检察官委员会）、第15条（监察处）、第16条（技术秘书处）、第17条（最高法院检察机构人员构成）、第18条（全国高等法院以及各地区民事法庭和省刑事法庭检察人员组成）、第19条（检察机关管辖区域）、第20条（检察部成员工作区域）；第二章检察部的统一和隶属：第22条（检察部与总检察长）、第23条（检察工作接替）、第24条（检察院全体会议）、第25条（总检察长的命令与指示）、第27条（命令或指示有误）、第28条（不能拒绝检察部成员介入案件）；

第三篇国家总检察长及检察官职业：第一章国家总检察长：

第 29 条（总检察长任免）、第 30 条（总检察长的荣誉身份）、第 31 条（总检察长的待遇），第二章检察官的职业、级别及其所担任的职务：第 32 条（检察官职业）、第 33 条（检察官待遇）、第 34 条（检察官级别）、第 35 条（一级检察官可担任职务）、第 36 条（检察官担任职务的任命）、第 37 条（职缺晋升）、第 38 条（一、二级检察官的任命）、第 39 条（调离）、第 40 条（调离工作）、第 41 条（解职），第三章检察官资格的获得和失去：第 42 条（检察官资格的取得）、第 43 条（检察官任职条件）、第 45 条（宣誓）、第 46 条（检察官资格的丧失），第四章检察官职业的地位（第 47 条），第五章检察部工作人员的权利和义务：第 48 条（检察官义务）、第 49 条（离职批准和派往法院任职）、第 50 条（保密义务）、第 51 条（晋升和荣誉）、第 52 条（假期）、第 53 条（工资标准）、第 54 条（检察官协会）、第 55 条（不得强迫检察官参加诉讼）、第 56 条（对逮捕检察官的限制），第六章不能兼任的职务和禁止担任的职务：第 57 条（禁止检察官兼任的职务）、第 58 条（禁止检察官任职的单位）、第 59 条（检察官不得加入政党、集会），第七章检察部成员的责任：第 60 条（检察人员民事、刑事责任追究）、第 61 条（检察人员纪律责任种类）、第 62 条（严重错误）、第 63 条（较严重错误）、第 64 条（轻微错误）、第 66 条（纪律处分种类）、第 67 条（纪律处分决定人）、第 68 条（警告处分适用）、第 69 条（纪律处分记入档案和撤销期限）；

第四篇人员和物质条件，以及暂行规定、补充规定和附则，共 7 部分 13 章 72 条。

与此同时，它还规定："检察部的职能是本能地或根据当事人的请求，维护法制、公民权利和受法律保护的公共利益而开展司法活动，并保证法院的独立性，通过诉诸法律尽量使之符合社会利益"（第 1 条）；"为执行第 1 条所规定的任务，检察部具有以下职责：1. 保护司法机关在法律规定的范围和期限内有效地行使其职权，并能在适当的时候采取行动和措施及组织有关诉讼；2. 履行法律赋予的各种职责，保护法官和法院的独立性；3. 采取必要的保护行动，维护立法机构、基本权力和公众自由的尊严；4. 受理因犯罪和过失引起的刑事和民事诉讼，对其他违法行为提出控告；5. 根据需要采取戒备措施，干预刑事案情发展，在紧急情况下，可命令法警出动；6. 为维护法制和公共及社会利益，受理有关民事和其他法律规定的案件；7. 为丧失能力或自己不能解决合法代理人的诉讼人，在审理中和审理前后负责代理或提供保护，促进建立民法规定的保护性机构及其他旨在保护未成年人和无人保护者的机构；8. 提倡在权限范围内进行争论，以保护法官和法院职权和职能的整体性，必要时，提倡合理地争论问题，并相互促进；9. 关注有关公共和社会利益的法院裁决的执行情况；10. 在宪法规定的场合和形式下，采取宪法保护措施；11. 根据法律规定的形式，为维护合法性，参与法院负责处理的案件的审理；12. 参与法院对保护性案件的审理；13. 维护提交法院裁决的行政案件审理的合法性，防止行政干预；14. 根据国际法、国际条约和协定的规定，促进并在必要时提供国际法律援助；15. 履行法律所赋予的其他职责"（第3条）；"检察部为履行上述条款中规定的职责，应进行下列工作：1. 关心任何法律裁决的报告书，案件处理的进展情况，可要求审查此种案件的现实情况，以监督检查法律和期限的具体执行情况，必要时应及时要求纠正。同时，如果有充分理由证明所掌握的情况可与正在起诉的另一个机构争辩，可要求提供供诉讼使用的各种事实材料。2. 可随时走访在其管辖区域内的各种拘留所、教养所、关押所，查看在押人员的档案，并可获得各种所需材料。3. 可要求各种机关及其代理人协助工作。4. 在各种情况下，可向司法警官发布合合法的命令和指示。5. 在自己职权范围内并在保证预审秘密的情况下，可将所发生的案件公诸于世。6. 履行法律所赋予的其他各种职责。检察部的机关、官员和组织，在履行上款所列的各种职责时，绝不允许超出法律规定"（第 4 条）。

总之，西班牙《检察部组织章程》的特色在于，条文内容较多，且是全面、专门、系统规范检方权力或行为的统一检察法典。

十六、葡萄牙检察署组织法评介

1976 年 4 月 2 日，制宪会议通过《葡萄牙共和国宪法》（后经 1982 年、1989 年、1992 年、1997 年、2001 年、2004 年、2005 年修正）规定：共和国总统根据政府提议任免共和国总检察长（第 133 条第 12 项）；共和国议会按比例代表制原则，选举由其负责任命的检察院最高委员会成员（第 163 条第 7 项）；共和国议会负责"法院和检察院的组织与职责，及其法官和检察官的地位与职能，以及非司法性争议处理机构的组织与职责"之立法（第 165 条第 15 项）；"最高法院的法官职位，须依照法律规定，从法官、检察官及其他优秀的法律专业人员中考试选拔"（第 215 条第 4 款）；"如果被拒绝适用的规定是国际协定、立法或规章命令中的条款，检察院必须提起第 1 款第（1）项和第 2 款第（1）项规定的上诉……对适用宪法法院已确认为违宪或违法的条款作出的法院判决，检察院必须向宪法法院提起上诉"（第 280 条）①。总检察长可以请求宪法法院作出违宪或者违法的具有普遍约束力的宣告（第 281 条）。

同时，该宪法第五章"法院"第四节"检察院"还规定："1. 检察院有权代表国家和保护法定权益，依照下款和相关法律的规定，参与实施由国家主权机关制定的刑事政策，依据合法性原则进行刑事诉讼，保护民主法治。2. 检察院应依法制定章程和享有自治权。3. 法律应规定检察院在单纯军事犯罪案件中可以获得特殊协助。4. 检察院官员是具有上下级隶属关系并逐级负责的司法

---

①　其中，第 1 款第（1）项，即"以违宪为理由拒绝适用任一条款的判决"；第 2 款第（1）项，即"以违反上位法为理由拒绝适用任一法律条款的判决"。

行政人员。除法律规定的情形外，不得被调任、停职、退休和免职。5. 对检察院官员的任命、履职、调任、晋升和纪律处分，由总检察长公署作出"（第219条）；"1. 总检察长公署是检察院的最高机关，其组成和权限应依据法律规定。2. 总检察长公署由总检察长主持，内设检察院高等委员会，其成员包括经共和国议会选举产生的成员和检察官互选产生的成员。3. 在不违反第133条第（12）项规定的情况下，总检察长的任期应为6年"（第220条）。

1986年10月15日，议会据《宪法》第220条规定颁行《检察署组织法》，并适用至今。其主要内容依次包括：

第一部分检察署：第一编体制、职权和参与诉讼制度：第一章体制和职权，第二章参与诉讼制度；第二编检察机构及其人员：第一章共和国总检察署：第一节组织机构及权限、第二节共和国总检察长、第三节总检察署最高委员会、第四节共和国总检察署协商委员会、第五节法律顾问、第六节共和国总检察署秘书处，第二章检察署工作人员：第一节基本规则、第二节司法行政区的总检察长助理、第三节共和国检察长、第四节共和国检察官；

第二部分检察署的管理：第一章组织与章程；第二章检察官兼任职务及其权利和义务；第三章考核；第四章任用：第一节录用及晋升，第二节监察长，第三节职务变动，第四节委派，第五节就职；第五章退休、终止职务和中止职务：第一节退休，第二节终止职务和中止职务；第六章工龄；第七章待派遣；第八章违反纪律处分：第一节基本规则，第二节处分，第三节违反纪律行为的诉讼，第四节违反纪律处分的复查；第九章调查；第十章辅助机关；第十一章最后条款和过渡条款，共两部分两编15章19节202条。

同时，《检察署组织法》还规定："根据本法，检察署是代表国家依法进行刑事诉讼，捍卫民主和法制，维护由法律赋予其负责的利益的国家机关"（第1条）；"1. 检察署行使下列职权：（1）根据第5条，代表国家、自治省和地方自治机构，代表无行为能力者和失踪者；（2）进行刑事诉讼；（3）接受劳动者及其家庭的非官方委托，维护其社会权利；（4）在自身权限内，维护法庭的独立，并监督司法职能依照宪法和法律行使；（5）促使法院判决的执行，并使其合法；（6）领导刑事调查，即使由其他部门进行调查时亦如此；（7）促进和协调预防犯罪的工作；（8）监督常规法律的合宪性；（9）参与破产和无力偿债的诉讼以及一切涉及公众利益的诉讼；（10）根据本法，接受咨询；（11）监督刑事警察机关；（12）监督司法官员的工作；（13）一旦发现决定是共同预谋、舞弊的产物，或决定的宣布是违反有关法律时，即行起诉；（14）行使法律规定的其他职权。2. 前一款第（4）项所提及的权限包括根据宪法法院组织法的规定向该法院提起上诉的义务"。

总之，《葡萄牙检察署组织法》是迄今为止世界上形式与内容结构最多、编章节条最多的检察院组织法，且是全面、专门、系统规范检方权力或行为的统一检察法典。

十七、奥地利检察机关组织法评介

1920 年 10 月 1 日，制宪国民议会通过《奥地利联邦共和国宪法》（后经 1983 年 7 月 1 日、1991 年 10 月 31 日等修正）规定："国家检察官属于司法机关。在可能涉及刑事制裁的案件中，国家检察官承担调查和控告责任。上级机关指令对国家检察官的拘束力，其细则由联邦法律予以规定"（第 90_1 条）。

1986 年，国民议会据《宪法》第 90_1 条规定，制定颁行的《检察机关组织法》规定：

第一，尽管实行审检合署机制，但检察官作为实施层级式组织管理的行政机关成员，受其上级直至司法部长的领导；检察机关的最高首脑是司法部长。

第二，在基层法院，公诉工作是由基层检察员担任，他们不是必须学习法律，但必须受到专门训练；在地区法院，设有公诉检察官办公室；在上诉法院设有高级检察官办公室，在最高法院设有总检察长办公室。而所有的检察官，只服从司法部长的指令和领导。

第三，基层公诉检察官办公室由检察官组成，由首席公诉检察官领导；高级公诉检察官办公室由高级公诉检察官组成，由首席高级检察官领导；总检察长办公室由检察长组成，由总检察长领导。与此同时，各层级检察机关领导代表各自部门，监督其他检察官，在必要时发布命令以及接管手下的案件。

第四，高级检察官办公室必须经常检查检察官办公室的工作，司法部长也必须经常审核高级检察官和检察官办公室的工作。

第五，每一个检察官办公室被划分为不同的部门，每一个部门都有一个检察官负责监督部门内成员的决定。特别是对于属于陪审团或陪审员管辖范围的案件、检察官不起诉的决定，都将受到相应的监督。

第六，检方必须维护国家利益而参加刑事诉讼，必须维护民事权益而参与民事诉讼（如主张婚姻无效、宣告死亡）活动，但检方无权参与行政诉讼活动。

十八、日本检察厅法评介①

诚然，"明治 5 年（1872 年）8 月 3 日，由当时的太政官制定了《司法职务定制》，《司法职务定制》中第六章和第七章即是检事职制与检事章程，其中规定：检察官是保障宪法及人民权利，扶良除恶，监察审判当否的公益代表人；又规定：检察官有请求审判之权，无审判之权，明确表明检察官是追诉官。一般认为，这一法律的颁布标志着日本当代检察权制度正式产生"；② 而"世界上第一部资本主义国家的检察院组织法，则应推日本于 1947 年

---

① 参见徐尉：《日本检察制度概述》，中国政法大学出版社 2011 年版。
② 参见何家弘主编：《检察制度比较研究》，中国检察出版社 2008 年版，第 277 页。

通过的《检察厅法》"。①

"二战"后于1947年5月3日实施的《日本国宪法》第六章"司法"规定："检察官必须遵守最高法院制定的规则"（第77条第2款）。

1947年4月16日，国会据《宪法》第77条第2款规定制定颁行《检察厅法》。而后，它经历了1947年12月17日至2007年4月1日期间的14次修正后，并适用至今。

《检察厅法》的内容依次包括：第1条（检察厅的定义、种类），第2条（检察厅与法院的对应关系、名称、位置及支部），第3条（检察官的种类），第4条（检察官的职权），第5条（检察官的隶属和检察事务的管辖），第6条（侦查的范围、与其他侦查机关的关系），第7条（检事总长、次长检事），第8条（检事长），第9条（检事正），第10条（区检察厅的长官），第11条（事务委任权），第12条（事务继承和转移权），第13条（临时履行职务），第14条（法务大臣的指挥监督权），第15条（检察官的级别），第16条（检察官职务的补缺），第17条（命令到支部工作），第18条（一般检事及副检事的任命资格），第19条（一级检察官的任命资格），第20条（检察官的消极资格），第21条（检察官的俸给），第22条（检察官的退休），第23条（检察官的适格审查制度），第24条（检察官出项冗官时的措施），第25条（检察官的身份保障），第26条（在总检察厅设置检事总长秘书官），第27条（检察厅设置检察事务官），第28条（检察厅设置检察技官），第31条（检察厅职员的互相协助），第32条（检察厅的事务章程），第32_2条（检察厅与国家公务员法的关系），附则（第33~42条），共42条。

同时，该法还规定"检察官就刑事案件提起公诉，请求法院

---

① 参见陈健民主编：《检察院组织法比较研究》，中国检察出版社1999年版，第60页。

正确适用法律，并监督判决的执行；或对于法院权限的其他事项，在认为职务上有必要时，也有权要求法院予以通知或陈述意见；另外，检察官作为公益代表人，还处理其他法规规定的属于其权限的事务"（第 4 条）。

因此，日本检察厅法的特色有四：一是既受德法等大陆法系国家检察院组织法影响，也受美国等英美检察院组织法影响；二是没有编、章、节，只有条、款、项；三是其是最早的资本主义国家检察院组织法；四是虽名为"检察厅法"，但却是名副其实的"检事法"。而这，也与英美法系强调的检察权的真正执行主体是有血、有肉、有思想、有主观能动性的检察官（检事）之理念相吻合。

十九、韩国检察厅法评介

1895 年《裁判所组织法》和《检察组织皇室法令》的颁行，标志着韩国近代检察制度的建立；《法院组织法》（1949 年 4 月 26 日）、《律师法》（1949 年 11 月 7 日）与《检察厅法》（1949 年 12 月 30 日）的颁行，标志着韩国当代检察制度的确立；而《刑事诉讼法》（1954 年 9 月 23 日）和《检察官定员法》（1956 年 10 月 23 日）的颁行，则进一步奠定了韩国当代检察制度的法律基础。

1948 年 7 月 17 日颁行，并经历 1952 年 7 月 7 日、1969 年 10 月 21 日、1987 年 10 月 29 日修正的《大韩民国宪法》规定："逮捕、拘禁、搜查或扣押应按正当程序，根据检察官的申请，提供法官签发的令状。但现行犯和犯有相当于 3 年以上长期徒刑的犯罪并在逃或有毁灭证据可能的，可在事后申请令状"（第 12 条第 3 款）；"国民的住宅自由不受侵害。对住宅进行没收或搜查时，须提出依检察官申请由法官签发的令状"（第 16 条）；对总检察长的任命应由国务会议审议（第 89 条第 16 项）。

1973 年 1 月 25 日，国会通过《检察厅法》修正案。其要旨是在大检察厅设部，新设能够帮助大检察厅检察官和从事调查研究的检察研究员制，延长检察官任用的年限，调整检察总长的退休年龄，将对所有检察官的任职权移交给总统，对检察厅职员的职名进行细分等。

1988 年 12 月 31 日，国会再次修正的《检察厅法》依次包括：

第一章总则：第 1 条（目的）、第 2 条（检察厅）、第 3 条（检察厅的设置和管辖区域）、第 4 条（检事的职责）、第 5 条（检事的职务管辖）、第 6 条（检事的职级）、第 7 条（检事同一体的原则）、第 8 条（法务部长的指挥、监督）、第 9 条（执行职务的相互支援）、第 10 条（抗告和再抗告）、第 11 条（委任规定）；

第二章大检察厅：第 12 条（检事总长）、第 13 条（副检事总长）、第 14 条（大检察厅检事）、第 15 条（检察研究官）、第 16 条（职制）；

第三章高等检察厅：第 17 条（高等检察厅检事长）、第 18 条（高等检察厅次长检事）、第 19 条（高等检察厅检事）、第 20 条（职制）；

第四章地方检察厅及支厅：第 21 条（地方检察厅检事长）、第 22 条（支厅长）、第 23 条（地方检察厅和支厅次长检事）、第 24 条（部长检事）、第 25 条（地方检察厅及支厅检事）、第 26 条（职制）；

第五章检事：第 27 条（检事总长的任职资格）、第 28 条（高等检事长等的任职资格）、第 29 条（高等检事的任职资格）、第 30 条（检事的任职资格）、第 31 条（年数的通算）、第 32 条（检事的职务代理）、第 33 条（缺格事由）、第 34 条（检事的任命和补缺）、第 35 条（检察人事委员会）、第 36 条（定员、报酬及惩戒）、第 37 条（身份保障）、第 38 条（停职）、第 39 条（因为身心障碍的退职）、第 40 条（名誉退职）、第 41 条（退休年龄）、第 42 条（级别退休年龄）、第 43 条（政治运动等的禁止）、第 44 条（检事的兼任）；

第六章检事厅职员：第 45 条（检察厅职员）、第 46 条（检事书记官等的职责）、第 47 条（司法警察官吏的职务行使）、第 48 条（检事总长秘书官）、第 49 条（翻译及技术公务员）、第 50 条（检察厅职员的补职）、第 51 条（检察厅职员的兼任）、第 52 条（检察厅职员的定员）；

第七章司法警察官吏的指挥、监督：第 53 条（司法警察官吏的义务）、第 54 条（交替任用的要求），以及附则，共 8 部分 7 章 54 条。

同时，《检察厅法》还规定："检事作为公共利益的代表者，拥有下述职责和权限：1. 调查犯罪，提起公诉和执行上述职责时所必需的权力。2. 与调查犯罪有关的指挥、监督司法警察官吏的权力。3. 请求法院运用适当的法律的权力。4. 指挥、监督法院执行判决的权力。5. 对以国家为当事人或参加者的诉讼或行政诉讼的提出权，或与之有关的指挥、监督权。6. 根据其他法律属于权限范围的事项"（第 4 条）。

随后，《检察厅法》又经过 1991 年 11 月 22 日、1993 年 3 月 10 日、1995 年 1 月 5 日、1995 年 3 月 30 日、1995 年 8 月 4 日、1997 年 1 月 13 日、1997 年 12 月 13 日、2004 年 1 月 20 日、2005 年 12 月 29 日、2007 年 6 月 1 日、2007 年 12 月 21 日、2009 年 5 月 8 日 12 次修正后，其主要内容依次包括：

第一章总则：第 1 条（目的）、第 2 条（检察厅）、第 3 条（检察厅的设置和管辖区域）、第 4 条（检事的职责）、第 5 条（检事的职务管辖）、第 6 条（检事的职级）、第 7 条（检事同一体的原则）、第 7_2 条（职务转移）、第 8 条（法务部长的指挥、监督）、第 9 条（执行职务的相互支援）、第 10 条（抗告和再抗告）、第 11 条（委任规定）；

第二章大检厅：第 12 条（检事总长）、第 13 条（副检事总长）、第 14 条（大检厅检事）、第 15 条（检察研究官）、第 16 条（职制）；

第三章高等检察厅：第 17 条（高等检察厅检事长）、第 18 条（高等检察厅次长检事）、第 18_2 条（高等检察厅部长检事）、第 19 条（高等检察厅检事）、第 20 条（职制）；

第四章地方检察厅及支厅：第 21 条（地方检察厅检事长）、第 22 条（支厅长）、第 23 条（地方检察厅和支厅次长检事）、第 24 条（部长检事）、第 25 条（地方检察厅及支厅检事）、第 26 条（职制）；

第五章检事：第 27 条（检事总长的任职资格）、第 28 条（高等检事长等的任职资格）、第 28_2 条（大检察厅检事）、第 29 条（高等检事的任职资格）、第 30 条（检事的任职资格）、第 31 条（年数的通算）、第 32 条（检事的职务代理）、第 33 条（缺格事由）、第 34 条（检事的任命和补缺）、第 35 条（检察人事委员会）、第 36 条（定员、报酬及惩戒）、第 37 条（身份保障）、第 38 条（停职）、第 39 条（因为身心障碍的退职）、第 39_2 条（因为重大身心障碍的退职）、第 40 条（名誉退职）、第 41 条（退休年龄）、第 42 条（级别退休年龄）、第 43 条（政治运动等的禁止）、第 44 条（检事的兼任）；

第六章检事厅职员：第 45 条（检察厅职员）、第 46 条（检事书记官等的职责）、第 47 条（司法警察官吏的职务行使）、第 48 条（检事总长秘书官）、第 49 条（翻译及技术公务员）、第 50 条（检察厅职员的补职）、第 51 条（检察厅职员的兼任）、第 52 条（检察厅职员的定员）；

第七章司法警察官吏的指挥、监督：第 53 条（司法警察官吏的义务）、第 54 条（交替任用的要求），以及附则，共 8 部分 7 章 54 条。

总之，曾为日本军国主义殖民地和美国驻军影响的韩国，其检察厅法的法律结构也深受日本、美国影响。

二十、沙特检察局组织法评介

1989 年 5 月 29 日，沙特阿拉伯王国颁行《检察局组织法》（共 4 章 30 条）规定：

第一章检察局的建立、组成和司法管辖权：第 1 条（检察局的隶属、预算和所在地）、第 2 条（检察局人员组成）、第 3 条（检察局的职能）、第 4 条（检察局行政委员会）；

第二章检察官：第 5 条（依法独立行使检察权）、第 6～8 条（检察官的权利和义务）、第 9 条（检察官的组成）、第 10 条（检察官的任免）、第 11 条（行政委员会的管理职责）、第 12～13 条（检察官服务终止）；

第三章检察局成员管理：第 14～16 条（行政委员会负责检察官的纪律管理和处分）、第 17～18 条（纪律处分由检察长建议，由内政部长以部长令的形式决定，并可举行听证会）。

1992 年 3 月 1 日，法赫德·阿卜杜勒·阿齐兹国王颁行《沙特阿拉伯王国治国基本法》规定："法律明确规定诉讼机关（含法院和检察局——引者注）的地位和职权"（第 53 条）。

二十一、蒙古国检察院法评介

1924 年 11 月 26 日，蒙古人民共和国宣告成立。

1941 年 6 月 30 日，蒙古国颁行的《宪法》第七章"法院与检察机关"规定："对于蒙古人民共和国各部、各中央机关及其所辖部门，以及公职人员与一般公民确切遵行法律的最高监督权，赋予共和国总检察长行使之"（第 68 条）；"各地方检察长独立行使其职权，不受任何地方机构的干涉，只服从共和国总检察长"（第 71 条）。同年 7 月 30 日，蒙古人民共和国小呼拉尔主席团（类似于我国的人大常委会）颁行《检察署条例》。

1944 年 10 月 21 日修正后的《检察署条例》依次包括：

第一章蒙古人民共和国检察长的职权：第 1 条（共和国检察

长领导检察署工作）、第 2 条（共和国检察长的执法依据）、第 3 条（共和国检察长职责）、第 4 条（共和国总检察长的直属下级与任期）、第 5 条（省、市检察长和军事侦查员任免）、第 6 条（共和国总检察长列席小呼拉尔主席团和部长议会）、第 7 条（共和国检察长对小呼拉尔主席团负责并报告工作）；

第二章共和国副检察长的职权：第 8 条（共和国副检察长的任免与任期）、第 9 条（共和国副检察长的职责）、第 10 条（共和国副检察长代行检察长职责）；

第三章共和国助理检察长的职权：第 11 条（共和国助理检察长的任免与任期）、第 12 条（共和国助理检察长的职责）、第 13 条（共和国助理检察长代行副检察长职责）；

第四章省、市检察长的职权：第 14 条（省、市检察长的职权）、第 15 条（省、市检察长定期向共和国总检察长报告工作）、第 16 条（辖区内社会各界协助检察长履行职责）、第 17 条（参加相关会议，并有发言权）、第 18 条（依法独立行使检察权，只服从共和国检察长领导）；

第五章侦查员的职权：第 20 条（检察署侦查员的职责）、第 21 条（检察署侦查员侦讯工作，受检察长领导）；

第六章共和国检察机关的编制和经费：第 22 条（共和国检察长根据政府机关批准编制配备人员）、第 23 条（检察经费列入国家预算），共 6 章 23 条。

与此同时，该法还规定："共和国检察长的职责如下：1. 对蒙古人民共和国各部、其他中央机关及其所属各单位，以及公务人员和蒙古人民共和国公民是否确切执行法律，实行最高的监督；2. 监督内务部及其所属机关的侦讯活动；3. 监督并领导侦讯机关和民警机关的活动；4. 监督共和国一切审判机关的活动；5. 在法院支持国家和社会团体的告诉；6. 依监督程序调阅共和国审判机关所审理的案卷；7. 对执行刑事判决、拘留人犯是否合法，以及剥夺自由场所的状况和活动实行监督；8. 就检察署职权管辖范围内的问题，参与法令草案的草拟工作；9. 批准逮捕和起诉意见书；10. 对各部或中央机关错误颁布的法律、决议和命令，向蒙古人民共和国小呼拉尔和部长会议分送抗议书，提出抗议；11. 对蒙古人民共和国所有检察监督人员和侦讯工作人员的活动实行总的领导和监督；12. 制订培养和训练检察、侦讯工作人员的计划"（第3条）。

1978年，与苏联一样，蒙古人民共和国也颁行了《检察监督法》。

1992年1月13日，蒙古人民共和国大呼拉尔通过的《宪法》（2001年5月28日修正）规定：最高法院是最高审判机关，负责审查和决定宪法法院和国家检察总署移交的关于维护法律及法律规定的人权与自由问题（第50条第1款第3项）；"1. 检察官监督立案、侦查和刑罚的执行，代表国家参加庭审。2. 国家总检察长、副检察长，由总统与国家大呼拉尔磋商后任命，任期6年。3. 有关检察机关的体系、组织和活动的法律依据由法律规定"（第56条）；"宪法法院根据公民申诉和提出的信息自主审查违宪纠纷，根据国家大呼拉尔、总统、总理、最高法院、国家检察总署的要求审查违宪纠纷……（宪法法院有权对）总统、国家大呼拉尔主席和委员、总理、政府成员、最高法院首席大法官、国家总检察长是否违反宪法（进行审查）"（第66条）。

1993年4月23日，大呼拉尔根据《宪法》第56条规定颁行《检察机关法》（亦译为《检察总署法》），内容依次包括：

第一章普遍依据：第1条（法律的目的）、第2条（检察机关）、第3条（关于检察机关法规、国际条约）、第4条（检察机关组织活动基本原则）、第5条（集中统一领导）、第6条（不受外界干扰）、第7条（统一实施法律）、第8条（检察机关的设立）、第9条（国家总检察长、副总检察长及任职期限）；

第二章检察机关的职权：第10条（对立案活动实行监督）、第11条（对侦查活动实行监督）、第12条（对执行活动实行监督）、第13条（出席审判会议）、第14条（检察机关的基本职权）、第15条（总检察长的职权）、第16条（与大呼拉尔的磋商）、第17条（与总统的磋商）、第18条（与政府的磋商）、第19条（向宪法法院提交提议）、第20条（向最高法院移送）；

第三章检察机关实行监督的形式：第21条（行使职权的形式、种类）、第22条（检察机关的抗议）、第23条（检察机关的通知）、第24条（检察机关的决定）、第25条（检察机关的指示）、第26条（检察机关的批准）、第27条（检察机关的追诉）、第28条（执行检察机关决定和对其提出申诉）；

第四章检察机关活动的保障：第29条（政治保障）、第30条（财政社会保障）、第31条（法律保障）、第32条（其他保障）、第33条（藐视检察机关所负责任）；

第五章检察机关骨干力量：第34条（检察官）、第35条（检察机关组成）、第36条（检察官官衔、标志、胸章）、第37条（考核评定检察人员业务、技术水平）、第38条（检察官的辞退）、第39条（纪律处分）、第40条（培训）、第41条（检察机关的执行和技术人员）；

第六章其他：第42条（检察机关公章、门牌、文书和信笺）、第43条（检察机关的印刷单位、科研机构），共6章43条。

与此同时，该法还规定："蒙古国检察机关职责是，对立案、侦查、审判活动实行监督，代表国家出席审判会议"（第2条）；"检察机关基本职权：1. 检察机关对立案、侦查活动实行监督，并行使下列职权：（1）对罪案申诉、检举的受理、立案、审查程序实行监督；（2）对刑事案件的立案实行监督；（3）为了审查立案、侦查活动过程及结果，可向立案、侦查机关立案人员、侦查人员了解案件证据材料和其他情况；（4）为立案、侦查活动提供法律依据，在适用法律和执行等方面对立案人员、侦查人员进行指导；（5）审查批准立案侦查活动中必须采取的侵犯人身自由、本人和家庭、通讯秘密、住宅、个人财产不可侵犯权的行为；
（6）参与部分案件的立案、侦查活动；（7）撤销、变更立案人员、侦查人员无法律依据的决定；（8）认为对刑事案件必须进行侦查时，应当立案并移送侦查；（9）对立案、侦查中，严重违法和带有个人倾向，或者未按法定程序立案、侦查的办案人员，停止其继续办案或移交他人承办；（10）根据立案、侦查结果，向法院起诉，或者退回补充侦查；（11）依照法律规定和程序，撤销刑事案件；（12）审查处理立案、侦查机关以及立案人员、侦查人员对检察机关决定提出的申诉；（13）根据立案、侦查和监督工作需要，有权能令任何机关、公职人员无偿提供线索、论证或证据、责令有关科技部门、技术人员、专家作出结论和鉴定；（14）有权要求公职人员、公民作出解释、检举，并可依法拘传；（15）在执法和预防犯罪措施方面，向有关职能部门、公职人员提出建议或要求消除发生犯罪的原因和条件；（16）要求立案、侦查机关纠正立案、侦查活动中发生的错误；（17）审查立案、侦查活动；（18）监督立案、侦查机关作出的关于立案、侦查方面的决定是否符合法律规定。不符合法律规定的，应当提出抗议；（19）有权出入羁押、拘留、拘禁场所，同被关押的人员会面，释放无法律依据被关押的人员。2. 检察机关对立案、侦查活动实行监督时可依照刑事诉讼法规定的依据和程序进行侦查和鉴定。3. 本条第1、2款所列的行使职权程序，由刑事诉讼法和其他有关法律规定。4. 检察机关对执行活动实行监督，并行使下列职权：（1）检察执行机关和法院判决的执行活动；（2）有权出入执行机关，询问有关人员；（3）有权会见执行刑罚的被关押人员；（4）了解并掌握作为执行依据的决定、决议、凭据；（5）审查执行机关作出的执行刑罚的有关决定是否符合法律规定，不符合法律规定的，应当提出抗议；（6）出席审判机关变更执行刑罚的程序和刑种、解除或延缓刑罚的审理，提出意见和作出结论；（7）发现无法律依据被执行刑罚或者被非法关押的人员，应立即释放。5. 检察机关出席审判会议的职权及程序由刑事诉讼法规定。6. 检察人员应遵守法规和总检察长依照法规规定的制度、指示等国家公职人员必须遵循的规章制度，尊重人身权利、人身自由、名誉、荣誉、合法利益、应保守被查清涉及公职的事实，或者诚心坦白交代的国家机关和个人的秘密"（第 14 条）。

总之，无论是奉行社会主义制度的蒙古人民共和国还是蒙古共和国，其检察院组织法的内容与形式结构，都深受上述"四法"在内的苏联检察法律影响。

二十二、越南人民检察院法评介

1945 年 9 月 2 日，越南民主共和国宣告成立。

1960 年 7 月 14 日，国会通过第一部《人民检察院组织法》；1976 年 7 月，改国名为越南社会主义共和国；1981 年 7 月 4 日，国会颁行《越南社会主义共和国人民检察院组织法》。

1992 年 4 月 15 日，国会通过修正后的《越南社会主义共和国宪法》（2001 年 12 月 25 日修正）规定："除非严重违法的现行犯，任何公民，非经人民法院决定或人民检察院批准，不受逮捕"（第 71 条第 2 款）；国会有权审议最高人民检察院的工作报告，规定人民检察院的组织机构和活动方式，选举任免最高人民检察院检察长，撤销最高人民检察院发布的与宪法、法律和国会决议相抵触的规范性文件（第 84 条）；最高人民检察院有权向国会提出法律草案（第 87 条）；国会常务委员会有权监督最高人民检察院的工作，停止最高人民检察院制定的与宪法、法律和国会决议相抵触的规范性文件的执行并提请国会予以废除，废除最高人民检察院制定的与国会常务委员会的法令、决议相抵触的规范性文件（第 91 条）。

同时，该宪法第十章"人民法院和人民检察院"还规定："越南社会主义共和国人民法院和人民检察院在其职权范围内保卫社会主义法制、社会主义制度、人民当家作主的权利、国家和集体财产以及公民的生命、财产、自由、荣誉和尊严"（第136条）；"最高人民检察院行使公诉权，监督司法活动，保证法律得到严格、一致的遵守。地方人民检察院和军事检察院在法律规定的职权范围内行使公诉权和监督司法活动"（第137条）。

1992年10月7日，经国会修正后的《人民检察院组织法》适用至今，并依次包括：

第一章总则：第1条（检察职权）、第2条（检察机关的任务）、第3条（检察活动范围）、第4条（实现职能和任务的措施）、第5条（与其他国家机关配合预防和打击违法犯罪）、第6条（检察一体化）、第7条（检察人员任免）；

第二章依法对各部、相当于部的机关、其他政府所属机关、地方政权机关、经济组织、社会团体、人民武装单位和公民的执法情况实行监督：第8条（一般监督范围）、第9条（一般监督的任务和权限）、第10条（一般监督的措施）、第11条（部门的具体活动范围）；

第三章侦查监督工作：第12条（侦查监督的目的）、第13条（侦查监督的任务和权限）、第14条（侦查监督的法律依据）；

第四章审判监督工作：第15条（审判监督）、第16条（审判监督的任务和权限）、第18条（审判监督中的检察建议）；

第五章执行监督工作：第19条（执行监督）、第20条（执行监督的任务和权限）、第21条（审判监督的措施）；

第六章拘留、监禁、改造监督工作：第22条（监所检察）、第23条（监所检察的任务和权限）、第24条（监所检察的措施）；

第七章人民检察院的组织机构：第25条（检察系统组成）、第26条（最高人民检察院内设机构与人员组成）、第27条（最高人民检察院检察长的任务和权限）、第28条（最高人民检察院检察委员会的组成与会议运作）、第29条（省级、中央直辖市检察院的内设机构与人员组成）、第30条（省、中央直辖市检察院检察委员会的组成与会议运作）、第31条（基层检察院领导与人员组成）、第32条（检察员与侦查员的任职资格）、第33条（工资、服装、证件、装备）、第34条（总编制）、第35条（业务经费）；

第八章军事检察院：第36条（军事检察院职责）、第37条（军事检察院组成）、第38条（中央军事检察院的隶属与领导）、第39条（军事检察院人员的权利和义务）、第40条（军事检察院的组织和活动）；

第九章最后条款，共9章41条。

同时，《人民检察院组织法》还规定："人民检察院根据宪法和法律履行检察职能，行使公诉权。最高人民检察院依法对各部、相当于部的机关、其他政府所属机关、地方政权机关、经济组织、社会团体、人民武装单位和公民的执法情况实行监督，根据法律行使公诉权，保障法律得到严格和统一的执行。地方各级人民检察院依法对所在地区的政权机关、经济组织、社会团体和公民的执法情况实行监督，在管辖区域内行使公诉权。军事检察院依法履行检察职能，根据法律行使公诉权"（第1条）；"人民检察院在其职权范围内，有义务为保卫社会主义法制，保卫社会主义制度和劳动人民当家做主的权利，保卫国家和集体财产，保障公民的生命、健康、财产、自由、名誉和人格做出贡献，保证使一切侵犯国家、集体利益和公民合法权益的行为必须按照法律予以处理"（第2条）；"人民检察院依法履行检察职能，行使公诉权，进行下列活动：1.依法对于各部、相当于部的机关、其他政府所属机关、地方政权机关、经济组织、社会团体、人民武装单位和公民的执法情况，实行监督。2.依法对于侦查机关的侦查活动和其他担负某些侦查任务的机关的侦查活动，实行监督。3.依法对于人民法院的审判活动，实行监督。4.依法对于人民法院已经发生法律效力的判决、裁定的执行，实行监督。5.依法对于拘留、监禁、改造活动，实行监督。6.按照刑事诉讼法的规定，对犯罪进行侦查"（第 3 条）。

总之，作为社会主义国家和基于地缘政治，越南检察院组织法的法律结构受苏联和我国影响较大。

二十三、老挝人民检察机关法评介

1975 年 12 月 2 日，老挝宣布废除君主制，成立老挝人民民主共和国。

1989 年 11 月 23 日，老挝人民民主共和国第二届最高人民议会第二次全体会议通过《人民检察机关法》（亦译为《公共检察官办公室法》），并于 1990 年 1 月 9 日实施。而后，它经过多次修正，最近一次较大的修正是在 2003 年 10 月 21 日。其内容依次包括：

第一章一般原则：第 1 条（设立公共检察官办公室的目的）、第 2 条（公共检察官办公室的性质）、第 3 条（公共检察官办公室的职责）、第 4 条（各级公共检察官办公室的领导体制）、第 5 条（各级公共检察官办公室受理举报、控告和申诉）；

第二章检察官的法律监督：第一节一般法律监督：第 6 条（一般监督）、第 7 条（一般监督职责），第二节对调查机构的法律监督：第 9 条（侦查监督范围）、第 10 条（侦查监督职责）、第 11 条（检察官命令、指示的效力），第三节对法院诉讼和判决的法律监督：第 12 条（审判监督）、第 13 条（审判监督职责）、第 14 条（审判监督措施）、第 15 条（最高检察官参加最高法院法官会议及其一般会议，并向国民议会常设委员会报告工作），第四节对逮捕和拘留场所、再教育中心、监狱和地方法院执行措施的法律监督：第 16 条（监所检察）、第 17 条（监所检察职责）、第 18 条（检察官接受犯人投诉）；

第三章对赦免罪犯的审查：第 19 条（对是否给予罪犯赦免进行审查监督时，最高检察官的职责）；

第四章公共检察官办公室的组织和结构：第 20 条（公共检

察官办公室组成)，第一节最高法院公共检察官办公室：第21条
(最高法院公共检察官办公室)、第22条(最高法院公共检察官
办公室所在地)、第23条(最高法院公共检察官办公室人员组
成)、第24条(最高法院公共检察官办公室的职责)、第25条
(最高法院检察长的任免与任期)、第26条(最高法院检察长的
职责)、第27条(最高检察院副检察长的任免)、第28条(最高
法院公共检察官办公室下设部门)，第二节上诉法院公共检察官
办事处的组织和结构：第29条(上诉公共检察官办公室的作
用)、第30条(上诉公共检察官办公室所在地和管辖)、第31条
(上诉公共检察官办公室的人员组成)、第32条(上诉公共检察
官办公室的职责)、第33条(上诉公共检察官办公室检察官的权
利和义务)、第34条(上诉公共检察官办公室的副检察官)，第
三节省市公共检察官办事处的组织和结构：第36条(省市公共
检察官办事处的作用)、第37条(省市公共检察官办事处的所在
地和管辖)、第38条(省市公共检察官办事处的人员构成)、第
39条(省市公共检察官办事处的职责)、第40条(省市公共检察
官办事处检察官的权利和义务)、第41条(省市公共检察官办事
处的副检察官)，第四节区县公共检察官办事处的组织和结构：
第43条(区县公共检察官办事处的作用)、第44条(区县公共
检察官办事处的所在地和管辖)、第45条(区县公共检察官办事
处的人员构成)、第46条(区县公共检察官办事处的职责)、第
47条(区县公共检察官办事处的权利和义务)；

　　第五章公共检察官和审讯人员：第50条(公共检察官和审
讯人员的资格)、第51条(公共检察官和审讯人员的权利和义
务)；

　　第六章财政预算与公共检察官证件、徽章、制服和印章：第
52条(预算)、第53条(检察官证件、徽章和制服)、第54条
(印章)；

　　第七章最后条款，共7章8节56条。

同时，该法还规定："设立公共检察官办公室的目的，旨在维护社会正义和公共秩序，保护党的利益以及国家机构、群众组织、社会团体、企业和公民的合法权益"（第1条）；"公共检察官办公室是一个国家机关，其作用在于监督各部委、省、地方政府机关、群众组织、社会团体、企业和公民对法律的正确、统一遵守和执行，并负责起诉犯罪"（第2条）；公共检察官办公室依法履行下列职责：监督各部委、省、地方政府机关、群众组织、社会团体、企业和公民对法律的正确、统一遵守和执行，为监督法律的统一、正确施行有权组织调查，出席法庭支持公诉和执行法院判决，监督拘留和逮捕场所、再教育中心和监狱的执法活动，审查并建议赦免罪犯，依法预防犯罪，对调查机构的侦查活动实行监督，监督法院的刑事审判活动，参与案件的全部或部分调查，法律规定的其他职责"（第3条）。

　　1991年8月15日，老挝最高人民议会通过《老挝人民民主共和国宪法》，将部长会议改称政府，部长会议主席改称总理，最高人民议会称国会；国徽上原有的红星、斧头和镰刀被著名古建筑物塔銮图案所取代。同时规定："公民非经检察官或人民法院批准不受逮捕和搜查，法律另有规定的除外"（第42条第2款）；国会有权监督检察机关的活动（第52条）；国会根据国家主席的提议，选举或罢免最高检察长（第53条）；国会常务委员会在国会闭会期间，监督检察机关的活动（第56条）；最高检察院有权提出法律草案（第59条）；国会设立委员会，协助国会和国会常务委员会监督行政机关、人民法院和检察机关的活动（第62条）；国会议员有权对最高检察总长提出质询（第63条）；国家主席根据总检察长提议任免副总检察长（第67条）。

　　同时，该宪法第九章"人民法院和检察院"还规定："检察院依法监督法律实施，由以下机关组成：最高检察院；上诉检察院；省检察院和市检察院；区级检察院；军事检察院。检察院行使下列职权：1. 监督各部、各部级机构、政府各部门、老挝建国阵线、群众团体、社会组织、地方政府、企业、公职人员和公民正确、统一实施法律和法规；2.公诉权"（第86条）；"最高检察院监督各级检察院的活动。副总检察长经总检察长提议，由国家主席任免。上诉检察院、省级检察院、市级检察院和区级检察院、军事检察院的检察长和副检察长由总检察长任命、调任和免职"（第87条）；"检察官在行使职权中只服从法律和总检察长的指示"（第88条）。

总之，作为社会主义国家和基于地缘政治，老挝检察院组织法的法律结构受越南和我国影响较大。

二十四、朝鲜法院和检察所法评介

1948年9月9日，朝鲜民主主义人民共和国宣告成立。

而早在1947年2月21日，朝鲜就颁行了《法院和检察所条例》。其主要内容依次包括：

第9条第2款：在日本帝国主义统治时期曾做过审判官和检察官的人，不能在审判机关或检察机关工作，但对于在1945年8月15日以后积极参加朝鲜民主主义人民共和国民主建设的人，可以推荐到法院和检察所工作。

第14条：朝鲜民主主义人民共和国检察所的任务是：（1）向民主政治制度的公敌进行无情的斗争，为巩固民主政治制度而斗争；（2）向盗窃国家和公共财产的分子进行斗争；（3）为确切不移地遵行民主法律和巩固国家纪律而斗争；（4）向官僚主义进行斗争；（5）向漠视保护公民权益的现象进行斗争。检察所有对于一切机关、团体及其工作人员是否确切遵行法律，实行最高的监督。

第15条：各级检察机关按集中原则建立并只服从朝鲜民主主义人民共和国总检察长。各道、市和郡检察所的检察长独立行使职权，不受地方权力机关的干涉。

第16条：朝鲜民主主义人民共和国总检察长由朝鲜民主主义人民共和国人民会议任命，并服从人民会议。

第 17 条：道检察所和运输检察所检察长由朝鲜民主主义人民共和国总检察长任命；市和郡检察所检察长由朝鲜民主主义人民共和国总检察长根据各该道检察所检察长的呈请任命。

1954 年 10 月 8 日，朝鲜民主主义人民共和国颁行《检察机关令》，以取代《法院和检察所条例》。

1961 年 8 月 23 日：《检察机关令》被《关于朝鲜民主主义人民共和国检察机关的法律规定》所取代，并沿用至今。而后者特别强调，检察员应捍卫并始终不渝地执行朝鲜劳动党的政策（第 1 条），宣传该政策，巩固党的意识形态体系和自觉贯彻党的政策等方面的作用（第 2 条）。

1972 年 12 月 27 日，第五届最高人民会议第一次会议颁行《朝鲜民主主义人民共和国社会主义宪法》（后经 1998 年 9 月 5 日、2012 年 4 月 13 日多次修正）不仅规定"最高人民会议有权任免最高检察院检察长"（第 91 条），而且第六章"国家机构"第八节"检察院和法院"还规定："检察工作由最高检察院，道（直辖市）、市（区）、郡检察院和特别检察院进行"（第 153 条）；"最高检察院检察长任期与最高人民会议任期相同"（第 154 条）；"检察员由最高检察院任免"（第 155 条）；"检察院行使下列职权：1. 监督机关、企业、团体和公民遵守国家法律；2. 监督国家机关的决议和指示是否同宪法，最高人民会议法令和决议，朝鲜民主主义人民共和国国防委员会第一委员长命令，国防委员会决议和指示，最高人民会议常任委员会政令、决议和指示，政务院决议和指示相抵触；3. 揭发违法犯罪分子，追究其法律责任，以保护朝鲜民主主义人民共和国的政权和社会主义制度、国家及合作社的财产以及人民的宪法权利和生命财产"（第 156 条）；"检察工作由最高检察院统一领导，各级检察院服从上级检察院和最高检察院"（第 157 条）；"最高检察院对最高人民会议负责，最高人民会议闭会期间对其常任委员会负责"（第 158 条）。

总之，作为社会主义国家和地缘政治，朝鲜检察院组织法的法律结构受苏联和我国影响较大。

二十五、古巴总检察院组织章程评介

1959 年 1 月 1 日,古巴共和国成立。

1973 年 9 月 25 日,古巴通过《总检察院组织章程》,并于同年 12 月 21 日正式公布。

1976 年 2 月 15 日,经全民投票通过《宪法》(后经 1992 年 7 月 12 日、2002 年 6 月 26 日修正)规定:全国人民政权代表大会有权选举共和国总检察长和副总检察长,研究、评价共和国总检察署提出的总结报告并通过相应的决议(第 75 条);共和国总检察长就其职权范围内的问题享有立法创制权(第 88 条);国务委员会有权向共和国总检察长发布指示(第 90 条)。同时,第十三章"法院和检察院"还规定:"共和国总检察署是国家机关,其主要任务是通过监督国家机关、经济和社会机构以及公民严格执行宪法、法律和其他规范性法令的途径监督遵守法制。同时,代表国家提起和参与刑事诉讼。总检察署的其他任务和职能,以及行使上述职权所依据的方法、范围和原则,由法律规定"(第 127 条);"共和国总检察长只服从全国人民政权代表大会和国务委员会。共和国总检察长直接从国务委员会获得指示。共和国总检察长领导和决定全国各地检察长的活动。检察机关在全国按垂直系统组织,只服从共和国总检察长,不受地方政权机关的干涉"(第 128 条);"共和国总检察长和助理检察长由全国人民政权代表大会选举和罢免"(第 129 条);"共和国总检察长依照法律规定的形式和时间对全国人民政权代表大会报告工作"(第 130 条)。

随后,根据《宪法》第 127 条规定,《总检察院组织章程》又经 1978 年 3 月 24 日等多次修正后并沿用至今。其主要内容依次包括:

第一章宗旨、职权和组织机构:第一节宗旨:第 1 条(检察

院的宗旨）、第2条（行使检察权的目的）；第二节职权：第3条（检察职权）、第4条（总检察院对全国人民政权代表大会和国务委员会负责，总检察长对国务委员会负责）；第三节组织机构：第5条（总检察院的组成）、第6条（总检察院设置地及其人员组成）、第7条（总检察长统一领导全国检察院的工作）、第8条（总检察院顾问委员会）、第9条（总检察院内设机构）、第10条（总检察院检察委员会）、第11条（省检察院内设机构）、第12条（市检察院人员编制）、第13条（检察长负责制）；

第二章检察院：第一节总检察院：第14条（检察官的职责）、第15条（检察官的义务）、第17条（总检察长的职责）、第18条（总检察长职责委托），第二节副总检察长（第19条），第三节总检察院的局和部（第20~21条），第四节法律监督局（第22条），第五节审判监督局（第23条），第六节刑事、民事、行政和劳工诉讼监督局（第24条），第七节监狱、看守所、劳教机关执法监督局（第25条），第八节干部局（第26条），第九节经济、服务局（第27条），第十节宣传部，第十一节总检察院秘书处，第十二节军事检察院：第32条（军事检察院领导）、第33条（副总检察长、军事检察长的职责）、第34条（副总检察长、军事检察长的命令、指令、指示），第十三节各局、部的共同职责，第十四节省检察院：第37条（设置地）、第38条（领导）、第39条（职责）、第40条（职权），第十五节省检察院各部门：第41条（省检察院内设机构）、第43条（省检察院检察委员会定期会议），第十六节各部门的权限与职责（第44~45条），第十七节市检察院（第46~48条）；

第三章其他：第49条（检察官的选拔、任命、任期、要求以及资格审查、撤职、离职、辞职、代理、处分和刑事、民事责任）、第50条（行政管理和服务人员）、第51条（任命），以及补充规定、暂行规定、附则，共6部分3章20节51条。

与此同时，该法还明确规定："共和国总检察院的主要任务是监督政府各部门、经济和社会组织以及公民严格遵守法律和其他法规，维护社会主义法制"（第 1 条）；"总检察院行使检察权的目的如下：1. 维护和加强社会主义法制；2. 维护宪法中规定的经济、社会和政治体制；3. 保护社会主义公有制、公民权以及宪法承认的其他权利；4. 保护政府各部门及经济、社会、群众组织的合法权益；5. 保护公民的生命、自由、尊严、声誉、遗产、家庭关系以及其他合法权益；6. 防止发生违反法律和危害社会的行为；7. 教育公民自觉自愿地履行法律规定的义务，忠于祖国，忠于社会主义事业，遵守社会主义道德规范，并提高公民严格遵守法律的法制观念"（第 2 条）；"根据上述宗旨，共和国总检察院行使下列职权：1. 采取一切法律措施，打击和严惩危害国家独立、主权及其政治、经济利益的不法分子；2. 行使法律监督权，及时向上级机关报告所发现的有关违反法令或决议的行为，以便按照法律程序采取必要措施；政府各部门在接到总检察院要求提供材料或提供其他协助时，应在 20 日内予以答复，否则，应向有关上级机关报告。此处'上级机关'指部长会议。3. 通过法律程序对政府机关有关人员的违法行为进行起诉，伸张正义；同时不妨碍受害者行使诉讼权，按照法律规定的程序和方式，要求真正承认受害者被侵犯的权利；4. 对政府官员违反现行法律的行为，应依法追究刑事责任；对未触犯刑事法律的，建议其上级机关进行行政处理；5. 依照有关法律，在刑事诉讼中行使公诉权；6. 依照法律规定，在应参与的所有诉讼中代表公众利益；7. 行使法律在具体程序上所赋予的职权；8. 向有关法院要求审查已结案的诉讼，或出庭监督尚在进行的诉讼；9. 监督刑事判决的执行情况；检察人员有权并有义务巡视劳教场所，检查判决执行的情况；10. 采取各种必要措施，积极参与打击一切犯罪活动；11. 有权要求各级组织和官员协助其履行法律所赋予的各项职责；12. 向全国人民政权代表大会或国务委员会提出为进一步加强社会主义法制应采取的必要措施；13. 检查政府机关、企业和其他所属机构遵守法律情况及查清有关违法犯罪的检举控告；14. 行使法律所赋予的其他各项职权"（第 3 条）。

二十六、其他

通过检察文献、互联网检索显示，除本节所介绍的 26 个大陆法系与社会主义法系国家的检察院组织法外，目前颁行检察院组织法的大陆法系国家还有：亚洲的中国、阿拉伯叙利亚共和国、印度尼西亚共和国，[①] 美洲的秘鲁共和国、哥斯达黎加共和国、洪都拉斯共和国、危地马拉共和国，以及非洲的卢旺达共和国等 8 国。

因此，据有关资料不完全统计显示，迄今为止，已经或曾经制定过检察院组织法的大陆法系与社会主义法系国家共计 34 个。

第三节　英美法系国家检察院组织法评介

尽管英美法系奉行判例法，但作为一种社会存在，检察法律在现今的英美法系国家或地区也是客观存在的。当然，作为专门性检察法律典型代表的检察院组织法，在现今的英美法系国家却仅存 5 部左右。

一、英国 1985 年检察法评介

英国系"大不列颠及北爱尔兰联合王国"的简称，并由英格兰、苏格兰、威尔士及北爱尔兰四部分组成。其中，英格兰、威尔士和北爱尔兰的检察制度差异不大，而苏格兰的检察制度则是独成一派——属于大陆法系。因此，一般来说，英国检察制度仅指英格兰和威尔士的检察制度。

---

① 其中，《印度尼西亚共和国检察法》规定，检察官只对自己体系内的直接上级负责（第 8 条第 2 款和第 18 条第 1 款）；检察官有权监督缓刑执行、承担国家民事和行政诉讼、向公众传播法律知识、代表公共利益（第 30 条）。

诚然，"虽然总检察长和副总检察长逐步确立了其作为首席王室检察官的地位，并在此基础上产生了早期的英国检察制度，但他们的职责只是处理涉及王室利益的案件"；而时至"1985年，英国颁布了《犯罪起诉法》，设立了王室检察署，由检察长担任最高首长，下设若干个地区，每一个地区下设一位地区检察官，具体负责该区的起诉事务，原来的地方起诉律师机构也被改造成了王室检察署的下设地区机构"，① 才标志着英国当代检察制度的真正确立。因此，从这个意义上说，《1985年检察法》可视为英国检察制度得以确立的"种子"和"母胎"。

　　而尽管《1985年检察法》亦译为《1985年刑事起诉法》、《1985年罪行检控法》、《英国1985年检察法》等，但基于下列内容不难看出，它既是英国名副其实的检察院组织法或检察官法，也是其名副其实的刑事诉讼法或刑事诉讼费用法：②

　　第一章检察院组织和职能：第1条（检察院）、第2条（检察长）、第3条（检察长的职责）、第4条（检察官）、第5条（代表本检察院起诉）、第6条（非公诉）、第7条（保释金等），第一节报告：第8条（警察局长向总检察长的报告）、第9条（检察长向总检察长的报告），第二节指导原则：第10条（检察官指导原则），第三节工作人员的调动等：第11条（工作人员的调动）、第12条（工作人员委员会）、第13条（检察长住所），第四节其他：第14条（检察院开支的控制）、第15条（本章解

---

　　① 参见何家弘主编：《检察制度比较研究》，中国检察出版社2008年版，第25页、第27页。

　　② 之所以这么说，是因为其中既有诸如"检察院"（第1条）、"检察院开支的控制"（第14条）等检察院组织法规范内容，也有诸如"检察长"（第2条）、"检察官"（第4条）等检察官法规范内容；既有诸如"滥用起诉的限制"（第24条）、"诉讼同意"（第25条）、"可接受的证据"（第26条）等刑事诉讼法规范内容，也有诸如"辩护费"（第16条）、"被告诉讼费的裁决"等刑事诉讼费用规范。而之所以将《1985年检察法》最终视为英国检察院组织法，系以往约定俗成的惯常做法。

释）；

第二章刑事诉讼费和中央基金费用的裁决：第 16 条（辩护费）、第 17 条（诉讼费），第一节被告诉讼费的裁决：第 18 条（被告诉讼费的裁决），第二节其他费用的裁决：第 19 条（其他费用的裁决），第三节补充条款：第 20 条（规则）、第 21 条（解释）；

第三章其他：第 22 条（国务大臣制定刑事诉讼初级阶段条款的权利）、第 23 条（治安法庭诉讼的中断）、第 24 条（滥用起诉的限制）、第 25 条（诉讼同意）、第 26 条（可接受的证据）、第 27 条（断定未成年人犯罪的诉讼）、第 28 条（废除"1911 年伪证法"第 9 条）；

第四章补充条款：第 29 条（规则）、第 30 条（费用）、第 31 条（法律名称和效力），以及附录，共 5 部分 31 条。

与此同时，该法还规定："检察长的职责：（1）检察长应在总检察长的监督下，按照本法或其他法律的规定履行其职责。（2）检察长的职责如下：（a）代表警察（不管警察本人还是其他人员）接管和进行除特殊诉讼以外的所有刑事诉讼；（b）在由他出庭的下述任何情况下，提起或进行刑事诉讼：（ⅰ）根据案件的重要性和难度，应由他提起诉讼为最适宜时，或（ⅱ）从其他方面考虑，由他提起诉讼为最适宜时；（c）代表警察（不管警察本人还是其他人员）接管和提起所有已提起的移交上级法院的诉讼；（d）按照《1959 年淫秽刊物取缔法》第 3 条接管和进行由送达传票开始的所有诉讼（没收淫秽物品）；（e）在经过适当的考虑之后，就与罪行起诉有关的所有事宜向警察局提出建议；（f）在法院指导下出庭进行罪行起诉时，按下述规定出庭上诉：（ⅰ）《1960 年司法裁判法》第 1 条（在刑事案件中从高级法院上诉）；（ⅱ）《1968 年刑事上诉法》第一章和第二章（从巡回法庭上诉到起诉法院刑事庭，再上诉至上议院）；（ⅲ）在适用《1981 年藐视法庭法》第 12 条（藐视治安法庭）的规定时，根据该法第 12 条第（5）款，可按《1980 年治安法庭法》第 108 条规定（上诉至巡回法庭）；或（g）根据本款规定，可随时履行总检察长指示的其他职责。（3）在本条中：'法院'是……（4）按上述第（3）款作出决定的权力应根据国会授权的法定文件行使，该法定文件可根据上议院决议宣告无效。"

二、爱尔兰 1974 年检察法评介

1922 年 3 月 17 日，爱尔兰共和国从英国殖民统治下独立出来。

而诚然，"爱尔兰公诉检察制度深受其普通法起源的影响……在 18 世纪末，人们逐渐意识到私诉不足以有效对抗犯罪。由此，政策明显倾向于设立公共职业警察和公诉检察机关。这种警察机构第一次出现在 1786 年的都柏林，到 1840 年已经遍布全国。虽然警察机关很快发展了建立在自行侦查基础上的控诉能力，但是他们没有得到一个明确法定的起诉地位。实际上，他们还是作为普通法中公民个人来起诉的……第一次制定法的干预是 1924 年，确定总检察长的法定地位，并赋予其独享的提起公诉（由法官和陪审团进行的审判的案件）的权力。但是，法律并没有规范总检察长在履行其起诉功能时的方式。同样，该法也没有改变公民和警察起诉简易案件（只由法官审判的案件）这一普通法上的权利。制定法对于检察制度的另外一个重要影响是在 1974 年，将大多数总检察长起诉功能转移至检察长办公室，而检察长办公室被设立成为一个独立的、永久性的职业检察官"。[1] 因此，从这个意义上说，《1974 年起诉法》是爱尔兰当代检察制度得以确立的"种子"或"母胎"，也是爱尔兰的第一部检察院组织法。其主要内容依次包括：

---

① 参见［荷兰］皮特·J.P.泰克编著：《欧盟成员国检察机关的任务和权力》，吕清、马腾飞译，中国检察出版社 2007 年版，第 154~155 页。

第一，检察长办公室是根据《1974 年起诉法》设立的。同时，它将总检察长大多数起诉功能转移给检察长办公室，总检察长的起诉权力主要限制在少数涉及政治和外交事务的敏感案件。同时规定，政府可将起诉功能暂时性地从检察长回转至总检察长。而一旦政府认为出于国家安全利益考虑有必要的话，它就可以行使该权力。检察长是唯一可起诉严重犯罪的公诉检察官（第 3 条、第 5 条第 1 款）。

第二，检察长办公室受国家总理指定的辅助工作人员的支持。这些人员大多数是职业官员，即出庭律师和诉状律师，其大多数日常的关于起诉决定的事务则是由检察长授权的。而检察长为具体个案起诉与否的决定承担责任。

第三，检察长的任免条件和程序遵循法律规定。只有已经从事至少 10 年实际工作的职业出庭律师或者诉状律师，才有可能被任命为检察长；任命是由政府从候选人名单中挑选的，而这些候选人是由特别委员会提交的；该委员会的组成是：大法官、律师公会主席、政府秘书长、总检察长（亦即司法部长）的高级法律助理。与此同时，在撤销检察长职务前，政府必须指定由大法官、高等法院的 1 名法官以及总检察长组成的委员会来考察检察长的健康状况以及一般行为和具体案件中的行为，政府只有在接到该委员会的报告后才能撤销检察长的职务。否则，不得随意撤销检察长的职务（第 2 条）。

第四，检察长依法独立行使检察权。尽管检察长属于国家公务员，但与政府公务员不同。他的办公室处于国家总理办公室管理之下，检察长每年的财政预算构成总理办公室的一部分。但是，这并不意味着检察长就具体起诉决定或者一般起诉政策向总理或者其他部长负责。实际上，法律明确规定该办公室独立行使其职权。因此，总理或者其他部长即便是试图对检察长在具体案件决定或者一般起诉政策上施加压力都是不合适以及不合法的（第 2 条第 5 款）。

第五，检察长的独立性受到法律保障。法律并不限制检察长对不起诉或者撤销案件权力的行使，总理也不必就检察长作出的决定或者政策向议会负责（第6条）。但是，这并不意味着议会无权干涉检察长权力。

第六，检察长通常并不参与启动和开展侦查工作，其主要功能是在具体案件中决定是否起诉——检察长，并且只有检察长，能够决定任何一起案件或者任何类型案件的起诉。与此同时，他还具有以下具体职权：审查向其提交的警察侦查案卷；决定是否启动控诉或者对于已经由警察发动的起诉是否支持或者建议展开进一步侦查；决定提交指控以及审查已经提交的指控；决定向法院和被告人出示的证据和其他资料，包括向辩护人出示不被用到的资料；决定在刑事诉讼中出现的有关法律问题以及公共政策问题；与辩护人、国家律师、警察机关成员以及其他提供科学或者技术证据的人进行商议；决定是否提出或者反对抗诉，对起诉或者辩护进行司法审查以及人身保护令；审查公共机构提交的对犯罪行为的告诉或者控告，以及考虑是否将案件移交警察长；处理由警察控告委员会提交的案件；起草或者处理引渡到国内进行起诉的相关文件；参加和负责有关起诉和刑事诉讼法律的会议和委员会，处理在刑事法律执行以及有关立法建议中出现的问题，在警察培训学院作讲座；决定是否向特别刑事法庭提交案件进行审判；决定是否同意将某些重罪案件诉交简易程序审判；对于某些案件确定普通或者简易审判程序；对于一些法律规定必须获得其同意方可起诉的案件进行指导；对于具有特殊公众利益的案件决定是否同意就法律问题向最高法院提出抗诉；对案件判决从轻处理进行审查；就监禁刑罚是否合适向法庭提出意见（第2条第6款）。

第七，检察长有权制定有关起诉问题的指南，而高等法院也有权力审核检察长在具体案件中起诉决定的法律依据是否充分；而检察官在提出指控后可作出变更甚至撤诉；法庭上的起诉工作，是由检察长根据具体案件来指定的律师负责的；检察长负责在那些宣布愿意代表检察长起诉的律师中公正和公平分配案件（第7条第2款）。

第八，在刑罚执行或者监督执行中，检察长可以被要求采取行动来确保刑罚与罪行是成比例的（不是畸轻）以及刑罚得到完全的执行。如果他认为对于严重犯罪案件作出的判决畸轻的话，就可要求上诉法院重新审核该判决。

1937年7月1日颁行的《爱尔兰共和国宪法》（2011年11月17日修正）不仅规定："法院在听取总检察长或其指定的法律顾问辩论后应尽快在公开法庭宣布其对该问题的裁决，且该裁决的宣布无论如何不得迟于该问题提交后的60日"（第26条第2款），而且第八章"总检察长"还规定："1.总检察长是政府法律问题或法律意见方面的顾问，其在宪法或法律的明确规定下行使和履行其权力、职责和义务。2.总检察长由总统依总理的提名任命。3.总检察长均以人民的名义在依照本宪法第34条规定组成的任何法院中起诉的一切犯罪和违法行为，或由为此而依法授权的其他人提起公诉，但即刻裁判法庭的情形除外。4.总检察长不得为政府的一员。5.（1）总检察长得在任何时候将辞呈交总理并转呈总统后辞职；（2）总理得以其认为有充足的理由要求总检察长辞职；（3）若总检察长未遵守总理的要求，则总统应根据总理的建议终止检察长的任命；（4）总检察长在总理辞职期间应离职，但可继续履行其职务直至继任总理获准任命时为止。6.在符合本条前述各款规定条件的情形下，法律应明确规定总检察长的职责，包括任总检察长期间的薪俸"（第30条）；总检察长是国务会议的必备成员（第31条）。

总之，基于与英国的历史纠葛（北爱尔兰目前仍为英属），爱尔兰在遵循《1974年起诉法》的同时，也受英国《1985年检察法》影响。

三、巴基斯坦旁遮普邦刑事检控机关组织法评介

作为曾经的英联邦国家，1956 年 3 月 23 日，巴基斯坦伊斯兰共和国（简称"巴基斯坦"）成立。其检察制度，实行联邦与邦并行体制。

1973 年 4 月 10 日，巴基斯坦国民大会通过的《宪法》（2010 年修正）规定：总检察长有权在各院发言、参加各院议程，或参加联席会议或任何任命他为成员的委员会，但本条不授予其投票的权利（第 57 条）；"1. 总统应任命一个有资格被任命为最高法院法官的人，作为巴基斯坦总检察长。2. 总检察长随时由总统解职，（只要他担任总检察长职务，就不应进行私人执业）。3. 总检察长有义务向联邦政府提供法律事务方面的建议，履行联邦政府提交或指定的法律方面的其他职责，履行职责时他有权在巴基斯坦所有法院和裁决所旁听。4. 总检察长可以通过亲手书写辞呈的方式告知总统，辞去其职务"（第 100 条）；"检察长有权在省大会发言、参加议程，或参加任何任命他为成员的委员会，但本条不授予其投票的权利"（第 111 条）；"1. 各省省长应任命一个有资格被任命为高等法院法官的人，作为省检察长。2. 省检察长有义务向省政府提供法律事务方面的建议，履行省政府提交或指定的具有法律性质的其他职责。3. 省检察长得随时由省长解职，（只要他担任检察长职务，就不能进行私人执业）。4. 省检察长可以通过亲手书写辞呈的方式告知省长，辞去其职务"（第 140 条）。

2006 年 4 月 8 日，旁遮普邦颁行《巴基斯坦旁遮普邦刑事检控机关组织法》（共 5 章 21 条）规定：

第 3～4 条，政府应建立一个专门从事旁遮普邦刑事起诉工作的检控机关，它包括总检察长、副检察长、若干检察官、区检察院副检察长和警区助理检察官。

第 5 条，总检察长领导刑事检控机关的全面工作，并监督各检察官的履职情况。

第 6 条，总检察长的任期不得任意更改，总检察长在任期内可向政府提交书面辞呈或将其职责委托给副总检察长，总检察长有权代表政府在联邦伊斯兰教法院和最高法院发言。

第 7 条，符合下列条件的、年满 45 岁的巴基斯坦公民，都可被任命为总检察长：已在高等法院任职 10 年以上，是法学专业毕业生并已从事公务员工作 17 年以上，曾在旁遮普邦检察官办公室工作 10 年以上，曾担任检察长 5 年以上，曾担任地区检察长 7 年以上或者检察官 15 年以上。

第 8 条，检察长、副检察长和检察官由政府任命。

第 10 条，检察官代表政府履行起诉职能，并依法享有以下职权：总检察长有权签发规范检察官或其他人员切实履行检察机关的调查责任的一般准则；总检察长或地区检察官对检察官或公众有损起诉的行为，依法有权给予纪律处分或起诉；检察官有权从调查机构或其他执法机构内获取有关调查报告、调查记录或其他文件；检察官依法有权出庭支持公诉或者不起诉。

第 12 条，检察官有权指挥并监督警察的侦查行为。

第 13 条，总检察长每年应向政府、议会提交一份年度工作报告，检察官应随时向检察长汇报案件进展并接受检察长的领导、监督，区检察官应随时向总检察长通报了区内所有刑事案件的进展情况，每一个地区法院内都设有检察官，检察官履职时应做到公平、诚实、认真、维护公共利益和正义并负责审查警方的侦查报告。

四、其他

作为英美法系代表的美国，其检察院组织法也是客观存在的。当然，由于其实行联邦与州并行的检察制度，因而迄今为止，联邦并没有制定统一的检察院组织法典，只是有些州制定有类似于《英国 1985 年检察法》的检察院组织法。例如，内达华州《修订法案第 228 章》有"总检察长"、《修订法案第 252 章》有"关于区检察官"规定；《密苏里州法典第 4 标题卷行政部门第 27 章》

有"总检察长"规定；爱达荷州《法典第 31 标题卷——县与县级法律第 26 章》有"检察官"规定；新墨西哥州《法典第 8 章——民选官员第 5 条》有"总检察长法"规定。同样，作为英美法系国家的南非有《检察机关法》（2009 年 1 月 30 日）。

总之，基于英美法系立法传统，制定有名副其实检察院组织法的国家为 5 个以上，不足 10 个。

第四节 中国检察院组织法评介

一、中国检察院组织法概述

毋庸讳言，尽管中国检察制度晚于西方检察制度建立，但我国检察法律却集中华、大陆、英美和社会主义检察法律特点于一身。与此同时，我国也是迄今为止世界上制定检察院组织法最多的国家——"12 部半"：既有诸如"五四、七九、八三和现行检察院组织法"等名副其实的全面、专门和系统规范全国检察机关权力或行为的统一检察院组织法典，也有诸如《中华苏维埃共和国工农检查部的组织条例》、《中华苏维埃人民共和国工农检查局的组织条例》、《陕甘宁边区暂行检察条例》和《旅大检察工作条例（草案）》等全面、专门和系统规范地方检察机关权力或行为的检察院组织法；既有诸如《最高人民检察署试行组织条例》、《最高人民检察署暂行组织条例》和《最高人民检察院组织条例（草稿）》等全面、专门和系统规范最高人民检察署（院）权力或行为的检察院组织法，也有诸如《各级地方人民检察署组织通则》、《中央人民政府各级（大行政区直属市、省、市、县）人民检察署试行组织通则（草案）》等名副其实全面、专门和系统规范地方各级人民检察署权力或行为的检察院组织法。①

---

① 其中，由于该通则已草拟但未审议、颁行，故算"半部检察院组织法"。

另外，由于检察人员是检察机关的决定因素，因此，与"三大法系"国家检察组织法一样，"12部半"检察院组织法都或多或少地含有检察官法规范。但之所以将它们视为检察院组织法而不是检察官法或检察监督条例，关键在于，其中的检察院组织法规范居多、居要。

此外，"12部半"检察院组织法，除有中外检察法律共有特点外，也有中国检察法律本身所有的特点；除具有"三大法系"国家检察院组织法之共性外，还具有自身之个性。

再者，由于清末、中华民国以及港澳台地区始终奉行审检合署机制，因而它们并未制定全面、专门和系统的检察院组织法；而规范其检察机关权力或行为的检察法律，则是诸如《大理院审判编制法》、《法院编制法》、《法院组织法》以及香港特别行政区《律政司检控政策及常规》、澳门特别行政区《第9/1999号法律——司法组织纲要法》、台湾地区"法院组织法"（2008年6月11日修正）等法院（或司法）组织法中所附属的检察法律规范，以及形形色色的其他专门和附属性检察法律。而不论旧中国还是新中国的检察院组织法，都始终存有以检察宪法规范为根基，以专门性检察法律和检察基本法律规范为脊梁，以其他检察法律规范为筋骨，以检察法定解释、政策和行政法规规范为血肉，以检察地方性法规、自治和单行条例规范、检察规章规范甚至诸如检察准司法解释等检察规范性文件规范、国际检察法律为补充的检察院组织法体系，抑或"检察院组织法网"。

最后，作为中国检察法律的典型代表之一，我国各阶段各时期的检察院组织法，都是导致我国各阶段各时期检察制度烙印个性的法律主导力量。易言之，我国各阶段各时期检察制度之所以各具特色，都是包括检察院组织法在内的、当时检察法律彰显种子基因的效应结果。

二、革命根据地检察院组织法评介

（一）概述

尽管我国第一部检察法律——《英皇制诰》早在 1843 年 5 月 4 日就在当时的英国在华殖民地——香港地区出现，但我国历史上第一部检察院组织法，却是诞生于 1931 年 11 月 20 日的红色之都——江西瑞金的《中华苏维埃共和国工农检查部的组织条例》（以下简称《部条例》）。随后，革命根据地又先后诞生了《中华苏维埃人民共和国工农检查局的组织条例》（以下简称《局条例》）、《陕甘宁边区暂行检察条例》（以下简称《边区条例》）、《旅大检察工作条例（草案）》（以下简称《旅大条例》）三部检察院组织法。

而作为革命根据地检察法典型代表的上述四部检察院组织法，同样也具有我国新民主主义革命时期检察法律的下列特点：

第一，具有明显的时期和适用地域性。细言之，革命根据地检察法律又包括三个发展时期：一是土地革命时期（1927～1937 年），有《部条例》、《局条例》等检察法律，并适用于中华苏维埃共和国；二是抗日战争时期（1937～1945 年），没有相应的检察院组织法，但却有诸如《山东省各级检察委员会组织条例》等其他专门性和诸如《陕甘宁边区高等法院组织条例》等附属性检察法律；三是解放战争时期（1945～1949 年），既有适用于陕甘宁边区的《边区条例》等检察法律，也有适用于旅大的《旅大条例》等检察法律。

第二，数量多。据有关资料不完全统计显示，我国革命根据地时期创制的显性和隐性检察法律多达 199 件（强），[①] 并主要分布于中央苏区（39 部）、鄂豫皖革命根据地（8 部）、闽西苏区

---

① 另外，中央苏区时期有 66 件，抗战时期有 76 件，解放战争时期有 57 件。

（13 部）、苏皖边区（15 部）、淮海区（6 部）、陕甘宁边区（15部）、川陕根据地（6 部）、晋察冀边区（25 部）、晋冀鲁豫边区（18 部）、华北解放区（10 部）、山东省革命根据地（28 部）、东北解放区（16 部）等革命根据地和解放区；而土地革命与解放战争时期各制定了 2 部检察院组织法。

第三，文种样式多。除包括法、条例、细则、规则、规定、办法等外，文种为"条例"的检察院组织法还有"组织条例"（如《部条例》和《局条例》）、"检察条例"（如《边区条例》）和"检察工作条例"（如《旅大条例》）之分。

第四，种类多。仅检察院组织法的种类，就有土地革命与解放战争时期的，适用于中华苏维埃共和国、陕甘宁边区、旅大的检察院组织法 5 种。

第五，内容多。此时的《部条例》、《局条例》、《边区条例》和《旅大条例》都可视为全面、专门、系统规范检察机关权力或行为的检察院组织法典。

与此同时，基于以革命根据地时期检察院组织法为代表的、新民主主义革命时期检察法律的种子基因作用和上述特点，不仅使我国革命根据地时期的检察制度具有自身特点，而且既有正面的经验和历史贡献，也有反面的教训和时代局限，并为新中国检察制度的生成提供了宝贵的历史经验：

就根据地检察制度之特点而言，一是在战争年代的艰苦条件下草创和发展起来，并深受当时苏联检察制度影响；二是生成具有明显的阶段性与地域性；三是检察权的职能与执行主体——检察机关及其检察人员，对公安机关、保卫部门等政府机关以及审判机关有很强的依附性；四是检察一体化机制难于形成；五是检察法制在形式上与国民政府保持联系，并深受公安机关和政治保卫部门、法院甚至行政机关影响，在很大程度上不能自立；六是各项检察活动、工作的最终志趣，就是服务革命战争的实际需要。

就根据地检察制度之正面经验和历史贡献来说，一是在中国共产党对革命政权实行一元化领导下，检察机关从建立伊始就形成了坚持党的领导的优良传统。因此，检察工作必须在中国共产党的领导下，忠实、严格地执行依照党的路线、方针、政策所制定的法律；二是检察体制由"审检合署"向"审检分立"发展以及检察机关由国家权力机关产生、上级领导下级检察机关工作的制度实践，为确立新中国检察机关的宪法地位，形成"一府两院"的国家机构体制奠定了实践基础；三是检方负责刑事案件的侦查、预审和起诉，表明中国革命政权在诉讼制度构建之初就采取国家起诉制。因此，从政权结构上肯定了检方的法律和诉讼地位，明确了公检法三机关的职能分工和在刑事诉讼中的关系，并预示着新中国检察制度创建的必然性；四是承继了清末引进西方检察制度的尝试，结合中国历史上设立"治官之官"的法制特点，检方从一开始就担负了对国家工作人员是否遵守法律实行监督的职责；五是对检察委员会这一组织形式的创制，为新中国检察制度贯彻民主集中制原则，提供了本国所特有的尝试和经验。因而，新民主主义时期检察制度的历史贡献在于，保卫和巩固了新兴的民主政权，开辟了中国检察事业的新道路，开创性地进行了一次马列主义法制思想的启蒙实践，为新中国法制及其检察法制建设积累了必要经验。[①]

　　就根据地检察制度之反面教训和时代局限来讲，一是检方在组织上不是独立的，实行绝对的"审检合署"或"配置制"，致使检方成为审判方的附庸；二是检察机关系统内部未成统一体系，既受其所附属的审判方领导，又受同级政府及其人员领导，而且存在着党政干部兼任检察人员和党政机关干预具体案件的情况，进而导致检察权不但未对侦查权、审判权起到监督制约作用，反

---

　　①　参见孙谦主编：《人民检察制度的历史变迁》，中国检察出版社 2009 年版，第 419 页、第 388 页。

而常被公安机关及其人员所代行；三是多数刑事案件——反革命案件的检察权是由政治保卫局或公安机关行使，少数普通刑事案件检察权才由检方行使。

（二）《中华苏维埃共和国工农检查部的组织条例》和《中华苏维埃人民共和国工农检查局的组织条例》评介

1. 《中华苏维埃共和国工农检查部的组织条例》评介

1930 年 2 月 4 日，中共中央发出《关于召集全国苏维埃区域代表大会的通告》，首次提出建立全国苏维埃中央政权以统一领导全国各地苏维埃区域革命斗争的构想。

9 月中旬，在上海正式成立了全国苏维埃代表大会中央准备委员会，并召开第一次全体会议。会议讨论决定了《第一次苏维埃全国代表大会代表选举条例》以及准备提交大会讨论通过的中华苏维埃共和国《宪法大纲》、《劳动法》、《土地法》、《经济政策》、《关于红军问题决议案》、《中华苏维埃共和国工农检查部的组织条例》（以下简称《部条例》）等法律草案，并决定第一次苏维埃全国代表大会在红一方面军活动的江西苏区瑞金（邓小平时任中共瑞金县委书记）召开。

1931 年 1 月，中共苏区中央局在江西宁都宣布成立，后迁瑞金叶坪。受中共中央委托，苏区中央局为中华苏维埃共和国的成立承担了选举与会代表、酝酿确定苏维埃中央政府组成人员名单、起草文件、制定法规、确定具体会址和会期等筹备工作。

11 月 7 日至 20 日，中华苏维埃第一次全国代表大会在瑞金叶坪隆重开幕。毛泽东代表苏区中央局向大会作了《政治问题报告》。随后，大会讨论表决通过了包括《部条例》在内的上述法律草案，并选举产生了由毛泽东、项英、张国焘、周恩来、朱德等 63 人组成的中央执行委员会，作为全国代表大会闭会期间的最高政权机关。

12 月 1 日，中央执行委员会发布第一号布告，庄严宣布中

华苏维埃共和国成立，政权体制为：全国中华苏维埃代表大会
是最高政权机关；全国中华苏维埃代表大会闭会期间，中央执
行委员会成为最高政权机关；中央执行委员会闭会期间，选举
主席团为最高权力机关；最高法院为中央执行委员会的司法机
关，内附设检察部门及其检察人员。而作为中央执行委员会行
政机关的人民委员会，根据工作需要暂设包括司法人民委员部
（张国焘为委员）、内务人民委员部（周以栗为委员）、工农检
查人民委员部（何叔衡为委员）和中央国家政治保卫局（邓发
为局长）等在内的九部一局。因此，也有人主张，"1931 年 11
月 27 日成立的中央工农检察人民委员部，标志着中央苏区检察
制度的建立"。①

　　而《部条例》的表决通过和颁行，不仅昭示着中央苏区检察
制度的确立和中国人民检察制度的起航，也标志着我国首部检察
院组织法的诞生。② 之所以这么说，完全基于其所包括的、针对
检察机关权力或行为的 5 章 16 条，规定主要内容包括：第一章工
农检查部的组织系统：第一条（检察部、科设置）、第二条（检
察部、科负责人）、第三条（检察部领导）、第四条（检察部人员
委任）；第二章各级工农检查机关的任务：第五条（工农检查部
任务的"五大任务"）；第三章各级工农检查机关的工作方式：第
六条（一般监督和经济事业检查）、第七条（检察委员会）、第八
条（检查结果通报与检查建议）、第九条（检查结果的公布）、第
十条（控告局）、第十一条（组织突击队）、第十二条（惩治贪腐
职责）；第四章工农检查各机关的工作人员：第十四条（检查机
关工作人员的任职条件）；第五章附则：第十五条（修改和废止

----

① 参见林海主编：《中央苏区检察史》，中国检察出版社 2001 年版，第 1 页。
② 当然，实践中也有人认为，《部条例》是我国最早的人民检察法律。但本书认
为，我国最早的人民检察法律是武汉国共联合政府（1926 年 12 月至 1927 年 9 月 20 日）
时期颁行的《湖北临时县司法委员组织条例》（1926 年 11 月 29 日）。

职权）、第十六条（生效时间）。

2.《中华苏维埃人民共和国工农检查局的组织条例》评介①

《部条例》施行后的 1932 年 6 月 9 日，中央执行委员会颁行
《中华苏维埃共和国裁判部的暂行组织及裁判条例》，并在第五章
规定了"检查员的工作和任务"。

1933 年 12 月 12 日，《中华苏维埃暂行组织法（草案）》颁
行，并改工农检查人民委员部为工农检查人民委员会。

1934 年 1 月 22 日至 2 月 1 日，中华苏维埃第二次全国代表大
会在瑞金沙洲坝召开。大会改组工农检察委员会，并选出了由滕
代远、罗荣桓、蔡畅、董必武、项英等 36 人组成的中央工农检查
委员会，项英为主席。10 月 10 日，开始长征战略转移。

12 月 15 日至 17 日，中共中央在陕西瓦窑堡召开政治局扩大
会议（史称"瓦窑堡会议"），决定将中华苏维埃共和国改为中华
苏维埃人民共和国，以适应建立抗日民族统一战线的需要。

1935 年 11 月，红军长征到达陕北，中华苏维埃共和国中央
政府西北办事处成立。

12 月 22 日，中央政府西北办事处对《部条例》进行修正：
一是将原名称改为《中华苏维埃人民共和国工农检查局的组织条
例》（共 5 章 16 条，以下简称《局条例》）；二是将第二条修正为
"工农检查机关从中央政府到区政府均称工农检查局，各级工农
检查局均设局长一人"；三是将第四条修正为"工农检查局的局
长由各级执行委员会选任之，同时报告上级工农检查局备案。各
级工农检查局局长以下的工作人员，由各级工农检查局的局长命
令委任之"；四是将第十一条修正为"各级工农检查局，须委任

---

① 关于《局条例》的全称问题，通常称为《中华苏维埃共和国工农检查局的组
织条例》。但由于其颁行之前，瓦窑堡会议已决定将"中华苏维埃共和国"改为"中华
苏维埃人民共和国"。因此，本书认为，《局条例》之全称为"《中华苏维埃人民共和国
工农检查局的组织条例》"较妥。

机关企业乡村中等的最好的工农分子为工农检查局的工农通讯委员，工农通讯委员负担检查本机关或本企业或本乡村一切事项，工农通讯委员的检察任务，本条例第二章第五条一切事项之权"。

因此，基于上述分析和内容规定，本书认为，《部条例》是我国最早的检察院组织法；而《局条例》既是《部条例》的修正案，也是我国检察法律史上的第二部检察院组织法。与此同时，基于种子基因作用的充分发挥，作为中央苏区检察法律的典型代表，《部条例》与《局条例》是促成中央苏区检察制度具有以下特点的"主力"文献：

第一，具有鲜明的阶级色彩，"工农检察"标识凸显：一是坚持中国共产党对检察立法、实践等检察活动的绝对领导；二是紧密围绕党和政府的中心任务开展检察工作；三是坚持群众监督与检察监督相结合，充分贯彻群众路线和民主原则；四是"工农检查"既是中央苏区人民检察法制建设的标志符号，也是贯彻群众路线和民主原则的具体体现，更是人民检察法制的本质和内在要求。

第二，具有鲜明的时代特征：一是检察立法的数量多（66件），占新民主主义革命时期检察立法总数（199件）的 31.17% 强；检察院组织法也多，包括《部条例》和《局条例》两部；二是检察立法与中央苏区法制建设的指导思想、主要特点、历史地位、主要成就和经验启示，休戚相关；三是检察法律的文种、种类繁多；四是实行中央与地方双行立法机制，立法主体众多，线条粗，缺乏必要的法律监督机制，法律随战争进展、党的革命、斗争政策等因素变化；五是检方依法承担一定的审计、监察职能。

第三，检方的配置形式多种多样。例如，设立了以工农检察部（局）为主体，包括军事检察所、政治保卫局检察科、审判机关内设检察人员在内的苏维埃检察机构；设置了检察机关管辖和指导的突击队、轻骑队、工农通讯员等群众性组织，共同行使检举权、调查权、建议权、公诉权、抗诉权等检察职能。

第四，检察任务与权能大同小异。在中央，最高法院的检察长、副检察长和检察员，负责最高法院的检察事宜。在地方，检察人员的主要职责在于依法行使逮捕、预审、提起公诉和抗诉等职权。

第五，实行"审检合署制"或"配置制"，即将检察人员附设于裁判所（即审判机关）内，并负责管理刑事案件的预审、提起公诉和出庭支持公诉。而在这种机制钳制下，既为保卫局等公安机关代行侦查、预审等检察职权、公安保卫人员代行检察人员的公诉等职责开了"口子"，也为检方附属于审判方，而自身上下级间不能发生联系提供了口实。

第六，检察人员任免独特：一是最高法院内的检察长、副检察长，由中央执行委员会主席团委任；二是省、县裁判所的检察员及裁判委员会的委员，经同级苏维埃主席审查通过后，送上级裁判部批准；三是初高级军事裁判所的检察所长和检察员，由各该上级检察所委任；军事指挥员不得兼任检察职务。

因此，由《部条例》与《局条例》等检察法律支撑、引领的中央苏区检察制度，在我国检察史上，具有特殊的历史功绩和地位：一是通过参与反围剿、反颠覆、反封锁、反腐败斗争，保卫红色政权和巩固革命根据地；二是开辟了中国检察史上的新道路，为新中国检察法制建设奠定了基础；三是开创性地进行了一次马克思主义法制思想的启蒙实践；四是培养和锻炼了一批检察事业、法制建设和治国安邦人才。①

（三）《陕甘宁边区暂行检察条例》和《旅大检察工作条例（草案）》评介

1.《陕甘宁边区暂行检察条例》评介

1935年10月，中央红军主力长征到达陕北后，建立了中华苏维埃人民共和国中央政府西北办事处，使陕北成为革命的中心

———————————

① 参见林海主编：《中央苏区检察史》，中国检察出版社2001年版，第211~232页。

-274-

根据地。

1937 年 9 月 6 日，根据国共两党关于国共合作的协议，中国共产党将陕甘苏区改名为陕甘宁边区，并成立边区政府，下辖 23 个县，人口约 150 万，首府延安。

抗战结束后的 1946 年 7 月，陕甘宁边区召开第一届检察业务研究会，对人民检察院的职能、作用和业务范围等事宜进行了充分的探究。随后的 10 月 16 日，陕甘宁边区人民政府便颁行了《边区条例》（共 4 章 15 条）。而之所以将其视为我国检察法律史上的第三部检察院组织法，[①]　主要基于其所包括的下列内容：

第一章检察职权：第一条："检察职权如下列：一、关于刑事法规内之事项；二、关于宪法内所定人民权利义务，经济财政及选举等之违反事项；三、关于行政法规内所定之惩罚事项；四、关于一般民事案件内之有关公益事项，如土地租佃、公营事业、婚姻等；五、实施侦查；六、提起公诉，或提付行政处分；七、协助自诉；八、担当自诉；九、指挥刑事判决之执行；十、其他法令所定职务之执行。上列各款职务之执行，各检察员应互相协助。"

第二章检察机构之组织：第四条："地方法院设检察员、书记员各若干人，视事之繁简定之。检察员如系二人以上者，由高等检察长遴选其中干练者一人为首席检察员。第五条：县司法处设检察员、书记员各一人。"

第三章执行检察职务之程序：第六条："关于第一条第一款所定刑事法规内之事项，其办理程序……"第七条："关于第一条第二、第三款所定之违反宪法行政法事项，其办理程序如下

---

①　当然，实践中也有人认为，《边区条例》是"新中国成立之前首部关于检察制度的单行法规，填补了新民主主义革命时期专门的检察制度立法的空白"（参见闵钐、谢如程、薛伟宏编著：《中国检察制度法令规范解读》，中国检察出版社 2011 年版，第 413 页）。但基于上述实证，一则这一提法有些武断。若此，如何看待并定位清末、民国甚至中央苏区所颁行的诸如《部条例》、《局条例》等检察法律。二则此提法也有些语焉不详。至少有混淆检察制度、检察法律、检察立法三者关系之嫌。

列……"第八条："关于第一条第四款所定一般民事案件中之有关公益事项，其办理程序如下列……"第九条："关于第一条第七款所定协助自诉程序，如下列……"第十条："关于第一条第八款所定担当自诉之程序，如下列……"

第四章领导：第十一条："高等检察长，领导全边区各级检察员。"第十三条："地方法院首席检察员领导该院检察员。"

另外，尽管名称与检察院组织法的惯用称谓不符，① 尽管其中还含有诸如"高等法院配置高等检察处，设检察长1人，检察员若干人，书记员若干人，视事之繁简定之"（第二条）等"审检合署"内容，但从检察院组织法是规范检察机关权力或行为的专门法律之本质上讲，将《边区条例》视为我国检察法律史上的第三部检察院组织法，并不为过；至少也应视为"检察官法"，而不能笼统地定位为"关于检察制度的单行法规"。②

此外，由《边区条例》等陕甘宁边区检察法律所支撑的抗战时期检察制度有以下特点：一是表面、形式上服从中央法统，实际独立。例如，《陕甘宁边区高等法院组织条例》就规定："本条例根据国民政府公布之法院组织法制定之"（第一条）；"边区高等法院受中央最高法院之管辖，边区参议会之监督，边区政府之领导"（第二条）；而《陕甘宁边区保障人权财权条例》（1941年11月17日）第二十一条则规定："本条例解释之权属于边区政府。"二是为抗日统一战线的巩固，在形式上淡化了"工农检查"色彩。三是仍实行"审检合署制"或"配置制"，以及公安保卫机关及其人员代行检察权能的现象比较普遍。例如，1942年1月，因实行精兵简政政策，边区政府裁撤了边区的检察处和各县

---

① 当然，中外也有以"检察"为称谓的检察院组织法。例如，《印度尼西亚共和国检察法》和《捷克共和国检察法》、《英国1985年检察法》和《爱尔兰1974年检察法》、《陕甘宁边区暂行检察条例》和《缅甸联邦共和国检察法》。

② 参见闵钐、谢如程、薛伟宏编著：《中国检察制度法令规范解读》，中国检察出版社2011年版，第413页。

的检察员。此后，普通刑事案件由审判机关代行检察职权，对属于汉奸、间谍、盗匪等类型的案件则由公安机关行使公诉职权。四是检察权能相对稳定，但构建的法律依据不尽相同。理论上的检察制度存废论争，影响检察法制建设。例如，受国统区关于检察制度存废的争论影响，在陕甘宁边区政府中政法机关和学界人士也展开了一次大讨论。而关于是否设置检方问题，也存在肯定与否定两种对立观点。但时至 1945 年陕甘宁边区第二届司法会议召开，与会审判人员都从日常的审判实践中认识到没有检察机关是不合适的，审判人员兼任检察工作缺乏必要的制约和监督，进而要求恢复检察制度。

2.《旅大检察工作条例（草案）》评介

抗日战争后期的 1945 年 8 月 10 日，苏联正式对日宣战；8 月 14 日，日本宣布无条件投降；8 月 24 日，苏军攻占旅大（今大连），并开始长达 10 年由中共和苏军共管旅大时期。

1945 年 11 月 8 日，旅大市人民政府成立。

1947 年 4 月，旅大行政委员会颁行《旅大条例》（共 20 条）。而之所以将其视为我国检察法律史上的第四部检察院组织法，主要基于其下列内容规定："高院及各地院检察官，均受高院首席检察官领导及指挥"（第三条）；"检察官的职权如下：（一）实施侦查犯罪逮捕犯人；（二）指挥刑事裁判之执行；（三）提起公诉，协助自诉，宣告不起诉处分，及其他法令有关所规定职务之执行"（第五条）；"检察官执行职务之范围如下：（一）检举一般公民之违法行为；（二）检举一般公务人员之违法失职行为"（第六条）；"检察机关侦查各地院司法人员有渎职行为，由检察官代表人民提起公诉移交高等法院审判"（第十二条）；"高院首席检察官得亲自处理其管辖区域内所属检察官之事务，并得将所属检察官之事务移转所属其他检察官处理之"（第十五条）；"检察官有权指挥司法警察实行侦查逮捕"（第十七条）；"旅大行政委员会及人民，有监督、任免检察官之权"（第十九条）。

另外，尽管名称与检察院组织法的惯用称谓不符，尽管其中还含有诸如"为建立检察制度，各级法院应设立检察机关。高等法院设首席检察官及检察官各 1 人，各地方法院各设检察官 1 人"（第二条）等审检合署内容，以及诸如"下列案件除由检察官直接侦查逮捕者外，得由公安机关执行检察官职务向法院提起公诉：（一）反革命犯；（二）汉奸犯；（三）公共危险犯；（四）私运军火犯；（五）杀人犯；（六）强盗抢劫犯"（第九条）等公安机关代行检察职权规定，但从检察院组织法之本质上讲，将《旅大条例》视为我国检察法律史上的第四部检察院组织法，并无不妥。

　　此外，从《旅大条例》的内容中，还可以看到苏联检察制度的影响。① 例如，第六条有"检举一般公民之违法行为和一般公务人员之违法失职行为"的表述。同时，它还规定了检察机关查办渎职行为的职能。例如，第十二条规定："检察机关侦知各地院司法人员有渎职行为，由检察官代表人民提起公诉移交高等法院审判"，以及公检法三机关分工负责原则（第一条、第九条、第十四条、第十六条）、检察一体化原则（第三条、第八条、第十五条）、检察机关指导侦查（第十七条）、自觉接受外部监督（第十九条）等现代检察院组织法必备内容之踪影。当然，其中也存在公安机关代行公诉等检察权（如第四条、第九条、第十条、第十一条、第二十条）、检察机关向地方首长汇报工作情况

---

① 而这，也与当时中苏共管旅大的事实吻合。

（第七条）之不足。①

总之，正是基于《边区条例》和《旅大条例》等解放区检察法律的主导、推动，使得我国解放战争时期的检察制度具有以下特点：

第一，司法机关组织体制上的不独立。表现在审判机关既受同级政府领导，又受其所属的上级审判机关的领导；而检方还受所附属法院的领导。同时，为适应战争形势的需要，还普遍实行公检法等部门的合并，司法与行政合一的现象普遍。

第二，司法人员难以独立行使司法权。司法机关从建立之初，以服从和接受党的领导为宗旨，形成了司法人员普遍由地方行政长官和党政干部兼任的惯例；而各级党政机关干预司法审判活动的情况，也就在所难免。

第三，由于实行"审检合署制"或"配置制"，导致检察权受审判权的领导，并使检察权对于审判的监督成为空谈。

第四，为适应战争形势需要，在老解放区实行精简，公检法等部门合并，抽出人才直接参战或支援新区。随后，大规模革命战争节节胜利，解放区迅速扩展，一些边区合并。因此，建立革命政权，巩固革命成果，成为这一时期的紧迫任务。

---

①　其中，第一条：为统一领导，确保人权，法院与公安局明确分工，密切配合，安定社会秩序，制定本条例；第四条：各地院检察官缺额者，该管区公安机关首长为当然检察官；第七条：第六条第二项之检举，须经首席检察官核准并应通知该管区机关首长；第八条：第六条第一项之检举有关重大案件须秉承首席检察官指示施行，但紧急情况不在此限；第十条：第九条所列各项犯罪，必要时公安机关之司法部门负责人，得以检察官之资格出庭提起公诉；第十一条：公安机关依第九条所列案件提起公诉时，应将审讯笔录、证据一并交与审判机关。起诉书应记载被告姓名、年龄、籍贯、现住、家庭状况、出身、成分、犯罪事实及处理意见；第十三条：高等法院司法人员有渎职行为，由首席检察官代表人民提起公诉；第十四条：检察机关检举之案件，得与该管区公安机关配合进行；第十六条：检察官发现管辖区域外之案件，得移交该管辖区域之检察机关或公安局，必要时得配合进行；第十八条：检察官行使职权时，须首先通过该管区公安机关首长，并指挥派出协助进行；第二十条：法院院长之权限，适用第十三、十四、十五之规定。

第五，检察机关及其检察人员的配置形式多样：东北解放区、晋察冀边区、苏皖边区在土地改革人民法庭审判委员会中，皆设有检察员；太原市军管会特别法庭中设有检察处；关东地区第三次国内革命战争时期在旅（顺）大（连）地区成立关东行署，并在高等法院内设立首席检察官及检察员；华北解放区和东北解放区皆规定，在检察机关未成立前，可由公安局负责人代行检察职权。与此同时，军事管制委员会特别法庭内设有检察机构。

第六，检察人员产生方式多样，并实行奖惩机制。一是人民法庭的检察员，一般是由农民代表大会选举产生，或由上级政府委派的人员充任；二是军管会特别法庭的检察人员，一般是由军事管制委员会选任；三是关东地区高等法院首席检察官，由关东人民代表大会选举，各级检察官则由高等法院首席检察官任免。

三、新中国检察院组织法评介

（一）概述

对作为兼有大陆法系和社会主义法系国家热衷制定检察院组织法之习性，并有革命根据地时期创制检察院组织法实践经验的新中国来说，新中国成立后制定检察院组织法更是乐此不疲。为此，"文革"前，先后制定了《最高人民检察署试行组织条例》（以下简称《试行条例》）、《最高人民检察署暂行组织条例》（以下简称《暂行条例》）、《各级地方人民检察署组织通则》（以下简称《通则》）、《中央人民政府各级（大行政区直属市、省、市、县）人民检察署试行组织通则（草案）》（以下简称《大区通则》）、《中华人民共和国最高人民检察院组织条例（草稿）》（以下简称《草稿》）"6部半"；"文革"后，又制定修正了《七九检察院组织法》、《八三检察院组织法》和现行《检察院组织法》3部，共计"9部半"检察院组织法。与此同时，它们不仅具有新中国检察法律之特点，也具有新中国检察制度自身的特点，还是新中国检察工作经验教训的"种子基因"、"推手"。

就新中国检察法律的特点来说，一是生成具有明显的阶段和时期性。例如，《试行条例》、《暂行条例》、《通则》、《大区通则》、《五四检察院组织法》和《草稿》都制定于"文革"或"三中全会"、"改革开放"之前，或者属于社会主义改造时期制定的检察院组织法；而《七九检察院组织法》和现行《检察院组织法》都制定于"文革"或"三中全会"、"改革开放"之后，或者属于社会主义初级阶段制定的检察院组织法。二是数量多，且中央与地方性检察法律并存。例如，既有诸如《五四检察院组织法》、《七九检察院组织法》和《八三检察院组织法》等全国性检察院组织法，也有诸如《试行条例》、《暂行条例》和《草稿》主要规范最高检察署（院）权力或行为的检察院组织法，还有诸如《通则》、《大区通则》主要规范地方各级检察署（院）权力或行为的检察院组织法。三是类型（种类）众多。例如，既有诸如《试行条例》、《暂行条例》、《通则》等由中央人民政府委员会颁行的，也有诸如《草稿》等由最高人民检察署颁行的；既有诸如《五四检察院组织法》、《七九检察院组织法》等由全国人大颁行的，也有诸如《检察院组织法》等由全国人大常委会颁行的；既有诸如《大区通则》、《试行条例》等未施行、废止的，也有诸如《检察院组织法》等现行有效的。四是文种样式多，涉及的内容多。例如，既有"条例"、"通则"式检察院组织法，也有"法"式检察院组织法；而它们所涉及的内容不仅有针对检察机关权力或行为的，也有针对检察人员权力或行为的，且涉及检方权力或行为的方方面面。

就新中国检察制度的特点来讲，[①] 一是在政治性质上，其职能主体——人民检察院，是中国共产党领导下的人民民主专政国

_____

① 参见孙谦主编：《人民检察制度的历史变迁》，中国检察出版社 2009 年版，第 416～422 页。

家机器的重要组成部分，检察权来源于人民，又服务于人民，广泛的人民性是人民检察院最根本的政治属性；而其执行主体——检察人员的绝大多数（95％以上），为中共党员和共青团员。① 二是在宪法地位上，其职能主体——人民检察院是国家的法律监督机关，也是国家司法机关，由人民代表大会产生，对它负责，受它监督。三是在具体职能上，检方依法履行审查批准和决定逮捕、公诉、职务犯罪侦查以及对刑事诉讼、民事诉讼和行政诉讼实施法律监督等检察权能，而这些权能内在地统一于检方的法律监督属性之上。四是在组织体制上，实行检察一体化原则。五是在行

---

① 为此，最高人民检察院政治部《关于检察人员不得加入民主党派的通知》（1991 年 5 月 15 日）规定："一、根据中共中央统战部《关于民主党派组织发展问题的通知》（统发文［83］796 号）的精神，并经中共中央统战部商各民主党派中央同意，民主党派不在检察系统发展成员，也不在检察系统进行民主党派的宣传和组织活动，检察人员也不得加入民主党派。二、现已取得民主党派党籍的检察人员，可保留党籍，并与其所在党派组织发生个别联系，但不在检察系统进行党派活动。有关单位的党组织对这些民主党派成员在工作上、学习上、待遇上应一视同仁不能予以歧视。"至于"检察员红一色的由来"，王桂五先生回忆："同高检署建立初期吸收党外人士参加检察工作的情况不同，到 20 世纪 50 年代中叶大约是 1956 年，又作出不是共产党员不能担任检察员的规定，从而呈现出检察员红一色的局面。这是当时最高人民检察院检察长张鼎丞同志有一次向刘少奇汇报工作时，少奇同志提出来的。张鼎丞同志传达这一指示后，最高人民检察院同志大为兴奋，认为这样一来既便利了工作，又提高了检察员的政治地位和素质，增强了荣誉感和责任心，有利于做好工作。关于作出这一规定的原因，当时虽没有加以具体说明，但可以肯定这和当时国内的政治动向是密切相关的。邓小平同志曾经说过 20 世纪 50 年代的反右派斗争被严重扩大化了，但当时确有右派分子向党进攻，不过为数很少。当时右派分子进攻的重点之一，是第二次镇反。1955 年运动一结束，1956 年他们就开始进攻。他们夸大运动中的错误，并企图用情况变化以后的政策去翻过去的案，遭到毛主席的驳斥。毛主席说，过去的政策适合过去的情况，现在的政策适合现在的情况，不能拿现在的政策去翻过去的案。他们不仅作口头上的攻击，而且有的还企图抓专政的权力。当时公安部罗瑞卿部长就说过，某个党外的头面人物虽然不敢幻想最高人民检察院检察长的职位，但对副检察长的职位还是有企图的。这种情况不仅是一个人的问题，而是反映了一种政治动向，代表了一部分人的政治动态。在这种情况下，刘少奇同志提出检察员必须由共产党员担任，就是可以理解的了。但是这样做也不无问题，那就是影响了非党干部担任检察员的权利。"（参见王桂五：《检察员红一色的由来和问题》，载《王桂五论检察》，中国检察出版社 2008 年版，第 439 页。）

使职权上，检方依法独立行使检察权，不受行政机关、社会团体和个人的干涉。六是在决策机制上，各级检察院设立检察委员会，实行检察长统一领导与民主集中制相结合。而这些特色，与我国历史文化传统和社会主义初级阶段的基本国情相适应，根植于我国社会主义建设特别是法制建设的实践，与西方国家在"三权分立"政治体制下建立的检察制度有着根本区别，是在人民检察的历史中，不断积累、发展、创新、完善的结果。

就新中国检察工作的经验教训来看，一是必须始终坚持以马列主义、毛泽东思想、邓小平理论、"三个代表"重要思想和科学发展观为指导思想，必须始终坚持以社会主义法治理念为行动准则；二是检察工作既不能诬今诬古式的照搬照抄，也不能故步自封式的妄自尊大；既要遵循其共性和规律，也要坚持新中国检察工作的个性；三是必须掌握影响新中国检察制度及其工作实效的内外因素，按检察制度及其工作的规律、特点办事，"扬正弃负"；四是在坚持并完善"议行合一"原则下的分权制衡和法律监督理论基础上，正确处理好检察监督与被监督的关系。特别是党的"十五大"以来，针对新时期检察工作所探索并积累的下列经验，更值得借鉴、坚持：必须以科学发展观统领检察工作；必须坚持"立检为公、执法为民"，维护最广大人民的根本利益这一检察工作宗旨；必须坚持检察机关的宪法定位，深入实践"强化法律监督，维护公平正义"的工作主题；必须坚持加大工作力度、提高执法水平和办案质量的有机统一；必须立足检察职能，提高服务大局的针对性和实效性；必须着眼于解决队伍与业务相关联的突出问题，推进检察队伍建设和基层检察院建设；必须以改革的精神和务实的作风，推动检察工作创新发展；必须不断拓宽接受监督的途径，保障检察权的正确行使。

总之，新中国检察事业60余年发展经历昭示，要使检察事业永葆青春和活力，全国检察机关要以大力弘扬"忠诚、为民、公正、廉洁"核心价值观为主线，牢固树立"六观"，坚持"六个有机统一"，切实做到"四个必须"，推动人民检察事业的全面进步。① 而这些，都需要包括检察院组织法在内的检察法律的正当规范、有力支撑和科学引领。

（二）《最高人民检察署试行组织条例》评介

1949 年 9 月 27 日，中国人民政治协商会议第一届全体会议通过的《中央人民政府组织法》第五章"最高人民法院及最高人民检察署"规定："最高人民检察署对政府机关、公务人员和全国国民之严格遵守法律，负最高的检察责任"；"最高人民检察署设检察长一人，副检察长若干人，委员若干人"；"最高人民法院及最高人民检察署的组织条例，由中央人民政府委员会制定之"（第 27 条至第 30 条）。

10 月 22 日，据《中央人民政府组织法》第 30 条规定，最高人民检察署检察委员会议于中南海勤政殿举行第一次会议。会议由罗荣桓检察长主持，全体成员出席。罗荣桓检察长宣布最高人民检察署成立，并指出，检察署的工作是一个全新的工作，首先应制定"最高人民检察署检察署组织大纲"（即《试行条例》的最初名称），从速建立机构，开始工作。随后，会议对建立组织机构和配备干部等问题进行了讨论，并推举李六如、蓝公武、罗瑞卿、杨奇清、周新民 5 人为"最高人民检察署组织大纲"起草人，蓝公武为召集人。

11 月 2 日，最高人民检察署第二次检察委员会议通过《试行条例》，并报请中央人民政府审批。12 月 20 日，中央人民政府毛泽东主席批准了《试行条例》。

而之所以说《试行条例》犹如巍巍大厦打下的第一块基石——新中国的第一部和我国检察法律史上的第五部检察院组织法，不仅因为它是以列宁关于社会主义检察制度的理论作为指导

---

① 参见曹建明：《坚定不移走中国特色社会主义检察事业发展道路》，载《检察日报》2012 年 3 月 1 日。

思想，结合中国实际情况和新民主主义革命时期检察工作的实践经验而制定，而且在于它开天辟地地对新中国检察机关的职权范围、领导体制、最高人民检察署的内部机构设置和与有关部门关系等，作了全面、专门和系统的规定：

在国家领导体制上规定，实行垂直领导和检察一体化——"全国各级检察署均独立行使职权，不受地方机关干涉，只服从最高人民检察署之指挥"（第 2 条）。

在职权上规定，最高人民检察署直接行使并领导下级人民检察署行使下列职权："检察全国各级政府机关及公务人员和全国国民是否严格遵守人民政协共同纲领及人民政府的政策方针与法律、法令；对各级司法机关之违法判决提起抗议；对刑事案件实行侦查，提起公诉；检察全国司法与公安机关犯人改造所及监所之违法措施；对于全国社会与劳动人民利益有关之民事案件及一切行政诉讼，均得代表国家公益参与之；处理人民不服下级检察署不起诉处分之声请复议案件"（第 3 条）。

在内部领导体制上规定，实行检察委员会议与检察长负责制相结合的制度。即检察委员会议"以检察长为主席。如检察委员会议意见不一致时，取决于检察长"（第 7 条）；检察委员会议的任务是，"议决有关检察之政策方针、重大案件及其他重要事项，并总结经验"（第 8 条）。

在检察与监察等机关的关系上规定，"最高人民检察署行使检察权时，如认为只应予行政处分者，移送人民监察委员会处理之"（第 11 条）；"最高人民检察署为有效达成其所负任务，得向各机关调阅有关于法律、法令、决议等类之文书，并得参加最高人民法院、人民监察委员会、司法部、公安部之委员会议及部务会议"（第 12 条）。

因此，尽管名称为"最高人民检察署试行组织条例"，尽管由最高人民检察署组织起草，但《试行条例》却是起组织法作用的检察院组织法。当然，这并不表明它的完美无缺：一是没有结合中国实际，而仿效苏联规定了检察机关的一般监督职责；二是没有根本摒弃公安机关及其人员代行检察权能的理论（如第 3 条第 2 款）；三是缺少"另一翼"，即未涉及地方各级检察署的组织建设事宜，使全国与地方检察工作不能"比翼双飞"。一言以蔽之，"瑕不掩瑜"，《试行条例》系新中国首部具有法律性质（因其由 1949 年 12 月 20 日中央人民政府毛泽东主席批准）的检察院组织法。①

（三）《最高人民检察署暂行组织条例》和《各级地方人民检察署组织通则》评介

尽管《试行条例》第 15 条规定"最高人民检察署办事细则另定之"，但如何实现中央与地方检察工作的比翼双飞？须先利其器——制定相应的全面、专门、系统规范的检察院组织法。为此，1950 年 11 月，最高人民检察署决定在《试行条例》的基础上，根据《中央人民政府组织法》的规定，制定《暂行条例》和《通则》。

而不足 10 个月后的 1951 年 9 月 3 日，李六如副检察长代表最高人民检察署向中央人民政府委员会作《关于〈最高人民检察署暂行组织条例〉和〈各级地方人民检察署组织通则〉说明的报告》指出："中央人民政府成立之初，即开始组织最高人民检察署。1949 年 12 月《最高人民检察署试行组织条例》，经主席暂批准试行。最高人民检察署为试行这个条例，一方面积极地充实本身机构，一方面组设各地人民检察机构。在这建立机构的当中，各地普遍要求早日颁行《各级地方人民检察署组织通则》，明确

① 《中央人民政府组织法》规定："在普选的全国人民代表大会召开前，由中国人民政治协商会议的全体会议执行全国人民代表大会的职权，制定中华人民共和国中央人民政府组织法，选举中华人民共和国中央人民政府委员会（相当于现在的'全国人大常委会'——引者注），并付之以行使国家权力的职权"（第 3 条）；"中央人民政府委员会，由中国人民政治协商会议的全体会议选举中央人民政府主席一人，副主席六人，委员五十六人，并由中央人民政府委员会互选秘书长一人组成之"（第 6 条）。

规定各级人民检察署的组织、职权、领导及与其他有关机关的关系，俾全国检察机关，均有一致遵守的法则。最高人民检察署为适应这个需要，乃于 1950 年 11 月综合各地经验拟就《各级地方人民检察署组织通则》草案，同时因《最高人民检察署试行组织条例》第 2 条有全国各级检察署均独立行使职权的规定，不完全适合于目前情况，故将其加以修正，分送中央各有关机关征求意见，又经过反复讨论修改后，于本年 4 月 11 日提经中国人民政治协商会议全国委员会常务委员会政法组修正，复于 8 月 30 日提经中国人民政治协商会议全国委员会常务委员会审查修正。兹将上面两法案提请中央人民政府委员会审查批准，谨合并就下列四点略作说明：一、关于人民检察署的组织……二、关于人民检察署的任务与职权……三、关于各级人民检察署的领导问题……四、关于人民检察署与其他有关机关的分工合作……"① 随即当日，中央人民政府委员会第 12 次会议审议并举手表决通过了《暂行条例》（共 17 条）和《通则》（共 7 条）。这不仅使新中国人民检察制度有了正式经过立法程序的法律根据，也是新中国名副其实的第二部、第三部检察院组织法和中国检察法律史上的第六部、第七部检察院组织法。而之所以这么说，完全基于两者的内容规定。

例如，《暂行条例》包括：第 1 条（制定根据）；第 2 条（一般监督职责）；第 3 条（职权）；第 4 条（检察长与副检察长设置与任命）；第 5 条（检察长与副检察长职责）；第 6 条（委员会议）；第 7 条（秘书长设置与职责）；第 8 条（办公厅设置与职掌）；第 9 条（所设三处职掌）；第 10 条（人事处设置与职掌）；第 11 条（研究室设置与职掌）；第 12 条（厅、处、室下设部门）；第 13 条（与人民监察委员会关系）；第 14 条（调阅文书）；

---

① 参见闵钐编：《中国检察史资料选编》，中国检察出版社 2008 年版，第 395～398 页。

第 15 条（最高人民检察署分署设置）。《组织通则》包括：第 1
条（制定根据）；第 2 条（职权）；第 3 条（组织）；第 4 条（检
察长与副检察长职责）；第 5 条（委员会议）；第 6 条（与上级和
同级机关的关系）。

而如何评价《暂行条例》和《通则》对新中国检察法律史上
的贡献，40 年后的 1991 年 1 月，该两部法律起草和制定的亲历
者，王桂五先生撰文回忆：① （1）两者同时起草，同时通过，内
容衔接一致，相当于一部人民检察院组织法。（2）两者对《试行
条例》最大的修改之处是将检察机关的垂直领导体制改为双重领
导体制。之所以作出这样的规定，是为了加强地方的领导，发挥
地方各级人民政府的主动性和积极性，以利检察机关迅速进行组
织建设和顺利开展工作，选择了双重领导的有效途径。（3）两者
关于检察机关职权的规定与《试行条例》相比较，虽然略有修改，
但变化不大。（4）两者中增加了有关检察机关行使职权的程序规
定：一是人民检察署行使检察权时，认为应予以刑事制裁的，向同
级人民法院提起公诉；认为应予以行政处分的，移送同级人民监
察委员会处理。二是人民检察署有权向各机关调阅有关法律、法
令、决议、命令等类的文书和文件材料。三是地方各级检察署检
察长及副检察长可以商洽参加同级司法、公安、监察机关的行政
会议和专业会议，也可邀请上述机关参加检察署的行政会议和专
业会议。这些程序上的规定虽然比较简单，但使检察机关在开展
工作时，有了一些可以遵循的依据，避免了许多困难。

（四）《中央人民政府各级（大行政区直属市、省、市、县）
人民检察署试行组织通则（草案）》评介

尽管《暂行条例》和《通则》的颁行，为中央与地方检察工
作比翼双飞插上了法律翅膀。但六大行政区的检察工作却缺少全

---

① 参见王桂五主编：《中华人民共和国检察制度研究》，中国检察出版社 2008 年
版，第 73～74 页。

面、专门、系统的法律支撑、引领。为此，最高人民检察署根据《暂行条例》第15条规定（即"最高人民检察署得在各大行政区域或其他区域设分署，在其所辖区域内执行最高人民检察署的职务"）起草了《大区通则》（共8条）。但随后由于六大行政区的相继撤销等原因，使其并未正式颁行。然而，基于其中的下列内容，即将其视为新中国和我国检察法律史上的"半部检察院组织法"，也是恰如其分的：

第1条："新民主主义的检察机关，是运用司法行政程度，对各级政府机关的公务人员和全国国民，是否严格遵守法律，负责检察以保障人民权益与法律法令政策决议等之确切实施为其主要任务。"

第2条："各级人民检察署，均独立行使职权，服从该上级人民检察署之领导。"

第3条："各级人民检察署之职权如下：（一）检察政府机关公务人员和全国国民是否严格遵守人民政协共同纲领，人民政府的法律法令与政策方针；（二）对于法院之违法判决提出抗议；（三）检察司法与公安机关的犯人改造所及监所有无违法措施；（四）关于行政诉讼，亦得代表国有公益，参与或受理之；（五）对刑事案件实行侦查、检举、提起公诉；（六）参加与当地社会及劳动人民利益有关之民事案件。"

第4条："各级人民检察署之组织如下：（一）各大行政区设分署，称最高人民检察署某某分署；省、市、县称某省、市、县人民检察署。各级检察署首长一律称检察长，副检察长。不称署长、副署长。（二）各大行政区人民检察署，得设秘书长，办公厅，按刑事、民事、行政等事务之繁简，得分设各处，内设检察专员、检察员、助理检察员或调查员等若干人。省与中央直属市或其他大城市人民检察署设办公室，按事务之繁简，亦得设处或设科。县及等于县之市人民检察署，设办公室，按事务之繁简得分设各科。但直属市普通市、县人民检察署，除检察员外，按工作情形，得添设值查员、书记员、检察员若干人。（三）各级人民检察署，在目前干部与经验两缺条件下，且为工作便利起见，得暂由公安部门首长一人，兼任副或正检察长。另立机关或合署办公，均由各地斟酌情形办理。（四）在尚未设立检察署之地区，应暂委托公安机关，代行检察职权，但须直接受该上级检察署领导。"

第5条："各级检察署会议如下所示：（一）各级人民检察署设委员会，由正副检察长及委员若干人组成之。开会时以检察长为主席，讨论议决有关政策方针及一切重大事件，与总结经验。如委员会议意见不一致或有争执时，取决于检察长。前项会议以每月一次为原则。（二）署务、处务、科务等会议，是汇报、检查、推动、计划、讨论本署经常工作，应均定期举行。"

第6条："各级检察署与上下级及同级各机关联系办法如下：（一）各级人民检察署行使检察权时，应经常与公安机关、法院、监察委员会取得密切联系，以便彼此协商，利于进行工作。（二）各级人民检察署行使检察权时，如认为不应予以法律制裁者，可不提起公诉；如认为只应予以行政处分者，应移送同级监察委员会处理之。（三）各级人民检察署，为有效达成其所负任务而有必要时，得向各机关调阅有关于法律、法令、政策、决议等类之文书。为便于了解情况与联系，得列席司法、公安机关会议。反之，各级检察署亦得同样邀请上述有关机关列席本署会议。（四）各级人民检察长，得出席各级人民政府行政会议。（五）各级人民检察署，应定期按级对上级检署请示、报告，对下级检署指导视察。于不定期间，在其所属区域内巡迴察访，并得随时接受群众之口头或书面控诉。"

第七条："各级人民检察署办事细则各自另定之。"

总之，《暂行条例》和《通则》乃至《大区通则》为中央与地方检察工作的比翼双飞，不仅插上了坚实的法律翅膀和分级负责的检察工作理念，也为《五四检察院组织法》的制定、颁行提供了立法实践和检察实践经验之借鉴。

（五）《五四检察院组织法》评介

1.《五四检察院组织法》的制定背景与经过

1952年年底，中共中央接受斯大林建议，并决定尽快召开人民代表大会和制定宪法。

1952年12月24日，全国政协常委会举行扩大会议，讨论了中共中央的建议，并一致同意由全国政协向中央人民政府委员会建议，在1953年召开全国和地方各级人民代表大会，制定宪法和其他重要法律，包括"五四检察院和法院组织法"。随后，历经3个多月共计21稿终于完成《五四检察院组织法》。

1954年的《检察院组织法》和《法院组织法》是同时起草的，是在党中央主管政法工作的彭真同志的直接领导下进行的。参加起草工作的有：中央政法委员会秘书长武新宇，政务院副秘书长兼法制局局长陶希晋，最高人民法院副院长张苏、刑事审判庭庭长贾潜，司法部副部长、党组书记魏文伯，最高人民检察署副检察长高克林、秘书长周新民、副秘书长王桂五。彭真同志的秘书李琪也参加了起草工作。起草的时间是从1954年6月到9月。由于时间紧迫，参加起草的全部人员集中在颐和园内的谐趣园办公。日常讨论，由武新宇同志主持。彭真同志每周或隔一周去一次，听取汇报，作出指示。①

6月14日，起草小组完成《中华人民共和国检察署条例草案（初稿）》（《五四检察院组织法》最初名称，共3章23条）后，②即开始征询社会各方面意见。

8月13日，在吸收所征询社会各方面意见的基础上，并将名

---

① 参见王桂五：《我国第一部〈人民检察院组织法〉的起草情况和经过》，载王桂五：《王桂五论检察》，中国检察出版社2008年版，第177页。

② 具体内容，参见闵钐编：《中国检察史资料选编》，中国检察出版社2008年版，第398～401页，此不赘述。

称改为《人民检察署组织法（草案）》（共 3 章 23 条）后出台。
其主要内容包括：

第一章总则：第 1 条："按照《中华人民共和国宪法》第八
十一条的规定，①中华人民共和国总检察长对于国务院所属各部
门、地方各级国家机关、国家机关工作人员和公民是否遵守法律，
行使最高检察职权。"第 2 条："中华人民共和国设立下列检察机
关：最高检察署，地方各级检察署，专门检察署。"第 3 条："中
华人民共和国地方各级检察机关在总检察长统一领导下行使下列
职权：（一）对于地方各级国家机关决议、命令和措施是否合法，
国家机关工作人员和公民是否遵守法律实行监督；（二）对于刑
事案件进行侦查，提起公诉，支持公诉；（三）对于侦查机关的
侦查活动是否合法实行监督；（四）对于各级法院审判活动是否
合法实行监督；（五）对于刑事案件判决的执行和监狱、看守所、
劳动改造机关的活动是否合法实行监督；（六）对于有关国家和
人民利益的重要民事案件有权提起诉讼或者参加诉讼。"第 5 条：
"按照《中华人民共和国宪法》第八十三条的规定，地方各级检
察机关独立行使职权，不受地方国家机关干涉。地方各级检察长
服从上级检察长的领导，并且一律服从总检察长的领导。"第 6
条："按照《中华人民共和国宪法》第八十四条的规定，总检察
长对全国人民代表大会负责并报告工作；在全国人民代表大会闭
会期间，对全国人民代表大会常务委员会负责并报告工作。"

第二章检察机关行使职权的程序：第 7 条："总检察长在发
现国务院所属各部门和地方各级国家机关的决议、命令和措施违
法的时候，有权提出抗议，要求撤销、改变或者停止执行。地方
各级检察长在发现本级国家机关的决议、命令和措施违法的时候，
应当要求撤销、改变或者停止执行；如果要求未被接受，应当报

---

① 1954 年《检察院组织法》不仅与《法院组织法》同时起草，也与《五四宪
法》同时起草。

告上级检察长向它的上级机关提出抗议。地方各级检察长发现上级国家机关的决议、命令和措施违法的时候，应当报告上级检察长审查处理。检察长对于违法的决议、命令和措施，无权直接撤销、改变或者停止执行。任何机关对于检察长的要求或者抗议，必须负责处理和答复。"第 8 条："检察长在发现国家机关工作人员有违法行为的时候，应当通知他的主管机关给予纠正；如果这种违法行为已构成犯罪，检察长应当追究刑事责任。"第 9 条："检察机关在发现并且确认有犯罪事实的时候，应当提起刑事案件，依照法律规定的程序进行侦查，或者交给公安机关进行侦查；侦查终结，认为必须对被告人追究刑事责任的时候，应当向法院提起公诉。"第 10 条："检察长对公安机关的侦查活动发现有违法情况的时候，应当通知公安机关给予纠正。公安机关提起的刑事案件，在侦查终结后，应当依照法律规定移送检察长审查决定起诉或者不起诉。"第 11 条："对于公民的逮捕，除经法院决定的以外，必须经过检察长的批准。"第 12 条："检察长对于公安机关要求逮捕所作的不批准的决定和对于公安机关移送的案件所作的不起诉的决定，公安机关如果不同意的时候，有权向上级检察机关提出意见或者控告。"第 13 条："检察机关提起公诉的案件，由检察长或者由他指定的检察员以国家公诉人的资格出席法庭，支持公诉，并且监督审判活动是否合法。对于不经检察机关起诉的案件的审判，检察机关也可以派员参加并且实行监督。法院决定检察机关必须派员出席法庭的时候，检察长应当出席或者指定检察员出席。"第 14 条："地方各级检察长对于本级法院第一审案件的判决和裁定，有权按照上诉程序提出抗议。"第 15 条："上级检察长对下级法院，总检察长对各级法院已发生法律效力的判决和裁定，如果发现确有错误的时候，有权按照监督程序提出抗议。"第 16 条："总检察长参加最高法院审判委员会会议，如果对审判委员会会议的决议不同意，有权提请全国人民代表大会常务委员会审查处理。地方各级检察长有权列席本级法院审判委员会会议。"第 17 条："检察长监督刑事判决的执行，发现有违法情形的时候，应当通知执行机关给予纠正。检察长监督监狱、看守所和劳动改造机关的工作，发现有违法情形的时候，应当通知主管机关给予纠正。"第18条："检察长为执行检察职务，必要时有权列席本级的国家机关和它所属机关的有关会议，有权向有关的国家机关、企业、合作社、社会团体调阅必要的决议、命令、案卷和其他文件，有关机关和人员有义务根据检察长的要求提供材料和说明。"

第三章检察机关的组织：第19条："最高检察署设总检察长1人，副总检察长、检察员各若干人。总检察长由全国人民代表大会任免，副总检察长由全国人民代表大会常务委员会任免，都任期4年。最高检察署检察员由总检察长任免。副总检察长协助总检察长执行职务。"第20条："地方各级检察署由总检察长按照省、自治区、直辖市、自治州、县、市、自治县、市辖区设立。省、自治区检察署可以按照需要设立分署。"第21条："地方各级检察署设检察长1人和检察员若干人。必要时可以设副检察长。地方各级检察长的任免和任期，按照《中华人民共和国宪法》第八十二条的规定；上述规定，同样适用于地方各级副检察长。地方各级检察署的检察员由上一级检察长批准任免。"第22条："专门检察署为：军事检察署、铁路运输检察署、水上运输检察署。"第23条："各级检察机关可以设置必要的工作机构。"

8月14日，最高人民检察署下发《进一步加强检察工作典型试验的补充指示》，要求各级人民检察署按照《人民检察署组织法（草案）》中规定的检察程序，自始至终进行系统试验。

随后，起草小组又开始向社会各界征询意见、建议。为此，法学家李木庵以及当时在华访问的苏达里科夫、贝克夫、鲁涅夫等苏联诉讼法专家都提出过中肯意见。① 最终，形成《五四检察

---

① 例如，《鲁涅夫（苏联专家）同志对〈中华人民共和国人民检察署组织法（初稿）〉的意见》和《李木庵同志对〈中华人民共和国人民检察署组织法草案（初稿第一稿）〉的意见》。

署组织法（草案）》（即第20稿）提交党中央和一届全国人大一次会议审议、表决。

1954年9月20日下午4时55分，一届全国人大一次会议1197名代表，以无记名投票方式全票通过了《五四宪法》。它不仅将人民检察署的名称改为人民检察院，并在第81条至第84条中明确规定了检察机关的设置、职权、行使职权的基本原则和领导体制。

9月21日凌晨4时左右，《五四检察院组织法》的起草参与者——王桂五同志接到彭真同志的办公室的电话，要他立刻到彭真家里去。去到那里以后，彭真同志的秘书李琪说中央政治局会议刚刚结束，彭真才回到家里，接着向他转达了中央讨论检察署组织法的情况。彭真说，毛主席称赞法院组织法写得好，熨熨帖帖；而检察署组织法则写得别别扭扭。当时彭真回答说，对检察工作我们没有经验，现在只能写成这个样子；又说，好是不算好，但是要驳也驳不倒。讨论到最后，毛主席说既然检察工作这样重要，为什么不把检察署叫做检察院呢？对于毛主席的这一提议大家都很赞成，于是就把全国人大之下两院（国务院、最高法院）一署（检察署）的体制改为"三院"体制，在地方上则为"一府两院"的体制。起草过程中前20稿都是沿用检察署的名称，中央讨论后的第21稿才改为检察院的名称（亦即最后提交一届全国人大一次会议审议、讨论的《中华人民共和国人民检察院组织法（草案）》——引者注）。当时起草小组的同志都清楚，毛主席指出的别别扭扭，就在于未能把列宁关于检察制度的理论、苏联的经验水乳交融般地同中国的实际结合起来，甚至某些名词用语都是从苏联翻译过来的，没有使之中国化，缺乏中国的气魄与风格。①

---

① 参见王桂五：《熨熨帖帖和别别扭扭》，载王桂五：《王桂五论检察》，中国检察出版社2008年版，第433~434页。

9 月 21 日下午，北京中南海怀仁堂，一届全国人大会第一次会议 1192 名代表以无记名投票的方式，表决通过了由中华人民宪法起草委员会提交本次会议审议的《中华人民共和国人民检察院组织法》，共 3 章 22 条。

2.《五四检察院组织法》评介

基于上述 3 章 22 条内容不难看出，《五四检察院组织法》无愧为新中国第四部和我国检察法律史上第八部检察院组织法，以及我国检察法律史上第一部名副其实的全面、专门、系统规范检察机关权力或行为的检察院组织法典。而 38 年后，起草工作的亲历者王桂五先生对其还有如下回忆、评介：[①]

第一，从当时检察工作的实际情况出发，为了赶在人大召开之前起草一部比较好的组织法，采取了以下的方法：一是在统一领导之下，和《人民法院组织法》同时起草，便于互相参照，协调一致，也有利于提高工作效率；二是与《宪法》平行起草，用宪法草案的精神指导检察署组织法的起草，而检察署组织法草案也可以供起草宪法时参考；三是起草工作与业务学习、业务培训相结合；四是起草工作和检察工作的典型试验相结合。

第二，起草过程中探讨的几个问题：一是关于法律的相对独立性问题；二是关于在适用法律上一律平等的问题；三是关于一般监督的概念问题。经过起草小组讨论认为，我们虽然采用一般监督这一概念，但只是把它作为检察机关的一项职权，而不是作为一种监督的方法。也就是说，检察机关的监督只是在得知违法犯罪事实以后才进行监督，而不是事先对一个机关进行一般性的检察监督以查明有无违法犯罪事实。同时，作为一项职权，它监督的对象只是国家机关和工作人员，而不包括

---

① 参见王桂五：《我国第一部〈人民检察院组织法〉的起草情况和经过》、《熨熨帖帖和别别扭扭》，载王桂五：《王桂五论检察》，中国检察出版社 2008 年版，第 177 ~ 181 页、第 433 ~ 434 页。

一般公民；行为的性质为违法，而不是犯罪；四是关于提起刑事案件。提起刑事案件也是从苏联翻译过来的一个名词，说起来有些拗口，实际上就是立案。那么，为什么又要采用这一概念呢？按照起草小组讨论的意见，主要是区别于公安机关在反特务、反间谍活动中的立案。

第三，就它的成就而言，一是规定了检察机关的各项法律监督职权，包括一般监督、侦查、侦查监督、审判监督和劳改监督等；二是规定了检察机关行使职权的程序，并且在这些程序中贯彻公检法三机关在办理刑事案件中互相配合、互相制约的原则；三是规定了任何公民在适用法律上一律平等的原则；四是规定了对公民人身自由的法律保障；五是规定了适合检察工作性质与特点的领导原则，即垂直领导原则。

总之，《五四检察院组织法》是一部最完整、最好的检察组织法，但在法律虚无主义、"无法无天"的境遇下，却走了一条从"辉煌"到"可有可无"再到"名存实亡"的坎坷之路。但尽管如此，它却成了 1979 年乃至现行《检察院组织法》的蓝本。① 当然，它也有"未能把列宁关于检察制度的理论、苏联的经验水乳交融般地同中国的实际结合起来，甚至某些名词用语都是从苏联翻译过来的，没有使之中国化，缺乏中国的气魄与风格"等缺憾、不足。

（六）《最高人民检察院组织条例（草稿）》评介

《五四检察院组织法》颁行后的 1954 年 11 月 5 日至 21 日，最高人民检察院在北京召开检察业务工作会议，讨论贯彻执行《五四检察院组织法》的措施，确定人民检察院的业务与组织建

---

① 例如，"这两个法（即《中华人民共和国人民法院组织法（草案）》和《中华人民共和国人民检察院组织法（草案）》——引者注）都是在一九五四年制订的法院、检察院组织法的基础上修改的"（参见彭真：《关于七个法律草案的说明》，载《彭真文选》，人民出版社 1991 年版，第 377 页）。

设计划。同时，会议还讨论修改了各项检察业务的试行办法（草案）和规范并细化最高人民检察院工作的《草稿》。

11月23日，最高人民检察院下发了根据《五四检察院组织法》第22条制定的《草稿》（共16条）参考试行。当然，尽管《草稿》与检察院组织法惯用名称不符，尽管它是由最高人民检察院起草下发的，尽管其中第16条还规定"本条例自全国人民代表大会常务委员会批准之日施行"，但基于它已实际下发参考试行的事实和检察解释与所解释的法律具有同等效力之惯例，①以及《草稿》所含下列内容，将其视为新中国第六部、我国检察法律史上第十部检察院组织法，并无不妥：

第2条："最高人民检察院（以下简称本院）检察长领导全院院务，副检察长协助检察长执行职务。"

第3条："本院统一领导地方各级人民检察院和专门人民检察院（铁路、水上运输和军事检察院）进行工作。"

第4条："本院检察委员会设委员11至17人，在检察长领导下讨论和决定下列重大事项：（一）关于检察工作的方针任务

---

① 因为，《草稿》开宗明义："本条例根据中华人民共和国人民检察院组织法制定"（第1条），因此，将其视为《五四检察院组织法》之延伸，也在情理之中。当然，也许有人以全国人大常委会《关于解释法律问题的决议》（1955年6月23日）为据，强调最高人民检察院当时并不享有司法解释权，进而否认《草稿》的司法解释性质。但也是站不住脚的。一则，《关于解释法律问题的决议》颁行于《草稿》颁行之后；二则，《草稿》颁行之前与之后以及全国人大常委会《关于加强法律解释工作的决议》（1981年6月10日）颁行之前，最高人民检察院不仅有单独颁行司法解释的情形，也有与最高人民法院等司法机关联合颁行司法解释的情形。例如，最高人民法院、最高人民检察署、司法部《关于判处徒刑的反革命分子亦与判处死刑的一样一律不准上诉的指示》（1951年9月29日）、最高人民检察署《关于处理战犯、汉奸、官僚资本家及反革命分子财产的初步意见》（1952年10月18日）、最高人民检察署《关于在宪法和人民检察院组织法公布后进一步建设检察工作的组织与业务的意见》（1954年11月3日）、"两高"《关于刑事案件卷宗归档的问题的批复》（1955年7月14日）、最高人民检察院《关于处理劳动改造犯人加、减刑等法律程序的通知》（1956年7月5日）、"两高一部"《关于清理看守所关押的未决犯的联合通知》（1965年6月1日）等。

和重要的计划、总结、报告事项；（二）关于重要的决议、命令、指示和措施事项；（三）关于重大和疑难案件的处理事项；（四）关于各级人民检察院的编制和预决算事项；（五）关于干部的提请任免和批准任免事项；（六）其他有关检察工作的重大事项。"

第5条："本院设下列各厅，分管各项业务，在必要的时候可以设其他厅：（一）第一厅（一般监督厅），掌管一般监督事项；（二）第二厅（侦查厅），掌管侦查事项；（三）第三厅（侦查监督厅），掌管侦查监督事项；（四）第四厅（审判监督厅），掌管审判监督事项；（五）第五厅（监所、劳动改造机关监督厅），掌管监所、劳动改造机关监督事项；（六）人事厅，掌管干部管理、教育、训练等事项；（七）办公厅，掌管秘书、编研、控诉、行政等事项……"

第9条："本院所有抗议、提请、提起刑事案件、逮捕、搜查、扣押、起诉等重大事项，均须先由各主管单位负责人提出意见，报请检察长批准。"

第12条："本院所有命令、重要指示以及带有法定性的公文，用检察长名义发出。所有通报、决议、案件处理等公文，用院的名义发出。如纯属检察业务工作方式方法等指导性的公文，用各厅名义直接向下级业务单位发出。凡属用检察长和院的名义发出的公文，由各主管单位拟稿报请检察长签发；用院的名义发出一般性的公文，检察长责成各主管单位负责人签发。"

第13条："本院设铁路、水上运输和军事检察院，其组织条例另行拟定。"

第 14 条："本院各厅工作办法另行分别规定。"①

第 15 条："本院公文处理办法和请示报告、学习、请假、考绩、奖惩等制度另行规定。"

（七）《七九检察院组织法》评介

作为新中国第七部和我国检察法律史上第十一部检察院组织法，以及我国检察法律史上第二部名副其实的检察院组织法典，《七九检察院组织法》的出台，既基于"文革"前和"文革"后对《五四检察院组织法》的修改动议、建议，也基于《七八宪法》对人民检察制度的恢复、重建以及社会主义民主法制建设的现实需要。

1. 《七九检察院组织法》的制定背景和经过

尽管《五四检察院组织法》不失为我国第一部最完整、最好的人民检察组织法典，但非完美无缺。因此，在其颁行不久，便出现了许多不解乃至修正动议。但随着诸如"反右"、"大跃进"、"四清"、"文革"等政治运动的接踵而至，不仅使其名存实亡，也导致其修正工作被迫中止，且"一止"就达 25 年。

1978 年 3 月 5 日《七八宪法》的颁行，既标志着新中国检察机关的恢复、重建，也预示着《五四检察院组织法》修正工作的

---

① 正是基于此条规定，最高人民检察院及其各厅才先后制定了本厅的"工作办法"。例如，第一厅《关于各地人民检察院试行一般监督制度的情况和意见》（1954 年 12 月 23 日）、第二厅《关于各地人民检察院试行侦查制度的情况和意见》（1954 年 12 月）、第四厅《关于各地人民检察院试行审判监督制度的情况和意见》（1954 年）、第二厅《对各地侦查工作的几点意见》（1955 年 5 月）、第一厅《（一般监督）工作试行办法（草稿）》（1955 年），以及最高人民检察院《各级人民检察院侦查工作试行程序》（1956 年 8 月 5 日）、《关于侦查监督工作程序方面的意见（试行草案）》（1957 年 7 月 31 日）、《人民检察院刑事审判监督工作细则（草案）》（1957 年 9 月 3 日）、《人民检察院劳改检察工作的任务和办法》（1958 年 5 月 13 日）、《关于修改办案程序的初步意见》（1958 年 8 月 15 日）、《各级人民检察院办案程序试行规定（草案）》（1959 年 3 月 20 日）、《关于审查批捕、审查起诉、出庭公诉工作的试行规定（修改稿）》（1963 年 8 月 26 日）等。

重启。而之所以说重启，在于"文革"间《五四检察院组织法》并未废止。换言之，《七九检察院组织法》并非《五四检察院组织法》推倒重来的结果，而是对其修正的结果。

（1）"文革"前的修正经历。主要包括如下三个关键点：

1）贯彻施行《五四检察院组织法》业务工作会议期间。1954 年 11 月 5 日至 21 日，最高人民检察院在京举行检察业务工作会议讨论贯彻执行《五四检察院组织法》的措施时，与会代表就针对《五四检察院组织法》提出许多疑问和不足甚至修改建议。①

例如，会议期间的 11 月 7 日和 9 日两天，各小组结合实际情况，提出《五四检察院组织法》的不足 187 条，并涉及如下十个方面：①直辖市设有中级法院，是否必须设立检察分院？②专门检察院有哪些？它既然是最高人民检察院的组成部分，为何还要另行规定？③检委会的任务、组成人员产生的方式，以及它与党组、院务会议的关系？开会时，如有分歧取决于检察长还是少数服从多数？过去的委员会议与检委会性质上有无不同？④《暂行条例》上规定的最高检察权与组织法上规定的监督权，以及苏联和各人民民主国家的检察机关的最高监督权，三者有何区别？⑤第 3 条中规定最高人民检察院行使检察权，为什么第 4 条中地方检察院不提行使检察权，而提实行监督？⑥是宪法、组织法都规定检察院实行垂直领导，是否还须要一个时期的过渡？如何过渡？何时结束？⑦中央派驻在地方的机关、企业，由哪一级检察院进行监督？地方检察机关对本级国家机关所属各部门（如市的税务局）是否可以抗议？⑧公安机关侦查的案件是否都必须由检察院起诉？还是哪些案件须由检察院起诉？⑨组织法中许多条文（如第 10 条、

① 参见《检察业务工作会议简报》（第 1～3 期）、《各小组对〈中华人民共和国人民检察院组织法〉所提的问题——讨论记录综合整理稿》，最高人民检察院检察工作会议秘书处 1954 年 11 月编辑、整理。

第 11 条等）都规定依照法律的规定办理，但这些法律还未制定，希望迅速制定有关法律（如刑事诉讼法等）。⑩检察通讯员在组织法上为何不提了，现有的一两万名检察通讯员如何处理？

而后，与会代表又针对《五四检察院组织法》的具体条文，提出了如下疑问、意见或修改建议：①

第 1 条（原文：中华人民共和国设立最高人民检察院、地方各级人民检察院和专门人民检察院。地方各级人民检察院分为省、自治区、直辖市、自治州、县、市、自治县人民检察院。省、自治区、直辖市人民检察院按照需要可以设分院。直辖市和设区的市人民检察院按照需要可以设立市辖区人民检察院。专门人民检察院的组织由全国人民代表大会常务委员会另行规定）：省、县检察院是否直接领导关系，因为其间还要设分院，分院与县检察院是否领导关系（贵州）？直辖市检察院按需要可设立分院，但没有这一级的党和政府组织，工作起来有困难；不设，领导区院也有困难。同时，法院有这一级，检察院也有配合的必要（上海）；省辖市设有区法院的，是否一律设区检察院？省辖市设有区法院，未设区检察院，市检察院能否代行区检察院的职权向区法院提起公诉（中南）？省辖市不设区的，是否可设立区检察院（河北）？法院在林区设有法院，检察机关应如何设立（黑龙江）？直辖市所设分院和区院有何区别（华北）？

第 2 条（原文：各级人民检察院各设检察长一人，副检察长若干人和检察员若干人。各级人民检察院检察长领导各级人民检察院的工作。各级人民检察院设检察委员会。检察委员会在检察长领导下，处理有关检察工作的重大问题）：①为何没有关于设助理检察

---

① 其中，括弧内名称，为该六大行政区、省、市、区、县和个人与会代表意见；"组织法"即《五四检察院组织法》，"高检"即"最高人民检察院"，"检委会"即"检察委员会"的简称。

长的规定（西安、天津）？②民主集中制这一面有检委会的规定，但个人负责制这一面体现在哪里？检委会中有不同意见是少数服从多数，还是取决于检察长？如是少数服从多数，又如何体现个人负责制（上海闸北区）？检委会与党委的民主集中制是统一的，不应有所区别（广西、广东）；检委会中的意见有分歧时取决于检察长，因为检委会是在检察长领导下，这和党委会的少数服从多数是不同的（华北组、江西）；检委会是采取民主集中制，但决定权还在于检察长。因此，检委会服从检察长（甘肃）；检委会的决议检察长应该遵守，遇有分歧意见时，可将双方意见同时报告上级决定（西南、广西、广东）。③检委会与院务会议有何区别（山西）？如何分工（无锡、上海）？检委会和党组不同，任务也不同。检委会是行政组织，是解决业务问题的会议（内蒙古）；检委会开会时间间隔较长，院务会议经常开，因而两者不可相互代替（江苏）；检委会、院务会和党组三者不能混淆。检委会主要是研究解决有关业务的方针政策及重大问题，院务会包括日常行政工作，党组就不能与行政混合，形成党政不分（热河、哈尔滨、哈铁）。④检委会的组成人员是哪些人（无锡）？它是处理有关检察工作的重大问题，而一般问题多是涉及公安、法院的关系，其组成人员若不吸收外面的人参加，是否妥当（西南）？必要时可吸收工、农、青、妇及党委等有关方面人员参加，既便于工作，又能起宣传作用（江苏、吉林、哈尔滨），并且还可加强民主及各方面对检察工作的了解和监督（吉林、哈尔滨）。⑤检委会的任务范围怎样（西南、无锡）？检委会只能研究解决有关方针政策的重大问题，不讨论具体案件。因检委会召开会议的间隔期较长，解决具体问题不及时，同时与党组有冲突（吉林）；检委会处理有关检察工作的重大问题指的是哪些（济南）？

第 3 条（原文：最高人民检察院对于国务院所属各部门、地方各级国家机关、国家机关工作人员和公民是否遵守法律，行使检察权）：①国家机关的范围？与国家工作人员如何区别？社会团体、民主党派、工商联合会、工会、群众组织的合作社等是否包括在国家机关范围内？如果不包括在内，其工作人员违法，通过什么形式对他们进行监督？他们是以国家工作人员还是以公民的身份接受监督（华北、华东、东北）？机关违法与机关个人分不开，机关违法与其工作人员违法如何区别？机关违法主要是指决议、命令、指示而言，个人违法是指贪污、盗窃等（陕西、青海）；有的先是个人意见，但机关同意了，如违法，机关也负责（陕西）；工厂职员是否算国家工作人员（长春）？②过去提最高检察权，现在提检察权，如何区别（甘肃）？行使检察权是指有权，最高检察权是说其他再没有这样高的，两者有区别（西安）；最高是最后的意思，现在情况不适合，最高人民检察院还要人大及常委会的领导。如最高人民检察院检察的案件，如被检察者不服或有错误，人大还可最后检查。③公民问题。不够公民年龄，犯罪是否追究（西安）？公民不分年龄，18岁只是公民有无选举权问题，并不是年满18岁才是公民，18岁以下犯罪，只是处理不同；对于未成年的人犯罪是否同样地适用法律（中南）？

第4条〔原文：地方各级人民检察院，依照本法第二章规定的程序行使下列职权：（一）对于地方国家机关的决议、命令和措施是否合法，国家机关工作人员和公民是否遵守法律，实行监督；（二）对于刑事案件进行侦查，提起公诉，支持公诉；（三）对于侦查机关的侦查活动是否合法，实行监督；（四）对于人民法院的审判活动是否合法，实行监督；（五）对于刑事案件判决的执行和劳动改造机关的活动是否合法，实行监督；（六）对于有关国家和人民利益的重要民事案件有权提起诉讼或者参加诉讼〕：①检察权与监督权的区别：它们是一个问题的两方面，怀疑时进行监督，肯定了再检察，监督是检察的前一步（新疆）；只有最高人民检察院有检察权，地方只有监督权（西安、青海）；《宪法》和《组织法》第5条规定各级检察院均有检察权，第4条各款的监督包括在检察权内，也就是有检察权。②第1款：公民是否遵守法律是否属于一般监督（西南）？对地方国家机关的决议、命令和措施是否合法实行监督，所指措施包括哪些内容（河北)？③第2款：对刑事案件进行侦查的范围很广，是否需要有所规定（天津）。④第3款：审批公安机关送交的案件是只根据材料案查，还是可再行复查？对特情案件怎么办？对公安机关用特殊手段侦查的材料是否也要审查？秘密侦察与侦查的区别，公安机关与我们的看法不一致。因此，侦查监督有困难。界线如何划分（济南、河北）？侦查监督不仅监督公安机关的侦查活动，同时也监督本机关侦查员的侦查活动（华北）；侦查监督主要是监督公安机关的侦查活动，不能监督本机关的侦查活动（汪列、白步洲）；侦查机关是否包括公安和民警机关的侦查（西南）？⑤第5款：是否包括对犯人在监狱的违法犯罪的监督？有的认为不包括对犯人的监督（段大明），有的认为包括在内（西南）；对于收容小偷等的劳动教育院，不是经法院判决的，我们是否也要进行监督（无锡）？市公安局所设的拘留所是否包括在本条第5款内，如何对它进行监督（天津）？⑥第6款：关于重大民事案件的范围问题，机关与机关的行政诉讼问题是否包括在内（吉林、西南）？⑦直接投案到法院的自新案件，检察院如何支持公诉（天津）？

第5条（原文：各级人民检察院行使检察权，对于任何公民，不分民族、种族、性别、职业、社会出身、宗教信仰、教育程度、财产状况、居住期限，在适用法律上一律平等）：应如何解释在适用法律上一律平等？检察机关适用法律的表现在哪些方面（北京、河北、山西、内蒙古、浙江、安徽）？

第6条（原文：地方各级人民检察院独立行使职权，不受地方国家机关的干涉。地方各级人民检察院和专门人民检察院在上级人民检察院的领导下，并且一律在最高人民检察院的统一领导下，进行工作）：检察院在行使职权时不受地方干涉，如地方开展某中心工作要抽调检察干部去搞，这到底是什么关系（河北、北京）？宪法和组织法规定检察院垂直领导原则，而6月12日中央批示又强调仍需实行一时期的双重领导，这有什么好处？不这样又有什么好处（浙江）？

第7条（原文：最高人民检察院对全国人民代表大会负责并

报告工作；在全国人民代表大会闭会期间，对全国人民代表大会常务委员会负责并报告工作）：地方各级检察院对各级人民委员会报告工作，组织法未规定，提纲也未说明如何报告，使人民委员会的工作日程无法安排（江苏、西南、云南）；地方各级检察院可向各级人民代表大会报告工作，但又不对它负责，又报告一些什么（西南）？省、市检察院和省、市人大的关系如何？是否既向它们报告工作又向人民委员会报告工作（北京）？

第 8 条（原文：最高人民检察院发现国务院所属各部门和地方各级国家机关的决议、命令和措施违法的时候，有权提出抗议。地方各级人民检察院发现本级国家机关的决议、命令和措施违法的时候，有权要求纠正；如果要求不被接受，应当报告上一级人民检察院向它的上一级机关提出抗议。地方各级人民检察院发现国务院所属各部门和上级地方国家机关的决议、命令和措施违法的时候，应当报告上级人民检察院处理。人民检察院对于违法的决议、命令和措施，无权直接撤销、改变或者停止执行。对于人民检察院的要求或者抗议，有关国家机关必须负责处理和答复）：地方检察院对中央的派出机关如何行使检察权？如何对其派出机关进行检察（内蒙古、山西、河北）？地方检察院对中央派出机关的违法是否可直接调卷检察，还是报上级检察（天津）？地方各级检察院对同级政府机关有监督权，最高人民检察院对国务院无权进行监督，但条文上却没有明确规定（西安）；一般监督工作范围很广，例如参加会议、调阅案卷、召集别人开座谈会了解情况等，当然重要案件可以这样做，但一般简单案件是否也该这样做（西安）？一般监督工作规定对政府决议、命令、计划有无违法？因为一个地区机关很多，会议决议也多，倘不分轻重大小一律管，是不可能的，应该明确范围（新疆、青海）；地方国家机关是指的哪些机关，青、妇、农等组织是否是国家机关？这些组织成员犯法是按国家工作人员对待还是按公民对待（上海）；对国家机关命令、措施等的监督究竟从哪些机关，哪些问题上着手（上海、济南）？本条与第 19 条对照来看，向有关机关索阅文件究竟是抄送还是调阅，应规定出范围（安徽、福建、济南）；对同级政府不能抗议，对其所属部门如市的税务局等是否可抗议（安徽）？在一般监督工作中省、市院如何分工（济南、福建）？为何最高人民检察院对国务院所属各部门和地方国家机关的决议、命令和措施有违法时可提出抗议，而地方检察院发现同级国家机关有违法时则无权抗议，只有纠正权（重庆）？

第 9 条（原文：最高人民检察院发现国务院所属各部门和地方各级国家机关的决议、命令和措施违法的时候，有权提出抗议。地方各级人民检察院发现本级国家机关的决议、命令和措施违法的时候，有权要求纠正；如果要求不被接受，应当报告上一级人民检察院向它的上一级机关提出抗议。地方各级人民检察院发现国务院所属各部门和上级地方国家机关的决议、命令和措施违法的时候，应当报告上级人民检察院处理。人民检察院对于违法的决议、命令和措施，无权直接撤销、改变或者停止执行。对于人民检察院的要求或者抗议，有关国家机关必须负责处理和答复）：中央机关工作人员的违法案件经常送北京市署处理，常常又涉及逮捕问题，这样对于中央机关干部违法的刑事案件提起和审查逮捕的权限，已成为一个问题，如何解决（北京）？本条规定构成犯罪的问题界线不够明确，尤其是在生产事故中；对国家机关工作人员的检察没分管辖范围，如发现上级机关干部违法或犯罪如何提请纠正（无锡）？关于机关干部违法的问题，过去是向监委和所在机关提出，今后是否还要向监察部门提出（中南）？违法行为和构成犯罪的区别谈原则容易，在实际工作中就有困难，希望最高人民检察院能在具体问题上有个范围的规定（中南）。

第 10 条（原文：人民检察院发现并且确认有犯罪事实的时候，应当提起刑事案件，依照法律规定的程序进行侦查或者交给公安机关进行侦查；侦查终结后，认为必须对被告人追究刑事责任的时候，应当向人民法院提起公诉）：哪些案件由检察院自行侦查，哪些交公安侦查（北京、无锡、济南）？公安机关本身案件也很多，检察院将案件交他们侦查如果他们说：你们也是侦查机关，为什么交给我们？而不接受怎么办（新疆、西安市）？犯罪既已构成，不侦查也可确定的案件，可否不经侦查而直接起诉？检察院审查公安侦查的案件，认为有问题需退公安补充侦查。公安机关确已尽最大努力，无法再侦查，该怎么办（新疆）？公安侦查的案件，应全部交检察院起诉，还是部分交检察院起诉（无锡、济南）？公安应该可以自行起诉，因为老百姓还能自诉呢（无锡）；下级检察院发现上级国家机关有违法问题，是否能进行侦查？抑或报请上级检察院侦查（北京）？侦查终结后，向法院提起诉，其起诉书由侦查处写，还是由审判监督处写（贵州、四川、云南）？

第 11 条（原文：人民检察院对本级公安机关的侦查活动发现有违法情况，应当通知公安机关给予纠正。公安机关提起的刑事案件，侦查终结后，认为需要起诉的，应当依照法律的规定移送人民检察院审查，决定起诉或者不起诉）：侦查活动是否合法，根本没有标准，应当迅速制定法律（上海）；目前审查公安部门侦查的案件，只能看它材料是否确凿，如果要审查它的程序，那是难得有合法定程序的（无锡）；对公安机关进行侦查监督的范围如何？应有明确规定。若仅提重大的，则重大的程度怎样确定？不由检察院审查起诉的案件，公安机关能不能直接向法院起诉（中南）？公安部自己侦破的案件，是否都交给检察院起诉（北京）？秘密侦查只是侦查的手段，其侦查过程仍应包括在侦查监督的范围内（湖北）；公安机关侦查终结后移送检察院审查起诉，是否用检察院的名义（四川）？

第 12 条（原文：对于任何公民的逮捕，除经人民法院决定的以外，必须经人民检察院批准）：检察院对于法院逮捕的决定，是否进行监督（黎克明）？如果发现逮捕错了，应按审判监督程序进行监督（吉林）；甲地派人到乙地捕人，是由甲地检察长批

准，还是由乙地检察长批准（北京）？宪法颁布后，公安机关逮
捕人犯，都要经检察院批准，检察院恐怕人力办不到，当地党委
会曾这样决定：重大案件由检察院批准，一般案件由公安机关自
行决定，但究竟哪些算一般的案件？公安部门应管哪些（新疆）？

第14条（原文：人民检察院提起公诉的案件，由检察长或
者由他指定的检察员以国家公诉人的资格出席法庭，支持公诉，
并且监督审判活动是否合法。对于不经人民检察院起诉的案件的
审判，检察长也可以派员参加并且实行监督。人民法院决定人民
检察院必须派员出席法庭的时候，检察长应当出席或者指定检察
员出席）：监督审判活动是否合法，根本没有法律标准又如何进
行监督（上海、南昌）？检察院提起公诉的案件，与不经检察院
起诉的案件，在出席和参加法庭时的活动与任务有什么区别（天
津）？非检察院移送法院的案件，检察长参加时是否也要支持告
诉（如对自诉案件）（无锡）？法院决定检察院出庭的案件，检察
院就要出庭。但这个决定以什么作标准，如果决定得过多，检察
院如何出庭得了（上海）？检察员在公判庭上的职权，是否与检
察长职权相同（广东）？

第15条（原文：地方各级人民检察院对于本级人民法院第
一审案件的判决和裁定，认为有错误的时候，有权按照上诉程序
提出抗议）：上诉程序提出抗议和审判监督程序提出抗议，二者
有何区别（河南）？本级法院判处死刑的案件，如法院立即执行，
检察院有意见或提出抗议，法院是否要缓期执行（贵州）？参加
法院审理案件时，如在法庭上发现有违法时，应当时提出纠正，
或者按上诉程序抗议；判决与裁定，如何区别（河北）？

第16条（原文：最高人民检察院对各级人民法院已经发生
法律效力的判决和裁定，上级人民检察院对下级人民法院已经发
生法律效力的判决和裁定，如果发现确有错误，有权按照审判监
督程序提出抗议）：检察院发现本级法院已发生法律效力的判决
有错误时，如何抗议（萧山）？已发生法律效力的判决和裁定与

中外检察法律研究

未发生法律效力的判决和裁定，如何划分（天津）？审判监督有哪些内容和程序（河北，北京）？

第17条（原文：最高人民检察院检察长列席最高人民法院审判委员会会议，如果对审判委员会的决议不同意，有权提请全国人民代表大会常务委员会审查处理。地方各级人民检察院检察长有权列席本级人民法院审判委员会会议）：地方检察长列席本级法院审判委员会议，对它的决议不同意时，怎么办（无锡）？

第18条（原文：人民检察院监督刑事判决的执行，如果发现有违法的情况，应当通知执行机关给予纠正。人民检察院监督劳动改造机关的活动，如果发现有违法的情况，应当通知主管机关给予纠正）：死刑判决的执行有什么程序（天津）？

第19条（原文：人民检察院为执行检察职务，有权派员列席有关机关的会议，有权向有关的机关、企业、合作社、社会团体调阅必要的决议、命令、案卷或者其他文件，有关的机关、团体和人员都有义务根据人民检察院的要求提供材料和说明）：提供材料和说明中是否包括鉴定人在内（天津）？

第20条（原文：最高人民检察院检察长由全国人民代表大会选举，任期四年。最高人民检察院副检察长由全国人民代表大会常务委员会任免。最高人民检察院检察员和检察委员会委员，由最高人民检察院检察长提请全国人民代表大会常务委员会任免）：最高人民检察院检察长为选举产生，地方各级检察长为任免，其意义何在（干校张健）？

第21条（原文：省、自治区和直辖市的人民检察院的检察长、副检察长、检察员和检察委员会委员，由最高人民检察院提请全国人民代表大会常务委员会批准任免。省、自治区、直辖市的人民检察院分院和县、市、自治州、自治县、市辖区的人民检察院的检察长、副检察长、检察员和检察委员会委员，由省、自治区、直辖市的人民检察院提请最高人民检察院批准任免）：由最高人民检察院提请全国人大常委会任免的人员和省、自治区、直辖市检察院提请最高人民检察院批准任免的任免书，应由谁发给（天津）？任免和批准任免有什么区别（无锡）？批准任免是由提请批准任免者任免，而由批准任免者批准（上海）。

其他："院"与"署"有什么区别？为什么说从"院"字就可体现了检察机关在政法工作上的重要性及其高度的民主集中制？宪法规定了检察机关的垂直领导原则而高克林副检察长又提出仍需一个时期的双重领导，其原因何在？这种变双重领导还需要多少时间才能过渡到垂直领导（黑龙江、吉林）？在盟设的检察院是称检察分院，还是称检察院？盟的检察院（分院）和省的检察分院在行使职权上是否有区别（内蒙古）？为何对于厅、处长的职责、行政、业务单位的分工都不明确规定？侦查处、侦查监督处和审判监督处如何分工？一个案件从侦查到起诉是否都需要经过检察长批准？群众来信来上访应由哪个处管？检察通讯员应如何处理文件？什么时候才把检察署改为检察院（河北）？自治州是指哪一级政权（沈阳）？今后政法委撤销了，检察院在地方上受谁领导（新疆）？有关公检法管辖案件范围应由中央统一规定（天津、山西）。

2）"四检会议"期间。① 自 1954 年 11 月后的 4 年间，各界

---

① 1958 年 6 月 23 日至 8 月 18 日，最高人民检察院在京召开第四次全国检察工作会议，通过了《最高人民检察院党组"务虚"报告》和《检察机关的今后任务（五十条）》，讨论了对《五四检察院组织法》的修改。期间，共有 695 人次（会议代表 508 人，各地 187 人）写出修改组织法的大字报 617 张（其中会议代表写出 450 张，各地寄来 167 张），共提出意见 681 条，归纳起来所提问题一共是 45 个。在这些意见中，属于批评方面的有 159 条，3 个问题；属于建议方面的有 522 条，42 个问题。经过初步的分析研究，主要意见是：在批评方面共有 159 条 3 个问题。主要批评组织法对检察机关的性质、任务规定不明确，六多六少，强调垂直领导和集中，忽视党的领导；认为干部犯错误与组织法有关等。在建议方面共有 522 条，42 个问题（参见《关于修改人民检察院组织法建议的说明》，第四次全国检察工作会议修改组织法专门小组 1958 年 8 月 5 日编印；《第四次全国检察工作会议关于修改人民检察院组织法的建议》、《第四次全国检察工作会议简报》、《关于检察机关性质的认识》、《对组织法的修改意见》，第四次全国检察工作会议秘书处 1958 年 8 月编印）。

要求修改《五四检察院组织法》的呼声不断，并成为"反右运动"之后召开的第四次全国检察工作会议的主要议题之一。

1958 年 8 月 5 日，第四次全国检察工作会议修改组织法专门小组向会议提交的《关于修改人民检察院组织法建议的说明》，包括以下五个方面，供与会者讨论：

第一，关于检察机关的性质、任务：①多数主张组织法应明确地写明检察机关是一个无产阶级专政机关，并主张检察机关的任务除批捕、起诉、出庭、侦查、劳改检察以外，还应把预防犯罪和社会改造的检察列为任务之一。②有的主张，法律监督职能可保留，备而不用，但对原条文应作适当修改；去掉法律监督职能；把检察机关写为国家公诉机关，以明确公检法的具体分工；把检察机关写成检察公诉机关。③少数人主张把批捕、劳改检察交公安机关；不搞侦查工作只保留侦查权；不搞民事案件；提起民事诉讼还可以，但不必参加诉讼。

第二，关于检察机关的领导关系：一致主张把党的领导明白地写在组织法上，把垂直领导改为双重领导，检察机关内部应明确规定实行民主集中制，检委会是集体领导的组织；少数人则主张取消检委会。

第三，关于检察干部的任免问题，一致主张干部任免权下放，但下放的办法不同：①各级检察院检察长由同级人大选举、副检察长由同级人大常委会任命，均报上级检察院备案。检察员由同级人大常委会任命（专区分院检察长由省人大选举，副检察长、检察员由省人大常委会任免）。②各级检察长由同级人大选举，副检察长、检察员由同级人大常委会任免。专区分院由省人大、人大常委会选举和任免，一律不报上级检察院备案。③分级任免，即县副检察长、检察员由分院任免；县检察长、分院正副检察长、检察员由省、市、自治区院任免；省、市、自治区正副检察长、检察员由最高人民检察院任免。④干部任免与党委干部管理范围统一起来，即县委管的由县人大常委会任免，地委管的由专署任免，省委管的由省人大常委会任免，中央管的由全国人大常委会任免。

第四，关于检察工作程序和方法：①一致建议将群众路线的工作方法明文规定在组织法上。②将公检法三机关统一对敌、互相配合、互相制约的关系写明确；有的主张，将"三员办案，三长决定"的办法写上，① 有的则不同意。③有的建议将第15条对法院一审判决或裁定有错时，按上诉程序抗议，改为先建议法院解决，如仍有分歧，请示党委处理。④有的对第13条公安机关有权向上一级检察机关提出意见或控告，改为两个机关先协商解决，仍不一致时，则提请党委解决。有的则主张把原文改为有权向上一级检察机关直接至最高人民检察院提出意见或控告。⑤有的主张将第17条检察长列席审判委员会取消，有的主张保留但应增加检察员也可列席规定。

第五，应增加助理检察员的职务，并把厅长、主任、处长等行政职务亦规定上；专区分院可改为××专区人民检察院；"监督"两字可用检察代替；将抗议改为建议。

之后，与会代表针对《五四检察院组织法》修正与《关于修改人民检察院组织法建议的说明》进行了热烈讨论，并形成了《第四次全国检察工作会议关于修改人民检察院组织法的问题与建议》，主要包括以下3方面：②

第一方面：《五四检察院组织法》的不足，有四：①缺乏阶级观点，体现不出专政机关的性质，存在"六多六少"：强调监督多，专政提得少；强调行政职权多，采取群众意见少；强调抗议多，互相配合少；强调制约多，统一作战少；强调垂直领导多，

---

① 所谓"三员办案，三长决定"，即由公安人员、检察人员和审判人员联合办案，由公安局长、检察长和审判长联合决定的办案模式。

② 会议期间共有503人（次）写大字报445张，提出487条意见，31个问题。其中，批评122条，3个问题；建议365条，28个问题（参见《第四次全国检察工作会议简报》）。

服从当地党委领导少；强调外国做法多，结合中国实际情况少（广东）。②从所规定检察机关的职权和程序上来看，检察机关是一个法律监督机关。因此，确定检察工作方针、任务时，就不可避免地偏重于法律监督的一面。③由于组织法中规定了五项监督、垂直领导以及干部的任免制度，助长了检察干部以监督者自居的特权思想和忽视党委领导的倾向。但也有同志不同意这种说法，认为组织法基本上是正确的，只是个别条文有缺点。④组织法颁布的时候，由于检察工作没有经验，而工作又迫切需要，难免有缺点，但有些规定还是正确的。

第二方面：关于《五四检察院组织法》的修正意见，又包括以下六点：

其一，关于检察机关的性质、任务：①检察机关是无产阶级专政机关，通过检察职权的行使，惩治一切犯罪分子，正确处理人民内部矛盾，巩固无产阶级专政，保障社会主义总路线的顺利实现。②检察机关是专政机关，这是若干国家专政工具的共性，各个专政机关还应有它的特性；检察机关的特性应是法律监督。对于监督的内容和目的应加以修改或作重新解释。③具体任务除了批捕、起诉、自行侦查、出庭、劳改检察等工作外，还应把预防犯罪和对地、富、反、坏、右是否接受监督改造实行检察规定在内；但也有人主张，取消检察机关的批捕职权。④在劳改检察方面，应增加对罪犯是否认罪服法进行检察。⑤检察机关发现国家机关工作人员和公民有违法犯罪行为，不够刑事处分但又必须处理时，应协同有关部门按照坦白从宽、抗拒从严和惩罚与教育相结合的原则，根据不同情况，分别给予其他适当的处分，如拘役、开除、撤职、降级、降薪、检讨、记过等。⑥第四条第一款应删除。⑦关于一般监督的职权：有的主张作为武器保留，有的主张取消。⑧关于提起民事案件还可以做，参加诉讼不必要。⑨列席法院审判委员会问题：有人主张取消；但有人认为在取消后，对于重大疑难案件，可由"三长"或"三员"参加会审；有人主张保留，但应明确规定在什么情况下可以列席、任务和权利是什么，对会议的决议有不同意见如何解决，向哪里提出意见等。⑩关于抗议：抗议书均可改用建议书，而且要少用法律文书，多用口头交换意见的方式解决问题；也有的不同意改为建议书，认为如果改为建议实际上就取消了制约的一面。组织法中的"监督"字样，均应改为检察；也有的认为，最高人民检察院将检察机关的"监督"改为检察字样后，在一部分干部思想上就对检察机关是否还有监督的职能模糊了。第5条应该修改。

其二，关于检察机关的领导原则：应将党的领导作专门规定，行政领导改为双重领导；检察长应由同级人大选举产生，并对同级人大负责，人大会闭会期间对同级人民委员会负责。

其三，关于检委会问题：①建议将检委会在检察长领导下处理有关重大问题改为在检察委员会集体领导之下实行民主集中制。②应明确检委会的工作任务、范围和参加的成员。③有的认为，在各省、市一级检察机关，通常处长（主任）应成为委员；市、自治区检委会委员由同级检察院检察长提请最高人民检察院任命即可；检委会委员是由检察长和检察员担任的，可不再办任命手续，或者由同级党委决定即可。④检委会可不要。有些同志不同意这种看法，认为检委会适合中国的实际情况，是我国检察制度方面的一个创举和组织法内容的一个特点，是根据民主集中制的原则确定的，是贯彻集中领导的最好组织形式，应充分发挥作用。凡是有关检察工作方针、政策及业务方面的重大问题，除党组讨论外，应一律交检委会充分讨论，作出决议贯彻执行。⑤检委会要与院务会明确分工，检委会是解决检察工作重大问题，院务会是解决检察工作一般业务和事务问题。⑥检委会建立后，各地通用的院务会议制度可取消。

其四，有关干部任免、机构名称、人员组织方面：将检察干部的任免权下放，与党委管理干部的权限一致起来；将分院改称专区检察院或中级检察院，或××地方人民检察院；应规定设检察长 1 人、副检察长若干人和检察员、助理检察员、书记员若干人；对助理检察员、书记员的工作任务，亦应加以明确规定；检察院内设有正副处长、主任等，应明确规定下来；检察长这个名字群众叫着不习惯，不如改为院长更通俗些。

其五，将检察机关的群众路线与公安机关、人民法院一致对敌、互相配合、互相制约的关系，以及公检法三个部门"三员办案、三长决定"的工作方法等都规定在组织法内；也有的认为，"三员办案、三长决定"是内部工作方法，不宜规定在组织法内。

其六，关于修改组织法的方法：①在全国检察系统中组织一个修改组织法的大辩论，以澄清思想，弄清是非。②应广泛地征求各级干部、群众的意见，特别是各级党委的意见。③建议最高人民检察院集中各级检察院意见加以综合，并抽调若干富有法律和检察工作经验的同志研究修改意见，报中央考虑。④建议立即由大会主席团成立一个修改组织法研究小组，着手修改，先搞一个"粗线条"，交给代表讨论补充修改，然后报中央提交人大审议通过。

第三方面：《关于修改人民检察院组织法的建议（草稿）》，各小组在讨论中都表示同意，认为建议草稿所提出的 5 点意见，基本上反映了同志们对于修改组织法的要求，可提交全国人大常委会考虑修改。同时，在讨论中，有的小组对建议的某些内容还提出了一些修改意见：①关于党的领导问题，甘、宁小组认为，建议中提出"把党对检察机关绝对领导明确地规定上"的意见，应再研究。因为，所有的机关都是在党的领导下工作的，这在宪法上已有规定，在组织法上写这一条，是否有必要？②关于干部的任免问题，内蒙古小组提出，检察干部任免，应与人民委员会干部的任免规定统一起来，即各省市检察长应由国务院批准任命。③关于书记员、助理检察员的职称问题，湖南小组认为，书记员的工作应在组织法上明确规定。但广东小组认为，设书记员是没有必要的，应该取消，在实际工作中只设检察员或助理检察员即可。黑龙江小组则认为，关于助理检察员这个职务的规定应该取消，以减少工作中的层次。④关于抗议的问题，湖南小组提出，抗议是否还要？值得考虑。⑤至于法律监督机关的提法，讨论中认为，基本上可以说是"大醇小疵"。

8月10日，组织法修改小组在综合、吸收"四检会议"各小组有关修改《五四检察院组织法》的修改意见、建议后，形成了《第四次全国检察工作会议关于修改人民检察院组织法的建议》报全国人大常委会参考。其中的主要内容包括：

第一，关于检察机关的性质、任务：一是建议把检察机关的性质定义是一个无产阶级专政的机关，它的主要职能是通过检察活动，惩治反革命和一切犯罪分子明确地规定上；对于国家机关和工作人员的监督职能仍可保留，但对原条文中"对于地方国家机关的决议、命令和措施是否合法"一句应删去；在监督范围上也要作适当的修改，并放在次要地位，以备在必要时使用。二是检察机关的任务，除了原规定的批捕、起诉、出庭、侦查工作、劳改检察在条文上作些修改，体现出对敌专政外，还建议将对专政对象的劳动改造和社会改造的检察工作，预防犯罪的工作，也列为检察活动的一项工作。三是原规定"对于有关国家和人民利益的重要民事案件有权提起诉讼或者参加诉讼"，作为一项任务可以去掉。但为了对付涉外的民事案件，在有关的条文中还应把这一职能保留，以备在必要时使用。

第二，关于检察机关的领导关系：一是把党对检察机关绝对领导明确地规定上。二是在行政领导上改为双重领导——既接受上级检察机关的领导，又受当地人民委员会的领导。三是检察机关内部应明确规定实行民主集中制，建议把原规定"检察委员会在检察长领导下处理有关重大问题"加以修改，能体现出在集体领导下检察长负责制的精神，并将检委会的职权、工作任务和参加成员加以原则规定。

第三，关于干部任免：一是将原规定的县检察员以上干部集中到最高人民检察院任免的办法加以修改，改为各级检察长都由同级人大选举报上一级检察院备案；二是各级检察院的副检察长，由同级人民委员会任免，报上一级检察院备案；三是各级检察院的检察员和检委会委员都由同级人民委员会任免；四是专区检察院检察长由省人大选举，报最高人民检察院备案，副检察长、检察员和检委会委员由省人民委员会任免。

第四，关于检察程序和工作方法：有人建议，将原来第二章规定的一般监督程序，根据既便利于对敌斗争，又能防错防漏的精神，加以修改，并要写得灵活一些；也有人建议，把检察工作的群众路线，公检法三机关统一对敌、分工负责、互相配合、互相制约的关系，明确地规定上。

第五，将专区分院改为"××专区人民检察院，并增加助理检察员职务的规定。

3)"文革"期间。"四检会议"后，随着"大跃进"、"四清"、"文革"等政治运动的接连不断，《五四检察院组织法》的修正工作不得不被迫中止。

（2）"文革"后的修正经历。"十年浩劫"后的1978年3月5日，五届全国人大一次会议通过的《七八宪法》第43条第1款明文规定："最高人民检察院对于国务院所属各部门、地方各级国家机关、国家机关工作人员和公民是否遵守宪法和法律，行使检察权。地方各级人民检察院和专门人民检察院，依照法律规定的范围行使检察权。人民检察院的组织由法律规定。"因此，重新修正《五四检察院组织法》工作，成了检察机关恢复重建工作的当务之急、重中之重。

5月24日，中共中央以"中发〔1978〕21号文件"通知各省、自治区、直辖市党委和中央军委：最高人民检察院正在建立，地方各级人民检察院应慎选干部，检察长必须是专职；在没有召开地方人民代表大会选举检察长之前，先以代理检察长名义执行任务。

6月1日，恢复、重建的最高人民检察院以"高检发〔1978〕1号文件"通知中央有关部门和各省、自治区、直辖市正式对外办公。

　　随后，中止20余年的《五四检察院组织法》修正工作重新开始，并经历了如下四个关键点：

　　1）为继续修正《五四检察院组织法》，而向各省级检察院等单位征询意见。1978年8月5日，最高人民检察院向各省、市、自治区检察院下发《关于征求对〈中华人民共和国人民检察院组织法〉修改意见的通知》指出："为了遵循五届全国人大通过的新宪法的精神，建设好各级人民检察院，充分发挥检察机关在实现新时期总任务中的应有作用，1954年制定公布的《中华人民共和国人民检察院组织法》需要作相应的修改。请你们在抓紧建立检察机关、开展检察工作的同时，组织检察工作干部，对检察院组织法进行座谈讨论，提出修改稿本或者修改意见，于今年9月10日以前报送我院。"

　　随后，各省院和北大、人大法律系甚至县市检察院都纷纷提交了针对《五四检察院组织法》的修改意见。主要内容包括以下三大部分：①

　　第一部分：建议新增内容，包括：检察院的性质、任务；党的领导；群众路线；检察工作方针政策，公检法三机关互相配合、互相制约原则等。

　　第二部分：针对原条文的修改意见：

　　第1条（原文内容参前，略，下同）："中华人民共和国的检察权由下列人民检察院行使：（一）中华人民共和国最高人民检察院；（二）省、自治区、直辖市人民检察院；（三）地区人民检察院；（四）自治区、县、自治县、区、市人民检察院；（五）专

----

　　① 参见最高人民检察院研究室：《部分省、市、自治区人民检察院和北大、人大法律系对检察院组织法的修改意见汇集》，1978年10月5日内部编印。

门人民检察院"（山西）；原文第1句中华人民共和国后，增写根据宪法的规定（湖南），根据《宪法》第43条规定，设置中华人民共和国各级人民检察院（上海）；第2款改为在省、自治区、直辖市内，按地区和需要可以设立地区人民检察院或市辖区人民检察院（四川）；"中华人民共和国设立最高人民检察院、地方各级人民检察院和专门人民检察院。地方各级人民检察院分为：（一）省、自治区、直辖市人民检察院；（二）省、自治区所属地区人民检察院，自治州和省辖市人民检察院；（三）省、自治区人民检察院，市辖区人民检察院。专门人民检察院的组织由全国代表大会常务委员会另行规定"（浙江）。

第2条：第1款增设助理检察员、书记员和法警若干人；第2、3款合并：各级人民检察院设检委会；检委会实行民主集中制，在检察长主持下，讨论案件，总结经验和处理其他有关检察工作的重大问题（吉林）。各级人民检察院设检察长1人、副检察长若干人和检察员、助理检察员、书记员若干人，第3款领导改为主持（辽宁）。各级人民检察院，按照无产阶级革命事业接班人的条件，实行老、中、青三结合；第3款：最高人民检察院和省、自治区、直辖市人民检察院设检委会。检委会在检察长领导下，处理检察工作中的重大问题（宁夏）。各级人民检察院设检委会，实行民主集中制；检委会的任务是总结检察工作经验、讨论重大的或疑难的案件和其他有关检察工作的重大问题（贵州）。第1款：各级人民检察院由检察长、副检察长、检察员、助理检察员和书记员组成（山西）。检察委员会由检察长、副检察长、检察员若干人组成，其任务是总结检察工作经验，讨论重大的或疑难的案件和其他有关检察工作的问题（四川）。

第3条：将是否遵守法律改为是否遵守宪法和法律（上海）；增加第2款：地方各级人民检察院和专门人民检察院，依照法律规定的范围行使检察权（贵州）。

第4条："地方各级人民检察院，依照本法第二章规定的程序行使下列职权：（一）对于地方国家机关、国家机关工作人员和公民是否遵守宪法和法律，实行检察；（二）对于贪污、渎职和违法乱纪案件进行侦查，提起公诉，支持公诉；（三）对于公安机关提请逮捕和移送起诉的案件，审查决定逮捕或者逮捕，起诉或者不起诉，并对公安机关的侦查活动是否合法，实行检察；（四）对于刑事案件提起公诉，支持公诉，并对人民法院的审判活动是否合法，实行检察；（五）对于刑事案件判决的执行和劳改、教养、拘留所、强制劳动和社改等部门的活动是否合法，实行检察；（六）删去"（吉林）。"地方各级人民检察院，依照本法第二章规定的程序行使下列职权：（一）对于地方各级国家机关、国家机关工作人员和公民是否遵守宪法和法律，实行检察；（二）、（四）合并为（三）：对于反革命案件和刑事案件，提起公诉，支持公诉，并对审判活动是否合法，实行检察；监督改为检察（四川）。地方各级人民检察院，依照本法第二章规定的程序行使下列职权：（一）对于地方各级国家机关、国家机关工作人员是否遵守宪法和法律，实行检察；（二）对于公安机关的侦查活动是否合法，实行监督；（三）对于刑事案件提起公诉，支持公诉；（四）对于人民法院的审判活动是否合法，实行监督；（五）对于刑事案件判决的执行和劳动改造机关的活动是否合法，实行监督；（六）对于有关国家机关和人民利益的重要民事案件提起诉讼或参加诉讼"（贵州）。第1款第1项改为对本级革命委员会所属各部门，下级国家机关、国家机关工作人员是否遵守宪法、法律和政策，实行监督（北大法律系）。"地方各级人民检察院，依照本法第二章规定的程序行使下列职权：（一）对于国家机关、国家机关工作人员和公民违反宪法和法律的行为，行使检察权；（二）审查公安机关要求批准逮捕和移送起诉的案件；（三）对于需要交付审判的案件，向法院提起公诉，并出庭支持公诉；（四）对劳动改造机关的违法行为，行使检察权；（五）发现和检察冤错案件"（湖南）。"最高人民检察院和地方各级人民检察院行使下列职权：（一）对国家机关工作人员和公民是否遵守宪法和法律，实行检察；（二）审查批准逮捕人犯；（三）对依法必须判刑的罪犯，审查并提起公诉；（四）对劳动改造罪犯的工作进行检察；（五）对公安、法院、劳动改造机关在侦查、审判活动及改造工作中的违法行为，有权提出纠正"（新疆）。"地方各级人民检察院，依照本法第二章规定的程序行使下列职权：（一）对于公安机关要求逮捕和起诉的案件，进行检察；（二）对于公安机关侦讯活动中的违法行为，进行检察；（三）对于国家机关，国家工作人员和公民严重违法乱纪的案件，进行检察；（四）对于决定起诉的案件，代表国家出席法庭支持公诉，并对审判活动中的违法行为进行检察；（五）对于刑事案件判决的执行和劳动改造机关的活动中的违法行为，进行检察"（广东）。"地方各级人民检察院，依照本法第二章规定的程序行使下列职权：（一）对于地方国家机关、国家机关工作人员和公民是否遵守宪法和法律实行检察；（二）对于地方国家机关、国家机关工作人员严重违法乱纪，触犯刑律，构成犯罪的案件进行侦查，提起公诉，支持公诉；（三）受理侦查机关提请批准逮捕的案件，作出逮捕或不予逮捕的决定，并检察侦查机关的侦查活动是否合法；（四）受理侦查机关提交起诉的案件，作出起诉或不起诉的决定；（五）对应依法惩办的犯罪分子提起公诉，出庭支持公诉，并检察法院的审判活动是否合法；（六）对于刑事案件判决的执行和劳动改造机关的活动是否合法，实行检察；（七）对于有关国家和人民利益的重要民事案件有权提起诉讼或者参加诉讼"（上海）。

第5条：将在适用法律上一律平等改为统一适用宪法和法律（吉林）；删去（湖南、上海）。

第6条：最高人民检察院监督地方各级人民检察院和专门检察院的检察工作；上级人民检察院监督下级人民检察院的检察工作（辽宁、四川、山西、湖南、陕西、山东、宁夏、内蒙古、北大法律系）；地方各级人民检察院根据法律规定，在地方党委和革委会领导下，行使检察权。最高人民检察院监督地方各级人民检察院和专门人民检察院的检察工作（吉林）；人民检察院是行使检察权的专门机关。最高人民检察院监督地方各级人民检察院的检察工作，上级人民检察院监督下级人民检察院的检察工作（贵州）；地方各级人民检察院依照宪法和法律行使检察权（陕西）；地方各级人民检察院在加强党的统一领导和依靠群众的前提下，充分发挥检察机关的作用，行使检察权。最高人民检察院监督下级人民检察院的工作，上级人民检察院监督下级人民检察院的工作（湖北省政法办公室、省公安局）；最高人民检察院监督地方各级人民检察院和专门人民检察院的检察工作。地方各级人民检察院和专门人民检察院在各级党委和上级人民检察院的监督下，依照法律规定，行使检察权（河北）；地方各级人民检察院对本级人民代表大会负责并报告工作，在代表大会闭会期间向本级革命委员会负责并报告工作；最高人民检察院监督地方各级人民检察院的检察工作，上级人民检察院监督下级人民检察院的检察工作（江苏）；最高人民检察院监督地方各级人民检察院和专门人民检察院的检察工作，上级人民检察院监督下级人民检察院的检察工作，各级人民检察院在同级革命委员会和上级人民检察院的双重领导下进行工作（河北）。

第7条：第1款保留，增第2、3款：地方各级人民检察院对本级人民代表大会负责并报告工作；在人民代表大会闭会期间，对本级革命委员会负责并报告工作。地方各级人民代表大会有权向本级人民检察院提出质询。受质询的人民检察院必须负责答复（吉林、辽宁、四川、湖南、山东、河北、浙江、陕西、宁夏、上海、北大法律系、湖北省政法办公室和省公安局）。

第8条：最高人民检察院发现国务院所属各部门和地方各级国家机关违反宪法和法律的时候，有权要求纠正。地方各级人民检察院发现本级国家机关违反宪法和法律的时候，有权要求纠正；

如果要求不被接受，应当报告上一级人民检察院向它的上一级机关要求纠正。地方各级人民检察院发现国务院所属各部门和上级地方国家机关违反宪法和法律的时候，应当报告上一级人民检察院处理。对于人民检察院的要求和抗议，有关国家机关必须负责处理和答复（辽宁）。最高人民检察院发现国务院所属各部门和地方各级国家机关违犯宪法和法律的时候，有权提出抗议。有关单位必须负责处理和答复。地方各级人民检察院发现本级国家机关违犯宪法和法律的时候，有权要求纠正。有关单位必须负责处理和答复。如果要求未被接受，应当报告上一级人民检察院向它的上一级机关提出抗议。地方各级人民检察院发现国务院所属各部门和上级地方国家机关违反宪法和法律的时候，应当报告上级人民检察院处理（贵州）。最高人民检察院发现国务院所属各部门和地方各级国家机关的决议、命令和措施违法的时候，地方各级人民检察院发现本级革命委员会所属各部门和下级国家机关的决议、命令和措施违法的时候，应当要求纠正。如果要求不被接受，最高人民检察院应当报告全国人民代表大会常务委员会，地方各级人民检察院应当报告上一级人民检察院。地方各级人民检察院发现国务院所属各部门，上级国家机关和本级革命委员会的决议、命令和措施违法的时候，应当报告上一级人民检察院处理。第3、4两款不变动（北大法律系）。最高人民检察院发现国务院所属各部门和地方各级国家机关违法行为的时候，有权提出纠正。地方各级人民检察院发现同级国家机关所属各部门违法行为的时候，有权要求纠正；如果要求不被接受，应当报告同级国家机关和上级人民检察院处理。对于人民检察院提出的要求，有关国家机关必须负责处理和答复（浙江）。分为两条写：最高人民检察院发现国务院所属各部门和地方各级国家机关违反宪法和法律的时候，有权实行检察。地方各级人民检察院发现地方国家机关违反宪法和法律的时候，有权实行检察，要求纠正；如果要求不被接受，应当报告同级革命委员会和上一级人民检察院。对于人民检察院提出的要求，有关国家机关必须负责处理和答复（上海）。删去（西藏）。

第9条：有违法行为改为有侵犯国家利益、人民民主权利和合法利益的违法行为；应当追究刑事责任改为必须对违法人员追究刑事责任的时候应当向人民法院提起公诉；增加一款：人民检察院对确认有犯罪事实但需要经过公安机关侦查的案件，应当交由公安机关进行侦查（四川）。

第10条：删去（四川、湖南）；人民检察院发现并且确认有犯罪事实的时候，应当交给公安机关进行侦查（辽宁）；人民检察院发现并且确认有犯罪事实，必须经过侦查弄清全部罪行的案件，应当交公安机关进行侦查（广东）；删去人民检察院进行侦查的字句（湖北省政法办公室、省公安局）；依照法律规定的程序进行侦查改为依照法律规定的程序交给公安机关进行侦查（江苏）。

第11条：第2款：公安机关提起的刑事案件，侦查终结后，认为需要逮捕的和起诉的，应当依照法律的规定移送人民检察院审查、决定逮捕或者不逮捕和起诉或者不起诉（内蒙古）；第1、2两款应调换位置（湖南）；决定起诉或者不起诉中间，增加免予起诉（山东、浙江）；人民检察院对本级侦查机关的侦查活动发现有违法的情况，应当通知有关部门予以纠正。侦查机关提起的刑事案件，侦查终结后，认为需要起诉的，应当依照法律的规定移送人民检察院审查，决定起诉或者不起诉，如果人民检察院对要求逮捕或起诉的案件，认为证据不足，应退回侦查机关重新审理（上海）。

第12条：对于任何公民的逮捕，除经人民法院决定的以外，必须经人民检察院批准，并由公安机关执行（各地一致意见）；公安机关在查处案件过程中，认为需要逮捕有关犯罪分子，应将其犯罪事实材料连同证据报送人民检察院审查批准（湖南）；对于任何公民的逮捕，除经人民法院决定的以外，必须由公安机关提请人民检察院审查批准，方可执行（广东）；将第 11、12 两条调换位置，并改写为对于任何公民的逮捕，并由公安机关执行。须经人民检察院批准，并由公安机关执行；对于公安机关提请逮捕的案件，人民检察院必须认真审查，依法作出批准逮捕或不批准逮捕的决定（浙江）。

第 13 条：①将最后一句有权向上级人民检察院提出意见或者控告改为：有权向本级或上一级人民检察院提出意见或者控告（吉林、河北），可向人民检察院提出意见或者向上一级人民检察院提出控告（贵州），有权向同级革命委员会和上一级人民检察院提出意见，要求纠正（上海）。②在公安机关认为有错误的时候和有权向上级人民检察院提出意见或者控告之间，增写应向同级人民检察院提出意见，如意见不被接受，可向上级人民检察院提出控告（四川、江苏）。③人民检察院对于公安机关要求逮捕所作的不批准逮捕的决定和对于公安机关移送的案件所作的不起诉的决定，公安机关认为有错误的时候，可以提请人民检察院复议或者向上一级人民检察院提出意见，要求予以纠正（湖南）；人民检察院对于公安机关要求逮捕所作的不批准的决定和对于公安机关移送的案件所作的免予起诉和不起诉决定，以及人民检察院直接受理的案件所作的逮捕、起诉的决定，公安机关认为有错误的时候，有权提出意见，要求复议（浙江）。

第 14 条：第 1 款：人民检察院提起公诉的案件，由检察长或者由他指定的检察员以国家公诉人的资格出席法庭，支持公诉，如果发现审判活动有违法时，可以提出意见，予以纠正（四川）；将检察长改为检察机关，删去第 2 款（吉林）；将检察长或由他指定的检察员改为检察长或者检察员（贵州、湖南）；删去并且监督审判活动是否合法，对于不经人民检察院起诉的案件的审判，检察长也可以派员参加并且实行监督（浙江）；删去对于不经人民检察院起诉的案件的审判，检察长也可以派员参加并且实行监督（上海、湖北省政法办公室和省公安局）；将并且监督审判活动是否合法改为并对审判活动是否合法，进行检察。第2款：将人民法院决定人民检察院必须派员出席法庭改为人民法院认为审判活动需要人民检察院派员出席法庭（上海）；有权按照上诉程序提出抗议之前，增写应当及时向本级人民法院提出意见要求再审，如果意见未被采纳（贵州）；将最后一句有权按照上诉程序提出抗议改为可按照上诉程序提请人民法院复议（湖南），改为有权按照上诉程序提出意见要求复议（浙江），有权按照法律规定的程序要求复议和纠正（湖北省政法办公室、省公安局）；将提出抗议改为提出意见、有权要求纠正或提出意见，要求纠正（河北、江苏、上海）。

第16条：应该提到地方各级人民检察院对本级人民法院已经发生法律效力的判决和裁定，如果发现确有错误，按照什么程序处理（北大法律系）；将有权按照审判监督程序提出抗议改为可按照法律程序的规定，要求原判法院给予纠正（湖南）；最后一句改为有权提出意见，要求复议（浙江），有权按照审判监督程序提出复议和纠正（湖北省政法办公室、省公安局）；将提出抗议改为提出意见（河北），有权要求纠正（江苏），实行检察（上海）。

第17条：第2款：地方各级人民检察院检察长有权列席本级人民法院审判委员会会议，如果对审判委员会的决议不同意，有权提请本级革命委员审查处理（山西、辽宁、山东、江苏）；删去（湖南、广东、上海）。

第18条：人民检察院发现执行刑事判决有违法的情况，应当通知执行机关给予纠正。人民检察院发现劳动改造机关有违法的情况，应当通知主管机关给予纠正（湖南）；第2款中劳动改造机关后面增写监所（山东）；后面增写一条：各级人民检察院在审查批捕、审查起诉、出庭支持公诉、监督审判活动工作中，人民法院认为确有错误的时候，可向人民检察院提出意见或者向上一级人民检察院提出控告（贵州）。

第 19 条：人民检察院执行检察职务，有权派员列席有关单位的会议，有权调阅有关材料文件，有关单位和人员都有义务根据人民检察院的要求提供材料文件和说明（贵州）；人民检察院为执行检察职务，可以根据工作的需要，派员列席有关机关的会议，查询有关情况，调阅有关资料，有关机关和有关人员有义务提供方便，给予支持和合作（湖南）；将企业改为企事业，合作社改为人民公社（宁夏、山东、广东、陕西）；在有关机关后写所属单位，去掉企业、合作社（四川）；将有关的机关、企业、合作社、社会团体改为有关机关、企事业、人民公社（江苏），改为有关的机关团体和单位（上海）；删去本条（湖北省政法办公室和省公安局、西藏）。

第 20 条：第三章改为人民检察院的机构设置和人员任免，增加一条：最高人民检察院设刑事案件检察厅、法律检察厅、监所、劳改检察厅和其他需要设置的机构，地方各级人民检察院分别设刑事案件检察、法律检察、监所、劳改检察等处、科、股和其他需要设置的机构（浙江）。第 1 款：选举改为选举产生，删去检察委员会委员（上海）；第 2 款：删去检察长（河北）。

第 21 条：地方各级人民检察院检察长由地方各级人民代表大会选举，副检察长、检委会委员、检察员由地方各级革命委员会任免。地区人民检察院检察长由省、自治区人民代表大会选举，副检察长、检委会委员、检察员由省、自治区人民检察院提请省、自治区革命委员会任免。各级人民检察院助理检察员、书记员由本级人民检察院任免。增加一条：各级人民代表大会有权罢免由它选出的人民检察院检察长（山西、辽宁）。地方各级人民检察院检察长由地方各级人民代表大会选举产生，省、自治区、直辖市人民检察院检察长任期 5 年；县、市、直辖市人民检察院检察长任期 3 年。省、自治区、直辖市人民检察院副检察长、检察员和检委会委员由省、自治区、直辖市革命委员会批准任免（北大法律系、江苏省、上海）。省、自治区、直辖市人民检察院检察长，在省、自治区、直辖市内按地区和需要设置的人民检察院和市辖区人民检察院的检察长，由省、自治区、直辖市人民代表大会选举，副检察长、检察员由省、自治区、直辖市革命委员会任免，县、市、自治州、自治县、市辖区人民检察院的检察长由同级人民代表大会选举，副检察长、检察员由同级革命委员会任免（四川、内蒙古、湖北省政法办公室、省公安局）。省、自治区、直辖市人民检察院的检察分院检察长、副检察长、检察员由省、自治区、直辖市革命委员会批准任免，县、市、市辖区人民检察院副检察长、检察员由县、市、市辖区革命委员会批准任免（宁夏）。各级人民检察院检察长，按宪法规定，由本级人民代表大会选举产生；本级人民代表大会有权罢免由它选出的检察长。地方各级人民检察院副检察长、检察员和检委会委员，由本级革命委员会任免（陕西、山东、浙江、广东）。地方各级人民检察院的检察长，由各级人民代表大会选举，副检察长、检察员和检委会委员由地方各级革命委员会任免（河北）。后面增加一条：各级人民检察院按照需要可设助理检察员。各级人民检察院助理检察员由各级人民检察院检委会任免。助理检察员协助检察员工作。根据工作的需要，助理检察员由本院检察长提出经检委会通过，可以临时代行检察员职务（贵州）。

第22条：各级人民检察院的人员编制和办公机构由本级革命委员会规定（内蒙古）；各级人民检察院的人员编制和办公机构，由省、自治区、直辖市根据实际情况进行规定（湖北省政法办公室、省公安局）；应设政治机构（四川）。

第三部分：文字上的修改意见和建议。例如，将提出抗议改为要求纠正或者要求再审、提请复议；将提起刑事案件改为请示；实行监督改为实行检察；控告改为报告；有权改为应当（吉林、辽宁）。同时建议：一是规定最高人民检察院设若干厅，省、市、自治区和较大的省辖市设若干处，自治州、分院设若干科，县和市辖区设若干股；二是助理检察员、书记员、法警、法医，应该在组织法中有所规定；三是应该恢复检察通讯员，并在人民公社设人民检察员，或者与人民公社监察委员会在业务上建立联系（云南、四川、湖南、陕西、广东、山东、天津）；四是检察院是法律监督机关，对"四类分子"的改造应实行法律监督（山东）；五是分四章：第一章总则、第二章人民检察院的职权、第三章人民检察院行使职权的程序、第四章人民检察院人员的任免（贵州）。

2）整理各方面修改意见，并着手起草、制定《中华人民共和国人民检察院组织法》（修改稿）。

3）征询"七检预备会议"与会代表意见。① 在第七次全国检察工作会议预备会议期间，最高人民检察院组织法修改小组向与会代表提交《中华人民共和国人民检察院组织法（修改初稿）》（共3章24条）征询意见。其主要内容如下：

第一章总则：第1条："人民检察院是无产阶级专政的国家机关，在中国共产党的领导下，行使法律监督职能。人民检察院通过行使检察权，镇压一切叛国的和反革命的活动，打击一切卖国贼和反革命分子，打击新生资产阶级分子和其他破坏分子，检察各种违反国家法纪的行为，以加强社会主义法制，保卫社会主义制度，保护公民的合法权益，保障新时期总任务的胜利实现。人民检察院通过检察活动，教育公民忠于祖国，自觉遵守宪法和法律，积极同违法行为作斗争。"

---

① "七检预备会议"于1978年12月16日前举行。各地同志认为，这次的讨论稿，事先吸收了各省、市、自治区检察工作干部提出的修改意见，总结了20多年来检察工作正反两个方面的经验，体现了新宪法的精神，增加了一些重要条文，总的说修改得不错。也有一些同志认为，这个讨论稿还没有完全打破旧框框，没有突破禁区，而只是修修补补，显得"软巴巴"的。因此，希望能改出一个性质、任务更加明确的"硬梆梆"的组织法来［参见《第七次全国检察工作会议中华人民共和国人民检察院组织法（修改初稿——预备会讨论稿）》（1978年11月）、《第七次全国检察工作会议预备会分组讨论修改人民检察院组织法情况》（1978年11月28日至30日），最高人民检察院第七次全国检察工作会议秘书处编印］。

第 2 条："中华人民共和国设立最高人民检察院、地方各级人民检察院和专门人民检察院。地方各级人民检察院分为：（一）省、自治区、直辖市人民检察院；（二）省、自治区、直辖市人民检察院分院，自治州和省辖市人民检察院；（三）县、市、自治县和市辖区人民检察院。专门人民检察院的组织由全国人民代表大会常务委员会另行规定。"

第 3 条："各级人民检察院设检察长 1 人，副检察长若干人，检察员若干人。各级人民检察院实行民主集中制，一律设立检察委员会。检察委员会在检察长的主持下，处理重大案件和其他有关检定工作的重大问题。"

第 4 条："各级人民检察院依照本法规定的程序行使下列职权：（一）最高人民检察院对于国务院所属各部门、地方各级国家机关、国家机关工作人员和公民是否遵守宪法和法律，实行监督。地方各级人民检察院对于本级革命委员会所属各部门和下级国家机关、国家机关工作人员和公民是否遵守宪法和法律，实行监督。县、市、区人民检察院指导人民公社监察委员会同违反法纪的行为作斗争；（二）对于直接受理的刑事案件，进行侦查；（三）对于公安机关侦查的案件，进行审查。决定是否逮捕，起诉或者免予起诉，并且对公安机关的侦查活动是否合法，实行监督；（四）对于刑事案件提起公诉，支持公诉，并且对人民法院的审判活动是否合法，实行监督；（五）对于刑事案件判决的执行和监狱、看守所、劳动改造机关的活动是否合法，实行监督；（六）对于有关国家经济权益的重大案件，有权提起诉讼或者参加诉讼。"

第 5 条："本法第四条规定的检察权由各级人民检察院的检察长和检察员行使。人民检察院为执行检察职务，有权向有关的机关、企业、团体调阅必要的决议、命令、案卷和其他文件，有关的机关、企业、团体应根据人民检察院的要求，提供材料和说明。"

第 6 条："人民检察院在工作中必须贯彻群众路线，倾听群众意见，接受群众监督，坚持调查研究，实事求是，重证据不轻信口供，严禁逼供信，正确区分和处理敌我矛盾和人民内部矛盾。各级人民检察院的工作人员，必须严格执行宪法和法律，忠于职守，大公无私，全心全意地为人民服务。"

第 7 条："各级人民检察院行使检察权，对于任何公民适用法律一律平等。"

第 8 条："最高人民检察院对全国人民代表大会和全国人民代表大会常务委员会负责并报告工作。地方各级人民检察院对本级人民代表大会负责并报告工作。最高人民检察院指导和监督地方各级人民检察院和专门人民检察院的检察工作，上级人民检察院指导和监督下级人民检察院的检察工作。"

第二章人民检察院行使职权的程序：第 9 条："各级人民检察院依照本法第四条第十款规定的范围，发现有违反国家法纪的行为时，有权进行检察并通知提出纠正；如果通知不被接受，应当报告上一级人民检察院，向它的上一级机关发出通知，要求纠正，以保护公民权利和国家利益。如果这种违法行为已构成犯罪，人民检察院应当依法追究刑事责任。对于人民检察院提出的纠正违法行力的通知，有关国家机关必须负责答复和处理；如果对人民检察院的通知有不同意见，可以提请上一级人民检察院复议。"

第 10 条："人民检察院依法保障公民对于违法失职的国家机关、企业、事业单位的工作人员提出控告的权利，追究压制申诉、打击报复和实行陷害的人的法律责任。"

第 11 条："人民检察院同公安机关、人民法院在办理案件中实行互相配合，互相制约的原则，做到不枉不纵。"

第 12 条："人民检察院发现并确认国家工作人员和公民有犯罪事实时，应当依照法律程序立案侦查或者交给公安机关进行侦查。侦查终结，认为必须对被告人追究刑事责任时，人民检察院应当向人民法院提起公诉。"

第 13 条："公安机关侦查的案件，依照法律规定需要逮捕人犯时，应当将有关案卷材料送交人民检察院审查，决定是否逮捕；侦查终结，认为需要起诉时，应当移送人民检察院审查，决定是否起诉或者免予起诉；对于公安机关提请逮捕起诉的案件，如事实不清、证据不足，应退回公安机关补充侦查。人民检察院发现公安机关的侦查活动有违法情况时，应当通知公安机关给予纠正。"

第 14 条："公安机关对于人民检察院所作的不批准逮捕的决定和不起诉、免予起诉的决定，认为有错误时，可以向本级人民检察院提出意见；如果意见不被接受，可向上一级人民检察院提出意见。"

第 15 条："人民检察院提起公诉的案件，由检察长或者检察员以国家公诉人的身份出席法庭，支持公诉，并且监督审判活动是否合法。人民法院要求人民检察院派员出席法庭时，检察院应当派人出庭。"

第 16 条："人民法院对于人民检察院起诉的案件，认为事实不清，证据不足，或者有违法情况时，可以退回人民检察院补充侦查，或者通知人民检察院给予纠正。"

第 17 条："地方各级人民检察院对于本级人民法院第一审案件的判决和裁定，认为确有错误时，可以向本级人民法院提出意见；如果意见不被接受，应当按照上诉程序提出复审。"

第 18 条："最高人民检察院对各级人民法院已经发生法律效力的判决和裁定，上级人民检察院对下级人民法院已经发生法律效力的判决和裁定，如果发现确有错误，应当按照审判监督程序提出复审。按照审判监督程序审理的案件，人民检察院必须派人出席法庭。"

第 19 条："人民检察院发现刑事判决的执行有违法情况时，应当通知执行机关给予纠正。人民检察院发现监狱、看守所、劳动改造机关的活动有违法情况时，应当通知主管机关给予纠正。人民检察院发现正在服刑的罪犯重新犯罪时，应当依法提起公诉。"

第三章人民检察院的机构设置和人员的任免：第 20 条："最高人民检察院设刑事案件检察厅，法纪检察厅，监所、劳改检察厅，并且可以按照需要，设立其他业务机构。地方各级人民检察院和专门人民检察院可以设置相应的业务机构。"

第 21 条："最高人民检察院检察长由全国人民代表大会选举，任期 5 年。最高人民检察院副检察长由全国人民代表大会常务委员会任免。最高人民检察院检察委员会委员，由最高人民检察院提请全国人民代表大会常务委员会任免。最高人民检察员，由最高人民检察院提请全国人民代表大会常务委员会批准任免。"

第 22 条："地方各级人民检察院检察长由本级人民代表大会选举。副检察长、检察员和检察委员会委员由地方各级人民检察院提请本级革命委员会任免。省、自治区、直辖市人民检察院分院检察长、副检察长、检察员和检察委员会委员，由省、自治区、直辖市人民检察院提请本级革命委员会任免。"

第 23 条："各级人民检察院设助理检察员和书记员各若干人。经检察长批准，助理检察员可以代行检察员职务。书记员办理案件的记录工作和有关事项。助理检察员、书记员由各级人民检察院检察长任免。为便于提审、押解犯人，各级检察院可设警察若干人。"

第 24 条："各级人民检察院的人员编制由最高人民检察院另行规定。"

随后，"七检预备会议"各小组分组讨论上述《修改初稿》，并形成如下六个方面的修改意见：

第一，关于检察机关的性质：一种观点主张，第 1 条应写检察机关是国家法律监督机关。其理由：法律监督是检察机关的性质，董必武同志曾经明确指出：人民检察院是法律监督机关；监督机关不特殊，上下左右都可以互相监督，法律监督又是区别和补充党的监督、群众的监督、自上而下的行政监督的一种专门监督；监督的含义较宽，包括了检察的意思在内；监督的含义较缓和，检察听来较刺耳；监督是监督法律的正确实施，而检察则是实行法律监督的方法。而说检察院是法律检察机关，是同一语义的反复，在逻辑和文法上不够确切和适当。根据同样的理由，这些同志也主张第 5 条中的实行检察均改为实行监督。另一种观点主张，第 1 条应写检察机关是国家法律检察机关。其理由：宪法上用的是检察；检察的含义较宽，包括了监督的意思在内；检察既包括发现违法，也包括纠正违法；检察成了法律的专用名词，如依法检察、检察法律执行情况等；"检察"一词比较不刺耳。但不论哪一种主张，都应增写检察机关是无产阶级专政工具之一。

第二，关于独立行使检察权：一种观点主张，在第 7 条之后增写第 8 条：人民检察院依照法律规定独立行使检察权，不受任何机关、团体或个人的干涉。另一种观点主张，不同意增写上述条文，认为这样写容易被理解为向党闹独立，不接受党的领导。

第三，关于在适用法律上一律平等：一种观点主张，规定各级人民检察院行使检察权，对于任何公民，在适用法律上一律平等，不允许有任何特权和歧视。另一种观点不同意作上述规定。

第四，关于检委会：一种意见不同意各级人民检察院一律设立检委会。因为省以下特别是分院、县院，只有十几个人、几个人，重大问题有党组会，业务问题有院务会，哪里还顾得上再开检委会；过去历史上虽然有检委会，也是有名无实。另一种意见主张设立检委会，认为这是贯彻民主集中制和区别于苏联一长制的主要标志；过去的问题主要是没有发挥它的作用。

第五，关于人民检察院是否搞自行侦查：一种意见不同意搞。因为既无人力，也无设备，实际上搞不起来。另一种意见主张，检察院对于直接受理的案件可以搞侦查。因为法律程序上的侦查并不仅是公安机关的那种秘密侦查，而是属于法律上的行为。如询问人犯、勘查现场、询问证人等，都属于侦查的内容，但对于直接受理的案件的范围和界限要明确划分，以免与公安机关分工不清。

第六，关于对章节改写意见：北京、西南、东北、中南、甘肃的同志指出，组织法的结构应该将原来的第三章改为第四章：总则、职权、程序、机构设置和人员任免。

4）征询"七检正式会议"与会代表意见。预备会议后，组织法修改小组在吸收预备会议修改建议后，形成了《中华人民共和国人民检察院组织法［报告（或修改、大会讨论）稿］（共3章24条），并提交大会正式讨论。①

而《报告稿》主要内容，就是在上述《修改初稿》的基础上，将原条文作为"一种意见"，后附"另一种意见"，包括第一条：一种意见，原条文内容（参前，略）（另一种意见和写法：中华人民共和国人民检察院是中华人民共和国的国家法律监督机关）；第4条：一种意见，原条文内容（参前，略）（另一种意见：本条中的"实行检察"均改为"实行监督"）；第7条：一种意见，原条文内容（参前，略）（另一种意见，主张在第7条之后增写第8条：人民检察院依照法律规定独立行使检察权，不受任何机关、团体或个人的干涉）；第8条：一种意见，原条文内容（参前，略）（另一种意见和写法：各级人民检察院行使检察权，对于任何公民，在适用法律上一律平等，不允许有任何特权和歧视）；第23条：一种意见，原条文内容（参前，略）（另一种意见，主张在书记员的工作中增写：并且对案件的检察可以提出建议）。

---

① 1978年12月16日至27日，最高人民检察院在京召开第七次全国检察工作会议，揭发批判林彪、江青反革命集团破坏社会主义法制和检察机关的罪行；提出人民检察院组织法修正草案；参见《第七次全国检察工作会议中华人民共和国人民检察院组织法［报告（或修改、大会讨论）稿］》（1978年11月）、《第七次全国检察工作会议各组讨论对人民检察院组织法的修改意见》（1978年12月21日至22日），最高人民检察院第七次全国检察工作会议秘书处编印。

随后，与会代表对上述《报告稿》进行热烈讨论，并提出如下五个方面的修改建议：

第一，关于检察机关性质：应写人民检察院是国家的法律监督机关；可加"中国共产党领导的"字样。

第二，关于行使检察权：应写对国家和集体的企业、事业单位是否违法行使检察权，并对经济法规和合同的执行实行监督。

第三，关于行使职权的程序：应写：①最高人民检察院行使最高检察权；②检察机关自行侦查的案件，侦查终结认为需要逮捕人犯，检察机关有权决定捕人，交公安机关执行；③检察机关对于不属于自己起诉的案件，认为必须出庭时，应派员出庭；④检察机关起诉的案件，如发现有错误，应主动撤回；⑤检察机关应有权参与有关机关的会议，调阅有关文件、指示、决议、命令、措施。

第四，关于干部任免：①地方各级检察院副检察长和检察员的任免，都提请本级革命委员会任免不妥，应有所区别；省、自治区、直辖市检察分院检察长，不必由人代会选举，可提请本级革委会任免。②关于干部任免问题，应作出一律提高一级规定，比较庄严，有权威，也便于对检察干部统一管理，同时在政治待遇上也能得到适当的保证。③检察员应根据贡献大小，分为特级检察员、一级检察员、检察员、助理检察员。④增写一条检察干部的奖惩制度，对表现好的优秀检察干部可命名为人民检察员等光荣称号。

第五，关于其他需要增加的条文：①应规定在大型企事业单位设立人民检察通讯员，并规定在公社或大型厂矿设驻社、驻厂检察员，同公安、法院设立的机构或专职干部相对应。②在少数民族地区，在办案中应注意使用少数民族的语言文字，培养少数民族检察干部。

"七检会议"结束后，组织法修改小组又对《中华人民共和国检察院组织法》（草案）进行了多次修改，并最终形成提交第五届全国人大第二次会议审议、表决的《中华人民共和国人民检察院组织法修正草案》。

1979年5月21日，最高人民检察院完成《关于〈中华人民共和国人民检察院组织法律修改草案〉的说明》起草，包括关于检察机关的性质和任务、检察机关的路线及组织原则与工作原则、检察机关的职权和行使职权的程序、人民检察院的设置和检察干部的任免四部分。

6月7日至12日，第五届全国人大常委会第八次会议在京举行。会议审议通过了《关于召开五届全国人大第二次会议的决定及其会议议程草案》；听取了全国人大常委会法制委员会、国家计划委员会有关《刑法》、《刑事诉讼法》、《人民法院组织法》、《人民检察院组织法》等7个法律草案的说明，并决定将它们提请第五届全国人大第二次会议审议通过。

6月14日，最高人民检察院对《关于〈中华人民共和国人民检察院组织法律修改草案〉的说明》（共6条）进行修正后，报全国人大常委会。

1979年6月15日，最高人民检察院向全国人大常委会正式提交《关于〈中华人民共和国人民检察院组织法修正草案〉的说明》，包括如下六项内容：

第一，修正草案仍然确定人民检察院是国家的法律监督机关。但把宪法中关于检察机关职权的规定加以具体化，使之更加明确和集中。为了维护法制的统一和国家的统一，修正草案规定检察机关"对于叛国案、分裂国家案以及严重破坏国家的政策、法律、法令、政令统一实施的重大犯罪案件，行使检察权"。对于国家机关和国家工作人员的监督，只管严重违反政策、法律、法令需要追究刑事责任的案件，一般违反党纪、政纪的案件，分别由党的纪律检查部门和政府的监察部门去处理。这样规定，分工明确，事权统一，更加便于掌握和执行。

第二，修正草案规定，检察机关在国家体制上实行双重领导的原则，即地方各级人民检察院受本级人民代表大会和它的常务委员会领导，同时受上级人民检察院的领导。检察权是国家权力的一种，属于中央的权力，具有较大的集中性。1954年宪法和人民检察院组织法采取列宁提出的垂直领导原则，1978年宪法又规定上级人民检察院监督下级人民检察院的检察工作，而不是实行领导。根据我国情况和实践经验，这两种规定都不够适当，因为我国情况和列宁、斯大林时代苏联的情况不同，不宜实行垂直领导原则，而取消上下级检察机关之间的领导关系，则不利于开展检察工作和依法独立行使检察职权，从而也不利于对全国实行统一的法律监督，维护社会主义法制。因此，在修正草案中规定检察机关实行双重领导原则，并根据这个原则，规定了地方各级人民检察院检察长、副检察长和检委会委员的任免权限和批准程序。省、市、自治区人民检察院的检察长、副检察长和检委会委员，在地方选举产生或任免以后，都要报经最高人民检察院检察长提请全国人大常委会批准。自治州、省辖市和县一级人民检察院的检察长、副检察长和检委会委员由本级人大和它的常委会选举产生或任免以后，要经过省、市、自治区人大常委的批准。

第三，在各级人民检察院内部设立检委会，实行民主集中制，讨论决定重大案件和其他重大问题。同时，在日常工作上实行检察长负责制，由检察长统一领导全院的工作。我国从检察机关建立开始，党和国家就把检察权赋予各级人民检察院，并建立了检委会，而不是实行总检察长的独任制，这和苏联是不同的。但是，1954年人民检察院组织法规定检委会在检察长的领导下进行工作，没有充分体现民主集中制的原则。这次修正草案改为检察长主持检委会，实行少数服从多数的原则；如果检察长在重大问题上不同意多数人的决定，可以报请本级人大常委会决定。这样可以保证对问题的处理更加慎重和正确，更加符合法制，并且充分发挥国家权力机关对检察工作的领导作用。

第四，修正草案中规定："人民检察院在工作中必须坚持实事求是，贯彻执行群众路线，倾听群众意见，接受群众监督，调查研究，重证据不轻信口供，严禁逼、供、信，正确区分和处理敌我矛盾和人民内部矛盾。"这一规定，体现了毛泽东同志关于肃反工作和社会主义法制的一贯思想以及我国政法工作的优良传统，检察机关历来就是遵循这样的路线和方法进行工作的。现在把它明文规定出来，使之具有法律的效力，可以更加密切检察机关和群众的联系，增强检察干部的法制观念，改进工作方法，提高工作水平。同时，有利于肃清林彪、"四人帮"刑讯逼供和法西斯审查方式的流毒，防止和纠正违法乱纪的行为。

第五，在人民检察院行使职权的程序中体现了公检法三机关分工负责、互相配合、互相制约原则。实践证明，实行这项原则，有利于提高办案质量，准确地打击敌人，惩罚犯罪，保护人民民主权利不受侵犯。修正草案肯定了这个成功经验，并作了若干补充，不只是检察机关监督侦查、审判活动是否合法，同时检察机关也要接受公安机关和人民法院的监督，以保证检察机关正确行使法律监督的职能。

第六，修正草案规定对任何公民在适用法律上一律平等的原则和依照法律规定独立行使职权的原则。由于我国历史上长期的封建统治，加上林彪、"四人帮"流毒和影响，某些干部滋长个人特权思想，严重违法乱纪。针对这种情况，规定在适用法律上一律平等的原则，是完全必要的。为了贯彻执行这一原则，必须保持检察机关应有的独立性，不受其他行政机关、团体和个人的干涉，坚持以事实为根据，以法律为准绳，打击敌人，保护人民，不枉不纵。

1979 年 7 月 1 日，第五届全国人大第二次会议以无记名投票表决方式通过了《检察院组织法》（共 3 章 28 条）。

至此，历时 25 年（包括"十年浩劫"）修正的《五四检察院组织法》不仅涅槃，也为新中国检察制度的恢复重建、发展和中兴奠定了坚实的基本法律基础。

2.《七九检察院组织法》评介

如果说《七八宪法》是新中国检察事业的"救星"的话，那么，《七九检察院组织法》既是《五四检察院组织法》的继承和发展，也是新中国检察事业恢复重建、发展和中兴的基石、引擎。

而之所以说《七九检察院组织法》是《五四检察院组织法》的继承和发展，一是重新肯定了人民检察院是国家的法律监督机关。这一规定，旗帜鲜明地纠正了"左"的思想对法律监督的曲解，回击了林彪、"四人帮"把法律监督诬蔑为"把专政矛头对内"、"篡改检察机关的专政性质"的种种谬论，澄清了检察工作历史上的重大是非问题，为法律监督恢复了名誉。同时，根据我国无产阶级专政的实践经验，把检察叛国案、分裂国家案以及严重破坏国家的政策、法律、法令、政令统一实施的重大犯罪案件，列为法律监督的首要内容；区分了法纪和党纪、政纪的界限，确定了法律监督的范围，明确了主要的打击方向。二是规定检察机关在国家体制上实行双重领导的原则。把《七八宪法》中规定的上下级检察机关之间的监督关系，改为领导关系。同时，也没有恢复《五四宪法》规定的垂直领导原则。经验证明，实行双重领导原则，是符合我国实际情况的，既有利于监督法律在全国的统一实施，又能够加强地方国家权力机关对检察机关的领导，以便在不违背法制统一的原则下，因地制宜地贯彻执行宪法和法律。三是改正了《五四检察院组织法》中实行民主集中制不够彻底的缺陷，把检察长领导检委会的工作，改为检察长主持检委会的工作，实行少数服从多数的原则。四是增写了关于检察机关的任务的规定，以便把检察机关的法律职责和政治任务统一起来。五是增写了检察工作的路线和方法，把我们一贯坚持的实事求是和群众路线的优良传统，明文规定下来，使之具有法律的效力。六是强调反对个人特权。明文规定，检察机关对任何公民在适用法律上一律平等，不允许有任何特权。为了贯彻执行这一原则，检察机关必须依法独立行使检察权，不受其他行政机关、团体和个人的干涉，坚持以事实为根据，以法律为准绳，做到不枉不纵。①

---

① 参见《学习〈人民检察院组织法〉讨论稿》，最高人民检察院 1979 年 7 月编印。

13 年后的 1992 年，作为起草、制定的亲历者，王桂五先生则以"来之不易的我国第二部人民检察院组织法"为题，对《七九检察院组织法》起草的台前幕后，作了如下回忆、评介：①

第一，为什么说它来之不易？这是因为不取得粉碎林彪、江青反革命集团的胜利，不结束"文革"的动乱，就不可能有社会主义建设新时期的法制建设，也不可能有《七九检察院组织法》的制定、颁行。

第二，起草工作与拨乱反正相结合。②当时需要澄清思想、统一认识的主要问题：一是关于检察机关的性质：一种意见认为，检察院是国家的检察机关；另一种意见认为，检察院是国家的法律监督机关。这两种意见，曾经同时提交第七次全国检察工作会议讨论，仍未取得一致意见。实质问题仍然是 20 世纪 50 年代批判法律监督的消极影响所产生的后遗症，企图回避法律监督这一概念。当组织法草案送交全国人大法制委员会审查时，彭真同志同意第二种意见。二是关于对任何公民在适用法律上一律平等的问题。在这个问题上，也有两种意见。经过讨论，为了防止误解，认为有必要在条文中写明适用法律平等的本义在于防止特权。三是关于独立行使检察权的问题。在审查修改组织法草案时，彭真同志明确指出这一规定只是说明检察机关在行使职权时独立于其

---

① 参见王桂五：《来之不易的我国第二部人民检察院组织法》，载《敬业求是集》，中国政法大学出版社 1992 年版，第 79～86 页。

② 党的十一届三中全会召开之后，如果说王桂五同志的"政法战线也要冲破禁区"（载于 1978 年 11 月 7 日《人民日报》第 3 版）吹响了政法界拨乱反正号角的话，那么，1979 年 3 月 20 日《人民日报》第 3 版登载的中国人民大学法律系讲师陈一云撰写的"人民检察院要独立行使检察权"一文，则堪称检察机关拨乱反正的檄文。它采取总分式结构，运用 2179 个字，全面驳斥了林彪、"四人帮"反革命集团强加在检察机关及其检察人员身上的污蔑、不实之词。因此，从发表的时间、内容、媒介和受众范围看，本文无疑可视为驳斥"矛头对内"、"找岔子"、"束缚专政手脚"、"干扰对敌斗争"、"以法抗党"、"向党闹独立性"、"以监督者自居"、"谁监督检察院"等污蔑检察机关及其工作人员不实之词的檄文。而文章同时蕴含的诸如强化法律监督与强化检察机关自身监督并重等观点，现在看来，也是弥足珍贵的。

他行政机关、团体和个人，并不影响党对检察机关的领导和国家权力机关对检察机关的监督。这种领导和监督虽然也是一种"干涉"，但这种"干涉"是符合我国的政治制度的、合法的和必要的。坚持依法独立行使检察权的原则，对于维护法律的统一和正确实施是必不可少的。此外，对于检察机关是否应当具有侦查权，在开始时认识也不一致。有的同志认为侦查权属于公安机关，检察机关不应当具有侦查权，只有调查权，而且检察机关缺少专门侦查人员和必要的设备，即使有了侦查权也力不胜任。在这个问题上的不同意见，主要是由于不了解检察机关的侦查工作属于刑事诉讼中的法律行为、诉讼行为，它不同于公安机关反特务、反间谍斗争中的秘密侦查活动。这个问题虽然不属于拨乱反正的范围，但也需要加以说明。

第三，就其成就而言，一是明确规定人民检察院即是国家的法律监督机关；二是经过拨乱反正，恢复了检察机关对于任何公民在适用法律上一律平等的原则，并且首次增加了反对个人特权的内容；三是恢复了检察机关独立行使检察权的原则，并且把它由领导原则改变为法制原则；四是规定了检察机关的政治任务；五是将侦查监督的职能更加具体化；六是完善了检察委员会的合议制度；七是在行使职权的程序中坚持了公检法三机关互相配合、互相制约的原则；八是规定了群众路线的工作方法。

然而，与《五四检察院组织法》一样，《七九检察院组织法》也不是完美无缺的。例如，由《五四检察院组织法》第 22 条演变的第 28 条规定，却成了"一条未被执行"的规定——"依照法律规定，关于各级人民检察院的人员编制和办公机构的设置，属于最高人民检察院的权限。这在 1954 年和 1979 年两部检察院组织法中均有规定。1954 年《人民检察院组织法》第 22 条规定：'各级人民检察院的人员编制和办公机构，由最高人民检察院另行规定'。1979 年《人民检察院组织法》第 28 条规定：'各级人民检察院的人员编制由最高人民检察院另行规定。'法律的规定是明白无误的。但是，自从作出这个规定以来，却从未被执行过。

首先是最高人民检察院不知道运用这一法律建设自己，自己放弃法律赋予自己的权力。为了增加必要的人员编制，最高人民检察院也曾作了很大努力，提出种种理由，向有关部门交涉，但却从来不引用这条法律。本来是自己权限范围内的事，却到处求助于人。至于主管编制的部门，更不重视这条法律，或者根本不知道或者忘记这条法律，以致增加干部编制成为老大难问题"。① 退一步讲，倘若《七九检察院组织法》完美无缺，也不会施行不足两年就遇到修改呼声。

（八）《八三检察院组织法》评介

1. 《八三检察院组织法》的制定背景和经过

（1）背景和启动。尽管《七九检察院组织法》既是我国检察法律史上的第十一部与新中国第七部检察院组织法，也是我国检察法律史上第二部检察法典。但如上所述，它同样并不完美，还存在"对于叛国案、分裂国家案以及严重破坏国家的政策、法律、法令、政令统一实施的重大犯罪案件，行使检察权"、"检察业务分工不科学，概念不清，并且互相重复"等遗留问题，② 以及以阶级斗争为纲和"两个凡是"之色彩。

为此，1982年8月30日，最高人民检察院下发《关于征求对人民检察院组织法修改意见的通知》指出："黄火青检察长在最近召开的全国省、市、自治区检察长座谈会上指出：'人民检察院组织法，因宪法修改了，需要作相应的修改；经过3年来的实践，感到其中有的问题也需要修改。③ 希望各地也研究一下，

---

① 参见王桂五：《检察立法：一条未被理解，一条未被执行》，载《王桂五论检察》，中国检察出版社2008年版，第466页。

② 参见王桂五：《来之不易的我国第二部人民检察院组织法》，载《敬业求是集》，中国政法大学出版社1992年版，第85~86页。

③ 1982年4月15日，福建省人大常委会办公厅就向最高人民检察院报送了《福建省人民代表大会常务委员会关于建议修改人民检察院组织法第二十三条意见》；1982年1月15日，琼山县检察院就向最高人民检察院报送了修改建议。

提出修改意见。'为此，请你们抓紧组织所属检察机关对检察院组织法实施以来的新情况、新问题和实践经验，进行认真研究，提出初步修改意见，于今年10月31日以前报送高检。在全国人大五次会议通过新宪法后，请你们再将各方面对检察院组织法的修改意见加以综合，并根据这些意见对现行的检察院组织法提出一份修改稿，于1982年12月底以前报送高检。"

9月14日，最高人民检察院研究室向最高人民检察院党组提交《中华人民共和国最高人民检察院关于成立专门小组负责人民检察院组织法修改工作的建议》指出，根据黄火青同志在全国省、市、自治区检察长座谈会上关于修改检察院组织法的讲话精神，我院已于8月30日向全国各省级检察院发出通知，征求对人民检察院组织法的修改意见。人大常委会法制委员会，于9月7日派人来我院了解修改检察院组织法的准备情况，并告：要抓紧准备，工作往前赶，如果11月代表大会要在通过新宪法的同时修改检察院、法院组织法，也能拿出修改意见。

（2）收集并整理修改建议。《关于征求对人民检察院组织法修改意见的通知》下发后，各省级院、军事检察院、全国铁路运输检察院、全国水上运输检察院筹备组乃至县级检察院，纷纷甚至不止一次提出修改建议或者修正稿。其中的主要修改建议包括以下29个方面，涉及《七九检察院组织法》的每一条：①

第1条（原文：中华人民共和国人民检察院是国家的法律监督机关）：①中华人民共和国人民检察院是国家的法律监督机关，依照法律规定的范围行使检察权（高检二厅、一厅、信访厅）。②各级专门检察院是国家设在军队、铁路、水上运输等部门的法

---

① 1982年10月12日，南溪县检察院就直接向最高人民检察院报送了修正建议；报送《修正稿》的有广东、贵州、宁夏省院；而福建省院等就两次提交修正建议（参见《关于对〈中华人民共和国检察院组织法〉（草案）的修改意见》，最高人民检察院研究室主办：《人民检察院组织法修改意见汇集》（1~8）、《修改检察院组织法资料》（之一至之三），最高人民检察院研究室1982~1983年编印）。

律监督机关（铁检）。③本条规定太笼统，也不符合我国实际情况，应明确规定（北京）；在后面增写依照法律规定行使监督权或对违法犯罪进行检察（广东）；增写一条根据宪法制定本法，原条文移作第2条（山西、山东、甘肃）；人民检察院既是国家的法律监督机关，又是国家的执法机关（湖北、江苏）；其主要职责是依照法律的规定，行使检察权，监督法律的统一正确实施（湖南）；将法律监督机关改为刑事法律监督机关（云南、重庆）；人民检察院是国家的公诉机关，对刑法和刑事诉讼法的实施实行监督（甘肃）；把检察机关规定为单纯的刑事诉讼机关，除进行侦查和提起公诉外，不从事其他活动（吉林）。

第2条［原文：中华人民共和国设立最高人民检察院、地方各级人民检察院和专门人民检察院。地方各级人民检察院分为：（一）省、自治区、直辖市人民检察院；（二）省、自治区、直辖市人民检察院分院，自治州和省辖市人民检察院；（三）县、市、自治县和市辖区人民检察院。省一级人民检察院和县一级人民检察院，根据工作需要，提请本级人民代表大会常务委员会批准，可以在工矿区、农垦区、林区等区域设置人民检察院，作为派出机构。专门人民检察院包括：军事检察院、铁路运输检察院、水上运输检察院、其他专门检察院。专门人民检察院的设置、组织和职权由全国人民代表大会常务委员会另行规定］：①中华人民共和国的检察权由下列机构行使：地方各级人民检察院、专门人民检察院、最高人民检察院。地方各级人民检察院分为：基层人民检察院、中级人民检察院、高级人民检察院。专门人民检察院包括：军事检察院、铁路运输检察院、水上运输检察院、森林检察院、其他专门检察院（高检一厅）；中华人民共和国的检察权由最高人民检察院、地方各级人民检察院和专门人民检察院行使（辽宁、山东）；将人民检察院分为最高人民检察院、高级人民检察院、中级人民检察院和基层人民检察院（江西、湖北、江苏、河南、宁夏）。②第1款：后面增写县一级检察院可在乡一级行政区派驻检察员。③第2款：检察分院改为中级人民检察院，将省、自治区、直辖市人民检察院改为高级人民检察院（北京、新疆）；将地区分院统一改为地区人民检察院（浙江）；删去关于县一级检察院可设派出机构的规定（天津）；将第3项改为县、市、自治县、旗和市辖区人民检察院（陕西）。④第3款：省级人民检察院和自治州、省辖市人民检察院，根据工作需要，提请本级人民代表大会常务委员会批准，可以在工矿区、水运、农垦区、林区、劳改单位集中的地区设置人民检察院，作为派出机构（高检人事厅、新疆）；可以在工矿区、农垦区、林区等区域和劳动改造、劳动教养场所设置人民检察院，作为派出机构（高检三厅）；地方各级人民检察院可以根据需要，在县属的区、镇和劳改、劳教单位派驻检察组或检察员（浙江）；增设农垦、林区、航空运输检察院，并应规定专门检察院同地方检察院的关系（新疆）；除军事检察院外，其他专门检察院没有必要，直辖市的情况与省、自治区不同，应单列条款作明确规定（北京）；省一级人民检察院和县一级人民检察院……可以在工矿区、农垦区、林区等区域设置检察院的派出机构（上海）；在大型劳改、劳教场所设置检察院作为派出机构（辽宁、四川、安徽、山西、河北、云南）。⑤第4款删去水上运输检察院（高检人事厅）。⑥第5款：专门人民检察院行使本法第五条规定的各项职权。专门人民检察院的设置和组织由最高人民检察院另行规定（高检信访厅、人事厅、二厅）；专门人民检察院的设置、组织由全国人民代表大会常务委员会另行规定（高检三厅）；设立哪些专门检察院，应明确规定，要么一一列举，要么笼统规定在军事和某些经济系统设立，不要既列举又不列全（水上运输检察院筹备组）；增写各级铁路运输检察院分为：全国铁路运输检察院、全国铁路运输检察院分院、铁路运输检察院（铁检）。

第3条（原文：各级人民检察院设检察长一人，副检察长和检察员若干人。检察长统一领导检察院的工作。各级人民检察院设立检察委员会。检察委员会实行民主集中制，在检察长的主持下，讨论决定重大案件和其他重大问题。如果检察长在重大问题上不同意多数人的决定，可以报请本级人民代表大会常务委员会决定）：第1款：各级人民检察院设检察长1人，副检察长、厅长、副厅长、处长、副处长、科长、副科长和检察员若干人。检察长统一领导检察院的工作（高检人事厅）；各级人民检察院设检察长1人，副检察长×人至×人，检察员若干人（北京）；副检察长的人数应有限制（广东、河北）；各级人民检察院设检察长1人，副检察长1~3人，检察员若干人（陕西、上海、四川、安徽）；增设检察长助理（上海）。第2款：最末一句改为如果检察长在重大问题上不同意多数人的决定，可以报请本级人民代表大会常务委员会或上一级人民检察院决定（高检一厅）；增写检委会由正副检察长和若干检察员组成；删去检察长在重大问题上不同意多数检委会委员的意见时，可以报请本级人大常委会决定（新疆、陕西）；如果对案件和问题有重大分歧，可以报请上级人民检察院决定（天津、浙江、北京）；如果检察长不同意多数人的决定，应当报请上级检察院检委会决定（广东）；在最高人民检察院和省、自治区、直辖市一级人民检察院设置检委会（或称顾问委员会、咨议委员会）；设立院务委员会，在检察长主持下，按照民主集中制原则，讨论决定重大案件和其他重大问题，处理日常工作（上海）。增写第3款：在检察长不在时或者受检察长委托，副检察长可以主持检委会会议（天津）；最高人民检察院和省、市、自治区人民检察院设顾问小组；省、自治区、直辖市人民检察院分院、自治州和省辖市人民检察院设顾问，作为同级检察院检委会的助手和参谋，协助工作（陕西）。

第4条（原文：人民检察院通过行使检察权，镇压一切叛国的、分裂国家的和其他反革命活动，打击反革命分子和其他犯罪分子，维护国家的统一，维护无产阶级专政制度，维护社会主义法制，维护社会秩序、生产秩序、工作秩序、教学科研秩序和人民群众生活秩序，保护社会主义的全民所有的财产和劳动群众集体所有的财产，保护公民私人所有的合法财产，保护公民的人身权利、民主权利和其他权利，保卫社会主义现代化建设的顺利进行。人民检察院通过检察活动，教育公民忠于社会主义祖国，自觉地遵守宪法和法律，积极同违法行为作斗争）：①人民检察院通过行使检察权，镇压一切叛国的、分裂国家的和其他反革命活动，打击危害社会主义的敌对分子和其他犯罪分子，维护国家的统一和人民民主专政制度，维护社会主义法制和社会秩序，保护社会主义的公有财产和公民个人所有的合法财产，保护公民的人身权利、民主权利和其他权利，保卫社会主义现代化建设的顺利进行。人民检察院通过检察活动，教育公民忠于社会主义祖国，自觉地遵守宪法和法律，积极同违法犯罪行为作斗争（高检信访厅、二厅）；将条文中的无产阶级专政改为人民民主专政（北京、天津、新疆）。②第1款：人民检察院通过行使检察权，镇压一切叛国的、分裂国家的和其他反革命活动，打击反革命分子和其他犯罪分子，维护国家的统一，维护人民民主专政制度，维护社会主义法制，维护社会秩序、保护社会主义的全民所有的财产和劳动群众集体所有的财产，保护公民私人所有的合法财产，保护公民的人身权利、民主权利和其他权利，保卫社会主义现代化建设的顺利进行（高检一厅、三厅）；将维护社会秩序、生产秩序、工作秩序、教学科研秩序和人民群众生活秩序改为维护社会秩序（天津、新疆）；增加精神文明建设和打击经济犯罪的内容（北京、新疆、吉林、甘肃、山东、湖北、云南、四川、河南、辽宁）；将保卫社会主义现代化建设的顺利进行改为保卫社会主义物质文明和精神文明建设的顺利进行（天津）。③第2款：人民检察院通过检察活动，教育公民忠于社会主义祖国，自觉地遵守宪法和法律，积极同违法犯罪行为作斗争（高检一厅）；人民检察院通过检察活动，宣传社会主义法制，教育公民忠于社会主义祖国，自觉地遵守宪法和法律，积极同违法行为作斗争（高检三厅）；人民检察院通过检察活动，教育公民忠于社会主义祖国，自觉地遵守宪法和法律，积极同违法行为作斗争；教育和改造违法犯罪分子，预防犯罪，促进社会主义的精神文明建设（浙江）；人民检察院通过检察活动，贯彻对社会宪法和法律，积极同违法犯罪行为作斗争（陕西）。

第 5 条〔原文：各级人民检察院行使下列职权：（一）对于叛国案、分裂国家案以及严重破坏国家的政策、法律、法令、政令统一实施的重大犯罪案件，行使检察权。（二）对于直接受理的刑事案件，进行侦查。（三）对于公安机关侦查的案件，进行审查，决定是否逮捕、起诉或者免予起诉；对于公安机关的侦查活动是否合法，实行监督。（四）对于刑事案件提起公诉，支持公诉；对于人民法院的审判活动是否合法，实行监督。（五）对于刑事案件判决、裁定的执行和监狱、看守所、劳动改造机关的活动是否合法，实行监督〕：①删去第一行"各级"二字，改为人民检察院行使下列职权（高检三厅）。②第 1 项：删去（陕西）。③第 2 项：对于贪污、侵犯公民民主权利、渎职等犯罪案件进行侦查，决定是否逮捕、起诉或者免予起诉（高检信访厅）；贪污罪、侵犯公民民主权利罪、渎职罪以及人民检察院认为需要自己直接受理的其他案件，由人民检察院立案侦查和决定是否提起公诉（高检二厅）；坚决打击经济领域和政治文化领域中严重危害社会主义的严重犯罪活动，对于依法分担的刑事案件，进行侦查，并决定是否逮捕、起诉或者免予起诉（辽宁）；对于直接受理的刑事案件，经济案件进行侦查（河北）；检察院对自行侦查的案件，应有拘留权（上海）；后面增写决定是否逮捕或采取其他强制措施，决定是否起诉或者免予起诉（福建）。④第 3 项：通过批捕、起诉活动对公安机关的侦查活动是否合法，实行监督（湖北）。⑤第 4 项：末尾增写监督如不被接受，检察机关有权直接纠正（云南）。⑥第 5 项：对于刑事案件判决、裁定的执行和监狱、看守所、拘留所、拘役所、劳动教养单位和劳动教养机关、劳动改造机关的活动是否合法，实行监督（福建）；增写对劳动教养机关的活动实行监督（北京、天津、浙江、新疆、陕西、广东、福建、上海、青海）；在劳动改造机关后面增写劳动教养机关（河南、江西、辽宁、安徽、湖南、四川、山东、山西、吉林、江苏、云南），在看守所后面增写拘役所（云南、辽宁、四川）和拘留所（四川），在末尾增写监督如不被接受，检察机关有权直接纠正（云南）。⑦增写一项：人民检察院有权对人民法院的民事审判活动实行法律监督（高检信访厅）；对人民法院的民事审判活动是否合法，实行监督（高检一厅、三厅）；对于人民法院的民事审判活动的枉法裁判，实行监督（高检二厅、新疆、天津、江西、安徽、湖南、四川、山西、湖北、河北、吉林、甘肃、山东）；对劳动教养机关的活动是否合法，实行监督（高检三厅）；对人民群众控告、申诉的案件，行使检察权（广东）；人民检察院还要行使其他法律所赋予的职权（天津）。

第6条（原文：人民检察院依法保障公民对于违法的国家工作人员提出控告的权利，追究侵犯公民的人身权利、民主权利和其他权利的人的法律责任）：①删去（高检信访厅、三厅、一厅、二厅、新疆、西藏）。②人民检察院依法保障公民对于违法犯罪的国家工作人员提出控告的权利，追究侵犯公民的人身权利、民主权利和其他权利而触犯刑律的人的法律责任（浙江）；对不够刑事处分的，人民检察院要建议有关单位纠正或对直接责任人给予行政处分，有关单位对检察院的建议应作负责的答复（北京）；在违法后面加"犯罪"二字，在追究后面加"严重"二字，将法律责任改为刑事责任（陕西）。③改为对公民的控告、申诉、检举（进行压制、打击），构成违法犯罪的人，直接或监督追究刑事责任，作为检察院的一项职权，列入第5条（山东省院惠民分院信访科、云南、山东）。

第7条（原文：人民检察院在工作中必须坚持实事求是，贯彻执行群众路线，倾听群众意见，接受群众监督，调查研究，重证据不轻信口供，严禁逼供信，正确区分和处理敌我矛盾和人民内部矛盾。各级人民检察院的工作人员，必须忠实于事实真相，忠实于法律，忠实于社会主义事业，全心全意地为人民服务）：第1款：人民检察院在工作中必须贯彻执行群众路线，倾听群众意见，接受群众监督，坚持实事求是，调查研究。重证据不轻信口供，严禁逼供信，正确区分和处理敌我矛盾和人民内部矛盾，分清罪与非罪，做好本职工作（辽宁）；人民检察院在诉讼活动中必须以事实为依据，以法律为准绳，坚持实事求是，群众路线，调查研究，重证据不轻信口供，严禁逼供信，正确区分和处理敌我矛盾和人民内部矛盾（陕西）；将正确区分和处理敌我矛盾和人民内部矛盾改为正确区分罪与非罪的界限（广东）；正确区分和处理敌我矛盾和人民内部矛盾应作为指导思想，放在前面（北京）；在严禁逼供信后面增写划清罪与非罪、重罪与轻罪的界限（天津）；将正确区分和处理敌我矛盾和人民内部矛盾删去（安徽），或改为划清罪与非罪的界限（河南、甘肃），改为正确区分罪与非罪、此罪与彼罪的界限（江苏），改为正确区分罪与非罪的界限，妥善处理敌我矛盾和人民内部矛盾（山东）。第2款：各级人民检察院的工作人员，必须忠于人民，忠于祖国，努力学习马列主义、毛泽东思想；坚定地执行党的路线、方针、政策和国家的法律、法令；严格遵守纪律，不闹派性，不参加非组织活动；密切联系群众，全心全意为人民服务；不贪赃枉法，不欺压群众；不占国家和群众的便宜；保护好人好事，反对坏人坏事，机智勇敢地同犯罪分子作斗争（辽宁）；各级人民检察院的工作人员必须忠实于事实真相，忠实于法律，忠实于社会主义事业；忠于人民，忠于祖国，认真学习，严守纪律，廉洁奉公，秉公执法（浙江）；删去第2款，增写一条：各级人民检察院工作人员，必须忠于党，忠于社会主义事业，忠于事实真相，忠于法律，做到努力学习马列主义、毛泽东思想，坚持四项基本原则，认真执行党的路线、方针、政策和国家的法律、法令；严格遵守纪律，服从命令，听从指挥；密切联系群众，廉洁奉公，全心全意为人民服务；保护好人，反对坏人坏事，机智勇敢地同犯罪分子作斗争；懂得政策和法律，关心经济建设全局，学习科学技术，熟悉检察业务，做好本职工作（天津）；对各级检察院的检察长、检察员和其他工作人员，都应在文件程度、资历和政法工作的实践上，规定一定的条件和要求（广东、重庆）；增写检察干部岗位责任制（青海），严禁徇私舞弊、贪赃枉法（北京）。

第8条（原文：各级人民检察院行使检察权，对于任何公民，在适用法律上一律平等，不允许有任何特权）：保留（高检一厅、二厅、三厅、信访厅）；不允许有任何特权指谁而言不明确，前面应加主语（北京）；将不受其他行政机关、团体和个人的干涉删去（重庆市）。

第9条（原文：人民检察院依照法律规定独立行使检察权，不受其他行政机关、团体和个人的干涉）：①人民检察院依照法律规定独立行使检察权，不受行政机关、团体和个人的干涉（高检信访厅、三厅、一厅、二厅）；人民检察院坚持四项基本原则，依照法律规定独立行使检察权，不受任何行政机关、团体和个人的干涉（辽宁）；人民检察院独立行使检察权，只服从法律、对法律负责（青海）；删去"其他"二字（浙江、上海、四川、山东、山西、吉林、江苏、云南）；取消"独立"二字，后半句改为行政机关、团体、企事业单位和任何公民、个人，不得阻挠、干涉检察机关行使检察权（北京）。②增写关于检察工作人员因秉公执法遭打击报复应受到法律保护的内容（河北）；各级人民检察院对重大案件与党委意见产生分歧时，应报请上级检察院作出决定（琼山县院）。

第10条（原文：最高人民检察院对全国人民代表大会和全国人民代表大会常务委员会负责并报告工作。地方各级人民检察院对本级人民代表大会和本级人民代表大会常务委员会负责并报告工作。最高人民检察院领导地方各级人民检察院和专门人民检察院的工作，上级人民检察院领导下级人民检察院的工作）：
①改成两条：第×条：最高人民检察院是国家的最高检察机关。
最高人民检察院领导地方各级人民检察和专门人民检察院的工作。
上级人民检察院领导下级人民检察院的工作；第×条：最高人民
检察院对全国人民代表大会和全国人民代表大会常务委员会负责，
地方各级人民检察院对本级国家权力机关和上级人民检察院负责
（高检二厅、三厅、信访厅）。②第1款：最高人民检察院对全国
人民代表大会和全国人民代表大会常务委员会负责，地方各级人
民检察院对本级国家权力机关和上级人民检察院负责（辽宁）；
地方各级人民检察院对本级人民代表大会和本级人民代表大会常
务委员会负责并报告工作（铁检）；地方各级人民检察院对本级
国家权力机关和上级人民检察院负责（陕西）；删去并报告工作
（北京、浙江、新疆、陕西、青海）；增写如果上级检察院发现下
级检察院对案件的决定有违法或者有错误，可以指定下级检察院
重新研究或者撤销、改变下级检察院的错误决定（北京）。③第2
款：单列一条，放在本条之前，并修改为最高人民检察院领导地
方各级人民检察院和专门人民检察院的工作，上级人民检察院领
导下级人民检察院的工作。上级人民检察院发现下级人民检察院
对案件的决定有违法或错误的，可以指定下级检察院重新研究，
或者撤销、改变下级检察院的决定（高检一厅）；如果上级检察
院认为下级检察院的决定有错误，有权予以改变；下级检察院不
服，可以要求上级检察院复议并作出决定（重庆市）；增写各省、
自治区、直辖市人民检察院对辖区内的专门检察院应给予业务
指导。

　　第11条（原文：人民检察院发现并且认为有犯罪行为时，
应当依照法律程序立案侦查，或者交给公安机关进行侦查。侦查
终结，人民检察院认为必须对被告人追究刑事责任时，应当向人
民法院提起公诉；认为不需要追究刑事责任时，应当将原案撤
销）：①人民检察院直接受理的案件，发现并且认为有犯罪行为

时，应当依照法律程序立案侦查。侦查终结，认为必须对被告人追究刑事责任时，应当向人民法院提起公诉；认为不需要追究刑事责任时，应当将原案撤销（高检信访厅、三厅、二厅）；人民检察院对直接受理的刑事案件发现并且认为有犯罪行为时，应当依照法律程序立案侦查，侦查终结后，应当向人民法院提起公诉，或者作出免予起诉的决定，或者将原案撤销（高检一厅）；人民检察院发现属于自己管辖的案件并且认为有犯罪行为需要追究刑事责任时，应当依照法律程序立案侦查。侦查终结后，应当作出提起公诉、免予起诉或撤销案件的决定（辽宁）；人民检察院对直接受理的刑事案件，应当按照管辖范围，依照法律程序立案侦查。侦查终结，人民检察院认为必须对被告人追究刑事责任时，应当向人民法院提起公诉，认为不需要追究刑事责任时，应当将原案撤销（江西）。②第1句改写为：人民检察院发现并且认为公民有犯罪行为时，应当按照管辖分工范围，属公安机关侦查的就交给公安机关立案侦查，属检察院侦查的，即自行立案侦查（江苏）；人民检察院发现并且认为有犯罪事实，需要追究刑事责任时，应当依照法律程序进行侦查（云南、四川、安徽、山东、甘肃）。③后面增写已经采取经制措施的，应立即解除，交行政单位安置或处理（北京）。④末句写法：认为不需要追究刑事责任时，可区别不同情况，作出不予起诉或撤销案件的决定（河南）；认为不需要追究刑事责任时，应当不予起诉或者将原案撤销（甘肃、安徽）；认为不需要追究刑事责任时，应当将原案撤销或者作出不起诉或免予起诉的决定（山东）；认为不需要追究刑事责任时应将原案撤销或免予起诉；对免予起诉案件的赃款赃物，人民检察院有权裁决处理（四川）；认为不需要追究刑事责任时，可以作出免予起诉或者撤销案件的决定；人民检察院还可根据案件的不同情况，对被告人予以训诫或者责令具结悔过、赔礼道歉、赔偿损失，建议主管部门予以行政处分（湖南）。⑤增写被告人死亡的，应当撤销案件，并作出不起诉决定（青海）。

第 12 条（原文：对于任何公民的逮捕，除人民法院决定的以外，必须经人民检察院批准）：①人民检察院对于公安机关提请批准逮捕的案件，应当进行审查，依照法律规定分别作出批准逮捕、不批准逮捕或者补充侦查的决定（高检信访厅、三厅、二厅）；人民检察院对于公安机关提请逮捕的人犯，进行审查，依法作出批准逮捕，不批准逮捕，或者退回补充侦查的决定；对自行侦查的案犯，需要逮捕时，应当作出决定（高检一厅）；对应予逮捕的人犯，凡属公安机关侦查的，必须由公安机关提请逮捕，经人民检察院审查批准；凡属人民检察院自行侦查的，由人民检察院作出决定（浙江）；人民检察院对于公安机关提请批准逮捕的案件，应当进行审查，根据情况分别作出批准逮捕、不批准逮捕或者补充侦查的决定（广西）；人民检察院对于公安机关提请逮捕的案件进行审查，决定批准逮捕或者不批准逮捕；对于主要犯罪事实不清，证据不足的，可以退回公安机关补充侦查（辽宁）。②将必须经人民检察院批准改为必须经人民检察院决定、批准（新疆）。③增写一款：人民检察院侦查的案件，需要逮捕被告人时，经检察长批准，可以自行逮捕，交所在地看守所羁押（天津）；人民检察院认为必要，可以决定并执行逮捕（福建）；对公安机关侦查的案件，人民检察院认为有必要时，可以派员参与勘验现场、审讯人犯、进行技术鉴定等活动（河北）。

第 13 条（原文：人民检察院对于公安机关要求起诉的案件，应当进行审查，决定起诉、免予起诉或者不起诉。对于主要犯罪事实不清、证据不足的，可以退回公安机关补充侦查。人民检察院发现公安机关的侦查活动有违法情况时，应当通知公安机关予以纠正）：第 1 款：人民检察院对于公安机关要求起诉、免予起诉的案件，应当进行审查，决定起诉、免予起诉或者不起诉。对于主要犯罪事实不清、证据不足的，可以退回公安机关补充侦查（高检一厅）；将人民检察院对于公安机关要求起诉的案件改为人民检察院对于公安机关要求起诉和免予起诉的案件（天津）。第 2

款：单列一条，放在第14条的后面（高检信访厅、三厅、二厅）；将第2款单列一条，并增加公安机关应将处理结果，及时通知人民检察院。如果公安机关对违法情况不予纠正；人民检察院应向上级公安机关反映，并予以处理（高检二厅）；改写为人民检察院发现公安机关的侦查活动有违法情况时，应当通知上一级公安机关纠正，并要求上级公安机关将纠正情况通知检察院（青海）；后面增写公安机关应当把纠正情况通知人民检察院或公安机关应对检察院作负责答复（北京、天津），如经再次通知仍不予纠正，可向其上级主管机关报告，追究其单位负责人责任（广东）。增写一款：最高人民检察院有权调阅各级人民法院、上级人民检察院有权调阅下级人民法院、各级人民检察院有权调阅同级人民法院的审判卷宗，实施审判监督（云南）；人民检察院起诉的刑事案件，如遇有涉及国家和集体财产因犯罪造成损失的，可以同时提起附带民事诉讼，并在法庭上支持这种诉讼（河北）。

第14条（原文：人民检察院对于公安机关移送的案件所作的不批准逮捕的决定、不起诉或者免予起诉的决定，公安机关认为有错误时，可以要求人民检察院复议，并且可以要求上级人民检察院复核。上级人民检察院应当及时作出决定，通知下级人民检察院和公安机关执行）：①人民检察院对公安机关移送的案件所作的不批准逮捕的决定，不起诉或者免予起诉的决定，公安机关认为有错误时可以要求复议，如果意见不被接受，可以要求上一级人民检察院复核。上级人民检察院应当及时作出决定，通知下级人民检察院和公安机关执行（高检信访厅、二厅）。②在公安机关认为有错误时的后面增写在执行的同时（陕西）；将可以要求人民检察院复议，并且可以要求上级人民检察院复核一句改为可以要求人民检察院复议，如果意见不被接受，可以向上一级人民检察院提请复核（广西）。③对于公安机关要求复议、复核，应当规定期限（重庆、四川），将公安机关要求复议、复核的期限现定为半个月（山东），复议、复核的程序应当与《刑事诉讼法》第 49 条的规定一致起来（河南）。

第 15 条（原文：人民检察院提起公诉的案件，由检察长或者检察员以国家公诉人的身份出席法庭，支持公诉，并且监督审判活动是否合法）：①将本条移作第 19 条，并改为人民检察院提起公诉的案件，上级人民法院发回原审人民法院重新审判的案件，由检察长或者检察员以国家公诉人的身份出席法庭，支持公诉，并且监督审判活动是否合法。书记员应当随检察长或检察员出庭记录；下级人民检察院经办的案件，按审级规定须移送上级人民检察院起诉的，经上级人民检察院检察长同意，可以委派下级人民检察院承办该案的检察员随案出庭支持公诉；上级人民检察院侦查终结的案件，按审级规定须移送下级人民检察院起诉的，上级人民检察院的承办检察员可以下级人民检察院检察员的身份出庭支持公诉（辽宁）。②在后面增写如发现在审判过程中重大违法现象时，应及时建议休庭，提出纠正（陕西）；在检察长后面增写副检察长（安徽、甘肃、北京）；在检察员后面增写助理检察员（山东）。③增写一款：书记员可以出席法庭担任记录工作（高检信访厅、山东、安徽、甘肃、河北），检察员出席法庭协助检察员担任记录工作（高检一厅），书记员可以随同检察长或检察员出席法庭协助检察长或检察员担任记录工作（高检三厅），检察员出席法庭可以配备书记员（天津）；对于人民法院直接受理的刑事案件的审判，人民检察院检察长可以指派检察员出席法庭，实行审判监督（天津）。

第 16 条（原文：人民检察院起诉的案件，人民法院认为主要犯罪事实不清、证据不足，或者有违法情况时，可以退回人民检察院补充侦查，或者通知人民检察院予以纠正）：①人民法院认为主要犯罪事实不清，证据不足时，可以退回人民检察院补充侦查（高检信访厅、一厅、二厅、三厅）；人民检察院对因主要犯罪事实不清、证据不足，或者有违法情况而被人民法院退回的案件，应负责查清或予以纠正（上海）。②增写检察机关应当把纠正情况通知人民法院或对人民法院通知应该纠正的违法情况，检察院应作负责的答复（北京、天津）；人民检察院对于人民法院退回补充侦查的案件，除了个别重大案件和公安共同侦查外，一般的应自行侦查（河南）；人民检察院对于人民法院开庭前退回补充侦查的公诉案件，经审查，确属主要犯罪事实不清，证据不足的，可以自行补充侦查或者退回公安机关补充侦查（辽宁）。③删去此条或者从检察院的角度进行改写（山东、青海）。

第 17 条（原文：地方各级人民检察院对于本级人民法院第一审案件的判决和裁定，认为有错误时，应当按照上诉程序提出抗诉）：①将认为有错误改为认定有错误或发现有错误（湖北），或认为定性不准或量刑畸轻畸重时（山东）；②增写一款各级人民检察院检察长认为必要时，可以列席审判委员会（安徽）；人民法院如果不同意人民检察院的抗诉意见，须报请同级人大常委会决定（河南）。

第 18 条（原文：最高人民检察院对于各级人民法院已经发生法律效力的判决和裁定，上级人民检察院对于下级人民法院已经发生法律效力的判决和裁定，如果发现确有错误，应当按照审判监督程序提出抗诉。按照审判监督程序审理的案件，人民检察院必须派人出席法庭）：第 2 款：人民检察院抗诉的案件，在法院开庭时，必须派员出席法庭（高检一厅）；后面增写监督审判活动是否合法（湖南）；删去第 2 款，增写一款对于人民检察院按照审判监督程序提出抗诉的案件，人民法院应当至迟在 1 个半月内作出裁决（辽宁）。

第 19 条（原文：人民检察院发现刑事判决、裁定的执行有违法情况时，应当通知执行机关予以纠正。人民检察院发现监狱、看守所、劳动改造机关的活动有违法情况时，应当通知主管机关予以纠正）：①人民检察院发现刑事判决、裁定的执行有违法情况时，应当通知执行机关予以纠正；临场监督执行死刑，在执行前如果发现可能有错误，应当建议暂停执行，报请最高人民法院裁定；人民检察院发现监狱、看守所、劳动改造、劳动教养机关的活动有违法情况时，应当通知主管机关予以纠正（高检信访厅、三厅、二厅）。②第 1 款：增写对执行死刑的人犯，在临场监督时，发现可能有错误时，应当提出意见，并依法报请主管机关决定（高检一厅）；末尾增写执法机关应当将纠正情况及时通知人民检察院（辽宁、安徽），如果不被接受，应当向其上一级提出纠正意见（河北）。③第 2 款：人民检察院发现监狱、看守所、劳动改造、劳动教养机关的活动有违法情况时，应当通知主管机关予以纠正（高检一厅）；将劳动改造机关改为劳动改造、劳动教养机关（北京、浙江、新疆、陕西、上海、广西）；在看守所后面增写拘留所（四川）、拘役所（辽宁）和收容审查站（河南、四川）以及人民检察院根据工作需要，可向这些单位派驻检察组或检察员（吉林）。④增写一款：刑事判决、裁定的执行机关如果不纠正违法情况，检察机关应采取何种法律措施促其纠正的内容（重庆）；上级人民检察院发现下级人民检察院的活动有违法情况时，应当通知纠正，检察院的纠正违法通知如果不被接受，应规定相应的措施（江苏）。

第 20 条（原文：最高人民检察院设置刑事、法纪、监所、经济等检察厅，并且可以按照需要，设立其他业务机构。地方各级人民检察院和专门人民检察院可以设置相应的业务机构）：①最高人民检察院设置刑事、法纪、经济、监所检察厅和信访厅，并且按照需要，设立其他业务机构；地方各级人民检察院和专门人民检察院可以设置相应的业务处、科（浙江）。②第 1 款：最高人民检察院设置刑事、侦查、监所等检察厅，并且可以按照需要，设立其他业务机构（高检一厅）；最高人民检察院批捕起诉厅、侦查厅、监所检察厅，并且可以按照需要，设立其他机构（高检三厅）；最高人民检察院称厅，省、自治区、直辖市和省属大城市检察院称处，分院、州院、县院称科（四川）；最高人民检察院称厅、室，省、自治区、直辖市以及省辖市、自治州、地区人民检察院称处，省、市、市辖区人民检察院称科、室（辽宁）；最高人民检察院称厅，省、自治区、直辖市、省辖市院和检察分院称处，县、市、市辖区检察院称科（山东、山西），或者一律称厅（山东）。③第 2 款：省、自治区、直辖市人民检察院可以设置相应的业务处；县、市、市辖区人民检察院可以设置相应的业务科（高检人事厅）；地方各级人民检察院和专门人民检察院设置刑事、法纪、经济、监所等检察厅及其他业务机构（新疆）；各级人民检察院按照侦查，侦查监督、审判监督和劳改、劳教监督等职能，本着精简原则，从实际出发，设置相应的业务机构（陕西）；按照机构改革的精神，对各级检察院业务机构的设置、名称和等级，作出统一、具体、明确、科学的规定（江苏、云南、吉林、甘肃、山东、四川、安徽）；对行政、研究、政治机构的设置，也应作出相应的规定（云南）。

第 21 条（原文：最高人民检察院检察长由全国人民代表大会选举和罢免。最高人民检察院副检察长、检察委员会委员和检察员由最高人民检察院检察长提请全国人民代表大会常务委员会任免）：第 1 款：后面增写最高人民检察院检察长每届任期 5 年，连选得连任，但是连续任职不得超过两届（吉林）。第 2 款：最高人民检察院副检察长、检委会委员、厅长、副厅长和检察员由最高人民检察院检察长提请全国人大常委会任免（高检信访厅、人事厅）。

第 22 条（原文：省、自治区、直辖市人民检察院检察长和人民检察院分院检察长由省、自治区、直辖市人民代表大会选举和罢免，副检察长、检察委员会委员和检察员由省、自治区、直辖市人民检察院检察长提请本级人民代表大会常务委员会任免。省、自治区、直辖市人民检察院检察长、副检察长和检察委员会委员的任免，须报请最高人民检察院检察长提请全国人民代表大会常务委员会批准）：①省、自治区、直辖市人民检察院检察长和人民检察院分院检察长由省、自治区、直辖市人大选举和罢免，副检察长、检委会委员、厅长、副厅长和检察员由省、自治区、直辖市人民检察院检察长提请本级人大常委会任免。省、自治区、直辖市人民检察院检察长的任免，须报最高人民检察院检察长提请全国人大常委会批准（高检信访厅）。②第1款：省、自治区、直辖市人民检察院检察长和人民检察分院检察长由省、自治区、直辖市人大选举和罢免，副检察长、检委会委员、处长、副处长和检察员由省、自治区、直辖市人民检察院检察长提请本级人大常委会任免（高检人事厅）。③第2款：省、自治区、直辖市人民检察院检察长的任免，须报请最高人民检察院检察长提请全国人大常委会批准；副检察长和检委会委员的任免，须报请最高人民检察院检察长批准（浙江）；省、自治区、直辖市检委会委员的任免，不必提请全国人大常委会批准（广东、青海）；省、自治区、直辖市人民检察院检察长由省、自治区、直辖市人大选举罢免，并报请最高人民检察院检察长提请全国人大常委会批准；省、自治区、直辖市人民检察院副检察长、检委会委员、检察员和人民检察院分院检察长、副检察长、检委会委员、检察员由省、自治区、直辖市人民检察院检察长提请省、自治区、直辖市人大常委会任免（上海）；检察员可由本院检察长批准任免，不必要提请本级人大常务会任免（广东）；对地方各级检察院正、副检察长的任免和上报审批的程序手续，应作出明确的规定（福建）；删去副检察长和检委会委员（天津、新疆）。

第23条（原文：自治州、省辖市、县、市、市辖区人民检察院检察长由本级人民代表大会选举和罢免，副检察长、检察委员会委员和检察员由自治州、省辖市、县、市、市辖区人民检察院检察长提请本级人民代表大会常务委员会任免。自治州、省辖市、县、市、市辖区人民检察院检察长、副检察长和检察委员会委员的任免，须报省、自治区、直辖市人民检察院检察长提请本级人民代表大会常务委员会批准）：①自治州、省辖市、县、市、市辖区人民检察院检察长由本级人大选举和罢免，副检察长、检委会委员、厅长、副厅长、检察员由自治州、省辖市、县、市、市辖区人民检察院检察长提请本级人大常委会任免；自治州、省辖市、县、市、市辖区人民检察院检察长的任免，须报省、自治区、直辖市人民检察院检察长提请本级人大常委会批准（高检信访厅）。②第 1 款：自治州、省辖市、县、市、市辖区人民检察院检察长由本级人大选举和罢免，副检察长、检委会委员、处长、副处长、科长、副科长和检察员由自治州、省辖市、县、市、市辖区人民检察院检察长提请本级人大常委会任免。③第 2 款：自治州、省辖市、县、市、市辖区人民检察院检察长的任免，须报上级人检察院检察长提请该级人大常委会批准（高检人事厅）；自治州、省辖市、县、市人民检察院检察长的任免，须报省、自治区、直辖市人民检察院检察长提请本级人大常委会批准；市辖区人民检察院检察长的任免，须报市人民检察院检察长提请本级人大常委会批准（天津、浙江）。④全国铁路运输检察院正、副检察长由全国人大常委会任免；全国铁路运输检察院检委会委员、全国铁路运输检察分院检察长由全铁路运输检察院检察长报最高人民检察院任免；全国铁路运输检察院分院副检察长、检委会委员由全国铁路运输检察院任免，并报最高人民检察院批准；铁路运输检察院检察长由检察分院检察长报主全国铁路运输检察院任免，副检察长、检委会委员由全国铁路运输检察分院任免，并报全国铁路运输检察院批准；各级铁路运输检察院检察员由各级铁路运输检察院检察长提请上级检察院任免（铁检）。

第 24 条（原文：省一级人民检察院和县一级人民检察院设置的工矿区、农垦区、林区人民检察院检察长、副检察长、检察委员会委员和检察员，均由派出的人民检察院检察长提请本级人民代表大会常务委员会任免）：①省一级人民检察院和县一级人民检察院设置的工矿区、农垦区、林区人民检察院检察长、副检察长、检委会委员、厅长、副厅长和检察员，均由派出的人民检察院检察长提请本级人大常委会任免（高检信访厅、高检人事厅、高检三厅)；省一级人民检察院、省辖市、自治州和地区人民检察院设置的工矿区、农垦区、林区和劳改、劳教场所的人民检察院的检察长、副检察长、检委会委员和检察员，分别由省一级和省辖市、自治州一级人民检察院检察长提请本级人大常委会任免（辽宁）。②在省一级人民检察院后加自治州、省辖市人民检察院，删去县一级人民检察院（新疆）；在工矿区后加劳改检察院，删去农垦区、林区，在农垦区、林区后面加劳改、劳教，将由检察院检察长提请任免改为由检察院提请任免（陕西），在林区后面增写劳改和劳教场所（山西）。

第 25 条（原文：各级人民检察院检察长的任期，与本级人民代表大会每届任期相同）：①增写一款：最高人民检察院检察长任期 5 年，连选连任，但是连续任职不得超过两届（天津）；各级人民检察院检察长在任期内，需要调动工作时，须报上级人民检察院检察长提请该级人大常委会批准，副检察长的调动，须经本级人大常委会批准并征得上一级人民检察院检察长的同意（高检人事厅）。②增写两款：在两届人大之间，检察长不得调动。必须调动的须经上级检察长同意，提请上级人大常委会批准，并须经本级下一次人大通过，另选新的检察长；副检察长和检察员的调动和免职，按照法定程序层报任命机关批准（北京）。

第 26 条（原文：全国和省、自治区、直辖市人民代表大会常务委员会根据本级人民检察院检察长的建议，可以撤换下级人民检察院检察长、副检察长和检察委员会委员）：①全国和省、自治区、直辖市、自治州、省辖市人大常委会根据人民检察院检察长的建议，可以撤换下级人民检察院检察长、副检察长和检委会委员（高检人事厅）；将最后一句改为可以撤换下级人民检察院检察长和副检察长（湖南）。②增写被撤下和换上的检察长、副检察长和检委会委员，应当得到本级人大及其常委会下次会议的承认（天津）。③删去本条（辽宁）。

第 27 条（原文：各级人民检察院设助理检察员和书记员各

若干人。经检察长批准，助理检察员可以代行检察员职务。书记员办理案件的记录工作和有关事项。助理检察员、书记员由各级人民检察院检察长任免。各级人民检察院根据需要可以设司法警察）：第1款：书记员可出庭担任记录。第2款：助理检察员和书记员的任免，由检察长提议，经检委会决定任免。第3款：各级人民检察院根据需要可以设法医、司法技术人员和司法警察（高检人事厅）；各级人民检察院可以设司法警察（高检一厅）；增设技术员（铁检、新疆），在县级以上检察院增设检察长助理（北京），各级检察院设法医（浙江）。

第28条（原文：各级人民检察院的人员编制由最高人民检察院另行规定）：①各级人民检察院的机构设置、人员编制和任免的具体实施办法，由最高人民检察院另行规定（高检人事厅）；各级人民检察院的级别、机构设置、人员编制、财政经费、技术装备及其更新等问题，由最高人民检察院另行规定（天津）；各级人民检察院的人员编制在国家总的行政编制中划分出来，单独列编（辽宁）；各级人民检察院的人员编制，由最高人民检察院根据各省、自治区、直辖市的不同情况和实际需要另行规定（湖北）；各级人民检察院的人员编制和业务经费管理由最高人民检察院另行规定（浙江）；在人员编制后面增写后勤装备（云南）；增单独列编（北京）。②将本条移作第30条，在前面增写两条：第28条：各级人民检察院工作人员应着统一制服；第29条：各级人民检察院的经费由财政部门另立预算，其中业务费用由上一级检察机关统一管理（陕西）。

其他意见：①将轮训干部、考核干部等内容写入总则内（高检三厅）。②增写人民检察院在工作中，应当与公安机关、人民法院实行分工负责、互相配合、互相制约的制度，以保证准确有效地执行法律（浙江）。③在总则中增写一条根据《中华人民共和国宪法》第131条至第137条之规定精神，特制定本法，并作为第1条。同时将第三章改为人民检察院的机构设置和人员的职权、任免（新疆）。④在第二章中增写一条人民检察院检察长或者检察长指定的检察员，可以列席人民法院审判委员会会议（天津）。⑤应着重研究制定检察机关行使职权的法律保证措施；对检察干部应提出明确的要求和条件，逐步做到助检员以上的检察干部必须从正规政法院校的毕业生中选拔；应明确规定检察员、助检员的级别、待遇；检察系统的财务经费，应单独列支；检察干部执行任务，应该着装（北京）。⑥应着重从党的领导、民主集中制和集体领导三个问题入手，要在组织法中明确无误地写上党对检察工作的领导（福建）。⑦增写最高人民检察院有权解释关于检察业务方面的法律；上级检察院发现下级检察院的错捕、错诉案件，应当予以纠正；上级检察院讨论下级检察院所办案件时，应吸收下级检察院有关人员参加；案件起诉后，人民法院认为追诉人和检察院的意见不一致时，由检察院报请上一级检察机关审定（青海）。⑧检察院对于已发生法律效力的判决、裁定提出的抗诉，法院何时审理，要有时限规定。⑨上级检察院发现下级检察院，或者各级检察院本身发现自己的免予起诉、不起诉等决定有错误或者不当的时候，应当有撤销或者纠正的程序规定。⑩县、区级人民检察院应设立人民检察通讯员，并明确其职权范围与经费开支等。增写一条最高人民检察院对于检察工作如何具体应用法律、法令问题，进行解释（山东、宁夏）。增写检察机关参加综合治理的内容（湖北）。增写人民检察院为执行检察职务，有权向有关的机关、团体、企业、事业单位调阅必要的案卷和其他文件，有关单位和人员都有义务根据人民检察院的要求提供材料和说明（山东）。将检察员分为最高人民检察院检察员为一级，省检察院检察员为二级，市、地、州检察院检察员为三级，县检察院检察员为四级，分别享受同级国家行政机关司长、处长、科（局）长的政治待遇和生活待遇。地方各级检察院检察长享受同级副省长、副专员（副市长、副州长）、副县长的政治待遇和生活待遇（四川）。对组织法的结构建议作适当调整：第一章总则，规定检察机关的性质、体制、任务、对检察干部的要求以及公民在适用法律上一律平等、独立行使检察权等项原则；第二章机构设置和职权范围，规定各级人民检察院的机构设置和职权范围；第三章行使职权的程序，对刑事诉讼法有明文规定的，可以不再重复；第四章规定编制、检察人员的职责、任免手续以及业务衔级等（安徽、云南）。

（3）精心准备并提交修正草案。1982 年 10 月 16 日，最高人民检察院组织法修改小组起草完成《中华人民共和国人民检察院组织法（修改二稿之一）》，共 3 章（第一章总则、第二章人民检察院行使职权的程序以及第三章人民检察院的机构设置和人员的任免）34 条。

10 月 20 日，最高人民检察院向全国人大常委会复函——《关于〈中华人民共和国人民检察院组织法〉修改情况的函》（〔82〕高检办函第 14 号）指出："这次修改主要是从三个方面考虑的：一是要与国家根本法宪法草案的规定一致起来。二是程序部分要与刑事诉讼法的规定一致起来。由于现行的组织法是与刑事诉讼法同时分别起草的，有些地方互相衔接和照应不够，这种情况现在均按刑诉法规定加以修改。三是对工作实践中遇到的需要在组织法中明确规定的问题，这次作了少量的补充规定。总的来说，除做了少量文字修改，条文顺序有所变动外，未作大的变动。"同时，随函所附的《中华人民共和国人民检察院组织法（修改意见稿）》（1982 年 10 月 19 日）的内容不仅包括：第一章总则（第 1 条至第 9 条）、第二章人民检察院的组织（第 10 条至第 17 条）和第四章人民检察院人员的任免（第 26 条至第 33 条），而且第三章人民检察院的职权还明确规定：人民检察院对于叛国案，分裂国家以及严重破坏国家的政策、法律、法令政令统一实施的重大犯罪案件，行使检察权（第 18 条）；人民检察院对于直接受理的刑事案件，进行侦查（第 19 条）；人民检察院对于公安机关侦查的案件，进行审查，决定是否逮捕、起诉或者免予起诉；对于公安机关的侦查活动是否合法，实行监督（第20条）；人民检察院对于刑事案件提起公诉，支持公诉；对于人民法院的审判活动是否合法，实行监督（第21条）；人民检察院对于刑事案件判决、裁定的执行和监狱、看守所、劳动改造机关、劳动教养机关的活动是否合法，实行监督（第22条）；人民检察院保障公民对国家工作人员检举、控告的权利，依法追究报复陷害者的刑事责任（第23条）；最高人民检察院对于在检察工作中具体应用法律、法令的问题，进行解释（第24条）；各级人民检察院检察长或者由检察长指定的副检察长、检委会委员，可以列席本级人民法院审判委员会会议（第25条）。

11月6日，最高人民检察院向全国人大常委会复函并报送了针对《关于修改〈中华人民共和国人民检察院组织法〉若干规定的决议（草案）》和《中华人民共和国人民检察院组织法》（1982年11月3日修改意见稿）时指出，关于修改《中华人民共和国人民检察院组织法》一事，此前我们已经报送了1982年10月19日修改意见稿。根据我院检委会讨论的意见，现在再报送两个修改稿：一个是根据法制委员会负责同志的要求代拟的《关于修改〈中华人民共和国人民检察院组织法〉若干规定的决议（草案）》；另一个是《中华人民共和国人民检察院组织法》1982年11月3日修改意见稿。前一个稿子，对于原组织法的结构和条数都没有改变。后一个稿子，则删掉了行使职权程序部分，从结构上看变动似乎较大，从内容上看则变动并不大，在方针、原则性问题上，并无任何改变。现行组织法第二章，即人民检察院行使职权的程序，是从1954年制定的组织法承袭下来的，在当时尚没有刑事诉讼法的情况下，这是需要的。现行组织法又是同刑事诉讼法同时分别起草，又缺乏统一核稿而同时通过的，这就使这两个法律在程序规定及提法上不甚一致。现在既已有了刑事诉讼法可循，组织法再照抄刑诉法的程序条文，也不必要了。因此，把程序部分去掉，比较机动，也有利于今后保持法律的稳定性。因此，我们认为，前后三个稿子相比较，还是采用后一个稿子更为适宜。

1983 年 4 月 5 日，最高人民检察院在向第六届全国人大第一次会议提交的《最高人民检察院关于代拟人民检察院组织法修改稿的几点说明》中指出，关于修改《中华人民共和国人民检察院组织法》一事，我院已于 1982 年 10 月 20 日、11 月 6 日分别向全国人大常委会报送了人民检察院组织法 1982 年 10 月 19 日修改意见稿、11 月 3 日修改意见稿和我院代拟的《关于修改〈中华人民共和国人民检察院组织法〉若干规定的决议（草案）》，共 3 个稿子。现根据中央政法委员会关于检察院组织法原则上不要大改和其他有关指示精神，我们又代拟了第六届全国人大第一次会议《关于修改〈中华人民共和国人民检察院组织法〉若干规定的决议（草案）》。这次共提出 11 条修改意见——亦即针对《七九检察院组织法》第 2 条第 3 款、第 4 条、第 5 条第 5 款、第 9 条、第 12 条、第 19 条第 2 款、第 20 条第 1、2 款、第 21 条第 2 款、第 22 条第 2 款、第 23 条第 2 款、第 24 条的修改建议。

4 月 28 日，最高人民检察院办公厅复函全国人大常委会法制委员会办公室，解释针对《七九检察院组织法》第 23 条第 2 款修改初衷。

（4）通过。1983 年 8 月 25 日至 9 月 2 日，第六届全国人大常委会第二次会议在京举行。会议审议了《关于修改〈中华人民共和国人民检察院组织法〉的决定》、《关于严惩严重危害社会治安的犯罪分子的决定》等法律草案。其间，王汉斌在作《关于修改"人民法院组织法"、"人民检察院组织法"的决定和"关于严惩严重危害社会治安的犯罪分子的决定"等几个法律案的说明》时指出："1979 年第五届全国人民代表大会第二次会议通过的'人民法院组织法'和'人民检察院组织法'，总的是适用的，同时有些规定需要根据宪法和实践经验适当修改。去年以来，法制委员会和最高人民法院、最高人民检察院共同研究起草了关于修改'人民法院组织法'和'人民检察院组织法'的决定草案，并征求了有关部门和各省、自治区、直辖市的意见。修改的几个主要问题是：……（十）'检察院组织法'规定，各级人民检察院检察长、副检察长和检察委员会委员的任免，须报请上级人民检察院检察长提请该级人大常委会批准。各地反映报批的名单太多，人大常委会难以一一审批。宪法已规定全国人大常委会只批准省一级人民检察院检察长的任免，不必批准省级副检察长和检察委员会委员的任免。决定草案根据这一精神，将第22条第2款修改为'省、自治区、直辖市人民检察院检察长的任免，须报最高人民检察院检察长提请全国人民代表大会常务委员会批准'。并将第23条第2款修改为'自治州、省辖市、县、市、市辖区人民检察院检察长的任免，须报上一级人民检察院检察长提请该级人民代表大会常务委员会批准'。"

9月2日，会议以无记名投票表决方式通过《七九检察院组织法》修正案——全国人大常委会《关于修改〈中华人民共和国人民检察院组织法〉的决定》（1983年9月2日，共4条），亦即《八三检察院组织法》。

2.《八三检察院组织法》评介

基于上述分析不难看出，历时1年多的《七九检察院组织法》修正过程，可谓"雷声大，雨点小"、"虎头蛇尾"。究其原因在于，征询的意见、建议上千条，而最终的修正结果却仅限于无关痛痒的如下4点：一是将第2条第1款修改为"中华人民共和国设立最高人民检察院、地方各级人民检察院和军事检察院等专门人民检察院"，删去第4款。二是将第20条第1款和第2款修改为"最高人民检察院根据需要，设立若干检察厅和其他业务机构。地方各级人民检察院可以分别设立相应的检察处、科和其他业务机构"。三是将第22条第2款修改为"省、自治区、直辖市人民检察院检察长的任免，须报最高人民检察院检察长提请全国人民代表大会常务委员会批准"。四是将第23条第2款修改为

"自治州、省辖市、县、市、市辖区人民检察院检察长的任免，须报上一级人民检察院检察长提请该级人民代表大会常务委员会批准"。

但尽管如此，也不可否认《八三检察院组织法》既是我国检察法历史上的第十二部检察院组织法和第三部检察院组织法典，也是新中国第八部检察院组织法。

（九）鲜为人知的《八三检察院组织法》修正案——现行《检察院组织法》

《八三检察院组织法》是否经过修正？有肯定与否定两种观点，本书持肯定观点。而之所以这么说，是因为 1986 年 12 月 2 日，第六届全国人大常委会第十八次会议修正通过的《关于修改〈中华人民共和国地方各级人民代表大会和地方各级人民政府组织法〉的决定》（共 26 条），也是《八三检察院组织法》修正案。因为，其中第 26 条规定："……《中华人民共和国人民检察院组织法》第二十二条第一款按照本决定第十八条作相应的修改。"因此，现行《检察院组织法》第 22 条第 1 款的实际内容应为："自治州、省辖市、县、市、市辖区人民检察院检察长由本级人民代表大会选举和罢免，副检察长、检察委员会委员和检察员由自治州、省辖市、县、市、市辖区人民检察院检察长提请本级人民代表人会常务委员会任免。省、自治区、直辖市人民检察院检察长和人民检察院分院检察长因故不能担任职务的时候，从本级人民检察院副职领导人员中决定代理的人选；决定代理检察长，须报上一级人民检察院和人民代表大会常务委员会备案（1986 年 12 月 2 日修正）"，而不应仅为《八三检察院组织法》第 22 条第 1 款所规定的"自治州、省辖市、县、市、市辖区人民检察院检察长由本级人民代表大会选举和罢免，副检察长、检察委员会委员和检察员由自治州、省辖市、县、市、市辖区人民检察院检察长提请本级人民代表大会常务委员会任免"。换言之，本书所称的现行《检察院组织法》，是指随着《关于修改〈中华人民共和国地方各级人民代表大会和地方各级人民政府组织法〉的决定》的颁行而修正的《检察院组织法》（1986 年 12 月 2 日）。

当然，尽管《关于修改〈中华人民共和国地方各级人民代表大会和地方各级人民政府组织法〉的决定》对《八三检察院组织法》的修正内容较少并鲜为人知，但本书认为，仍可将我国现行《检察院组织法》视为一部独立存在的检察院组织法典，抑或我国检察法律史上第十三部检察院组织法或者新中国第四部检察院组织法典。

但不无遗憾的是，迄今为止，诸如《中华人民共和国法律通典》（全国人大常委会法制工作委员会审定，中国检察出版社 2006 年版）等官方检察文献，以及诸如《法律法规数据库》（全国人大常委会办公厅主办）、《法律法规全文检索系统》（国务院法制办公室主办）等官方法律检索系统，也未根据《关于修改〈中华人民共和国地方各级人民代表大会和地方各级人民政府组织法〉的决定》第 26 条所规定的 "《中华人民共和国人民检察院组织法》第二十二条第一款按照本决定第十八条作相应的修改"，而对《八三检察院组织法》第 22 条第 1 款进行上述修正。

（十）难产的现行《检察院组织法》再修正

如上所述，《七九检察院组织法》经过 "雷声大，雨点小" 的修正后与《八三检察院组织法》经过 "鲜为人知" 的修正后，并未根本扭转现行《检察院组织法》的不足与滞后，从而实现 "治本"。因此，最高人民检察院也始终未停止再修正现行《检察院组织法》的谋划：

1991 年 12 月 6 日，最高人民检察院组织法修改小组向全国检察长会议印发了《人民检察院组织法（修改意见稿）》（共 3 章 39 条）作为会议讨论文件之五，供与会代表讨论……

1992 年 5 月 3 日，最高人民检察院组织法修改小组向"九检会议"代表下发《人民检察院组织法的有关规定》（包括性质、任务、职权、行使职权的程序、活动原则、机构设置、领导原则、检察人员的任免，共 8 部分），作为会议参阅文件之三，供与会代表讨论……

6 月 2 日，最高人民检察院组织法修改小组向全国检察长座谈会下发《中华人民共和国人民检察院组织法（修改意见六稿)》（共 3 章 41 条）和《关于人民检察院组织法"修稿意见六稿"的说明》，作为会议参阅文件十三……

6 月 6 日，最高人民检察院向全国人大常委会提交《关于建议修改〈中华人民共和国人民检察院组织法〉的报告》指出，从 1988 年起至目前为止，全国省级、地（市）和少数县（市）级检察院已有 628 个将原来的经济检察厅（处、科）改名为反贪污贿赂局，在加强惩治贪污贿赂犯罪方面成效显著。地方各级检察机关还依据法律规定的精神，设置了 270 个派出检察院，7937 个派出检察室，这对于全面开展各项检察工作，联系群众，加强检察机关的基层建设，起到了好的作用。同时，随着国家民主与法制建设的不断加强，民事、行政检察工作，对劳动教养机关执法活动的监督和检察举报制度，对国家安全机关的侦查监督，检察建议制度，检察机关必须加强对自己直接立案侦查的刑事案件的内部制约制度等新情况、新经验，也需要通过修改组织法，作出明确规定。根据地方各级人民检察院的意见，我们认为，对现行检察院组织法应当着重补充和修改以下几个方面的内容：一是关于加强上级人民检察院对下级人民检察院的领导；二是关于完善检察机关的职权；三是关于确立检察系统内部对自行侦查案件的监督制度；四是关于健全检察机关的组织、机构、职权等。总之，通过修改组织法，促进检察事业的发展，建设有中国特色的社会主义检察制度。特此报告，建议列入立法计划……

1995 年 7 月 26 日，最高人民检察院向全国人大常委会提交的《关于〈反贪污贿赂法（草案）〉、〈人民检察院组织法（修改意见稿）〉报送审议时间的报告》指出，据全国人大常委会立法规划，最高人民检察院负责研究起草的《反贪污贿赂法（草案）》、负责提出修改意见的《人民检察院组织法》于今年内报送全国人大常委会审议。从目前起草、修改工作情况看，两法中的一些问题还需组织力量进行专题调研和深入论证，拟推迟报送……

2003 年 10 月 29 日出版的《人民法院报》报道，第十届全国人大常委会第五次会议 28 日下午通过了各专门委员会关于第十届全国人大第一次会议主席团交付审议的代表提出议案审议结果的报告。全国人大内务司法委员会审议代表提出的关于修改人民法院组织法、人民检察院组织法的议案后认为，"两院组织法"的修正宜在司法体制改革进程中一并研究解决。目前，最高人民法院、最高人民检察院正组织力量就修正"两院组织法"进行研究。建议将人民法院组织法（修正）、人民检察院组织法（修正）列入全国人大常委会立法规划，并适时提请常委会会议审议。

12 月 18 日，全国人大常委员会颁行《十届全国人大常委会立法规划》（共 76 件）。其中包括由最高人民检察院牵头起草的《人民检察院组织法（修正）》……

2004 年 1 月 12 日，最高人民检察院向全国人大常委会办公厅提交《关于建议将〈人民检察院组织法（修正草案）〉列入 2004 年全国人大常委会审议计划的报告》指出，根据你厅《关于报送提请 2004 年全国人大常委会会议审议法律草案计划的通知》（常办秘字〔2003〕202 号）的要求，并鉴于《人民检察院组织法》已列入全国人大常委会 2004 年立法审议计划，我院建议 2004 年 10 月安排审议……

3 月 1 日出版的《法制日报》报道，全国人大常委会 2004 年立法计划近日确定。列入计划第二类，要抓紧研究起草、条件成熟时适时安排审议的法律草案有《人民法院组织法（修正）》、

《人民检察院组织法（修正）》等7件。

　　7月22日，最高人民检察院组织法修改研究小组下发《人民检察院组织法修正草案（征求意见稿）及说明》（共4章41条）指出，第十届全国人大常委会已将《中华人民共和国人民检察院组织法》的修改列入本届人大的立法规划。根据全国人大的立法规划，最高人民检察院成立了人民检察院组织法修改研究小组，在调查研究和广泛征求意见的基础上，形成了现在的《中华人民共和国人民检察院组织法（修正草案）》征求意见稿和有关说明稿……

　　2005年7月11日，最高人民检察院办公厅向各省、自治区、直辖市人民检察院，军事检察院，新疆生产建设兵团人民检察院下发《关于征求〈人民检察院组织法修正草案（稿）〉意见的通知》指出，根据第十届全国人大的立法规划，《人民检察院组织法修正草案》将于今年10月提请全国人大常委会审议。最高人民检察院在1979年组织法的基础上，根据中央司法体制改革领导小组关于司法体制和工作机制改革的初步意见的精神，结合近年来检察工作和检察改革的实际，研究起草了《人民检察院组织法修正草案（稿）》。根据最高人民检察院领导指示，现印发征求意见，请认真研究，于7月22日之前将意见回复最高人民检察院法律政策研究室。而所附《人民检察组织法修正草案（稿）》（共3章38条）……

　　12月28日新华网报道，全国人大常委会委员长会议日前通过了《全国人大常委会2006年立法计划》（共39件）。其中，法律草案或立法时机成熟时安排审议的法律案共14件，包括《人民检察院组织法》等。

　　2006年10月，最高人民检察院司改办完成《中华人民共和国人民检察院组织法（修正草案）》（2010年10月，共3章35条），并于11月13日以《最高人民检察院办公厅关于征求对〈中华人民共和国人民检察院组织法（修正草案）〉（征求意见稿）意见的函》之附件的形式，提交给全国人大内务司法委员会、法制工作委员会。其中，针对《检察院组织法》的修正内容包括：

第 2 条第 3 款（原文：省一级人民检察院和县一级人民检察院，根据工作需要，提请本级人民代表大会常务委员会批准，可以在工矿区、农垦区、林区等区域设置人民检察院，作为派出机构）：省一级人民检察院和自治州、省辖市一级人民检察院，根据工作需要，经最高人民检察院批准并提请本级人大常委会决定，可以在特定区域、场所设置人民检察院，作为派出机构。

第 3 条增第 3、4 款：地方各级人民检察院检察长如果在重大案件上不同意多数检委会委员的意见，应当报请上一级人民检察院决定。地方各级人民检察院检察长如果在其他重大问题上不同意多数检委会委员的意见，可以报请上一级人民检察院或者本级人大常委会决定。检委会的工作制度由最高人民检察院规定。

第 4 条第 1 款（原文：人民检察院通过行使检察权，镇压一切叛国的、分裂国家的和其他反革命活动，打击反革命分子和其他犯罪分子，维护国家的统一，维护无产阶级专政制度，维护社会主义法制，维护社会秩序、生产秩序、工作秩序、教学科研秩序和人民群众生活秩序，保护社会主义的全民所有的财产和劳动群众集体所有的财产，保护公民私人所有的合法财产，保护公民的人身权利、民主权利和其他权利，保卫社会主义现代化建设的顺利进行）：人民检察院通过行使检察权，惩治一切叛国的、分裂国家的和其他危害国家安全的犯罪分子以及其他犯罪分子，维护国家的统一，维护人民民主专政制度，维护社会主义法制，维护社会秩序、生产秩序、工作秩序、教学科研秩序和人民群众生活秩序，保护社会主义的国有财产和集体财产，保护公民、法人和其他组织所有的合法财产，保护公民的人身权利、民主权利和其他权利，保卫社会主义现代化建设的顺利进行。

第 5 条第 3 项、第 5 项〔原文：（三）对于公安机关侦查的案件，进行审查，决定是否逮捕、起诉或者免予起诉；对于公安机关的侦查活动是否合法，实行监督；（五）对于刑事案件判决、裁定的执行和监狱、看守所、劳动改造机关的活动是否合法，实行监督］，增第6项至第9项：（三）对于公安机关侦查的案件，进行审查，决定是否逮捕、起诉（删去"免予起诉"）；对于公安机关的立案、侦查活动是否合法，实行监督。（五）对于刑事案件判决、裁定的执行和监狱、看守所等监管场所（删去"劳动改造机关"）的活动是否合法，实行监督。（六）对于民事审判活动、民事判决、裁定的执行活动、行政诉讼活动是否合法，实行监督。（七）对于劳动教养的审批和执行活动是否合法，实行监督。（八）最高人民检察院对于检察工作中具体应用法律的问题，进行解释。（九）法律规定的其他职权。

增第6条第1款：人民检察院行使检察权应当尊重和保障人权。

第7条第1款（原文：人民检察院在工作中必须坚持实事求是，贯彻执行群众路线，倾听群众意见，接受群众监督，调查研究，重证据不轻信口供，严禁逼供，正确区分和处理敌我矛盾和人民内部矛盾）：人民检察院在工作中必须坚持实事求是，贯彻执行群众路线，倾听群众意见，接受群众监督，调查研究，重证据不轻信口供，严禁刑讯逼供（删去"正确区分和处理敌我矛盾和人民内部矛盾"）。

增第8条：人民检察院办理直接受理立案侦查的案件应当接受人民监督。

第13条（原第12条原文：对于任何公民的逮捕，除人民法院决定的以外，必须经人民检察院批准）：对于任何公民的逮捕，除人民法院决定的以外，必须经人民检察院批准或者决定。

第14条（原第13条原文：人民检察院对于公安机关要求起诉的案件，应当进行审查，决定起诉、免予起诉或者不起诉。对于主要犯罪事实不清、证据不足的，可以退回公安机关补充侦查。

人民检察院发现公安机关的侦查活动有违法情况时，应当通知公安机关予以纠正）：人民检察院对于公安机关要求起诉的案件，应当进行审查，决定起诉（删去"免予起诉"）或者不起诉。对于需要补充侦查的，可以退回公安机关补充侦查。人民检察院发现公安机关的侦查活动有违法情况时，应当通知公安机关予以纠正。公安机关应当纠正并将纠正情况及时通知人民检察院。

增第 18 条：最高人民检察院对于最高人民法院复核死刑案件的活动依法进行监督。省级人民检察院对于高级人民法院复核死刑缓期执行案件的活动依法进行监督。

第 20 条（原第 19 条原文：人民检察院发现刑事判决、裁定的执行有违法情况时，应当通知执行机关予以纠正。人民检察院发现监狱、看守所、劳动改造机关的活动有违法情况时，应当通知主管机关予以纠正）：人民检察院发现（删去"刑事"二字）判决、裁定的执行有违法情况时，应当通知执行机关予以纠正。人民检察院发现监狱、看守所（删去"劳动改造机关"）等监管、矫治机关的活动有违法情况时，应当通知主管机关予以纠正。人民检察院提出纠正意见的，有关机关应当纠正并将纠正情况及时通知人民检察院。

增第 21 条：人民检察院检察长、受检察长委托的副检察长可以列席同级人民法院审判委员会会议。

增第 22 条：人民检察院根据履行法律监督职责的需要，可以调阅人民法院、行政执法机关的案卷和其他材料，有关单位和人员应当在规定的期限内提供。

增第 23 条：人民检察院对司法工作人员涉嫌在办案过程中枉法裁判、徇私舞弊、以权谋私、刑讯逼供或者有其他损害当事人合法权益行为的，应当受理并进行调查。发现有渎职行为或者其他影响公正办案情形的，可以建议有关部门依法更换办案人。对涉嫌犯罪的，应当依法立案侦查。

增第 24 条：人民检察院在行使检察权过程中，可以向人民法院、行政执法机关或者其他有关单位提出检察建议，有关单位应当及时向人民检察院通报采纳建议的情况。

增第 25 条：最高人民检察院认为行政法规、地方性法规、自治条例和单行条例同宪法或者法律相抵触的，可以向全国人大常委会书面提出进行审查的要求。

增第 26 条（原第 20 条原文：最高人民检察院根据需要，设立若干检察厅和其他业务机构。地方各级人民检察院可以分别设立相应的检察处、科和其他业务机构）第 2 款：各级人民检察院根据工作需要，可以在特定区域、场所设置派驻检察室。

增第 27 条：各级人民检察院实行检察业务与司法行政工作相分离的管理制度，人员实行分类管理。各类人员的员额比例，由最高人民检察院会同国家有关部门确定。

增第 29 条（原第 22 条原文：省、自治区、直辖市人民检察院检察长和人民检察院分院检察长由省、自治区、直辖市人民代表大会选举和罢免，副检察长、检察委员会委员和检察员由省、自治区、直辖市人民检察院检察长提请本级人民代表大会常务委员会任免。省、自治区、直辖市人民检察院检察长的任免，须报最高人民检察院检察长提请全国人民代表大会常务委员会批准）第 3 款：省、自治区、直辖市人民检察院分院检察长、副检察长、检委会委员和检察员，由省、直辖市、自治区人民检察院检察长提请本级人大常委会任免。

第 30 条（原第 23 条第 2 款原文：自治州、省辖市、县、市、市辖区人民检察院检察长的任免，须报上一级人民检察院检察长提请该级人民代表大会常务委员会批准）第 2 款：自治州、省辖市、县、市、市辖区人民检察院检察长的任免，须报上一级人民检察院检察长提请该级人大常委会批准或者不批准。

第 31 条（原第 24 条原文：省一级人民检察院和县一级人民检察院设置的工矿区、农垦区、林区人民检察院检察长、副检察长、检委会委员和检察员，均由派出的人民检察院检察长提请本级人民代表大会常务委员会任免）：派出检察院的检察长、副检察长、检委会委员和检察员，均由派出的人民检察院检察长提请本级人大常委会任免。

2007 年 3 月 7 日，全国人大内务司法委员会《关于第十届全国人民代表大会第四次会议主席团交付审议的代表提出的议案审议结果的报告》指出："关于修正人民法院组织法的议案 7 件、关于修正人民检察院组织法的议案 10 件。人民法院组织法和人民检察院组织法的修正已列入第十届全国人大常委会立法规划和 2006 年立法计划。我委就法律修正过程中涉及的重要问题已多次与最高人民法院、最高人民检察院交换意见。鉴于对人民法院组织法和人民检察院组织法的修正涉及司法体制改革和诉讼法的修改，建议最高人民法院、最高人民检察院进一步加强对修正'两院'组织法的研究，待条件成熟时提请全国人大常委会会议审议。"

2009 年 11 月 2 日出版的《检察日报》报道，待条件成熟时，修改人民检察院组织法将列入全国人大常委会立法工作计划；关于制定人民监督员法、制定预防职务犯罪法，目前条件尚不成熟，暂不考虑——这是 10 月 31 日，全国人大常委会表决通过的全国人民代表大会内务司法委员会关于第十一届全国人民代表大会第二次会议主席团交付审议的代表提出的议案审议结果的报告透露的……

2011 年 9 月 19 日，最高人民检察院发布的《十二五时期检察工作发展规划纲要》第 55 条（积极推动检察法制建设）提出："配合立法机关做好相关立法的修改研究工作，及时提出立法建议，努力将检察改革的成果制度化、法制化。全面总结检察实践经验，巩固和发展地方立法的成果。紧紧围绕检察工作和改革中的重点、难点和热点问题，加强司法解释、专题调研和法律政策研究工作，提高指导工作、解决问题的及时性、针对性和实效性。"①

总之，上述事实和分析表明，无论是内容结构还是形式结构，我国现行《检察院组织法》已落后于时代，到了需彻底修正的时候，人们翘首以待……②

<hr />

① 参见《十二五时期检察工作发展规划纲要（摘要）》，载《检察日报》2011年9月19日。

② 而另据2012年10月29日出版的《检察日报》报道："今天（2012年10月26日）上午获表决通过的全国人大内司委关于代表议案审议结果的报告（下称报告）建议，将修改人民法院组织法、人民检察院组织法（下称两院组织法），修改法官法、检察官法列入十二届全国人大常委会立法规划。'目前，修改条件已成熟'。报告表明，今年全国两会上，海南代表团和林荫茂、贾春梅、徐安等189名代表提出关于修改两院组织法、建议设立少年法院的7件议案。……'我委认为，关于两院组织法的修改已研究论证多年，司法体制改革也取得多项成果，两院组织法的修改条件已经基本成熟'。"

第三章　中外检察官法研究[*]

　　由于人是"能制造工具和使用工具进行劳动，并能用语言进行思维的高等动物"，[①] 因而他也是赋予社会、国家及其国家机构之生命活力的源泉、主宰。而作为拟制人——机关法人的检察机关，其职责的彰显，也是由有血、有肉、有思想之检察人员发挥其主观能动性的客观结果。没有检察人员，检察机关就无法思想和行动，法律所赋予的职责也只能停留于纸面的法律条文之中，而无法发挥功能。当然，与其他人一样，作为国家代表的检察人员——检察权的执行主体，既有从善的一面，也有从恶的另一面。

---

　　[*] 参见张思卿主编：《中华人民共和国检察业务全书》，吉林人民出版社 1991 年版；曾龙跃主编：《中国检察百科辞典》，黑龙江人民出版社 1993 年版；张思卿主编：《检察大辞典》，上海辞书出版社 1996 年版；姜士林主编：《世界宪法全书》，青岛出版社 1997 年版；[捷] 纳普主编：《各国法律制度概况》，高绍先等译，法律出版社 2002 年版；李言静主编：《中外宪法关于检察体制的规定》，海南省人民检察院海口分院 2004 年编印；[荷兰] 皮特·J. P. 泰克编著：《欧盟成员国检察机关的任务和权力》，吕清、马腾飞译，中国检察出版社 2007 年版；何家弘主编：《检察制度比较研究》，中国检察出版社 2008 年版；李莉：《东盟国家检察制度研究》，人民出版社 2011 年版；孙谦、韩大元主编：《世界各国宪法》，中国检察出版社 2012 年版；http://www.lawmoose.com/internetlawlib/84.htm；http://www.law.cornell.edu/world/等。

　　[①] 参见商务印书馆辞书研究中心修订：《新华词典》，商务印书馆 2001 年版，第820 页。

而为防止检察人员利用检察权恣意妄为地从恶，各国便制定或认可了许多形形色色的、旨在规范检察人员权力或行为的检察官法，也就不足为怪了。

——题记

第一节 检察官法概述

一、检察官法的概念、种类和名称

（一）检察官法的概念和种类

顾名思义，检察官法就是有关检察官的法律，即由特定立法机关制定或认可的、旨在规范检察官权力或行为之国内与国际检察法律的总和。例如，我国现行《检察官法》、芬兰《检察官法》（亦译为《公诉检察官法》，1997 年 12 月 1 日）和《地区检察官法》（亦译为《地区公诉检察官法》，1996 年 12 月 1 日）、《加拿大检察署署长法》，以及《联合国关于检察官作用的准则》、《国际检察官联合会检控人员专业责任守则和主要职责及权利的声明》，等等。

另外，除有国内与国际检察官法之外，检察官法还有广、狭两义：广义的检察官法包括检察官法典（如《越南人民检察官法》）、其他专门性检察官法（如《韩国检事惩戒法》）和检察官法律规范［如"被任命在检察部就职的人员，必须是西班牙人，年满 18 岁以上的法学博士或硕士，并具有本章程所规定的任职资格"（《西班牙检察部组织章程》第 43 条）］；狭义的检察官法仅指检察官法典和其他专门性检察官法——亦即专门性检察官法。

首先，与检察院组织法的概念一样，检察官法也是一个泛指概念。一方面，凡是有关检察官的专门性检察法律均在此列，而不仅指冠以"检察官法"字样的检察法律。另一方面，检察官也是一个泛指概念——即"被依法任命的行使国家检察权的检察人员",① 包括检察机关内,除工勤人员之外的一切工作人员。例如,在我国,检察人员通常包括:检察长、副检察长、检察委员会委员、检察员、助理检察员、书记员、司法警察和其他干部,但不包括检察机关的工勤人员。②

其次,由于国家工作人员与国家机关之间的生死相依、唇亡齿寒关系,因而规范检察机关之权力或行为的检察院组织法与规范检察官之权力或行为的检察官法之间,也是你中有我、我中有你,藕断丝连的。例如,在英国,《1985年检察法》第10条第1款规定:"在下述情况下,检察长应发布含有适用于检察官的一般原则的检察官规则……"而《皇家检察官准则》第1条则规定:"本《准则》根据《1985年英国检察法》第10条发布。"③

---

① 参见张思卿主编:《检察大辞典》,上海辞书出版社1996年版,第682~683页。

② 参见最高人民检察院《中国检察年鉴》编辑部编:《中国检察年鉴》2003年,中国检察出版社2004年版,第603页。另据2012年10月10日出版的《检察日报》报道,截至2012年6月底,全国检察机关40岁以下检察人员已达95432人,占全部检察人员的41.59%。

③ 参见王克主编:《世界各国检察院组织法选编》,中国社会科学出版社1994年版,第436页、第461页。与此同时,《1985年检察法》既有诸如第1条(检察院)、第6条(非公诉)、第14条(检察院开支的控制)等检察院组织法内容,也有诸如第2条(检察长)、第3条(检察长职责)、第4条(检察官)、第13条(检察长住所)等检察官法内容;既有诸如"检察长由总检察长任命"(第2条第1款)、"本章解释"(第15条)等规范与非规范性内容,也有诸如"检察长,为本检察院首长"(第1条第1款a项)、"首席检察官,按下述第4款任命"(第1条第1款b项)等实体与程序性检察法律内容。《皇家检察官准则》既有诸如"皇家检察官在估价证据时,应当考虑以下情况……"等检察官法内容,也有诸如"检察机关将根据以下原则行使其对指控选择的处置权……"(第12条)等检察院组织法内容;既有诸如"皇家检察官在估价证据时应考虑以下情况"(第5条)、"本《准则》可以适时修改"(第1条)等规范与非规范性内容,也有诸如"检察机关将根据以下原则行使其对指控选择的处置权"(第12条)、"无论皇家检察官是以1985年《罪行起诉条例》第23条规定的程序,还是以保留其收回或不提供证据的权力来运用职权结束诉讼"(第1条第1款b项)等实体与程序性检察法律内容。

在我国,《七九检察院组织法》既有诸如"人民检察院依照法律规定独立行使检察权,不受其他行政机关、团体和个人的干涉"(第9条)等检察院组织法规范,也有诸如"各级人民检察院的工作人员,必须忠实于事实真相,忠实于法律,忠实于社会主义事业,全心全意地为人民服务"(第7条第2款)等检察官法规范;而《九五检察官法》既有诸如"检察官依法履行职责,受法律保护"(第4条)等检察官法规范,也有诸如"最高人民检察院领导地方各级人民检察院和专门人民检察院的工作,上级人民检察院领导下级人民检察院的工作"(第5条)等检察院组织法规范。因此,检察院组织法与检察官法两者是合是分完全取决于立法者基于本国国情、国体政体的主观故意,并没有合(分)者利、分(合)者弊的泾渭分明,但都理应展现"鞋子和脚的关系"——自己觉着舒服就行!另据有关资料统计显示,目前或曾经既有检察院组织法又有检察官法的国家,仅限我国、越南、老挝、保加利亚人民民主共和国、捷克斯洛伐克人民民主共和国、捷克、斯洛伐克、俄罗斯、立陶宛、加拿大等少数国家。

再次,比较而言,基于检察机关是检察权真正执行主体理路,因而大陆和社会主义法系更注重制定检察院组织法;基于检察人员是检察权真正执行主体理路,因而英美法系更强调制定检察官法。因此,从这个意义上说,检察院组织法与检察官法之间并无法律位阶的高低。如果非要将两者效力分个高低上下的话,那么,在大陆和社会主义法系语境,检察院组织法是检察官法的上位(属)概念,检察官法则是检察院组织法的下位

（种）概念或子集；① 而英美法系恰恰相反。所以诸如"从实际运作和作用来看，检察院组织法作为一个组织法更是一个上位法，检察官法作为一个人员管理和保障法，其科学、完善和充分发挥作用，在相当程度上有赖于人民检察院组织法在一系列基本问题上的支撑和保障"等观点，② 并不全面。否则，诸如我国《九五检察官法》和现行《检察官法》（2001 年 6 月 30 日通过）也不会一如既往、开宗明义地昭示："为了保障人民检察院实施法律监督，依法独立行使检察权，保障检察官依法履行职责，提高检察官的素质，实现对检察官的科学管理，根据宪法，制定本法"（《九五检察官法》第 1 条），"为了提高检察官的素质，加强对检察官的管理，保障人民检察院实施法律监督，依法独立行使检察权，保障检察官依法履行职责，保障司法公正，根据宪法，制定本法"（现行《检察官法》第 1 条）。换言之，《检察官法》的制定依据，是宪法，而非《检察院组织法》。

最后，基于检察官理当包括检察长、总检察长或检察总长的立法惯例，③ 因而也可将"检察长法"（如《南非共和国 1992 年检察长法》）、"总检察长法"（如《缅甸联邦共和国总检察长法》）、"检察总长法"（如《马其顿检察总长法》）、"总检察长办

---

① 例如，我国《七九检察院组织法》为全国人大审议通过，而《九五检察官法》为全国人大常委会审议通过；与此同时，现行《检察院组织法》与《检察官法》却均为全国人大常委会审议通过。而随着中国特色社会主义法律体系的形成，更应严格遵循《立法法》立法；进言之，根据《立法法》第 7 条第 2 款"全国人民代表大会制定和修改刑事、民事、国家机构的和其他的基本法律"之规定，本书认为，我国《检察院组织法》和《检察官法》的修正理应由全国人大完成，而不宜由全国人大常委会承担。

② 参见徐鹤喃：《检察官法立法原理分析与完善思考》，载《人民检察》2005 年第 8 期（下）。

③ 例如，《日本检事厅法》第 3 条规定："检察官是检事总长、次长检事、检事长、检事及副检事"；我国现行《检察官法》第 2 条也明确规定："检察官是依法行使国家检察权的检察人员，包括最高人民检察院、地方各级人民检察院和军事检察院等专门人民检察院的检察长、副检察长、检察委员会委员、检察员和助理检察员。"

公室法"（如《不丹王国总检察长办公室法》、《尼泊尔联邦民主共和国总检察长办公室法》）、"检察署署长法"（如《加拿大联邦检察署署长法》）、"（公共）检察官办公室法"（如《克罗地亚共和国国家检察官办公室法》、《塞尔维亚共和国公共检察官办公室法》）等，视为检察官法的一种特殊类型。换言之，它们兼有检察官组织法和检察官法的双重身份和属性。而这一属性，同样也可佐证检察院组织法典与检察官法典"两法典"你中有我、我中有你之特点的存在。因此，实践中，有人主张制定全面、专门、系统规范检察机关及其检察人员权能的统一检察法典，不无道理。例如，"建议全国人大常委会制定统一的检察法和法院法，用统一的法律规范法、检两院，使两院在社会主义法治建设中充分发挥作用。因为，当前关于两院的法律规范太多，不便统一实施和执行，且法律之间交叉和重复比较严重，显得立法的效益和效率不够，对于国家司法建设不利"。①

（二）检察官法的名称

除有检察官法称谓外，据检察官称谓和范围的不同，检察官法除包括上述检察长法、总检察长法、检察总长法、总检察长办公室法、检察署署长法、检察长办公室法、检察官办公室法、公

---

① 参见夏思扬：《应制定统一的检察法和法院法》，载正义网——"正义论坛"2008 年 3 月 3 日。而在我国，改变传统法律结构的立法实例并不鲜见。例如，关于地方自治问题的立法，"文革"前采用自治区组织条例［如《宁夏回族自治区人民代表大会和人民委员会组织条例》（1959 年 11 月全国人大常委会批准）］、自治州组织条例［如《湘西苗族自治州人民代表大会组织条例》（1956 年 5 月全国人大常委会批准）］、自治县组织条例［如《河北省孟村回族自治县人民代表大会和人民委员会组织条例》（1956 年 7 月全国人大常委会批准）］立法模式；而"文革"后则采用自治条例［如《延边朝鲜族自治州自治条例》（1985 年 4 月 24 日延边朝鲜族自治州第八届人民代表大会第三次会议通过，1985 年 7 月 31 日吉林省第六届人民代表大会常务委员会第十四次会议批准）、《青龙满族自治县自治条例》（2009 年 2 月 7 日青龙满族自治县第六届人民代表大会第三次会议通过，2009 年 7 月 30 日河北省第十一届人民代表大会常务委员会第十次会议批准）］立法模式。

共检察官办公室法之外，还包括以下四种：

第一，公诉人法。例如，东帝汶、土耳其、瑞典、哥伦比亚、委内瑞拉、巴布亚新几内亚、埃及、佛得角、莫桑比克、南苏丹等国，就将检察官、检察人员称为公诉人；而阿联酋甚至将总检察长称为总公诉人。

第二，刑事检控专员法。例如，巴巴多斯、多米尼克、格林纳达、圣基茨和尼维斯、圣卢西亚、毛里求斯、塞拉利昂、赞比亚等国，就将检察官、检察人员称为刑事检控专员。

第三，出庭律师法。例如，安提瓜和巴布达、伯利兹、所罗门群岛、新西兰等，就将检察官、检察人员称为出庭律师。

第四，司法部长法。例如，土耳其、叙利亚、爱沙尼亚、保加利亚、德国、法国、英国、罗马尼亚、美国等国，就将总检察长或检察总长称为司法部长。

二、检察官法的产生和分布

基于检察法律的客观存在，导致检察官、检察长等检察人员的产生；基于检察官、检察长等检察人员的客观存在，则反证出检察官法的客观存在。易言之，最早的检察官法同样出自于17世纪的法国，并以附属性检察法律出现。

而迄今为止，"三大法系"制定有检察官法典的国家有22个以上。其中，包括大陆和社会主义法系的阿塞拜疆、越南、阿富汗、不丹、中国、老挝、泰国、尼泊尔、芬兰、捷克斯洛伐克社会主义共和国、斯洛伐克、克罗地亚、斯洛文尼亚、塞尔维亚、摩尔多瓦、尼加拉瓜、阿根廷、智利、贝宁等19国，占大陆法系国家总数（132个）的14%；英美法系的有加拿大、澳大利亚、缅甸、巴基斯坦旁遮普邦、坦桑尼亚、英属百慕大群岛等6国，占英美法系国家总数（61个）的10%。

三、检察官法的特点

作为由特定立法机关制定或认可的、旨在规范检察官权力或行为之国内与国际检察法律总和的检察官法，它除具有检察院组织法特点外，[①] 还有如下特点：

第一，范围广泛。作为一种常见的专门性检察法律，它既包括诸如我国《九五检察官法》等检察官法典，也包括诸如"检察官以社会的名义提起公诉，监督侦查活动，监督刑法的实施、罪犯的追捕和判决的执行。法律管理检察官，规定他们的职权，规定担任检察官职务者的条件和特殊保障。在特殊情况下，检察官可以依法委托公共安全机构就某些轻微的罪行提起公诉"［《阿曼苏丹国国家基本法》（1996 年 11 月 6 日）第 64 条］等检察官法律规范。

第二，检察官宪法规范普遍存在。即"三大法系"国家宪法，多存有规范检察官、检察长、检控专员、公诉人权力或行为的检察宪法规范。例如，《意大利共和国宪法》（2012 年 4 月 20 日修正）规定："最高法院第一院长和总检察长是最高司法委员会的当然成员"（第 104 条第 3 款），"检察官享有司法组织规范为其规定的相应保障"（第 107 条第 4 款），"法律保障特别法院的法官的独立性，同时也保障检察官及参与司法审判的非司法机关人员的独立性"（第 108 条第 2 款），"检察官有义务提起刑事诉讼"（第 112 条）；《南非共和国宪法》（2009 年修正）规定："共和国设单一的国家检察系统，依照议会法律的规定组成，并由：（1）一位国家检察总长，他是检察系统的首长，由

---

① 之所以说，检察官法也具有检察院组织法的多为宪法授权制定、名称众多、种类多样、规范性与非规范性内容并存、与检察监督法的法律结构不同、法律结构复杂、法律体例不一、编章节条数量不同且内容繁多等特点，一因两者内容的藕断丝连；二因（总）检察长法、总检察长办公室法、检察署署长法、检察官办公室（组织）法的双重性。

作为国家行政部门首脑的总统任命；以及（2）由议会法律所决定的检察长及检察官所组成。检察系统有权为国家进行刑事诉讼，并贯彻附属于刑事诉讼的各种必要的职能。国家立法应当确保检察长：（1）有适当的资格；以及（2）在第5款的限制下，为个别管辖的起诉负责。国家立法应当确保检察系统在行使其权力时无私无惧、不偏不倚或没有歧视。国家检察总长：（1）必须在获得内阁中负责司法行政的成员的同意并咨商过检察长们之后，决定在起诉过程中必须遵守的检察政策；（2）必须发出在起诉过程中必须遵守的政策指令；（3）当在起诉过程中政策指令未被遵守时，可进行干预；以及（4）在咨商过相关的检察长，并在其设定的时间内听取下列陈述后，得重新考虑对下述主体起诉或不起诉的决定：被告；受害人；任何其他国家检察总长认为相关的个人或主体；内阁中负责司法行政的成员必须对检察系统负最后的责任。任何其他关于检察系统的事项应当由国家立法决定"（第179条）；《老挝人民民主共和国宪法》（2003年5月6日修正）规定："检察院依法监督法律实施，由以下机关组成：最高检察院；上诉检察院；省检察院和市检察院；区级检察院；军事检察院。检察院行使下列职权：1.监督各部、各部级机构、政府各部门、老挝建国阵线、群众团体、社会组织、地方政府、企业、公职人员和公民正确、统一实施法律和法规；2.公诉权"（第86条）。

第三，尽管有血、有肉、有思想、有意识、有主观能动性的检察官才是检察法律或其检察权、检察行为得以适用的真正主体，尽管世界各国都强调检察官制的重要性，甚至有人认为检察官制的确立与否是检察制度建立与否的重要或者唯一标志。① 但当下，"三大法系"以"检察官（或检事、检察员、检察人员等）法"命名的、全面、专门、系统、统一的检察官法典并不多，仅近30部。② 而名称中含有"检察官（或检事、检察员、检察人员等）"的其他专门性检察法律，却很常见，数量众多。例如，日本的《检察官特别考试令》（1984 年 6 月 27 日修正）、《检察官适格审查会令》、《对检察官调查对象支付差旅费、津贴、住宿费等的法律》（2004 年 6 月 29 日修正）、《检察官俸给法》、《检察官、公证人特别任用等审查会令》，柬埔寨的《检察官起诉法》（1993年 11 月 18 日），俄罗斯的《联邦检察机关工作人员衔级条例》（1997 年 6 月 30 日），立陶宛的《检察官职业道德法典》，英国的《皇家检察官准则》等；而另据"中国法律法规信息系统"检索发现，截止到 2012 年 11 月 30 日，我国标题含有"检察官"的法律有诸如《检察官法》、最高人民检察院《检察官职业道德规范》、黑龙江省人大常委会《黑龙江省追究法官、检察官、人民警察违法办案责任的规定》（1996 年 6 月 1 日）等 22 部；标题含有"检察员"的法律有诸如最高人民检察院《初任检察员、助理检察员考试暂行办法》（1995 年 8 月 7 日）等 3 部；标题含有"检察人员"的法律有诸如最高人民检察院《检察人员纪律处分条例（试行）》等 8 部。

---

① 例如，"在世界司法制度史上，检察官参与刑事诉讼之运作，则须至十四世纪以后之法国始可见。嗣后，随拿破仑之征服欧洲大陆，与法国进步之司法制度对德国及其他欧洲诸国之影响，滥觞于法国之检察制度，遂普遍于欧陆诸国，并渡越大西洋而移植美洲与加拿大"（参见黄东熊：《中外检察制度之比较》，中国台湾中央文物供应社1986 年版，第 5 页）；"一般认为，检察官制度发源于 14 世纪的法国，但现代意义的检察官制，诞生于法国大革命，因此被称为'革命之子'；溯其法制来源，是根据 1808年的'拿破仑治罪法典'而正式建立"（参见龙宗智：《检察官制度教程》，法律出版社 2002 年版，第 23 页）。

② 当然，尽管美国有《独立检察官法》（1978 年 10 月颁布，1999 年 6 月 30 日废止），但它并不是真正意义上的检察官法，而是一种特殊的其他专门性检察法律。

第四，名称多样。既有名称为"法"（如《越南人民检察官法》）、"法典"（如《立陶宛检察官职业道德法典》）的，也有名称为"条例"（如《俄罗斯联邦检察机关工作人员衔级条例》）、"规定"（如我国《黑龙江省追究法官、检察官、人民警察违法办案责任的规定》）、"办法"（如我国《初任检察员、助理检察员考试暂行办法》）的；既有名称为"检察官法"（如《阿尔巴尼亚检察官法》）、"检察人员法"（如《泰国检察人员法》）的，也有名称为"公共（诉）检察官法"（如《芬兰公共（诉）检察官法》）、"地区检察官法"（如《芬兰地区检察官法》）、"国家检察官法"（如《斯洛文尼亚国家检察官法》）的，甚至还有名称为"公诉人法"［如《伊拉克1979年公诉人法》（2010年3月14日修正）］的。究其主因，翻译所致。例如，同一法典——《英国皇家检察官准则》，还有人将其译为英国《皇家检察官法》、《王室检察官法》、《王室检察官条例》、《王室检察官守则》、《1994年皇家检控官守则》、《皇家检察官起诉规则》。

第五，尽管检察官法与（总）检察长法、检察总长法、（总）检察长办公室法、检察署署长法、（公共）检察官办公室法、总公诉人法、刑事检控专员法名称不同，但它们的法律结构、体例基本相同。究其原因，就是针对（总）检察长或检察官的翻译不同所致。而基于英美法系国家检察官亦称律师、司法部长亦称总检察长等特点，既可将诸如《马来西亚1976年律师法》（亦称《马来西亚1976年检察官法》）等律师法①视为英美法系国家的总检察长（办公室）法，也可将诸如《加拿大1970年司法部法》等司法部法视为英美法系国家的总检察长（办公室）法。

---

① 其中，第13条、第19条、第28A条、第28B条、第28D条、第38条、第77条、第78A条、第83条、第99条、第113条，都有关于总检察长的规定。

第二节　国外检察官法评介

一、芬兰检察官法评介

1917 年 12 月 6 日，作为大陆法系国家的芬兰共和国宣布独立。

1991 年 7 月 17 日，芬兰议会颁行的《芬兰共和国宪法》（1999 年 6 月 11 日修正）规定：最高检察长不得担任议员（第 27 条第 3 款）；"检察机关由作为全国最高公诉人的最高检察长领导，最高检察长由总统任命。关于检察机关由法律具体规定"（第 104 条）；如果议会以参与表决议员的 3/4 多数决定提起诉讼，最高检察长应在弹劾法庭起诉总统（第 113 条）；"最高检察长负责对内阁成员提起诉讼"（第 114 条第 5 款）。

随后，议会根据《宪法》第 104 条规定，既制定有《检察官法》（1997 年 12 月 1 日，亦译为《公诉检察官法》、《公共检察官法》），也制定有《地区检察官法》（1996 年 12 月 1 日）。其中，《检察官法》依次包括：

第 1 条（检察官的职责和地位）：（1）检察官参与刑事诉讼活动，保障刑事审判活动的公平、正义、快捷和经济，依法维护社会公众和当事人他或她的合法权益；（2）检察官独立负责对当事人他或她指控的评估；（3）检察官对刑事责任的追诉，由刑事诉讼法具体规定。

第 2 条（公诉检察官）：公诉检察官包括：检察长和副检察长、检察官以及奥兰群岛和区检察院检察官。

第 3 条（总检察长）：（1）作为公诉人，总检察长依据相关法律独立评估被告人他或她被指控的罪名；（2）总检察长可发布一般性的说明或引领并指引检控工作。

第 4 条（总检察长的工作职责）：（1）敦促、管理并监督检察官的执法活动；（2）依法审查并决定是否起诉案件当事人他或她；（3）根据刑法典与相关法律规定，签发起诉命令；（4）任免最高法院内检察官。

第 5 条（总检察长办公室）：（1）总检察长办公室是公共检察官的最高行政首脑机关，由总检察长领导；（2）总检察长办公室的内设机构，由法令规定；（3）总检察长办公室隶属于司法部领导。

第 6 条（副总检察长）：（1）总检察长缺位时，由副总检察长继任；（2）总检察长与副总检察长的分工，一般由检察官办公室议事规则规定；（3）副总检察长与检察官同等权力，维护检察官权益。

第 7 条（国家检察官）：（1）国家检察官由总检察长领导；在检察官职权范围内，国家检察官在全国各地履行职责；（2）国家检察官承担全社会的刑事检控事宜；并依据法律规定，执行大法官或议会监察专员决定和负责上诉法院的起诉事宜；（3）检察官的任务和职责，一般应按照总检察长的指令执行。

第 8 条（地方检察官）：奥兰群岛和地区检察官应遵循《地区检察官法》规定。

第 9 条（特别检察官）：（1）军事法院检察官与其他诉讼特别检察官，由单独法律规定；（2）该单独法律规定，由法官、政府司法部长和议会监察员共同制定。

第 10 条（检察官等级）：（1）总检察长是所有公共检察官之首脑；（2）总检察长可以将自己所承办的案件分配给下属进行审查起诉，并对下属所指控的案件进行起诉评估。

第 11 条（获取信息）：不管保密规定如何，为了履行职责，总检察长可从下属检察官和进行刑事侦查的机关处，依法获取必要的资料和账目。

第 12 条（检察官资格的丧失）：（1）在案件审理过程中，如果检察官有下列情况之一，应取消其办案资格：①检察官是案件当事人的近亲属；②案件的最终处理结果，与检察官或其近亲属有利害关系；③同案检察官与律师政党倾向一致，对当事人的具体利益可能造成损害；④检察官服务或代理同一政党事情，可能对案件当事人的利益造成损害；⑤检察官是涉案董事会、监察委员会、基金会、政党等机构的成员；⑥其他可能影响检察官公正性的。（2）与检察官密切相关人员，是指行政程序法在第 10（2）条所列人员。（3）对于被取消办案资格的检察官，检察官办公室应通知本人，并任命一名符合资格的副检察官办理此案。

第 13 条（任职资格）：（1）检察长和副检察长须持有大学法律学位，并熟悉检察官或法官工作；（2）国家检察官须持有大学法律学位，并具有履职工作能力。

第 14 条（委任）：检察长和副检察长由共和国总统根据政府提名任命；检察官由政府根据总检察长提名任命；检察官办公室的其他官员，由总检察长根据相关的法令任命。

第 15 条（职责）：（1）总检察长和副总检察长负责最高法院案件检控；（2）检察官有权对法院行为提出上诉。

而《地区检察官法》的内容与《检察官法》类似，主要包括：第 1 条（地区检察官）、第 2 条（地区检察院及其内设机构）、第 3 条（任职资格）、第 4 条（委任）、第 5 条（管辖区域）、第 6 条（司法管辖权）、第 7 条（初级检察官）、第 8 条（初级检察官的职责）、第 9 条（罪名管辖）、第 10 条（议事规则）、第 11 条（实施细则）、第 12 条（生效日期）、第 13 条（过渡性条文），共 13 条。

总之，芬兰检察官法的最大特色在于，中央检察官法——《检察官法》与地方检察官法——《地区检察官法》并行。

二、越南检察官法评介

1992 年 4 月 15 日，越南国会颁行的《宪法》（2001 年 12 月 25 日修正）规定："人民检察院由检察长领导。下一级检察院检察长受上一级检察院检察长的领导。地方人民检察院检察长和军事检察院检察长受最高人民检察院检察长的领导。检察委员会的设立、人民检察院检察长的职责范围以及其他需经检察委员会讨论并由多数决定的重要事项，由法律规定。最高人民检察院检察长的任期与每届国会任期相同。地方人民检察院和军事检察院的检察长、副检察长和检察官由最高人民检察院检察长任免"（第138条）；"最高人民检察院检察长对国会负责并报告工作，在国会闭会期间，向国会常务委员会和国家主席负责并报告工作"（第139条）；"地方人民检察院检察长对于本地遵守法律的情况向人民议会负责并报告工作，并回答人民议会代表提出的问题"（第140条）。

1993年5月26日颁行《人民检察院检察官条例》，以规范检察人员的权力或行为。

2002年10月4日，在《人民检察院检察官条例》的基础上修正颁行《人民检察官法》，共5章34条，主要内容包括：

第一章"一般规定"规定，检察官是根据法律规定，代表国家依法履行起诉职能、监督司法（审判）活动的人（第1条）；只有符合下列条件者，才有可能被选任或任命为检察官：越南公民，忠于祖国和宪法，具有良好的道德品质、廉洁、诚实和忠于国家立法，有法学学士学位，受过专业训练（第2条）；越南国家检察机关及其检察官包括最高人民检察院及其检察官、省或直辖市级人民检察院及其检察官、区检察院及其检察官（包括农村地区、城市区、省城镇检察院及其检察官）以及各级军事检察院及其检察官（第3条）；检察官任期5年，从被任命之日起计算（第4条）；检察官必须尊重人民，并接受他们的监督（第10条第1款）。

第二章"检察官的任务和权力"规定，检察官依法履行起诉职能，并监督法院的审判活动（第12条）；检察官依法履行职责时，必须遵守法律，服从所在检察机关检察长和最高人民检察院检察长的统一领导（第 13 条）；检察官不得担任政府官员或雇员，不得担任被告人的法律顾问，不得滥用职权非法干涉案件处理，不得带出案卷档案材料，不得处理管辖权之外的案件（第 15 条）。

第三章"检察官的选拔、任用、解职、免职"规定，检察官因退休以及健康状况、家庭状况或其他原因，不能履行其职务而被免职（第 27 条）；检察官因被法院审判有罪等而被解职（第 28 条）。

第四章"检察官任职保障制度"规定，检察官的工资、津贴和法律责任由法律规定（第 31 条）；检察官的制服、徽章等由最高人民检察院检察长报经国民议会常设委员会决定（第 32 条）。

第五章"执行"规定，本法生效后，1993 年 5 月 26 日《人民检察院检察官条例》废止。

总之，基于地缘政治和社会主义国家性质，《越南人民检察官法》受我国《检察官法》影响较大。

三、阿富汗总检察长办公室法评介

1964 年以前，阿富汗并未确立现代检察制度；之后，才建立起与本国国情、国体政体相适应的现代检察制度。

随后，阿富汗检察制度又经历了检方隶属行政机关、与司法机关——法院并列、审检合署 3 个发展阶段。而直接支撑并引领其检察制度运作的法律，除宪法外，主要有《关于检察院组建法》、《总检察长办公室法》和《检察院组织法》3 部。

1964 年《关于检察院组建法》的颁行，标志着阿富汗现代检察制度的正式确立。其中规定：一是检察机关是司法部内负责职务犯罪侦查和公诉的专门机关，但其成员——检察官不是司法人员而是具有公务员身份的文职人员，受公务员法调整。二是检察机关对中央和地方各级公共行政机关、混合经济和私有经济企业、各政党和社会组织以及公民的守法情况实行监督（即一般监督职责）。三是最高检察机关设有总检察长，各省及其区、镇、市设有检察长；检察长只对总检察长负责，总检察长对总统负责。四是检察长（官）办公室是各级检察长（官）的执业单位。

1967年3月6日颁行的《总检察长办公室法》（共23条）取代《关于检察院组建法》并规定：总检察长办公室受司法部长的组织、监督和领导（第2条）；总检察长办公室由总检察长、副总检察长、检察官、专业人士和行政官员组成（第3条）；每一个高等、上诉和初级法院都设有检察官办公室及其检察官（第4条）；警察和检察官依法履行犯罪案件的侦查、调查和起诉职责；检察官在依法履行职务过程中，可以要求警察以及卫生、建筑、农业、通信和政府其他部门的官员、技术和检查人员或者有关专家提供必要的援助（第8~10条）；总检察长或其代表、助手有权出席最高法院有关案件的讨论会议（第11条）；对于初步侦查结果，警察应在24小时内通报检察官（第12条）；检察官应迅速审查，如果认为侦查结果不完全、不全面，可要求警察补充或重新侦查（第13条）；当检察官审查后发现不存在犯罪，可作出终止案件或撤回起诉决定（第14条）；案件侦查终结后，检察官应依法向法院提起公诉（第15条）；总检察长办公室有权对监狱的监管活动实行监督，并向总统报告；有权监督警察对法院判决的执行情况（第20~21条）。

2001年12月15日，阿富汗伊斯兰共和国颁行新的《总检察长办公室法》（也可译为《检察院组织法》），内容依次包括：

第一章总则：第1条（立法依据）、第2条（总检察长办公室的职能）、第3条（总检察长办公室的预算、结构和编制）、第4条（检察官义务）、第5条（依法惩治犯罪）、第6条（检察官不能成为政党成员）；

第二章共和国总检察长办公室的组成和管辖：第7条（总检察长和副总检察长）、第8条（总检察长办公室管辖）、第9条（总检察长办公室的其他人员）、第11条（总检察长办公室检察官职权）；

第三章总检察长办公室的任务：第 12 条（总检察长办公室检察官的职责）、第 13 条（总检察长的职责）、第 17 条（咨询机构的职责）、第 19 条（地方检察官的职责）、第 21 条（公诉职责）、第 22 条（一般监督职责）；

第四章上诉或省检察官办公室管辖：第 28 条（省级检察官办公室人员组成）、第 29 条（省检察官办公室职责）、第 30 条（省或上诉检察官办公室领导，并对总检察长负责）、第 32 条（省检察官办公室和军事上诉检察官办公室负责上诉）；

第五章基层检察官办公室管辖：第 34 条（基层检察官办公室人员组成）、第 35 条（基层检察官办公室管辖）；

第六章检察官人事事务、雇员和其他工作人员：第 41 条（检察官任职资格）、第 42 条（检察官的任免、退休、辞职）、第 45 条（军事检察办公室官员的职级、雇员）、第 49 条（检察官兼职禁止）；

第七章检察官的纪律责任：第 50 条（对检察官进行逮捕拘留的限制）、第 52 条（检察官和审讯人员的纪律处分）；

第八章杂项：第 54 条（青少年犯罪检察工作）、第 56 条（着装）、第 57 条（检察官身份证件），共 8 章 62 条。

与此同时，该法还规定："总检察长办公室的任务，维护法治和社会秩序；捍卫中央和地方政府组织、准政府机关和私营机构、政党、社会团体和个人的精神、物质权益；监督法律的正确实施；预防犯罪；起诉犯罪嫌疑人和被告人"（第 2 条）；"检察官在他/她相关的领域依法履行以下职责：维护法治；保障宪法和法律所规定的公民自由和政治、劳动权利；保障国家、法人和个人的合法权益；对公民进行法律宣传；监督法律的正确实施，发现并调查有关的犯罪行为；发现和调查犯罪，并编制犯罪统计数据报告；监督有关组织活动的合法性，发现并调查其犯罪行为；监督监狱和拘留中心的监管活动；组织调查并确定个人的刑事责任；与其他行政部门合作预防犯罪；接受对中央和地方政府的投诉、请愿；指导并纠正下级检察官办公室的行为；采取必要措施，提高检察官的讯问能力；法律规定的其他职责"（第 12 条）。

2004 年 1 月 4 日，大支尔格国民议会通过的《阿富汗伊斯兰共和国宪法》规定："对嫌疑人的检察、逮捕、拘留以及刑罚的执行不得及于他人"（第 26 条）；经下院批准总统有权任免检察长、接受其辞职（第 64 条）；"根据法律规定，警察负责纠举犯罪，检察长办公室负责调查和起诉。检察长办公室是行政机关的一部分，其具有独立的职能。检察长办公室的组织、职权和活动，由法律规定"（第 134 条第 1 款）；检察官在职期间不得为任何党派的成员（第 153 条）；检察长任前和任后的财产，由依法建立的机构登记并监管（第 154 条）；检察长官依法获得适当的薪酬（第 155 条）。

总之，基于上述内容不难看出，一方面，无论是《关于检察院组建法》和《总检察长办公室法》还是新的《总检察长办公室法》，其中检察院组织法规范与检察官法规范都是并存的，但基于检察长是检察官的一种，因而本书将其列入本章。另一方面，由于地缘政治以及苏联和北约对阿富汗的长期占领，导致阿富汗《总检察长办公室法》深受苏联、美国的影响。

四、不丹总检察长办公室法评介

1907 年，乌颜·旺楚克废除德布王，自任国王，建立不丹王国，并集政教大权于一身。

2001 年 9 月，国王发布命令，要求政府筹备起草宪法，实行改革。

2006 年 6 月 30 日，不丹王国签署颁行的《总检察长公室法》（亦译为《总检察长法》）依次包括：

第一章一般规定。

第二章总检察长办公室的设立。

第三章总检察长办公室规定：总检察长认为必要时，可在总检察长办公室下设若干区域办事处（第 8 条）；为保障总检察长办公室工作的顺利进行，政府应提供足够的设施保障（第 9 条）；总检察长办公室的雇员，应符合《公务员法》有关公务员的任职资格、条件（第 10 条）；总检察长办公室，通过依法履行下列职责，促进民事、刑事诉讼活动的公平、公正：代表政府参与民事、刑事诉讼活动，获取有关案件的相关信息、详情、文件，收集书面证据等证据材料，协助案件调查，代表政府向法院提出书面建议，对政府决策提供必要的帮助和咨询（第 11～12 条）。

第四章总检察长规定：国王根据首相建议，任命著名的法学家或律师担任总检察长（即由律政司司长兼任），总检察长对首相负责，任期 5 年，报酬和福利由政府支付（第 20～23 条）；作为政府法律顾问的总检察长应保障王国对事业的正义追求，奉劝国王和政府履行法定义务，依法出席法庭活动并发言，领导总检察长办公室维护法治和追求法律正义，代表政府出席外国法庭，向国王和政府提供有关国家利益的法律信息、意见，以法律顾问身份执行其他具体法律任务（第 24～27 条）；总检察长的职责包括：授权政府律师、检察官代表政府出席法庭，并监督其行为；认为必要时，可设置、变更、合并总检察长办公室的内设部门或区域办事处，制定并监督区域办事处的计划、政策及其执行情况，维护区域办事处的行政利益（第 30～31 条）；总检察长办公室的主要职能包括："检控及诉讼"（由其内设的总检察长办公室承担）、"法律服务"、"起草法律草案"、"审查法案" 4 项；律政司及其工作人员（含总检察长及其检察官）应遵循忠诚尽责、言行一致、诚信、公平与勤劳、保密、不以权谋私、正义无私、透明、道德表率、遵守和执行法律、依法履职等行为准则（第 35～44 条）。

第五章行为守则规定：总检察长应忠诚尽责、履职不受任何个人或组织影响、维护国家利益和正义、遵守和执行法律、依法履行法定义务、申报财产，以及不得从事经济、商业和投资入股活动等（如不得接受任何礼品、礼物或好处）；符合下列情形之一时，首相可依法免除总检察长职务：由于生理、心理或其他原因而导致永久性地丧失工作能力、违反本法规定、违法其他法律规定（第35条、第40条、第41条、第44~49条）。

第六章总检察长办公室的其他职责。

第七章杂项，共7章59条。

2008年7月8日，吉格梅·凯萨尔·旺楚克国王签署并颁布《不丹王国宪法》规定：总检察长由国王任命（第2条第19款第10项）；最高法院可主动或基于总检察长关于某案的申请，撤销或亲自审理任何高等法院未判决的案件，并亲自处理该案。该类案件包含涉及宪法解释的具有普遍重要性的实体性法律问题（第21条第9款）；国家司法委员会成员包括总检察长（第21条第17款）；"根据反腐败委员会的调查结果，总检察长对个人、政党或组织提起诉讼，由法院作出裁判"（第27条第5款）；"1. 设立总检察长。总检察长有权自主地履行在政府的领域和职权内的职责以及其他被委任的法律事务。2. 国王应以其手谕和印章任命总理推荐的一名杰出的法学家为总检察长。3. 总检察长作为首席司法官员，是政府的法律顾问和法定代表。4. 在履行职责中，总检察长有权出席所有法院。5. 总检察长有权依照法律建立、启动或撤销任何案件。6. 总检察长有权出席议会，并在议会上就法律问题发表意见。7. 总检察长应向国王和总理提交年度报告。8. 总检察长应依据《总检察长法》履行职责"（第29条）。

五、加拿大检察官法评介[①]

作为英联邦国家，根据《1867年不列颠北美法案》和《1982

[①] 参见张建：《加拿大联邦检察体制改革最新动态》，载《人民检察》2007年第21期。

年宪法法案》规定，加拿大是一个君主立宪制国家，英国女王是加拿大的国家元首，加拿大境内有女王的一名代表——总督。而作为双重法律制度国家，加拿大的法律来自英格兰普通法和法国大陆法。

而早在英属北美殖民地的 1750 年，加拿大就已出现了所谓的"国王律师"。在 1799 年，英国又任命了一名副总检察长，并且通过了一部法律对其职责加以规定。之后，英国逐步在加拿大各省建立了类似英国的检察制度。时至 1859 年，英国在不列颠哥伦比亚任命了总检察长，并且建立了总检察长办公室，标志着加拿大的检察体系已经初步建立。1867 年，英国通过了《不列颠北美法案》，允许加拿大自治。从此，加拿大开始独立建立自己的检察制度。而作为联邦制国家，体现在检察制度上就有并行的联邦和省两套检察制度。省检察长一般负责对违反刑事法犯罪的起诉，联邦总检察长负责对违反联邦法律以及特殊的刑事法规定的犯罪的起诉。

1868 年，加拿大颁布了《检察署长法》（亦译为《司法部法案》、《司法部法》）。其中规定，加拿大联邦政府须设立司法部，设置司法部长一职并兼任总检察长，履行总检察长的职责。同时，各省的司法部长也兼任本省总检察长职责。

1982 年 4 月 17 日，参众两院制定《1982 年加拿大宪法法》规定："加拿大宪法的各个部分的法语文本，应由加拿大司法部长（亦即总检察长——引者注）尽可能迅速地准备，当任何部分都已经准备到足以保证实施时，应当根据适用于加拿大宪法同样规定的修正案适用的程序，通过由总督以盖有国玺颁布公告的方式提交制定"（第 55 条）。

1990 年，加拿大法律改革委员会提出在联邦政府设立独立的联邦检察署署长职位的建议，以增强皇家检察官的中立性。其目的在于，保证检察署的独立，以免受到党派政治的影响，以及减少在总检察长办公室内存在的潜在冲突。

1990 年 9 月，新斯科舍省议会通过《公诉法》，成立了加拿大第一个独立的公诉机构。

1991 年，不列颠哥伦比亚省议会通过《皇家检察官法》，规定助理副总检察长负责刑事犯罪案件的起诉工作。

1996 年 10 月，为了规范和加强联邦检控职能，联邦司法部的检控机构更名为联邦检察署，同时制定发布《联邦检察署工作守则》，以保证加拿大总检察长独立、客观和连续一致地行使起诉权，并规定联邦检控署总部位于加拿大首都渥太华联邦司法部的刑事法律部，由助理副总检察长负责，下设刑事法律处和起诉政策处以及在全国设立了 5 个分部。

2005 年 12 月，魁北克省议会通过了《检控专员法》。

2006 年 4 月，加拿大保守党执政后，起草了《联邦责任法》（亦译为《联邦义务法》）。12 月 12 日，该法案获得加拿大总督的批准成为法律。它涉及 45 项法律的实质性变化和 100 多项法律的修改。根据《联邦责任法》第三部分规定，《联邦检察署署长法》（亦译为《联邦检控专员法》）生效，联邦检察署署长办公室（也称做联邦检察署）成立，以取代其前身司法部联邦检察机构。而此前，根据《司法部法》（亦即《检察署长法》）规定，加拿大联邦检察机构是隶属于司法部的一个有机组成部分，联邦检察机构包括总部（即刑事法律局）和遍及全国的设置在司法部地方官署的地方检察机构。

因此，加拿大规范检方权力或行为法共有两部：一部是 2006 年 12 月 12 日之前的《检察署长法》——《司法部法》，另一部是 2006 年 12 月 12 日颁行的新的《检察署长法》——《联邦检察署署长法》。

（一）《司法部法》评介

《司法部法》主要包括以下内容：

第一，司法部长领导司法部，司法部长是总检察长，依职权指导和管理司法部［第2（1）条］。

第二，司法部长是总督的官方法律顾问，也是枢密院的成员之一；他负责确保依据法律对公共事务进行管理，负责监督非省里司法管辖区事件上的司法事务的管理，就皇家交付的法律事务问题提供法律咨询，并有权对提交议会的法案进行合宪性审查。

第三，司法部长的具体职能包括：在刑事法的修改和发展中的职能以及负责引渡和国际事务；而作为总检察长的司法部长的具体职权则包括：可以启动、运行和终止刑事程序，承担检察起诉官职责，依法独立行使起诉权，对侦查和起诉提供法律建议（第5条）。

第四，助理副总检察长（亦即副总检察长或检察署署长）以总检察长和司法部长的名义执行起诉职能，并依这种方式依次直接对副部长和部长负责；而在各个地方，地区检察长对（其所属）皇家律师（内部检察官和公诉代理人）进行的检察活动向助理副总检察长（刑事法）承担责任。而助理副总检察长的具体职责包括：在刑事诉讼活动上发挥领导职能，并承担包括提交最高法院审判的所有刑事案件，以司法部长和总检察长的立场承担责任；对起诉的性质和主旨负责，对刑事领域的法律建议和国际协助工作负责；负责司法部刑事起诉和相关诉讼政策的发展和执行；就有关刑事法的执行问题，给部长、副部长、政府部门和机构提供建议；履行总检察长在制定法、习惯法和条约以及刑事法问题上的责任；参与形成与起诉资源的分配相关的决议。

第五，联邦检察机构由助理副总检察长通过以其为主席的管理委员会的支持来管理。管理委员会由5个地区检察长和2个刑事法律部的检察处长组成，其任务是负责对联邦检察机构的资源进行分配以及就联邦检察机构的政策和主要的战略方向给助理副总检察长（刑事法）提供建议。

第六，检察官有两种：一种是内部检察官员，即专职皇家律师，其主要职责和任务是提供法律建议和承担公诉工作。另一种则是公诉代理人。只有符合下列条件的人，才有可能被总检察长聘作长期的或特别的公诉代理人：是省或领地律师业机构声誉良好的成员；在有关的领域具备所需的专业知识和技能；具有诚信和良好判断、决断能力；愿意和部门委员会合作工作和在其监督下工作，确信遵守总检察长的政策和标准；愿意参加司法部组织的培训工作；愿意遵守司法部的行政管理规定；愿意和能够遵守司法部的利益冲突指南，在以部门或机构的名义代理起诉时其能力能够满足聘任部门或机构的信心。

（二）《联邦检察署署长法》评介

《联邦检察署署长法》主要包括以下内容：

第一，总检察长应组织成立一个推选委员会，包括5位委员，由加拿大律师公会联盟指定人选、众议院指定人选、司法副部长、公共安全和紧急状态部副部长和总检察长指定人选组成。总检察长需向推选委员会提供不超过10名检控专员的候选名单，被推荐人应当从事律师职业10年以上。推选委员会对所有人选进行评审，为总检察长推荐3名候选人。总检察长从3名候选人中选择1名检控专员人选，提交联邦议会专门委员会审查批准。在专门委员会审查批准后，由总督任命其为加拿大联邦检察署署长（亦即副总检察长或检控专员），任期为7年。对于联邦副检察署署长的推选，总检察长需要与由联邦检察署署长、加拿大律师公会联盟指定人选、司法副部长组成的推选委员会协商，确定推荐人选，由总督任命。联邦检察署长可根据履行职责的需要，依据《公务员法》任命联邦检察官，联邦检察官应当具有省律师公会的律师资格。同时，联邦检察署长也可聘用其他辅助人员和技术人员。

第二，联邦检察署长代表总检察长行使以下职权：以皇室名义提起刑事诉讼；介入涉及公共利益，且可能影响起诉行为或相关侦查活动的任何事务；发布指南指导联邦检察官进行公诉；为执法或侦查机构就普通的起诉事宜或者某一可能导致起诉的具体侦查活动提供建议；与新闻媒体和社会公众就起诉事宜进行交流沟通；根据总检察长的授权开展自诉，包括介入、承担或延缓起诉；行使总检察长委派给其的其他权力或职责。同时，他可以代表总检察长行使加拿大《引渡法》和《刑事司法协助法》中规定总检察长行使的权力和职责。联邦副检察署长在联邦检察署长的监督下，可以代表其行使上述职权。

第三，联邦检察署署长有权作出最后有法律约束力的起诉决定；而总检察长在与联邦检察署署长咨询商议后，可以给其发出提起或进行起诉的指令；而这些指令必须以书面形式发布在加拿大公报上。

第四，检察官要为警察的侦查提供法律建议。

总之，作为英联邦国家，加拿大《司法部法》和《检察署署长法》还受英国《1985年检察法》和《皇家检察官准则》的影响。

六、澳大利亚检察官法评介

(一)《检察官法》评介

作为英联邦和英美法系国家，澳大利亚于1986年颁行了《检察官法》（亦译为《1986年皇家检察官法》）。其主要内容包括：

第一，检察院工作的人员包括两类：一类是法律工作者，又包括：检察长、副检察长、皇家检察官、法律顾问、副法律顾问、法律顾问助理和事务律师等；皇家检察官又分为大检察官、高级检察官和一般的皇家检察官。另一类是行政工作人员，又包括：行政管理人员、服务人员和法律书记员等。同时，所有检察官都是律师。因此，又可将检察院中的法律工作者分为大律师和普通律师两种。

第二，在刑事诉讼程序中，皇家检察官是主力，案件的起诉工作主要由他们承担，并受《检察官法》保障。为此，该法第5（1）条规定，皇家检察官是代表检察长，以律师的身份出庭进行指控；同时，经检察长批准，还可履行作为律师的其他职责。

第三，皇家检察官的职权包括：一是代表检察长，以律师的身份出庭进行诉讼；二是审查可起诉犯罪的起诉书；三是应检察长的要求，对某些事情提供建议；四是经检察长批准，履行作为律师的其他职责。同时，皇家检察官没有职权决定不审查起诉书（第5条）。

第四，皇家检察官是法定的正式职位，在由陪审团审判或在最高和地区法院以及其他上诉法院中，由法官单独审理的刑事案件中，他们是精通案件的律师，承当检控、起诉职责，并在继续还是终结诉讼方面经常为检察长提供建议。

第五，皇家检察官虽在检察长之下工作，但仍然是一个独立的法律官员。在履行职责上根据法律向检察长负责，检察长可对他们的工作进行分配安排；在司法实践中，大检察官及其专业助手分配案件并参加许多的行政安排工作。上诉案件几乎都由曾参加过审判的不同的皇家检察官来指控，在高等法院上诉的案件通常由检察长或副检察长出庭指控。

（二）《1982年检察长法》评介

1900年7月9日，经维多利亚女王以联合王国议会议案加以批准的《澳大利亚联邦宪法法案》规定："联邦的司法权力应授予联邦最高法院，称为澳大利亚高等法院，以及由议会建立的其他联邦法院和其他被授予联邦管辖权的法院。高等法院应由1名大法官和2名以上的其他法官组成，其他法官的人数由议会规定"（第71条）。

根据《联邦宪法》规定，澳大利亚实行"三权分立"，立法权由联邦议会行使，行政权由联邦政府行使，司法权传统上由法院行使，而检察权属于行政权范畴。

1982 年，联邦政府颁行《1982 年检察长法》规定，于 1983 年设立了检察总长。随后，维多利亚州据此设立第一任检察总长名叫约翰·哈勃·菲力普斯，并于 1983 年 2 月赴任；新南威尔士州检察署（亦译为起诉办公室）于 1987 年 7 月 13 日成立，随后其他几个州、区也相继效仿。而作为澳大利亚的检察院组织法或检察官法的《1982 年检察长法》，主要包括以下内容：

第一，检察机关分联邦和州两个系统，各司法区内的检察官在各辖区的法律制度下负责刑事案件的起诉工作。在联邦一级，除设立澳大利亚检察总署外，① 还在各州及地区的首府设立地方办公室；总检察署归属于司法部，总检察长兼任司法部长，并由其就国家的所有刑事司法事务向议会负责；而联邦检察院和州（区）检察院的工作均在国家总检察长的领导之下，总检察长拥有民选议员和政府部长的双重身份。在州一级设立州检察总署，然后按照地域的划分设立相应的起诉机构。

第二，澳大利亚的检察院属于行政部门，由财政部拨款。除联邦检察总署和州检察总署外，无论是联邦一级还是州一级的检察院都按地域来划分，互相之间都是平等的、独立的，不存在上下级关系；检察长作为检察院首脑负有行政管理的职责，包括管理职员和办公室的资源；检察总署的人员组成通常包括：一名检察长、两名副检察长以及法律和行政工作人员；皇家检察官及其行政工作人员；事务律师和法律执行及支持人员。

第三，检察长、副检察长和起诉律师都是法定的职位，并且是终身任职制；副起诉律师和助理起诉律师以及综合服务部经理

① 而总署下设：一是法律实践部，又包括：中心实践处、澳大利亚政府律师地方办公室、国际法办公室、法律起草办公室、民法处、刑法处、信息安全法处、协助处；二是社区事务部，包括家庭法律援助服务处、个人破产和信托服务处；三是社区保护部；四是其他部门。

都是通过合同的形式招聘，期限为 5 年。

第四，检察长由总督任命，其职权来自于本法或其他法的规定。例如，《1989 年没收程序犯罪法》授予检察长一些与没收有关的权力（第 4 条）。

第五，检察长的主要职责包括：为副检察长、法律顾问和皇家检察官就犯罪起诉问题提供《起诉政策与准则》，包括行使特殊职权方面的准则（第 13 条）；在最高法院和地区法院代表国家对可起诉犯罪提起诉讼并进行指控；在任何法院，代表国家对此类案件提出指控并进行上诉；在任何法院代表国家，对此类指控提出的上诉进行指控［第 7 条（1）］；处理任何偶发的或有益于履行检察长职责的事［第 20 条（1）］。同时，检察长还享有以下职权：代表国家提起、指导或终结任一刑事起诉，为已提交审判的当事人起草起诉书，接管由他人提起的刑事诉讼，就犯罪起诉问题向副检察长、皇家检察官、起诉律师和警察总署发布指导方针，向警察总署发布命令要求其提供有利于检察长考虑起诉或进行诉讼所需要的特殊材料，有权指导研究所的工作，下放自己的权力，等等。

第六，检察长履行与总检察长同样的职能包括：在某人犯了可起诉犯罪应提交审判的情况下，审查刑事起诉书或决定不审查刑事起诉书；对犯了罪应审判或判刑的人提出不再继续进行诉讼的指导；在某人没有犯应提交审判的可起诉犯罪的情况下，审查刑事起诉书；副检察长也由总督任命，应协助检察长的工作，并按照检察长的要求，与皇家检察官行使相同的职权（第 5 条、第 22 条、第 33 条）。

第七，皇家检察官的职权包括：代表检察长以律师的身份出庭进行诉讼；审查可起诉犯罪的起诉书；应检察长的要求，对某些事情提供建议；经检察长批准，履行作为律师的其他职责。

第八，法律顾问的职权包括：在检察长行使检察长职权时担任法律顾问，代表检察长指导皇家检察官和其他律师（第 6 条、

第 23 条）。

总之，作为英联邦国家，澳大利亚《检察官法》和《1982年检察长法》同样也受英国《1985年检察法》和《皇家检察官准则》的影响。

七、缅甸总检察长法评介

1948 年 1 月 4 日，缅甸脱离英联邦宣布独立，建立缅甸联邦。

1974 年 1 月，改称缅甸联邦社会主义共和国，实行社会主义制度。因此，它是唯一一个既奉行英美法系理论，又曾经奉行过社会主义理论的国家。

1988 年 9 月 23 日，改称缅甸联邦共和国，放弃社会主义制度。

2001 年 2 月 27 日，缅甸国家和平与发展委员会通过的《总检察长法》（亦可译为《检察法》、《律政司法》、《总检察长办公室法》，2003 年 2 月 2 日修正）依次包括：

第一章名称规定："本法亦称《2001 年律政司法》"（第 1条）。

第二章总检察长和副总检察长的任命规定："国家和平与发展委员会任命 1 名总检察长和 3 名副总检察长，依法履行木法所规定的职责和权力"（第 2 条）。

第三章总检察长职责规定："总检察长的职责如下：1. 应国家和平与发展委员会、政府或其任何部门和组织的请求，为其提供司法咨询、建议；2. 在刑事诉讼中代表国家出庭；3. 在政府作为被告或原告的民事案件中，代表政府出庭；4. 各级法院的判决如违反法律，有权向最高法院提起必要的上诉、特别上诉或再审；5. 检查、起草和解释法律；6. 就国家是否应成为国际公约和地区协定的缔约国，向政府有关部门和组织提出司法建议；7. 就与双边和多边条约、谅解备忘录、协议备忘录、当地和外国投资文件及其他文件有关的事务，向政府有关部门和组织提出司法建议；8. 提请政府和有关组织注意其行为，是否符合法律；9. 为人民提供法律保护，从而使人民能够充分享有他们的法律权利和公民的基本权利；10. 指导和监督总检察长办公室、各级检察长办公室及其工作人员的工作；11. 行使现存法律和法规或根据本法规则、程序、命令和指令规定的其他职责；12. 行使由国家和平与发展委员会指派的其他职责”（第3条）。

第四章总检察长的权力规定：“总检察长的权力如下：1. 规定副总检察长的职责和权力；2. 根据需要，撤销在法院提起的任何指控、被告人或整个刑事案件；3. 就刑事案件的审结作出决定；4. 根据刑事诉讼法就法院的无罪判决，向最高法院提起上诉；5. 在对法律事务进行审查时，要求有关政府部门和组织提供必需的命令、决定、指令、活动、纪律和其他文件；6. 根据民事诉讼法规定，书面（同意）向公共慈善团体提起诉讼”（第4条）；“根据第3条、第4条规定，律政司可授权律政专员（亦即总检察长——引者注）上述的职责与权限”（第5条）。

第五章总检察长办公室和各级检察长办公室的设立规定：“报国家和平与发展委员会批准后，总检察长办公室应按下述方式建立总检察长办公室和各级检察长办公室：1. 总检察长办公室；2. 省（邦）检察长办公室；3. 地区检察长办公室；4. 镇检察长办公室。如需要，可建立总检察长办公室和省（邦）检察长办公室的办事处”（第6条）。

第六章律政专员（亦即总检察长）的职能和权力规定：“总检察长办公室总检察长和工作人员，应当依法履行职责”（第7条）；“总检察长办公室的检察官需根据法律规定，履行总检察长办公室授权的职责，编辑出版法律书籍、手册和期刊”（第8条），共7章11条，而且还明确规定：“各级总检察长办公室人员，应依法履行下列职责：1. 应国家和平与发展委员会、政府或其任何部门和组织的请求，为其提供司法建议；2. 在刑事诉讼中代表国家出席法庭；3. 在政府作为被告或原告的民事案件中，代表政府出席法庭；4. 在刑事案件审理前，检察和提出司法建议，以保证审理活动符合法律规定；5. 检查有关起诉机构，是否履行检察长办公室提出的司法建议；6. 检查起诉机关有关还押的请求，是否符合现存法律、命令和指令规定；7. 在刑事案件中，根据刑事诉讼程序法的规定，决定是否给予自首并告发同案犯者豁免；8. 根据规定检察法院的刑事案件，决定是否撤销任何指控、被告人或整个刑事案件；9. 根据规定，检察并对刑事案件的审结作出决定；10. 为指控犯有死刑罪的、贫困被告人聘请律师；11. 在检察官出庭的刑事案件中，监督受害人聘请的律师；12. 就有关法院作出的不符合法律的人和判决、决定或命令，提起再审；13. 如果认为对法院作出的无罪判决提起上诉，可向总检察长办公室提出；14. 履行总检察长交付的其他职责"（第9条）。

2008年5月29日，经全民公决颁行的《缅甸联邦共和国宪法》（2011年1月31日生效）规定：

第200条："联邦总检察长是联邦政府组成人员。"

第229条："联邦总检察长是财政委员会组成人员。"

第236条："联邦的最高检察官应被称为联邦总检察长。"

第237条："1. 经联邦议会同意，总统从具有下列资格条件的议会议员或非议会议员的人员中任命联邦总检察长以征询法律意见并负责法律事务：（1）年满45周岁；（2）除年龄限制外，满足本宪法第120条规定的被选为人民院议员的条件；（3）未出现本宪法第121条关于无权当选人民院议员的情形；（4）a. 担任省或邦的高等法院法官至少5年；或b. 担任不低于省或邦级的司法职位或法律职位至少10年；或c. 从事律师职业至少20年；或d. 被总统评价为杰出的法学家；（5）忠于国家和人民。2. 除明确证明不符合联邦总检察长的任职资格外，联邦议会不得否决总统任命的联邦总检察长人选。3. 总统有权重新向联邦议会提交新的名单，以替换被联邦议会否决的联邦总检察长人选。4. 联邦总检察长是联邦政府的成员。5. 联邦总检察长应向总统负责。6. 若联邦总检察长是议会议员，被任命为联邦总检察长之日即视为辞去议会议员职位。7. 若联邦总检察长是公务员，依现行的公务员条例与规则，被任命为联邦总检察长之日即视为退出公务员行列。8. 若联邦总检察长是某一政党成员，则从被任命之日起的整个任期内，不得参加其所在政党的活动。"

第 238 条："若有必要弹劾联邦总检察长，其程序遵照本宪法第 233 条关于联邦部长弹劾程序的规定。"

第 239 条："1. 总统有权从满足下列条件的议会议员或非议会议员中自主任命联邦副总检察长，以协助联邦总检察长：（1）年满40 周岁；（2）除年龄限制外，满足本宪法第 120 条规定的被选为人民院议员的条件；（3）未出现本宪法第 121 条关于无权当选人民院议员的情形；（4）a. 担任省或邦的高等法院法官至少 5 年；或 b. 担任不低于省或邦级的司法职位或法律职位至少 10 年；或 c. 从事律师职业至少 20 年；或 d. 被总统评价为杰出的法学家；（5）忠于国家和人民。2. 联邦副总检察长应向联邦总检察长负责，并通过联邦总检察长向总统负责。3. 若联邦副总检察长是议会议员、国防军人员或政党成员，则按本宪法第 237 条第 6～8 款的规定处理。"

第 240 条："1. 联邦总检察长与副总检察长的任期与总统任期相同。2. 联邦总检察长或副总检察长在其任期届满前，若因故自愿辞职的，在向总统提交书面辞呈后可辞职。3. 总统可以要求未能有效履行其职责的联邦总检察长或副总检察长提出辞职。如果他们不服从，则将被停职。4. 若因辞职、免职、死亡或其他原因出现联邦总检察长或副总检察长职位空缺，总统有权根据宪法有关联邦总检察长或副总检察长任命的规定任命新的联邦总检察长或副总检察长，并明确其职责。新任命的联邦总检察长或副总检察长的任期应当与总统的剩余任期相同。5. （1）若因辞职、死亡或其他原因，总统职位出现空缺时，总统在其任职届满前任命的联邦总检察长或副总检察长应当继续履行其职责，直到新选出的总统任命新的联邦总检察长或副总检察长并明确其职责为止；
（2）新任命的联邦总检察长或副总检察长的任期应当到新总统的
剩余任期届满为止。6. 联邦总检察长或副总检察长的职责、职权
与权利应以法律的形式规定。"

第 248 条："省或邦总检察长是省或邦政府的组成人员。"

第 266 条："省或邦总检察长，经省或邦行政长官提名，并
经省或邦议会批准。"

第 267 条："若要弹劾省或邦总检察长，则遵循本宪法第 263
条关于弹劾省或邦行政长官或部长的程序。"

第 268 条："省或邦总检察长的辞职、停职与补缺以及其公
务员身份的处理均遵循本宪法第 262 条第 14 款和第 264 条关于省
或邦行政长官、部长辞职、停职、补缺与视为退出原公务员职位
的规定。"

第 269 条："省或邦总检察长的职责、职权和权利应当由法
律规定。"

总之，据《宪法》第 269 条规定，缅甸检察官法包括省和邦
总检察长法两部分；而作为英联邦和曾经的社会主义国家，缅甸
检察法律受英国和中国的影响。

八、其他

在大陆法系和社会主义法系国家，除上述芬兰、越南、阿富
汗、不丹 4 国有检察官法外，现有或曾经有检察官法的国家还有：
我国有《检察官法》、阿塞拜疆有《检察官办公室组织法》、老挝
有《检察官法》、① 泰国有《检察官法》（1955 年 8 月 30 日）和

---

① 其中规定，公共检察官负责监督政府机构、经济组织、社会组织、公共的行
为，保证法律统一严格执行，监督侦查机关、审判机关、监狱、拘留所的行为是否符合
法律规定；检察机关参加监督委员会，以便监督腐败行为，并向法院提交相应的意见和
建议。

《检察人员法》（1960 年 12 月 23 日）、① 尼泊尔有《总检察长办公室法》、捷克斯洛伐克社会主义共和国有《检察长法》、斯洛伐克有《检察官与见习检察官法》（法律汇编 2001 年第 154 号）、克罗地亚有《公共检察官法》、斯洛文尼亚有《国家检察官法》、塞尔维亚有《公共检察官办公室法》、摩尔多瓦有《公共检察官办公室法》（2003 年 3 月 14 日）、贝宁有《检察官法》（2000 年 2 月 10 日），以及尼加拉瓜、阿根廷、智利都有《总检察长法》，共 19 国，占大陆法系国家总数（132 个）的 14%。

在社会主义法系曾经或现在仍有检察官法的国家有中国、越南、老挝、捷克斯洛伐克 4 国，占社会主义国家总数（16 或 39 个）的 25% 或 10%。

在英美法系国家，除上述加拿大、澳大利亚、缅甸 3 国有检察官法外，现有或曾经有检察官法的还有坦桑尼亚有《总检察长办公室法》、巴基斯坦旁遮普邦有《公设辩护人服务法》（2007 年 10 月 30 日）、② 英属百慕大群岛有《检察官法》（2008 年修正，亦译为《百慕大律师法》）共 6 国，占英美法系国家总数（61 个）的 10%。

总之，迄今为止，"三大法系"国家制定有检察官法的国家 25 个，占联合国成员国 193 个的 13%。

---

① 前者规定，检察官依法独立行使检察，内务部长对于检察官在侦查官员提交给他的案件作应有的审议后发出起诉或不起诉命令的法定起诉和不起诉过程不得进行干预；后者规定，设立检察人员委员会，负责审议有关检察官的任命、提升和调动以及得对他们采用的任何纪律措施的一切事项。

② 其中规定，公设辩护人（亦即法律援助者）的职责，是通过法院为土著人免费提供法律援助（序言）；公设辩护人包括首席、附加首席和区公设辩护人以及公设律师（第 4 条）。

第三节　中国检察官法评介

一、中国检察官法概述

"徒善不足以为政，徒法不足以自行。故有其人，然后有法；有其法，尤贵有人。"① 因此，集中华、大陆、英美和社会主义检察法律特点于一身的我国，不仅注重检察院组织法的制定，也注重检察官法的制定。

另外，不论旧中国还是新中国的检察官法，一方面，都始终存在以检察宪法规范为根基，以专门性检察法律和检察基本法律规范为脊梁，以其他检察法律规范筋骨，以检察法定解释、政策和行政法规规范为血肉，以检察地方性法规、自治和单行条例规范、检察规章规范甚至诸如检察准司法解释等检察规范性文件规范、国际检察法律为补充的检察官法体系，抑或"检察官法网"。另一方面，可将其概分为两类：② 一类是国内检察官法，又包括国内检察官法典（如我国《九五检察官法》）、其他专门性检察官法（如最高人民检察院《检察官培训条例》）和附属性检察官法［如"曾担任法官、检察官的律师，从人民法院、人民检察院离任后两年内，不得担任诉讼代理人或者辩护人"（《律师法》第36条）］3 种；另一类是国际检察官法，又包括国际检察官法典（如《联合国关于检察官作用的准则》）、国际其他专门性检察官法（如《国际检察官联合会检察官职业责任准则和主要权利义务准则》）和附属性检察官法［"双方互派检察人员，进行专业研究或培训"（《中华人民共和国最高人民检察院和克罗地亚总检察院合作谅解备忘录》（2006 年 10 月 25 日）第 3 条）］3 种。

---

① 参见郑观应：《盛世危言》，上海人民出版社 1982 年版，第 499 页。
② 抑或一类是国内专门与附属性检察官法；另一类是国际专门与附属性检察官法。

此外，国内附属性检察官法又包括：诸如"全国人民代表大会常务委员会根据最高人民检察院检察长的提请，任免最高人民检察院副检察长、检察员、检察委员会委员和军事检察院检察长，并且批准省、自治区、直辖市的人民检察院检察长的任免"（《宪法》第 67 条第 12 项）等检察官宪法规范。

诸如"审判人员、检察人员、侦查人员不得接受当事人及其委托的人的请客送礼"（《刑事诉讼法》第 29 条）等检察官基本法律规范。

诸如"确定初任法官、初任检察官的任职人选，可以面向社会，从通过国家统一司法考试取得资格的人员中公开选拔"（《公务员法》第 45 条第 3 款）等检察官法律规范。

诸如全国人大常委会法制工作委员会《如何理解〈中华人民共和国检察官法〉规定的"从事法律工作"和"具有法律专业知识"的答复》"其中'从事检察工作'，应以从事检察机关的检察业务工作为宜"等检察官立法解释规范。

诸如"各级人民法院、人民检察院应当严格按照公务员法、法官法、检察官法的规定，对现已提前离岗、离职的法官、检察官进行管理和考核，明确考勤纪律，要求其做到正常履行工作职责"〔中共中央组织部、中央机构编制委员会办公室、"两高"《关于缓解西部及贫困地区基层人民法院、人民检察院法官、检察官短缺问题的意见》（2006 年 3 月 9 日）第 4 条〕等检察官司法解释规范。

诸如"检察官培训工作实行统一规划、统一管理、分类培训、分级实施"（最高人民检察院《检察官培训条例》第 3 条）等检察官检察解释规范。

诸如"如原系公诉案件，检察长（员）是以公诉人身份出庭，支持公诉"〔最高人民法院《关于一个刑事被告人可以同时委托两个辩护人和发回更审案件检察人员以何种身份出庭问题的批复》（1957 年 9 月 14 日）第 2 条〕等检察官审判解释规范。

诸如"最高人民检察院检察长以职务名义使用的外交文书、信笺、信封、请柬、贺卡、赠礼卡等，应当印有国徽图案［国务院《关于〈对外使用国徽图案的办法〉的批复》（1993 年 8 月 31 日）第 2 条］等检察官行政法规规范。

诸如"各级检察长要坚守岗位，强化值班制度，根据当地党委、防总的统一部署，做好各项工作"［最高人民检察院《关于积极参加抗洪抢险工作的紧急通知》（1998 年 8 月 11 日）第 2 条］等检察官检察政策规范。

诸如"生活不能自理鉴定，由看守所分管所领导、管教民警、看守所医生、驻所检察人员等组成鉴定小组进行"（公安部《看守所留所执行刑罚罪犯管理办法》第 19 条）等检察官行政规章规范。

诸如"法官、检察官、人民警察由于故意或重大过失违法办案、造成错案或者造成其他严重后果的，应当依照本规定追究责任"［黑龙江省人大常委会《黑龙江省追究法官、检察官、人民警察违法办案责任的规定》（1996 年 4 月 26 日）第 3 条］等检察官地方性法规规范。

诸如"自治州中级人民法院和自治州人民检察院，应当有苗族、侗族人员担任院长或者副院长，检察长或者副检察长"［黔东南苗族侗族自治州人大《黔东南苗族侗族自治州自治条例》（2006 年 6 月 27 日修正）第 18 条］等检察官地方性自治条例规范。

诸如"接受省人民检察院检察长辞职，或者罢免省人民检察院检察长职务，均须报最高人民检察院检察长提请全国人民代表大会常务委员会批准"［贵州省人大《贵州省人民代表大会议事规则》（1982 年 5 月 15 日）第 41 条］等检察官地方单行条例规范。

诸如"接待的检察人员应当制作笔录，必要时可以录音、照相和录像"（湖北省人民检察院《刑事立案与侦查活动监督调查办法（试行）》第 5 条）等检察官准司法解释规范。

诸如"探索量刑纳入法庭审理程序后检察人员参加量刑审理活动的程序和方式"（《四川省剑阁县人民检察院关于加强对诉讼活动法律监督工作的实施意见》第 5 条）等检察官其他规范性文件规范。

再者，由于清末、中华民国以及港澳台地区始终奉行审检合署机制，因而它们并未制定全面、专门和系统的检察官法典；而检察官法典的出现，则是新中国"文革"结束之后的事情。也就是说，1995 年 2 月 28 日《检察官法》颁行之前，我国仅有其他专门与附属性检察官法；之后，我国既有专门性检察官法（包括检察官法典和其他专门检察官法），也有附属性检察官法。而迄今为止，我国只有两部检察官法典：一部是 1995 年 2 月 28 日第八届全国人大常委会第十二次会议通过的《九五检察官法》；另一部是 2001 年 6 月 30 日第九届全国人大常委会第二十二次会议通过的《中华人民共和国检察官法》，亦即现行《检察官法》。

二、《九五检察官法》评介

（一）《九五检察官法》的制定背景和经过

1987 年 10 月 25 日至 11 月 1 日，党的"十三大"在京举行。大会所形成的决议报告——《沿着有中国特色的社会主义道路前进》（1987 年 10 月 25 日）明确提出："在建立国家公务员制度的同时，还要按照党政分开、政企分开和管人与管事既紧密结合又合理制约的原则，对各类人员实行分类管理。主要有：党组织的领导人员和机关工作人员，由各级党委管理；国家权力机关、审判机关和检察机关的领导人员和工作人员，建立类似国家公务员的制度进行管理；群众团体的领导人员和工作人员、企事业单位的管理人员，原则上由所在组织或单位依照各自的章程或条例进行管理。"

随后，经过一段调研准备，最高人民检察院便于 1988 年 7 月决定组织专门班子起草《检察官法》。而其名称前后有 3 次变化，开始叫《中华人民共和国检察官法》，中间改叫《中华人民共和国检察官条例》，① 最终叫《中华人民共和国检察官法》。而整个起草工作，大体可分为以下三个阶段：

1. 框架形成阶段（1988 年 7 月至 1990 年 6 月）

1988 年 12 月 11 日，全国人大内务司法委员会司法室负责人向最高人民检察院检察官法起草小组介绍征求《检察官法》意见的情况时指出：今年 9 月上旬，内务委司法室受全国人大常委会的委托，分两个小组到四川、贵州、宁夏征求对《检察官法》的意见，同省、地、县三级检察院、人大和党委组织、人事部门的同志进行了座谈，听取意见。各种意见概括起来，主要是如何处理好内外关系问题。司法室认为，检察官法很有特色，总的方面符合"十三大"干部制度改革的精神，关键是把内外关系处理好。检察官法在 1988 年被列入全国人大两年（1989～1990 年）立法计划，现在，这个计划没有修改，但从目前情况来看，估计检察官法列入人大审议计划的时间要后移。若能在 1990 年 3 月上报人大，1990 年下半年可能列入会议日程。

1989 年 9 月 10 日，《检察官法》起草小组完成《中华人民共和国检察官法（第六稿）》（共 13 章 60 条），依次包括：

第一章总则规定："中华人民共和国检察官是人民检察院依法行使国家检察权的司法官员"（第 2 条）；"检察官是指各级人民检察院的检察长、副检察长、检察委员会委员、厅长、副厅长和检察员"（第 3 条）；"检察官实行衔级制度"（第 7 条）。

第二章职责规定："检察官的职责：（一）对检察机关直接受理的刑事案件进行侦查，决定是否逮捕、起诉、免予起诉或者撤销案件；（二）对公安机关（含国家安全机关）侦查的案件进行

① 与国务院起草的《国家公务员暂行条例》（1993 年 4 月 24 日）名称相一致。

审查，决定是否批准逮捕、起诉或者免予起诉；（三）对刑事案件提起公诉并出席法庭支持公诉；（四）对判决、裁定的执行是否合法实行监督；（五）对公安机关的侦查活动、人民法院的审判活动以及监狱、看守所、劳改劳教机关的监管改造活动是否合法实行监督；（六）对民事诉讼、行政诉讼实行法律监督；（七）受理机关、团体、企业、事业单位和公民的检举、控告和申诉；（八）通过检察活动宣传社会主义法制；（九）指导助理检察员和检察书记员的工作；（十）法律规定的其他职责"（第9条）。"检察长除履行本法第九条规定的职责外，还应履行下列职责：（一）统一领导检察院的工作，贯彻执行国家法律、政策和上级人民检察院的指示、决定；（二）向本级人民代表大会及其常务委员会和上级人民检察院报告工作；（三）指挥监督所属检察官及其他工作人员，撤销所属险察官的错误决定；（四）主持本院检察委员会会议；（五）列席本级人民法院审判委员会会议；（六）依照法律的规定，提请任免和提请批准任免检察官；（七）任免本院助理检察员、检察书记员；（八）法律规定的其他职责。副检察长协助检察长工作"（第10条）。"厅长除履行本法第九条规定的职责外，还应履行下列职责：（一）主持本厅工作，组织执行本院检察长的指示、决定；（二）指挥监督本厅检察官及其他工作人员；（三）组织检察官讨论本厅承办的案件，必要时对重大疑难案件提请检察委员会讨论；（四）组织检察官总结工作经验，提高执法水平；（五）组织实施对下级人民检察院有关业务工作的指导；（六）负责对所属检察官及其他工作人员的平时考核。副厅长协助厅长工作"（第11条）。

第三章权利义务规定："检察官享有下列权利：（一）获得履行职责所应有的工作条件；（二）依法履行职务时，有权调阅一切与所承办案件有关的资料，有权要求有关单位和公民给予协助；（三）讨论案件发表的意见和向上级检察机关直至最高人民检察院反映对案件处理的意见，不受追究；（四）非因法定事由并经法定程序不得被免职或者处罚；（五）非经选举或者任命他的国家权力机关同意，不得被调动；（六）非经选举或者任命他的国家权力机关同意，不受逮捕和刑事审判，如果因是现行犯被拘留，执行拘留的机关应立即向选举或者任命他的国家权力机关报告；（七）因履行职务受到诽谤、诬陷等不公正待遇，或对涉及个人的处理决定不服的，有权依法提出申诉和控告；（八）依法定程序辞去检察官职务；（九）宪法、法律规定的其他权利"（第12条）。"检察官必须履行下列义务：（一）忠实于事实真相，忠实于法律；（二）秉公执法，刚直不阿，对于任何公民在适用法律上一律平等；（三）维护公共利益和公民的合法权益，勇于同违法犯罪行为作斗争；（四）接受国家权力机关和社会公众的监督；（五）接受上级检察官的指挥监督；（六）保守国家秘密和工作秘密；（七）遵纪守法、恪守职业道德；（八）接受业务培训；（九）不得徇私枉法、滥用职权；（十）不得利用职权为自己或者他人谋取不正当利益；（十一）不得兼任国家权力机关、行政机关、审判机关和企业、事业单位的职务，不得兼任律师；（十二）宪法、法律规定的其他义务"（第13条）；"检察官资格须经全国检察官资格统一考试合格，并经考核确认适合担任检察官的，方可取得。检察官资格考试由最高人民检察院检察官管理委员会统一组织，根据实际需要，不定期举行。考试经费列入国家财政预算"（第14条）。

第四章资格考试规定："年满25岁、有选举权和被选举权、拥护中国共产党的领导，热爱社会主义、品行优良、身体健康的中华人民共和国公民，具备下列条件之一者，可以参加检察官资格考试：（一）高等院校法律专业毕业或者具有同等学历，从事检察工作满3年的；（二）取得法学学士学位，从事检察工作满2年的；（三）取得法学硕士学位，从事检察工作满1年的；（四）取得法学博士学位的"（第15条）；"取得检察官资格者，需在检察机关见习两年。见习期间，可以任命为助理检察员或者检察书记员。见习期满经考核合格并根据职数限额，可任命为检察员；考核不合格者，可视情况延长见习期或者取消检察官资格"（第16条）。

第五章检衔等级规定："检察官衔级设下列三等九级：……"（第18条）。

第六章考核规定："各级检察机关应根据检察官的任职条件和最高人民检察院规定的检察官考核标准，对所属检察官进行全面考核，考核内容包括政治思想品德、专业知识、检察业务能力和工作实绩。对检察官的考核要坚持客观公正的原则，做到领导和群众相结合，定性和定量相结合，平时和定期相结合"（第29条）。

第七章任免规定："检察官应从取得检察官资格，见习期满并经考核合格的人员中任命"（第32条）；"凡有夫妻关系、近亲属关系以及姻亲关系的人，不得在同一人民检察院任职；也不得担任有直接上下级领导关系的职务"（第35条）。

第八章奖惩规定："对检察官的奖惩，要坚持精神鼓励和物质奖励相结合、教育和惩戒相结合的原则，做到功过分明，赏罚得当"（第38条）。

第九章培训规定："检察机关应对检察官有计划地进行培训"（第42条）。

第十章工资福利规定："检察官的工资待遇贯彻按劳分配、责酬相符的原则。检察官的工资待遇应当从优，以与其地位和作用相适应。检察官实行职务工资、检衔工资与工龄工资相结合的工资制度，工资系列由国家专门规定"（第46条）。

第十一章退休退职规定："检察官已到退休年龄，身体健康，本人自愿，任免机关可根据工作需要，决定其留任1~3年"（第53条）。

第十二章检察官管理委员会规定："检察官管理委员会的职权是：（一）提出对检察官任免、升降、调动的建议；（二）主持对检察官的考核和培训；（三）决定对检察官的奖惩；（四）受理检察官的申诉；（五）受理对检察官的检举和控告；（六）其他应由检察官管理委员会决定的事项"（第56条）。

2. 全面展开阶段（1990年7月至1993年2月）

这一阶段，经过反复论证并对《第六稿》进行了14次修改，最终形成了《中华人民共和国检察官条例（草案）》，并于1993年年初正式报送全国人大常委会党组。至此，检察官各项管理制度基本形成。其间，进行了如下具体工作：

（1）调整了起草工作的进程，建立了起草工作专门领导机构。为了积累经验，使起草进程更加稳妥、完善，并与国家公务员条例起草步调相协调，最高人民检察院决定在原《检察官法（草案）》的基础上，改为先起草《检察官条例》，而后再立法。为此，最高人民检察院党组于1990年8月向党中央和全国人大常委会有关领导作了专题报告。

（2）开始对《检察官条例》的全面研究、论证工作，并从1990年10月起，在上海和哈尔滨市的检察机关开展《检察官条例》试点工作。

（3）将《检察官条例》（第十六稿）提交1991年全国检察长会议供与会者讨论。1991年12月3~8日，最高人民检察院在京召开全国检察长会议。12月7日，各小组在讨论《检察官条例》（第十六稿）时，提出如下建议：①

第一小组，集中讨论了第九章待遇问题：①不要把待遇搞低了，起码不能低于党政机关工作人员；工资要和政治待遇挂钩；对检察官的素质要求要高，才能把待遇提高上去。②第九章写得没有特点，没有检察机关待遇方面的特殊东西。③第38条应改写为"检察官实行等级序列工资制度，贯彻按劳分配的原则"，不

---

① 参见《全国检察长会议有关〈检察官条例〉（第十六稿）和〈检察院组织法〉（修改稿）的讨论情况》，最高人民检察院全国检察长会议秘书处1992年12月编印。

要套行政级。④检察系统的科技、退休人员有些什么特殊的待遇，应写明。⑤第45条规定，检察官退休后，检察衔级予以保留。但第26条第3款又规定，退休退职的检察官应免除原任职务。这好像矛盾，退休后已经不是检察官了，怎能保留检察衔级？⑥根据人大规定，政治部、办公室、行政装备部门的同志不授予法律职称，也就没有检察衔级，怎么按衔级发工资，将来会有很多矛盾。⑦不同意从上至下都搞业务厅的设置。认为这样表面上看是升格了，但如果到县区院搞一个股级厅，可能把原来已经是科级的又降为股级，不如就明文规定设厅、处、科。

第二小组：①检察官的含义还应包括书记员。②对检察官拥有什么样的权力和工作条件，要具体阐明，解释清楚。③第8条如果任何人经考试都可取得检察官资格，但却可以不从事检察工作，有损检察院形象，还是应有所限制；第9条检察院领导职务的取得也应经过考试，加以必要限制。④应加上"逐级晋升细则另行规定"。

第三小组：①第3条"忠实于宪法和法律"之后，增加"忠实于事实真相"的内容；②将第6条第4款改为"除本条例第二十六条规定的情形外，不得被免职、辞退、处分和处罚"；③法律本科、专科毕业没必要通过国家检察官资格统一考试；④第11条第4款应前后对调，改为"依法被剥夺政治权利和受刑事追究的人，不得申请参加国家检察官资格统一考试"；⑤下级院与上级院的衔级差距不宜太大；⑥检察院的政工人员怎么办？《条例》未作规定，不利于调动积极性。

第四小组：①第8条应对什么是检察官资格加以定义；②没有体现出检察官待遇的特殊性，要理直气壮地规定检察官实行检衔工资制度和岗位补贴，以使检察官的工资高于当地其他一般工作人员的工资；③检察官退休的规定和其他一般工作人员没有什么区别，《条例》规定就没有意义，老检察官是人才，他们退休的规定要体现出特色；④第44条应规定检察官退休年龄为65岁，

60 岁后不担任职务。

第五小组：①第 6 条应规定保障检察官依法履行职责方面的权利；②第九章检察官待遇的规定缺乏特点，如果不能规定检察官享有特殊待遇，规定此章就没有实际意义了；③将检察官的衔级规定为一、二、三、四、五……级检察官，删掉第四章第 15 条的最高、高级、中级、初级检察官的规定。

3. 冲刺阶段（1993 年 3 月至 1995 年 2 月）

1994 年 4 月 25 日，最高人民检察院向全国人大常委会提交《关于提请审议〈中华人民共和国检察官法（草案）〉的议案》（高检发〔1994〕16 号）指出："为了实现检察官管理的科学化和法制化，提高检察官队伍的整体素质，保障人民检察院依法独立行使检察权，根据宪法以及党和国家关于改革干部人事制度的精神，按照全国人大常委会立法规划的要求，最高人民检察院起草了《中华人民共和国检察官法（草案）》，现提请审议。"其中，所附《中华人民共和国检察官法（草案）》，依次包括：第一章总则，第二章职责，第三章权利义务，第四章资格，第五章任免，第六章衔级，第七章培训，第八章考核，第九章回避，第十章奖励，第十一章纪律，第十二章工资保险福利，第十三章辞职辞退，第十四章退休，第十五章申诉控告，第十六章检察官委员会，第十七章法律责任，第十八章附则，共 18 章 85 条。

5 月 5 日，最高人民检察院检察长张思卿在向第八届全国人大常委会第七次会议作《关于〈中华人民共和国检察官法（草案）〉的说明》时指出："1988 年 7 月，最高人民检察院即组织专门班子，进行调查研究，认真总结我国检察官管理的成功经验，研究借鉴外国检察官管理的有益做法，广泛听取各级人民检察院及中央有关部委的意见，邀请高等院校、研究机构的专家、教授进行论证，并在地方检察院开展了试点工作。几年来，经反复研究，先后 26 次修改，形成现在提交全国人大常委会审议的《草案》。《草案》共 18 章 85 条，除总则、附则外，分别规定了检察官的职责、权利义务、资格、任免、衔级、培训、考核、回避、奖励、纪律、工资保险福利、辞职辞退、退休、申诉控告，以及检察官委员会、法律责任等。"

随后，最高人民检察院检察官法起草小组又对《中华人民共和国检察官法（草案）》进行多次修正，并12月14日形成《中华人民共和国检察官法（草案）》（修改稿，亦即提交全国人大常委会最后表决稿，共17章63条），其主要内容包括：

第一章总则：第1条："为了保证人民检察院实施法律监督，依法独立行使检察权，保障检察官依法履行职责，提高检察官的素质，实现对检察官的科学管理，根据宪法，制定本法。"

第2条："检察官是依法行使国家检察权的检察人员，包括最高人民检察院、地方各级人民检察院和军事检察院等专门人民检察院检察长、副检察长、检察委员会委员、检察员和助理检察员。"

第3条："检察官必须忠实执行宪法和法律，全心全意为人民服务。"

第4条："检察官依法履行职务，受法律保护。"

第5条："最高人民检察院领导地方各级人民检察院和专门人民检察院的工作，上级人民检察院领导下级人民检察院的工作。"

第二章职责：第6条："检察官在人民检察院活动中依法履行下列职责：（一）依法进行法律监督工作；（二）代表国家进行公诉；（三）对法律规定由人民检察院直接受理的犯罪案件进行侦查；（四）法律规定的其他职责。"

第7条："检察长、副检察长，检察委员会委员，除履行第六条规定的职责外，还应当依法履行与其职务相适应的职责。"

第三章：义务和权利：第8条："检察官应当履行下列义务：（一）严格遵守宪法和法律；（二）履行职责必须以事实为根据，以法律为准绳，秉公执法，不得徇私枉法；（三）维护国家利益、公共利益，维护公民、法人和其他组织的合法权益；（四）清正廉明，忠于职守，遵守纪律；（五）保守国家秘密和检察工作秘密；（六）接受法律监督和人民群众监督。"

第9条："检察官享有下列权利：（一）履行检察官职责应具有的职权和工作条件；（二）依法履行职责，不受干涉；（三）非因法定事由、非经法定程序，不被免职、降职，辞退或者处分；（四）获得劳动报酬，享受保险，福利待遇；（五）人身、财产和住所安全受法律保护；（六）参加培训；（七）提出申诉或者控告；（八）辞职。"

第四章：检察官的条件：第10条："担任检察官必须具备下列条件：（一）具有中华人民共和国国籍；（二）年满23岁；（三）拥护中华人民共和国宪法；（四）品行良好；（五）身体健康；（六）高等院校法律专业毕业，或者高等院校非法律专业毕业具有法律专业知识，工作满两年的；或者获得法学学士学位。工作满1年的；或者获得第二学士学位（其中有一个学位是法学学士学位）、法学硕士学位、法学博士学位的。本法施行前的检察人员不具备前款第（六）项规定的条件的，应当进行培训，在规定的期限内达到本法规定的条件，具体办法由最高人民检察院制定。"

第11条："下列人员不得担任检察官：（一）曾被依法剥夺政治权利的；（二）曾受过其他刑事处罚的；（三）曾被开除公职的。"

第五章任免：第12条："检察官职务的任免，按照宪法和法律规定的任免权限和程序办理。最高人民检察院检察长由全国人民代表大会选举和罢免；副检察长、检察委员会委员、检察员，由最高人民检察院检察长提请全国人民代表大会常务委员会任免。地方各级人民检察院检察长由地方各级人民代表大会选举和罢免；副检察长、检察委员会委员、检察员，由本院检察长提请本级人民代表大会常务委员会任免。地方各级人民检察院检察长的任免，须报上一级人民检察院检察长提请本级人民代表大会常务委员会批准。在省、自治区内按地区设立的和在直辖市内设立的人民检察院分院检察长、副检察长、检察委员会委员、检察员，由省、自治区、直辖市人民检察院检察长提请本级人民代表大会常务委员会任免。人民检察院的助理检察员由本院检察长任免。军事检察院等专门人民检察院检察长、副检察长、检察委员会委员和检察员的任免办法，由全国人民代表大会常务委员会另行规定。"

第13条："检察员、助理检察员采用公开考试、严格考核的办法，按照德才兼备的标准，从符合检察官条件的人员中择优提出人选。"

第14条："副检察长、检察委员会委员，一般应当从检察员中提出人选。"

第15条："上级人民检察院的检察官一般应当从具有下级人民检察院工作经验的检察官中择优提出人选。"

第16条："检察官有下列情形之一的，应当依法免除其职务：（一）丧失中华人民共和国国籍的；（二）调出本检察院的；（三）职务变动不需要保留原职务的；（四）经考核确定为不称职的；（五）因健康原因长期不能履行职务的；（六）退休的；（七）辞职、辞退的；（八）因违纪、违法犯罪，不能继续任职的；（九）因其他原因需要免职的。"

第17条："对于不具备本法规定条件或者违反法定程序被选举为人民检察院检察长的，上级人民检察院检察长有权提请本级人民代表大会常委务委员会不批准。"

第18条："最高人民检察院和各省、自治区、直辖市人民检察院检察长可建议本级人民代表大会常务委员会撤换下级人民检察院检察长、副检察长和检察委员会委员。"

第19条："检察官不得兼任人民代表大会常务委员会的组成人员，不得兼任行政机关、审判机关以及企业、事业单位的职务，不得兼任律师。检察官兼任教学、科研、学术团体职务的，不得收取兼职的报酬。"

第六章任职回避：第 20 条："检察官之间有夫妻关系、直系血亲关系、三代以内旁系血亲以及近姻亲关系的，不得同时担任下列职务：（一）同一人民检察院检察长、副检察长、检察委员会委员；（二）同一人民检察院检察长、副检察长和检察员、助理检察员；（三）同一业务厅的检察员、助理检察员；（四）上下相邻两级人民检察院检察长、副检察长。"

第七章检察官的职务等级：第 21 条："检察官的职务等级设四等十二级：首席大检察官；大检察官：一级、二级；高级检察官：一级、二级、三级、四级；检察官：一级、二级、三级、四级、五级。"

第 22 条："检察官的职务等级的确定，以检察官所任职务、德才表现、业务水平、检察工作实绩和工作年限为依据。"

第 23 条："检察官的职务等级编制，评定和晋升办法，另行规定。"

第八章考核：第 24 条："对检察官的考核，由所在人民检察院组织实施。"

第 25 条："对检察官的考核，应当客观公正，实行领导和群众相结合，平时考核和年度考核相结合，平时考核是年度考核的基础。"

第 26 条："对检察官的考核内容包括：检察工作实绩，思想品德，检察业务和法学理论水平，工作态度和工作作风，重点考核检察工作实绩。"

第 27 条："年度考核的结果分为优秀、称职和不称职 3 个等次。考核结果以书面形式通知本人，作为对检察官奖惩、培训、辞退以及调整职级和工资的依据。"

第 28 条："检察官对考核结果如有异议，可以申请复议。"

第九章培训：第 29 条："对检察官应当有计划地进行培训。培训检察官，贯彻理论联系实际、按需施教、讲求实效的原则。"

第 30 条："检察官的培训分为：业务培训、晋升职务培训和更新知识培训。"

第 31 条："国家检察官学院和其他检察官培训机构按照有关规定承担培训检察官的任务。"

第 32 条："检察官在培训期间的学习成绩和鉴定，作为其任职、晋升的依据之一。"

第十章奖励：第 33 条："检察官工作有显著成绩和贡献的，或者具有其他突出事迹的，应当给予奖励。对检察官的奖励，实行精神鼓励和物质鼓励相结合的原则。"

第 34 条："检察官有下列表现之一的，应当给予奖励：（一）依法履行职责，廉洁自律，秉公执法，在检察工作中成绩显著的；（二）工作中有发明创造或者提出合理化建议或者钻研检察业务和法学理论，有显著贡献的；（三）保护国家、集体和人民利益，使其免受重大损失，事迹突出的；（四）勇于同违法犯罪行为作斗争。事迹突出的；（五）保护国家秘密和检察工作秘密，有显著成绩的；（六）有其他功绩的。"

第 35 条："奖励分为：嘉奖，记三等功、二等功、一等功，授予荣誉称号。奖励的权限和程序按有关规定办理。"

第十一章纪律：第 36 条："检察官应当严格遵守纪律，不得有下列行为：（一）散布有损国家声誉的言论，组织或者参加非法组织，组织或者参加旨在反对国家的集会、游行、示威等活动，组织或者参加罢工；（二）贪污受贿；（三）徇私枉法；（四）陷瞒证据或者伪造证据；（五）泄露国家秘密或者检察工作秘密；（六）违背社会公德；（七）滥用职权，侵权公民、法人和其他组织的合法权益；（八）玩忽职守，贻误工作；（九）利用职权为自己和他人谋取私利；（十）经商、办企业以及参与其他营利性的经营活动；（十一）私自会见当事人及其代理人，接受当事人及其代理人的请客送礼；（十二）其他违反纪律的行为。"

第 37 条："检察官有第三十六条所列违反纪律行为的，应当给予处分；构成犯罪的，依法追究刑事责任。"

第 38 条："处分分为：警告、记过、记大过、降级、撤职、开除。受撤职处分的，同时降低工资和职务等级。受处分期间不得晋升职务和职务等级，其中受警告处分以外处分的，并不得晋升工资档次。"

第 39 条："给予检察官处分，必须依照法定程序和期限，作出决定。其中给予开除，撤职处分的，应当依照法律规定的程序提交任免机关免职。"

第 40 条："检察官受开除以外的处分，由原处理机关按照规定解除处分。解除降级、撤职处分不视为恢复原职务等级、原职务。检察官在受处分期间，有特殊贡献的，可以提前解除处分。解除处分后，晋升职务、职务等级和工资档次不再受原处分的影响。"

第 41 条："处分决定、解除处分决定应当以书面形式通知本人。"

第十二章工资保险福利：第 42 条："检察官的工资制度和工资标准，根据检察工作特点，由国家规定。"

第 43 条："国家根据国民经济的发展和生活费用价格指数的变动，有计划地提高检察官的工资标准，使检察官的实际工资水平不断提高。"

第 44 条："检察官实行定期增资制度。经考核确定为优秀、称职的，可以按照规定晋升工资和发给奖金。"

第 45 条："检察官享受国家规定的检察津贴、地区津贴、其他津贴以及保险和福利待遇。"

第十三章辞职辞退：第 46 条："检察官要求辞职，由本人提出书面申请，报任免机关决定。作出决定前，申请人不得擅自离职。按照国家有关规定未满最低服务年限的检察官，不得辞职。检察官违反本条规定擅自离职的，给予开除处分。"

第 47 条："检察官有下列情形之一的，可以予以辞退：（一）

在年度考核中，连续两年确定为不称职的；（二）不胜任现职工作，又不接受另行安排的；（三）因检察机构调整或者缩减编制员额需要调整工作，本人拒绝合理安排的；（四）旷工或者无正当理由逾假不归连续超过 15 天，或者一年内累计超过 30 天的；（五）不履行检察官义务，经教育仍无转变又不宜给予开除处分的。"

第 48 条："辞退检察官应当由所在人民检察院提出建议。报任免机关决定，并以书面形式通知本人在规定时间内办完手续。"

第 49 条："被辞退的检察官，可以根据国家有关规定享受失业保险。"

第 50 条："检察官辞职或者被辞退，离职前应当办理公务交接手续。"

第十四章退休：第 51 条："检察官按照国家规定实行退休制度。"

第 52 条："检察官可以按照国家有关规定申请提前退休。"

第 53 条："检察官退休后，享受国家规定的养老保险金和其他待遇。"

第十五章申诉控告：第 54 条："检察官对人民检察院关于本人的处分不服，自收到处分决定之日起 30 日内可以向原处理机关申诉复议，并有权向原处理机关的上级机关申诉。受理申诉的机关必须按照规定作出处理。复议和申诉期间，不停止对检察官处分决定的执行。"

第 55 条："对于国家机关及其工作人员违反本法第九条规定侵犯检察官权利的行为，检察官有权向有关的主管机关控告。"

第 56 条："检察官提出申诉和控告，应当实事求是；对捏造事实，诬告陷害的，应当依法追究责任。"

第 57 条："对检察官处理错误的，应当及时予以纠正；造成名誉损害的，应当恢复名誉，消除影响，赔礼道歉；造成经济损失的，应当赔偿。对打击报复的直接责任人员，应当依法追究责任。"

第十六章检察官考评委员会：第 58 条："人民检察院设检察官考评委员会，依照有关规定管理检察官。"

第 59 条："检察官考评委员会的职权：（一）指导对检察官的培训；（二）领导对检察官的考核；（三）确定检察官的职务等级；（四）决定对检察官的奖励；（五）决定对检察官的处分，其中给予检察官撤职、开除处分的，应当依照法律规定的程序提交任免机关免职；（六）对检察官的任免和调动向检察长提出建议；（七）其他应当由检察官考评委员会决定的事项。最高人民检察院检察官考评委员会组织检察官的统一考试。"

第 60 条："检察官考评委员会由本院五至九名检察官组成。检察官考评委员会主任由本院检察长担任。"

第十七章附则：第 61 条："人民检察院的书记员的管理办法，由最高人民检察院制定。人民检察院的司法行政人员，依照国家有关规定进行管理。"

第 62 条："本法实施办法由最高人民检察院制定。"

1994 年 12 月 21 日，王叔文向八届全国人大常委员会第 11 次会议作《全国人大法律委员会关于法官法（草案）和检察官法（草案）审议结果的报告》时指出："法官法和检察官法的草案修改稿已按上述意见作了修改，法律委员会建议全国人大常委会审议通过。"随后，《检察官法（草案）》经过一读。

1995 年 2 月 21 日，薛驹向八届全国人大常委会第 12 次会议作《全国人大法律委员会关于法官法（草案修改稿）和检察官法（草案修改稿）修改意见的汇报》时指出："草案新修改稿和以上汇报，请审议。"

2 月 27 日，薛驹在本次会议上作《关于修改选举法的决定、修改地方组织法的决定、法官法、检察官法、人民警察法和惩治违反公司法犯罪的决定六个法律草案修改稿修改意见的汇报》时指出，一是检察官法草案新修改稿第 9 条规定了检察官依法履行检察职责"不受行政机关、社会团体和个人的干涉"。根据一些委员的意见，建议在在检察官法草案新修改稿第46条增加一款规定："行政机关、社会团体或者个人干涉检察官依法履行检察职责的，应当依法追究其责任。"二是有的委员提出，担任检察官应当具有良好的政治素质和较强的业务能力。因此，建议在检察官法草案新修改稿中增加相应规定。三是检察官法草案新修改稿第50条规定：检察官考评委员会的组成人员最多不超过9人。考评委员会主任由本院检察长担任，其他组成人员由检察长确定。有的委员提出，各级人民检察院人数不太一样，对考评委员会的组成人员最好明确规定一个幅度。有的委员提出，在法律中规定考评委员会的其他组成人员由检察长确定不妥。因此，建议将上述规定修改为：检察官考评委员会的组成人员为5~9人，考评委员会主任由本院检察长担任。四是一些委员和有的地方人大的同志提出，检察官法草案新修改稿中应增加规定各级人大及其常委会对检察院和检察官如何进行监督的内容。加强人大及其常委会对检察院的工作监督是必要的。考虑到人大及其常委会对检察院的监督，在宪法、人民法院组织法、人民检察院组织法中已有规定。至于人大及其常委会对检察院以及对检察官进行监督的具体方式和内容，目前一些地方人大及其常委会正在摸索经验，现在要在检察官法中作出明确规定比较困难，建议待取得经验后在修改人民检察院组织法和制定监督法时再研究如何规定，检察官法可不作规定。

2月28日上午，北京人民大会堂。第八届全国人大常委会第十二次会议在乔石委员长的主持下准时开会。乔石说："《检察官法（草案修改稿）》根据委员们的审议意见，法律委员会和内务司法委员会对法律草案作了一些修改，已经在昨天下午向委员们作了汇报，建议这次常委会会议审议通过。修改以后的法律草案已经印发，现在付表决，请按表决器。"随后，电视屏幕显示出表决结果——赞成116票，反对2票，弃权9票，未按表决器1

人。乔石高声宣布："通过！"

至此，我国检察法律史上的首部检察官法典——《检察官法》终于诞生，共 17 章 52 条，比上述修改稿 17 章 63 条少了 11 条，并于 1995 年 7 月 1 日起施行。

（二）《九五检察官法》审议中遇到的主要问题①

第一，关于检察官的范围。《检察官法（草案）》所确定检察官的范围，明确了以下几个问题：一是把检察委员会委员作为一个专门的职务单列出来；二是将助理检察员划入检察官范围；三是明确了检察官不包括检察书记员；四是将各级人民检察院的厅、处、科长统称为厅长、副厅长，列为法律职务。但审议中对上述检察官范围的界定作了多次修改：将"司法人员"改为"检察人员"；没有将厅长、副厅长明确为检察官的职务范围，有待检察院组织法修改时考虑。

第二，关于检察官管理的体制。坚持以下原则：一是检察官的管理要坚持党管干部原则；二是与现行法律规定的检察官任免规定相衔接；三是将检察机关上下级领导关系的体制，具体体现到检察官管理上。最终形成了《检察官法》第 5 条的内容，删去了有关检察官任免、调动要经上级院同意等条款。

第三，关于检察官的职责。在是否设立这一章上曾有过争议，最高人民检察院坚持要设立这一章。否则，不明确检察官的职责，检察官法的很多规定特别是职务保障就无从谈起。但难点在于，如何对检察院的职责和检察官的职责加以区别和界定。而对于如何界定检察官的职责，曾经提出过多种方案，经过反复研究确定如下思路：一是检察官的职责应依据人民检察院的职权而产生，并以此为前提和基础；二是检察官职责的内容应是检察官个人行使职权和承担责任的体现，应与检察官在执法活动中的地位相适

---

① 参见梁国庆（时任《检察官法》起草小组组长）口述，张羽整理：《高检十八年》，载《检察生涯》，中国检察出版社 2011 年版，第 682～683 页。

应；三是在表述上，检察官的职责应采取概括的方法，适用于全体检察官。

第四，关于检察官的条件。当时争论主要集中在学历、专业和司法工作经历上；而争论的焦点有二：一是担任检察官是否应先取得检察官资格，并通过一定程序确认；二是检察官学历条件起点应掌握在哪个层次。经过几次审议、研究，《检察官法》将"资格"改为"条件"，将检察官资格考试改为初任检察员、助检员的考试，对学历条件明确规定为高等院校毕业，具备法律专业知识。

第五，关于司法考试。主要争议在于，司法考试应该定在一个什么样的水准上？特别是后来又有了《公务员法》，司法考试和公务员考试是什么关系？涉及《检察官法》与《公务员法》的协调问题。

第六，关于任免问题。《检察官法（草案）》规定"上级人民检察院的检察官一般从下级人民检察院的检察官中选任，检察长、副检察长、检察委员会委员一般应从检察员中选任"。审议中一些同志认为：一是这样规定不利于干部交流，特别是不同机关间的交流；二是应注意与现行法律中规定的检察人员任免权限衔接。经过讨论研究，删去两个"一般"条款，增加了"担任检察长、副检察长、检察委员会委员，应当从具有实际工作经验的人员中择优提出人选"的规定。

第七，关于检察官衔级制度。检察官要不要搞等级，"两官"级别与公务员的级别是什么关系？对这个问题，"两高"一直坚持，主要是为基层同志考虑。最后立法机关采纳了"两高"意见——检察官12级是与公务员的2～13级对应的。现在的问题是，在执行《检察官法》过程中，"两官"级别与行政级别如何协调？如果简单地用行政级别套用"两官"级别，就失去了意义。正确的做法是应当先确定"两官"级别，然后再对应行政级别。

第八，关于检察官津贴。《检察官法》所规定的津贴问题一直没有兑现，特别是职业津贴。至于津贴标准，应当随着国家经济发展而逐步提高。

(三)《九五检察官法》评介

如何评介历时 8 年才出台的《检察官法》? 诚如时任最高人民检察院常务副检察长梁国庆 1995 年 6 月 22 日在最高人民检察院举行的电话会议上"谈《检察官法》的起草过程及立法意义"时所云：这是一部规范检察官职务行为的重要法律，对加强检察官队伍建设，依法管理检察官，提高检察队伍的素养有重要意义。《检察官法》的颁布是我国法制建设中的一件大事，标志着中国检察官制度的确立，标志着检察官管理走上法制化、科学化的轨道：一是实现了分类管理；二是体现了依法管理；三是强调了严格管理。

而 10 年后的 2005 年 7 月 5 日，共和国第八任首席大检察官贾春旺检察长，"在纪念法官法检察官法实施十周年座谈会上的讲话"中，则如是评价：这部法律是新时期加强检察官队伍规范化管理，保障检察官依法行使职权、正确履行法律监督职责的重要法律，也是规范我国人民检察工作的基本法律之一。它的颁布和实施，标志着我国检察官的管理走上了法制化轨道，是中国特色社会主义检察制度发展史上的一个里程碑，也是社会主义民主法制建设的一项重要成果。10 年来，检察机关认真贯彻落实检察官法，坚持依法管理检察官队伍，努力改善检察官队伍结构，提高检察官队伍素质，取得了积极而显著的成果。一是检察官法的实施，促进了检察官队伍管理的规范化；二是检察官法的实施，促进了检察官队伍素质的明显提高；三是检察官法的实施，促进了检察工作的全面发展。而 10 年的实施经验告诉我们，为全面履行宪法和法律赋予的职责，完成好党和人民赋予的使命，提供坚强的组织保障，一要依法加强对检察官的教育，不断提高检察官的政治素质和职业道德素质；二要依法加强对检察官的培训，不断提高检察官履行法律监督职责的能力和水平；三要依法加强对检察官的管理，不断完善检察官队伍管理体制和工作机制。

当然，基于历史局限，《九五检察官法》并不完美。

三、现行《检察官法》评介

（一）现行《检察官法》的制定背景和经过

1. 调查《检察官法》实施情况。法律的生命在于实行。那么，自1995年7月1日《检察官法》施行以来，被执行得如何？为此，1996年4月8日最高人民检察院政治部向各省、自治区、直辖市人民检察院政治部下发《关于总结〈检察官法〉实施情况的通知》（〔1996〕高检政发第48号）指出："为及时总结经验，进一步增强执行《检察官法》的力度，并为健全和完善《检察官法》各配套规定提供实践依据，请各省、自治区、直辖市人民检察院政治部对本地区各级检察院贯彻执行《检察官法》的情况进行认真总结。总结的内容包括：（一）贯彻执行《检察官法》及各项配套规定的有益做法和成功经验；（二）在贯彻执行《检察官法》及各项配套规定过程中存在的问题；（三）对进一步推行《检察官法》，全面落实各项检察官管理制度的建议。总结的重点是贯彻执行《检察官法》关于检察官条件、任免、任职回避、考核、培训、奖励、惩戒、辞职辞退等项制度和有关配套规定的情况。接此通知后，请你们抓紧进行总结工作，于1996年5月底前将总结材料连同检察官任免情况统计表一并报最高人民检察院政治部地方干部。"

随后，各省检察院（政治部）陆续将本省实施《检察官法》的情况以及相关问题、意见和建议书面回复最高人民检察院政治部。其中，遇到的主要问题，包括以下九个方面：

第一，《检察官法》缺少必要的配套规定（浙江、西藏、内蒙古、陕西、黑龙江、广西、贵州、宁夏、广东）。

第二，进出人员关口难以把握（江苏、江西、河南、山西）。（1）受地方组织人事部门制约较大（浙江、安徽、广西）；（2）检察官任免程序有待改进（内蒙古），检察官的任命与检察官的条件脱节（湖南）；（3）补员组织工作不顺（河北）；（4）入口把关不严，造成检察干警文化程度偏低，专业水平不高（青海）；（5）辞职辞退难（广东、兵团）。

第三，不符合任职条件而任职（河北、贵州、河南）。（1）军转干部多数没有法律大专文凭（吉林、广东）；（2）地方党委从非检察系统安排不具备条件的人进检察院任职（海南）；（3）初任检察员、助理检察员考试制度应有所改进（内蒙古、江苏、广东、河南）；（4）部分检察官的政治、业务、文化素质与检察官的条件有一定的差距（湖南）；（5）怎样解决检察官的学历问题（广西）。

第四，不按规定任用检察院领导（河北）。（1）在检察院领导的推荐上，一些基层地方党委把不符合检察官有关学历、专业知识条件的同志推荐为检察长、副检察长，上级检察机关处理这类问题难度较大（浙江）；（2）党委派任或交流的领导干部，有个别不符合检察官任职条件（吉林）。

第五，任职回避、交流问题（河北、宁夏、广东）；"三长交流"、异地任职、上下交流给一些检察官的家属子女就业就学带来一定困难，这也使得一些检察官不愿意交流（湖南）。

第六，待遇问题（吉林、安徽、陕西、河北、贵州、西藏）。（1）检衔与津贴未落实，直接影响到广大干警的福利待遇（河北）；（2）办公室、政工、党委部门干部没有检衔，影响工作积极性（吉林、陕西）；（3）职级不合理（新疆兵团）；（4）检察员、助理检察员、书记员的比例不合理（山西）；（5）工资和福利待遇不一致与抚恤问题不落实（河南）。

第七，教育培训不够。突出表现为：存在场地、经费、师资、教材不足，以及受教育培训面窄等问题（西藏、吉林、海南、安徽、内蒙古、湖南、上海、河北、青海、江苏、贵州、广东)。

第八，考核不科学（湖南、河北、贵州、广东、河南、山西）。（1）存在着地方党委组织部、人大、政法委、上级院不同形式的各种考核（内蒙古）；（2）对检察官仍按《公务员条例》进行考核，对下级院检察长的考核也难于落实（黑龙江）。

第九，对检察机关的书记员和司法行政人员怎么管（广西、河南、四川）？

2. 着手起草《检察官法》（修正案），并适时提交审议。

（1）2000年4月10日，最高人民检察院检察官管理处拟就《检察官法修正案（初稿）》（共18条）及其《有关条款的说明》（共13条）。其中，《有关条款的说明》指出："根据院领导的指示，我们提出了对检察官法进行修改补充的意见，拟作为提交今年6月召开的九届全国人大常委会第16次会议的议案"；而其主要内容依次包括：

第一，《检察官法》第5条关于检察机关上下级领导关系的规定，直接引用了《宪法》第132条第2款的规定。

第二，《检察官法》第10条规定的检察官任职条件第2、6两项条件分别改为：年满25周岁；高等院校法律专业毕业或者高等院校非法律专业毕业具有法律专业知识，具有两年法律工作经历。此外，借鉴国外多数国家对检察官条件的规定，将"通过初任检察官全国统一考试"作为担任检察官职务的第7项条件。同时，将第10条第2款修改为："前款第（七）项规定的条件不适用于各级人民检察院检察长。在特殊情况下，经最高人民检察院检察长批准，对担任不发达地区和民族自治地方的县一级人民检察院检察长的人选，可以免除前款第（六）项规定的条件的限制。"这样既可以保证对绝大多数初任检察官的人员在其进入检察官队伍之前就已经具备较高的基本素质，又可以解决在某些经济、文化不发达地方确实难以选拔出具有大专以上学历的人选的问题，从而避免出现违法任命检察官的现象。

第三，根据"中央6号文件"关于"一定要把各级政法部门领导班子建设好"的精神，增加一条担任各级检察长、副检察长的条件，即"担任各级人民检察院检察长、副检察长，须经国家检察官学院或者其他检察官培训机构培训"；为加大检察机关干部交流力度，提高上级检察院检察官的素质，在规定检察长、副检察长条件的同时，增加了"担任上级人民检察院检察官，应当具有在下级人民检察院工作的经历"的规定。

　　第四，由于前述对检察官的任职条件作了修改和补充，第13条的规定已属多余，因而可将其删去。

　　第五，对检察官等级一章作了较大修改和补充：一是明确规定了检察官等级的设置，将第19条修改为："检察官等级设下列四等十二级：（一）首席大检察官；（二）大检察官：一级、二级；（三）高级检察官：一级、二级、三级、四级；（四）检察官：一级、二级、三级、四级、五级。"二是将第20条修改为："授予检察官等级，以检察官所任检察官职务、行政职级、德才表现、业务水平、检察工作实绩和工作年限为依据。"三是增加了对检察官等级批准权限的规定，即"最高人民检察院检察长由全国人民代表大会选举后，即为首席大检察官。授予大检察官以下检察官等级，依照下列规定的权限予以批准：（一）大检察官，由全国人民代表大会常务委员会批准；（二）高级检察官及最高人民检察院的检察官，由最高人民检察院检察长批准；（三）检察官，由省、自治区、直辖市人民检察院检察长批准"。

　　第六，对"考核"一章中的某些条款作了修改：一是将第22条规定的"对检察官的考核，由所在人民检察院组织实施"修改为："对检察官的考核，由各级人民检察院依照管理权限组织实施。"二是将第25条第2款修改为："考核结果作为对检察官奖惩、培训、辞退以及调整检察官职务、行政职级、检察官等级和工资的依据"，明确了考核结果是调整检察官职务、行政职级的依据，弥补了原规定的缺陷。

第七，将第 32 条 2 款"奖励的权限和程序按照有关规定办理"单独列条表述。

第八，对第 35 条关于实施处分的连带措施进行了修改。将第 2 款修改为："受撤职处分的，同时降低级别和职务工资"，并增加了"对受处分的检察官，按照有关规定，可以降低或者取消检察官等级"的规定，作为第 3 款。这是因为在检察官的管理中，级别和等级是两个特定的不同的概念，适用对象和方式不同。检察官受撤职处分，其级别一定要降低（公务员也有此类规定），但检察官等级既有可能降低，也有可能取消。此外，又增加了一款作为第 4 款："检察官受前款所列开除以外的处分，分别在半年至两年内由作出处分决定的人民检察院解除处分。"解除处分的含义是指受了处分的检察官经过了一定的期限，在晋职、晋级、增加工资等方面不再受该处分的影响。增加解除处分的规定，有利于犯了错误的检察官及时接受教训，改正错误，放下包袱；同时也是对检察官惩戒制度的进一步完善。

第九，对保障检察官申诉权利方面的规定作了修改：一是将第 45 条修改为："检察官对人民检察院关于本人的人事处理不服的，可以在接到处理决定之日起三十日内向作出处理决定的人民检察院申请复议，或者向上一级人民检察院申诉"（第 1 款）；"受理检察官申诉的人民检察院必须按照有关规定作出处理"（第 2 款）；"复议和申诉期间，不停止对检察官处理决定的执行"（第 3 款）。二是将第 48 条相应修改为："人民检察院对检察官处理错误的，应当及时予以纠正；造成名誉损害的，应当恢复名誉、消除影响、赔礼道歉；造成经济损失的，应当赔偿。对打击报复检察官的直接责任人员，应当依法追究其责任。"这样修改，一是将检察官复议、申诉的事项由原规定的"处分"改为"人事处理"，扩大了检察官申诉事项的范围，符合检察官法关于检察官享有的"非因法定事由、非经法定程序，不被免职、降职、辞退或者处分"的权利的规定，使检察官在受到免职、降职、辞退、处分时，运用申诉权利保障自己的合法权利；二是明确规定了受理检察官申诉的机关为作出处理决定的人民检察院的上一级人民检察院，加强了上级检察院保障检察官合法权利的责任，避免了对这类事情推诿扯皮，使检察官申诉有门，保证检察官申诉权利的实现。

第十，由于对检察官任职条件的修改和取消原第 13 条的规定，第 49 条第 3 款相应修改为："最高人民检察院检察官考评委员会组织初任检察官全国统一考试。"

第十一，增设一章"监督与责任"，暂定两条：第 53 条："对人民检察院不按规定条件任免检察官的，上级人民检察院应当责令该人民检察院撤销该项任免或者建议该级人民代表大会常务委员会撤销该项任免；对人民检察院不按规定条件考核、奖惩检察官的，上级人民检察院应当宣布无效"（第 1 款）；"对人民检察院不按规定程序任免、考核、奖惩及辞退检察官的，上级人民检察院应当责令按照程序重新办理或者补办有关手续"（第 2 款）；第 54 条："人民检察院对本法第五十三条所列违反本法规定情形负有主要责任的人民检察院的领导人员和其他直接责任人员，根据情节轻重，给予批评教育或者给予纪律处分；对拒不执行上级人民检察院作出的纠正人事处理决定的，对负有主要责任的领导人员予以纪律处分。"之所以增设一章，是因为作为一部规范检察官行为和检察官管理活动的法律，应当对违反该法律规定的行为所应当承担的后果作出明确规定。就规范检察官的行为方面，检察官法对检察官违反法律规定的法律后果，都以专门条款作出了明确规定，而在规范检察官管理方面，却没有规定违反法律规定的法律后果，显然是一个重大缺陷。自检察官法实施 5 年来，不按检察官法规定的条件和程序任免、考核、处分、辞退检察官的事情时有发生，且对此予以纠正颇难。因此必须明确规定不按检察官法规定管理检察官应当承担的法律责任，明确规定消除违法行为的办法，以保证检察官法的权威性和严肃性。

第十二，将第 51 条修改为："人民检察院书记官和司法行政人员的管理办法，由最高人民检察院制定。"

2. 2000 年 7 月 3 日，最高人民检察院韩杼滨检察长向第九届全国人大常委会第十六次会议作《关于〈中华人民共和国检察官法修正案（草案）〉的说明》指出："随着我国社会主义市场经济的逐步形成，依法治国、建设社会主义法治国家基本方略的实施和人民检察制度改革的不断深化，《检察官法》的有些规定已不能适应新形势对检察官队伍管理的要求。为进一步完善检察官管理制度，以适应依法治国、建设高素质专业化检察官队伍的需要，对《检察官法》作适当的修改是十分必要的。因此，最高人民检察院从 1999 年 6 月开始，组织专门班子，进行调查研究，总结我国检察官管理的经验，研究借鉴外国检察官管理的有益做法，听取部分省级检察院及中央有关部委的意见，经过充分研究论证，起草了《中华人民共和国检察官法修正案（草案）》（以下简称《草案》）。现就《草案》作如下说明：一、关于检察官任职的专业学历条件……二、关于检察官的选用……三、关于检察官的等级……四、关于检察官的工资福利待遇……五、关于'监督'一章的设立……六、关于检察官的编制……"并附《中华人民共和国检察官法（修正案）》（2005 年 5 月 17 日），共 7 条，内容如下：

第一，第 10 条第 1 款第 6 项修改为："（六）高等院校法律专业本科毕业或者高等院校非法律专业本科毕业具有法律专业知识，从事法律工作满两年；获得法律专业硕士学位、博士学位或者非法律专业硕士学位、博士学位具有法律专业知识，从事法律工作满一年"；第 10 条第 2 款修改为："在特殊情况下，经最高人民检察院批准，民族自治地方的检察官，可以具有高等院校法律专业专科学历。"

第二，第 13 条第 2 款修改为："担任检察长、副检察长、检察委员会委员，一般从检察官或者其他法律专门人才中择优提出人选。其他人员担任副检察长、检察委员会委员的，任命前必须通过初任检察员、助理检察员考试"；增加一款作为第3款："上级人民检察院的检察官一般从下级人民检察院的检察官中择优选用。"

第三，第19条修改为："检察官的等级分为四等十二级。最高人民检察院检察长为首席大检察官，最高人民检察院副检察长为一级大检察官，省、自治区、直辖市人民检察院检察长为二级大检察官，其他检察官分为高级检察官和检察官。首席大检察官和大检察官由国家主席授予，高级检察官由最高人民检察院检察长授予，检察官由省、自治区、直辖市人民检察院检察长授予。"

第四，第21条修改为："高级检察官和检察官的等级编制、评定和晋升办法，由最高人民检察院制定。"

第五，在第37条增加一款，作为第2款："检察官的工资福利待遇从优。"

第六，增加一章，作为第十七章："第十七章监督：第51条：对人民检察院不按照规定条件任免检察官的，上级人民检察院应当责令该人民检察院撤销该项任免或者建议该级人民代表大会常务委员会撤销该项任免；对人民检察院不按照规定条件考核、奖惩检察官、评定检察官等级的，上级人民检察院应当宣布无效。第52条：对人民检察院不按规定程序任免、考核、奖惩、辞退检察官、评定检察官等级的，上级人民检察院应当责令按照规定程序重新办理或者补办有关手续。"

第七，"附则"中增加一条，作为第53条："最高人民检察院根据检察工作需要，确定各级人民检察院检察官的编制。"

3. 2001年4月24日，乔晓阳在第九届全国人大常委会第二十一次会议作《全国人大法律委员会关于〈中华人民共和国检察官法修正案（草案）〉修改情况的汇报》指出：第九届全国人大常委会第十六次会议对检察官法修正案（草案）进行了初步审议。会后，法制工作委员会将草案印发中央有关部门征求意见。

法律委员会于 4 月 12 日召开会议,根据常委委员和有关部门的意见,对草案进行了逐条审议。全国人大内务司法委员会、中央组织部、中央编制委员会、最高人民检察院、最高人民法院、国务院法制办、人事部的负责同志列席了会议。4 月 18 日法律委员会再次进行了审议。法律委员会认为,为了提高检察官素质,促进公正司法,适应司法改革,推进依法治国,修改检察官法是必要的。同时,提出以下主要修改意见:

第一,一些常委委员提出,修改检察官法,应当加强对检察官职业道德方面的规定,以保障公正司法。因此,法律委员会建议将《检察官法》第 8 条第 4 项规定修改为:"清正廉明,忠于职守,遵守纪律,恪守职业道德。"同时,增加规定:"检察官从人民检察院离任后两年内,不得以律师身份担任诉讼代理人或者辩护人;检察官从人民检察院离任后,不得担任原任职检察院办理案件的诉讼代理人或者辩护人;检察官的配偶、子女不得担任该检察官所任职检察院办理案件的诉讼代理人或者辩护人。"

第二,一些常委委员、内务司法委员会和有关部门提出,应该将检察官、法官初任考试与律师资格考试统一起来,设立国家司法考试。这样有利于提高检察官的素质,加强队伍建设。经征求最高人民检察院、最高人民法院的意见,法律委员会建议,在《检察官法》第十七章"附则"中增加一条,作为第 54 条:"国家设立统一的司法考试制度。司法考试由国务院司法行政部门会同最高人民检察院、最高人民法院共同组织,由国务院司法行政部门负责实施。"同时,将《检察官法》第 13 条修改为:"初任检察官采用严格考核的办法,按照德才兼备的标准,从通过国家统一司法考试,取得资格,并且具备检察官条件的人员中择优提出人选。人民检察院的检察长、副检察长一般应当从具有政法工作经验,并且具备检察官条件的人员中择优提出人选。"

第三,一些常委委员和有关部门提出,检察官的等级不是职务和衔级,不宜设置授予程序,而且由国家主席授予等级没有宪法依据。因此，法律委员会建议对《检察官法》第 19 条不作修改。

第四，法律委员会建议不增加"检察官的工资福利待遇从优"规定。

第五，法律委员会建议将检察官法修正案（草案）第 7 条增加的规定修改为："最高人民检察院根据检察工作需要，会同有关部门制定各级人民检察院的检察官在人员编制内员额比例的办法。"

4. 2001 年 5 月 17 日，最高人民检察院向全国人大常委会报送《关于提请审议〈中华人民共和国检察官法修正案〉的议案》（高检发政字〔2000〕17 号）指出："为适应依法治国、建设社会主义法治国家和推进司法改革的需要，进一步完善检察官管理制度，对现行的《中华人民共和国检察官法》进行部分修改和补充，是十分必要的。最高人民检察院经过深入调查、论证，广泛征求意见，形成了《中华人民共和国检察官法修正案（草案）》，现提请全国人民代表大会常务委员会审议。"其中，所附的《中华人民共和国检察官法修正案（草案）》（送审稿，共 7 条）的内容依次包括：

第一，第 10 条第 1 款第 6 项修改为："（六）高等院校法律专业本科毕业或者高等院校非法律专业本科毕业具有法律专业知识，从事法律工作满两年；获得法律专业硕士学位、法律专业博士学位，从事法律工作满一年。"〔备选方案："（六）高等院校法律专业毕业或者高等院校非法律专业毕业具有法律专业知识，从事法律工作满两年；获得法律专业硕士学位、法律专业博士学位，从事法律工作满一年"〕。第 10 条第 2 款修改为："在特殊情况下，经最高人民检察院批准，对担任民族自治地方人民检察院检察官的人选，可以免除前款第（六）项规定条件的限制。"

第二，第 13 条第 2 款修改为："担任检察长、副检察长、检察委员会委员，一般从检察官或者其他法律专门人才中择优提出人选"；增加一款作为第 3 款："上级人民检察院的检察官一般从下级人民检察院的检察官中择优选用。"

第三，第 19 条修改为："检察官的等级分为四等十二级。最高人民检察院检察长为首席大检察官，最高人民检察院副检察长为一级大检察官，最高人民检察院检察委员会委员为二级大检察官，省、自治区、直辖市人民检察院检察长为二级大检察官，其他检察官分为高级检察官和检察官"。

第四，第 21 条修改为："检察官等级的评定和晋升办法，由最高人民检察院制定。"（备选方案：仅将第 21 条修改为："检察官的等级编制、评定和晋升办法，由最高人民检察院制定。'并在第 49 条中增加一款作为第 3 款：'最高人民检察院检察官考评委员会和省、自治区、直辖市人民检察院检察官考评委员会按照管理权限负责检察官等级评定工作。'"）

第五，增加一条，作为第 37 条："检察官的工资福利从优。"

第六，增加一章，作为第十七章："第十七章监督与责任：第 52 条：对人民检察院不按照规定条件任免检察官的，上级人民检察院应当责令该人民检察院撤销该项任免或者建议该级人民代表大会常务委员会撤销该项任免；对人民检察院不按照规定条件考核、奖惩检察官、评定检察官等级的，上级人民检察院应当宣布无效。对人民检察院不按规定程序任免、考核、奖惩、辞退检察官、评定检察官等级的，上级人民检察院应当责令按照规定程序重新办理或者补办有关手续。第 53 条：人民检察院对本法第五十二条所列违反本法规定情形负有主要责任的人民检察院的领导人员和其他直接责任人员，根据情节轻重，给予批评教育或者给予纪律处分；对拒不执行上级人民检察院作出的纠正人事处理决定的决定的，对负有主要责任的领导人员予以纪律处分。"

第七，"附则"中增加一条，作为第 54 条："最高人民检察院根据检察工作需要，确定各级人民检察院检察官的编制。"

5. 2001 年 6 月 26 日，乔晓阳向第九届全国人大常委会第二十二次会议作《全国人大法律委员会关于〈中华人民共和国检察官法修正案（草案）〉审议结果的报告》指出："第九届全国人大常委会第二十一次会议对《中华人民共和国检察官法修正案（草案）》进行了二次审议。委员们认为二次审议稿中增加的关于初任检察官、法官实行全国统一司法考试的规定、关于检察官、法官及其亲属回避制度的规定等，修改得比较好。同时，也提出一些修改意见。法律委员会于 6 月 13 日召开会议，根据常委委员和有关部门的意见，对草案进行了审议。中央组织部、中央编制委员会、最高人民检察院、最高人民法院、国务院法制办、人事部和全国人大内务司法委员会的有关负责同志列席了会议。6 月 20 日法律委员会再次进行了审议。法律委员会认为，为了提高检察官素质，加强对检察官的科学管理，促进司法公正，修改检察官法是必要的。草案二次审议稿的规定基本可行。"

6. 2001 年 6 月 30 日，全国人大法律委员会向第九届全国人大常委会第二十二次会议提交《关于修改法官法的决定（草案）和修改检察官法的决定（草案）修改意见的书面报告》指出："本次会议于 2001 年 6 月 27 日上午对关于修改法官法的决定（草案）、关于修改检察官法的决定（草案）分组进行了审议。大家认为，两个修改决定草案吸收了常委会组成人员和地方、部门的意见，已经比较成熟，建议本次常委会会议通过。同时，也提出了一些修改意见。"

随后当日，第九届全国人大常委会第二十二次会议表决通过《关于修改〈中华人民共和国检察官法〉的决定》（共 15 条），并于 2002 年 1 月 1 日起施行。

（二）现行《检察官法》评介

诚如最高人民检察院《关于做好修改后的检察官法实施准备工作的通知》（2001 年 7 月 16 日）所云："检察官法的修正案，充分体现了党和国家对检察队伍建设高度重视，反映了社会各界和人民群众希望建立高素质检察官队伍的要求，对进一步加强检察官队伍建设，保障公正执法，推进依法治国，必将发挥重要作用，使检察官的管理工作提高到一个新的水平。"

然而，修正后的《检察官法》之实施情况如何？可谓喜忧参半。① 喜的是：从执法检查的结果看，《检察官法》实施11年来，检察官队伍的综合素质明显提高，宪法和法律赋予检察官的职责得到较好履行，司法环境和职业保障条件逐步改善，对建设一支政治坚定、业务精通、作风优良、执法公正的检察官队伍发挥了重要作用。

忧的是：《检察官法》在实施当中也存在一些问题：一是少数检察官司法不公正，仍然是群众关注的一个主要问题。部分检察官司法能力不适应司法工作的要求，判断事实、适用法律、驾驭庭审、处理申诉、调解矛盾能力不强，错案时有发生。一些检察官职业道德意识淡薄，执法办案不严格、不规范、不文明，办关系案、人情案、金钱案，有些明显的错案不愿纠正。少数检察官思想政治素质不过硬，办案当中徇私舞弊、贪赃枉法、索贿受贿等违法犯罪行为仍有发生，损害检察官队伍的整体形象。二是办案力量普遍不足。三是"以收定支"、"收支挂钩"等违反财政纪律的做法屡禁不止。四是检察官法的一些规定未能落实。如检察官的等级编制、工资标准、检察津贴等。到目前为止，这些有关法官、检察官职业保障的配套规定仍未出台，使"两官法"中有关激励机制的一些规定未能落实。

当然，扭转这种喜忧参半情形，一方面，除"深入开展社会主义法治理念教育，切实提高检察官综合素质"、"完善监督制约机制，保证检察官执法规范公正、作风清正廉洁"、"抓紧落实相关措施，解决基层检察院人才短缺问题"、"切实解决检察院工作

① 参见顾秀莲：《全国人大常委会执法检查组关于检查〈中华人民共和国法官法〉和〈中华人民共和国检察官法〉实施情况的报告》，载中国人大网2011年8月9日。

的经费问题，保障检察官的职业待遇"、"尽快制定检察官法的配套规定，保证法律确立的制度全面实施"外，关键的一点，就是检察机关及其检察官也要依法履行监督《检察官法》实施的权能。

另一方面，就是对《检察官法》进行再修正。其实，自 2001 年 6 月 30 日《检察官法》完成第一次修正后，建议对其进行再修正的呼声就一直未断，而几乎成了每年"两会"代表、委员的建议内容：[①]

——2006 年 3 月的"两会"期间，全国人大代表童海保等 34 位代表，向大会提出《关于修改检察官法的议案》；

——2007 年 3 月的"两会"期间，全国人大代表余敏等 30 名代表联名向大会提交了《关于修改检察官法，加强检察官职业保障的建议案》；

——2008 年 3 月的"两会"期间，全国人大代表袁敬华等 30 名代表向大会提交《关于修改检察官法的议案》；

——2010 年 3 月的"两会"期间，全国人大代表迟凤生向大会提交《关于修改检察官法第十条的议案》；

——2011 年 9 月 19 日，最高人民检察院发布《十二五时期检察工作发展规划纲要》提出："积极推动检察法制建设"；

——2012 年 10 月 29 日出版的《检察日报》报道："今天（2012 年 10 月 26 日）上午获表决通过的全国人大内司委关于代表议案审议结果的报告建议，将修改人民法院组织法、人民检察院组织法，修改法官法、检察官法列入十二届全国人大常委会立法规划……对张秀娟、孙桂玲等代表提出的修改法官法、检察官

---

① 参见王松苗、王丽丽：《11 年了，另行规定还是尚未规定》，载《检察日报》2006 年 11 月 6 日；《答复实事求是　绝不搪塞推诿》，载《检察日报》2007 年 12 月 24 日；王丽丽：《初任法官检察官公开选拔办法准备制定》，载《检察日报》2008 年 10 月 29 日；刘睿：《"两会"代表委员积极为检察工作建言献策》，载正义网 2010 年 3 月 8 日。

法的议案，全国人大内司委认为，为了加强司法队伍建设，保证法官、检察官素质，建议将修改法官法、检察官法列入十二届全国人大常委会立法规划，建议有关部门抓紧研究起草工作，适时提请全国人大常委会审议。"

第四章　中外其他专门性检察法律研究[*]

　　如果说诸如检察院组织法典、检察官法典等检察法典是旨在规范检方权力或行为的一般法，那么，诸如检察监督法、起诉规则、处务规程、检察官培训条例以及国际检察官联合会《检察官职业责任准则和主要权利义务准则》等就是旨在规范检方权力或行为的特别法。而其他专门性检察法律亦可分为国内与国际其他专门性检察法律两类。

——题记

---

　　* 参见张思卿主编：《中华人民共和国检察业务全书》，吉林人民出版社 1991 年版；曾龙跃主编：《中国检察百科辞典》，黑龙江人民出版社 1993 年版；张思卿主编：《检察大辞典》，上海辞书出版社 1996 年版；［捷］纳普主编：《各国法律制度概况》，高绍先等译，法律出版社 2002 年版；［荷兰］皮特·J. P. 泰克编著：《欧盟成员国检察机关的任务和权力》，吕清、马腾飞译，中国检察出版社 2007 年版；何家弘主编：《检察制度比较研究》，中国检察出版社 2008 年版；李莉：《东盟国家检察制度研究》，人民出版社 2011 年版；孙谦、韩大元主编：《世界各国宪法（亚洲卷）》，中国检察出版社 2012 年版；http://www.lawmoose.com/internetlawlib/84.htm；http://www.law.cornell.edu/world/等。

第一节　其他专门性检察法律概述

一、其他专门性检察法律的概念

所谓其他专门性检察法律，是指除检察法典之外的其他专门性检察法律，抑或除检察院组织法典与检察官法典"两法典"之外的专门规范检方权力或行为的专门性法律。其中，"专门"的突出表现为，通常情况下，在其名称中含有"检察"二字——亦即显性其他专门性检察法律。当然，也有诸如《澳大利亚联邦检察院起诉规则》和我国最高人民检察院《刑事抗诉案件出庭规则（试行）》（2001 年 3 月 5 日）等名称不含有"检察"二字的隐性其他专门性检察法律。

因此，本书所称的"其他专门性检察法律"，类似于诸如全国人大常委会《关于惩治破坏金融秩序犯罪的决定》（1995 年 6 月 30 日）等专门刑法。

二、其他专门性检察法律的种类

作为一种常见的检察法律，其他专门性检察法律既是专门性检察法律的一种，也是专门性检察法律的下位（种）概念或子集。例如，国际法层面的《联合国关于检察官作用的准则》、国际检察官联合会《检察官职业责任准则和主要权利义务准则》，以及国内法层面的《大韩民国检事惩戒法》、《澳大利亚联邦检察院起诉政策——起诉过程中适用的规则》、《苏联检察监督条例》、我国最高人民检察院《检察机关司法警察工作规范化建设标准》（2002 年 12 月 20 日），等等。

而其他专门性检察法律除有国内与国际、显性与隐性、全局与局部性〔如苏联《苏联检察监督条例》与《白俄罗斯检察监督条例》、我国最高人民检察院《人民检察院刑事诉讼规则（试行）》和海南省人大常委会《关于加强人民检察院法律监督工作的决议》（2011 年 1 月 14 日）〕其他专门性检察法律之分外，根据划分标准的不同，还可分为许多种类。譬如，以我国目前为例：[1]

第一，针对检方的其他专门性检察法律有：《关于颁发检察机关工作人员荣誉证书和证章的办法（试行）》（1990 年 7 月 5 日）、《关于在全国检察机关实行"检务公开"的决定》（1998 年 10 月 25 日）、《关于检察机关反贪污贿赂工作若干问题的决定》（1999 年 9 月 17 日）、《关于加强和改进检察机关思想政治工作的若干意见》（2000 年 5 月 26 日）、《检察机关奖励暂行规定》（2001 年 4 月 11 日）、《检察机关党风廉政建设责任制实施办法》（2002 年 7 月 19 日）以及山西省人大常委会《关于加强人民检察院对诉讼活动法律监督工作的决定》（2010 年 5 月 27 日）等。

第二，针对检察机关的其他专门性检察法律有：《关于进一步加强检察机关办案安全防范工作的意见》（2004 年 8 月 20 日）、《人民检察院办案工作中的保密规定》、《关于确定检察机关工作秘密的意见》（2005 年 11 月 16 日修正）、《关于加强行政机关与检察机关在重大责任事故调查处理中的联系和配合的暂行规定》（2006 年 2 月 23 日），以及天津市人大常委会《关于加强检察机关对诉讼活动的法律监督工作的决议》（2011 年 5 月 20 日）等。

第三，针对检察官、检察长、助理检察员、书记员、司法警察、法医等检察人员的其他专门性检察法律有：全国人大常委会《关于省人民代表大会闭会期间省人民检察院检察长产生程序的决定》、《初任检察员、助理检察员考试暂行办法》、《关于检察机关的法医能否根据省级人民政府指定医院作出的医学鉴定作出伤情程度结论问题的批复》（1999 年 10 月 11 日）、《关于在审查起

---

① 其中，未注明制定者的，为我国最高人民检察院制定。

诉部门全面推行主诉检察官办案责任制的工作方案》（2000 年 1 月 10 日）、《检察人员任职回避和公务回避暂行办法》（2000 年 7 月 4 日）、《人民检察院司法警察执行职务规则（试行)》，以及吉林省人大常委会《关于四方坨子人民检察院人事任免问题的决定》（1988 年 7 月 21 日）等。

第四，针对检方诉讼监督权与非诉讼监督权的其他专门性检察法律有：《最高人民检察院司法解释工作规定》与四川省人大常委会《关于设置四川省人民检察院成都铁路运输分院的决定》（1987 年 7 月 2 日）、《人民检察院举报工作规定》（2009 年 4 月 23 日）与广东省人大常委会《关于加强人民检察院对诉讼活动的法律监督工作的决定》（2010 年 9 月 29 日）。

第五，针对检方刑事、民事和行政诉讼监督权的其他专门性检察法律有：《关于执行行政诉讼法第六十四条的暂行规定》、《关于刑事抗诉工作的若干意见》（2001 年 3 月 2 日）、《人民检察院民事行政抗诉案件办案规则》（2001 年 9 月 30 日）、《人民检察院监狱检察办法》（2008 年 3 月 23 日）、安徽省人大常委会《关于加强民事行政检察工作的决议》，等等。

总之，其他专门性检察法律客观地存在于"三大法系"国家之中，并包括国内与国际其他专门性检察法律两种。

第二节　国外其他专门性检察法律评介

一、苏联其他专门性检察法律评介[①]

在苏联，由于实行联邦与各加盟共和国并行的立法模式。因

---

① 参见《苏维埃检察制度（重要文件)》，党凤德等译，中国检察出版社 2008 年版；[俄] Ю. Е. 维诺库罗夫主编：《检察监督（第七版)》，刘向文译，中国检察出版社 2009 年版。

此，它的其他专门性检察法律也是联邦与各加盟共和国并行的。

（一）联邦层面

联邦层面除有 1922 年《苏联检察监督条例》与 1955 年《苏联检察监督条例》之外，其他专门性检察法律还有：1923 年 3 月 9 日，人民委员会《关于检察机关人员可以自由出入政府各机关》；1924 年 2 月 4 日，共和国检察长第一助理《关于苏俄共和国最高法院劳动案件检察员的权利和义务》的指示；1925 年 10 月 12 日，全俄中央执行委员会《关于省执行委员会审理检察机关所提出的抗议的程序》的法令；1929 年 6 月 10 日，全俄中央执行委员会和人民委员会《关于地方苏维埃和执行委员会在规定的期限内未将检察机关对于它们的决议所提出的抗议加以审查时，即将此项决议停止施行》的决议；

1933 年 6 月 20 日，苏联中央执行委员会和人民委员会《关于设立苏联检察院》的决议；1934 年 3 月 25 日，苏联检察院《关于中央及地方检察机关的改组》的命令；1934 年 5 月 27 日，苏联中央执行委员会《关于苏联检察院对苏联及各加盟共和国审判机关适用法律是否正确和统一实行监督的权限》的决议；1935 年 5 月 11 日，苏联检察院《关于加强对遵守革命法制的监督》的命令；1936 年 11 月 5 日，苏联人民委员会《关于苏联检察院的编制》的决议；

1943 年 9 月 16 日，苏联最高苏维埃主席团《关于规定检察机关检察、侦查工作人员的等级》的命令；1943 年 9 月 16 日，苏联人民委员会《关于苏联各检察机关检察、侦查工作人员实行穿着制服的规定》的决议；1946 年 3 月 19 日，苏联最高苏维埃《关于苏联检察长定名为苏联总检察长的法令》；1946 年 7 月 3 日，苏联总检察长《关于改善检察机关审查控告的工作》的命令；

以及苏联总检察长《关于苏联检察院中央机构，共和国、边区和省各检察院的组织》（1956 年 4 月 10 日）、《关于在苏联检察院和各加盟共和国检察院里成立院务委员会的决议》（1959 年 2 月 27 日）、《苏联检察机关体系各级机关检察长和侦查员奖励和违纪责任条例》（1964 年 2 月 24 日）、《军事检察机关条例》（1966 年 12 月 14 日）、《关于苏维埃社会主义共和国联盟检察院结构的决议》（1980 年 5 月 29 日）、《苏联检察机关工作人员衔级条例》（1980 年 10 月 28 日）、《关于从苏维埃社会主义共和国联盟检察院中央机关向工作组织的地区主题原则过渡的命令》（1989 年 2 月 3 日）等其他专门性检察法律。

（二）加盟共和国层面

加盟共和国层面的其他专门性检察法律，主要包括：

1922 年 6 月 26 日，白俄罗斯苏维埃社会主义共和国中央执行委员会第三次会议批准的《检察监督条例》；

1922 年 6 月 28 日，全乌克兰中央执行委员会批准的《检察监督条例》；

1922 年 7 月 11 日，阿塞拜疆苏维埃社会主义共和国中央执行委员会《关于国家检察机关》的法令；

1924 年 6 月 20 日，白俄罗斯苏维埃社会主义共和国中央执行委员会《关于检察人员的权限》的决议；等等。

总之，苏联其他专门性检察法律的特色在于，联邦与各加盟共和国并行。

二、俄罗斯其他专门性检察法律评介[①]

1990 年 12 月 26 日独立后，尽管俄罗斯未像苏联颁行相应的《检察监督条例》，但颁行的其他专门性检察法律的数量、类型和所涉及的内容，是相当多并广泛的。

---

① 参见［俄］Ю. E. 维诺库罗夫主编：《检察监督（第七版）》，刘向文译，中国检察出版社 2009 年版。

例如，20世纪颁行的有：《关于检察机关任务的命令》（1992年3月11日）、《关于俄罗斯联邦检察机关各级机关的监督组织和管理的命令》（1992年5月28日）、《在根据检察长提交的关于宣布法律文件与法律相抵触的申请书审理案件的情况下所产生若干问题的决议》（1993年4月27日）、《关于组织对执行法律情况、恪守人和公民权利与自由的情况实施检察监督的命令》（1996年5月22日）、《关于设区的市检察长活动的组织原则》（1996年10月21日）、《关于俄罗斯联邦检察机关体系各级机关干部工作基本方向的命令》（1996年11月11日）、《关于完善刑事检察官工作组织的命令》（1997年1月27日）、《对预审和初步调查检察监督的组织》（1997年6月18日）、《关于组织检察机关体系各级机关反犯罪斗争工作的命令》（1997年6月26日）、《检察机关工作人员衔级条例》（1997年6月30日）、《关于完善运输检察机关工作组织和提高运输检察机关活动效率的命令》（1998年3月31日）、《关于检察机关体系各级机关与大众新闻媒体协调行动，完善社会联系方面的任务》（1998年7月8日）、《关于俄罗斯联邦检察机关国际合作的组织》（1998年8月3日）、《关于向俄罗斯联邦总检察院常驻普通法院系统的法院、仲裁法院代表提供保障的指示》（1998年10月27日）、《检察机关体系各级机关和机构工作人员考核条例》（1998年10月30日）、《关于俄罗斯联邦总检察长（副检察长）向普通法院系统的法院、仲裁法院提出书面声明（起诉书）的准备程序和保障参加审议上述声明的程序》（1998年11月10日）、《检察机关体系各级机关和机构的公文处理细则》（1998年12月28日）、《关于组织对司法警察行使权限时执行法律情况的检察监督》（1999年1月6日）、《加强对处理关于已实施犯罪和预备犯罪的声明、投诉及其他信息时遵守法制情况的检察监督》（1999年1月10日），等等。

而21世纪颁行的有：《关于保证检察长参与刑事诉讼程序的措施》（2001年11月8日）、《检察机关体系各级机关向新的刑事诉讼条件下工作过渡的命令》（2002 年 2 月 20 日）、《关于组织检察长在刑事诉讼审判阶段工作的命令》（2002 年 6 月 3 日）、《关于对审判前程序阶段里刑事追诉合法性实施检察监督组织的命令》（2002 年 7 月 5 日）、《关于划分区域性检察院检察长和相当于该级别的军事检察院及其他专门检察院检察长职权范围的命令》和《关于完善俄罗斯联邦总检察院信息分析工作的命令》（2002 年 9 月 9 日）、《关于将俄罗斯联邦检察机关体系各级机关和机构审议和处理公民投诉程序和接待公民程序的工作细则付诸实施的命令》（2003 年 1 月 15 日）、《关于提高对税费立法执行情况检察监督效率的措施》（2003 年 2 月 11 日）、《关于对执行刑罚时，在看守所羁押犯罪嫌疑人和被告人时遵守法律情况实施检察监督的组织》（2003 年 8 月 5 日）、《关于俄罗斯联邦检察机关体系各级机关受理、登记和审查有关犯罪问题投诉的统一程序的指示》（2006 年 3 月 16 日）、《关于批准检察机关体系各级机关领导人以俄罗斯联邦名义行使雇主权限的程序细则的命令》（2006 年 5 月 22 日），等等。

而总的来说，上述其他专门性检察法律主要是由俄罗斯联邦总检察长依法颁行的。为此，《俄罗斯联邦检察机关法》第 17 条第 1 款明确规定："俄罗斯联邦总检察长，负责领导俄罗斯联邦检察机关系统工作。为督促检察机关与机构全体工作人员履行职责，检察长下达必要的命令、指令，公布指示、准则与条例，以便调整有关俄罗斯联邦检察机关系统内部组织活动问题与上述工作人员物质与社会保障措施的实现程序。"

三、《保加利亚人民共和国检察院组织法实施条例》评介

《保加利亚人民共和国检察院组织法》之"过渡性和最后的规定"第 2 条规定："总检察长颁发实施本法的条例。"据此，1981 年 7 月 17 日，时任总检察长克·留托夫颁行了《保加利亚人民共和国检察院组织法实施条例》，以取代 1968 年颁行的《保

加利亚人民共和国检察院组织法实施条例》。

就性质来说，上述《实施条例》属于法定的授权立法，并与其所解释的对象《保加利亚人民共和国检察院组织法》具有同等效力。

就内容来讲，上述《实施条例》与其所解释对象的《保加利亚人民共和国检察院组织法》法律结构基本对应，并依次包括：第一章总则，第二章预防违法，第三章检察院的组织和工作计划，第四章一般监督，第五章对预审机关执法情况的领导和监督，第六章参加法院和其他立法机关对案件的审理及其职权，第七章对监所在执行判决、处罚和其他强制性措施过程中执法情况的监督，最后规定，共 8 部分 63 条。

四、匈牙利其他专门性检察法律评介

诚如，本书第二章第二节所云：匈牙利人民共和国改称匈牙利共和国后，在经总检察长令修正的情况下，"1972 年第 5 号法律"——《检察机关法》依然实行。其中，较代表性的总检察长令有两个：一个是《总检察长第 1/1990 号令》。其中第 4 条就规定，检察官至少每月要查验两次审前羁押（逮捕后 72 小时）、与移民有关的拘留、移民归化局的强制拘禁措施的执行情况。另一个是《总检察长第 11/2003 号令》。其主要内容依次包括：

第一，如果发现被告人没有实施犯罪，检察官必须撤回指控；如果在审判期间，检察官发现庭审证据不够充分或者出现错误，被告人出于自卫或被迫实施犯罪，或者基于其他原因确认有必要，则检察官应当向法庭建议判处无罪（第 8 条第 1 款）。

第二，如果检察官启动侦查的案件由于案件本身、犯罪嫌疑人或者任何其他因素引起公众关注，检察官将会就需要证实的事实以及必须开展的重要的侦查行为向警察提出建议；检察官还需要设定下一次审查的时间和规定由自己实施的侦查行为（第 35 条第 3 款）。

第三，在一般案件的侦查中，检察官只有在警察机关领导或者任何相关人提出要求的情况下，才实施侦查监督（第36条第2款）。

第四，在下列情形下，检察官必须实施增强型监督：当案件涉及复杂的法律问题或者证据问题；已经查出犯罪嫌疑人严重触犯了某一条款或者行为性质严重；审前羁押的时间已经超过了6个月，侦查活动始于1年前，或者所侦查的犯罪行为可能会被判处10年以上监禁刑（第37条）。

第五，具有全国性侦查管辖权的中心起诉侦查部门，负责侦查法官、检察官、根据公法规定享有豁免权的人或者侦查机构领导的犯罪案件，或者针对上述人员实施的犯罪案件（第49条第2款）。

第六，检察官必须中立地总结证据，包括控诉证据和辩护证据。同时，检察官应当对需要特别作出决定问题提出详细的建议，特别需要关注的是由事实支持的罪行，应当判处的主要和附加刑罚，被害人的民事诉求，以及侵犯子女案件中剥夺父母的抚养权等问题。

因此，匈牙利其他专门性检察法律的特色在于，多由总检察长以命令的形式颁行。

五、《蒙古人民共和国检察监督条例》评介①

作为迄今为止颁行过《检察监督条例》的少数国家（另一个是苏联及其白俄罗斯、乌克兰、阿塞拜疆加盟共和国）之一，蒙古人民共和国于1978年也颁行了《检察监督法》。其主要内容依次包括：

第一章总则包括：第1条（总检察长的职责）、第2条（总

---

① 参见《蒙古人民共和国法院组织法、检察监督法》，申君贵译，西南政法学院诉讼法教研室1986年编印等。

检察长实行最高监督的目的和任务）、第 3 条（法律监督方法）、第 4 条（预防犯罪）、第 5 条（保证法律的统一正确实施）、第 6 条（消除违法行为）、第 7 条（社会各界对检察机关活动的支持）、第 8 条（与其他国家机关的联系）、第 9 条（下级服从上级检察长，所有检察长服从总检察长）、第 10 条（依法独立行使检察权，不受干涉）、第 11 条（总检察长向大呼拉尔主席团负责并报告工作）、第 12 条（总检察长的命令与指示）、第 13 条（总检察长有权要求大呼拉尔主席团对法律作出解释）；

第二章对蒙古人民共和国的机关、组织、公职人员和公民是否切实执行法律实行监督规定：第 14 条（一般监督）、第 15 条（一般监督的内容）、第 16 条（一般监督中的职权）、第 17 条（一般监督时，有权取得相关材料）、第 18 条（签发传票）、第 19 条（对与法律相抵触的文件提出抗议）、第 20 条（对行政责任、纪律责任和经济责任决定实行监督）、第 21 条（对与法律相抵触的文件，有权向部长会议或大呼拉尔主席团呈报）、第 22 条（纠正措施应回复检察长）、第 23 条（检察建议）、第 24 条（向违法单位的上级机关呈报）、第 25 条（建议追究有关人员的刑事、行政、经济和纪律责任）、第 26 条（接受申诉）、第 27 条（为检察长配备社会助手协助履行一般监督职责）；

第三章对调查和侦查机关是否切实执行法律实行监督规定：第 28 条（侦查监督方式）、第 29 条（审查批准逮捕）、第 30 条（侦查监督职权）、第 31 条（向调查和侦查机关发布指令和命令）、第 33 条（消除犯罪损害）；

第四章对法院的判决、决定、裁定和审判员的决定的合法性、充分根据性和执行情况以及法庭审理参加者行为的合法性实行监督规定：第 34 条（审判监督）、第 35 条（审判监督的职权）、第 36 条（检察长有权审查刑事与民事案件）、第 37 条（审判监督的抗诉人员）、第 38 条（中止法院判决的执行）、第 39 条（略）、第 40 条（总检察长建议最高法院对法律进行解释）、第 41 条

（总检察长发现最高法院决议与法律相抵触时，有权提出抗议或呈报大人民呼拉尔主席团）；

第五章对剥夺自由场所是否切实执行法律实行监督规定：第42条（监所检察）、第43条（监所检察方式）、第44条（检察长有权立即释放被非法逮捕、羁押者）、第45条（监所检察职权）、第46条（受理被剥夺自由者的申诉）；

第六章检察机关的组织机构和工作人员规定：第48条（总检察长领导检察机关与任期）、第49条（总检察长指导各级检察机关工作）、第50条（检察机关的组织机构、人员和财政预算）、第51条（检察机关组成）、第52条（检察委员会）、第53条（检察委员会会议）、第54条（检察委员会决定）、第55条（副总检察长与总检察院内部机构设置）、第56条（检察长的任免与任期、侦查人员的任免）、第57条（检察长与侦查员的任命资格）、第58条（检察长与侦查员的改选）、第59条（检察长和侦查员的义务）、第60条（总检察院内设机构与专门检察院检察长的任命资格）、第61条（检衔）、第62条（兼职禁止）、第63条（禁止从事经济活动）、第64条（奖励和纪律处分）、第65条（总检察院内设机构职责的确定），共6章65条；

与此同时，它还规定："根据《蒙古人民共和国宪法》第72条的规定，蒙古人民共和国总检察长，对蒙古人民共和国国家各部、各局及其下属的各机关和各企业、地方各级人民代表呼拉尔的执行机关公职人员和公民是否切实地遵守法律，实行最高监督"（第1条）；"对切实而坚决不移地遵守法律的最高监督，具有下列目的：（1）加强社会主义法制；（2）保护蒙古人民共和国宪法确定的社会制度和国家制度不受犯罪行为的侵犯；（3）保护社会主义经济制度和社会主义所有权的神圣不可侵犯；（4）保护国家、社会和集体组织的权利和利益不受任何侵犯；（5）保护公民的政治权利、劳动权利、居住权利、人身权利、财产权利和其他受法律保护的权利和利益不受任何侵犯。在蒙古人民共和国，检察监督的任务是：（1）全面地加强社会主义法制和严格地遵守法律；（2）同犯罪行为和反社会现象作坚决的斗争；（3）研究引起犯罪行为和反社会现象的原因和条件；（4）预防违法行为；（5）提高劳动人民的法律意识"（第 2 条）；"蒙古人民共和国总检察长及其所属的各级检察长，通过下列方法，行使法律赋予的监督职权：（1）对国家各部委各局及其下属的各机关和企业、地方各级人民代表呼拉尔的执行机关、公职人员和公民是否切实执行国家的法律实行监督；（2）对调查机关和侦查机关在其活动中是否切实遵守法律实行监督；（3）对各级法院的判决、决定和裁定以及审判员的决定是否合法和具有充分根据及其执行情况实行监督，同时也对法庭审理参加者的行为实行监督；（4）对剥夺自由场所是否切实遵守法律实行监督；（5）追究实施了犯罪的犯罪分子的刑事责任"（第 3 条）。

但是，随着蒙古人民共和国的消失和蒙古共和国的成立（1992 年 1 月 13 日），《蒙古人民共和国检察监督条例》亦被废止。

六、日本其他专门性检察法律评介①

（一）《检察厅事务章程》评介

该章程自 1947 年 5 月 1 日由法务部颁行后，又经过 1959 年 4 月 1 日、1985 年 4 月 6 日、1986 年 4 月 5 日、1987 年 5 月 21 日、1988 年 4 月 8 日、1990 年 5 月 29 日、1991 年 3 月 15 日、1991 年 6 月 8 日、2010 年 3 月 31 日多次修正。

1959 年法务省训令第 1 号，将该章程修改为 25 条，并于 1959 年 4 月 1 日施行。

1985 年 4 月 6 日法务省训令第 1 号，将该章程内容依次修正

---

① 参见徐尉：《日本检察制度概述》，中国政法大学出版社 2011 年版。

为：第1条（定义）、第2条（次席检事）、第3条（分厅首长）、第4条（临时代行职务）、第5条（部）、第6条（部长）、第7条（主任检事）、第8条（检察官的指挥监督权）、第9条（事务局）、第10条（课、室和股）、第11条（事务局长）、第12条（事务局次长）、第13条（课长和室长）、第14条（专业职员）、第15条（首席侦查官）、第16条（次席侦查官）、第17条（总侦查官）、第18条（主任侦查官）、第18₂条（检察情报管理官）、第19条（事务监察）、第20条（检察事务官证件）、第21条（请示、报告等）、第22条（与中央机关等的来往文件）、第23条（值班）、第24条（人事、会计等工作规程）、第25条（事务细则），以及附则，共25条。

2010年3月31日法务省训令第1号，又将该章程内容依次修正为：第1条（定义）、第2条（次席检事）、第3条（支部长）、第4条（临时代行职务）、第5条（部）、第6条（部长）、第7条（主任检事）、第8条（检察官的指挥监督权）、第9条（事务局）、第10条（科、室和组）、第11条（事务局长）、第12条（事务局次长）、第13条（科长和室长）、第14条（专业职员）、第15条（检察监察官）、第16条（监察专门官）、第16₂条（检察宣传官）、第17条（检务监理官）、第18条（统括检务官）、第19条（检务专门官）、第20条（首席侦查官）、第21条（次席侦查官）、第22条（统括侦查官）、第23条（主任侦查官）、第24条（事务监察）、第25条（检察事务官证件）、第26条（请训、报告等）、第27条（和中央机关等的往来文书）、第28条（值夜班）、第29条（人事、会计等规程）、第30条（事务细则），以及附1~10表和附则，共30条。

因此，基于上述内容规定，尽管名为《检察厅事务章程》，但其实为"检察人员（或检事）行为准则"。

（二）《检察审查会法》评介

本法自1948年7月12日由议会颁行，又经过1988年12月

13 日、1999 年 7 月 16 日、1999 年 12 月 8 日、2000 年 5 月 19 日、2004 年 3 月 13 日、2004 年 5 月 28 日、2005 年 5 月 25 日、2006 年 6 月 7 日、2007 年 5 月 30 日修正后，其主要内容依次包括：第一章总则（第 1～4 条），第二章检察审查员及检察审查会的构成（第 5～18_2 条），第三章检察审查会事务局及检察审查会事务官（第 19～20 条），第四章检察审查会议（第 21～29 条），第五章提出审查申请（第 30～32 条），第六章审查手续（第 33～41_8 条），第七章基于起诉决议提起公诉等（第 41_9～41_{12}条），第八章建议及劝告（第 42 条），第九章为保护检察审查员及补充员所采取的措施（第 42_2），第十章罚则（第 43～45 条），第十一章补则（第 45_2～48 条），共 11 章 48 条。

与此同时，该法还规定："检察审查会，处理以下事务：（1）对检察官作出不起诉处理的案件是否适当，进行审查的相关事项；（2）和改善检察事务的建议或者劝告相关的事项；（3）检察审查会，在收到刑事案件的告诉或者告发者、等待请求且应该受理的案件的请求者或者犯罪受害者（在犯罪受害者死亡的情况下，其配偶者、直系亲属或者兄弟姐妹）的申请时，必须进行前款第 1 项的审查"（第 2 条）。因此，它与我国最高人民检察院《关于实行人民监督员制度的规定》（2010 年 10 月 29 日修正）类似。

总之，除《检察厅事务章程》和《检察审查会法》之外，日本还有诸如《检察厅法第二条第四项规定的与各高等裁判所支部对应设置各高等检察厅支部的省令》（1972 年 5 月 13 日修正）、《检察官适格审查会令》（2000 年 6 月 7 日修正）、《对检察官调查对象支付差旅费、津贴、住宿费等的法律》（2004 年 6 月 29 日修正）、《检察官俸给法》（2004 年 12 月 1 日修正）、《规定最高检察厅的位置以及最高检察厅以外的检察厅的名称和位置的政令》和《地方检察厅设置规则》（2005 年 3 月 19 日修正）等其他专门性检察法律。当然，日本其他专门性检察法律的制定者多为检察系统的首脑机关——法务部，但也有议会、内阁制定的。

七、韩国其他专门性检察法律评介

（一）《检察案件事务规则》评介

韩国《检察厅法》第 11 条（委任规定）规定："与检察厅事务有关有关的必要事项由法务部命令决定。"据此，早在 1981 年 12 月 24 日，法务部就颁行了《大韩民国检察案件事务规则》，并明确规定："本规则的目的是根据《检察厅法》第 11 条的规定，确定与各级检察厅案件的受理、调查、处理和进行公判等有关的事项，保证案件事务的正常运转"（第 1 条）。

随后，该规则又经过 1982 年 12 月 31 日、1984 年 12 月 31 日、1987 年 12 月 31 日、1988 年 12 月 29 日多次修正后，其主要内容依次包括：

第一编总则：第 1 条（目的）；

第二编地方检察厅及支厅的程序：

第一章案件的受理：第 2 条（受理事由）、第 3 条（受理程序）、第 4 条（刑事案件簿的记载等）、第 5 条（案件记录的处理）、第 6 条（嫌疑者索引簿）；

第二章案件的调查：第一节总则：第 7 条（调查机密的维持等）、第 8 条（担当案件的掌握），第二节调查的开始：第 9 条（控告、告发、自首）、第 10 条（检尸），第三节任意调查：第 11 条（嫌疑者等的出席要求）、第 12 条（调查报告书）、第 13 条（审查的委托）、第 14 条（调查关系事项的照会）、第 15 条（任意提出等）、第 16 条（现场调查）、第 17 条（调查的委托）、第 18 条（证据保全的请求），第四节拘留：第 19 条（拘留命令书的请求）、第 20 条（拘留命令书执行的指挥）、第 21 条（拘留命令书的委托执行）、第 22 条（拘留命令书的退还）、第 23 条（拘留期间的延长）、第 24 条（紧急拘留、事后拘留命令书的申请）、第 25 条（拘留场所监察）、第 26 条（会见等禁止决定的请求）、

第 27 条（拘留审查请求等）、第 28 条（前往对证现场的护送）、第 29 条（拘留的解除）、第 30 条（执行拘留的暂停）、第 31 条（拘留是否适当的审查）、第 33 条（嫌疑对象的释放通知），第五节没收、搜查、对证：第 34 条（没收、搜查、对证）、第 35 条（没收调查报告的制作等）、第 36 条（没收、搜查证明书的交付）、第 37 条（对证调查报告的制作），第六节其他强制调查：第 38 条（审查处分的许可申请）、第 39 条（询问证人的请求）；

　　第三章案件的处理：第一节总则：第 40 条（决定）、第 41 条（认可等）、第 42 条（刑事案件簿等的记载）、第 43 条（处分结果通知等），第二节提起公诉：第 44 条（公诉状）、第 45 条（公诉状及记录送付簿记载）、第 46 条（起诉通知）、第 47 条（拘留命令书请求簿的记载）、第 48 条（略式命令的请求）、第 49 条（即决案件的移送）、第 50 条（正式审判的请求）、第 51 条（取消公诉），第三节不起诉：第 52 条（不起诉处分）、第 53 条（决定无嫌疑时的注意事项）、第 54 条（决定缓期起诉时的附带程序）、第 55 条（不起诉处理等的通知和事实证明），第四节暂停起诉：第 56 条（暂停起诉的决定）、第 57 条（决定暂停起诉时的注意事项）、第 58 条（暂停起诉者名簿），第五节保留公诉：第 59 条（保留公诉的决定）、第 60 条（保留公诉者名簿）、第 61 条（保留公诉者视察照会），第六节移送他管，第七节少年案件的移送，第八节取消拘留时的程序；

　　第四章准起诉程序：第 67 条（判决申请案件簿的记载）、第 68 条（地方检察厅或支厅首长的处理）、第 69 条（高等检察厅首长的处理）；

　　第五章抗告、再抗告：第 70 条（对不起诉处理的抗告、再抗告案件簿的记录）、第 71 条（对不起诉处理的抗告、再抗告记录簿的送付等）、第 72 条（抗告、再抗告案件的处理）、第 73 条（抗告、再抗告案件处理时的注意事项）；

　　第六章公判的程序：第一节总则，第二节被告人等的拘留：

第79条（对保释请求等的意见表明）、第80条（许可保释决定时的措施）、第81条（被告人的释放）、第84条（保释保证金的没收），第三节指定管辖的申请等，第四节公判日期，第五节证据调查等，第六节判决；

第七章上诉：第107条（上诉的放弃或撤回）、第108条（恢复上诉权的请求）、第109条（上诉程序）、第112条（上诉理由书）、第113条（越级上告）、第114条（抗告等）；

第八章再审：第117条（再审的请求）、第118条（再审请求案件簿的记载）；

第九章陈情、申请、匿名信等；

第三编高等检察厅的程序：第122条（受理事由）、第123条（抗诉案件簿记载等）、第124条（案件记录的处理）、第125条（抗诉撤回案件的受理）；

第四编大检察厅的程序：第129条（适用规定）、第130条（特别上告）、第131条（修改判决的申请），附则，共4编9章131条。

因此，本规则与我国最高人民检察院《人民检察院刑事诉讼规则（试行）》类似，也是名副其实的授权检察解释。

（二）《检事惩戒法》评介

为惩戒检事的违法行为，韩国议会于1957年2月15日颁行《大韩民国检事惩戒法》。

随后，该法经1963年12月16日、1986年12月31日等多次修正后，其主要内容依次包括：第1条（目的）；第2条（惩戒事由）；第3条（惩戒的种类）：（1）惩戒分为重惩戒和轻惩戒。重惩戒用于违法情节严重者，或受到两次轻惩戒而无悔改表现者；轻惩戒用于违法行为轻微者。（2）重惩戒包括免职、停职和降薪；轻惩戒包括重谨慎、轻谨慎和谴责。（3）降薪是在1个月以上1年以下期间减少报酬，但最多减去1/3。（4）停职是在1个月以上 6 个月以下期间暂停执行职务，停职期间不付给报酬。
（5）重谨慎的期间是 1 个月以上 2 个月以下；轻谨慎的期间是 1
个月以内。重谨慎、轻谨慎和谴责是在让违法者继续从事工作的
同时，勒令其改正所犯过失；第 4 条（惩戒委员会）；第 5 条
（惩戒委员会委员长的职务和委员的任期）；第 7 条（惩戒请求和
开始）；第 9 条（惩戒嫌疑者的出席）；第 10 条（惩戒嫌疑者的
出席和审问）；第 11 条（惩戒嫌疑者的陈述和证据提出权）；第
12 条（特别辩护人的选任）；第 13 条（审查、讯问证人等）；第
14 条（惩戒嫌疑者的缺席）；第 15 条（预备审查）；第 16 条
（最终意见的陈述权）；第 17 条（回避事由）；第 18 条（惩戒表
决）；第 19 条（惩戒量定）；第 21 条（无嫌疑表决）；第 22 条
（惩戒决定书的制作）；第 23 条（惩戒的执行），共 29 条。

总之，除《检察案件事务规则》和《检事惩戒法》之外，韩
国还有《检察官定员法》（1956 年 10 月 23 日）、《大检察厅的位
置及各级检察厅的名称及位置规定》（2011 年 3 月 1 日施行）等
其他专门性检察法律。

八、《英国皇家检察官准则》评介

1985 年 5 月 23 日，英国通过颁行《1985 年检察法》而建立
当代检察制度之时，就提出："在下述情况下，检察长应发布含
有适用于检察官的一般原则的检察官规则：（a）在任何案件中确
定下述情况时：（ⅰ）对犯罪行为的诉讼是否被提起或者在什么
情况下已经提起，是否该诉讼应被中断；或（ⅱ）应提起什么样
的诉讼；及（b）在考虑任何案件时，应向任何治安法庭阐明关
于适合该案件的审判方式"（第 10 条第 1 款）。

随后，总检察长（亦即司法大臣、司法部长）便颁行了《皇
家检察官准则》。其主要内容依次包括：导言（第 1~3 条）、证
据充分的标准（第 4~6 条）、公众权益标准（第 7~9 条）、撤诉
（第 10~11 条）、指控实践（第 12 条）、审判的形式（第 13~14

条)、未成年人（第 15～18 条）、关于审判的形式和地点对未成年人影响的考虑（第 19 条），共 8 部分 19 条。之后，该准则又经过多次修正。

经 1994 年 6 月修正后，并由皇家总检察长颁行的《皇家检察官准则》的主要内容，不仅依次包括：第 1 条（序言）、第 2 条（一般原则）、第 3 条（审查）、第 4 条（检验标准）、第 5 条（证据检验）、第 6 条（公共利益检验）、第 7 条（指控）、第 8 条（审判方式）、第 9 条（接受认罪）、第 10 条（重新起诉）、第 11 条（结论），共 11 条，而且明确规定："皇家检察院是由检察长领导的公共机关。它通过总检察长向议院负责。《皇家检察官准则》是根据《1985 年刑事起诉法》第 10 条的规定颁布的公开文件。这是第三版，并取代先前的版本。该准则将随时修改并予以颁布；本准则旨在保证人人知道皇家检察院履行职责时所适用的原则。警官们在决定是否指控某一被告人时，应当考虑该准则的原则。通过适用这些相同的原则，从事刑事司法工作的任何人都能帮助该系统公正地对待被害人，公平而有效地起诉被告人"（第 11 条）。因此，总的来说，尽管名为"皇家检察官准则"甚至"皇家检察官法"，但从法律结构看，它是名副其实的"起诉或检控行为准则"。

2010 年 2 月，皇家总检察长修正颁行《皇家检察官准则》第六版。其主要内容依次包括：第 1 条（导言）、第 2 条（总则）、第 3 条（是否起诉的决定）、第 4 条（完全准则试验）、第 5 条（最低限度试验）、第 6 条（指控的选择）、第 7 条（庭外处理）、第 8 条（青少年）、第 9 条（审理方式）、第 10 条（接受有罪抗辩）、第 11 条（检察官在判刑时的作用）、第 12 条（重新考虑起诉决定），共 12 条。

总之，《皇家检察官准则》并非名副其实的检察官法，而是地地道道的其他专门性检察法律，且迄今这一性质并未改变。正基于此，便有人将其译为《英国皇家检察官起诉规则》，① 而这亦是本书未将其列为第三章第二节"国外检察官法评介"加以评介的原因所在。

九、美国其他专门性检察法律评介②

（一）《美国独立检察官法》评介

1973年5月18日，应参议院的请求并根据司法部规定，司法部长（亦即总检察长）埃利奥特·理查森任命哈佛大学法学教授、司法部前副部长阿奇博尔德·考克司为"特别检察官"，对水门事件进行调查，③ 却遭受层层阻碍。考克司拒绝服从水门事件的当事人——尼克松总统的命令，并公开指控总统违抗法院命令。尼克松对此的反应是，命令司法部长理查森罢免考克司。但最终导致尼克松于1974年8月9日辞去总统职务。

然而，公众对水门事件的强烈抗议，特别是考克斯的解职催发了国会对"将政府政策从司法部的控制之下转移出来"的建议的若干听证会。讨论集中于通过立法建立一种要求在司法部之外任命特别检察官的程序，以调查并且在必要时对涉嫌实施了犯罪活动的高级政府官员提起公诉。经过若干年的听证与辩论，国会得出结论，这种司法部之外的临时检察官应由一特别法庭来任命，并且只能在有限的情况下可以被司法部长（亦即总检察长）

---

① 参见陈国庆译：《英国皇家检察官起诉规则》，载《检察论丛》第3卷，法律出版社2001年版。

② 参见刘星红：《美国〈独立检察官法〉的起源、发展和目前的争论》，载《外国法译评》1999年第1期；张鸿巍：《美国检察制度研究》，人民出版社2009年版。

③ 所谓水门事件，是美国历史上最不光彩的政治丑闻之一，其对美国本国历史以及整个国际新闻界都有着长远的影响。在1972年的总统大选中，为了取得民主党内部竞选策略的情报，1972年6月17日，以美国共和党尼克松竞选班子的首席安全问题顾问詹姆斯·麦科德为首的5人闯入位于华盛顿水门大厦的民主党全国委员会办公室，在安装窃听器并偷拍有关文件时，当场被捕。由于此事，尼克松于1974年8月8日宣布将于次日辞职，从而成为美国历史上首位辞职的总统。

解职。

随后，1978 年 10 月，《政府行为准则法》得以颁行。因其中含有"特别检察官的条款"，因而也称之为《独立检察官法》。其主要内容不仅明确表明设立"法定特别检察官"职位的 4 点理由：一是避免利益冲突或利益冲突之公开化的必要性，这种冲突或冲突的公开化将损害公众对司法部的信任；二是总统或司法部长在调查的初期阶段可能不愿意任命特别检察官；三是特别检察官揭露额外罪行的可能性，否则这些罪行有可能不被发现或不被起诉；四是对特别检察官将会阻止诸如水门事件和相关的阻挠司法之类的滥用权力事件的期望，而且明确规定：

第一，司法部长在接到有关该法管辖的任何高级官员违反轻罪之外的任何联邦刑事法律的"明确情报"后，进行初步调查。90 天的调查期过后，他应向哥伦比亚特区联邦上诉法院特别检察官处报告，并向特别检察官处提交一份备忘录，说明为什么有关的指控是"非实质性的，不需进行进一步的调查或提起公诉"，或说明进一步调查的根据并要求任命一名特别检察官。司法部长不寻求任命特别检察官的决定，是不可复审的。

第二，如果司法部长要求任命一名特别检察官，则要求他的报告应是充分具体的，以使特别检察官处能够任命一适宜的个人来担任特别检察官，并适当规定其管辖权。

第三，若司法部长的调查在 90 天内未能结束，要求司法部长寻求任命一名特别检察官。

第四，共和党或民主党任何一党在众议院或参议院司法委员会的成员，均可多数票要求司法部长寻求任命一名特别检察官。若司法部长拒绝该等要求，他应提交一份详尽的报告来解释其理由。

第五，特别检察官一经任命即享有调查其管辖权范围内事项的"充分与独立权力"，包括召集大陪审团、发出传票、赋予证人豁免权、审查税务申报单和反驳以某种特权或国家安全因素为理由拒绝提供证据之主张的权力；而司法部应以使特别检察官能够接触资料来源和档案的方式向特别检察官提供支持；在调查期间，特别检察官若发现了有关事项，他也可以要求司法部长赋予他额外的管辖权，接受司法部长分派的有关事项。

第六，特别检察官只能因其行为的"特别不适当"或精神或身体的障碍，才能被司法部长罢免。

第七，特别检察官应定期向国会提交报告，向众议院提供任何"实质性的可信赖的可能构成弹劾理由的证据"。在调查结束时，要求特别检察官向特别检察官处提交一份报告，报告应充分描述所完成的工作、对所提起的所有案件的处理结果，以及对其管辖权内事项作出不起诉决定的理由。

第八，只有应司法部长的请求并根据特别检察官处的命令，或（为避免"秘密法庭"诉讼的出现）提起公诉时，特别检察官的任命、身份和管辖权才得以公开。同时，严格限制有关司法部长之初步调查和特别检察官之调查信息的泄露。只有经法院的许可，在特别检察官处入卷的材料才可以公开。

1982年，经过两年的研究与对包括美国律师公会和纽约市律师公会在内的若干团体的听证，国会重新修正了《政府行为准则法》，并自此更名为《独立检察官法》。其中，修正内容包括：一是削减了调查可覆盖的官员数量；二是允许司法部长调查有关不为该法所明示管辖之人的利益冲突；三是削减并规范了调查的时间；四是修改了启动初步调查程序的标准；五是限制司法部长在调查期间对调查手段的利用；六是使司法部关于起诉的政策具体化；七是限制特别检察官滥用权力；八是将"特别检察官"改为"独立检察官"；九是允许补偿律师费。

1987年，国会修正并通过新的《独立检察官法》：一是缩小了司法部长在进行初步调查时的自由裁量权；二是明确独立检察官在收入和任职后限制问题上不遵守司法部行为准则；三是缩小了司法部长在决定是否任命独立检察官问题上的自由裁量权；四是要求司法部长自我回避；五是修改了寻求扩大独立检察官之管辖权的程序；六是减少了有关独立检察官的利益冲突；七是增加了报告费用支出的要求；八是使国会和有关利益方更容易获得报告。

1992年，一些国会议员提议对《独立检察官法》进行修正以增加对独立检察官额外的财政与管理限制，并展期该法。然而，由于有人反对在第102届国会闭会期间审议法案，该法自1992年12月起失效。

1993年1月，重新颁布《独立检察官法》的议案被再度提出。而后，该法经以下修正于1994年6月再次展期：一是有关进一步削减独立检察官经费开支的限制；二是加强了司法部长的作用；三是对所管辖官员的范围进行了调整，亦适用于国会成员；四是除非经重新展期，1994年《独立检察官展期法》定于1999年6月30日失效。①

因此，基于上述内容不难看出，尽管《美国独立检察官法》名为"独立（或特别）检察官法"，但其实为"独立（或特别）检察官调查法"。而这，也恰是本书未将其列入本书第三章第二节而列入本节的根本原因所在。易言之，《美国独立检察官法》并非名副其实的检察官法，而是地地道道的"独立（或特别）检察官调查法"，类似于苏联的《检察监督条例》。

（二）《美国律师协会刑事司法准则》之《检察职能》和《侦查职能》、《全美检察准则》和《联邦地区检察长手册》评介

1. 《美国律师协会刑事司法准则》评介。本准则为美国司法界、检察界、律师界以及法律教育界等一批精英起草，在很大程度上反映了不同部门对刑事司法领域问题的共识。其首版问世即有17卷之多，目前使用的是第三版。截止到1974年，它便被全

---

① 另据来自美国国会的消息，由于民主、共和两党都反对独立检察官制度，该制度已在1999年6月30日寿终正寝（参见陈俊侠：《美国独立检察官制度将寿终正寝》，载《福州晚报》1999年7月1日）。

美逾两千起上诉案件予以引用。因此，它被视为基层法院、辩护律师与检察官的"工作指南"。为此，《联邦地区检察长手册》第9—2.101 条特别规定，尽管《全美律师协会刑事司法准则》尚未为司法部作为官方政策予以证实采纳，但虑及法院定罪量刑时对该准则大加援用，建议所有联邦地区检察长仔细参详之。

而历经 40 多年的修正，目前，其内容涵盖刑事司法的方方面面，主要包括：《上诉复核》、《附带惩罚与定罪者之自由裁量剥夺》、《刑事上诉》、《辩护功能》、《证据开示》、《DNA 证据》、《私人通讯之电子监视》、《公正审判与新闻自由》、《认罪答辩》、《共同诉讼与隔离》、《服刑人之法律地位》、《心理健康》、《定罪后之救济措施》、《审前释放》、《检察职能》、《检察侦查》、《提供辩护服务》、《量刑》、《初审法官之特殊职能》、《快速审判》、《技术辅助物理监视》、《陪审团审理》等。因此，《美国律师协会刑事司法准则》属于典型的判例汇集。

其中，1992 年 2 月，美国律师代表大会通过《侦查职能》，并将其列入《美国律师协会刑事司法准则》（第三版）。其内容包括《一般标准》、《检察职能之组织》、《起诉决定之侦查》、《答辩之讨论》、《审判》和《量刑》6 部分，基本涵盖了检察特别是公诉业务的主要方面。

2008 年 2 月，美国律师代表大会通过《检察侦查》，并将其列入《美国律师协会刑事司法准则》（第三版）。其内容包括《一般标准》、《检察官侦查职能之具体标准》和《检察官解决侦查问题之角色》3 章。所以，《检察职能》和《侦查职能》则详细阐述了美国检察机关的定位、职权以及业务范围。

2.《全美检察准则》评介。早在 1974 年，美国地区检察官协会便着手制定适用于全美的检察官行为规范。地区检察官协会从全美招募 54 名地区检察官，分为 6 个工作组，群策群力，耗时两年终于在 1977 年草就 27 卷《全美检察准则》。

时隔 13 年后，鉴于社会政治生活变化，特别是 1983 年《美

中外检察法律研究

国律师协会职业操守模范规则》的出台，激发了美国地区检察官
协会全面修订《全美检察准则》的念头。于是，协会下属"检察
官管理与标准委员会"具体负责修正，并于 1991 年完成《全美
检察准则（第二版)》，依次包括《职能/关系》、《审前》、《审
判》、《审后》、《少年司法》等 9 章，涵盖检察职能、诉讼程序及
其他一般性政策和有关工作程序。而目前，美国地区检察官协会
正着手《全美检察准则（第三版修正)》。

3.《联邦地区检察长手册》评介。它是在联邦总检察长（亦
即司法部长）和常务副总检察长亲自过问下制定的。它采用活页
设计，作为联邦地区检察长、联邦地区助理检察官及司法部部署
检察官就违反联邦法律起诉的快捷参考工具，包括《总论》、《上
诉》、《联邦地区检察长执行局》、《民事》、《环境和自然资源》、
《税务》、《反托拉斯》、《民权》与《刑事》等 9 章，既涵盖了联
邦地区检察院、司法部调查机构及其他部门一般性政策和有关工
作程序，也包括了联邦检察官职责、民事和刑事诉讼、税务与环
境保护等程序。

而除了《独立检察官法》、《美国律师协会刑事司法准则》之
《检察职能》和《侦查职能》、《全美检察准则》、《联邦地区检察
长手册》之外，美国还有《联邦量刑指南》、《美国律师协会职业
操守模范规则》等其他专门性检察法律。

总之，美国其他专门性检察法律的特色在于，靠形形色色的
"司法判例或惯例"支撑。

**十、澳大利亚《联邦检察院起诉规则》等其他专门性检察法
律评介①**

在澳大利亚，《1982 年检察长法》明确规定，检察长可以为

---

① 参见闵钐：《〈澳大利亚联邦检察院起诉规则〉评析》，载《检察论丛》第 9
卷，法律出版社 2004 年版。

-480-

副检察长、法律顾问和皇家检察官就犯罪起诉问题提供《起诉政策与准则》（第 13 条）；在修改完善《起诉政策与准则》时，检察长可与警察局长商讨与可起诉犯罪或规定的简易审犯罪有关的起诉问题，但检察长必须先与总检察长进行商讨（第 14 条）。为此，澳大利亚联邦总检察长办公室于 1986 年颁行了《联邦检察院起诉规则》（亦可译为《联邦检察院起诉政策与准则》、《联邦检察院起诉政策——起诉过程中适用的规则》），新南威尔士州检察总署颁行了《起诉准则》（1987 年 7 月，2003 年修正）。

另外，《联邦检察院起诉规则》的主要内容包括：一是制定本规则的主要目的（前言）；二是检察制度或工作的目标在于，公正、公开、负责、效率（第 1.4 条）；三是检察官认为，有充分证据和符合公共利益需要的时候，才可以决定起诉或者不起诉（第 2.4 ～ 2.13 条）；四是青少年犯罪的起诉（第 2.12 ～ 2.17 条）；五是指控罪名的选择（第 2.18 ～ 2.24 条）；六是联邦起诉的提起和操作（第 3.1 ～ 3.11 条）；七是联邦犯罪起诉的控制（第 4.1 ～ 4.13 条）；八是起诉中的其他决定（第 5.1 ～ 5.33 条）。因此，本规则是指导澳大利亚联邦检察院起诉工作的政策性文件，涵盖了检察官职权的各个方面。

此外，作为其他专门性检察法律的《检察长指导原则》也规定，检察官在审查警察侦查完结移送过来的案件时，首先应充分考虑公共利益的要求（第 3 条），此外还应考虑以下几个因素：可得到的证据是否足以证明犯罪；是否有合理的理由定罪；是否存在其他合乎公共利益的自由裁量因素要求不起诉（第 4 条）。

十一、其他

一方面，除上述大陆法系和社会主义法系国家之外，其他大陆和社会主义法系国家也存在其他专门性检察法律。例如，德国有《检察机关组织和工作命令》，奥地利有《检察机关组织法的实施条例》（1986 年），葡萄牙有《总检察长第 295—A/90 号法令》和《总检察长第 11/1999 号法令》，西班牙有《第 5/2000 号法律》和《总检察长第 3/2001 号指令》，芬兰有《总检察长法令》，瑞典有《检察机关初查领导权指南》和《侦查细则》，荷兰有《检察委员会公诉检察官应当要求延迟或者拒绝提前释放的指令》（2003 年 5 月 1 日），丹麦有总检察长发布的《第 194 号指令》（1949 年 7 月 16 日）、《第 36 号指令》（1966 年 2 月 18 日）、《关于起诉裁量权的一般性指令》（2001 年 6 月 25 日）和《RM 3/2002 指令》，波兰有《普通检察院行为准则》（1992 年），斯洛伐克有《关于设立专门法院和专门检察院的法》（法律汇编 2003 年第 458 号），立陶宛有《调查、审讯过程中非法活动和检察院、法院非法活动引起的损失补偿法》和《检察官职业道德法典》，爱沙尼亚有《总检察长办公室关于基于机会原则终止起诉的指南》（2003 年）、《检察机关一般法令》（2004 年 3 月 29 日），菲律宾有《第 1275 号总统令》（1978 年 4 月 11 日），越南有《最高人民检察院关于人民检察院直接受理立案侦查范围的规定》（1998 年），印度尼西亚有《第 5 号法令》和《第 59 号宪报》，泰国有《关于总检察长办公室部长条例》（2003 年），等等。

另一方面，除上述英美法系国家之外，其他英美法系国家也存在其他专门性检察法律。例如，加拿大有《联邦检控署工作守则》、《联邦检控专员法》（2006 年 12 月 12 日）、《新斯科舍省公诉法》（1990 年 9 月）、《魁北克省检控专员法》，马耳他有《1936 年总检察长和共和国法律顾问（机构设置）法令》，等等。

第三节　中国其他专门性检察法律评介

一、中国其他专门性检察法律的特点

毋庸讳言，集中华、大陆、英美和社会主义检察法律特点于一身的我国，不仅注重检察院组织法典与检察官法典的制定，更

注重其他专门性检察法律的制定；不仅旧中国的清末、北洋和国民政府时期重视，新中国的"文革"前与"文革"后也都重视。与此同时，不论是旧中国清末、北洋和国民政府时期，还是新中国"文革"之前、之后颁行的其他专门性检察法律，除具有中国检察法律之特点乃至中国检察院组织法与检察官法的某些特点外，其自身还有以下特点：

（一）名称、数量和种类多

这突出表现在"五个并存"上——国内与国际、全国与地方性、显性与隐性、实体与程序性、有效与废止的其他专门性检察法律并存。

（二）所涉及的内容十分广泛

这突出表现在"八个既有……也有"上——既有针对检方的，也有针对检察机关或检察人员的；既有针对最高（高等）检察院的，也有针对地方各级检察院的；既有针对检察官的，也有针对其他检察人员的；既有针对检察职权的，也有针对检察工作的；既有针对检察诉讼监督权的，也有针对检察非诉讼监督权的；既有针对检察刑事诉讼监督权的，也有针对检察民事行政诉讼监督权的；既有针对检察机关处务规则的，也有针对办事章程的；既有检察首脑机关制定的，也有最高审判机关、政府等非检察首脑机关制定的。

（三）制定主体相对集中

而基于下述所列举的其他专门性检察法律实例不难看出，清末的其他专门性检察法律，主要由各省高等检察厅制定或法部认可；北洋政府的，主要由司法部及其总检察厅制定；国民政府的，主要由司法行政部或者司法院指定司法行政部制定；革命根据地的，主要由工农检查委员会或工农检查部制定；新中国的，主要由最高人民检察署（院）单独或与其他中央政法单位（如高法、公安部、安全部、司法部）联合制定。

因此，我国其他专门性检察法律的制定主体，主要是检方的最高首脑机关——最高人民检察院（署）。而究其原因，主要在于法律授权。例如，现行《检察院组织法》第 28 条就规定："各级人民检察院的人员编制由最高人民检察院另行规定"；《检察官法》也规定："本法施行前的检察人员不具备前款第六项规定的条件的，应当接受培训，具体办法由最高人民检察院制定"（第 10 条第 2 款），"最高人民检察院根据检察工作需要，会同有关部门制定各级人民检察院的检察官在人员编制内员额比例的办法"（第 53 条），"国家对初任检察官、法官和取得律师资格实行统一的司法考试制度。国务院司法行政部门会同最高人民检察院、最高人民法院共同制定司法考试实施办法，由国务院司法行政部门负责实施"（第 54 条），"人民检察院的书记员的管理办法，由最高人民检察院制定"（第 55 条第 1 款）。

当然，不论旧中国还是新中国，都客观存在由最高审判机关、政府等非检察首脑机关制定的其他专门性检察法律。

（四）兼有司法解释和法律双重属性

基于制定主体——主要由最高人民检察院（署）单独或与其他中央部委联合制定之特点，导致其他专门性检察法律既有司法解释之特点，也有被解释的对象——法律之特点，而兼有法律及其司法解释的双重属性。

二、清末其他专门性检察法律评介

尽管由于实行审检合署机制导致清末全国其他专门性检察法律鲜见，但由附设于省（府）地方法院内的地方检察厅制定的地方其他专门性检察法律却为数不少。例如，奉天地方检察厅制定的《管辖之兴仁县检察厅划归抚顺管辖的告示》［宣统元年三月四日（1909 年 4 月 23 日）］、《各级检察厅职官表》［光绪三十四年（1909 年）］、《各级检察厅官吏职务一览表》［光绪三十四年

（1909 年）］、《地方检察厅及初级各厅执行事件类别年表》［光绪三十四年（1909 年）］；

上海地方检察厅制定的《试办简章》、《专则》（共 5 章 61 条）、《典簿所专则》（共 3 章 14 条）、《驻厅司法警察规则》（共 16 条）、《收状处规则》（共 20 条）、《民刑诉讼章程》［宣统三年九月（1911 年 11 月）］；

直隶省地方检察厅制定的《各级检察厅办事规则》［宣统二年十一月（1910 年 12 月），共 14 章 130 条］；

江苏地方检察厅制定的《各级检察厅办事规则》［宣统二年（1910 年），共 14 章 140 条］和《各级检察厅职务纲要》［宣统三年（1911 年），共 10 章 108 条］；

广西高等检察厅制定的《各级检察厅办事规则》［宣统二年（1910 年）］、《高等检察厅办事规则》［宣统二年（1910 年），共 6 章 35 条］；

京师高等检察厅制定的《典簿所办事细则》（共 4 章 43 条）；

河南地方检察厅制定的《省城初级检察厅章程》（共 5 章 23 条）、《省城地方检察厅章程》（共 5 章 30 条）；

贵州地方检察厅制定的《各级检察厅调度司法警察章程施行细则》（共 7 章 75 条），等等。

总之，比较而言，清末所制定的其他专门性检察法律数量，要远远少于其所制定的诸如《拟定各省城商埠各级审判检察厅编制大纲》等附属性检察法律的数量，但要强于其检察法典数量的"一穷二白"。究其主因，审检合署机制所致。

三、中华民国其他专门性检察法律评介

概言之，北洋政府承袭并沿用清末检察法律，不仅与清末一样制定有地方其他专门性检察法律，而且与清末不同，还制定有全国其他专门性检察法律。

（一）北洋政府

1. 北洋政府时期所制定的全国其他专门性检察法律，包括以下三类：

第一，诸如《增订检察厅调度司法警察章程》（1914 年 4 月 4 日，教令第 44 号，共 8 条）等，[①] 由北洋政府制定的其他专门性检察法律。

第二，诸如《关于检察官更换指挥司法警察证的规定》（1914 年 4 月 17 日）、《呈请将各县管狱员之任免惩奖仍归高等检察厅办理文并指令》（1916 年 12 月 17 日）、《裁撤检察机关改定法院名称延期实行呈》（1927 年 10 月 20 日）等，由当时检察首脑机关——北洋政府司法部制定的其他专门性检察法律。

第三，诸如《关于收回领事裁判权的训令》（1913 年 1 月 30 日）、《对下级厅提起上诉案件如无理由准上级厅驳回的指令》（1913 年 2 月 28 日）、《督促各厅检察官对所检察的案件应迅速办理的训令》（1913 年 12 月 6 日）、《为防止处刑畸重畸轻检察官须详论犯罪情节的饬文》（1915 年 4 月 21 日）、[②]《关于报送上告案件务须完全贴卷并注明收受日期的通饬》（1915 年 10 月 16 日）、《关于上诉案件不得延误的通饬》（1915 年 10 月 25 日）、《关于俱发罪判决确定后又发觉余罪的训令》（1919 年 4 月 4 日）、《为各检察官对刑事案件务须厉行检举的训令》（1919 年 5 月 13 日）、《关于提高诉讼质量的训令》（1919 年 6 月 11 日）、《对于告发告诉案件务须依法提起公诉不得因撤销或变更影响公诉权的训令》（1919 年 6 月 20 日）、《对于宣告无罪之被告应由审判衙门核办的

---

① 所谓教令，是指"军队中通常以命令形式颁发的带试验性的原则规定"［参见中国社会科学院语言研究所词典编辑室编：《现代汉语词典》（修订本），商务印书馆 1999 年版，第 639 页］。

② 所谓"饬"，即"饬令"的简称，是指"上级命令下级"［参见中国社会科学院语言研究所词典编辑室编：《现代汉语词典》（修订本），商务印书馆 1999 年版，第 171 页］。

训令》（1920 年 1 月 21 日）、《关于检察官对审厅审理的盗匪案件可提出意见书的训令》（1921 年 3 月 21 日）、《关于切实整顿检察职务的训令》（1924 年 1 月 12 日）等，由北洋政府司法部下设总检察厅制定的其他专门性检察法律。

2. 北洋政府时期所制定的地方其他专门性检察法律，主要由附设于地方高等法院内的地方高等检察厅制定。例如，云南大理分院总检察分厅制定的《暂行简章》（1910 年 2 月 10 日，共 14条）、云南高等检察厅制定的《上告审检处办事细则》（1921 年12 月 2 日，共 12 条）、① 《（检察长及检察官）宣誓就职程序》（1921 年）、《（检察长及检察官离任手续）移交和接收》（1921年）；

直隶高等检察厅制定的《各级检察厅办事规则》（1912 年，共 14 章 130 条）、《对于诉讼事件划一办法》（1914 年 3 月，共16 条）等；

奉天高等检察厅制定的《为各厅呈送无期徒刑以下各项清册的训令》（1913 年 8 月 4 日，训令 269 号）、《关于各地检察长侦查相验案件须与检察官平等分配的训令》（1918 年 7 月 11 日）、《关于各厅检察官、书记官莅庭时应着制服执行其他职务应着礼服的训令》（1925 年 10 月 16 日）、《关于二审诉讼案件管辖范围的训令》（1925 年 7 月）、《为转发中国人在租界内犯罪由中国法院审理的训令》（1925 年 7 月），以及奉天省长公署制定的《县司法公署检察员办事权限大纲》（1924 年 5 月 20 日）等；

京师地方检察厅制定的《暂行处务规则》（1915 年，共 5 章144 条），京兆尹公署、京师高等检察厅制定的《监督京兆第一二

---

① 云南大理分院、总检察分厅由于无经费开支，代理省长刘祖武于民国十年十月十四日经云南省长公署第十三次政务会议议决"为节省经费计，将大理分院、总检察分厅裁撤，嗣后如遇上诉案件，应临时指派司法机关人员审理"。并于同年十二月十二日以云南省长公署第 1426 号训令颁布《云南上告审检处办事细则》，代替《大理分院、总检察分厅暂行简章》。

监狱暂行规则》（1917 年 6 月，共 10 条），以及京师地方检察厅制定的《看守所待遇被告人暂行规则》（1927 年，共 16 条）、《收发状纸暂行简章》（共 6 条）等；

湖南高等法院检察处制定的《暂行处务规则》（1928 年 8 月 29 日，共 5 章 30 条），湖南安化地方法院检察处制定的《处务细则》（1946 年 3 月 26 日，共 36 条）；

广东高等法院各分院检察处制定的《暂行处务规则》（1934 年，共 5 章 29 条），广东省各地方法院检察处制定的《暂行处务规则》（1934 年，共 5 章 27 条），等等。

（二）国民政府

概言之，民国政府承袭并沿用北洋政府，并制定有众多的全国与地方其他专门性检察法律。

1. 民国政府时期所制定的全国其他专门性检察法律，主要包括以下四类：

第一，诸如《关于上级检察官命令下级检察官侦查案件应受刑诉法第二百五十二条约束令》（1930 年 1 月 18 日）等，由司法院制定的其他专门性检察法律。

第二，诸如《最高法院检察署准增设荐委书记官员缺令》（1929 年 1 月 16 日）、《关于最高法院东北分院检察处改称检察署的公函》（1929 年 8 月 13 日）等，由司法院指令司法行政部制定的其他专门性检察法律。

第三，诸如《关于各级法院院长首席检察官均须办案的训令》（1936 年 1 月 10 日）、《定高等以上法院检察官审查不起诉处分表式令》（1937 年 6 月 28 日）等，由当时检察首脑机关——司法行政部制定的其他专门性检察法律。

第四，诸如《检察官或兼理检察职务之县长办理案件应注意事项》等，由附设于最高法院的检察署制定的其他专门性检察法律。

2. 民国政府时期所制定的地方其他专门性检察法律。例如，浙江高等法院检察处制定的《暂行处务规程》（1929 年 8 月 1 日，共 5 章 37 条）；

东北分院检察署制定的《为制定检察与司法警察合作办法的训令》（1930 年 6 月 14 日）；

北平地方检察处制定的《检察官视察看守所制式报告单》（1930 年 2 月）；

江苏高等法院第二分院检察处制定的《暂行处务规程》（1931 年 5 月 14 日，共 5 章 24 条），江苏高等法院第三分院检察处制定的《暂行处务规程》（1932 年 3 月 7 日，共 5 章 24 条），江苏上海第一特区地方法院检察处制定的《暂行处务规程》（1932 年 6 月 13 日，共 5 章 28 条）；

云南各级法院检察处制定的《处务细则》（1942 年 3 月 12 日，共 4 章 18 条）；

首都地方检察署制定的《首都地方检察署及分署处务规程》（1943 年 8 月，共 5 章 63 条），等等。

（三）革命根据地

概言之，革命根据地时期的其他专门性检察法律，主要有三类：

第一，由中央苏区中央工农检察人民委员部制定的其他专门性检察法律。例如，中华苏维埃共和国《关于检查苏维埃政府机关和地方武装中的阶级异己分子及贪污腐化动摇消极分子问题》（1932 年 12 月 1 日）、《工农检察部控告局的组织纲要》（1932 年 9 月 6 日，共 11 条）、《关于健全各级工农检察部组织事》（1933 年 4 月 13 日），以及《中央工农检察部怎样检举贪污浪费》（1934 年）等。

第二，由福建革命根据地制定的其他专门性检察法律。例如，《江西、福建及瑞金等县工农检查部联席会议决定》（1932 年 8 月

13 日)、《福建省苏维埃政府工农检察部命令第 1 号——为坚决执行中央政府工农检察人民委员会训令第 1 号》（1932 年 10 月 5 日）、《福建省苏维埃政府工农检察部组织系统与任务》（1932 年 10 月 6 日）、《福建省苏维埃政府工农检察部通讯第 1 号——报告检查优待红军条例结果》（1932 年 10 月 8 日）等。

第三，由其他革命根据地制定的其他专门性检察法律。例如，《山东省各级检察委员会组织条例》、《陕甘宁边区政府（有关检察制度）命令》等。

四、新中国其他专门性检察法律评介

（一）"文革"前

1. 新中国"文革"前制定的全国其他专门性检察法律，主要包括以下四类：

第一，由中央人民政府主席批准定的，主要有：《各级检察署工作人员任免暂行办法》等。

第二，由全国人大常委会制定的，主要有：《关于处理在押日本侵略中国战争中战争犯罪分子的决定》（1954 年 4 月 25 日，共 6 条）等。

第三，由最高人民检察署（院）制定的，主要有:① 最高人民检察院、国务院编制委员会、财政部《各级人民检察院编制方案》（1956 年 4 月 16 日）、《各级人民检察院侦查工作试行程序》（1956 年 8 月 5 日）、《关于侦查监督工作程序方面的意见（试行草案)》（1957 年 7 月 31 日）、《人民检察院刑事审判监督工作细则（草案)》（1957 年 9 月 3 日，共 32 条）、《人民检察院劳改检察工作的任务和办法》（1958 年 5 月 13 日，共 13 条）、《关于修改办案程序的初步意见》（1958 年 8 月 15 日）、《各级人民检察院

---

① 其中，未注明制定者的，为最高人民检察院（署）制定。

办案程序试行规定（草）》（1959 年 3 月 20 日）、《关于审查批捕、审查起诉、出庭公诉工作的试行规定（修改稿)》（1963 年 8 月 26 日）等。

第四，由最高人民检察署（院）各业务厅制定的，主要有：最高人民检察署华东分署《对苏南检察署年终总结的意见》（1951 年 2 月）、第一厅《关于各地人民检察院试行一般监督制度的情况和意见》（1954 年 12 月 23 日）、第二厅《关于各地人民检察院试行侦查制度的情况和意见》（1954 年 12 月）、第四厅《关于各地人民检察院试行审判监督制度的情况和意见》（1954 年）、第二厅《对各地侦查工作的几点意见》（1955 年 5 月）、第一厅《关于依靠群众办理批捕起诉案件的情况和意见》（1964 年 9 月 5 日）等。

2. 新中国"文革"前制定的地方其他专门性检察法律，主要包括：

辽宁省人民检察院制定的《关于贯彻人民检察院组织法对我省今后检察工作建设的初步意见》（1954 年 12 月 13 日）；沈阳市人民检察院制定的《与市公安局、市法院、市监察委员会工作关系的暂行规定》（1954 年 9 月 28 日）；旅大市人民检察署制定的《科的工作范围》（1951 年 2 月 3 日）、《刑事案件处理暂行办法》（1951 年 4 月）、《关于公文收发和处理暂行办法》（1952 年 12 月 12 日）、《关于案件收结和处理暂行规定》（1952 年 12 月 13 日）、《转出（移办）案件催办制度》（1953 年 1 月 27 日，共 12 条）、《工作人员考绩暂行办法》（1953 年 3 月 10 日，共 13 条）、《关于受结案件手续暂行规定》（1954 年 9 月 9 日）、《枪支管理和使用规定》（1955 年 10 月 14 日，共 7 条）等。

北京市人民检察署制定的《一般监督工作暂行办法》（1954 年 5 月，共 17 条）、《关于试行各项侦查工作程序的专题报告》（1954 年 10 月 15 日）、《关于市、区人民检察院审查批准逮捕人犯案件的范围和批准权限的试行规定》（1955 年 11 月）等。

天津市人民检察院制定的《关于刑事审查起诉工作的试行办法（草案）》（1955 年 3 月 24 日）、《关于批准公安机关逮捕人犯工作的试行办法（草稿）》（1955 年 3 月 29 日）等。

河北省人民检察院制定的《关于刑事审查起诉工作的试行办法（草案）》（1955 年 3 月 24 日）、《关于批准公安机关逮捕人犯工作的试行办法（草稿）》（1955 年 3 月 29 日）等。

山西省人民检察署制定的《各级人民检察署审判监督工作几项试行制度规定（草稿）》（1954 年 6 月 5 日，共 5 章 23 条）、《各级人民检察署侦讯与侦讯监督试行制度（草稿）》（1954 年 6 月 5 日，共 7 条）、《各级人民检察署对于监所劳改队监督制度试行规定（草稿）》（1954 年 6 月 5 日，共 7 条）、《各级人民检察署一般监督试行制度（草稿）》（1954 年 6 月 5 日，共 7 条）、《各级人民检察署侦查与侦查监督试行制度（草稿）》（1954 年 6 月 5 日）、《各级人民检察署审判监督试行制度（草稿）》（1954 年 6 月 5 日）等。

江苏省人民检察署（院）制定的《关于启用印信日期的报告》（1953 年 1 月 1 日）、《关于检察业务制度的重点试行意见（初稿）》（1954 年 7 月 17 日）、《试行组织条例及各处室分工试行办法（草稿）》（1955 年 6 月 9 日）、《第三处工作试行办法（草稿）》、《第四处（审判监督暨监所、劳动改造机关监督处）工作试行办法（草案）》（1955 年 6 月，共 22 条）、《人事处工作试行办法（草稿）》（1955 年 6 月，共 9 条）、《办公室工作试行办法（草稿）》（1955 年 6 月，共 9 条）、《关于办案工作的具体规定》（1961 年 9 月 3 日）；南京市人民检察院制定的《第一处工作试行办法》（1955 年 5 月 18 日，共 11 条）、《第二处工作试行办法》（1955 年 5 月 19 日，共 9 条）、《第三处工作试行办法》（1955 年 5 月，共 7 条）、《第四处工作试行办法》（1955 年 5 月，共 17 条）等。

上海市人民检察院制定的《处理人民来信和接见人民工作简

则》（1952 年，共 8 条）、《关于处理人民来信、来访工作的试行规定》（1954 年 3 月 13 日，共 13 条）、《处理人民来信、来访暂行规定》（1955 年 10 月 5 日，共 14 条）、《第二处试行工作细则（草案）》（1955 年，共 10 条）、《关于市、区人民检察院受理刑事案件的试行规定》（1957 年 5 月 17 日）、《第三处对审查起诉工作做法的意见》（1957 年 7 月 17 日）、《处理人民控告、申诉工作试行细则（草案）》（1957 年 12 月 24 日，共 35 条）、《第四处办案和其他工作制度》（1957 年，共 18 条）、《侦查工作法律文书和审批手续的规定》（1958 年 6 月 14 日）、《自办案件工作试行程序（稿）》（1963 年 9 月 12 日）等。

湖南省人民检察院制定的《关于参与公安机关侦查活动开展侦查监督工作中几个问题的意见》（1957 年 6 月 22 日）、《检察机关办案工作条例（草稿）》（1961 年 11 月 27 日，共 23 条）等。

云南省昆明市人民检察署制定的《侦查工作管辖范围和程序》（1954 年 6 月）、《关于市院与区院批捕案犯管辖范围之规定》（1955 年 4 月 9 日）、《关于市、区院刑事案件受理范围的暂行规定》（1956 年 7 月 31 日）、《关于各项制度暂行规定》（1957 年 12 月 3 日）、《关于批捕、起诉内部批准权限和案件管辖范围的意见》（1958 年 4 月 12 日）、《各种工作制度的规定》（1959 年 3 月 23 日）等。

内蒙古自治区人民检察院制定的《检察工作条例（草案）》（1962 年 5 月 23 日，共 13 章 42 条）等。

江西省人民检察院制定的《关于检查处理违法犯罪案件试行细则（草案）》（1963 年 4 月 4 日，共 13 条）等。

贵州省人民检察署制定的《关于请示报告制度的规定（草案）》（1954 年 5 月 28 日）等。

西北军政委员会制定的《西北各级人民检察署聘请检察通讯员试行办法》（1951 年 7 月 8 日，共 10 条）等。

（二）"文革"后

1. 新中国"文革"后制定的全国其他专门性检察法律，主要包括以下三类：

（1）由全国人大常委会制定的，主要有：《关于省人民代表大会闭会期间省人民检察院检察长产生程序的决定》等。

（2）由最高人民检察院制定的，① 又包括：

第一，1976～1984年制定的有：《关于省院受理属于人民法院管辖的一审案件，应移交给管辖地区的检察分（市）院办理》（1979年12月28日），《人民检察院检察委员会组织条例》（1980年4月1日），《人民检察院刑事检察工作试行细则》（1980年7月21日，共6章50条），《人民检察院监所检察工作试行办法》（1981年1月5日）、《人民检察院监所检察工作试行办法》（1981年1月20日，共4章31条），《关于在办理贪污、受贿等经济犯罪案件中正确运用免予起诉的几点意见（修改稿）》（1982年12月25日），《人民检察院直接受理自行侦查刑事案件的办案程序（暂行规定）》（1983年3月1日，共6节50条），《人民检察院劳改检察试行办法》（1983年3月4日），《各级检察院查处粮食系统贪污犯罪案件的情况和今后意见》（1983年9

---

① 而另据《最高人民检察院司法解释评析（1979～1989）》等检察文献统计显示，"文革"后由最高人民检察院制定的其他专门性检察法律（亦即司法解释）主要包括以下4类：一是有关刑法的检察解释，又包括：综合，以及针对犯罪、刑罚、刑罚的具体运用、危害国家安全（反革命）罪、危害公共安全罪、破坏社会主义市场经济秩序罪、侵犯公民人身权利民主权利罪、侵犯财产罪、妨害社会管理秩序罪、危害国防利益罪、贪污贿赂罪、渎职罪、军人违反职责罪的检察解释。二是有关刑事诉讼法的检察解释，又包括：综合，以及针对管辖、回避、辩护与代理、证据、强制措施、附带民事诉讼、期间送达、立案、侦查和提起公诉、提起公诉、审判组织、第一审程序、第二审程序、死刑复核程序、审判监督程序、执行的检察解释。三是诸如最高人民检察院《关于加强和改进民事行政检察工作的决定》（2010年9月1日）等有关民事、行政诉讼监督的检察解释。四是诸如最高人民检察院《关于加强检察机关内部监督工作的意见》（2011年12月5日）等有关检察事务管理的检察解释。

月 26 日），《人民检察院业务用枪管理办法》（1983 年 10 月 31
日），《人民检察院司法警察工作试行条例》（1984 年 8 月 15
日），最高人民检察院、劳动人事部《检察机关工作人员奖惩暂
行办法》（1984 年 10 月 16 日）等；

第二，1985～1989 年制定的有：《人民检察院直接受理的经
济检察案件立案标准的规定（试行）》、《人民检察院直接受理侦
查的刑事案件管理制度（试行）》、《人民检察院直接受理的法纪
检察案件立案标准的规定（试行）》和《人民检察院直接受理侦
查的刑事案件办案程序（试行）》（1986 年 3 月 24 日，共 50 条），
最高人民检察院、财政部《检察业务费开支范围的规定》（1986
年 5 月 5 日），最高人民检察院、国家档案局《关于人民检察院
诉讼档案保管期限的规定》、《关于人民检察院诉讼档案管理办
法》和《关于人民检察院诉讼文书立卷归档办法》（1986 年 8 月
2 日），《人民检察院控告申诉检察工作细则（试行）》（1986 年
12 月 10 日，共 6 章 38 条），《关于劳改、看守所检察工作细则
（试行）》、《关于人民检察院劳改检察工作细则（试行）》（共 4
章 39 条），《关于人民检察院劳教检察工作办法（试行）》和
《关于人民检察院看守检察工作细则（试行）》（1987 年 7 月 23
日，共 3 章 45 条），《人民检察院法医工作细则（试行）》和《人
民检察院文件检验工作细则（试行）》（1988 年 1 月 28 日），《人
民检察院举报工作若干规定（试行）》（1988 年 12 月 26 日），最
高人民检察院、国家计划委员会《关于加强检察机关侦查手段设
施建设意见》（1989 年 1 月 30 日），《检察统计工作暂行规定》
（1989 年 10 月 26 日），《关于加强检察统计工作的决定》（1989
年 11 月 6 日），《检察人员纪律（试行）》（1989 年 11 月 25 日），
《检察统计工作暂行规定》（1989 年 11 月 26 日），《人民检察院
直接受理的侵犯公民民主权利人身权利和渎职案件立案标准的规
定》（1989 年 11 月 30 日），《人民检察院乡（镇）检察室工作条
例（试行）》（1989 年 12 月 20 日）等；

第三，1990～1992 年制定的有：《检察机关工作人员荣誉证书和证章的办法（试行）》（1990 年 7 月 5 日），《人民检察院政治工作暂行条例》（1990 年 11 月 14 日），《关于检察机关办理贪污、贿赂、"侵权"、渎职等案件时相互配合、协调工作的规定》（1990 年 12 月 7 日），《人民检察院直接受理侦查的刑事案件审查逮捕审查起诉工作暂行规定》（1991 年 1 月 25 日），《加强劳改、劳教检察派驻组（室）工作的意见》（1991 年 2 月 1 日），《省、自治区、直辖市人民检察院检察官培训中心办学章程》（1991 年 2 月 9 日），《人民检察院侦查贪污贿赂犯罪案件工作细则（试行）》（1991 年 4 月 8 日，共 6 章 135 条），《关于保护公民举报权利的规定》（1991 年 5 月 13 日），《关于对执行〈关于颁发检察机关工作人员荣誉证书和证章的办法（试行）〉和〈补充规定〉有关问题的解答》（1991 年 7 月 24 日），《人民检察院办案工作中的保密规定》（1991 年 9 月 20 日），《人民检察院刑事检察工作细则（试行）》（1991 年 12 月 10 日，共 12 章 109 条），《人民检察院文明接待室评比条件和评比方法（试行）》（1992 年 1 月 3 日），《关于贪污受贿案件免予起诉工作的规定》（1992 年 1 月 7 日），《关于民事审判监督程序抗诉工作暂行规定》（1992 年 6 月 4 日，共 17 条），最高人民检察院、财政部《检察业务费开支范围和管理办法的规定》（1992 年 9 月 22 日），《检察机关司法警察评定授予警衔的实施办法》（1992 年 10 月 12 日）；

第四，1993～1995 年制定的有：《关于加强举报工作的决定》（1993 年 3 月 27 日），《人民检察院复查刑事申诉案件规定》（1993 年 4 月 5 日，共 8 章 49 条），《关于检察机关接受人民代表大会及其常务委员会监督若干问题的规定》（1993 年 6 月 17 日，共 7 条），《人民检察院监察工作暂行条例》和《人民检察院监察部门调查处理案件办法（试行）》（1994 年 1 月 4 日），《奖励举报有功人员暂行办法》（1994 年 5 月 11 日），《人民检察院政治工作纲要》（1994 年 11 月 24 日），《人民检察院刑事赔偿工作办法

（试行）》（1994 年 12 月 2 日），《中国女检察官协会章程》（1994
年 12 月 8 日），《关于检察人员不准接受可能影响公正执法的宴
请和不准参加用公款支付的营业性歌厅、舞厅、夜总会等娱乐活
动的规定（试行）》（1995 年 3 月 30 日），《〈检察官法〉实施方
案》（1995 年 7 月 18 日，共 3 条），《关于要案线索备案、初查的
规定》（1995 年 7 月 21 日，共 16 条），《检察官考评委员会章程
（试行）》、《初任检察员、助理检察员考试暂行办法》、《检察官
培训暂行规定》、《检察官考核暂行规定》、《检察官辞职、辞退暂
行规定》和《检察官纪律处分暂行规定》（1995 年 9 月 21 日），
《关于要案线索备案、初查的规定》（1995 年 10 月 6 日）；

　　第五，1996～1998 年制定的有：《最高人民检察院检察委员
会议事规则（试行）》（1996 年 1 月 18 日），《关于加强监所检察
办案工作的意见》（1996 年 2 月 1 日，共 5 条），《最高人民检察
院司法解释工作暂行规定》（1996 年 12 月 9 日），《关于检察机
关侦查工作贯彻刑诉法若干问题的意见》、《关于审查逮捕和公诉工
作贯彻刑诉法若干问题的意见》和《关于刑事诉讼法律监督工作
贯彻刑诉法若干问题的意见》（1996 年 12 月 31 日），《人民检察
院实施〈中华人民共和国刑事诉讼法〉规则（试行）》（1997 年 1
月 15 日，共 11 章 414 条），《关于弘扬检察职业道德热情为群众
服务主动接受社会监督的几项规定》（1997 年 5 月 29 日），《关于
人民检察院直接受理立案侦查案件范围的规定》（1998 年 5 月 11
日），《对违法办案、渎职失职若干行为的纪律处分办法》（1998
年 5 月 25 日，共 23 条），《人民检察院复查刑事申诉案件规定》
（1998 年 6 月 16 日，共 6 章 41 条），《人民检察院枪支管理规定》
（1998 年 7 月 9 日），《人民检察院错案责任追究条例（试行）》
（1998 年 7 月 17 日，共 6 章 36 条），《最高人民检察院与全国人
民代表会代表联系工作管理办法（试行）》（1998 年 8 月 21 日），
《关于完善人民检察院侦查工作内部制约机制的若干规定》（1998
年 10 月 22 日，共 10 条），《关于加强基层检察院建设的意见》

（1998年11月1日），《人民检察院刑事诉讼规则》（1998年12月16日，共12章468条）；

第六，1999～2000年制定的有：《人民检察院"检务公开"具体实施办法》（1999年1月4日），《关于人民检察院审查批准逮捕外国籍犯罪嫌疑人程序的规定》（1999年1月12日，共8条）、《人民检察院办理民事行政抗诉案件公开审查程序试行规则》（1999年5月10日，共24条），《关于加强预防职务犯罪工作的意见》（1999年12月9日），《最高人民检察院检察委员会议案标准（试行）》（1999年12月30日），《人民检察院立案监督工作问题解答》（2000年1月13日，共21条），《检察改革三年实施意见》（2000年2月15日），《关于最高人民检察院机关实行〈廉洁从检十项纪律〉的决定》（2000年2月22日），《人民检察院监察工作条例》（2000年5月25日，共11章85条），《关于加强和改进检察机关思想政治工作的若干意见》（2000年5月26日），《关于加强渎职侵权检察工作的决定》（2000年5月29日，共30条），《关于进一步推进基层检察院建设若干问题的意见》（2000年5月30日），最高人民检察院、国家档案局《人民检察院诉讼档案管理办法》、《人民检察院诉讼文书立卷归档办法》和《关于人民检察院诉讼档案保管期限的规定》（2000年11月2日），《关于检察机关厅局级以上领导干部配偶、子女个人经商办企业的具体规定》（2000年11月3日）、《关于充分发挥检察职能积极为西部大开发服务的意见》（2000年12月22日）；

第七，2001～2003年制定的有：《关于刑事抗诉工作的若干意见》（2001年2月5日，共5条），《关于检察机关积极参加"严打"整治斗争和整顿规范市场经济秩序工作的意见》（2001年4月7日），《检察机关办理案件必须严格执行的六条规定》（2001年4月9日），《人民检察院直接受理立案侦查的渎职侵权重特大案件标准（试行）》（2001年7月20日），《关于监所检察工作若干问题的规定》（2001年9月3日，共20条），《人民检察

院办理行政执法机关移送涉嫌犯罪案件的规定》（2001 年 11 月 3
日，共 15 条），《关于落实〈检察官法〉第十条第二款规定的具
体办法》（2001 年 12 月 7 日，共 10 条），《检察官职业道德规范》
（2002 年 2 月 26 日），《人民检察院基层建设纲要》（2002 年 3 月
1 日），《人民检察院办理未成年人刑事案件的规定》（2002 年 3
月 25 日，共 6 章 42 条），《关于下级检察院向最高人民检察院报
送公文的规定》（2002 年 4 月 22 日），《人民检察院办案用房和专
业技术用房建设标准》（2002 年 4 月 26 日），《关于检察机关有关
内设机构预防职务犯罪工作职责分工的规定》（2002 年 4 月 28
日，共 7 条），《关于进一步加强公诉工作的决定》（2002 年 9 月
12 日，共 20 条），《关于加强和改进控告申诉检察工作的决定》
（2002 年 11 月 5 日，共 23 条），《关于加强检察经费保障工作的
意见》（2002 年 11 月 6 日），《最高人民检察院检察委员会议事规
则》（2003 年 5 月 27 日），《关于加强案件管理的规定》（2003 年
6 月 5 日），《关于进一步加强检察理论研究的意见》（2003 年 6
月 12 日），《人民检察院控告、申诉首办责任制实施办法（试
行）》（2003 年 7 月 11 日，共 20 条），《关于实行人民监督员制度
的规定（试行）》（2003 年 9 月 2 日，共 7 章 39 条），《关于在检
察工作中防止和纠正超期羁押的若干规定》（2003 年 9 月 24 日，
共 8 条），《关于人民检察院办理直接受理立案侦查案件实行内部
制约的若干规定》和《关于人民检察院保障律师在刑事诉讼中依
法执业的规定》（2003 年 12 月 30 日，共 23 条）；

第八，2004～2005 年制定的有：《关于建立最高人民检察院
咨询委员制度的决定》（2004 年 2 月 4 日），《2004 年度基层检察
院建设工作指导意见》（2004 年 2 月 13 日），《检察人员纪律处分
条例（试行）》（2004 年 6 月 21 日），《关于人民检察院办理直接
受理立案侦查案件实行内部制约的若干规定》（2004 年 6 月 24
日，共 21 条），《关于充分发挥检察职能，为振兴东北地区等老
工业基地服务的意见》（2004 年 8 月 23 日），《关于实行人民监督

员制度的规定（试行）》（2004 年 8 月 26 日修正），《2004～2008
年全国检察人才队伍建设规划》（2004 年 9 月 10 日），《关于进一
步加强检察机关国有资产管理工作的意见》（2004 年 11 月 18
日），《关于最高人民检察院检察委员会审议民事行政抗诉案件范
围的规定》（2004 年 12 月 10 日，共 9 条），《关于进一步规范检
察机关表彰奖励工作的意见》（2005 年 1 月 20 日），《关于严禁检
察人员违规驾车的四项规定》（2005 年 5 月 13 日），《关于进一步
加强公诉工作强化法律监督的意见》（2005 年 6 月 10 日，共 7
条），《检察基础理论研究成果奖励办法》和《高检机关及直属事
业单位检察基础理论研究成果奖励办法》（2005 年 8 月 25 日），
《关于进一步深化检察改革的三年实施意见》（2005 年 9 月 12
日），《人民检察院直接受理侦查案件立案、逮捕实行备案审查的
规定（试行）》（2005 年 9 月 23 日，共 11 条），《最高人民检察
院检察理论研究课题管理办法》（2005 年 9 月 26 日），《关于制定
县级人民检察院公用经费保障标准的意见》（2005 年 9 月 27 日），
《关于省级以下人民检察院对直接受理侦查案件作撤销案件、不
起诉决定报上一级人民检察院批准的规定（试行）》（2005 年 9
月 29 日），《关于人民检察院办理刑事赔偿确认案件拟作不予确
认决定报上一级人民检察院批准的规定》（2005 年 11 月 9 日，共
9 条），《人民检察院直接受理侦查案件立案、逮捕实行备案审查
的规定（试行）》（2005 年 11 月 10 日，共 8 条），《关于贯彻落
实〈建立健全教育、制度、监督并重的惩治和预防腐败体系实施
纲要〉的意见》（2005 年 12 月 19 日），《关于人民监督员监督
"五种情形"的实施规则（试行）》（2005 年 12 月 27 日，共 13
条）；

　　第九，2006～2007 年制定的有：《人民检察院扣押、冻结款
物工作规定》（2006 年 3 月 27 日），《最高人民检察院司法解释工
作规定》（2006 年 5 月 10 日），《关于进一步深化人民检察院
"检务公开"的意见》（2006 年 6 月 26 日），《关于在审查逮捕和

审查起诉工作中加强证据审查的若干意见》（2006 年 7 月 3 日，共 5 条），《关于审查批准逮捕外国犯罪嫌疑人的规定》（2006 年 11 月 29 日，共 8 条），《关于在检察工作中贯彻宽严相济刑事司法政策的若干意见》（2006 年 12 月 28 日，共 26 条），《"十一五"期间全国检察干部教育培训规划》（2006 年 12 月 31 日），《人民检察院办理未成年人刑事案件的规定》（2007 年 1 月 9 日，共 6 章 49 条），《人民检察院临场监督执行死刑工作规则（试行）》（2007 年 1 月 19 日，共 18 条），《关于依法快速办理轻微刑事案件的意见》（2007 年 1 月 30 日，共 12 条），《关于公诉案件撤回起诉若干问题的指导意见》（2007 年 2 月 2 日，共 13 条），《关于减刑、假释法律监督工作的程序规定》（2007 年 3 月 2 日，共 16 条），《关于加强和改进监所检察工作的决定》（2007 年 3 月 6 日，共 30 条），《人民检察院信访工作规定》（2007 年 3 月 26 日），《公诉人出庭举证质证指导意见（试行）》（2007 年 4 月 2 日，共 4 章 61 条），《人民检察院办理起诉案件质量标准（试行）》和《人民检察院办理不起诉案件质量标准（试行）》（2007 年 6 月 19 日），《关于加强对监外执行罪犯脱管，漏管检察监督的意见》（2007 年 8 月 3 日，共 5 条），《关于加强上级人民检察院对下级人民检察院工作领导的意见》（2007 年 8 月 14 日，共 30 条），《检察人员执法过错责任追究条例》（2007 年 9 月 26 日，共 4 章 28 条），《最高人民检察院检务督察工作暂行规定》（2007 年 10 月 8 日）；

第十，2008～2009 年制定的有：《最高人民检察院专家咨询委员会工作办法》（2008 年 1 月 28 日），《人民检察院看守所检察办法》（共 10 章 51 条），《人民检察院监狱检察办法》（共 9 章 57 条）和《人民检察院监外执行检察办法》（2008 年 2 月 22 日，共 8 章 30 条），《人民检察院检察委员会组织条例》（2008 年 2 月 29 日），《人民检察院执法办案内部监督暂行规定》（2008 年 3 月 3 日，共 6 章 30 条），《关于在公诉工作中全面加强诉讼监督的意见》（〔2008〕高检诉发53号，共21条），《最高人民检察院与各民主党派中央全国工商联和无党派人士联络工作办法》（2009年1月7日，共8条），《2009～2012年基层人民检察院建设规划》（2009年2月27日），《最高人民检察院关于2009年～2012年大规模推进检察教育培训工作的实施意见》（2009年3月26日），《人民检察院举报工作规定》（共9章65条）和《关于进一步加强和改进举报线索管理工作的意见》（2009年4月8日，共10条），《关于加强检察机关领导班子思想政治建设的实施意见》、《关于重点监督罪犯建档的规定》（2009年5月18日），《检察官职业道德基本准则（试行）》（2009年9月3日，共6章48条），《关于省级以下人民检察院立案侦查的案件由上一级人民检察院审查决定逮捕的规定（试行）》（2009年9月4日，共20条），《关于完善抗诉工作与职务犯罪侦查工作内部监督制约机制的规定》（2009年9月11日，共4条），《人民检察院检察建议工作规定（试行）》（2009年11月17日，共11条），《关于进一步加强对诉讼活动法律监督工作的意见》等；

第十一，2010～2012年11月30日制定的有：《关于深入推进社会矛盾化解、社会管理创新、公正廉洁执法的实施意见》（2010年2月5日，共30条）、《人民检察院扣押、冻结涉案款物工作规定》（2010年5月9日，共6章54条），最高人民检察院、公安部《关于刑事立案监督有关问题的规定（试行）》（2010年7月26日，共14条），"两高一部"、国家安全部、司法部《关于对司法工作人员在诉讼活动中的渎职行为加强法律监督的若干规定（试行）》（2010年7月26日，共18条），最高人民检察院、公安部《关于审查逮捕阶段讯问犯罪嫌疑人的规定》（2010年8月31日，共15条），《关于加强和改进民事行政检察工作的决定》（2010年9月1日），《关于进一步加强和规范检察机关延伸法律监督触角促进检力下沉工作的指导意见》（2010年10月9日），最高人民检察院、公安部《关于人民检察院对看守所实施法律监督若干问题的意见》（2010 年 10 月 19 日，共 4 条），《关于加强对职务犯罪案件第一审判决法律监督的若干规定（试行）》（2010 年 11 月 18 日），《人民检察院国家赔偿工作规定》（2010 年 11 月 22 日），《〈最高人民检察院检务督察工作暂行规定〉实施办法》（2010 年 12 月 8 日，共 5 章 43 条），《关于适用〈关于办理死刑案件审查判断证据若干问题的规定〉和〈关于办理刑事案件排除非法证据若干问题的规定〉的指导意见》（2011 年 1 月 5 日），《关于进一步加强和改进人民检察院基层建设的意见》（2011 年 3 月 7 日），"两高"《关于对民事审判活动与行政诉讼实行法律监督的若干意见（试行）》（2011 年 3 月 10 日，共 16 条），《〈关于省级以下人民检察院立案侦查的案件由上一级人民检察院审查决定逮捕的规定（试行）〉的补充规定》（2011 年 11 月 9 日），《关于进一步建立健全检察机关执法办案考评机制的指导意见》（2011 年 11 月 9 日，共 6 条），《关于加强检察机关内部监督工作的意见》（2011 年 12 月 5 日），《人民检察院刑事诉讼规则（试行）》（2012 年 11 月 22 日，共 17 章 7088 条）等。

（3）由最高人民检察署各业务厅制定的，又包括以下两类：

一类是 20 世纪制定的，包括：二厅《关于检察院自侦案件内部分工的意见》（1983 年 11 月 12 日），一厅《办理批捕案件的质量标准》、《办理起诉案件的质量标准》和《办理免诉案件的质量标准》（1988 年 4 月 8 日）等。

另一类是 21 世纪制定的，包括：公诉厅《人民检察院办理不起诉案件公开审查规则（试行）》（共 18 条）、《刑事抗诉案件出庭规则（试行）》（共 21 条）、《人民检察院办理起诉案件质量标准（试行）》（共 14 条）、《人民检察院办理不起诉案件质量标准（试行）》（2001 年 3 月 5 日，共 3 条）和《人民检察院开展量刑建议工作的指导意见（试行）》（2010 年 2 月 23 日），民事行政检察厅《关于规范省级人民检察院办理民事行政提请抗诉案件的意见》（2001 年 8 月 14 日，共 3 条），政治部《关于如何理解检察官法第十条第六项所规定的"从事法律工作"的意见》(2001 年 12 月 26 日),《检察机关司法警察工作规范化建设标准》(2002 年 11 月 20 日)等。

2. 新中国"文革"后制定的地方其他专门性检察法律,主要包括以下五类:①

(1) 有关检察院及其派出机构设立的,又包括以下两类:

一类是关于检察院设置的有:新疆《关于在准东油田设立人民检察院的决定》(1993 年 7 月 11 日),甘肃《关于批准设置林区人民检察院的决定》(1981 年 10 月 24 日),山西《关于批准在太原西峪地区、阳泉荫营地区、永济董村地区设立人民检察院的决议》(1983 年 9 月 24 日),江西《关于在长口、珠湖、新华地区设置人民检察院的决定》(1985 年 3 月 1 日),四川《关于批准设置四川省芦山苗溪地区检察院的决定》(1985 年 11 月 30 日)等。

另一类是关于检察院派出机构的有:贵州《关于批准设置太慈桥、羊艾劳改、劳教单位所在区域人民检察院的决议》(1981 年 2 月 21 日),新疆《关于批准自治区人民检察院设立三个派出机构的决议》(1984 年 11 月 2 日),江苏《关于授权省辖市人大常委会批准在本行政区域内的劳改、劳教场所设置人民检察院派出机构的决定》(1985 年 2 月 10 日)等。

(2) 有关法律监督的,又包括以下三类:

第一,由省级人大常委会制定的有:河南《关于进一步加强检察机关法律监督的决定》(2001 年 7 月 27 日),西藏《关于加强检察机关法律监督工作的决定》(2010 年 9 月 29 日),重庆《关于加强检察机关法律监督工作的决定》(2011 年 7 月 29 日,共 14 条)。

第二,由地级市人大常委会制定的有:沈阳《关于加强检察机关法律监督工作的决定》(1999 年 5 月 26 日,共 10 条),金华

---

① 其中,诸如制定者"北京市人民代表大会常务委员会"简称为"北京"。

《关于加强检察机关法律监督工作的决定》（2002 年 7 月 26 日），包头《检察机关法律监督工作条例》（2006 年 3 月 13 日，共 7 章 31 条），银川《关于废止〈银川市检察机关法律监督工作条例〉的决定》（2012 年 5 月 4 日）等。

第三，由区县级人大常委会制定的有：杭州市萧山区《关于加强区人民检察院法律监督工作的决议》（2009 年 3 月 26 日，共 7 条），宜昌市夷陵区《关于贯彻实施湖北省人大常委会〈关于加强检察机关法律监督工作的决定〉的决议》（2009 年 10 月 10 日）等。

（3）有关诉讼监督的，又包括以下三类：

第一，由省级人大常委会制定的有：四川《关于加强人民检察院对诉讼活动的法律监督工作的决议》（2009 年 5 月 27 日，共 8 条）等。

第二，由地级市人大常委会制定的有：营口《关于加强人民检察院对诉讼活动的法律监督工作的决议》（2009 年 3 月 26，共 5 条），昆明《关于进一步加强人民检察院对诉讼活动的法律监督工作的决议》（2009 年 6 月 12 日，共 9 条），凉山彝族自治州《关于加强人民检察院对诉讼活动的法律监督工作的决议》（2009 年 8 月 8 日，共 8 条）等。

第三，由区县级人大常委会制定的有：大荔《关于加强人民检察院对诉讼活动的法律监督工作的决议》（2011 年 6 月 30 日）等。

（4）《反贪污贿赂法》。[①] 1989 年下半年，最高人民检察院牵头成立了"反贪污贿赂法研究起草小组"。历时 6 年，截止到 1995 年 3 月，该小组先后拟出了《反贪污法（草案）》（或《反贪污贿赂法（草案）》）第一稿至第十七稿。

---

① 参见罗辑主编：《中国反贪污贿赂检察业务全书》，中国检察出版社 1996 年版，第 779～1215 页。而具体情况，还可参见本编第一章第一节的相关论述。

1995 年 7 月 26 日，最高人民检察院向全国人大常委会办公厅报送《关于〈反贪污贿赂法（草案）〉、〈人民检察院组织法（修改意见稿）〉报送审议时间的报告》提出："根据全国人大常委会立法规划，最高人民检察院负责研究起草的《反贪污贿赂法（草案）》、负责提出修改意见的《人民检察院组织法》于今年内报送全国人大常委会审议。从目前起草、修改工作情况看，两法中的一些问题还需组织力量进行专题调研和深入论证，拟推迟报送。"然而，由于种种原因，这一"推迟报送"却成了"魔咒"，不仅导致《反贪污贿赂法》难以"横空出世"，也导致《八三检察院组织法》再修正的杳无音讯。

诚然，《反贪污贿赂法（草案）》中有些内容已被 1996 年《刑法修正案》和 1997 年《刑事诉讼法修正案》所吸收。但值得注意的是：一方面，迄今为止，建议制定《反贪污贿赂法》的呼声仍不绝于耳。例如，"针对近年来我国内地贪污贿赂犯罪案件逐年上升的态势，全国人大代表、安徽省高级人民法院副院长汪利民建议，制定反贪污贿赂法"；"在此间出席十届全国人大四次会议的全国人大代表、河南省高级人民法院院长李道民等向大会提交议案，建议制定反贪污贿赂法、修改刑法、刑事诉讼法设立藐视法庭罪、修改《人民法院组织法》取消部门企业管理法院体制的议案"。① 另一方面，尽管《反贪污贿赂法》的起草工作至今并未明令终止，但"咸鱼翻身"的可能性不大。

而在《反贪污贿赂法》（草案）第一稿至第十七稿的每一稿中，都有时下修正"三大诉讼法"和《人民检察院组织法》的可参考、借鉴内容。例如，第十七稿（1995 年 3 月，共 31 条）所规定的下列内容：为更有效地惩治贪污贿赂犯罪，根据宪法制定

---

① 参见辛红：《应抓紧制定反贪污贿赂法》，载中国人大网 2005 年 3 月 12 日；史宝银：《李道民代表：修改制定反贪污贿赂法等法律法规》，载中国新闻网 2006 年 3 月 1 日。

本法（第 1 条）；本法所说的贪污贿赂犯罪，是指刑法规定的贪污、贿赂、挪用、侵占、巨额财产来源不明、隐瞒境外存款和其他利用职务牟取财物或者财产性利益的犯罪（第 2 条）；任何机关、团体、企业、事业单位和个人都有反贪污贿赂的义务。人民检察院负责贪污贿赂犯罪案件的举报受理、立案、侦查、提起公诉，人民法院负责审判（第 3 条）；人民检察院反贪污贿赂局的检察官持特别身份证或有关证明文件进行本法第八条、第九条规定的调查和侦查活动（第 4 条）；任何单位在处理民事、行政、经济、违纪等案件时，发现有贪污贿赂犯罪嫌疑的，应在 10 日之内将案卷材料移送人民检察院。对已作出处理决定的，人民检察院认为有贪污贿赂犯罪嫌疑的，可以随时调卷审查（第 5 条）；任何单位和个人发现贪污贿赂犯罪嫌疑，应向人民检察院举报；境外组织和个人也可以举报。其他单位或者个人接到贪污贿赂犯罪的举报，应在 10 日内转送人民检察院。对举报有功的单位或个人，应给予奖励；人民检察院对个人举报费用，根据情况给予适当补偿。举报人询问处理情况的，应给予答复（第 6 条）；有关单位应当为贪污贿赂举报人保守秘密。必要时，可以采取措施保障举报人及其家庭成员的人身、财产安全（第 7 条）；人民检察院对贪污贿赂的举报或者其他贪污贿赂线索应进行审查。必要时，可以采取下列措施进行调查。有关单位应给予支持帮助：（一）向银行、信用合作社、储蓄所、证券交易所或者其他金融单位查询与案件有关的存款、股票、有价证券、保管物；（二）向财产收入申报登记部门调查被举报人的财产登记情况；（三）向有关单位或者个人了解、查阅、复制有关的账目、文件、合同或者其他物品、资料；（四）进入有关单位或者场所勘验、检查与贪污贿赂犯罪案件有关的现场，扣押或封存与案件有关的款物、资料；（五）传唤、询问被举报人和知情人，被传唤人应当在指定的时间、地点接受询问，并如实回答与案件有关的问题，对无正当理由拒不到场接受询问的，可以拘传，一次拘传不得超过 24 小时；（六）责令被举报人说明本人、配偶、子女和其他家庭成员的财产状况、来源和存放地点；（七）对被举报人或者其他人员利用职务阻碍调查的，可以要求其主管单位中止其职务（第8条）；人民检察院认为，有贪污贿赂犯罪嫌疑的，应当决定立案侦查。侦查时，除采取刑事诉讼法规定的全部侦查措施外，还可以采取下列措施。有关单位应予以协助：（一）查封、扣押、冻结、划拨、追缴、没收犯罪嫌疑人在银行、信用合作社、储蓄所、证券交易所或者其他金融单位的存款、股票、有价证券、保管物等；（二）在犯罪嫌疑人携款逃跑、企图自杀或者正在毁灭、伪造罪证等紧急情况下，来不及办理手续的，检察官出示特别身份证件可以先行拘留。但必须在24小时内补办拘留手续；（三）扣留有潜逃出境危险犯罪嫌疑人的有效出境证件，通知有关边防检查站阻止其出境；已逃往境外的，通过国际刑警组织或者其他途径予以缉捕；（四）在紧急情况下，检察官出示特别身份证件，可以优先乘坐公共交通工具，遇交通阻碍时，优先通行；可以优先行使用机关、团体、企业、事业单位或个人的交通、通讯工具、必要的场地和建筑物等，用后应当及时归还，并支付适当费用，造成损失的，应当补偿；（五）涉外贪污贿赂案件，可以请求有司法协助关系的国家进行协查，或者通过国际刑警组织和其他途径进行调查，所获得的资料经审核可以作为证据；（六）因侦查贪污贿赂犯罪的需要，根据国家有关规定，经过严格的批准手续，可以采用必要的技术手段进行侦查；（七）要求公安机关、国家安全机关、海关、审计、邮政或者其他机关、社会团体、企业、事业单位和公民给予支持和协助（第9条）；已查实犯罪嫌疑人的财产或者支出明显超过合法收入，差额巨大的，犯罪嫌疑人应说明其来源，本人拒不说明或者无充分证据说明来源是合法的，其差额部分以非法所得论（第10条）；行贿人有事实说明给予受贿嫌疑人贿赂，并且受贿嫌疑人已经利用职务为行贿人谋取了非法利益，受贿嫌疑人有责任举证说明。受贿嫌疑人拒不说明或者无充分证据说明其没有受贿的，以受贿论。受贿人有事实说明收受了贿赂，并且已经利用职务为行贿嫌疑人谋取了非法利益，行贿嫌疑人有责任举证说明。行贿嫌疑人拒不说明或者无充分证据说明其没收行贿的，以行贿论（第11条）；受贿嫌疑人明知其配偶、子女或者其他家庭成员收受了行贿人贿赂，并利用职务为行贿人谋取了利益的，以受贿论处（第12条）；有证据证明犯罪嫌疑人实施了贪污贿赂犯罪行为，并获取了赃款赃物，但犯罪嫌疑人拒不说明或者无充分证据说明赃款赃物去向的，按其所获得的赃款赃物数额论（第13条）；贪污贿赂犯罪的主要知情人拒不作证，造成严重妨碍侦查、起诉或者审判的，比照刑法规定的妨害公务罪或者伪证罪追究刑事责任（第14条）；有关单位的主管人员或者会计、审计等其他业务人员，在职务活动中发现贪污贿赂犯罪嫌疑不予举报，企图使犯罪嫌疑人逃避法律追究的，依照刑法规定的包庇罪追究刑事责任（第15条）；有关单位对贪污贿赂犯罪的举报或者有关调查材料不依法转送，造成延误侦查或者使犯罪嫌疑人逃避法律追究的，依照刑法规定的玩忽职守罪对直接负责的主管人员和其他直接责任人员追究刑事责任（第16条）；有关单位无正当理由拒不协助人民检察院对贪污贿赂犯罪案件的调查、侦查，造成延误侦查或者使犯罪嫌疑人逃避法律追究的，依照刑法规定的妨害公务罪追究直接负责的主管人员和其他直接责任人员的刑事责任（第17条）；任何单位和个人不得干扰和阻碍对贪污贿赂犯罪案件的依法查处，利用职务之便进行干扰或者阻挠，情节严重的，依照刑法规定的包庇罪或者徇私舞弊罪追究刑事责任。对贪污贿赂犯罪案件有追究责任的国家工作人员不依法处理，或者因受阻挠而不履行法律所规定的追究职责的，依照刑法规定的玩忽职守罪或者徇私舞弊罪追究刑事责任（第18条）；受理举报单位的工作人员泄露举报秘密，造成举报人及其家庭成员的人身、财产受到侵害或者使犯罪嫌疑人逃避法律追究的，依照刑法规定的泄露国家秘密罪追究刑事责任（第19条）；贪污贿赂犯罪人明知人民检察院开始调查其犯罪行为而逃跑的，比照刑法规定的脱逃罪追究刑事责任，与贪污贿赂罪数罪并罚（第20条）；单位主管人员、会计人员和其他人员为掩盖他人的贪污贿赂犯罪事实，而伪造、变造、故意毁灭会计凭证、会计账簿、会计报表或者其他会计资料的，依照刑法规定的包庇罪追究刑事责任（第21条）；财会等业务人员，故意出具不真实的发票、明知是不应当报销的凭据而报销、明知是为进行贪污贿赂而违反规定大量提取现金，导致贪污贿赂犯罪发生，并从中谋取利益的，以共同犯罪论处。案发前主动举报的除外（第22条）；具有本法第十六条至第二十二条规定的妨碍对贪污贿赂犯罪案件调查、侦查情形之一，不构成犯罪的，可以给予拘留；情节显著轻微危害不大的，由主管机关进行批评教育或者给予行政或者纪律处分（第23条）；受到刑罚处罚的贪污贿赂犯罪人，终身不得再担任公务员、审判员、检察员等公职。因犯贪污贿赂罪被免予起诉或者被判缓刑、免予刑事处罚的国家工作人员不得再从事原职业（第24条）；单位犯贿赂罪的违法所得，应一律追缴；企业单位犯贿赂罪的，可以停业整顿，情节严重或者整顿无效的，可以吊销营业执照（第25条）；犯行贿罪自首的，可以免予起诉（第26条）；人民检察院、人民法院发现有关单位存在可能导致贪污贿赂犯罪发生的问题时，应当建议其采取措施予以改进。有关单位应当采纳；对书面建议的，应将改进的情况予以回告。拒不采纳，由此发生犯罪的，应依法追究单位主管人员的法律责任（第27条）；人民检察院应当经常进行贪污贿赂犯罪的社情调查，收集、储存有关的资料和信息。掌握贪污贿赂犯罪的动向，查访贪污贿赂犯罪的线索（第28条）；机关、团体、企业、事业单位都有预防贪污贿赂犯罪的义务；人民检察院、人民法院应有关单位的要求，给予指导（第29条）；本法未规定的，适用其他法律规定（第30条）。

总之，作为尚未出鞘的"利剑"——《反贪污贿赂法》与《中央人民政府各级（大行政区直属市、省、市、县）人民检察署试行组织通则（草案）》，无疑是我国尚未实施检察法律的典型代表。

（5）其他。例如，山西《关于授权晋城市人大常委会任免晋城晋普山地区人民检察院干部法律职务的决议》（1986 年 1 月 12 日）等。

五、港澳台地区其他专门性检察法律评介

（一）香港特别行政区

目前，支撑并规范香港特别行政区检方运作的专门性检察法律是《检控政策及常规》（2008 年 12 月 23 日修正）。其主要内容包括：（1）律政司的独立性；（2）律政司司长的职能；（3）刑事检控专员的职能；（4）检控人员的职责及专业操守；（5）公正无私的检控人员；（6）检控人员与调查人员各有独立明确的职能；（7）检控人员检控；（8）证据是否充分；（9）公众利益准则；（10）少年犯的情况；（11）检控常规与程序；（12）审讯方式；（13）检控决定的复议；（14）守行为令的程序；（15）同意检控；（16）免予检控；（17）中止检控；（18）展示材料的责任；（19）检控人员与罪行受害者；（20）判刑程序中控方的角色；（21）检控人员与对定罪的上诉；（22）检控人员与减刑上诉/复核判刑；（23）私人检控及律政司司长的介入；（24）重新提出检控；（25）公布检控决定的理由。

因此，《检控政策及常规》类似于美国的《美国律师协会刑事司法准则》之《检察职能》和《侦查职能》、《全美检察准则》、《联邦地区检察长手册》，并可将其视为香港特别行政区的专门性检察法律。

（二）澳门特别行政区

目前，支撑并规范澳门特别行政区检方运作的专门性检察法

律主要有以下三部：①

第一，《检察长办公室组织与运作》（1999 年 12 月 28 日，共
26 条），包括：第 1 条（性质与职能）、第 2 条（组织架构）、第
3 条（司法辅助厅）、第 4 条（律政厅）、第 5 条（人事财政厅）、
第 6 条（人事配备）、第 7 条（办公室主任）、第 8 条（司法官）、
第 9 条（顾问）、第 10 条（高级技员和技员）、第 11 条（秘书）、
第 12 条（翻译）、第 13 条（工人和助理员）、第 14 条（工作身
份证）、第 15 条（预算及财政制度）、第 16 条（出纳）、第 17 条
（收入）、第 18 条（开支）、第 19 条（人员任免）、第 20 条（特
别待遇）、第 21 条（职务中止）、第 22 条（不得兼任）、第 23 条
（补充制度）、第 24 条（转入）、第 25 条（预算案生效前财政负
担）、第 26 条（生效）。因此，该法与国外检察长办公室法之法
律结构类似。

第二，《澳门特别行政区检察官委员会内部规章》（2000 年 5
月 25 日，共 26 条）。

第三，《澳门特别行政区检察院司法官及司法辅助人员查核
规章》（2000 年 5 月 25 日，共 21 条）。

（三）台湾地区

目前，支撑并规范台湾地区检方运作的专门性检察法律主
要有：②

台湾"高等法院"检察处"台湾各法院检察处办理案件及一
般业务应行注意事项"（1951 年 1 月 20 日）、"地方法院及其分院
检察处处务规程"与"高等法院及其分院检察处处务规程"
（1982 年 2 月 1 日）、"行政院""高等法院以下各级法院及其分

---

① 参见《澳门检察法律汇编》，澳门特别行政区检察院 2000 年编印。

② 参见《中华民国检察制度大事记》，台湾高等法院检察署 2007 年 7 月 15 日、
2007 年 12 月 28 日、2010 年 1 月 7 日编制，载《检察新论》（杂志，中国台湾）总第
1~3 期。除注明者外，其余制定者均为"法务部"。

院检察署检察长职期调任办法"（1990 年 7 月 9 日）；

以及"台湾高等法院检察署及所属各检察署检察官慎重羁押要点"和"检察机关法警戒护人犯使用手铐戒具应行注意要点"（1991 年 5 月 25 日）、"检察机关办理案件防止迟延实施要点"（1992 年 4 月 20 日）、"检察机关实施通信监听应行注意要点"（1992 年 11 月 26 日）、"检察官搜索政府机关应行注意要点"（1995 年 3 月 8 日）、"检察官守则"（1996 年 6 月 24 日）、"检察官评鉴办法"和"检察官个案评鉴要点"（1996 年 7 月 15 日）、"地方法院检察署检察官协同办案实施要点"（1998 年 1 月 6 日）、"检察一体制度透明化实施方案"（1998 年 11 月 20 日）、"遴派检察官进驻行政院金融监督管理委员会办事要点"（2006 年 4 月 11 日）等。

第五章　中外附属性检察法律研究

除旨在规范检方权力或行为的专门性检察法律外，能够规范检方权力或行为的法律还有五花八门的附属性检察法律；而附属性检察法律亦可分为国内与国际附属性检察法律两类。

——题记

第一节　附属性检察法律概述

一、附属性检察法律的概念和种类

所谓附属性检察法律，即旨在规范检方之权力或行为，并附属于专门性检察法律之外的其他国内或国际法律中的检察法律规范的统称。因此，它类似于附属刑法，并有国内与国际附属性检察法律之分。

（一）附属性国内检察法律

概言之，"三大法系"国家之附属性国内检察法律还至少包括 14 种情形，内容如下，且第 1~8 种情形属于全国性检察法律、第 9~14 种情形则属于地方性检察法律：

1. 检察宪法规范。即附属于宪法或宪法文件中的检察法律规范的总称。① 例如，"总检察长和下级检察长在行使自己权力时是独立的，并且只服从于法律。总检察长向总统报告自己的活动情况"［《白俄罗斯共和国宪法》（1996 年 11 月 24 日）第 127 条］；

"1. 总统应任命有资格被任命为最高法院法官者为印度总检察长。2. 总检察长有权就法律事项向政府提供建议，并履行总统所移送或者分配给他的其他法律职责，并行使本宪法或者根据本宪法或者当时有效法律赋予的职能。3. 在行使其职责时，总检察长有权在印度境内所有法院听审。4. 总检察长的任期和薪酬由总统决定"［《印度宪法》（2012 年初第 97 次修正）第 76 条］；

"检察机关在全国按垂直系统组织，只服从共和国总检察长，不受地方政权机关的干涉"［《古巴共和国宪法》（2002 年 6 月 26 日修正）第 128 条第 4 款］。

而我国《五四宪法》第 81 条第 1 款则规定："中华人民共和国最高人民检察院对于国务院所属各部门、地方各级国家机关、国家机关工作人员和公民是否遵守法律，行使检察权。地方各级人民检察院和专门人民检察院，依照法律规定的范围行使检察权。"

2. 检察基本法律规范。即附属于基本法律中的检察法律规范的总称。例如，"共和国检察官有权就预审法官的裁定向刑事审查庭提出抗诉"［《法国刑事诉讼法典》（1962 年 3 月 1 日）第 185 条第 1 款］；②

"在应加拿大政府之邀请提起并由加拿大政府或者其代表进行的诉讼中，加拿大总检察长享有与省总检察长根据本章享有的相同的上诉权"（《加拿大刑事法典》第 696 条）；③

"对于未成年人、残疾人的劳动者的合法权益受到侵害的案

---

① 而值得注意的是，绝大多数国家宪法为宪法典，而诸如英国等少数国家宪法则由宪法性文件组成。

② 参见《法国刑事诉讼法典》，谢朝华等译，中国政法大学出版社 1997 年版，第 89 页。

③ 参见《加拿大刑事法典》，罗文波等译，北京大学出版社 2008 年版，第 477 页。

件或其他情节严重的劳动案件，如无人起诉时，人民检察院有权起诉"（《越南劳动诉讼法》第28条）。①

而我国《七九刑法》第77条规定："在人民法院、人民检察院、公安机关采取强制措施以后，逃避侦查或者审判的，不受追诉期限的限制。"

3. 检察法律规范。即附属于法律中的检察法律规范的总称。例如，"国家安全委员会和警察厅长官必须经常保持同检察总长的密切联系"［《日本警察法》（2004年6月18日修正）第76条第2款］；

"检察专员监督下列行为：（a）总检察长以书面作出的以下通知：（ⅰ）依据第104.14条的规定，对无效羁押规定的执行；（ⅱ）依据第104.14条、第104.20条的规定羁押被撤销的执行；（ⅲ）依据第104.14条、第104.20条、第104.24条的规定，羁押被变更的执行；或（b）向总检察长提交变更的副本（在必要情况下）"［《澳大利亚2005年第2号反恐怖主义法》（2005年12月6日）第104.30条］。②

而我国《中央人民政府任免国家机关工作人员暂行条例》（1951年7月20日）第2条第6款规定："中央人民政府委员会依据《中央人民政府组织法》第七条第九款之规定"，任免"中央人民政府最高人民检察署检察长、副检察长、委员、秘书长、副秘书长"。

4. 检察行政法规规范。即附属于行政法规中的检察法律规范的总称。例如，《日本检察官适格审查会令》［内阁根据检察厅法（昭和22年）第61号法律第23条第8款规定，制定本检察官适格审查会令，2000年6月7日修正］第7条：审查会，得以要求

---

① 参见张文山、李莉：《东盟国家检察制度研究》，人民出版社2011年版，第238页。

② 参见刘伯祥主编：《外国警察法》，中国法制出版社2007年版，第1044页。

被审查的检察官及其所属检察厅的长官出席会议陈述意见。①

我国国务院《卖淫嫖娼人员收容教育办法》（2011年1月8日修正）第21条规定，被收容教育人员在收容教育期间死亡的，应当由公安机关组织法医或者指定医生作出死亡鉴定，经同级人民检察院检验，报上一级公安机关和人民检察院备案，并填写死亡通知书。

而《波兰人民共和国检察署法》第14条第1款还明确规定："波兰人民共和国检察署组织条例应经国务委员会通过。"②

5. 检察法定解释规范。即附属于法定解释中的检察法律规范的总称。法定解释是一种最常见的法律解释。而据所附属法定解释性质的不同，还可将检察法定解释规范分为以下五种：

（1）检察立法解释规范。即附属于立法解释中的检察法律规范的总称。

例如，我国全国人大常委会法制工作委员会《关于如何理解和执行法律若干问题的解答（五）》（1992年7月1日）第14条规定，萍乡市人民法院、人民检察院提请市人大常委会任命的审判委员会委员的人选，是否具备任职条件，可由市人大常委会决定。

（2）检察司法解释规范。即附属于司法解释中的检察法律规范的总称。

例如，我国"两高"《关于对民事审判活动与行政诉讼实行法律监督的若干意见（试行）》（2011年3月10日）第7条第1款规定："地方各级人民检察院对符合本意见第五条、第六条规定情形的判决、裁定、调解，经检察委员会决定，可以向同级人民法院提出再审检察建议。"

---

① 参见徐尉：《日本检察制度概述》，中国政法大学出版社2011年版，第348页。
② 参见《检察制度参考资料》第三编（上），最高人民检察院研究室1980年编印，第232页。

（3）检察解释规范。即附属于检察解释中的检察法律规范的总称。

例如，"在高等检察厅和地方检察厅各设置 1 名次席检事，由法务大臣从该厅的检察官中任命"［日本法务部《检察厅事务章程》（2010 年 4 月 1 日修正）第 2 条第 1 款］。①

"根据越南最高人民检察院《关于人民检察院直接受理立案侦查范围的规定》（1998 年）共有 4 类 53 种案件，由检察院直接立案侦查"。②

而韩国《检察厅法》（1988 年 12 月 31 日修正）第 11 条规定："与检察厅事务有关的必要事项，由法务部命令决定"；《检察案件事务规则》（1988 年 12 月 9 日修正）第 1 条进一步规定："本规则的目的是根据《检察厅法》第 11 条的规定，确定与各级检察厅案件的受理、调查、处理和进行公判等有关的事项，保证案件事务的正常运转。"

英国《1985 年检察法》第 10 条（检察官指导原则）第 1 款规定："在下述情况下，检察长应发布含有适用于检察官的一般原则的检察官规则……"《皇家检察官准则》第 1 条进一步规定："本规则根据《1985 年英国检察法》第 10 条发布……"③

而我国最高人民检察院《人民检察院错案责任追究条例（试行）》（1998 年 7 月 17 日）第 3 条规定："检察官在办理案件中造成错案的，应当追究法律责任、纪律责任。"

（4）检察审判解释规范。即附属于审判解释中的检察法律规范的总称。例如，我国最高人民法院《关于人民法院加强法律实施工作的意见》（2011 年 8 月 1 日）第 21 条（自觉接受监督，争

---

① 参见徐尉：《日本检察制度概述》，中国政法大学出版社 2011 年版，第 308 页。

② 参见张文山、李莉：《东盟国家检察制度研究》，人民出版社 2011 年版，第 229 页。

③ 参见王克主编：《世界各国检察院组织法选编》，中国社会科学出版社 1994 年版，第 111 页、第 123 页、第 436 页、第 461 页。

取支持配合）："自觉接受各级人民代表大会及其常委会的工作监督、政协民主监督、检察机关法律监督和社会各界监督，争取政府及其他相关部门的支持与保障，加强与其他司法机关的沟通、协调与配合，紧紧依靠广大人民群众，努力营造全社会关心司法、支持司法、尊重司法、信任司法的良好氛围。"

（5）检察行政解释规范。即附属于行政解释中的检察法律规范的总称。

例如，国务院《邮政法实施细则》（1990 年 11 月 12 日）第 7 条第 3 款："除因国家安全或者追查刑事犯罪需要，由公安机关、国家安全机关或者检察机关依法对通信进行检查外，邮件在运输、传递过程中，任何单位或者个人不得以任何理由检查、扣留。"

6. 检察政策规范。即附属于检察政策中的法律规范的总称。

例如，"各级人民检察院要严格贯彻执行有关法律关于严禁刑讯逼供的规定，明确非法证据的排除规则"［最高人民检察院《关于严禁将刑讯逼供获取的犯罪嫌疑人供述作为定案依据的通知》（2001 年 1 月 2 日）第 3 条］。

7. 检察行政规章规范。即附属于行政规章中的检察法律规范的总称。

例如，我国公安部《公安机关强制隔离戒毒所管理办法》（2011 年 9 月 28 日）第 38 条第 1 款："戒毒人员在强制隔离戒毒期间死亡的，强制隔离戒毒所应当立即向主管公安机关报告，同时通报强制隔离戒毒决定机关，通知其家属和同级人民检察院。"

8. 检察执政党政策规范。即附属于执政党政策中的检察法律规范的总称。

例如，中共中央、国务院《关于进一步制止党政机关和党政干部经商、办企业的规定》（1986 年 2 月 4 日，共 10 条）第 1 条："党政机关，包括各级党委机关和国家权力机关、行政机关、审判机关、检察机关以及隶属这些机关编制序列的事业单位，一律不准经商、办企业。凡违反规定仍在开办的企业包括应同机关脱钩而未脱钩，或者明脱钩暗不脱钩的，不管原来经过哪一级批准，都必须立即停办，或者同机关彻底脱钩。"

9. 检察地方性法规规范。即附属于地方性法规中的检察法律规范的总称。

例如，辽宁省人大常委会《辽宁省信访条例》（2010年7月30日修正）第22条："本省各级人民检察院受理下列来信来访：（一）对人民检察院工作的建议、批评和意见；（二）对本级人民检察院工作人员和下一级人民检察院负责人的违法失职行为的控告、检举；（三）依法应由人民检察院受理的控告、检举、申诉；（四）应由人民检察院处理的其他问题。"

10. 检察地方性自治条例规范。即附属于地方性自治条例中的检察法律规范的总称。

例如，河北省青龙满族自治县人大《青龙满族自治县自治条例》（2009年2月7日）第21条第1款："自治县人民法院和人民检察院，应当有满族公民担任院长、检察长或者副院长、副检察长。"

11. 检察地方性单行条例规范。即附属于地方性单行条例中的检察法律规范的总称。

例如，安徽省人大《安徽省各级人民代表大会常务委员会监督条例》（2002年1月30日）第2条第1款："本省各级人民代表大会常务委员会在本级人民代表大会闭会期间，对本级人民政府、人民法院、人民检察院及其他监督对象依法行使监督职权。"

12. 检察地方性规章规范。即附属于地方性规章中的检察法律规范的总称。

例如，江苏省人民政府《江苏省邮政普遍服务保障监督管理办法》（2012年2月23日）第45条第1款："除因国家安全或者追查刑事犯罪的需要，由县级以上公安机关、国家安全机关或者检察机关依照法定权限和程序对邮件进行检查、扣留外，其他任何单位或者个人不得检查、扣留邮件。"

13. 检察"准司法解释"规范。即附属于"准司法解释"中的检察法律规范的总称。

例如，北京市人民检察院第一分院《办理渎职侵权案件工作规则》（2003 年 12 月 4 日）第 3 条："案件线索来源为上级部门交办、控告申诉部门转交、犯罪嫌疑人自首、办案中自行发现、公安机关等有关部门移送。"

14. 检察其他规范性文件规范。即附属于除上述 13 种法律之外的、其他规范性文件中的检察法律规范的总称。例如，"审查起诉阶段，犯罪嫌疑人要求聘请律师的，检察机关应当及时通知犯罪嫌疑人的亲属或律师"［河北省高级人民法院、省人民检察院、省公安厅、省国家安全厅、省司法厅《贯彻实施〈中华人民共和国律师法〉的若干规定》（2009 年 10 月 30 日）第 26 条］；

"根据综合得分，考评结果分为办案质量好、办案质量较好、办案质量一般三个档次"［天津市人民检察院公诉处《天津市检察机关办理公诉案件考评办法（试行）》（2009 年 2 月 12 日）第 2 条第 3 款］；

"市人民政府、市中级人民法院、市人民检察院、专门委员会以及市辖区（县、市）人民代表大会常务委员会可以向常务委员会提出法规解释要求"［广东省汕头市人大常委会《汕头市立法条例》（2001 年 3 月 4 日）第 60 条］；

"改变管辖交办的案件，应向接受案件的单位移送案卷等材料并办理有关手续"［河南省商水县人民检察院《公诉科办案流程》（2008 年 6 月 16 日）第 6 条］。

（二）附属性国际检察法律

例如，"检察官应在刑事诉讼、包括提起诉讼和根据法律授权或当地惯例，在调查犯罪、监督调查的合法性、监督法院判决的执行和作为公众利益的代表行使其他职能中，发挥积极作用"（《联合国关于检察官作用的准则》第 11 条）；

"各国应当采取有效措施，以确保检察官能够在适用的法律和组织条件下，以及利用各种措施特别是财政预算方面措施的条件下，履行其职务与责任。为确立这些条件，应当与检察官的代表进行密切合作"[《欧洲理事会部长级委员会成员国部长会议关于检察官在刑事司法制度中的作用的第（2000）19号建议》（2000年10月6日）第4条]；

"双方在各自职权范围内，加强和扩大彼此之间的互助合作"[《中华人民共和国最高人民检察院和巴基斯坦伊斯兰共和国总检察院合作备忘录》（2000年10月13日）第1条]。

因此，附属性国际检察法律又包括附属于世界性、区域性和两国性国际法内的检察法律规范三种。

二、附属性检察法律的特点

概言之，一国附属性检察法律除有其检察法律及其专门检察（含检察院组织法、检察官法等检察法典以及其他专门性检察法律）法律之特性外，还具有以下特点：

第一，从产生的时间看，通常，附属性检察法律要早于专门性检察法律产生。因此，从这个意义上说，专门性检察法律是附属性检察法律的汇集与发展；附属性检察法律，则是专门性检察法律的补充与促进。例如，我国《护照法》第15条所规定的"人民法院、人民检察院、公安机关、国家安全机关、行政监察机关因办理案件需要，可以依法扣押案件当事人的护照"，就是对现行《检察院组织法》第5条"检察机关职权"与《检察官法》第五条"检察官的职责"的补充与促进。

第二，它与所附属的法律之间，存有主从关系，并从属于其所附属的法律。换言之，倘若所附属的法律生效或废止，它即生效或废止。例如，由于我国《五四检察院组织法》已经废止，因而检方就不能再依照该法第4条第1款所规定的"对于地方国家机关的决议、命令和措施是否合法，国家机关工作人员和公民是否遵守法律，实行监督"，而履行一般监督职责；由于国务院

《生产安全事故报告和调查处理条例》已于 2007 年 6 月 1 日起施行，因而根据该条例第 22 条第 2 款 "根据事故的具体情况，事故调查组由有关人民政府、安全生产监督管理部门、负有安全生产监督管理职责的有关部门、监察机关、公安机关以及工会派人组成，并应当邀请人民检察院派人参加" 的规定，经邀请，检察院可派人参加产生安全事故调查。

第三，它所依附的法律的名称、性质、法律位阶众多；而其性质、法律位阶，则随其所依附法律性质、法律位阶的变化而变化。例如，在我国，附属于现行《宪法》内的 "中华人民共和国人民检察院是国家的法律监督机关"（第 129 条），属于检察宪法规范；同样的内容而附属于现行《检察院组织法》（第 1 条）时，则属于检察基本法律规范。而实践中，附属性检察法律所附属的法律主要有：宪法、司法法（含司法机关组织法和司法官法）、法院法（含法院组织法和法官法）、诉讼法（含刑事、民事和行政诉讼法），以及警察法、公务员法、律师法、民商法、刑法、反贪污贿赂法等其他法律。而这些法律之所以经常含有检察法律规范，一因检方所具有的宪政地位；二因检方所具有的司法与行政双重属性以及审检合署或分立机制架构；三因检方所具有的公诉本能和检察权能；四因检方所具有的监督制约功能；五因公检法三机关的关系。

第四，它的具体类型、样式众多。譬如，"加拿大司法部长和总检察长的法定责任是在超过 40 部的联邦法律中确立的。主要的联邦法律是：《毒品和物质控制法》、《刑事法》、《司法部法》、《引渡法》、《刑事事务相互法律协助法》和《习惯法》"。[1] 换言之，这 40 部的联邦法律中，都含有相关的检察法律规范。而根据划分标准的不同，还可将附属性检察法律分为许多种类。例如，据所附属法律名称、性质的不同，还可将国内附属性检察法律分为检察宪法规范、检

---

① 参见何家弘主编：《检察制度比较研究》，中国检察出版社 2008 年版，第 82 页。

察基本法律规范、检察法律规范、检察法定解释规范、检察行政法规规范、检察政策规范等；而检察基本法律规范又可分为检察司法法规范、检察法院法规范、检察刑事诉讼法规范、检察民事诉讼法规范、检察行政诉讼法规范、检察刑法规范、检察民法规范等；而检察法律规范又可分为：检察警察法规范、检察公务员法规范、检察律师法规范、检察反贪污贿赂法规范，等等。

总之，作为一种社会存在，附属性检察法律客观存在于"三大法系"国家之中；不仅国内检察法律层面有，国际检察法律层面也有。

第二节　国外附属性检察法律评介①

一、检察宪法规范评介②

所谓检察宪法规范，亦即附属于宪法中的检察法律规范的简称，是指宪法中所附属的、旨在规范检方之权力或行为的法律规范的总和。

---

① 参见张思卿主编：《中华人民共和国检察业务全书》，吉林人民出版社 1991 年版；曾龙跃主编：《中国检察百科辞典》，黑龙江人民出版社 1993 年版；张思卿主编：《检察大辞典》，上海辞书出版社 1996 年版；[捷] 纳普主编：《各国法律制度概况》，高绍先等译，法律出版社 2002 年版；[荷兰] 皮特·J. P. 泰克编著：《欧盟成员国检察机关的任务和权力》，吕清、马腾飞译，中国检察出版社 2007 年版；刘方：《检察制度史纲要》，法律出版社 2007 年版；何家弘主编：《检察制度比较研究》，中国检察出版社 2008 年版；樊崇义等主编：《域外检察制度研究》，中国人民公安大学出版社 2008 年版；魏武：《法德检察制度》，中国检察出版社 2008 年版；何勤华主编：《检察制度史》，中国检察出版社 2009 年版；甄贞等：《检察制度比较研究》，法律出版社 2010 年版；张文山、李莉：《东盟国家检察制度研究》，人民出版社 2011 年版；http://www.lawmoose.com/internetlawlib/84.htm；http://www.law.cornell.edu/world/等。
② 参见中央人民政府法制委员会编译室编：《人民民主国家宪法汇编》，人民出版社 1953 年版；姜士林主编：《世界宪法全书》，青岛出版社 1997 年版；李言静主编：《中外宪法关于检察体制的规定》，海南省人民检察院海南分院 2004 年编印；孙谦、韩大元主编：《世界各国宪法》，中国检察出版社 2012 年版。

例如，"乌克兰检察机关是行使下列权限的统一体系：（1）在法庭上支持国家公诉；（2）在法律规定的情况下，在法庭上代表公民或者国家的利益；（3）对实施侦查和搜查活动、初步调查活动和审判前侦查活动的机关遵守法律的情况实施监督；（4）对在执行刑事案件的司法裁决时，以及在适用与限制公民人身自由相关的其他强制性措施时遵守法律的情况实施监督"［《乌克兰宪法》（2010年4月6日修正）第121条］；"苏维埃社会主义共和国联盟最高法院检察长、副检察长，由苏维埃社会主义共和国联盟中央执行委员会主席团任命。苏维埃社会主义共和国联盟最高法院检察长的职责范围包括：就应当由苏维埃社会主义共和国联盟最高法院解决的所有问题出具结论意见；在最高法院开庭时支持公诉；在不同意苏维埃社会主义共和国联盟最高法院全会判决的情况下，就上述判决向苏维埃社会主义共和国联盟中央执行委员会主席团提出异议" ［《苏维埃社会主义共和国联盟根本法（宪法）》（1924年1月31日）第46条］；"将问题移送南高加索社会主义联邦苏维埃共和国最高法院全体会审查的建议权，只属于南高加索中央执行委员会及其主席团、南高加索社会主义联邦苏维埃共和国最高法院检察长和南高加索肃反委员会主席"［《南高加索社会主义联邦苏维埃共和国宪法》（1922年12月13日）第46条］；"1. 总统应任命有资格被任命为最高法院法官者为印度总检察长。2. 总检察长有权就法律事项向政府提供建议，并履行总统所移送或者分配给他的其他法律职责，并行使本宪法或者根据本宪法或者当时有效法律赋予的职能。3. 在行使其职责时，总检察长有权在印度境内所有法院听审。4. 总检察长的任期和薪酬由总统决定"［《印度共和国宪法》（2012年修正）第76条］。因此，检察宪法规范集宪法与检察法律特点于一身。

　　另外，检察宪法规范在宪法中所处的主要章节，大体包括以下九种情形：（1）附属于公民（人民）权利和自由章节。例如，泰国。（2）附属于公民权利和义务、政府章节。例如，韩国。

（3）附属于行政机关（构）或行政权——政府、联邦（会议）章节。例如，阿联酋、马来西亚、吉尔吉斯斯坦、孟加拉、新加坡、印度、俄罗斯、芬兰、马耳他、南斯拉夫、牙买加、圭亚那、巴巴多斯、巴布亚新几内亚、斐济、图瓦卢。（4）附属于司法（机关、机构）或司法权章节。例如，格鲁吉亚、日本、土耳其、叙利亚、亚美尼亚、伊朗、巴基斯坦、科威特、巴林、保加利亚、罗马尼亚、摩尔多瓦、斯洛伐克、西班牙、希腊、意大利、智利、厄瓜多尔、玻利维亚、秘鲁、乌拉圭、西萨摩亚、新西兰、瓦努阿图。（5）附属于立法权（议会）、司法权（法院）章节。例如，阿塞拜疆、荷兰、葡萄牙、墨西哥、巴西。（6）附属于法院或审判工作。例如，哈萨克斯坦、海地。（7）附属于法院（司法机关）和检察院章节。例如，朝鲜、越南、前苏联、古巴、哥伦比亚。（8）附属于（最高、国家）检察机关（院）、总检察长章节。例如，塔吉克斯坦、土库曼斯坦、乌兹别克斯坦、爱尔兰、白俄罗斯、前苏联、捷克、拉脱维亚、马其顿、斯洛文尼亚、乌克兰、匈牙利、萨尔瓦多。（9）其他。例如，塞浦路斯附属于第三章共和国总统、共和国副总统和部长会议与第六章共和国的独立官员；斯里兰卡附属于第十一章合法机构程序和权力；伊拉克附属于第四章伊拉克共和国的机构；瑞典附属于第十一章司法与行政与第十二章监督权；委内瑞拉附属于第七章审判和司法行政；危地马拉附属于第七章宪法保障和维护宪法秩序；特立尼达和多巴哥附属于第六章检察总长和监察专员；圣克里斯托弗和尼维斯附属于第五章执行委员会与第七章国家事务；洪都拉斯附属于第五章国家的各种权力；所罗门群岛附属于第七章法律制度第三节检察官和公共律师。由此可见，附属于政府、司法或检察机关章节的检察宪法规范较多；而这也与检方的行政属性、司法属性、兼有行政与司法双重属性或者检察属性，相匹配、吻合。因此，基于宪法规定而将检察权理解为行政权、司法权、兼有行政与司法权双重属性或者检察权，均无不妥。因为，这与"南称橘，北称枳"无异。

此外，还有许多国家检察宪法规范并不仅限于附属于上述九种情形之一，而是附属于上述九种情形之二、之三或更多。例如，我国现行《宪法》第一章"总纲"第 3 条第 2 款："国家行政机关、审判机关、检察机关都由人民代表大会产生，对它负责，受它监督"；第二章"公民的基本权利和义务"第 37 条第 2 款："任何公民，非经人民检察院批准或者决定或者人民法院决定，并由公安机关执行，不受逮捕"；第三章"国家机构"第一节"全国人民代表大会"第 62 条第 8 项："全国人民代表大会有权选举最高人民检察院检察长"；第三章"国家机构"第五节"地方各级人民代表大会和地方各级人民政府"第 101 条第 2 款："县级以上的地方各级人民代表大会选举并且有权罢免本级人民法院院长和本级人民检察院检察长。选出或者罢免人民检察院检察长，须报上级人民检察院检察长提请该级人民代表大会常务委员会批准"；第三章"国家机构"第七节"人民法院和人民检察院"第 129 条："中华人民共和国人民检察院是国家的法律监督机关。"

　　再者，据内容的不同，可将检察宪法规范分为显性与隐性检察宪法规范两种。[①] 例如，我国现行《宪法》第 131 条"人民检察院依照法律规定独立行使检察权，不受行政机关、社会团体和个人的干涉"与第 27 条第 2 款"一切国家机关和国家工作人员必须依靠人民的支持，经常保持同人民的密切联系，倾听人民的意见和建议，接受人民的监督，努力为人民服务"。而据所附属

---

　　① 另据《世界各国宪法》（中国检察出版社 2012 年版）统计显示，迄今为止，在联合国 193 个成员国中，有显性检察宪法规范的国家 155 个，占联合国成员国总数的 80%；含隐性检察宪法规范的国家 38 个，占联合国成员国总数的 20%。而在含隐性检察宪法规范的 38 个国家中，包括大陆法系的阿联酋、沙特、印度尼西亚、爱沙尼亚、冰岛、波斯尼亚和黑塞戈维那、丹麦、德国、拉脱维亚、卢森堡、摩纳哥、挪威、瑞士、哥斯达黎加、密克罗尼西亚、帕劳、阿尔及利亚、埃及、埃塞俄比亚、贝宁、多哥、厄立特里亚、刚果（布）、吉布提、科摩罗、利比亚、马里、塞内加尔、苏丹、索马里 30 个国家，占 132 个大陆法系国家的 23%，以及英美法系的孟加拉、英国、加拿大、美国、澳大利亚、巴布亚新几内亚、新西兰、喀麦隆 8 国，占 61 个国家的 13%。

宪法类型的不同，可将检察宪法规范分为附属于宪法典（如俄罗斯、印度）的检察宪法规范与附属于宪法性文件（如英国）的检察宪法规范两种。

总之，作为不可或缺的国家制度——检察制度，作为不可或缺的国家机关——检察机关，作为不可或缺国家工作人员——检察人员，亦为旨在专门规范国家制度、国家机关及其工作人员的宪法所不可或缺。换言之，缺少显性或隐性检察宪法规范的根本法，是不存在的。当然，比较而言，含有显性检察宪法规范的国家，要多于含有隐性检察宪法规范的国家数量。

二、检察司法法规范评介

（一）司法法概述

顾名思义，司法法就是有关司法的法律，是指由特定机关制定或认可的，旨在规范司法机关或司法人员权力或行为的国内与国际法的总称。例如，《哈萨克斯坦司法法》（2000 年 12 月 25日）与《亚美尼亚司法官法典》，就属于国内司法法；而联合国《关于司法机关独立的基本原则》与《执法人员行为守则》（1979年 12 月 17 日），就属于国际司法法。当然，司法法不仅有国内与国际司法法之分，也有关于司法机关组织与关于司法人员的司法法之别。①

另外，基于国情、国体、政体等因素的不同，导致各国对司法内涵外延的理解和界定不尽相同，进而导致其对司法机关组织、司法人员内涵外延的界定也不尽相同，并主要包括以下三种情形：

---

① 当然，尽管在我国目前，"司法法"、"司法机关组织法"、"司法官法"提法并不多，但却客观存在。例如，《司法法的主要特征在于为司法组织提供裁判的依据》（参见于国旦：《应将少年刑事立法独立出来》，载《检察日报》2005 年 10 月 25 日）；《司法机关组织法》（黄素萍等编著，中国政法大学出版社 2006 年版，已成为司法警官职业教育系列教材之一）；《制定"司法官法"以符合国际司法改革潮流》（林丽莹，载《检协会讯》2008 年 6 月 24 日第 30 期）。

一是将其界定为审判机关（法院组织）及其审判人员（法官）。例如，《印度尼西亚共和国宪法》（2002 年 8 月 11 日修正）不仅没有"检察"出现，而且第九章"司法"第 24 条还明确规定："（1）司法部门独立行使司法权以维护法律和正义。（2）司法权由最高法院和其下属的普通法院、宗教事务法院、军事法庭、国家行政法院及宪法法院行使。（3）行使司法权的其他机构由法律规定。"二是将其界定为审判机关及其审判人员与检察机关及其检察人员。例如，在法国，《司法组织法典》（2008 年 5 月 6 日修正）第 L122 - 1 条规定："在最高法院、上诉法院和大审法院，检察机关的职能由属于司法团体的司法官行使；对其提名适用的规则由司法官规约决定"；而《关于司法官地位之组织法之 1958 年 12 月 22 日第 58 - 1270 号条例》第 5 条进一步规定："检察院的司法官由其等级上级领导和监督，并被置于护玺大臣即司法部长的权威下。在庭审中，检察院司法官自由陈述。"与此同时，《宪法》（2008 年 7 月 21 日修正）第 65 条第 1 款还明确规定："最高司法委员会设立法官事务组和检察官事务组……最高司法委员会检察官事务组对检察官的提名提供意见。最高司法委员会法官事务组作为法官纪律委员会进行裁决……"三是将其界定为审判机关及其审判人员、检察机关及其检察人员、侦查（含羁押、监管）机关及其侦查人员。例如，《保加利亚共和国宪法》（2007 年 2 月 6 日）第六章"司法机关"包括："司法管辖权由最高司法法院、最高行政法院、上诉法院、大区法院、军事法院和地方法院执行"（第 119 条第 1 款）；"检察院的组织结构应当对应于法院的组织结构"（第 126 条第 1 款）；"侦查局属于司法机关系统，应当对法律规定的刑事案件进行调查"（第 128 条）；"法官、检察官和侦查员由最高司法委员会任命、晋升、降职、调动和免职"（第 129 条第 1 款）。因此，基于后两种情形下的检察院组织法及其检察官法，也是司法法的重要组成部分。换言之，检察院组织法是司法机关法的下位（种）概念或子集，司法机关法则是检察院组织法的上位（属）概念；检察官法是司法官法的下位（种）概念或子集，司法官法则是检察官法的上位（属）概念。与此同时，无论基于上述 3 种情形的哪一种，法院组织法与法官法都属于司法法范畴。所以，便有了司法机关专指法院、司法官专指法官的观点，也就不足为奇了。

此外，与检察院组织法和检察官法名称众多相仿，司法法或其司法机关组织法、司法官法的名称也是多种多样的。一方面，除司法机关组织法（如《荷兰司法机构组织法》）外，司法机关组织法还有以下五个别称：一是司法机构（关）法。例如，《沙特司法机构法》、《缅甸司法机构法》（2000 年 6 月 27 日）。二是司法组织法（典）。例如，《意大利司法组织法》、《法国司法组织法典》。三是司法体系法。例如，《俄罗斯司法体系法》（1996 年 12 月 31 日）。四是司法法。如《比利时司法法》、《丹麦司法法》、《澳大利亚 1903 年司法法》。五是刑事司法法。例如，爱尔兰《1924 年刑事司法法》和《1993 年刑事司法法》。另一方面，除司法官法〔如《阿尔及利亚司法官法》（2006 年 2 月 20 日）、《柬埔寨司法官法》〕之外，司法官法也有如下三个别称：一是司法人员法。例如，《不丹司法人员法》（亦称《司法人员服务法》、《法官法》，2007 年 1 月 11 日）。二是司法辅助人员法。例如，《德国司法辅助人员法》（1969 年）、《日本司法书记官法》（2006 年 6 月 2 日修正）。三是司法工作人员法。例如，《苏联司法工作人员纪律责任条例》（1933 年 8 月 10 日）〕。而导致司法法或其司法机关组织法、司法官法名称众多的主因在于：一是对司法机关、司法人员理解、界定的不同；二是翻译所致。

再者，基于司法机关、司法人员外延的广义性，除司法机关组织法、司法官法之外，实践中，规范司法机关、司法官权力或行为的常见法律还有如下三种：一是诸如《日本法务省设置法》（2007 年 6 月 15 日修正）、《阿富汗司法部组织法》（1994 年）、《柬埔寨司法部设置法》、《阿尔巴尼亚司法部组织法》（2001 年 5

月 14 日）和《加拿大司法部法》等，旨在规范司法机关之行政管理机关职责的法律。二是诸如《日本司法考试法》、《韩国司法官吏执行职务规则》（2002 年 3 月 30 日修正）、《马尔代夫司法人员叙用委员会规则》等，旨在规范司法官任职资格和条件、任免、任职回避、等级、考核、培训、奖惩、工资保险福利、辞职辞退、退休等事宜的法律。三是诸如《阿塞拜疆司法和法律委员会法》（2004 年 12 月 28 日）、《亚美尼亚司法委员会法》等，旨在规范司法机关与司法官考评、惩戒组织行为的法律。

最后，与宪法、刑事诉讼法不同，并非所有的司法法或其司法机关组织法、司法官法内，都附有检察法律规范。例如，《缅甸司法机构法》、《沙特司法机构法》、《亚美尼亚司法机构法》（1998 年 3 月 3 日）、《波多黎各司法法》（2003 年 8 月 22 日）、《哥斯达黎加司法组织法》（2001 年 11 月 9 日）和《牙买加司法人员法》之中，就未附有相应的（显性）检察司法法规范。

总之，司法法是一种以司法机关组织法、司法官法为主体的广义法律，其范围相当广泛。

（二）检察司法法规范评介

所谓检察司法法规范，亦即附属于司法法中的检察法律规范的简称，是指司法法中所附属的、旨在规范检方之权力或行为的法律规范的总和。因此，它属于检察基本法律规范或检察宪法规范之一，并包括检察司法机关组织法规范与检察司法官法规范两类。

1. 检察司法机关组织法规范评介。所谓检察司法机关组织法规范，即附属于司法机关组织法中的检察法律规范的简称，是指司法机关组织法中所附属的、旨在规范检方之权力或行为的法律规范的总和。例如，《意大利司法组织法》第 79 条规定，在法庭开庭审判程序中，检察官也可就刑事或者其所介入的民事案件的法庭审理活动提出合适的、有关法庭秩序和纪律方面的建议和要求；《马来西亚 1964 年司法法》第 24A 条第 2 款规定，任何刑事案件的提起公诉事宜，均由公共检察官决定。

而由于司法机关组织法的外延具有广义性，因而检察司法机关组织法规范的范围也相当广泛。

例如，《德国减轻司法负担法》（1993 年）所规定的"只要犯罪嫌疑人有辩护人代理诉讼，暂缓起诉也可适用于判处刑期不超过 1 年并且缓期执行的剥夺自由的刑罚"；《爱尔兰 1993 年刑事司法法》所规定的"如果检察长认为对于严重犯罪案件作出的判决畸轻的话，他可以要求上诉法院重新审核该判决"；《阿富汗司法部组织法》（1994 年，共 4 章 18 条）第 5 条所规定的"（总）检察官（长）办公室的行政事务，由司法行政机关（含司法部）负责，其他事务具有相对的独立性"；《日本法务省设置法》（2007 年 6 月 15 日修正）第 4 条所规定的"负责检察厅的起诉工作，是法务省的法定任务之一"；《阿尔巴尼亚司法部组织法》（2001 年 5 月 14 日）第 4 条第 3 款所规定的"法官和检察官可以担任司法部的法律顾问"；《亚美尼亚司法委员会法》第 14 条所规定的"经总检察长建议，司法委员会有权制定检察官职务晋升、职业道德、业务管理等规则，并经总统批准生效"；《阿塞拜疆司法和法律委员会法》（2004 年 12 月 28 日）第 17 条所规定的"司法法裁决委员会有权投票表决核准或驳回总检察长追究法官刑事责任的议案"等，都属于检察司法机关组织法规范范畴。

2. 检察司法官法规范评介。所谓检察司法官法规范，即附属于司法官法中的检察法律规范的简称，是指司法官法中所附属的、旨在规范检方之权力或行为的法律规范的总和。譬如，《德国司法辅助人员法》（1969 年）第 10 条所规定的"《刑事诉讼法》第

22 条及随后条款所规定回避和拒绝制度，也适用于司法辅助人员"；①《苏联司法工作人员纪律责任条例》（1933 年 8 月 10 日）第 1 条第 1 款所规定的"司法工作人员（含检察人员——引者注），在执行职务中，有不正当的行为、疏忽大意和过错，而破坏劳动纪律的，以及他的过错和疏忽大意虽然尚未违背其职务和破坏劳动纪律，但与他的身份不合，并有败坏他的称号的，如果这些行为还不能引起刑事责任的问题时，可以依照下列条文的规定，负纪律责任"。而由于司法法的外延具有广义性，因而检察司法官法规范的范围也相当广泛。

例如，《韩国司法官吏执行职务规则》（2002 年 3 月 30 日修正）第 26 条第 1 款所规定的"要释放逮捕或羁押的嫌疑人时，应当事先得到检事的同意"；《马尔代夫司法人员叙用委员会规则》第 2 条所规定的"总检察长以及两名检察官代表是司法人员叙用委员会的组成人员"；《日本司法考试法》第 1 条第 1 款所规定的"司法考试是以判断想要成为法官、检事或律师的人，是否具有从事该项工作所必需的知识和实际应用能力为目的的国家考试"等，也都属于检察司法官法规范范畴。

三、检察法院法规范评介②

（一）法院法概述

作为司法法下位（种）概念或子集的法院法，是指由特定机关制定或认可的，旨在规范审判机关（法院）或审判人员（法官）权力或行为的国内与国际法的总称。因此，法院法不仅有国

---

① 而在 2004 年 9 月 1 日《第一项司法现代化法》生效以来，"检察机关辅助官员"这个已经过时的概念不复存在，为"检察机关侦查人员"取代，以更好反映警检关系和侦查现状。

② 参见《法院组织法资料汇编》第 1～2 集，中央人民政府、最高人民法院、司法部办公厅 1954 年 6 月 15 日编印。

内与国际法院法之分,① 也有关于法院组织(审判机关)与关于法官的法院法之别。而与司法法或其司法机关组织法、司法官法名称众多相仿,法院法或其法院组织法、法官法的名称也是多种多样的。例如:

第一,规范法院与法官权力或行为的法律。例如,《哈萨克斯坦司法制度和法官法》(亦可译为《司法体系和法官地位法》,2000 年 12 月 25 日)、《阿塞拜疆法院和法官法》(2006 年 1 月 1 日修正)、《巴林法院与法官法》(1971 年 8 月 7 日)等。

第二,规范法院权力或行为的法律。除法院组织法外[如《德国法院组织法》、《阿尔巴尼亚人民共和国法院组织法》(1946 年 8 月 13 日)、《苏俄法院组织条例》、《阿尔及利亚法院组织法》(2004 年 9 月 6 日)]之外,法院组织法至少还包括如下六种情形:一是诸如《日本裁判所构成法》(1890 年 2 月 8 日)等裁判所法。二是诸如《汤加裁判法院法》(1988 年修正)、《所罗门裁判法院法》(1962 年 6 月 1 日)等裁判法院法。三是诸如《吉尔吉斯斯坦法院法》(1999 年 4 月 24 日)、《阿联酋 2004 年迪拜国际金融中心法院法》、《以色列法院法》(1984 年 3 月 8 日修正)等法院法。四是诸如《阿富汗最高法院法》(2005 年 5 月 19 日)、《日本下级法院管辖法》(2005 年 3 月 19 日修正)、《新加坡最高法院法》、澳大利亚《1976 年联邦法院法》和《1979 年高等法院法》、《巴哈马上诉法院法》(1965 年 1 月 7 日)、伯利兹《上诉法院法》和《下级法院法》(2000 年 12 月 31 日)、尼日利亚《联邦高级法院法》(1973 年 4 月 13 日)和《联邦上诉法院法》(1976 年 10 月 1 日)等各级法院法。五是诸如俄罗斯的《宪法法院法》(1994 年 7 月 21 日)和《仲裁法院法》(1995 年 4 月 28

① 例如,《韩国法院组织法》(1994 年 7 月 27 日修正)与《斯洛文尼亚法官法》,就属于国内法院法;而联合国《国际刑事法院罗马规约》(1998 年 7 月 17 日)与《执法人员行为守则》(1979 年 12 月 17 日),就属于国际法院法。

日）、日本的《快速审判法》（2003 年 7 月 16 日）和《家庭法院审判法》（2004 年 12 月 3 日）、《吉尔吉斯斯坦宪法法院法》（1993 年 12 月 18 日）、《奥地利未成年法院条例》、《阿尔巴尼亚严重罪行法庭组织法》（2003 年 7 月 24 日），以及孟加拉的《小额法院法》（1887 年 2 月 24 日）、《民事法院法》（1887 年 3 月 11 日）、《家庭法院条例》（1985 年 3 月 30 日）、《行政法庭法》（1988 年 4 月 18 日修正）等各类法院法。六是其他。例如，孟加拉《法院费用法》（1870 年 3 月 11 日）和《法院病房法》（1879 年 7 月 30 日）。

第三，除法官法外〔如《德国法官法》（2006 年 12 月 22 日修正）、《孟加拉法官法》（1867 年）〕，法官法还有诸如日本的《刑事法官选任法》（2007 年 11 月 30 日修正）和《助理法官法》（2003 年 4 月 9 日修正）、《孟加拉最高法院法官薪酬、特权条例》（1995 年 5 月 3 日修正）、巴哈马《裁判官法》（1996 年 8 月 9 日）和《裁判官的薪酬及退休金法》（2000 年 7 月 1 日）、《亚美尼亚法官地位法》等，旨在规范法官任职资格和条件、任免、任职回避、等级、考核、培训、奖惩、工资保险福利、辞职辞退、退休等事宜的法律。

（二）检察法院法规范评介

所谓检察法院法规范，亦即附属于法院法中的检察法律规范的简称，是指法院法中所附属的、旨在规范检方之权力或行为的法律规范的总和。例如，《阿塞拜疆法院和法官法》第 101 条所规定的"追究法官的刑事责任，须经总检察长提请司法和法律委员会审查批准"；《巴林法院与法官法》第 55 条所规定的"司法部长领导并监督检察机关及其成员活动。检察官服从总检察长领导，检察官和总检察长都应服从司法部长指挥"；《哈萨克斯坦司法制度和法官法》（2000 年 12 月 25 日）第 27 条第 2 款所规定的"只有总检察长，才有权启动追究法官刑事责任的刑事诉讼程序"。因此，它属于检察基本法律规范或检察宪法规范之一，并包括检察法院组织法规范与检察法官法规范两类。

1. 检察法院组织法规范评介。所谓检察法院组织法规范，即附属于法院组织法中的检察法律规范的简称，是指法院组织法中所附属的、旨在规范检方之权力或行为的法律规范的总和。例如，《日本裁判所构成法》第 6 条所规定的"检事局附设于裁判所；就刑事起公诉，行其取上必要之手续，请求正当适用法律，并监视执行判决之适当与否；在民事认为紧要者，亦得请求通知，述其意见"；《苏联和各加盟共和国法院组织立法纲要》第 15 条第 1 款所规定的"苏联总检察长及所属各级检察长，依照苏联和各加盟共和国立法规定的理由和程序，对法院审理案件时是否执行法律实行监督"；《越南法院组织法》（1992 年 10 月 6 日）第 21 条第 2 款所规定的"最高人民法院审判会议作出的决定必须得到审判会议半数以上委员赞成方能生效。在讨论指导适用法律、总结审判经验时，最高人民检察院检察长、司法部部长有义务参加最高人民法院审判会议举行的各次会议"。与此同时，根据法院组织法名称、性质的不同，还可将检察法院组织法规范分为以下十二种：

（1）检察法院组织法规范。例如，《德国法院组织法》第 141 条所规定的"在每个法院都应存在一个检察院"。

（2）检察法院法规范。例如，《吉尔吉斯斯坦法院法》（1999 年 4 月 24 日）第 11 条所规定的"逮捕正在犯罪的最高法院法官后，应立即通知总检察长；只有总检察长才有权对最高法院法官提起刑事诉讼"；

《以色列法院法》第 12 条第 1 款所规定的"总检察长有权批准刑事案件调查，并了解刑事犯罪案件信息"。

（3）检察宪法法院法规范。例如，《阿塞拜疆宪法法院法》第 16 条所规定的"宪法法院法官系现行犯被当场拘留后，有关机关应将这种情况及时书面通知共和国总检察长"；

《吉尔吉斯斯坦宪法法院法》（1993年12月18日）第8条所规定的"只有总检察长，才有权追究宪法法院法官的刑事或行政法律责任"。

（4）检察行政法院法规范。例如，《德国行政法院法》（2007年12月12日修正）第35条所规定的"（1）联邦政府任命一名驻联邦行政法院联邦利益代表人并将其设置在内务部内。驻联邦行政法院联邦利益代表人可以参与联邦行政法院的任何程序；军事审判庭的程序除外。驻联邦行政法院联邦利益代表人受联邦政府指令的约束。（2）联邦行政法院给予驻联邦行政法院之联邦利益代表人发表意见的机会"；

《印度行政法庭法》第17条第1款所规定的，总检察长或副总检察长代表国家出席行政法庭。

（5）检察财政法院法规范。例如，《法国财政法院法典》第L311-4条所规定的"预算财政纪律法院的检察职能由驻审计法院检察长行使，由一名总律师协助，如有必要，还应获得政府特派员的协助"。

（6）检察审计法院法规范。例如，《伊朗审计法院法》（1983年6月2日）第21条所规定的"审计法院检察官依法有权审计财务账目"。

（7）检察仲裁法院法规范。例如，《吉尔吉斯斯坦仲裁法院法》（2007年12月19日，共9章48条）第7条规定，法官以及检察长办公室的检察官和雇员不得担任仲裁法院法官。

（8）检察未成年人法院法规范。例如，《德国未成年人法院法》（亦译为《少年法院法》，1923年）第45条所规定的"经未成年人法院法官同意，可对青少年处以一定的责令或者负担，该措施执行完毕后，检察院可免予刑事追诉"；

《奥地利未成年法院条例》第6条所规定的"如果未成年犯罪嫌疑人只可能被判处罚金或者不超过5年监禁的刑罚，如果进一步的措施（比如干预性分流措施）对于个人预防没有必要，则检察官必须终止诉讼。同样，在初步侦查程序直到主要的审判程序终止前，如果法院发现此类情形，也应当终止诉讼"。

（9）检察重罪法院法规范。例如，《阿尔巴尼亚严重罪行法庭组织法》（2003年7月24日）第7条第4款所规定的"在特殊情况下，在检察长的合理要求下，高级法院刑事小组可将犯有严重罪行的刑事案件，移交另一个法庭审理"。

（10）检察高等（最高、联邦、上诉）法院法规范。例如，《纳米比亚最高法院法》（1990年10月8日）第15条第1款所规定的"总检察长根据纳米比亚宪法规定，有权向最高法院提起宪法诉讼"；

《澳大利亚1979年高等法院法》第6条所规定的"国家检察长的任命，一般需征询高等法院法官意见"；

《马来西亚联邦法院规则》（1994年6月24日）第1条所规定的"本法所称'检察官'是指马来西亚总检察长"；

《巴哈马上诉法院法》第12条第6款第3项所规定的"总检察长代表官方，针对上诉法院的判决依法履行上诉职责"；

《百慕大上诉法院法》（1965年5月1日）第1条所规定的"总检察长或刑事检控主任，代表官方进行民事或刑事检控事宜"。

（11）检察专门法院法规范。例如，在苏联，《关于铁路沿线法院》（1930年11月27日）第8条所规定的"铁路沿线法院、办理运输案件的侦查员和检察长，在侦查运输上的犯罪时，不仅应当查明直接实施犯罪的人，并且还应当仔细地查明在该运输段内对业务作总的布置的负责人，以便对他们加以严厉的处罚"；《关于设立水上运输法院和水上运输检察院》（1934年6月7日）第1条第1款所规定的"沿海流域（黑海、里海）和内河流域（伏尔加河上游、伏尔加河中游、伏尔加河下游和第聂伯河）各水上运输法院和水上运输检察院直属于苏联最高法院和苏联检察院"。

（12）其他。例如，《柬埔寨设立特别法庭法》第6章"共同检察官"第16条规定，特别法庭的所有起诉书，应由一个柬埔寨和外国检察官共同负责完成；

《菲律宾快速审判法》（1998年2月12日）第4条规定，如果被告人的律师或检察官并没有出现在审前会议，也并没有提供一个可以接受的原谅合作，预审法官可依法制裁或处罚；

《东帝汶法院费用法》（2003年2月13日）第42条规定，诉讼费用减免，证人补偿、专家和翻译报酬，法院和检察官办公室的业务费用，裁判工作条件的改善以及司法和检察人员的费用支出等，由司法部经费保障；

《印度藐视法庭法》第15条第3款规定，总检察长或副总检察长依法有权对藐视法庭行为提出检控。

2. 检察法官法规范评介。所谓检察法官法规范，即附属于法官法中的检察法律规范的简称，是指法院组织法中所附属的、旨在规范检方之权力或行为的法律规范的总和。例如：

《德国法官法》（2006年12月22日修正）第5b条（预备职务）所规定的"1. 预备职务为期2年。2. 培训应在下列义务性机构进行：（1）普通民事法院；（2）检察院或者刑事法院；（3）行政机关；（4）律师事务所"；

《法国法官章程》第5条所规定的"检察院接受上一级的监督与领导，但所有的检察官都必须服从司法部的领导"；

《亚美尼亚共和国法官地位法》（1998年6月17日）第11条第2款所规定的"只有亚美尼亚共和国总检察长才可以监督、调查法官行为的合法性，并对其提起刑事起诉"；

《日本刑事法官选任法》（2007年11月30日修正）第3条第3款所规定的"法官根据最高法院规则决定驳回申诉时，应听取被告人及其律师、公诉人的意见"。

而与宪法、刑事诉讼法不同，并非所有的法院法或其法院组织法、法官法内，都附有检察法律规范。例如，文莱《下级法院法》和《最高法院法》（2001 年 1 月 31 日修正）、《澳大利亚1976 年联邦法院法》、《所罗门裁判法院法》（1962 年 6 月 1 日）、《汤加上诉法院法》（1990 年 7 月 1 日）中，就未附有相应的（显性）检察法院法规范。

四、检察诉讼法规范评介

所谓检察诉讼法规范，亦即附属于诉讼法中的检察法律规范的简称，是指诉讼法中所附属的、旨在规范检方之权力或行为的法律规范的总和。因此，根据诉讼法性质的不同，可将其分为检察刑事、民事和行政诉讼法规范三种。

（一）检察刑事诉讼法规范评介①

所谓检察刑事诉讼法规范，亦即附属于刑事诉讼法中的检察法律规范的简称，是指刑事诉讼法中所附属的、旨在规范检方之权力或行为的法律规范的总和。

例如，《德国刑事诉讼法》（2007 年 11 月 23 日修正）第 152条第 1 款：提起公诉权，专属检察院行使；《越南刑事诉讼法》（亦可译为《刑事诉讼程序法》，2003 年 11 月 26 日修正）第 141

---

① 参见《保加利亚人民共和国刑事诉讼法典》，张文蕴译，法律出版社 1957 年版；《苏俄刑事诉讼法典》，张仲麟等译，中国政法大学出版社 1989 年版；《日本刑事诉讼法》，宋英辉译，中国政法大学出版社 2000 年版；《俄罗斯联邦刑事诉讼法典》，黄道秀译，中国政法大学出版社 2003 年版；《韩国刑事诉讼法》，马相哲译，中国政法大学出版社 2004 年版；《加拿大刑事法典》，罗文波等译，北京大学出版社 2008 年版；《瑞典诉讼法典》，刘为军译，中国法制出版社 2008 年版；张鸿巍：《美国检察制度研究》，人民出版社 2009 年版。而值得说明的是，关于刑事诉讼法的名称与法律结构问题，一般都以"刑事诉讼法（典）"为名，并以单一的刑事诉讼程序为规范内容。但实践中，也有诸如《马耳他刑法典》、《加拿大刑事法》、《瑞典诉讼法》、《不丹民事和刑事诉讼程序法典》等不同于刑事诉讼法名称，而内容却包括刑事诉讼法之法律的存在。其中，内容包括刑事诉讼法之法律的常见形态有二：一是诸如《马耳他刑法典》、《加拿大刑事法》等同时包括刑事实体法与程序法内容的法律；二是诸如《瑞典诉讼法》、《不丹民事和刑事诉讼程序法典》等同时包括"三大诉讼法"内容的法律。

条（人民检察院对侦查活动的任务和权限）第 1 款：人民检察院检查法律的遵守情况，保证侦查活动客观、全面、充分，人民检察院要及时发现侦查过程中违反法律的行为，并提出解决办法；《保加利亚人民共和国刑事诉讼法典》（1952 年 2 月 1 日）第 7 条：检察员对一切普通犯罪提起追究刑事责任，并在法院支持控诉；《美国联邦刑事诉讼规则》第 9 条 a 款：应检察官请求，法庭可对按照第 4 条（a）款规定以宣誓证明存在合理根据的检察官起诉书上所列的各名被告或大陪审团起诉书上所列的各名被告签发逮捕状。

另外，除刑事诉讼法典之外，刑事诉讼法还包括许多专门的刑事诉讼法律。因此，检察刑事诉讼法规范不仅包括刑事诉讼法典中所附属的检察法律规范，也包括其他专门刑事诉讼法律中所附属的检察法律规范。例如，在日本，除《刑事诉讼法》（2009 年 7 月 1 日修正）含有众多的检察法律规范外，诸如《赦免法实施条例》（1947 年）、《刑事诉讼没收法》（1963 年 7 月 12 日）、《恩赦法》（1999 年 12 月 22 日修正）、《关于犯罪侦查中监听通讯的法律》（1999 年）、《关于犯罪侦查中监听的法律》（2000 年）、《刑事被害人权益保护法》和《修改刑事诉讼法及检察审查会法部分条文的法律》（2000 年 5 月 19 日）、《国际刑事司法援助法》（2004 年修正）、《司法精神病鉴定法》（2005 年 11 月 7 日修正）、《防止犯罪收益转移法》（2006 年 4 月 1 日）、《国际调查协助法》（2006 年 6 月 8 日修正）、《被害人财产恢复、补偿法》（2006 年 6 月 21 日）、《通知犯罪人家属、证人法》（2006 年 12 月 1 日修正）、《引渡法》（2007 年 5 月 11 日修正）、《证人、被害人权益保护法》（2007 年 5 月 25 日修正）、《国际移管被判刑人法》（2007 年 6 月 15 日修正）、《刑事赔偿法》和《看守所、监狱法》（2007 年 6 月 15 日修正）、《刑事诉讼规则》（2007 年修正）、《刑事诉讼记录法》（2008 年 4 月 23 日修正）、《刑事被害人权益保护法》（2009 年 4 月 23 日修正）、《有组织犯罪收益追缴法》（2009 年 7 月 15 日修正）等专门刑事诉讼法律中，也附有相关的检察法律规范；在孟加拉，不仅《刑事诉讼法》（1992 年 11 月 1 日修正）含有众多的检察法律规范，而且诸如《证据法》（1872 年 3 月 15 日）、《少年法审判条例》（1971 年 8 月 26 日）、《引渡法》（1974 年 7 月 30 日）等专门刑事诉讼法中，也附有相关的检察法律规范。

此外，与检察院组织法的泛指相仿，刑事诉讼法的外延也具有广义性。进言之，下列刑事诉讼法所附属的检察法律规范，也属于检察刑事诉讼法规范范畴：《德国刑事诉讼程序和罚金程序准则》第 91 条第 1 款：如果发现被指控人无罪，或针对被指控人并无任何合理怀疑，在通知中则应说明。《俄罗斯侦查搜查活动法》第 14 条第 3 款：如果被授权实施侦查搜查活动的公职人员确有理由认为，执行命令或指示可以或可能导致犯罪，那么他必须将该情况向上级机关或向检察机关报告；《犯罪嫌疑人和被告人羁押法》第 32 条第 2 款：将犯罪嫌疑人和被告人羁押于单身囚室的期限超过一昼夜以上，必须根据羁押场所首长附具理由的决定予以实施，并且须经检察长批准。《朝鲜法院判决执行法》（1998 年 11 月 19 日修正）第 20 条：判决的执行确实违反法律的，中央检察院检察长及最高法院院长可以要求法院中止财产执行或停止刑期执行。《东帝汶刑事犯罪记录登记法》（2003 年 3 月 12 日，共 19 条）第 12 条第 1 款：下列人员可以征用犯罪记录证书：负责刑事案件起诉的法官和检察官、负责刑事案件调查的检察机关、负责囚犯犯罪案件起诉的实体。《塞浦路斯犯罪预防法》第 6 条：应当提前通知总检察长有关控制下交付的任何决定，总检察长可以根据该通知作出他认为正确或必要的指令。《美国律师协会刑事司法准则》之《检察侦查》第 1.3 条：检察官应采取措施促进执法人员遵从相关法律，在疑难复杂或非常规案件侦查中，检察官应与警方或其他执法机构及专家合作以研究侦查计划；之《检察职能》第 3—5.2（c）条：检察官亦有权要求复议判决结果。

再者，由于公诉是"三大法系"国家检方的立命之本，而公诉又是近现代刑事诉讼的不可或缺的标识。因此，各国或地区在刑事诉讼立法确立公诉制度的同时，也必然涉及检方在刑事诉讼中的权力和义务。所以从这个意义上说，有刑事诉讼法，必有公诉；有公诉，必有检方；有检方，必有检察刑事诉讼法律规范；没有检察刑事诉讼法律规范的刑事诉讼法，是不存在的。

最后，在立法实践中，还经常出现刑事诉讼法与检察院组织法互见情形。例如，《保加利亚人民共和国检察署法》（1948 年 3 月 26 日）第 8 条就规定："检察长和侦查员间的关系根据刑事诉讼法典的规定"；《德意志民主共和国检察署法》第 19 条也规定："检察长根据刑事诉讼法典受理对确定判决的控告，根据 1949 年 2 月 8 日的法令提请撤销所确定的判决，以监督法院正确地、统一地适用法律"（1952 年 6 月 1 日）。

总之，只要有刑事诉讼法包括刑事诉讼法典和专门刑事诉讼法，就必有检察刑事诉讼法律规范依附存在；没有检察法律规范的刑事诉讼法典，是不存在的。正基于此，人们才将刑事诉讼法誉为"小宪法"，是规范检方权力或行为的"根本法"。

（二）检察民事诉讼法规范评介①

所谓检察民事诉讼法规范，亦即附属于民事诉讼法中的检察法律规范的简称，是指民事诉讼法中所附属的、旨在规范检方之权力或行为的法律规范的总和。

例如，《法国民事诉讼法典》第 421 条：检察院得作为主当事人进行诉讼或者作为从当事人参加诉讼；于法律规定之情形，检察院代表他人；《越南民事诉讼法》第 28 条第 3 项：若人民法院对案件起诉，有责任提供证据；《俄罗斯苏维埃联邦社会主义

---

① 参见《民事行政诉讼检察参考资料》，最高人民检察院民事行政检察厅 1989 年编印；李忠芳、王开洞主编：《民事检察学》，中国检察出版社 1996 年版；田凯：《行政公诉论》，中国检察出版社 2009 年版等。

民事诉讼法典》（1964 年 6 月 11 日）第 12 条第 2 款：检察长民事诉讼的一切阶段，都必须及时采取法律所规定的措施，以排除任何违法行为，不管这些行为来自何人；《新加坡民事诉讼法》规定，在公民对政府提起民事诉讼时，总检察长（即司法部长——引者注）要代表政府应诉；政府对侵害国家或公共利益的公民提起诉讼时，总检察长要代表政府起诉；对涉及政府不当的民事判决，总检察长要提起上诉。

另外，《卢森堡民事诉讼法》第 183 条、《朝鲜民事诉讼法典》（2002 年 10 月 24 日修正）第 13 条、《老挝民事诉讼法》（2003 年 5 月 6 日修正）第 4 条、《蒙古人民共和国民事诉讼法典》（1952 年 5 月 27 日）第 2 条第 2 款、《罗马尼亚社会主义共和国民事诉讼法典》（1948 年 3 月 1 日）第 45 条第 1 款等，都属于检察民事诉讼法规范内容。

此外，与刑事诉讼法一样，除民事诉讼法典外，民事诉讼法还包括许多专门的民事诉讼法律。因此，下列民事诉讼法所附属的检察法律规范，也属于检察民事诉讼法规范范畴：《法国民事执行程序法》（1991 年 7 月 9 日）第 12 条：负责执行任务的法院执达员有责任指挥执行行动。在法律有要求时，执达员有资格请求执行法官或检察院给予批准或者请求其命令采取必要的措施。日本的《人事诉讼法》第 23 条规定，在人事诉讼过程中，法院认为必要时，可要求检事出庭并提出证据、意见；《非诉讼案件程序法》第 163 条规定，检事负责听证判决的强制执行；而《国际民事司法协助法》（2003 年 7 月 16 日修正）、《民事调解法》（2004 年 12 月 3 日修正）、《民事诉讼规则》（2007 年 2 月 8 日修正）等专门民事诉讼法律，也附有相应的检察法律规范。越南的《劳动诉讼法》第 28 条：对于未成年人、残疾人的劳动者的合法权益受到侵害的案件或者其他情节严重的劳动案件，如无人起诉时，人民检察院有权起诉；《民事案件执行法》第 22 条：执行令、强制执行令、暂缓执行令、暂停执行令、停止执行令、恢复执行时效令以及罚款、退还执行请求书必须寄送同级人民检察院；而《经济诉讼法》第 28 条规定，在经济案件审理过程中，人民检察院在认为必要时，可在任何阶段参加诉讼。《菲律宾法院规则》之《民事诉讼规则》（1997 年 4 月 8 日）第 3 条第 22 款规定，对于任何条约、法律、条例、行政命令、总统法令、法规或规定，法院可根据检察长的请求而确定其效力。《印度尼西亚仲裁法》（1999 年 8 月 12 日，共 10 章 82 条）第 12 条第 2 款：法官、检察官、书记官和其他官员，不得担任或被指派为仲裁员。《沙特伊斯兰教法庭程序法》（2000 年 9 月 15 日）第 49 条：在民事诉讼中，没有原告而代表其参与诉讼的检察长，可依法作出放弃或接受和解、全部或部分免除债务的决定。美国的《联邦贸易委员会法》（1914 年）第 16 条规定，司法部部长（亦即总检察长——引者注）可代表贸易委员会提起与该法有关的诉讼，进行辩护或者干预诉讼，包括获取民事处罚的诉讼；《公平住宅法》（1968 年）第 814 条规定，当联邦检察长认为某人或某团体的本法赋予的权利受到侵害或受到威胁时，可以由检察长直接提起民事诉讼。

再者，与检察宪法、刑事诉讼法规范不同，并非所有的民事诉讼法都附有检察法律规范。例如，《亚美尼亚民事诉讼法》（1998 年 6 月 17 日）等，就未附有相关的（显性）检察法律规范。

（三）检察行政诉讼法规范评介①

所谓检察行政诉讼法规范，亦即附属于行政诉讼法中的检察法律规范的简称，是指行政诉讼法中所附属的、旨在规范检方之权力或行为的法律规范的总和。

_____

① 参见《民事行政诉讼检察参考资料》，最高人民检察院民事行政检察厅 1989 年编印；李忠芳、王开洞主编：《民事检察学》，中国检察出版社 1996 年版；田凯：《行政公诉论》，中国检察出版社 2009 年版等。

例如,《格鲁吉亚行政诉讼法》(1999 年 7 月 23 日) 第 21 条 (公职人员的性质责任):如果在行政审判过程中,检察官发现公职人员及其家庭成员、近亲属或相关人员拥有不合法、不合理财产而有刑事犯罪迹象时,应负责提起对该公职人员的刑事犯罪指控。第 1 款所规定的情况,应按照刑事诉讼法的有关规定进行;《哥斯达黎加行政诉讼法典》(2000 年 4 月 21 日) 第 16 条:总检察长办公室代表国家参与行政诉讼活动;《阿根廷行政诉讼法》(1991 年 9 月 17 日) 第 1 条第 6 款第 1 项:总检察长负责对错误适用法律情形提出指控,并提供证据;《南斯拉夫社会主义联邦共和国行政诉讼法》(1977 年 7 月 1 日) 第 2 条第 3 款:如果违法的行政文件有利于个人、联合劳动组织、其他自治组织或共同体,具有管辖权的检察员或法律授权的其他机关可以提起行政诉讼。为此,所有国家机关、联合劳动组织、其他自治组织和共同体一旦发现此种性质的行政文件,有义务向具有管辖权的检察员或法律授权的其他机关报告。

另外,除行政诉讼法典之外,行政诉讼法还包括许多专门的行政诉讼法律。因此,检察行政诉讼法规范不仅包括行政诉讼法典中所附属的检察法律规范,也包括其他专门行政诉讼法律中所附属的检察法律规范。例如,下列行政诉讼法所附属的检察法律规范:《德国秩序违反法》第 35 条第 1 款规定,违反秩序行为一般由行政机构负责处罚,在特殊情况下由检察官或法官进行处罚。《俄罗斯行政违法法典》(2001 年 12 月 30 日) 规定,检察长如果对联邦主体的立法 (代表) 机关或地方自治机关的决议提出异议,上述机关必须在其最近的一次会议上审议检察长提出的异议,审议异议的结果必须以书面形式立即通知检察长。《丹麦公共行政法》第 22 ~ 24 条规定,当不起诉决定没有阐述理由时,该决定被认为是行政性决定,要求给予书面解释。而此时,必须告知有利害关系的各方,通常包括告诉人或者被害人,有权利向更高级别的检察官提出申诉。《新加坡政府诉讼程序法》(1965 年 2 月

25 日）第 8 条：对于损害公众利益的案件，总检察长可以提起诉讼。日本的《人事诉讼法》第 23 条规定，在人事诉讼过程中，法院认为必要时，可要求检事出庭并提出证据、意见；《非诉讼案件程序法》第 163 条规定，检事负责听证判决的强制执行。美国的《谢尔曼反托拉斯法》（1890 年）第 4 条规定，各区的检察官，以司法部长（即总检察长——引者注）的指示，在其各自区内提出衡平诉讼，以防止、限制违反本法行为。检察官可通过诉状的形式起诉，向法院要求禁止违反本法的行为；《克莱顿法》第 14 条规定，各区的检察官，依据司法部长的指示，在其各自区内提起衡平诉讼，以防止和限制违反本法行为。同时，《防止空气污染条例》和《防止水流污染条例》（1970 年）《危险物品运输法》（1975 年）等专门民事行政诉讼法，也附有相应的检察法律规范。

此外，与检察刑事诉讼法规范不同，并非所有的行政诉讼法都附有检察法律规范。例如，我国台湾地区"行政诉讼法"（1975 年 12 月 12 日），就未附有相关的（显性）检察法律规范。

五、检察其他法律规范评介

（一）检察警察法规范评介①

所谓检察警察法规范，亦即附属于警察法中的检察法律规范的简称，是指警察法中所附属的、旨在规范检方之权力或行为的法律规范的总和。

例如，《西班牙警察法》第 35 条规定，法官、刑事法院和检察机关对刑事侦查部门成员享有下列权力：应当在《刑事诉讼法》和《检察机关法》的适用过程中发布必要的命令和指令（比如，关于在一定时间后移送被关押人员以便进行起诉）；应当在

---

① 参见刘伯祥主编：《外国警察法》，中国法制出版社 2007 年版等。

命令或者指令中决定检察机关成员开展程序的内容和条件；应当监督履行程序的形式和结果；当指令没有被遵守时，可以敦促侦查部门对相关人员实施纪律处分。《印度警察法》（1983 年修正）第 6 条规定，督察长、副督察长、助理总检察长和区警司有权随时解雇警察。

另外，与检察官法的泛指相仿，警察法也具有广义性。进言之，下列检察法律规范也属于检察警察法规范范畴：《比利时警察组织法》（2004 年）规定，公诉检察机关与司法部长有权监督警察机关活动；《法国国家警察职业道德准则法令》（1986 年 3 月 18 日）第 19 条：在他们行使司法警察权力时，除了检察院对他们进行必要的监督外，国家警察人员和从事指挥的行政管理部门均要接受上级机构的监督和国家警察总督察局的监督，对国家警察总督察局的人员亦同样进行监督；《韩国关于行使司法警察官吏职务的人及其职务范围的法律》（2001 年 9 月 27 日）第 5 条（经检事长指定的司法官吏）第 1 款：作为下列人员，经其所属官署的领导人提请，管辖其工作地的地方检察厅检事长指定的人员中，七级以上国家公务员或地方公务员以及消防卫以上的消防公务员，行使司法官的职务；《阿富汗警察和宪兵法》（1974 年 1 月 19 日）第 25 条规定，经内政部长、总检察长和国家主席联合批准，宵禁时间可延长 48 个小时；《苏格兰严重有组织犯罪和警察法》（2006 年 1 月 1 日）第 60 条（检察长等的调查权）第 1 款：本章授予：（1）检察长；（2）税务及海关检察长，及（3）苏格兰检察长，关于为就本章适用的犯罪所进行的调查而发布信息报告通知的职权。

此外，尽管检察警察法规范十分普遍，但并非所有的警察法都含有检察法律规范。例如，《德国联邦警察法》（1997 年 7 月 7 日）、《韩国警察法》（2004 年 4 月 1 日修正）、《越南警察法》（1989 年 2 月）、《2002 年英国警察改革法》（2002 年 7 月 24 日）、《澳大利亚联邦警察法》（2005 年 3 月 30 日修正）、《百慕大警察法》（1989 年修正）中，就没有（显性）检察警察法规范。

（二）检察公务员法规范评介

所谓检察公务员法规范，亦即附属于公务员法中的检察法律规范的简称，是指公务员法中所附属的、旨在规范检方之权力或行为的法律规范的总和。

例如，《德国联邦公务员法》第 36 条第 1 款第 5 项：总统可在任何时候要求驻联邦法院总检察长和联邦行政法院高级联邦检察官暂时退职；《阿塞拜疆公务员法》（2009 年 5 月 26 日）第 2.3 条规定，检察长办公室工作人员，属于特殊的公务员；《日本国家公务员法》第 38 条：国家公务员（含检事——引者注）的消极要件包括：① 禁治产者、准禁治产者，被处以监禁以上刑罚、且执行尚未终结或未受执行者，受惩戒免职处分未经过两年者，任人事官或事务总长之职、犯国家公务员法规定之罪被处以刑罚者，结成或加入主张以暴力手段破坏日本国宪法或政府的政党及其他团体者。

另外，与检察官法的名称众多相仿，公务员法的种类也是多种多样的。因此，下列公务员法所含的检察法律规范，也属于检察公务员法规范范畴：《菲律宾公职人员和雇员道德标准和行为守则》（1989 年 2 月 10 日）第 18 条规定，公职人员（含检察官）应进行财产、负债和财务状况等信息披露；《阿富汗惩治公务员犯罪法》（1964 年）第 78 条规定，任何官员不得干预司法机关的管辖权；经法官或检察官提醒后，仍继续施行干预活动的，依法判处剥夺公职或者 3 个月至 3 年的监禁；《阿塞拜疆公职人员财产申报法》（2005 年 6 月 24 日）第 9 条：（总）检察官（长）办公室在查办腐败案件时，有权查阅相关财产申报人员的财务资料；《印度公务员行为调查法》第 13 条规定，检察官有权依法检控公

---

① 只有《国家公务员法》和《检察厅法》上所规定的消极要件都不存在时，才具备了成为一名检察官的初始资格。

务员的犯罪行为，并有权对口头或书面证据进行审查以及讯问有犯罪嫌疑的公务员。

当然，尽管检察公务员法规范十分普遍，但并非所有国家的公务员法都含有检察法律规范。例如，《亚美尼亚公务员法》（2004年2月18日）、《阿尔巴尼亚务员法》（1999年11月11日）、《印度1972年公务员法》（1972年6月9日）中，就没有（显性）检察警察法规范。

（三）检察律师法规范评介

所谓检察律师法规范，亦即附属于律师法中的检察法律规范的简称，是指律师法中所附属的、旨在规范检方之权力或行为的法律规范的总和。

例如，《日本律师法》第5条：法务部长可授予曾经担任检事者律师执业资格；《新加坡律师法》（2009年9月10日修正）第25A条：对于符合下列情形之一的，总检察长有权依法暂停律师的执业证书……

另外，《阿尔巴尼亚律师法》（1999年2月4日）第14条、《文莱律师法》（2006年6月21日修正）第14条、《沙特律师法》（2001年10月15日）第30条、《马来西亚1976年律师法》第28A条、《纳米比亚律师法》（1995年9月1日）第24条、《百慕大1974年律师法》（1974年12月13日）第4条等，都属于检察律师法规范范畴。

此外，由于律师法的名称是多种多样的，因而下列律师法所含的检察法律规范，也属于检律师法规范范畴：《德国联邦律师条例》第122条：律师协会会长有权请求总检察院开启律师法院程序，对此请求总检察院必须在1个月内作出答复。日本的《关于律师职务经验的法律》（2004年）规定，从2005年起，助理法官和检事要从事两年律师工作，使其具有律师经验，以便更好地接待当事人；《律师兼任助理法官法》（2009年3月30日修正）

第 13 条：除本法规定外，法务省应制定有关检事执法必要事项的条例；《外国律师法》（1998 年 8 月 13 日）第 3 条第 1 款规定，外国律师在日本执业，须向总检察长（亦即法务部长——引者注）办公室批准。《沙特律师执业准则》（2001 年 10 月 15 日）第 30 条规定，检察官应主动或根据司法部长要求，对违反本准则规定的律师，可向律师管理委员会或法院提起纪律处分建议或者诉讼。《印度辩护律师福利基金法》第 4 条第 4 款规定，政府或公共辩护士会员、经政府提名的检察官是受托人委员会的当然成员。

再者，尽管检察律师法规范十分普遍，但并非所有国家的律师法都含有检察法律规范。例如，《图瓦卢人民律师法》（1988 年 12 月 15 日）等，就未附有相关的（显性）检察法律规范。

（四）检察民商法规范评介

所谓检察民商法规范，亦即附属于民商法中的检察法律规范的简称，是指民商法中所附属的、旨在规范检方之权力或行为的法律规范的总和；而所谓民商法，即民法与商法的统称。其中，民法主要包括物权法、债权法、人身权法、侵权行为法、知识产权法、婚姻家庭法、继承法等；商法主要包括公司法、企业法、保险法、票据法、破产法、海商法、商业银行法、证券法等。

例如，下列民商法所含的检察法律规范，就属于检察民商法规范：法国的《民法典》第 88 条第 1 款：在法国国内或国外因足以使当事人面临生命危险的情形而失踪的法国人，如其尸体未找到，经共和国检察官或利害关系人的请求，法院可宣告其死亡；《知识产权法典》第 L613 - 26 条：检察院可以依职权申请发明专利无效；《商法典》第 L621 - 3 条：经管理人、债务人或检察机关请求，法院得判决开始最长不超过 6 个月的观察期，该期限可以延展一次，但必须作出附具理由的决定；《货币和金融法典》第 L465 - 1 条和第 L466 - 1 条规定，对于在公众并不了解情况之前，利用优先获得的有关某一公司证券交易的信息，在证券市场上进行炒作的轻罪，对公开募集资金的公司的领导人提起追诉时，要求检察机关征求金融市场管理机构的意见。《德国失踪法》第30条第1款：在死亡宣告程序中，检察官有权申请法院启动宣告失踪人死亡的公告程序，以及申请撤销死亡宣告。日本的《民法典》第7条：检事有权向法院提起针对精神病人监护权的诉讼；《监护人合同法》（1999年12月8日）第8条（监护人解任）规定，如果发现监护人有重大不当行为或者非法行为而不适合继续担任监护人时，被监护人的其他亲属或者检事均可请求家庭法院解除其监护职责；《建筑物所有人法》（2008年4月30日修正）第49条第4款规定，当建筑物的负责人出现空缺并很可能会发生损害时，法院、检事或利害关系人可委任一名临时负责人。柬埔寨的《婚姻家庭法》（1989年7月17日）第26条规定，只有配偶、检察官和法律利害关系人可以向有关机关申请婚姻无效；①《防止家庭暴力法》（2005年9月29日）第9条规定，主管机关应将有关防治家庭暴力的有关情况、记录向检察官汇报。《印度尼西亚消费者权益保护法》（1999年8月20日）第22条规定，对于违反本法规定而构成犯罪的企业负责人，检察官负责调查；《商业秘密法》（2000年12月20日）第16条第4款规定，对于公务员违反本法规定的行为，警察应将调查结果通知检察官。《约旦保险监管法》（1999年）第5条第1款规定，公共民事检察长或政府指定的律师，依法有权代表保险委员会行使诉讼权利；《竞争法》（2004年7月27日）第17条规定，对于不正当竞争案件，检察官应依法审查相关的文件材料。《阿富汗债权人法》（1999年8月5日）第41条规定，债务人不遵守本法规定，可视为犯罪，总检察长办公室应起诉他/她；《产权交易法》（1999年

---

① 而其《一夫一妻制法》（共4章12条）第8条还规定，经受害人一方的请求，检察官可以根据第7条规定（即有关通奸罪的规定）终止对通奸犯罪嫌疑人的起诉。

8月5日）第22条规定，如果财产交易商屡次违反承诺，检察官办公室可根据主管法院裁决终止其业务或注销其许可证。《卡塔尔保护商业秘密法》（2005年3月2日）第12条规定，外交部工作人员，根据总检察长决定与外交部长同意，可行使司法警察职权对涉及违反本法规定的犯罪行为进行调查。《以色列合同标准法》（1982年修正）第20条规定，当有人请求法院对合同的签订条件和标准作不利见证时，法院应将这种情况通知总检察长。《吉尔吉斯斯坦破产法》（2003年12月8日）第11条规定，债权人委员会应包括检察机关代表，并有权代表国家机构参加债权人会议。

（五）检察劳动法规范评介

所谓检察劳动法规范，亦即附属于劳动法中的检察法律规范的简称，是指劳动法中所附属的、旨在规范检方之权力或行为的法律规范的总和。

例如，《法国劳动法典》第L231－4条及第R231－12条及随后条款规定，对有关卫生和劳动者安全的一定的犯罪行为进行追诉之前，应向犯罪行为人进行催告。只有在劳动巡视员送达催告之后，在相关法规规定的期限内仍无任何效果时，检察机关才能提起追诉；《阿塞拜疆劳动法》（2008年6月10日修正，共13章317条）第5条规定，本法适用于检察官办公室官员、警察等所有公职人员。

（六）检察刑法规范评介

所谓检察刑法规范，亦即附属于刑法中的检察法律规范的简称，是指刑法中所附属的、旨在规范检方之权力或行为的法律规范的总和。

例如，《德国刑法典》（2007年12月21日修正）第258a条：如果受害人对检察官的不起诉决定不服，还可通过强制起诉程序，将此决定提交法官审查，以限制检察官在起诉上的自由裁量权；

《越南刑法典》（1999 年 12 月 21 日）第 300 条第 1 款：侦查人员、检察人员、审判人员、陪审员、书记员及其他司法人员、辩护人、代理人对案件材料、证据进行增删、修改、伪造、销毁或者使用其他手段对案件材料弄虚作假的，处 1 年以上 5 年以下有期徒刑；《新西兰刑法典》第 100 条（司法腐败罪）第 1 款：司法官员利用司法权是自己或者他人实施某项作为或不作为，从而收受、获取或同意帮助收受或试图索取贿赂的，判处 14 年以下监禁。

另外，《法国刑法典》第 434－9 条、《奥地利刑法典》第 302 条、《丹麦刑法典》第 140 条、《希腊刑法典》第 110 条第 2 款和第 3 款、《卢森堡刑法》第 22 条、《芬兰刑法》第 2 章第 4 条、《拉脱维亚刑法典》第 195 条、《爱沙尼亚刑法典》第 329 条、《韩国刑法》第 139 条、《马来西亚 1948 年叛乱法》（1975 年 8 月 29 日修正）第 5 条和《1961 年绑架法》（1995 年 2 月 17 日修正）第 9 条等，都属于检察刑法规范范畴。

此外，由于刑事诉讼法与刑法之间的联系像"动物的外形和血肉的联系一样"，① 因此，与刑事诉讼法一样，有刑法，必有检察刑法规范；而没有检察刑法规范的刑法，也是不存在的。

（七）检察反贪污贿赂法规范评介②

所谓检察反贪污贿赂法规范，亦即附属于反贪污贿赂法中的检察法律规范的简称，是指反贪污贿赂法中所附属的、旨在规范检方之权力或行为的法律规范的总和。

例如，《埃及关于非法收入的法律》（1975 年 7 月 16 日）第 15 条第 1 款：非法收入局应在作出关于没有理由提起诉讼的决定

---

① 参见中共中央马克思恩格斯列宁斯大林著作编译局编译：《马克思恩格斯全集》第 1 卷，人民出版社 1995 年版，第 178 页。

② 参加最高人民检察院反贪污贿赂法研究起草小组编：《惩腐反贪 各国政府关注的焦点——中外反贪法分解比较》，经济科学出版社 1995 年版。

后的 7 天内，将该决议通知总检察长；总检察长有权在接到通知后的 30 天内驳回该决议；《南斯拉夫社会主义联邦共和国经济违法法》（1976 年 12 月 24 日）第 50 条第 1 款：对经济违法行为的起诉，由检察员向法院提出；《美国 1970 年反欺诈反腐败组织法》规定，侦查本法所规定之罪的侦查人员是指任何检察官和由总检察长（亦即司法部长——引者注）指定的负责侦查本法规定之罪的人员。

　　另外，《阿富汗反贿赂法》第 11 条、《不丹反腐败法》（2006 年 4 月 8 日）、《哈萨克斯坦反腐败法》（2004 年 11 月 5 日修正）第 6 条、《老挝反腐败法》（2005 年 5 月 25 日）第 34 条、《泰国反贪污法》（1975 年）第 20 条、《蒙古反腐败法》（2006 年 7 月 8 日）第 8 条、《塞浦路斯犯罪预防（控制下交付及其他特别规定）法》（1995 年）第 6 条，以及《英国 1889 年公共机构贿赂法》第 4 条（起诉的限制）第 1 款和《1906 年防止贿赂法》第 2 条（犯罪的起诉）第 1 款、《新加坡 1970 年防止贿赂法》第 31 条、《马来西亚 1997 年反腐败法》第 31 条、《文莱防止贪污腐败法》（2002 年 9 月 15 日修正）第 21 条、《尼日利亚 1975 年腐败行为法令》第 18 条、《加拿大 1991 年舞弊行为的调查法》第 32 条、《牙买加 1931 年腐败防止法》第 13 条第 3 款、《巴哈马关于进一步改善防止贿赂腐败以及相关犯罪的规定的法律》（1976 年 8 月 13 日）第 23 条第 1 款、《西萨摩亚 1975 年秘密佣金法》第 13 条第 1 款等，都属于检察反贪污贿赂法规范内容。

　　此外，尽管检察反贪污贿赂法规范十分普遍，但并非所有国家的反贪污贿赂法都含有检察法律规范。例如，"中外 61 部反贪法中，有 23 部规定起诉权是司法权的重要组成部分……中外 23 部有起诉规定的反贪法中，有 15 部规定，只有检察机关或者检察人员才能对贪污贿赂案件起诉"。①

(八)检察反洗钱法规范评介

所谓检察反洗钱法规范,亦即附属于反洗钱法中的检察法律规范的简称,是指反洗钱法中所附属的、旨在规范检方之权力或行为的法律规范的总和。

例如,《蒙古打击洗钱和为恐怖主义融资法》(2006年7月8日)第7条第4款规定,经总检察长请求和行长批准,有关银行、金融实体应书面向其提供有关金融交易及其参与者的信息情况;《印度尼西亚反洗钱法》(2002年11月30日)第26条:金融机构应向警方或检察官办公室,提交涉及洗钱犯罪的信息材料。

另外,《阿富汗反洗钱法》(2004年11月4日)第58条、《阿曼反洗钱法》(2002年3月27日)第20条、《吉尔吉斯斯坦反洗钱法》(1999年4月10日)第24条、《亚美尼亚没收洗钱非法收益与打击为恐怖主义提供资助法》(2004年12月14日)第11条、《伊朗禁止洗钱法》(2002年修正)第21条、《约旦反洗钱法》(2007年)第27条等,都属于检察反洗钱法规范内容。

此外,尽管检察反洗钱法规范十分普遍,但并非所有国家或地区的反洗钱法都含有检察法律规范。例如,《印度预防洗钱法》(2009年3月6日)、《尼泊尔防止洗钱法》(2008年1月8日)、我国台湾地区"洗钱防制法"(1996年10月23日)中,就没有相应的(显性)检察法律规范。

---

① 参见最高人民检察院反贪污贿赂法研究起草小组编:《惩腐反贪 各国政府关注的焦点——中外反贪法分解比较》,经济科学出版社1995年版,第198~199页。当然,贪污贿赂犯罪案件的起诉权,并非检方所独享,有些调查机关也享有。例如,泰国的"反贪污委员会"、塞浦路斯、加纳、新西兰的"大陪审团",英国的"严重欺诈案件侦查局"等。

（九）检察反恐怖主义法规范评介①

所谓检察反恐怖主义法规范，亦即附属于反恐怖主义法中的检察法律规范的简称，是指反恐怖主义法中所附属的、旨在规范检方之权力或行为的法律规范的总和。

例如，《阿塞拜疆反恐怖主义法》（1999 年 8 月 18 日）第 20 条：阿塞拜疆总检察长和下属检察官负责监督反恐怖斗争的合法性；在追究某组织从事恐怖主义活动的责任时，阿塞拜疆共和国总检察长和下属检察官应出席法庭并提起公诉；《英国 2006 年反恐怖主义法》（2006 年 3 月 30 日）第 28 条（搜查、扣押、没收恐怖主义出版物）第 5 款：本法适用的文章被根据本条规定的令状授权扣押，根据或代表公共检察机构检察长或北爱尔兰公共检察机构检察长提供的信息，可以：（a）被没收；并且（b）如果被没收，可以被销毁或根据一个警官认为合适的任何方法被处理；《古巴打击恐怖主义行为法》（2001 年 12 月 20 日）第 8 条：在关于本法规定犯罪的刑事诉讼中，预审法官、检察官或法院可以立即签发命令，预防性地查封或冻结被告人资金、其他金融财产、经营财产或资源。无论被告人参与犯罪行为的程度，无论任何人、实体代表被告人和遵循被告人指令的实体实施犯罪。

另外，《法国 2006 年反恐怖主义、安全与边境管制法》（2006 年 1 月 23 日）第 12 条第 2 款、《俄罗斯反恐怖主义法》（2006 年 3 月 6 日）第 24 条、《阿富汗惩治恐怖主义融资法》（2005 年 1 月 9 日）第 22 条、《阿塞拜疆打击恐怖主义法》（2005 年 9 月 1 日修正）第 19 条、《土耳其打击恐怖主义法》第 20 条、《亚美尼亚打击恐怖主义法》（2004 年 12 月 14 日）第 11 条、《以色列禁止资助恐怖主义法》（2004 年修正）第 15 条，以及《新加坡 2002 年反恐怖主义（制止提供资助）法》（2002 年 7 月 8 日）第

---

① 参见赵秉志等编译：《外国最新反恐法选编》，中国法制出版社 2008 年版。

18 条和《腐败、贩毒和其他严重犯罪（没收所得）法》（2000 年 4 月 1 日修正）第 5 条、《印度恐怖主义特别法庭法》第 6 条和《反恐怖主义法》第 12 条、《美国 2001 年爱国者法》（2001 年 10 月 24 日）第 1001 条、《加拿大 2001 年反恐怖主义法》（2001 年 12 月 8 日）第 83.14（1）条、《特立尼达和多巴哥 2005 年反恐怖主义法》（2005 年 9 月 13 日）第 23 条第 2 款、《澳大利亚 2002 年打击犯罪委员会法》（2003 年 12 月 23 日修正）第 12 条、《新西兰 2002 年制止恐怖主义法》（2002 年 10 月 18 日）第 22 条、《南非 2004 年保卫宪政民主反恐怖主义和相关活动法》（2005 年 2 月 4 日）第 16 条、《乌干达 2002 年反恐怖主义法》（2002 年 5 月 21 日）第 3 条，属于检察反恐怖主义法规范内容。

此外，尽管检察反恐怖主义法规范十分普遍，但并非所有国家的反恐怖主义法都含有检察法律规范。例如，《德国 2002 年反国际恐怖主义法》（2002 年 1 月 9 日）、《乌兹别克斯坦 2000 年反恐怖主义法》（2000 年 11 月 15 日）等中，就没有相应的（显性）检察法律规范。

（十）检察羁押、监管法规范评介

所谓检察羁押、监管法规范，亦即附属于羁押、监管法中的检察法律规范的简称，是指看守所法等羁押法、监狱法等监管法中所附属的、旨在规范检方之权力或行为的法律规范的总和。

例如，《奥地利监狱法》第 118 条第 3 款规定，如果罪犯实施了应当在基层法院起诉的轻微犯罪行为，如果根据监狱内部规定进行处罚已经足够的话，公诉检察官可不起诉。《阿尔巴尼亚监狱法》（1998 年 4 月 16 日）第 14 条：低等级监狱应服从检察官的命令。《日本妇女辅导院法》（1972 年 7 月 1 日）第 16 条第 2 款规定，对于逃离妇女辅导院 48 小时的犯人，检事可依法签发追捕令状。《韩国关于执行判决和囚犯待遇的法律》（2008 年 12 月 11 日修正）第 9 条规定，如果需要，法官或检事可以检查惩教机构（含监狱、看守所等）。《亚美尼亚被拘捕者保护法》第21条规定，检察官依法有权对被拘捕者的身体、重病、死亡情况实行监督。《苏联和各加盟共和国劳动改造立法纲要》（1969年7月11日）第10条（检察长对执行刑罚的监督）第2款：检察长关于遵守苏联和各加盟共和国劳动改造立法规定的服刑规则的决定和建议，各劳动改造机关的行政和执行法院判处流放、放逐和不剥夺自由的改造的刑事判决的机关必须遵守。《印度监狱法》规定，总检察长是监狱监察长，并有权监督、控制和管理监狱的刑罚、纪律、劳动和经费支出（第3条、第11条）；《感化院法》规定，检察长是感化院的监察长；感化院建成使用前须经监察长检查，而监察长每年至少访问感化院一次（第4条、第7条）。

当然，尽管检察羁押、监管法规范十分普遍，但并非所有国家的羁押、监管法都含有检察法律规范。例如，《伯利兹监狱法》（2000年12月31日）、《斐济监狱法》（1966年1月1日）等中，就没有相应的（显性）检察法律规范。

（十一）检察毒品、精神和麻醉药品管制法规范评介

所谓检察毒品、精神和麻醉药品管制法规范，亦即附属于毒品、精神和麻醉药品管制法中的检察法律规范的简称，是指毒品、精神和麻醉药品管制法中所附属的、旨在规范检方之权力或行为的法律规范的总和。

例如，《德国麻醉品法》（2008年2月18日修正）第37条（免予提起公诉）：如果被指控人被怀疑因麻醉品依赖性而实施了一项犯罪行为，该行为不会被处以两年以上监禁刑，并且被指控人证明他可以通过接受第35条第1款规定的治疗消除麻醉品依赖性，并且可以预期他将重返社会时，经对开启主要程序有管辖权之法院同意，检察官可以决定暂时免予提起公诉。检察院应确定被指控人证明治疗的持续时间的时刻。程序应继续，如果(1)治疗没

有持续到所规定的结束时间；（2）被指控人没有出具第 2 款要求的证明。《马来西亚 1988 年危险毒品（没收财产）法》规定，检察官有权从特定的官员获得、调取有关毒品犯罪所涉及财产的信息，并作出对特定违法者起诉的决定。

而《奥地利麻醉药品管理法》第 35 条第 1 款、《阿塞拜疆非法贩运麻醉药品、精神药物管制法》（1999 年 6 月 18 日）第 21 条、《日本关于麻醉品和精神药物管制的国际合作特别法》（2006 年 6 月 21 日修正）、《泰国打击毒品犯罪措施法》（1991 年 9 月 27 日）第 27 条、《柬埔寨毒品控制法》（1997 年 1 月 24 日）第 24 条、《吉尔吉斯斯坦麻醉、精神药品及其前体法》（1999 年 12 月 10 日）第 22 条，以及泰国的《打击毒品犯罪措施法》（1991 年 9 月 19 日）第 27 条和《吸毒人员矫治法》第 5 条等，属于检察毒品、精神和麻醉药品管制法规范内容。

（十二）检察政党法规范评介

所谓检察政党法规范，亦即附属于政党法中的检察法律规范的简称，是指政党法中所附属的、旨在规范检方之权力或行为的法律规范的总和。

例如，《泰国政党组织法》第 66 条规定，政党登记员应通知检察长进行调查，并向宪法法院申请解散政党命令。《阿塞拜疆政党法》第 13 条规定，法官、检察官、警察和国家安全人员以及武装部队的领导干部、士官、其他军事人员，任期内不得成为任何一个政党的成员。《亚美尼亚政党法》（2002 年 7 月 3 日）第 10 条规定，法官、检察官、警察和军人不得成为政党党员。《也门 1991 年政党和政治组织法》（1995 年 8 月 21 日修正）规定，对于侵害政党和政治组织权益的行为，政党管理委员会有权请求总检察长办公室采取措施（第 8 条）；除非有总检察长办公室的授权，否则不得搜查政党或政治组织住所；对于违法犯罪的政党或政治组织，总检察长办公室应在 48 小时内将调查、搜查结果通知政党管理委员会（第 46 条）；对于违法犯罪的政党或政治组织，政党管理委员会可通知总检察长办公室依法查处（第 59 条）。

（十三）检察选举法规范评介

所谓检察选举法规范，亦即附属于各种选举法中的检察法律规范的简称，是指各种选举法中所附属的、旨在规范检方之权力或行为的法律规范的总和。

例如，《阿塞拜疆选举法》（2000 年 7 月 5 日）第 27 条第 2 款：中央选举委员会成员未经总检察长依法批准不受拘捕和刑事处罚，因现行犯而被拘捕的，有关机构应立即通知中央选举委员会和总检察长办公室。《格鲁吉亚总统选举法》（1999 年 8 月 20 日）第 17 条第 3 款规定，除现行犯，未经中央选举委员会同意并向检察官办公室通报外，不得随意指控、起诉、拘留、逮捕或搜查总统候选人。《吉尔吉斯斯坦选举法》（2007 年 6 月 25 日修正）第 16 条第 7 项规定，只有总检察长才有权决定拘捕或追究选举委员会主席的刑事责任；《公投法》（1995 年 11 月 4 日）第 17 条规定，如果区全民公决委员会的活动、决议违反宪法时，总检察长可向建议全国公民投票委员会取消其决议。《也门一般选举和公民投票法》（2001 年）第 125 条规定，对违反本法规定而构成犯罪者，法院应依法追究刑事责任，检察官可依法采取查询、调查等刑事诉讼措施；《大选法》（1992 年）第 16 条规定，所有公民和地方检察长办公室代表，有权就大选结果向法院提起诉讼；《1996 年大选法》（1996 年 8 月 31 日修正）第 95 条规定，对违反本法规定而构成犯罪者，法院应依法追究刑事责任，检察官可依法采取查询、调查等刑事诉讼措施。

（十四）检察护照法规范评介

所谓检察护照法规范，亦即附属于护照法中的检察法律规范的简称，是指护照法中所附属的、旨在规范检方之权力或行为的法律规范的总和。

例如,《阿塞拜疆出入境与护照法》(1994 年 6 月 14 日)规定,检察官办公室、大法官等国家机关及其人员可持有公务护照或者外交护照(第 5~6 条);《东帝汶护照法》(2003 年 3 月 10 日)第 28 条规定,法官和检察官依法可持有公务护照;《柬埔寨护照法》(2000 年 8 月 14 日)规定,总检察长和副总检察长及其配偶、未成年子女可持有外交护照(第 2~3 条)。

(十五)检察公证法规范评介

所谓检察公证法规范,亦即附属于公证法中的检察法律规范的简称,是指公证法中所附属的、旨在规范检方之权力或行为的法律规范的总和。

例如,《东帝汶公证法》(2004 年 2 月 4 日)第 31 条规定,法官和检察官根据法院的判决,可以检查公证记录。《日本公证人法》规定,具有法官、检事或律师资格并有实践经验者,可依法取得公证人资格(第 13 条);检事可随时检阅公证遗嘱(第 44条第 4 款)。

(十六)检察政府法规范评介

所谓检察政府法规范,亦即附属于政府法中的检察法律规范的简称,是指政府法中所附属的、旨在规范检方之权力或行为的法律规范的总和。

例如,《东帝汶政府法》(2002 年 9 月 20 日,共 22 条)第 7条:司法部负责并确保公共检察官办公室与法院的关系。《越南政府组织法》(2001 年 12 月 25 日修正)第 40 条规定,政府同最高人民法院和最高人民检察院相配合,预防并制止各种犯罪活动,维护国家法律秩序,实现国家的各项政策、主张及各项社会经济目标。政府邀请最高人民法院院长、最高人民检察院检察长参加讨论有关问题的政府会议。《老挝政府组织法》(2003 年 5 月 6 日修正)第 34 条(最高公共检察官办公室与最高人民法院的关系)

规定，政府依法负责协调最高公共检察官办公室与最高人民法院的关系；当政府认为有必要时，可邀请最高人民法院院长和最高人民检察院检察长出席政府会议。《蒙古许可证法》（2001 年 2 月 1 日，共 3 章 19 条）第 15 条规定，司法和内政事务、资产评估、法庭翻译业务、检察官的业务、公证业务等实行资格许可证登记管理制度。沙特的《政府采购法》（2002 年 4 月 1 日）第 27 条（刑事责任）规定，对于有违本法第 25 条、第 26 条规定而构成犯罪的自然人和法人，公共检察官办公室人员有权了解相关记录并对其违法行为进行查处；《政府租赁房屋条例》（2006 年 9 月 17 日）第 17 条规定，总检察长应定期检查政府租用的楼宇，以确保相关单位的适宜和正确使用。

（十七）检察议会法规范评介

所谓检察议会法规范，亦即附属于议会法中的检察法律规范的简称，是指议会法中所附属的、旨在规范检方之权力或行为的法律规范的总和。

例如，《老挝国民议会监督法》（2004 年 10 月 22 日）规定，国民议会有权对行政机关、人民法院和公共检察官办公室的活动实行监督（第 1 条），各级各类检察官应接受国会及其常设委员会的监督（第 7 条），最高人民检察院检察长及其检察官发现法律违宪时，有权向国会提出纠正意见（第 10 条），最高人民检察院检察长每半年和一年应向国会、国会常务委员会书面报告工作，并接受其审议（第 12 条），最高人民检察院有权建议废除法律（第 13 条）；越南《国会组织法》（2001 年 12 月 25 日修正）：最高人民检察院应向国会报告工作，最高人民检察院检察长由国会任命（第 2 条），最高人民检察院应接受国会常务委员会的工作监督（第 6 条），最高人民检察院检察长应答复国会民族委员会、各委员会和国会代表的质询（第 16 条）。

（十八）检察其他法律规范评介

所谓检察其他法律规范，是指除专门性检察法律以及检察警察法，公务员法，律师法，民商法，劳动法，刑法，反贪污贿赂法，反洗钱法，反恐怖主义法，羁押、监管法，毒品、精神和麻醉药品管制法，政党法，选举法，护照法，政府法，议会法，公证法之外的，其他法律中所包含的检察法律规范。而总的来说，它包括以下两类：

1. 大陆法系和社会主义法系国家检察其他法律规范。例如，法国的《森林法》第 105 条和《乡村法典》第 446 条规定，检察长自己或者通过代理在上诉法院或者上诉法院所在地的重罪法院中行使检察官的职责。检察长在同样的情况下也可在上诉法院管辖区内其他重罪法院行使检察官的职权；《公共健康法典》（亦译为《公共卫生法典》）第 L3423 - 1 条规定，在使用麻醉品的情形中，只有在使用麻醉品人员拒绝接受治疗、不完成治疗、拒绝接受照顾措施或拒绝医疗监督的情形下，检察机关才能提起公诉；《海关法典》第 458 条规定，只有在经济和财政部长提起公诉后，才能启动公诉；《税收法典》之《税收程序卷》第 228 条规定，对于税收犯罪行为，只有在行政机关告诉后，才能启动追诉。

俄罗斯的《协调护法机关反犯罪斗争活动条例》（1996 年 4 月 18 日）规定，各级检察长有权召集各护法机关领导人参加的协调会议，成立侦查搜查工作小组以侦查具体犯罪案件，索取统计报表和其他必要的信息等；与此同时，《精神病救护和提供精神病救护时的公民权利保障法》（1992 年 7 月 2 日）、《向法院控告侵犯公民权利与自由的行为和决定法》（1993 年 4 月 27 日）、《安全局法》（1995 年 4 月 3 日）、《协调护法机关反犯罪斗争活动条例》（1996 年 4 月 18 日）、《关于在各级内务机关登记和统计犯罪的活动中加强法制的措施》（2001 年 11 月 28 日）、《关于批准国家公务员公务行为一般原则的命令》（2002 年 8 月 12 日）、

《统一的犯罪统计规则》（2005 年 12 月 29 日）、《公民诉愿审议程序法》（2006 年 5 月 2 日）等法律中，也有相关的检察法律规范。

《格鲁吉亚防治非法收入合法化法》（2003 年 6 月 6 日）规定，总检察长办公室依法有权监测、调查可疑的金融交易信息、资料（第 10 条、第 12 条）。

《奥地利军事处罚法》第 3 条第 2 款规定，对于军人在特殊情况下因执行上级命令而实施的轻微犯罪行为，公诉检察官可以不起诉。但是，根据军队内部规定，还是可能会给予处罚。

《瑞典为功能损伤特殊人群提供支持与服务法》（1993 年 387 号法）第 20 章第 7a 条规定，出现起诉时已存在或本应知晓的应当不起诉的情形的，即便在起诉后也可以作出不起诉的决定。

日本的《交通事故快速处理法》第 3 条第 1 款规定，对于可能判处 50 万日元以下罚款、没收财产或缓刑的交通刑事案件，审前，检事可向简易法院提出采用迅速审判程序；《户籍法》第 73 条第 2 款规定，对于离婚案件，检事有权要求出席法庭；《卖淫防治法》（2007 年 6 月 15 日修正）第 22 条规定，作为公诉人的检事，可根据法庭签发的令状将犯罪嫌疑人拘捕关押，以便法庭处置；法庭签发拘捕令状后，检事应立即执行；《少年法》第 8 条规定，家庭法院发出通知后，检事、司法警察等有权参与相关问题的调查活动。与此同时，《社团和基金会法》（2006 年 6 月 2 日）、《信托法》等法律中，也含有相应的检察法律规范。

印度尼西亚的《税务征收扣押法》（1998 年 1 月 7 日）第 18 条规定，税务征收主任可要求警方或检察官办公室，依法签发涉及税务犯罪的财产的扣押令、没收令；《集成电路设计法》（2001 年 12 月 20 日）第 41 条第 4 款规定，对于公务员违反本法规定的行为，警察应通知检察官按照《刑事诉讼法》第 107 条规定进行调查；《废物管理法》（2008 年 8 月 7 日）第 38 条第 4 款规定，对于公务员违反本法规定的行为，警察应将调查结果通知检察官；《环境保护和管理法》（2009 年 10 月 3 日修正）第 40 条第 4 款规定，民事调查人员应将违反本法行为的调查结果，告知检察官或警方。

越南的《公民申诉、控告法》（1991 年 8 月 1 日）第 26 条规定，解决申诉的裁定已生效，但尚未执行的，解决申诉机关首先可作出决定并依照法律采取相应措施以保证裁决的执行，或要求检察院依法解决；《预防和控制艾滋病法》（2006 年 6 月 29 日修正）第 28 条第 1 款规定，经检察机关或法院要求，调查机关可依法对相关人员进行艾滋病病毒强制检测。

阿塞拜疆的《外国人和无国籍人法律地位法》（1996 年 3 月 13 日）第 27 条规定，对于拒绝离开阿塞拜疆共和国境内的外国人或无国籍人，政府和纳希切万自治共和国总检察长有权批准逮捕，然后将其强制驱逐出境；《人权监察专员法》（2001 年 12 月 28 日）第 14 条规定，人权监察专员的年度报告，应提交给内阁、宪法法院、总检察官办公室、最高法院和总统。

哈萨克斯坦的《总统法》第 23 条（共和国总统文件的准备与将其交付总统审议）规定，共和国最高法院和总检察长人选由总统确定；《社会团体法》（1996 年 5 月 31 日）第 23 条（中止社会团体的活动）规定，社会团体在破坏哈萨克斯坦共和国宪法和立法或者社会团体不止一次作出超出其章程规定的目标和任务的行动的情况下，经检察机关、内务部门出示证据可根据公民的声明，根据法院规定，可中止社会团体 3 ～ 6 个月的活动。假如在规定的中止活动期限内，社会团体改正了构成中止活动理由的破坏行为，那么，在结束中止期后，社会团体可恢复自己的活动。在社会团体没有改正破坏行为的情况下，检察机关、内务机关以及公民有权向法院提出取消该社会团体的声明。

吉尔吉斯斯坦的《大众媒体法》（1992 年 7 月 2 日）第 25 条规定，有检察官、法院和调查人员的书面许可，编辑部可公布有关案件的调查数据和初步调查情况；《森林法》（1999 年 7 月 8 日）第 5 条规定，总检察长及其属下的检察官依法有权监督森林法的执行情况;《移民法》(2000 年 6 月 23 日) 第 46 条规定,如果是利用护照进行犯罪或者提供虚假的护照,检察长办公室、内政部和国家安全机构有权暂时扣留该护照;《监察专员法》(2002年 6 月 25 日) 第 13 条第 2 款规定,对于阻碍监察专员执法的违法行为,其有权要求总检察长采取适当措施;《两性平等保障法》(2003 年 3 月 12 日) 第 28 条规定,吉尔吉斯共和国总检察长办公室,对适当、统一、平等地执行本法实行监督。

塔吉克斯坦的《法律援助法》规定,在诉讼活动中,检察机关和法院有权决定免除自然人的全部或部分法律援助金 (第 19 ~20 条);《难民法》(2002 年 5 月 10 日修正) 第 5 条规定,总检察长办公室负责协调确定难民地位、难民登记、难民身份剥夺、驱除出境等事宜;《媒体法》(2003 年) 第 29 条规定,没有检察官、调查员的正式书面授权,大众传播媒介不得泄露案件情况 (第 29 条);《打击贩卖人口法》(2004 年 7 月 8 日) 第 23 条规定,法院、检察官办公室依法有权调查用于贩卖人口的账户;《社会团体法》(2007 年 5 月 19 日) 第 34 条规定,社会团体应依法向总检察长办公室及其检察官汇报情况,总检察长办公室及其检察官有权监督并检查社会团体活动;《测量法》(2007 年 7 月 30 日修正) 第13 条规定,法院法庭、检察官办公室有权对国家测量机构的测量数据,实行监督控制;《商品和服务价格法》(1992 年 3 月 22 日) 第 32 条规定,根据公共检察官命令可对第 18 条第 3 项所规定商品(即与犯罪有关的车辆及其货物) 进行检验、扣押;《预防和惩治卖淫法》(1996 年 10 月 14 日) 第 16 条规定,政府(省) 职业发展保护委员会成员应包括警察局长、检察官等代表。

亚美尼亚的《边界法》(1994 年,共 10 章 44 条) 第 27 条规定,为查清违反边界规定者身份,可对其采取 3 小时以上 3 日以下拘留,并须将拘留情况在 24 小时内通知检察官;经检察官批准,也可将拘留期限延长至 10 日;逮捕违反边界规定的外国人或无国籍者,须经检察官批准;《银行保密法》(1996 年 10 月 14

日）第 17 条规定，银行管理人员有义务向检察机关通报涉嫌犯罪的银行信息材料；《法律职业资格许可证法》（1998 年 6 月 18日）第 28 条规定，从事法官和检察官职业必须具有法律职业资格许可证。

伊朗的《新闻法》（1986 年 3 月 19 日）第 23 条规定，对于刊载含有侮辱、诽谤和虚假陈述或批评的文章，当事人有权要求刊物纠正；若刊物拒绝，当事人则可向检察官申诉；检察官接到申诉后，可以向公众进行调查、对刊物出版单位提出书面警告；若警告未产生预期效果，检察官可签发停工令，暂停刊物出版单位的出版工作，但不超过 10 日；《税收法》（2002 年 5 月 21 日）第 97 条规定，检察官依法有权对纳税人的应纳税数额进行评估。

《阿富汗电话法》（1967 年 3 月 11 日）第 18 条规定，警察和检察官办公室对于针对犯罪案件的举报电话、通信，不得向当事人收费；《少年法》第 9 条规定，国家在首都和各省设立专门的少年犯特别检察官办公室，负责少年犯检控工作。

《阿联酋 2006 年迪拜土地登记法》（共 11 章 29 条）第 25 条规定，基于某个人或者检察院的请求，法院可依法裁定违反本法规定的任何协议或交易无效。

《不丹法律顾问法》（2003 年 8 月 1 日）规定，总检察长为国王法律顾问委员会成员之一，且担任委员会主席，任期 3 年（第 3 条、第 8 条）。

《老挝妇女、儿童权益保护法》（2004 年 10 月 22 日）第 36 条规定，如果有足够证据证明针对妇女和儿童的暴力犯罪行为成立，警方应将案件材料移交给检察官，以便其向法院提起并支持公诉。

《沙特武器弹药管理条例》（2005 年 7 月 24 日）第 52 条规定，总检察长有权对违反本法规定的行为进行调查；《电子交易法》（2007 年 3 月 8 日）第 26 条规定，经总检察长批准，有关单位可依法调查涉案的电子信息资料。

《土耳其乘客安全法》（1943 年 1 月 28 日）第 25 条规定，船舶导航员应将船舶到达或离开港口违反导航规定的情况，通知检察官办公室以便提起诉讼。

《土库曼斯坦社会团体法》（2003 年 10 月 21 日）第 28 条规定，总检察长办公室对社会团体的守法情况实行监督。

《以色列打击有组织犯罪法》（2003 年修正）第 10 条规定，检察官有权申请没收涉及有组织犯罪的财产，并将没收情况在起诉书中标明。

《约旦标准与计量法》（2002 年）第 3 条第 1 款规定，总检察长或其代理人，依法有权代表标准与计量委员会行使诉讼权利，参与法庭诉讼活动。

2. 英美法系国家检察其他法律规范。例如，英国的《1936年公共秩序法》、《1971 年绑架罪法》规定，检察长的起诉职能要在皇家检察总长的监督下才能进行，有些案件必须由皇家检察总长的同意方可起诉；《1987 年反严重欺诈局法》规定，检察官有权直接侦查重大复杂的欺诈案件，采取强制措施，审查和起诉嫌疑人。

加拿大的《引渡法》、《刑事问题相互法律援助法》规定，司法部部长（亦即总检察长——引者注）负责处理国际间的相互协助和引渡需求，具体工作由其下设的国际协助科负责；而根据《安全信息服务法》、《国家秘密法》、《国家安全犯罪法》规定而产生的法律问题和一般的国家安全和秘密问题，应向助理副总检察长（刑事法）提供建议。

新加坡的《保守官方秘密法》（1935 年 7 月 5 日）第 14 条规定，只有总检察长，才能对违反本法规定而构成犯罪的行为提出检控；《调查委员会法》（1941 年 5 月 2 日）第 15 条规定，检察官有权指挥警务人员从事调查、搜查活动；《绑架法》（1961 年 6月 2 日条）第 6 条规定，检察官依法有权命令任何银行冻结与绑架赎金有关的银行账户 1 个月；《未成年人犯罪保护法》（2006 年

2 月 15 日）第 22 条规定，未成年人犯罪案件审判委员会，应包括总检察长办公室的两名代表。

文莱的《博彩场所法》（2002 年 4 月 15 日修正）第 26 条规定，法院和检察院对违反本法的行为，有司法管辖权；《消防法》（2002 年 4 月 15 日修正）第 20 条规定，检察官负责违反本法的构成犯罪；《报刊管理法》（2002 年 7 月 15 日）第 7 条规定，检察官负责指控构成犯罪的新闻出版虚假行为；《欺诈交易审判法》第 9 条规定，检察官依法有权就欺诈交易行为，向特别法庭提起诉讼；《人权保护法》第 44 条第 2 款规定，根据检察官的动议，法院应保障证人的生命安全；《全国调查局法》第 12 条规定，根据检察官的申请，特别法庭可以管辖任何刑事案件。

第三节　中国附属性检察法律评介

一、中国附属性检察法律的特点

无疑，集中华、大陆、英美和社会主义等法系国家检察法律特点于一身的我国，尽管检察制度建立较晚，但不论是旧中国还是新中国，其专门与附属性检察法律，都是"五脏俱全"的。其中，我国附属性检察法律的最大特点之一，就是不仅囊括了世界各国附属性检察法律的所有类型，而且还有自身所特有的附属性检察法律类别——"五个并存"：

（一）国内和国际附属性检察法律并存

例如，旧中国的"发展国际间以尊重人民平等权利及自决原则为根据之友好关系，并采取其他适当办法，以增强普遍和平"（《联合国宪章》第 1 条第 2 款）；

新中国的"加强执法机构或检察官同包括企业界在内的有关私人实体之间的合作"（《联合国打击跨国有组织犯罪公约》第 31 条第 1 款第 1 项）。

（二）全国和地方附属性检察法律并存

例如，清末的"凡刑事上诉，自宣示判词之日始，限于五日内呈请原检察厅移送上级检察厅"（《高等以下各级审判厅试办章程》第六十条）与"凡检察厅于发行状纸时，皆须加盖各该厅发行处戳记，以备稽核"（《吉林各级审判厅章程附章》第十九条）；

北洋政府的"县知事关于司法事务受高等审判检察厅长之监督，承审员受县知事之监督"（《县知事兼理司法事务暂行条例》第六条第一款）与"司法科视诉讼案件之繁简酌设审判员一员至三员，检察员一员或二员，依法院编制法推事、检察事务之规定，受理民刑诉讼案件，但民事、刑事不必分庭"[安徽都督军政府《安徽省各县司法暂行章程》（1912 年 1 月 29 日，共 14 条）第三条]；

国民政府的"公设辩护人应从现任或曾任推事检察官、现任或曾任候补推事、检察官成绩优良者，遴充之"[《公设辩护人条例》（1939 年 3 月 10 日）第九条]与"各级首席检察官，均应亲自办理案件，并按日准时到院办公"[《江西省侦查案件守则》（1947 年 11 月 5 日，共 12 条）第一条]；

新中国的"公安机关要求逮捕人犯的时候，由人民检察院批准"[《逮捕拘留条例》第 3 条第 2 款]与"人民检察机关是实施无产阶级专政的武器之一，是在中国共产党领导下的人民民主专政体系中的法律监督机关"[《内蒙古自治区人民检察院检察工作条例（草案）》第 1 条]。

（三）检察宪法规范和检察司法官法、法院法规范并存

1. 检察宪法规范。例如，清末的"委任审判衙门，遵钦定法律行之，不以诏令随时更改。司法之权，操诸君上，审判官本由君上委任，代行司法，不以诏令随时更改者，案件关系至重，故必以已经钦定为准，免涉分歧[《钦定宪法大纲》光绪三十四年八月初一日（1908 年 8 月 27 日，共 23 条）第十条（总揽司法

权）”；

北洋政府的“法院以临时大总统及司法总长分别任命之法官组织之。法院之编制及法官之资格，以法律定之”[《中华民国临时约法》（1912 年 3 月 8 日，共 7 章 56 条）第四十八条]），“中华民国之司法权，由法院行之”[《中华民国宪法草案》（亦称《天坛宪草》，1913 年 10 月 31 日）第八十四条]，“法官独立审判无论何人不得干涉之”[《中华民国宪法》（亦称《曹锟宪法》，1923 年 10 月 10 日）第一百零一条]，“省设高等审判厅、高等检察厅，并划定区域，分别设置地方审判厅、地方检察厅，初级审判厅、初级检察厅”[《湖南省宪法》（1922 年 1 月 1 日，共 13 章 152 条）第九十四条]；

民国政府的“法官为终身职，非受刑事或惩戒处分，或禁治产之宣告，不得免职。非依法律，不得停职、转任或减俸”[《中华民国宪法》（1946 年 12 月 25 日）第八十一条]；

新中国的“最高人民检察院对全国人民代表大会负责并报告工作；在全国人民代表大会闭会期间，对全国人民代表大会常务委员会负责并报告工作”[《五四宪法》（1954 年 9 月 20 日）第 84 条]。

2. 检察司法官法规范。例如，清末的“法部监督大理院并直省各厅局检察局、调度检察事务，管理民事刑事牢狱，并一切司法上之行政事务”[《法部官制草案》（1906 年，共 13 条）第一条]；

北洋政府的“惩戒委员会议决全国司法官之惩戒事件。前项司法官，指实缺：大理院推事、高等以下审判厅厅长及其他之推事并总检察厅以下之检察官而言”[《司法官惩戒法》（1915 年 10 月 15 日，共 5 章 34 条）第十四条]；

民国政府的“各省区各级法院推事、检察官应回避该法院管辖区域”《司法官任用回避办法》第二条）；

新中国的“初任法官、初任检察官和取得律师资格必须通过国家司法考试"〔"两高"、司法部《国家司法考试实施办法（试行）》（2001 年 10 月 31 日）第 2 条第 2 款〕。

3. 检察法院法规范：

（1）检察法院组织法规范。例如，清末的"检察厅之管辖区域，与各该审判衙门同"（《法院编制法》第九十二条）；

北洋政府的"检察官员额由司法部呈准定之"（《法院编制法》第八十九条）；"检察厅依法令所定管辖各该监狱及看守所"（《湖南省法院编制法》第十七条）；

国民政府的"最高法院设检察署置检察官若干人，以 1 人为检察长。其他法院及分院各置检察官若干人，以 1 人为首席检察官。其检察官员名额仅有 1 人时不置首席检察官"（《法院组织法》第二十六条）；"最高法院检察署检察长及检察官均为简任职"（《最高法院组织法》第六条）；"检察处组织遵照部颁《高等法院检察官办事权限暂行条例》办理"〔《河南高等法院暂行组织条例》（1929 年 2 月 27 日）第一条〕；

新中国的"各级人民法院审判委员会会议由院长主持，本级人民检察院检察长有权列席"（《人民法院组织法》第 10 条第 2 款）。

（2）检察法官法规范。例如，清末的"第一次考试合格者，应行实地练习，照章分发初级审判厅、检察厅作为学习人员。但开办之初，准其暂以考试成绩最优者分发高等以下审判厅、检察厅学习"（《法官考试任用暂行章程》第七条）；

北洋政府的"法院书记官官等依本条例所定官等表第一等至第四等荐任、第五等至第八等委任"〔《法院书记官官等条例》（1918 年 8 月 15 日）第一条〕；

民国政府的"各省高等法院院长或首席检察官于二十四年七月一日法院组织法施行前，依公务员任用法呈司法行政部请派人员铨叙部仍照公务员任用法办理"（国民政府《法官及其他司法人员资格审查办法》第八条）；

新中国的"法官不得兼任人民代表大会常务委员会的组成人员，不得兼任行政机关、检察机关以及企业、事业单位的职务，不得兼任律师"[《法官法》（1995年2月28日）第14条]。

（四）检察刑事和民事诉讼法规范并存

1. 检察刑事诉讼法规范。例如，清末的"公诉在未开始第一审辩论前，得撤销之"[《大清刑事诉讼律草案》（1911年1月，共6编515条）第二百五十八条]；①

北洋政府的"再诉之请求，应经配置管辖再诉审判衙门之检察官为之"[《刑事再理暂用刑事诉讼律草案各条》（1915年8月22日，共9条）第四百三十七条]；"检察官因告诉、告发、自首或其他情事知有犯罪嫌疑者，应即侦查犯罪人及证据"[《湖南省刑事诉讼暂行条例》（1925年6月11日，共8编514条）第二百一十六条]；

民国政府的"对于检察官之送达，应向检察官之办公处所为之"[《中华民国刑事诉讼法（修正案）》（1935年1月1日修正，共9编516条）第五十八条]；

新中国的"贪污罪、侵犯公民民主权利罪、渎职罪以及人民检察院认为需要自己直接受理的其他案件，由人民检察院立案侦查和决定是否提起公诉"（《七九刑事诉讼法》第13条）。

2. 检察民事诉讼法规范。例如，清末的"检察官败诉者，诉讼费用由国库担负"（《民事诉讼律草案》第七百零八条）；②

北洋政府的"被告人之移转管辖声请书，应经原审判衙门付送。审判衙门接受该声请书后，应速付送于配置该审判衙门之检察官"（《民刑事诉讼律草案管辖各节》第二十五条第一款）；

民国政府的"撤销死亡宣告之诉，检察官或有法律上利害关系之人，得提起之"[《中华民国民事诉讼法》（1935年7月1

---

① 本法由修律大臣沈家本上奏而案没有实施，但后为中华民国北洋政府所援用。
② 本法并未实施，但后为中华民国北洋政府所援用。

日）第六百三十五条〕；

新中国"人民检察院有权对民事诉讼实行法律监督"（《民事诉讼法》第 14 条）。

（五）检察诸法律规范并存

无论是旧中国还是新中国，与世界各国一样，也能找到下列附属性检察法律之踪影：

1. 检察警察法规范。例如，清末的"凡司法警察人员，有协助检察厅执行检察事务之责"〔《司法警察职务章程》（1907 年 2 月 6 日，共 8 节 24 条）第二条〕；

北洋政府的"本分院司法警察 8 人、警长 1 人，由首席检察官遵照第 4124 号部令考选派充。但司法警长曾经任用有成绩者得免考试"〔《淮阴江苏省高等法院第一分院检察处司法警察服务及奖惩规则》（1927 年 12 月，共 26 条）第二条〕；

民国政府的"各级法院检察处检察官与该区司法警察官，应相互列席业务检讨会议"（《行政院检察官与司法警察机关执行职务联系办法》第三条）；

新中国的"国家安全机关、监狱、劳动教养管理机关的人民警察和人民法院、人民检察院的司法警察，分别依照有关法律、行政法规的规定履行职权"（《人民警察法》第 18 条）。

2. 检察民商法规范。例如，清末的"对于常有心神丧失之情形者，审判衙门须因本人配偶、三等亲内之宗亲、监护人、保佐人或检察官之声请，宣告禁治产"〔《民律草案》（1911 年 9 月，共 5 编 36 章 1569 条）第十九条第一款〕；

北洋政府的"高等审判厅以下法院之判决，如显然与约法或其效力相等之法律优待条例有抵触而业经确定者，决检察长得承受时，向大理院请求撤销之"（《民事非常上告暂行条例》第一条）；

民国政府的"法人之目的或其行为，有违反法律、公共秩序或善良风俗者，法院得因主管官署、检察官或利害关系人之请求，宣告解散"［《民法第一编总则》（1929年4月20日）第三十六条］；

新中国的"对重婚的，对实施家庭暴力或虐待、遗弃家庭成员构成犯罪的，依法追究刑事责任。受害人可以依照刑事诉讼法的有关规定，向人民法院自诉；公安机关应当依法侦查，人民检察院应当依法提起公诉"［《婚姻法》（2001年4月28日修正）第45条］。

3. 检察刑法规范。例如，清末的"审判或检察、巡警、监狱及其他行政官员或其佐理，当执行职务时，对于被告人、嫌疑人或关系人有强暴凌虐之行为者，处三等至五等有期徒刑"（《大清新刑律》第一百四十四条）；

北洋政府的"检察厅及警察署认假释者，该当于《刑法》第六十七条时，须具意见申报司法总长"［《假释管束规则》（1913年2月15日）第十五条］；

民国政府的"有追诉或处罚犯罪职务之公务员，为下列行为之一者，处1年以上7年以下有期徒刑：一滥用职权为逮捕或羁押者；二意图取供而施强暴胁迫者；三明知为无罪之人，而使其受追诉或处罚，或明知为有罪之人，而无故不使其受追诉或处罚者"［《中华民国刑法》（1935年1月1日，共两编351条）第一百二十五条第一款］；

新中国的"在人民法院、人民检察院、公安机关采取强制措施以后，逃避侦查或者审判的，不受追诉期限的限制"［《七九刑法》（1979年7月1日）第77条］。

4. 检察羁押、监管法规范。例如，清末的"应执行死刑者，如丧失精神或怀胎须暂行停止执行，申报其事由于检察官及监督官署"［《监狱律草案》（1911年6月，共14章240条）第一百五十七条］；

北洋政府的"看守所由地方检察厅检察长监督之。初级厅若因距地方厅较远须设看守所者，检察长得以其职权委任初级检察官监督之"（《看守所暂行规则》第二条）；"在监者死亡，监狱长官须会同检察官检验其尸体"［《监狱规则》（1913年12月1日，共15章103条）第九十八条］；

民国政府的"刑事被告人对所中之待遇有不当者，得于出庭时陈诉于推事或检察官或在视察时陈诉于视察员。推事、检察官、视察员受前项陈诉后，应即分别报告或知照法院院长"［《看守所暂行规则》（1931年8月12日修正）第四条第二款］；"执行死刑，由检察官莅视并书记官在场"［《监狱法草案》（1935年，共16章195条）第一百九十条］；

新中国的"公安机关或者国家安全机关侦查终结、人民检察院决定受理的人犯，人民检察院审查或者侦查终结、人民法院决定受理的人犯，递次移送交接，均应办理换押手续，书面通知看守所"（《看守所条例》第15条）；"对于罪犯的申诉，人民检察院或者人民法院应当及时处理"（《监狱法》第21条第2款）。

总之，除类型众多之外，我国附属性检察法律既有各国附属性检察法律之共性，也有我国检察法律之特点。与此同时，新旧中国及其每个阶段的附属性检察法律，也各具特色。

二、清末附属性检察法律评介

总的来说，清末除具有上述附属性检察法律之外，其余附属性检察法律还可以分为以下两类：

（一）全国附属性检察法律评介

概言之，我国清末全国附属性检察法律，又包括以下两类：

1. 从名称中即可得出其中含有附属性检察法律的，主要有：《京师审判检察各厅员缺任用补主章程》［宣统元年九月十八日（1909年10月31日），共12条］；《法部奏定京外各级审判厅及检察厅办事章程》［宣统三年（1911年），共13节58条］等。

2. 正文中含有附属性检察法律的，主要有：①

1906～1908 制定的：《各省官制通则缮具清单》［光绪三十三年五月二十七日（1907 年 7 月 7 日），共 34 条］第十二条，《管翼地方办事章程》［光绪三十三年十二月（1907 年 1 月 14 日），共 16 条］第三条，《试办诉讼状纸简明章程》［光绪三十三年十月二十六日（1907 年 12 月 1 日），共 12 条］第五条，《法部奏定提法司办事划一章程》［光绪三十三年（1907 年）］第五十五条。

1909～1911 年制定的：《宗室觉罗选举资政院议员章程》［宣统元年七月初八日（1909 年 8 月 23 日），共 26 条］第二条，《推广诉讼状纸通行章程》［宣统元年十二月二十三日（1910 年 2 月 2 日）］第七条，《宗室觉罗诉讼章程》［宣统二年五月二十日（1910 年 6 月 26 日），共 6 章 37 条］第十四条，《法部奏颁修正承发吏职务章程》［宣统三年三月初七日（1911 年 4 月 5 日），共 33 条］第二条，《宪法重大信条十九条》［亦称《宪法信条》、《十九信条》，宣统三年九月十三日（1911 年 11 月 3 日），共 19 条］第十七条，《法部奏定京外各级审判厅及检察厅办事章程》［宣统三年（1911 年），共 13 节 58 条］第一条等，都属于全国附属性检察法律内容。

（二）地方附属性检察法律评介

与全国附属性检察法律一样，清末地方性检察法律也包括如下两类：

1. 从名称中即可得出其中含有附属性检察法律的，主要有：吉林行省提法司《吉林各级审判检察厅办事规则》［光绪三十四年（1908 年），共 11 章 144 条］，《吉林各级检察厅对于巡警局办事权限简章》［光绪三十四年（1908 年），共 9 条］，《各级审判检察厅纪要——各级审判检察厅司员、兵役职务，及公费、津贴

---

① 当然，这些检察法律所含检察法律规范并不止一条，而往往多条。但基于篇幅限制，只择其中一条。

等款》［光绪三十四年（1908年）］，《吉林各级审判检察厅功过章程》［宣统二年（1910年），共8节30条］，《吉林各级审判检察厅办事规则》［宣统元年（1909年）］；贵州《各级审判检察厅办事规则》［宣统元年十二月二十八日（1910年2月7日）奏准《法院编织法》之后，共18章137条］，《高等地方审判检察厅官员实行稽查职务规则》［清末，共4章22条］；《浙江司法警察官、营兵、地方印佐各官补助检察厅详细规则》（共9条）；四川《各级审判厅及检察厅事务通则》（共10章90条），《提法使详咨部检察官服务规则》（共28条）；等等。

2. 正文中含有附属性检察法律的，主要有：直隶《天津府署试办审判厅章程》［光绪三十二年（1906年）］第十七条、《各级审判厅办事规则》（共12章128条）第二十二条、《各级审判厅看守所暂行规则》（共4章60条）第十条；吉林行省提法司《吉林行省各级审判厅试办章程》［光绪三十四年（1908年），共5章120条］第四十六条；吉林府《地方审判厅办事细则简章》［宣统二年（1910年），共8节30条］第三条；广西《抚部院批臬司详拟划分司法行政权限章程缘由文附件》［宣统元年十二月十四日（1910年1月24日）］第八条，《全省营务处、法使司会拟办理盗匪暂行章程》［宣统三年三月二十五日（1912年4月23日），共7条］第二条，《审判筹备处附设审判研究所规则》（清末，共11章33条）第二十七条，《司法研究会简章》（清末，共12条）第二条；湖北省提法司《办事划一章程》［宣统二年（1910年）］第五十五条；河南《省城初级审判厅章程》（共5章28条）第六条，《省城地方审判厅章程》（共5章38条）第十二条；奉天省《审检讲演会简章》（共8章23条）第二条和《特别地方审判章程》（共18条）第六条；《上海各级审判厅办事规则》（共18章163条）第三十七条等，都属于地方附属性检察法律内容。

总之，清末附属性检察法律的突出特点有二：一是多附属于法院组织法内；二是检察处务规则、办事章程较多。

三、中华民国附属性检察法律评介

总的来说，中华民国除具有上述附属性检察法律之外，其余附属性检察法律还可以分为以下两类：

（一）北洋政府附属性检察法律评介①

1. 全国附属性检察法律评介。与清末一样，北洋政府全国附属性检察法律，也包括以下两类：

（1）从名称中即可得出其中含有附属性检察法律的，又有以下两类：

一类是诸如《推事、检察官、律师、书记官服制令》（1913年1月7日，共6条）等，由北洋政府制定的；

另一类是诸如《审检厅处理简易案件暂行细则》（1914年4月3日，共9条）、《各级审检厅代理员支俸规则》（1914年4月21日，共10条）、《学习候补推事检察官津贴规则》（1918年8月17日，共6条）、《各省高等法院检察官办事权限暂行条例》（1927年12月13日，共17条）、《地方法院检察官办事权限暂行条例》（1928年2月23日修正，共17条）等，由当时检察系统的最高首脑机关——北洋政府司法部制定的。

（2）正文中含有附属性检察法律的，主要有：

1912～1913年制定的：《各县地方帮审员办事暂行章程（1912年，共16条）第九条，《监狱员考试暂行章程》（1913年3月25日，共9条）第八条，《刑事统计年表记载规则》（共11章77条）第一条（1913年6月24日），《关于判决无期徒刑以下各案报告程式的指令》（1913年7月18日），《司法官署公文书暂行程序令》（1913年8月28日，共9条）第二条，北洋政府《文

---

① 除注明制定者外，其余检察法律的制定者均为当时检察最高首脑机关——司法部。

官惩戒法草案》（1913 年 10 月 9 日，共 4 章 18 条）第二条，《律师惩戒会暂行规则》（1913 年 12 月 27 日，共 23 条）第十四条；

　　1914～1915 年制定的：北洋政府《各省司法官回避办法》（1914 年 1 月 18 日）第一条，北洋政府《司法官考绩规则》（1914 年 2 月 16 日，共 23 条）第一条，《律师甄别章程》（1914 年 3 月 30 日，共 11 条）第二条，《地方审判厅刑事简易庭暂行规则》（1914 年 4 月 3 日，共 10 条）第三条，北洋政府《县知事审理诉讼暂行章程》（1914 年 4 月 5 日，共 13 章 48 条）第四十四条，《没收物品处分规则》（1914 年 4 月 17 日，共 6 条）第二条，北洋政府《高等审判厅减速权限条例》（1914 年 6 月 11 日，共 13 条）第十二条，《甄拔司法人员规则》（1914 年 6 月 12 日，共 20 条）第一条，《管收所暂行章程》（1914 年 8 月 13 日）第十二条，北洋政府《官吏违令惩罚令》（1914 年 8 月 20 日）第一条，北洋政府《高等分庭暂行条例》（1914 年 9 月 14 日，共 11 条）第三条，《私诉暂行规则》（1914 年 9 月 15 日）第五条，北洋政府《监狱官制》（1914 年 9 月 17 日，共 16 条）第一条，《调查律师品行经验造送报告规则》（1914 年 10 月 9 日，共 22 条）第二条，《司法讲习所规程》（1914 年 10 月 15 日）第三条，《徒刑改遣条例施行细则》（1914 年 10 月 17 日，共 34 条）第三条，《刑事案件报部办法》（1914 年 12 月 12 日，共 16 条）第二条，北洋政府《文官任职令》（1914 年 12 月 15 日，共 7 条）第一条，《刑事诉讼审限规则》第八条，《拟订荐任法官资格》（1915 年 7 月 25 日）第一条，《呈刑事再理办法请暂用刑事诉讼律草案备条文》（1915 年 8 月 19 日）第四百三十五条，北洋政府《司法官考试令》（共 12 条）第一条和《关于司法官考试令第三条甄录规则》（共 7 条，1915 年 9 月 30 日）第一条，北洋政府《文官甄用令》第一条，《文官高等考试令》（1915 年 10 月 1 日）第一条，《各级审检厅任用学习生章程》（1915 年 11 月 27 日，共 8 条）第一条，《高等以下各级审判厅试办章程》第九十九条，《获章条例》（1915 年，共 16 条）第一条；

1916～1920 年制定的：北洋政府《司法官考试令施行细则》（1916 年 1 月 27 日，共 7 条）第三条，北洋政府《文官甄用令施行细则》（1916 年 3 月 11 日）第一条，《司法行政官与司法官互相任用办法》（1916 年 5 月 3 日）第三条，《司法会议章程》（1916 年 10 月 27 日）第四条，《关于裁撤司法筹备处的训令》（1916 年 11 月 8 日），《司法官吏及县知事诉讼成绩造报规则》（1916 年 12 月 27 日）第十一条，《县司法公署组织章程》（1917 年 5 月 1 日）第一条，《司法官考试规则》第十二条，北洋政府《文官惩戒条例》（1918 年 1 月 17 日，共 26 条）第一条，北洋政府《司法官官等条例》（共 10 条）第七条和《司法官官俸条例》第二条（1918 年 7 月 17 日），《司法官官俸发给细则》（1918 年 8 月 10 日，共 15 条）第一条，《法院书记官官俸条例》（1918 年 8 月 15 日）第一条，《律师暂行章程》（1919 年 3 月 18 日）第二十三条等；

1921～1928 年制定的：北洋政府《司法官惩戒法适用条例》（1921 年 2 月 17 日，共 11 条）第一条，《审查收受民刑诉状办法》（1921 年 8 月 10 日，共 6 条）第一条，北洋政府《枪毙规则》（1924 年 8 月 26 日，共 7 条）第一条，北洋政府《司法官任用章程》（1925 年 9 月 30 日，共 8 条）第五条，北洋政府《特别刑事审判所组织条例》（1925 年 9 月 30 日）第九条，北洋政府《法官考试条例》（1926 年 5 月 24 日）第一条，《看守所被告人如经审判厅宣告无罪检察厅立予开释的训令》（1926 年 7 月 16 日），《律师章程》（1927 年 7 月 23 日）第二十五条，《司法官官俸暂行条例》第一条和《法院书记官官俸暂行条例》第二条（1928 年 4 月 6 日），《司法官署公文书暂行程序条例》（1928 年 4 月 14 日，共 8 条），《法院学习候补书记官津贴暂行规则》（1928 年 5 月 11 日，共 5 条）第三条，《为告诫司法人员谢绝酬应的训令》（1928 年 5 月 19 日），《司法官任用考试暂行条例》（1928 年

8 月 6 日，共 5 章 32 条）第二条，《管收民事被告人规则》（1928 年 10 月 2 日，第十二条等，都属于全国附属性检察法律内容。

2. 地方附属性检察法律评介。与清末一样，北洋政府地方附属性检察法律，也包括以下两类：

（1）从名称中即可得出其中含有附属性检察法律的，主要有：《上海公共租界会审公廨诉讼律》（1914 年 9 月 18 日）第二十五条；奉天《高等审判庭关于民事审判中发现刑事案件应即转检察厅办理的公函》（1915 年 7 月 20 日），《县司法公署检察员办事权限大纲》（1924 年 5 月 20 日）第一条，《县司法公署诉讼暂行章程》（1927 年 12 月 31 日，共 10 条）第三条；《安徽省高等审检分厅暂行章程》（1917 年 3 月，共 4 章 10 条）；京兆尹公署、京师高等检察厅《监督京兆第一二监狱暂行规则》（1917 年 6 月，共 10 条）；吉林《第一高等审检分厅暨附设地方庭章程》（1924 年 7 月 4 日共 4 章 12 条），《第二高等分厅暨附设地方庭章程》（1925 年 1 月 31 日，共 4 章 12 条），等等。

（2）正文中含有附属性检察法律的，主要有：安徽都督军政府《司法筹备处临时法院简章》（1912 年 7 月，共 12 条）第三条，《皖省捐款改良监狱奖励章程》（1916 年，共 7 条）第三条；《江苏临时省议会议决江苏暂行地方制案》（1917 年 5 月）第十一条，《江苏省高等法院第一分院检察处暂行处务规程》第一条；《辽宁省政府关于严禁刑讯务须研究侦探学术的训令》（1920 年 6 月 28 日）；《东省特别区域法院编制条例》第三条；[①]《湖南第一第二高等分厅暨附设地方庭组织暂行条例》（1925 年 6 月 10 日，

---

① 东省特别区是中华民国的一个特别行政区，位于黑龙江、吉林两省里面，原为东清铁路附属地的区域。1896 年与 1898 年，俄国通过《中俄密约》和《旅大租地条约》，取得在中国东北境内修筑与经营铁路的权利。中华民国成立后，北洋政府逐渐收回铁路附属地的管辖权。1920 年 3 月中东铁路工人大罢工后，中国军队解除铁路沿线俄军武装，接管路务。10 月 31 日北京政府收回司法权，颁布《东省特别区域法院编制条例》，规定中东铁路附属地改称东省特别区。

共 3 章 14 条）第二条；《湖北临时县司法委员组织条例》（1926年 11 月 29 日，共 11 条）第四条，《湖北刑事特别审判所组织大纲》第八条，《湖北省武汉市新法制施行条例》（1927 年 3 月 6日，共 11 条）第八条，《湖北省武汉市司法行政计划及政策》（1927 年 3 月 25 日）等，都属于地方附属性检察法律内容。

总之，北洋政府除延续清末附属性检察法律之特点外，还有检察司法官法规范较多等特色。

（二）国民政府附属性检察法律评介①

1. 全国附属性检察法律评介。与北洋政府一样，国民政府全国附属性检察法律，也包括以下两类：

（1）从名称中即可得出其中含有附属性检察法律的，又包括以下两类：

一类是诸如《推事、检察官、书记官、律师服制条例》、《最高法院检察署组织及各职员员额配置一览表》（1929 年 6 月 25日）等，由国民政府司法院制定的。

另一类是诸如《关于学习推检人员于民刑厅及检察事务应分期学习的训令》（1930 年 11 月 25 日）、《推检考绩表造报及保管规则》（1933 年 10 月 6 日）、《高等以下各级法院推检结案计算标准》（1935 年 11 月 16 日）、《高等以下各级法院推检结案计数规程》（1939 年 3 月 7 日修正，共 21 条）、《最高法院华北分院检察署暂行组织条例》（1940 年 5 月 13 日，共 11 条）等，由当时检察系统的最高首脑机关——国民政府司法行政部制定的。

（2）正文中含有附属性检察法律的，主要有：

1929～1932 年制定的：《司法状纸规则》（1929 年 8 月 14日，共 12 条）第五条，《法官训练所章程》（1929 年 2 月 4 日，共 28 条）第十三条，《司法行政统计年表填载方法》（1929 年 2

---

① 除注明制定者外，其余检察法律的制定者均为当时检察最高首脑机关——司法行政部。

月 18 日，共 8 条）第一条，《法官训练所学员入所典试委员会章程》（1929 年 4 月 9 日，共 14 条）第七条，《律师惩戒委员会规则》（1929 年 5 月 11 日）第七条，西南政务委员会《惩治贪官污吏暂行条例》（1931 年 10 月，共 7 条）第二条，《司法官任用回避办法》（1932 年 1 月 27 日，共 7 条）第一条，《司法官任用暂行标准》（1932 年 4 月 11 日，共 14 条）第二条，《视察各省区司法规程》第一条，司法院、司法行政部《甘宁青新司法官任用暂行办法》（1932 年 5 月 12 日，共 4 条）第三条，国民政府《政治犯大赦条例》（1931 年 1 月 1 日，共 9 条）第七条，《司法印纸规则》（1931 年 1 月 9 日，共 17 条）第一条，《文卷保存规程》第六条，《首都反省院组织条例》（1931 年 3 月 21 日，共 9 条）第八条，《管辖在华外国人实施条例》（1931 年 5 月 4 日，共 12 条）第二条，《司法官的任用标准》（1932 年 3 月 26 日，共 14 条）第二条，《大赦条例》（1932 年 6 月 25 日，共 5 条）第五条，《再犯预防条例》（1932 年 7 月 5 日，共 6 条）第三条，《司法官叙补及审查资格成绩办法》（1932 年 9 月，共 18 条）第一条，司法院《捕获法院条例》（1932 年 12 月 15 日，共 3 章 37 条）第二条；

1933～1935 年制定的：《高等考试司法官考试初试及格人员学习规则》（1933 年 8 月，共 14 条）第二条，《法院文卷保存期限规程》（1933 年 12 月 26 日，共 14 条）第十二条，《高等考试司法官考试及格人员学习规则》（1935 年 2 月 5 日修正，共 14 条）第二条，《司法官审查委员会规则》（1935 年 2 月 8 日修正，共 12 条）第三条，司法院《会议规则》（1935 年 3 月 13 日，共 9 条）第二条，《刑事诉讼审限规则》（1935 年 4 月 6 日修正）第二条，《各级法院缮状处通则》（1935 年 4 月 19 日，共 14 条）第四条，司法院《最高法院及分院处务规程》（1935 年 6 月 28 日，共 6 章 56 条）第二条，司法院《地方法院及分院处务规程》（1935 年 6 月 28 日，共 9 章 62 条）第二条，《司法人员考绩程序表》（1935 年 12 月 21 日）第甲条；

1936～1939 年制定的:《县司法处组织暂行条例》(1936 年 4 月 9 日,共 11 条)第十条,《审理少年案件应行注意事项》(1936 年 5 月 9 日)第十三条,《县司法处刑事案件覆判暂行条例》(1936 年 6 月 27 日)第二条,《高等法院以下各级法院职员给假规则》(1936 年 8 月 4 日修正,共 21 条)第二条,《县司法处刑事案件年覆判暂行条例》(1936 年 6 月 27 日)第二条,司法院《现任法官训练计划大纲》(1936 年 8 月 24 日)第一条,国民政府《最高法院设置分庭暂行条例》(1938 年 7 月 30 日修正,共 10 条)第六条,《司法官任用暂行办法》(1938 年 12 月 23 日,共 5 条)第二条,《司法人员养成所章程》(1939 年 4 月 19 日,共 15 条)第一条,《司法官考试暂行条例》(1939 年 4 月 19 日,共 17 条)第一条;

　　1940 年～1949 年制定的:《司法官退养金条例》(1940 年 11 月 18 日,共 10 条)第一条,《中华民国律师法》(1941 年 1 月 11 日,共 48 条)第一条,《非常时期刑事诉讼补充条例》(1941 年 7 月 1 日)第十一条,司法院《律师惩戒规则》(1941 年 9 月 13 日)第六条,《县司法处组织暂行条例》(1942 年 1 月 20 日)第十条,《司法行政部组织法》(1943 年 2 月 13 日,共 24 条)第九条,《司法人员吸用毒品检举暨调验规则》(1943 年 3 月 6 日,共 10 条)第三条,国民政府《战时刑事特别法》(1943 年 5 月 10 日)第二十九条,《最高法院设道分庭条例》(1943 年 7 月 20 日,共 10 条)第六条,《律师公会章程订立办法》(1944 年 12 月 19 日)第二十七条,《特种刑事案件诉讼条例》(1944 年 1 月 12 日)第四条,《中华民国律师法》(1945 年 4 月 5 日修正)第四十三条,《律师法施行细则》(1945 年 10 月 8 日修正)第八条,《看守所条例》(1946 年 1 月 19 日)第一条,考试院《司法机关人员甄用办法》(1946 年 8 月 8 日,共 14 条)第二条,《战争罪犯审判条例》(1946 年 10 月 24 日)第十七条,内政部、司法部《行政机关移送刑事案件注意事项》(1947 年 3 月 19 日,共 13

条）第二条,《国防部保密局与检察官配合侦办贪污案件办法》
［民国三十七年四月十六日（1948 年 4 月 16 日）,共 5 条］第四
条,《执行死刑规则》（1948 年 7 月,共 10 条）第二条,司法院
《律师法施行细则》（1948 年 10 月 27 日修正）第八条等,都属于
全国附属性检察法律内容。

2. 地方附属性检察法律评介。与北洋政府一样,国民政府地
方附属性检察法律,也包括以下两类:

（1）从名称中即可得出其中含有附属性检察法律的,主要
有:奉天省长公署《关于司法机关改称法院及首席检察官的训
令》（1929 年 1 月 11 日）;《江苏各级法院公诉代理人办事权限暂
行规程》（1938 年 7 月）;吉林高等法院检察处《编辑室规则》
（1947 年 10 月 15 日,共 7 章 38 条）,《检察官与司法警察机关执
行职务联系补充办法意见书》（1947 年 10 月 15 日,共 24 条）;
云南省易门县司法处《关于审判官兼任检察官的密呈》（1949 年
7 月 22 日）,等等。

（2）正文中含有附属性检察法律的,主要有:河南高等法院
《暂行组织条例》（1929 年 2 月 27 日）第二条,《第二分院暂行
组织条例》（1929 年 6 月 13 日）第五条;《安徽省县法院组织暂
行章程》（1929 年,共 16 条）第十二条,《安徽省临时军法会审
处组织大纲》（1929 年,共 9 条）第二条,《安徽省临时军法会
审判规则》（1929 年,共 23 条）第一条,《安徽省临时军法会审
办事细则》（1929 年,共 11 条）第二条,《安徽省巡回审判人员
系属办法》（1943 年 12 月 18 日,共 7 条）第四条,《安徽省高等
法院训令》（1945 年 4 月 21 日）第一条;《关于上海公共租界内
中国法院之协定》（1930 年 2 月 17 日,共 10 条）第五条;《江苏
上海第一特区地方法院刑事执行处处务细则》（1932 年 9 月 16
日）第二条,《江苏江宁地方法院及分院处务规程》（1935 年 3
月,共 62 条）第八条;《广东省各地方法院分院暂行处务规则》
（1934 年,共 22 条）第三条;湖北政务委员会《湖北刑事特别审

判所组织大纲》第八条，《湖北高等法院训令——司法人员回避本籍标准》（1946年10月21日）等，都属于地方附属性检察法律内容。

总之，国民政府除延续北洋政府附属性检察法律之特点外，还有检察律师法规范、检察羁押监管法较多等特色。

（三）革命根据地附属性检察法律评介

概言之，革命根据地附属性检察法律，可分为以下两类：

1. 由中央苏区——中华苏维埃共和国制定的，主要有：①

1931～1933年制定的：《苏维埃地方政府的暂行组织条例》（1931年11月，共10章73条）第三十五条；《处理反革命案件和建立司法机关的暂行程序》（1931年12月13日，共9条）第一条；《国家政治保卫局组织纲要》（1932年1月27日，共14条）第四条；《军事裁判所暂行组织条例》（1932年2月1日，共6章34条）第二十四条；《中央执行委员会关于〈军事裁判所暂行组织条例〉的解答》（1932年4月4日，共16条）第十三条；《裁判部的暂行组织及裁判条例》（1932年6月9日，共6章41条）第三十四条；《劳动感化院暂行章程》（1932年8月10日，共16条）第十二条；《突击队的组织和工作》（1932年8月13日，共12条）第一条；《司法人民委员会对裁判机关工作的指示》（1933年5月30日，共7条）第六条；《关于没收犯人的财产和物件的手续》（1933年4月16日）第三条；《地方苏维埃暂行组织法（草案）》（1933年12月12日，共7章208条）第十六条；《关于惩治贪污浪费行为》（1933年12月15日，共4条）第一条；《少共中央局轻骑队的组织与工作大纲》（1933年12月20日，共5条）第四条；

1934～1937年制定的：《宪法大纲（修正）》（1934年1月，

---

① 除注明制定者外，其余检察法律的制定者均为中央苏维埃共和国。

共 17 条）第三条；《执行委员会审计条例》（1934 年 2 月 20 日，共 19 条）第二条；《中央苏维埃组织法》（1934 年 2 月 17 日，共 5 章 51 条）第二十六条；《司法程序》（1934 年 4 月 8 日，共 8 条）第六条；《惩治反革命条例》（1934 年 4 月 8 日，共 41 条）第一条；《革命法庭条例（草案）》（1934 年 4 月，共 10 条）第三条；《革命法庭的工作大纲》（1934 年 2 月，共 3 部分）第二部分第四条；《肃反委员会暂行组织条例》（1936 年 1 月 28 日，共 9 条）第三条等，都属于附属性检察法律内容。

2. 由其他革命根据地制定的，主要有：

鄂豫皖苏维埃政府《临时组织大纲》（1931 年 7 月）第四条，《革命军事法庭暂行条例》（1931 年 9 月 1 日，共 14 条）第三条，《革命法庭的组织及其与政治保卫局的关系》（1931 年 10 月 4 日）第一条，《关于各种委员会工作概要说明》（1931 年 10 月 28 日）第一条第六款；

川陕省苏维埃政府《关于反革命自首的条例》（1935 年，共 13 条）第十二条，《组织法》第十三条，《革命法庭条例草案》（共 13 条）第八条；

《西北政治保卫局暂行组织纲要》（1936 年 7 月 15 日，共 14 条）第五条；

陕甘宁边区政府《惩治贪污暂行条例》（1938 年 8 月 15 日，共 9 条）第一条，《高等法院组织条例》（1939 年 4 月 4 日，共 8 章 30 条）第十三条，《高等法院对各县司法工作的指示》（1941 年 5 月 10 日，共 5 部分）第一条，《保障人权财权条例》（1941 年 11 月 17 日）第九条，《军民诉讼暂行条例》（1943 年 1 月 15 日，共 13 条）第十二条，《宪法原则》（1946 年 4 月 23 日）第三条；

山东省《惩治贪污暂行条例》（1940 年 12 月 3 日，共 9 条）第一条，《各级司法机关办理诉讼补充条例》（1941 年 4 月 18 日，共 14 条）第七条，《改进司法工作纲要》（1941 年 4 月 22 日，共

14 条）第八条，《高级审判处暂行组织条例》（1941 年 4 月 23 日，共 15 条）第十条，《地方法院暂行组织条例》（1941 年 4 月 23 日，共 17 条）第十二条，《县司法处暂行组织条例》（1941 年 4 月 23 日，共 13 条）第六条，《公安局暂行条例》（1941 年 10 月 1 日，共 8 条）第五条，《县司法处刑事复判暂行办法》（1944 年 8 月，共 17 条）第五条，《各级军事法庭组织条例》（1945 年，共 6 条）第二条，《关于公安、司法处理案件关系的决定》（1946 年 4 月，共 8 条）第一条，《审理汉奸战犯暂行办法》（1946 年 5 月 24 日，共 11 条）第九条；

晋察冀边区《陪审制暂行办法》（1940 年 5 月 15 日，共 18 条）第七条，《公安局暂行条例》（1941 年 4 月 10 日，共 8 条）第二条，《晋察冀边区惩治贪污条例》（1942 年 10 月 12 日，共 12 条）第二条，《法院组织条例》（1943 年 2 月 4 日，共 7 章 25 条）第十七条，《关于逮捕搜索侦查处理刑事特种刑事犯之决定》（1943 年 1 月 21 日，共 5 部分 30 条）第十六条，《关于改变公安机构及其工作范围之决定》（1943 年 2 月 12 日）第二条，《关于边区司法机关改制之决定》（1943 年 2 月 12 日，共 10 条）第六条，《关于加强各级公安工作指示》（1943 年 2 月 23 日）第四条，《处理伪军组织人员办法》（1943 年 4 月 12 日，共 11 条）第八条，《关于人民法庭工作的指示》（1948 年 1 月 6 日，共 6 条）第四条；

晋西北《惩治贪污暂行条例》（1941 年 9 月 9 日，共 11 条）第一条，《修正扰乱金融惩治暂行条例》（1941 年 11 月 1 日，共 22 条）第十九条；

晋冀鲁豫边区《高等法院组织条例》（1941 年 10 月 15 日，共 8 章 31 条）第十五条，《太岳区暂行司法制度》（1944 年 3 月 1 日，共 6 章 60 条）第十二条，《关于公安司法关系及城市管理分工的指示》（1946 年 3 月 5 日）第二条，《惩治贪污条例》（1948 年 1 月 10 日）第二条；

苏中区《第二行政区诉讼暂行条例（1943 年 9 月 1 日）第十六条，《处理诉讼案件暂行办法》（1944 年 10 月 19 日，共 9 章 86 条）第十六条；

苏皖边区《惩治叛国罪犯（汉奸）暂行条例》（1945 年 12 月 29 日，共 7 章 39 条）第十五条，《各行政区专员公署暂行组织条例》（1945 年 12 月，共 5 章 21 条）第二十三条，《第一行政区破坏解放区革命秩序治罪办法》（1947 年 1 月，共 7 条）第六条，《第六行政区人民法庭组织条例》（1948 年 2 月 23 日，共 20 条）第四条，《第六行政区人民法庭办事细则》（1948 年 2 月 23 日，共 12 条）第二条；

《冀南区诉讼简易程序试行法》（1946 年 8 月 1 日，共 40 条）第二十七条；

《东北各级司法机关暂行组织条例》（1946 年 10 月 19 日，共 8 章 31 条）第二十二条；

关东《高等法院关于领导关系、分工负责及会议制度的决定》（1947 年 6 月 28 日）第甲条，《各级司法机关暂行组织条例草案》（1947 年 6 月，共 7 章 40 条）第二十三条，《高等法院各部门（庭、处、室）工作条例》（1947 年 7 月，共 21 条）第三条，《高等法院暂行羁押规则》（1947 年 9 月，共 72 条）第五条，《关东公署监外执行条例》（1948 年 2 月，共 15 条）第二条，《地区司法工作人员奖惩条例》（1949 年 8 月，共 5 章 16 条）第一条；

《东北解放区人民法庭条例》（1948 年 1 月 1 日，共 17 条）第四条；

《哈尔滨特别市民事刑事诉讼暂行条例（草案）》（1948 年 10 月 24 日，共 25 条）第二条；

《辽北省各市县旗人民法院的组织职权、义务及办事细则（草案）》（共 6 章 30 条）第四条；

《华北人民政府各部门组织规程》（1948 年 10 月公布）第十

三条；

山西省太原市《军事管制委员会特别法庭暂行办法（草案）》（1949年7月1日，共7条）第二条，《特别法庭规则》（共9条）第四条；

苏北行政公署《奖励节约惩治贪污暂行条例》（1949年9月1日，共5章17条）第十一条，《苏北行政公署训令》（1949年9月29日）第一条；

淮海区《修正审理司法案件暂行办法》（共11章44条）第八条，《拘票使用办法》（共12条）第三条；

皖北人民行政公署《对目前司法工作的指示（草案）》（1949年7月14日）第五条等，都属于附属性检察法律内容。

总之，革命根据地附属性检察法律的特点有三：一是有政治保卫部门代行检察权能内容；二是检察反贪污贿赂法规范较多；三是具有苏联检察法律规范痕迹和军事战争色彩。

四、新中国附属性检察法律评介

总的来说，新中国除具有上述附属性检察法律之外，其余附属性检察法律还可以分为以下十类：

（一）检察宪法规范评介

"文革"前的，主要有：《共同纲领》第17条（具体内容略，下同）；《五四宪法》第81条；《中华人民共和国宪法修改草案》（1970年9月6日，中国共产党第九届中央委员会第二次全体会议基本通过，共4章30条，最后并未公布实施）第25条第2、3款（检察权由各级公安机关行使。检察和审理案件，都必须实行群众路线。对于重大的反革命刑事案件，要发动群众讨论和批判）；《七五宪法》第25条第2、3款等，都属于检察宪法规范内容。

"文革"后的，主要有：《七八宪法》第43条；《关于修正

〈中华人民共和国宪法〉若干规定的决议》（1979 年 7 月 1 日，共8 条）第 4 条；《关于修改〈中华人民共和国宪法〉第四十五条的决议》（1980 年 9 月 10 日）；《八二宪法》第 129 条；《宪法修正案》（1988 年 4 月 12 日，第 1、2 条共 2 条）第 2 条；《宪法修正案》（1993 年 3 月 29 日，第 3~11 条共 9 条）第 11 条；《宪法修正案》（1999 年 3 月 15 日，第 12~17 条共 6 条）第 17 条；《宪法修正案》（2004 年 3 月 14 日，第 18~31 条共 13 条）第 30条；等等，都属于检察宪法规范内容。

（二）检察基本法律规范评介

"文革"前的，主要有：《中央人民政府组织法》第 5 条，《全国人民代表大会组织法》（1954 年 9 月 21 日）第 7 条等，都属于检察基本法律规范内容。

"文革"后的，主要有：《人民法院组织法》第 11 条、《地方各级人民代表大会和地方各级人民政府组织法》第 7 条、《七九刑事诉讼法》第 3 条、《七九刑法》第 76 条、《民族区域自治法》第 46 条、《行政诉讼法》第 10 条、《全国人民代表大会议事规则》（1989 年 4 月 4 日）第 17 条、《关于修改〈中华人民共和国刑事诉讼法〉的决定》（2012 年 3 月 14 日）第 5 条等，都属于检察基本法律规范的内容。

（三）检察法律规范评介

与检察司法解释规范的数量相比，新中国的检察法律规范并不多。譬如，截止到 2012 年 8 月 17 日，通过"中国法律法规信息系统"检索显示，其中正文与标题含有"检察"的"法律及有关问题的决定"各计 129 件和 13 件；通过国务院法制办公室主办的中国政府法制信息网之"法律法规全文检索系统"检索显示，正文与标题含有"检察"的"地方性法规"各计 107 件和 5 件。而总的来说，概言之，新中国检察法律规范，包括以下两类：

1. "文革"前的，主要有：

1951～1954 年制定的：《保守国家机密暂行条例》（1951 年 6 月 7 日，共 20 条）第 11 条；《中央人民政府任免国家机关工作人员暂行条例》（1951 年 7 月 1 日，共 14 条）第 4 条；《关于处理在押日本侵略中国战争中战争犯罪分子的决定》（1954 年 4 月 25 日，共 6 条）第 1 条；《全国人民代表大会组织法》（1954 年 9 月 20 日）第 7 条等；

1955～1966 年制定的：《关于地方各级人民法院院长、人民检察院检察长可否兼任各级人民委员会的组成人员问题的决定》（1955 年 11 月 10 日）；《关于批准设立最高人民法院西藏分院和最高人民检察院西藏分院的决议》和《批准国务院关于民族自治地方财政管理暂行办法的决议》（1958 年 6 月 5 日）第 9 条；《关于批准撤销最高人民法院西藏分院和最高人民检察院西藏分院的决议》（1965 年 11 月 20 日）等。

2. "文革"后的，主要有：

1979～1984 年制定的：《森林法（试行）》（1979 年 2 月 23 日，共 7 章 42 条）第 9 条；《批准国务院关于劳动教养的补充规定的决议》（1979 年 11 月 29 日，共 5 条）第 5 条；《关于刑事诉讼法实施问题的决定》（1980 年 2 月 12 日，共 2 条）；《关于实施刑事诉讼法规划问题的决议》（1980 年 4 月 16 日，共 5 条）第 1 条；《律师暂行条例》（1980 年 8 月 26 日，共 4 章 21 条）第 10 条；《关于撤销最高人民检察院特别检察厅和最高人民法院特别法庭的决议》（1981 年 3 月 6 日）；《关于刑事案件办案期限问题的决定》（1981 年 9 月 10 日）；《关于县级以下人民代表大会代表直接选举的若干规定》（1983 年 3 月 5 日，共 10 条）第 4 条；《关于迅速审判严重危害社会治安的犯罪分子的程序的决定》（1983 年 9 月 2 日，共 2 条）第 2 条；《关于刑事案件办案期限的补充规定》（1984 年 7 月 7 日，共 10 条）第 5 条等；

1985～1990 年制定的：《外国人入境出境管理法》（1985 年 11 月 22 日，共 8 章 35 条）第 4 条；《邮政法》（1986 年 12 月 2

日）第 4 条；《关于加强法制教育维护安定团结的决定》（1987
年 1 月 22 日，共 9 条）第 6 条；《关于海南省人民代表会议代行
海南省人民代表大会职权的决定》（1988 年 7 月 1 日，共 5 条）
第 1 条；《国旗法》（1990 年 6 月 28 日，共 20 条）第 5 条等；

　　1991～1995 年制定的：《国徽法》（1991 年 3 月 2 日，共 15
条）第 4 条；《未成年人保护法》（1991 年 9 月 4 日）第 31 条；
《全国人民代表大会和地方各级人民代表大会代表法》（1992 年 4
月 3 日）第 11 条；《人民警察警衔条例》（1992 年 7 月 1 日，共
6 章 26 条）第 23 条；《关于加强对法律实施情况检查监督的若干
规定》（1993 年 9 月 2 日，共 11 条）第 2 条；《国家赔偿法》
（1994 年 5 月 12 日，共 6 章 35 条）第 15 条等；

　　1996～2000 年制定的：《戒严法》第 27 条；《律师法》
（1996 年 5 月 15 日，共 5 章 53 条）第 36 条；《关于取缔邪教组
织、防范和惩治邪教活动的决定》（1999 年 10 月 30 日，共 4 条）
第 1 条；《关于修改〈中华人民共和国海关法〉的决定》（2000
年 7 月 8 日）第 2 条；《行政法规、地方性法规、自治条例和单行
条例、经济特区法规备案审查工作程序》（2000 年 10 月 16 日，
共 14 条）第 7 条；《关于维护互联网安全的决定》（2000 年 12 月
28 日，共 7 条）第 7 条等；

　　2001～2005 年制定的：《婚姻法》（2001 年 4 月 28 日修正，
共 6 章 52 条）第 45 条；《关于修改〈中华人民共和国法官法〉
的决定》（2001 年 6 月 30 日，共 14 条）第 14 条；《文物保护法》
（2002 年 10 月 28 日修正，共 8 章 80 条）第 79 条；《关于完善人
民陪审员制度的决定》（2004 年 8 月 28 日，共 20 条）第 5 条；
《关于司法鉴定管理问题的决定》（2005 年 2 月 28 日，共 18 条）
第 2 条；《全国人民代表大会代表建议批评和意见处理办法》
（2005 年 6 月 23 日，共 6 章 26 条）第 12 条等；

　　2006～2012 年 11 月 30 日制定的：《关于加强反恐怖工作有
关问题的决定》（2011 年 10 月 29 日，共 8 条）第 3 条、《关于修

改〈中华人民共和国民事诉讼法〉的决定》等。

以上都属于检察法律规范内容。

（四）检察法定解释规范评介

1. 检察立法解释规范，主要有：① 《关于法律询问的答复》（1983 年～1988 年）；② 全国人大常委会办公厅、法制工作委员会《对人民法院组织法和人民检察院组织法的部分解答》（1985 年 5 月 14 日～1995 年 8 月 22 日，共 15 条）；《关于如何理解和执行法律若干问题的解答》（一）至（六）（1988 年 4 月 25 日～1992 年 7 月 6 日）；"两高一部"、国家安全部、司法部、全国人大常委会法制工作委员会《关于刑事诉讼法实施中若干问题的规定》（1998 年 1 月 19 日，共 48 条）第 1 条；《关于在市人代会上可否由主持工作的副检察长作检察院工作报告的解答》（2006 年 12 月 12 日）等，都含有检察立法解释规范内容。

2. 检察司法解释规范。无疑，新中国的检察司法解释规范，是众多的。譬如，截止到 2012 年 8 月 17 日，通过"中国法律法规信息系统"检索显示，其中正文与标题含有"检察"的"司法解释"各计 1056 件和 714 件；通过"法律法规全文检索系统"检索显示，其中正文与标题含有"检察"的"地方性法规"各计 734 件和 546 件，并包括检察司法解释规范及其检察解释规范、检察审判解释规范。③ 而总地来说，新中国检察司法解释规范，包括以下两类：

（1）"文革"前的，主要有：④

"两高"《关于刑事案件卷宗归档的问题的批复》（1955 年 7

---

① 除注明者外，其他制定者均为全国人大常委会法制工作委员会。

② 参见王汉斌：《王汉斌访谈录》附录二："王汉斌同志主持研究批复的法律询问答复"，中国民主法制出版社 2012 年版，第 243～332 页。

③ 至于检察解释规范（亦即其他专门性检察法律）的具体情况，可参见本书第六章的相关内容，不赘述。

④ 其中，除注明者外，其余制定者均为"两高一部"；而限于篇幅，只择其要者。

月 14 日）和《关于对高级人民法院核准死刑或者死缓的判决提
出抗议程序的联合批复》（1957 年 2 月 22 日）；"两高一部"、司
法部《关于对劳动改造犯人减刑、假释必须慎重处理的联合批
复》（1957 年 10 月 5 日）；《关于没收和处理赃款赃物的规定》
（1962 年 7 月 23 日）；"两高一部"、财政部《关于没收和处理赃
款赃物若干问题的暂行规定》（1965 年 12 月 1 日）等，都含有检
察司法解释规范内容。

（2）"文革"后的，主要有：

1979～1985 年制定的：最高人民检察院、公安部、邮电部
《执行逮捕拘留的机关扣押被逮捕拘留人犯的邮件电报暂行办法》
（1979 年 4 月 5 日），《对于未逮捕的罪犯可根据判决书等文书收
监执行的批复》（1980 年 12 月 11 日），"两高"《关于共同犯罪
案件中对检察院没有起诉、法院认为需要追究刑事责任的同案人
应如何处理问题的联合批复》（1981 年 7 月 21 日），"两高一
部"、总政治部《关于军队和地方互涉案件几个问题规定》（1982
年 11 月 25 日），"两高一部"、中国人民银行、司法部《关于没
收储蓄存款缴库和公证处查询存款问题几点补充规定》（1983 年
7 月 4 日），"两高一部"、司法部、卫生部、民政部《关于利用
死刑罪犯尸体或尸体器官的暂行规定》（1984 年 10 月 9 日），"两
高"《关于人民法院审判法庭审判台、公诉台、辩护台位置的规
定》（1985 年 5 月 27 日）；

1986～1990 年制定的：最高人民检察院、劳动人事部《关于
查处重大责任事故的几项暂行规定》（1986 年 3 月 25 日），"两高
一部"、司法部《关于中国人民武装警察部队人员犯罪案件若干
问题的规定》（1987 年 2 月 17 日），最高人民检察院、卫生部、
公安部《关于查处违反食品卫生法案件的暂行规定》（1988 年 4
月 15 日），"两高一部"、司法部、卫生部《关于精神疾病司法鉴
定暂行规定》（1989 年 7 月 11 日），"两高一部"、司法部《人体
重伤鉴定标准》（1990 年 3 月 29 日）；

1991～2000 年制定的："两高"、国家税务局《关于办理偷税、抗税案件追缴税款统一由税务机关缴库的规定》（1991 年 10 月 31 日），"两高一部"、司法部、外交部、财政部《关于强制外国人出境的执行办法的规定》（1992 年 7 月 31 日），"两高一部"国家安全部《关于严格执行刑事案件办案期限切实纠正超期羁押问题的通知》（2003 年 9 月 3 日），最高人民检察院、国家科学技术委员会《关于办理科技活动中经济犯罪案件的意见》（1994 年 6 月 7 日），"两高一部"、司法部、国家安全部《人民警察选升警衔的暂行办法》（1995 年 1 月 28 日），"两高"《关于办理人民法院、人民检察院共同赔偿案件若干问题的解释》（1997 年 6 月 27 日），"两高"、民政部《人民法院、人民检察院司法警察抚恤办法》（1998 年 5 月 14 日），"两高一部"、国家安全部《关于取保候审若干问题的规定》（1999 年 8 月 4 日），"两高"《关于建立两高工作协商制度的意见》（2000 年 2 月 13 日）；

2001～2012 年 11 月 30 日制定的：最高人民检察院、公安部《关于依法适用逮捕措施有关问题的规定》（2001 年 8 月 6 日），"两高"、海关总署《办理走私刑事案件适用法律若干问题的意见》（2002 年 7 月 8 日），"两高"、司法部《关于适用普通程序审理"被告人认罪案件"的若干意见（试行）》和《关于适用简易程序审理公诉案件的若干意见》（2003 年 3 月 14 日），最高人民检察院、全国整顿和规范市场经济秩序领导小组办公室、公安部、监察部《关于在行政执法中及时移送涉嫌犯罪案件的意见》（2006 年 1 月 26 日），"两高一部"、司法部《关于进一步严格依法办案确保办理死刑案件质量的意见》（2007 年 3 月 9 日），"两高一部"、国土资源部《关于在查处国土资源违法犯罪工作中加强协作配合的若干意见》（2008 年 9 月 28 日），中央社会治安综合治理委员会办公室、"两高一部"、司法部《关于加强和规范监外执行工作的意见》（2009 年 6 月 25 日），"两高一部"、国家安全部、司法部《关于办理死刑案件审查判断证据若干问题的规

定》和《关于办理刑事案件排除非法证据若干问题的规定》
（2010 年 6 月 13 日），"两高一部"、司法部《关于对判处管制、
宣告缓刑的犯罪分子适用禁止令有关问题的规定（试行）》（2011
年 4 月 28 日）等，都含有检察司法解释规范内容。

3. 检察审判解释规范，主要有：①

1950 ~ 1980 年制定的：《关于上诉复核程序和审判行文等问
题的批复》（1950 年 4 月 5 日），《关于对"非讼事件"等问题的
解答》（1951 年 11 月 13 日），办公室《对〈民法院暂行组织条
例〉第三十八条及"确定判决"词意解答的复函》（1952 年 9 月
4 日），《关于处理精神病患者犯罪问题的复函》（1956 年 6 月 2
日），《关于在厕所内写反动词句的行为属何种性质问题的批复》
（1957 年 1 月 14 日），《关于公安机关认为需要判处有期徒刑缓刑
案件是否经检察院起诉问题和法院直接受理的刑事案件中的逮捕、
羁押问题的批复》（1962 年 9 月 28 日），《关于拘留和羁押问题的
批复》（1963 年 2 月 25 日），《关于提前释放和假释问题的复函》
（1964 年 1 月 28 日），《关于公诉案件被害人家属是否有权上诉问
题的批复》（1977 年 4 月 5 日），《关于人民法院审判民事案件程
序制度的规定（试行）》（1979 年 2 月 2 日）；

1981 ~ 2000 年制定的：《关于贯彻执行〈经济合同法〉若干
问题的意见》（1984 年 9 月 17 日），《关于适用〈涉外经济合同
法〉若干问题的解答》（1987 年 10 月 19 日），《关于贯彻执行
〈中华人民共和国民法通则〉若干问题的意见（试行）》（1988 年
4 月 2 日），《关于单位负责人被追究刑事责任后单位应否承担返
还其预收货款的责任问题的批复》（1989 年 1 月 13 日），《关于审
理联营合同纠纷案件若干问题的解答》（1990 年 11 月 12 日），
《关于适用〈中华人民共和国民事诉讼法〉若干问题的意见》
（1992 年 7 月 14 日），《最高人民法院审判委员会工作规则》

---

① 除注明者外，其余制定者均为最高人民法院。

（1993 年 9 月 11 日），《关于审理刑事案件程序的具体规定》（1994 年 3 月 21 日），《关于办理未成年人刑事案件适用法律的若干问题的解释》（1995 年 9 月 2 日），《关于在破产程序中当事人或人民检察院对人民法院作出的债权人优先受偿的裁定申请再审或抗诉应如何处理问题的批复》（1996 年 12 月 20 日），《关于人民法院立案工作的暂行规定》（1997 年 4 月 21 日），《关于人民法院执行工作若干问题的规定（试行）》（1998 年 6 月 11 日），《关于严格执行公开审判制度的若干规定》（1999 年 3 月 8 日），《关于刑事赔偿和非刑事司法赔偿案件立案工作的暂行规定（试行）》（2000 年 1 月 11 日）；

2001～2012 年制定的：《关于审判监督庭庭长、副庭长、审判长签发法律文书权限的暂行规定》（2001 年 5 月 17 日），《关于规范人民法院再审立案的若干意见（试行）》（2002 年 9 月 10 日），《关于落实 23 项司法为民具体措施的指导意见》（2003 年 12 月 2 日），最高人民法院、人事部《人民法院奖励暂行规定》（2004 年 2 月 2 日），《关于依法保障法官权利的若干规定》（2005 年 11 月 8 日），《关于司法解释工作的规定》（2007 年 3 月 9 日），关于审理民事案件适用诉讼时效制度若干问题的规定》（2008 年 8 月 21 日），《关于人民检察院对民事调解书提出抗诉人民法院应否受理问题的批复》（2009 年 2 月 9 日），《关于改革和完善人民法院审判委员会制度的实施意见》，《关于依法制裁规避执行行为的若干意见》（2011 年 5 月 27 日），《关于人民法院加强法律实施工作的意见》（2011 年 8 月 1 日）、《关于铁路运输法院案件管辖范围的若干规定》（2012 年 7 月 2 日）等。

以上都含有检察审判解释规范内容。

4. 检察行政解释规范，主要有：国务院《关于〈对外使用国徽图案的办法〉的批复》（1993 年 8 月 31 日）之附件——外交部《对外使用国徽图案的办法》（1993 年 9 月 24 日）第 2 条，等等。

（五）检察行政法规规范评介①

与检察司法解释规范的数量众多相比，新中国的检察行政法规规范的数量并不多。譬如，截止到 2012 年 8 月 17 日，通过"中国法律法规信息系统"检索显示，其中正文与标题含有"检察"的"中共中央、国务院法规及文件"各计 43 件和 0 件；通过"法律法规全文检索系统"检索显示，其中正文与标题含有"检察"的"行政法规"、"法规性文件"各计 129 件和 1 件。而总的来说，新中国检察司法解释规范，包括以下两类：

1."文革"前的，主要有：

《大行政区人民政府委员会组织通则》第 9 条；《省人民政府组织通则》第 12 条；《市人民政府组织通则》第 11 条；《县人民政府组织通则》第 11 条（1950 年 1 月 6 日）；《劳动改造条例》（1954 年 8 月 26 日，共 9 章 77 条）第 6 条；《城市交通规则》（1955 年 8 月 6 日，共 6 章 60 条）第 55 条等。

2."文革"后的，主要有：

1981～1990 年制定的：《枪支管理办法》（1981 年 1 月 5 日，共 33 条）第 3 条；《公证暂行条例》（1982 年 4 月 13 日，共 6 章 30 条）第 8 条；《商标法实施细则》（1983 年 3 月 10 日，共 7 章 50 条）第 45 条；《公民出境入境管理法实施细则》（1986 年 12 月 26 日）第 16 条；《特别重大事故调查程序暂行规定》（1989 年 3 月 29 日，共 5 章 28 条）第 18 条；《海上交通事故调查处理条例》（1990 年 3 月 3 日，共 8 章 37 条）第 10 条；《看守所条例》（1990 年 3 月 17 日，共 11 章 52 条）第 8 条等；

1991～2000 年制定的：《企业职工伤亡事故报告和处理规定》（1991 年 2 月 22 日，共 5 章 26 条）第 6 条；《道路交通事故处理办法》（1991 年 9 月 22 日，共 8 章 50 条）第 41 条；《税收征收

_____

① 除注明制定者外，其余检察法律的制定者均为政务院（1954 年前）或国务院（1954 年后）。

管理法实施细则》（1993年8月4日，共9章86条）第81条；
《卖淫嫖娟人员收容教育办法》（1993年9月4日，共23条）第21条；《关于〈婚姻登记管理条例〉的批复》（1994年1月12日，共6章34条）第26条；《强制戒毒办法》（1995年1月12日，共22条）第16条；《信访条例》（1995年10月28日，共6章44条）第9条；《人民警察使用警械和武器条例》（1996年1月16日，共5章17条）第12条；《办理外派劳务人员出国手续的暂行规定》（1996年12月20日，共8章30条）第9条；《证券交易所管理办法》（1997年12月10日，共11章103条）第74条等；

2001～2012年7月31日制定的：《行政执法机关移送涉嫌犯罪案件的规定》（2001年7月9日，共19条）第9条；《道路交通安全法实施条例》（2004年4月30日，共8章115条）第10条；《生产安全事故报告和调查处理条例》（2007年6月9日，共6章46条）第10条；《电力安全事故应急处置和调查处理条例》（2011年7月7日，共6章37条）第22条；《车船税法实施条例》（2011年12月5日，共27条）第9条等。

（六）检察政策规范评介①

与检察司法解释规范的数量众多相比，新中国检察政策规范的数量旗鼓相当。譬如，倘若根据《最高人民检察院司法解释工作规定》第17条规定"司法解释文件采用'解释'、'规定'、'规则'、'意见'、'批复'等形式，统一编排最高人民检察院司法解释文号"，那么，由最高人民检察院制定的、除"解释"、"规定"、"规则"、"意见"、"批复"等检察司法解释或其检察解释之外的规范性文件，都可以称为检察政策。例如，由最高人民检察院制定颁发的"通知"、"指示"等，都可视为检察政策。

---

① 其中，除注明制定者外，其余制定者均为最高人民检察院（署）。而限于篇幅，只择其要者。

再如，截止到 2012 年 8 月 17 日，通过《中国法律法规信息系统》检索显示，其中正文含有"检察"、标题含有"通知"的规范性文件或其检察政策就达 627 件；通过《法律法规全文检索系统》检索显示，其中正文含有"检察"、标题含有"通知"的规范性文件或其检察政策就达 697 件。而总的来说，新中国检察政策规范，又包括以下两类：

1. "文革"前的，主要有：

1951～1958 年制定的：《为贯彻实施〈惩治反革命条例〉给各级人民检察署的指示》（1951 年 3 月 21 日），《关于整编机构及工作问题的指示》（1952 年 6 月 20 日），《关于检查监所和劳改队的几个问题的通知》（1953 年 10 月 8 日），《关于处理劳动改造犯人加、减刑等法律程序的通知》（1956 年 7 月 5 日），《关于派员出庭支持公诉与进行审判监督的通知》（1957 年 3 月 27 日），《关于当前工作给各级检察院的指示》（1958 年 2 月 6 日）；

1959～1966 年制定的：《关于十年检察工作总结的几个问题给各省、市、自治区检察院的信》（1959 年 7 月 6 日），《关于检察机关怎样为技术革新、技术革命运动和城市人民公社化运动服务的座谈纪要》（1960 年 5 月 13 日），《关于最高人民检察院今后工作范围的初步意见》（1961 年 1 月 13 日），最高人民检察院、公安部《关于办理刑事案件的联合通知》（1962 年 12 月 2 日），最高人民检察院、公安部《关于检察机关拘留人犯问题的联合通知》（1963 年 5 月 30 日），《当前检察工作的几个主要问题》（1964 年 7 月 30 日），《关于加强检察劳改单位备战工作的通知》（1965 年 6 月 1 日），《关于积极参加和保卫社会主义文化大革命的通知》（1966 年 6 月 4 日）等，都属于检察政策规范内容。

2. "文革"后的，主要有：

1979 年～1990 年制定的：《关于认真执行逮捕拘留条例的通知》（1979 年 3 月 10 日），《关于请示、答复问题的通知》（1980 年 7 月 18 日），《关于检察纠正因反对林彪"四人帮"仍在服刑的案件的通知》（1981 年 4 月 13 日），《关于检察机关办案中相互函调取证的通知》（1982 年 9 月 13 日），《关于制发各级人民检察院助检员、书记员任命书的通知》（1983 年 7 月 26 日），办公厅《关于抓好检察干部着装工作有关事项的通知》（1984 年 4 月 20 日），《关于认真查处清理和整顿公司中发现的经济犯罪案件的通知》（1985 年 11 月 4 日），《关于抓紧复查处理检察机关经办的冤假错案的通知》（1986 年 6 月 23 日），《关于积极查处偷税抗税案件的通知》（1987 年 4 月 21 日），《关于检察机关直接受理案件的请示、汇报问题的通知》（1988 年 12 月 6 日），《关于坚决依法从重从快打击严重刑事犯罪分子的通知》（1989 年 4 月 28），《关于不得以检察机关的名义为当地追款讨债的通知》（1990 年 4 月 16 日）；

1991 ~ 2000 年制定的：《关于人民检察院受理民事、行政申诉分工问题的通知》（1991 年 8 月 30 日），《关于检察机关严禁使用收审手段的通知》（1992 年 3 月 9 日），《关于加强查处偷税、抗税、骗取国家出口退税犯罪案件工作的通知》（1993 年 7 月 20 日），《关于各级检察机关升挂国旗悬挂国徽的通知》（1994 年 2 月 23 日），《关于进一步加强与各级人民代表大会代表联系的通知》（1995 年 3 月 27 日），《关于认真查办药品回扣犯罪案件的通知》（1996 年 10 月 15 日），《关于检察机关办理司法协助案件有关问题的通知》（1997 年 4 月 23 日），《关于清理和纠正检察机关直接受理侦查案件超期羁押犯罪嫌疑人问题的通知》（1998 年 6 月 5 日），《关于建立检察工作情况通报制度的通知》（1999 年 1 月 6 日），《关于进一步规范涉港澳个案协查工作的通知》（2000 年 4 月 12 日）；

2001 ~ 2012 年 7 月 31 日制定的：《关于进一步加强刑罚执行监督工作的通知》（2001 年 1 月 20 日），《关于进一步清理和纠正案件超期羁押问题的通知》（2001 年 1 月 21 日），《关于认真开展检察机关领导干部任期经济责任审计工作的通知》（2002 年 4 月

27 日），《关于调整服刑人员刑事申诉案件管辖的通知》（2003 年 4 月 11 日），《关于健全检察机关纪检监察机构设置等问题的通知》（2004 年 3 月 19 日），《关于地方各级人民检察院渎职侵权检察机构统一名称的通知》（2005 年 5 月 25 日）等。

以上都含有检察执政党政策规范内容。

（七）检察地方性法规、自治条例和单行法规规范评介

毋庸讳言，新中国检察地方性法规、自治条例和单行法规规范是众多的。譬如，截止到 2012 年 8 月 17 日，通过"中国法律法规信息系统"检索显示，正文与标题含有"检察"的"地方性法规规章"各计 2848 件和 94 件；通过"法律法规全文检索系统"检索显示，正文与标题含有"检察"的"地方性法规"各计 2599 件和 63 件。而总的来说，检察地方性法规、自治条例和单行法规规范包括以下三类：

第一，诸如"侦查机关对刑事案件进行刑事和解的，应当向检察机关通报"〔石家庄市人大常委会《关于加强人民检察院法律监督工作的决议》（2011 年 8 月 24 日）第 2 条〕等检察地方性法规规范。

第二，诸如"自治州各级人民代表大会及其常务委员会依法加强对本级人民政府、人民法院、人民检察院的法律监督和工作监督"〔湖北省人大常委会《恩施土家族苗族自治州自治条例》（2008 年 11 月 29 日）第 5 条第 2 款〕，"自治县人民法院和人民检察院应有傣族或者佤族的公民担任院长或者副院长、检察长或者副检察长"〔云南省人大常委会《耿马傣族佤族自治县自治条例》（1996 年 5 月 27 日）第 16 条第 2 款〕等检察地方性自治条例规范。

第三，诸如"省人民政府组成人员、省高级人民法院院长、省人民检察院检察长不是省人大代表的，列席省人民代表大会会议"〔四川省人大《四川省人民代表大会议事规则》（1990 年 2

月17日）第15条］，"市人民代表大会常务委员会、市人民政府、市中级人民法院、市人民检察院要认真办理代表的议案和建议、批评、意见，做到件件有答复，案案有交待"［呼和浩特市人大《呼和浩特市人民代表大会代表工作条例》（1991年4月17日）第28条］等检察地方性单行法规规范。

（八）检察规章规范评介

1. 全国性检察规章规范。无疑，其数量也是相当多的。譬如，截止到2012年8月17日，通过"中国法律法规信息系统"检索显示，正文与标题含有"检察"的"部委规章及文件"共计128件；通过"法律法规全文检索系统"检索显示，正文含有"检察"的"部门规章"94件，主要有：

1995～2000年制定的：国家烟草专卖局《烟草专卖行政管理机关行政处罚程序》（1995年3月20日，共8章58条）第44条，煤炭工业部《乡镇煤矿管理条例实施办法》（1995年3月29日，共6章40条）第27条，劳动部《关于贯彻执行〈中华人民共和国劳动法〉若干问题的意见》（1995年8月4日，共100条）第29条，国家工商行政管理局《企业法人的法定代表人审批条件和登记管理暂行规定》（1996年12月24日修正，共16条）第9条，司法部《律师违法行为处罚办法》（1997年1月31日，共13条）第6条，国务院机关事务管理局《中央国家机关无线移动电话管理暂行办法》（1998年2月13日，共12条）第9条，教育部《关于实施〈中华人民共和国高等教育法〉若干问题的意见》（1999年5月25日，共30条）第30条，财政部《中央政法补助专款管理办法》（1999年9月15日，共10条）第5条，国家统计局《部门统计调查项目管理暂行办法》（1999年10月27日，共8章35条）第2条；

2001～2012年7月31日制定的：海关总署《海关计核涉嫌走私的货物、物品偷逃税款暂行办法》（2002年10月8日，共4

章 32 条）第 5 条，国土资源部《土地登记资料公开查询办法》
（2002 年 12 月 2 日，共 17 条）第 3 条，农业部《拖拉机登记规
定》（2004 年 9 月 21 日，共 4 章 38 条）第 19 条，商务部、公安
部、国家工商行政管理总局、国家税务总局《二手车流通管理办
法》（2005 年 8 月 29 日，共 5 章 37 条）第 23 条，中国银行业监
督管理委员会《法律工作规定》（2005 年 11 月 26 日，共 9 章 117
条）第 71 条，民政部、国家档案局《婚姻登记档案管理办法》
（2006 年 1 月 23 日，共 18 条）第 15 条，信息产业部《互联网电
子邮件服务管理办法》（2006 年 2 月 20 日，共 27 条）第 3 条，
中国证券管理委员会《证券市场禁入规定》（2006 年 6 月 7 日，
共 13 条）第 6 条，教育部、公安部、司法部、建设部、交通部、
文化部、卫生部、国家工商行政管理总局、国家质量监督检验检
疫总局、新闻出版总署《中小学幼儿园安全管理办法》（2006 年
6 月 30 日，共 9 章 66 条）第 43 条，公安部《警车管理规定》
（2006 年 11 月 29 日，共 24 条）第 2 条，铁道部《铁路交通事故
调查处理规则》（2007 年 8 月 28 日，共 8 章 95 条）第 30 条，交
通运输部《快递市场管理办法》（2008 年 7 月 12 日，共 6 章 41
条）第 6 条，卫生部《预防接种异常反应鉴定办法》（2008 年 9
月 11 日，共 5 章 35 条）第 16 条，国家安全生产总局《生产安全
事故信息报告和处置办法》（2009 年 6 月 16 日，共 5 章 28 条）
第 7 条，中国人民银行《银行间债券市场债券登记托管结算管理
办法》（2009 年 9 月 26 日，共 8 章 50 条）第 13 条，工业和信息
化部《国防科研生产安全事故报告和调查处理办法》（2010 年 12
月 24 日，共 6 章 39 条）第 17 条等，都属于检察行政规章规
范范畴。

　　2. 地方性检察规章规范。无疑，其数量也是相当可观的。譬
如，截止到 2012 年 8 月 17 日，通过"法律法规全文检索系统"
检索显示，正文含有"检察"的"地方政府规章"460 件，并分

为以下种类：①

  诸如《安徽省厂矿企业安全生产隐患管理暂行规定》（1982年4月22日，共16条）第9条；

  诸如《天津市机关、团体、企业、事业单位内部治安安全管理处罚暂行办法》（1986年9月19日，共4章24条）第20条；

  诸如《辽宁省劳动保护监察暂行规定》（1987年11月23日，共16条）第7条；

  诸如北京市人民政府《北京市职工因工伤亡事故处理实施办法》（1988年4月21日，共17条）第5条；

  诸如《安徽省乡镇运输船舶安全管理暂行办法》（1989年5月19日，共6章35条）第21条；

  诸如《山西省处罚偷税漏税欠税行为的暂行规定》（1989年6月27日，共15条）第7条；

  诸如《湖北省罚没收入管理办法》（1989年10月26日，共6章26条）第2条；

  诸如《陕西省职工因工伤亡事故调查处理规程》（1990年4月14日，共22条）第4条；

  诸如《青海省黄金收购试行办法》（1991年4月1日，共14条）第6条；

  诸如《浙江省刻字业治安管理办法》（1991年4月1日，共20条）第9条；

  诸如《北京市人民政府关于查处非法买卖公有房屋使用权的规定》（1991年9月20日，共9条）第3条；

  诸如《山西省"农转非"审批管理暂行规定》（1992年1月18日，共9条）第6条；

  诸如《四川省〈道路交通事故处理办法〉实施中若干问题暂行规定》（1992年3月26日，共11条）第6条；

----

  ① 制定者均为该省市人民政府。

诸如《云南省强制戒毒所管理办法》（1993 年 10 月 30 日，共 26 条）第 20 条；

诸如《吉林省公务用枪管理若干规定》（1999 年 2 月 23 日，共 24 条）第 3 条；

诸如《河北省到医疗机构刑事医学鉴定办法》（1999 年 6 月 18 日，共 23 条）第 4 条；

诸如《湖北省法律服务管理办法》（1999 年 11 月 12 日，共 19 条）第 10 条；

诸如《青岛市国家公务员医疗补助暂行办法》（2000 年 6 月 26 日，共 12 条）第 3 条；

诸如《海南省审计结论办理规定》（2000 年 7 月 14 日，共 21 条）第 2 条；

诸如《济南市信访秩序管理规定》（2001 年 4 月 6 日，共 22 条）第 7 条；

诸如《乌鲁木齐市贷款建设城市路桥车辆通行费征收管理办法》（2003 年 12 月 30 日，共 18 条）第 5 条等，都属于检察地方性规章规范范畴。

（九）检察执政党政策规范评介①

1. "文革"前的，主要有：

《关于中央人民检察署四项规定的通报》（1950 年 1 月 29 日，共 4 条）第 1 条；《关于建立检察机构问题的指示》第 1 条；《批准最高人民检察署党组"关于检察工作情况和当前检察工作方针任务的意见的报告"及中央政法委员会党组的建议》（1953 年 11 月 28 日）；《关于"第二届全国检察工作会议决议"及高克林同志"关于过去检察工作的总结和今后检察工作方针任务的报告"的批示》（1954 年 6 月 12 日）；《批准最高人民检察院党组"关

---

① 其中，除注明者外，其他制定者均为"中共中央"。限于篇幅，只择其要者。

于制定一九五六至一九五七年检察工作规划的报告"》（1956 年 4 月 8 日）；《对最高人民法院、最高人民检察院党组关于司法、检察会议的报告和务虚报告，公安部党组关于公安会议的报告和罗瑞卿同志在公安会议上的发言的批示》（1958 年 10 月 17 日）等，都属于检察执政党政策规范内容。

2. "文革"后的，又主要包括以下五类：

第一，诸如《关于坚决保证刑法、刑事诉讼法切实实施的指示》（1979 年 9 月 9 日，共 5 条）第 2 条，《关于加强政法工作的指示》（1982 年 1 月 13 日，共 10 条）第 7 条，《关于加强政法工作，更好地为改革开放和经济建设服务的意见》（1992 年 7 月 22 日，共 12 条）第 9 条，《关于进一步加强人民法院、人民检察院工作的决定》第 1 条等，由中共中央发布的。

第二，诸如《批转公安部关于做好劳动教养工作的报告的通知》（1980 年 9 月 14 日）第 6 条，《关于打击经济领域中严重犯罪活动的决定》（1982 年 4 月 13 日）第 8 条，《关于进一步制止党政机关和党政干部经商、办企业的规定》（1986 年 2 月 4 日，共 10 条）第 1 条，《关于加强社会治安综合治理的决定》第 6 条，《关于实行党风廉政建设责任制的规定》（1998 年 11 月 21 日，共 17 条）第 14 条等，由中共中央、国务院联合发布的。

第三，诸如《关于对党和国家机关工作人员在国内交往中收受礼品实行登记制度的规定》（1995 年 4 月 30 日，共 9 条）第 5 条，《关于党政机关县（处）级以上领导干部收入申报的规定》（1995 年 4 月 30 日，共 9 条）第 2 条，《关于领导干部报告个人重大事项的规定》（1997 年 1 月 31 日，共 12 条）第 2 条，《关于党政机关领导干部不兼任社会团体领导职务的通知》（1998 年 7 月 2 日，共 5 条）第 2 条，《县级以下党政领导干部任期经济责任审计暂行规定》（1999 年 5 月 24 日，共 18 条）第 2 条，《关于党政机关工作人员个人证券投资行为若干规定》第 10 条，《关于领导干部报告个人有关事项的规定》（2010 年 5 月 26 日）第 2 条等，由中共中央办公厅、国务院办公厅联合发布的。

第四，由中共中央各部门单独发布的。例如，《中共中央政法委员会政法〔83〕6号函》（1983年3月29日），《关于严格依法办案坚决纠正超期羁押问题的通知》（1999年7月23日，共5条）第3条，《关于深化司法体制和工作机制改革若干问题的意见》（2008年12月5日）第1条第2项；中央社会治安综合治理委员会《关于实行社会治安综合治理一票否决权制的规定（试行）》（1992年1月13日，共15条）第9条；中央司法体制改革领导小组〈关于司法体制和工作机制改革的初步意见〉第1条第6项。

第五，由中共中央各部门与其他单位联合制定的。例如，中纪委、"两高一部"《关于纪律检查机关与法院、检察院、公安机关在查处案件过程中互相提供有关案件材料的通知》（1989年9月17日，共7条）第1条，中纪委、最高人民检察院、监察部《关于纪检监察机关和检察机关在反腐败斗争中加强协作的通知》（1993年11月5日，共7条）第1条，中纪委、监察部《关于各级领导干部接受和赠送现金、有价证券和支付凭证的处分规定》（2001年3月26日，共9条）第3条，中政委、组织部、中央编委办公室、人事部、财政部《关于给政法部门增加编制的通知》（1993年4月3日）等，都属于检察执政党政策规范内容。

（十）检察"准司法解释"规范评介

毋庸讳言，新中国所颁行的检察准司法解释规范的数量不仅众多，而且难于统计。倘若除最高人民检察院之外的每个检察院均制定有10个"准检察解释"，那么，截止到2012年7月31日，就有近3700件"准检察解释"，还不包括"准司法解释"或是"准审判解释"。

而概言之，检察准司法解释规范除包括检察准司法解释、准检察解释、准审判解释规范外，还主要包括以下两类：

一类是"文革"前制定的。例如，吉林省高级人民法院、省人民检察院、省公安厅《在办案分工、执行正规法制工作联系制度以及其他共同有关几个问题上暂行规定》第2条，陕西省公安厅、人民检察院、高级人民法院《对有关工作制度的暂行规定（修正稿）》（1955年10月28日）第1条，辽宁省沈阳市公安机关、人民法院、人民检察院《受理刑事案件暂行办法》（1956年9月17日）等，都属于检察准司法解释规范内容。

另一类是"文革"后制定的。例如，广东省高级人民法院、省人民检察院、省公安厅《关于对贪污、受贿、索贿、走私案件赃物折价的意见》（1984年12月28日）第1条，北京市物价局、北京市高级人民法院、市人民检察院、市公安局《北京市扣押、追缴、没收等涉案物品估价管理办法》（1997年7月10日）第1条，云南省高级人民法院、省人民检察院、省公安厅《关于办理拒不执行人民法院判决裁定刑事案件的规定》（2003年5月26日）第1条，重庆市监狱管理局、市高级人民法院、市人民检察院、市公安局、市司法局《关于办理罪犯减刑假释案件的实施办法（试行）》（2003年6月30日）第1条，浙江省高级人民法院、省人民检察院、省公安厅《关于当前办理轻伤犯罪案件适用法律若干问题的意见》（2004年5月24日）第1条，甘肃省高级人民法院、省人民检察院、省公安厅、省监察厅、省国土资源厅《关于在国土资源执法工作中加强协调配合的若干意见》（2009年6月9日）第1条等，都属于检察准司法解释规范内容。

五、港澳台地区附属性检察法律评介

（一）香港特别行政区附属性检察法律评介

目前，支撑并规范香港特别行政区检方运作的附属性检察法律主要有：《香港特别行政区基本法》第63条、《香港人权法案条例》和《刑事诉讼程序条例》（1997年6月30日）等。

（二）澳门特别行政区附属性检察法律评介

目前，支撑并规范澳门特别行政区检方运作的附属性检察法律主要有：[1]《澳门特别行政区基本法》第 15 条、《刑事诉讼法典》第二编"检察院"（1996 年 8 月 12 日，共 499 条）、《民法典》第 91 条和《商法典》（1999 年 8 月 3 日）第一章第十三节"检察院之监查"、《民事诉讼法典》（1999 年 10 月 8 日）第 49 条、《司法组织纲要法》第三章"检察院的组织"、《司法官通则》（1999 年 12 月 20 日，共 12 章 116 条）第一章第三节"检察院司法官"、《司法人员通则》（1999 年 12 月 20 日，共 4 章 42 条）第 2 条等。

（三）我国台湾地区附属性检察法律评介

目前，支撑并规范我国台湾地区检方运作的附属性检察法律主要包括以下三类：[2]

第一，由"立法院"制定颁行的，包括："少年事件处理法"（1971 年 7 月 1 日）第 18 条、"法务部组织法"（1980 年 6 月 29 日）、"国家赔偿法"（1981 年 7 月 1 日）第 2 条、"律师法"（1984 年 12 月 10 日修正）第 8 条、"司法人员人事条例"、"公证法"（1999 年 4 月 21 日）第 25 条、"提审法"（1999 年 12 月 15 日修正）第 8 条、"公务人员考试法"（2001 年 12 月 26 日）第 21 条、"保安处分执行法"（2002 年 6 月 5 日）第 3 条、"监狱行刑法"（2002 年 6 月 12 日）第 5 条、"犯罪被害人保护法"第 4 条和"更生保护法"（2002 年 7 月 10 日）第 3 条、"民法"（2002 年 6 月 26 日修正）第 8 条、"法院组织法"（2006 年 2 月 3 日修正）、"证人保护法"（2006 年 7 月 1 日）第 3 条、"羁押法"

---

[1] 参见《澳门检察法律汇编》，澳门特别行政区检察院 2000 年编印。

[2] 参见《中华民国检察制度大事记》，台湾高等法院检察署 2007 年 7 月 15 日、2007 年 12 月 28 日、2010 年 1 月 7 日编制，载《检察新论》（杂志，中国台湾）总第 1～3 期。

（2007 年 4 月 29 日修正）第 4 条、"刑事诉讼法"（2007 年 6 月
14 日修正）第 108 条、"通讯保障及监察法"（2007 年 6 月 15 日
修正）第 5 条等。

第二，由"法务部"制定颁行的，包括："推事检察官互调
办法"（1982 年 12 月 15 日）、"律师法施行细则"（1985 年 7 月 9
日）第 2 条、"高等法院以下各级法院法庭席位布置规则"（1990
年 1 月 11 日）、"检察警察及调查机关侦办刑事案件新闻处理注
意要点"（1993 年 9 月 29 日）、"羁押施行细则"（1997 年 4 月 2
日修正）第 8 条、"公设辩护人管理规则"（2004 年 3 月 11 日修
正）第 12 条、"公设辩护人条例"第 7 条等。

第三，由"总统"制定颁行的，包括："贪污治罪条例"
（2006 年 7 月 1 日）第 12 条等。

第六章　国际检察法律研究

除旨在规范检方权力或行为的国内检察法律外，能够规范检方权力或行为的法律还有国际检察法律。

——题记

第一节　国际检察法律概述

一、国际检察法律的概念

顾名思义，国际检察法律就是规范检方权力或行为之国际法的统称。其中，国际法又包括国际条约和惯例两方面；而国际条约又包括公约、准则、协定、协议、议定书、换文、联合宣言、联合声明、宪章等多种形式，抑或多边与双边条约两类，抑或世界性的、区域性的与两国间的条约三种。

因此，所谓国际检察法律，有广狭两义：广义的是指规范检方权力或行为之国际条约与惯例的总称；而狭义的仅指规范检方权力或行为之国际条约的总称，抑或旨在规范检方权力或行为的专门国际条约与附属于国际条约中的检察法律规范的总称，抑或旨在规范检方权力或行为的国际公约、准则、协定、协议、议定书、换文、联合宣言、联合声明、宪章的总称，抑或旨在规范检方权力或行为的多边与双边条约的总称，抑或旨在规范检方权力或行为的世界性、区域性与两国间的国际条约的总称。

而本书所重点研究的国际检察法律，即旨在规范检方权力或行为的国际条约。例如，《联合国反腐败公约》第11条和第39条，就属于典型的国际检察法律。

而另据国家预防腐败局官方网站2008年1月6日披露，"到目前为止，已有153个国家签署了公约，其中有104个国家批准加入了公约。签署国家名单如下：阿富汗、阿尔巴尼亚、阿尔及利亚、安哥拉、安提瓜和巴布达、阿根廷、亚美尼亚、澳大利亚、奥地利、阿塞拜疆、巴林、孟加拉国、巴巴多斯、白俄罗斯、比利时、贝宁、不丹、玻利维亚、波斯尼亚和黑塞哥维那、巴西、文莱、保加利亚、布基纳法索、布隆迪、柬埔寨、喀麦隆、加拿大、佛得角、中非共和国、智利、中国、哥伦比亚、科摩罗、刚果、哥斯达黎加、科特迪瓦、克罗地亚、古巴、塞浦路斯、捷克共和国、丹麦、吉布提、多米尼加共和国、厄瓜多尔、埃及、萨尔瓦多、埃塞俄比亚、欧洲共同体、芬兰、法国、加蓬、德国、加纳、希腊、危地马拉、几内亚、几内亚比绍共和国、海地、洪都拉斯、匈牙利、印度、印度尼西亚、伊朗、伊斯兰共和国、爱尔兰、以色列、意大利、牙买加、日本、约旦、肯尼亚、科威特、吉尔吉斯斯坦、老挝人民民主共和国、拉脱维亚、莱索托、利比里亚、利比亚、列支敦士登、立陶宛、卢森堡、马达加斯加、马拉维、马来西亚、马尔代夫、马里、马耳他、毛里塔尼亚、毛里求斯、墨西哥、摩尔多瓦、蒙古、黑山共和国、摩洛哥、莫桑比克、缅甸、纳米比亚、尼泊尔、荷兰、新西兰、尼加拉瓜、尼日利亚、挪威、巴基斯坦、巴拿马、巴布亚新几内亚、巴拉圭、秘鲁、菲律宾、波兰、葡萄牙、卡塔尔、朝鲜共和国、罗马尼亚、俄罗斯、卢旺达、圣多美和普林西比民主共和国、沙特阿拉伯、塞内加尔、塞尔维亚、塞舌尔、塞拉利昂、新加坡、斯洛伐克、南非、西班牙、斯里兰卡、苏丹、斯威士兰、瑞典、瑞士、叙利亚、塔吉克斯坦、泰国、马其顿、东帝汶、多哥、特立尼达和多巴哥、突尼斯、土耳其、土库曼斯坦、乌干达、乌克兰、阿联酋、英国、坦桑尼亚、美国、乌拉圭、委内瑞拉、越南、也门、赞比亚、津巴布韦"。由此可见，"三大法系"国家（如其中的法国、美国和我国）甚至国际组织（如其中的欧洲共同体）都有国际检察法律存在。

二、国际检察法律的特点

诚如本书第一章第二节所云，国际检察法律除具有制定主体的多样性、彼此间的法律位阶性、内容广泛，以及制定与认可、附属与专门性、全局与局部性、实体和程序性、规范检察诉讼监督权与非诉讼监督权、成文与不成文、显性与隐性国际检察法律并存等特性外，还具有以下特点：

（一）名称众多

国际检察法律除包括多边条约（如《联合国关于检察官作用的准则》、欧洲理事会成员国部长会议《检察官在刑事司法制度中的作用》）与双边条约〔如《中华人民共和国最高人民检察院和墨西哥合众国总检察院合作协议》（2001 年 6 月 6 日）〕两种称谓外，至少还包括以下十九种：

1. 国际检察宪章。例如，《联合国宪章》、美洲国家组织《美洲国家组织宪章》；

2. 国际检察公约。例如，联合国经济及社会理事会《在国际商业交易中反对行贿外国公职人员公约》、《联合国残疾人权利公约》（2006 年 12 月 13 日）；

3. 国际检察条约。例如，联合国《刑事事件互助示范条约》和《引渡示范条约》（1990 年 12 月 14 日）；

4. 国际检察基本原则。例如，《联合国执法人员使用武力和火器的基本原则》、第七届联合国预防犯罪和罪犯待遇大会《关于司法机关独立的基本原则》；

5. 国际检察原则。例如，联合国《关于医务人员、特别是医生在保护被监禁和拘留的人不受酷刑和其他残忍、不人道或有辱人格的待遇或处罚方面的任务的医疗道德原则》、《保护所有遭受任何形式拘留或监禁的人的原则》（1988 年 12 月 9 日）；

6. 国际检察宣言。例如，国际法学家委员会《针对反恐行动捍卫人权及法治宣言》、亚欧会议《总检察长会议宣言》、《联合国世界人权宣言》；

7. 国际检察准则。例如，《联合国关于检察官作用的准则》、联合国人权委员会《艾滋病和人权的国际指导准则》；

8. 国际检察规则。例如，《联合国少年司法最低限度标准规则》、联合国经济及社会理事会《囚犯待遇最低限度标准规则》；

9. 国际检察行动。例如，《联合国反腐败的行动》、《国际商业交易中的反贪污贿赂行动》；

10. 国际检察行动纲领。例如，世界人权会议《维也纳宣言和行动纲领》、《联合国关于残疾人的世界行动纲领》；

11. 国际检察行动计划。例如，联合国《执行〈为罪行和滥用权力行为受害者取得公理的基本原则宣言〉的行动计划》、《新千年反腐败宣言——亚太地区反腐败行动计划》；

12. 国际检察决议。例如，第 17 届国际刑法学大会《国内法与国际法下的未成年人刑事责任决议》、《联合国人权和恐怖主义决议》；

13. 国际检察议定书。例如，上海合作组织《关于修改 2001年 6 月 15 日在上海（中华人民共和国）签署的〈打击恐怖主义、分裂主义和极端主义上海公约〉的议定书》、《波兰人民共和国检察院和中华人民共和国最高人民检察院合作议定书》（1988 年 6月 7 日）、《联合国〈打击跨国有组织犯罪公约〉关于预防禁止和惩治贩运人口特别是妇女和儿童行为的补充议定书》；

14. 国际检察协定。例如，上海合作组织成员国《打击非法贩运麻醉品、精神药物及其前体协定》、《古巴共和国总检察院和中华人民共和国最高人民检察院合作协定》；

15. 国际检察协议。例如，《哈萨克斯坦共和国总检察院和中华人民共和国最高人民检察院合作协议》（1994 年 4 月 10 日）、世界贸易组织《关税与贸易总协定乌拉圭回合拟定的几个协议》；

16. 国际检察措施。例如，联合国《消除对妇女的暴力行为的预防犯罪和刑事司法措施》、《消除国际恐怖主义的措施》；

17. 国际检察会谈（晤）纪要。例如，《印度尼西亚共和国总检察长和中华人民共和国最高人民检察院检察长司法合作会谈纪要》（1995 年 1 月 11 日）、《俄罗斯联邦边境地区检察院检察长和中华人民共和国最高人民检察院副检察长会晤纪要》（1997 年 10 月 15 日）；

18. 国际检察谅解（合作）备忘录。例如，《新加坡总检察署和中华人民共和国最高人民检察院法律合作谅解备忘录》（1995 年 10 月 15 日）、《希腊共和国总检察院和中华人民共和国最高人民检察院合作备忘录》（1995 年 10 月 15 日）；

19. 其他。例如，联合国《国际刑事法院罗马规约》、《公职人员国际行为守则》、《刑事司法：监狱人满为患的挑战》、《国际合作打击国际商业交易中的贪污腐败和贿赂行为》、《加强联合国预防犯罪和刑事司法方案，尤其是其技术合作能力》、《预防犯罪和刑事司法标准和规范》、《防止和打击贪污行为及非法转移资金并将这些资金返还来源国》，联合国经济及社会理事会《关于在国际商务交易活动中反行贿公约的修订建议案》、《刑事立法及相关行动公认通则》和《开展国际合作，以求减少监狱人满为患和促进替代性刑罚》，以及《上海合作组织成员国总检察长会议联合声明》，欧洲理事会成员国部长会议《检察官在刑事司法制度中的作用》，《吉尔吉斯共和国总检察院和中华人民共和国最高人民检察院合作意向书》（1995 年 10 月 15 日），《阿塞拜疆共和国总检察院和中华人民共和国最高人民检察院合作计划》（2003 年

9月5日）等。

（二）数量众多，且呈"四多四少"

时至 2012 年 7 月底，世界各国国际检察法律究竟有多少？一方面，双边国际检察法律不计其数。另一方面，多边国际检察的数量如下表所示，共计 153 件。其中，显性国际检察法律 16 件，占总数的 11%；隐性国际检察法律 136 件，占总数的 89%。世界性的国际检察法律 130 件，占总数的 85%；区域性的国际检察法律 23 件，占总数的 15%。

国际检察公（条）约一览表①

名　称	时间效力和规模	我国签署情况
联合国宪章	1945 年 10 月 24 日生效，共 19 章 111 条	1945 年 9 月 28 日批准
美洲国家组织《美洲国家组织宪章》	1948 年 4 月 30 日通过，共 3 编 11 章 112 条	未签署
美洲国家组织《美洲人的权利和义务宣言》	1948 年 5 月 2 日通过，共 2 章 38 条	未签署
世界人权宣言	1948 年 12 月 10 日生效，共 30 条	未签署
1949 年 8 月 12 日关于战时保护平民之日内瓦公约	1950 年 10 月 21 日生效，共 12 章 159 条 3 个附件	1956 年 11 月 5 日批准
1949 年 8 月 12 日关于战俘待遇之日内瓦公约	1950 年 10 月 21 日生效，共 6 部分 143 条	1956 年 11 月 5 日批准
1949 年 8 月 12 日改善战地武装部队伤者病者境遇之日内瓦公约	1950 年 10 月 21 日生效，共 9 章 64 条 2 个附件	1956 年 11 月 5 日批准

① 除注明者外，其他制定者均为联合国。其中带"＊"号者，为显性国际检察法律；而未带"＊"号者，为隐性国际检察法律。而之所以将它们视为国际检察法律，根本原因在于，其中都含有刑事法律规范；而检察法律又为刑事法所必备内容。

续表

名 称	时间效力和规模	我国签署情况
1949 年 8 月 12 日改善海上武装部队伤者病者及遇船难者境遇之日内瓦公约	1950 年 10 月 21 日生效，共 8 章 63 条 1 个附件	1956 年 11 月 5 日批准
防止及惩治灭绝种族罪公约	1951 年 1 月 12 日生效，共 19 条	1983 年 7 月 17 日生效
国际海事组织《统一船舶碰撞或其他航行事故中刑事管辖权方面某些规定的国际公约》	1952 年 5 月 10 日颁布，共 4 条	未签署
欧洲理事会《欧洲人权公约》	1953 年 9 月 3 日生效，共 5 章 66 条	未签署
关于发生武装冲突时保护文化财产的公约	1956 年 8 月 7 日生效，共 7 章 40 条	2000 年 4 月 5 日生效
联合国经济及社会理事会《囚犯待遇最低限度标准规则》	1957 年 7 月 31 日生效，共 2 部分 95 条	未签署
儿童权利宣言	1959 年 11 月 20 日通过，共 10 项	未签署
海牙国际私法会议《关于未成年人保护的管辖权和法律适用的公约》	1961 年 10 月 5 日通过，共 25 条	未签署
保护知识产权联合国际局《发展中国家保护发明模范法》	1964 年 10 月 24 日通过，共 11 章	我国承认
国际人权组织《德黑兰宣言》	1968 年 5 月 13 日通过，共 19 条	未签署
消除一切形式种族歧视宣言	1969 年 1 月 4 日生效，共 11 条	1982 年 2 月 28 日生效
美洲国家组织《美洲人权公约》	1969 年 11 月 22 日通过，共 3 部分 7 章 82 条	未签署

名　　称	时间效力和规模	我国签署情况
关于在航空器内的犯罪和犯有某些其他行为的公约	1969 年 12 月 4 日生效，共 26 条	1979 年 2 月 12 日生效
关于制止非法劫持航空器的公约	1971 年 10 月 14 日生效，共 14 条	1980 年 10 月 10 日生效
智力迟钝者权利宣言	1971 年 12 月 20 日通过，共 7 项	未签署
联合国教育、科学及文化组织《关于禁止和防止非法进出口文化财产和非法转让其所有权的方法的公约》	1972 年 4 月 24 日生效，共 26 条	1989 年 11 月 28 日生效
关于制止危害民用航空安全的非法行为的公约	1973 年 1 月 26 日生效，共 16 条	1980 年 10 月 10 日生效
保护录音制品制作者防止未经许可复制其录音制品公约	1973 年 4 月 18 日生效，共 13 条	1993 年 4 月 30 日生效
关于侦查、逮捕、引渡和惩治战争罪犯和危害人类罪犯的国际合作原则	1973 年 12 月 3 日通过，共 5 条	未签署
海关合作理事会《关于简化和协调海关业务制度的国际公约》（京都公约）	1974 年 9 月 25 日，共 4 章 19 条 30 个附约	1988 年 5 月 29 日生效
濒危野生动植物种国际贸易公约	1975 年 7 月 1 日生效，共 25 条 3 个附录	1981 年 4 月 8 日生效
经 1972 年《修正 1961 年麻醉品单一公约的议定书》修正的 1961 年麻醉品单一公约	1975 年 8 月 8 日生效，共 51 条	1985 年 8 月 22 日生效
残疾人权利宣言	1975 年 12 月 9 日通过，共 13 项	未签署

续表

名　　称	时间效力和规模	我国签署情况
保护人人不受酷刑和其他残忍、不人道或有辱人格待遇或处罚宣言	1975 年 12 月 9 日通过，共12 条	1988 年 11 月 13 日生效
公民权利和政治权利国际公约	1976 年 3 月 23 日生效，共 4部分 45 条	1998 年 10 月 5 日签署
禁止并惩治种族隔离罪行国际公约	1976 年 7 月 18 日生效，共19 条	1983 年 5 月 18 日生效
1971 年精神药物公约	1976 年 8 月 16 日生效，共33 条	1985 年 6 月 18 日批准
关于防止和惩处侵害应受国际保护人员包括外交代表的罪行的公约	1977 年 2 月 20 日生效，共20 条	1987 年 6 月 23 日批准
海关合作理事会《关于为防止、调查和惩处违犯海关法罪实行行政互助的国际公约》	1977 年 6 月 9 日通过，共 6 章23 条	未签署
美洲国家组织《美洲国家预防和处罚酷刑公约》	1978 年 7 月 18 日生效	未签署
1949 年 8 月 12 日日内瓦四公约关于保护国际性武装冲突受难者的附加议定书（第一议定书）	1978 年 12 月 7 日生效，共 6部分 102 条 2 个附件	1984 年 3 月 14 日生效
1949 年 8 月 12 日日内瓦四公约关于保护非国际性武装冲突受难者的附加议定书（第二议定书）	1978 年 12 月 7 日生效，共 5部分 28 条	1984 年 3 月 14 日生效
执法人员行为守则	1979 年 12 月 17 日，共 8 条	未签署
非洲统一组织《非洲人权和民族权宪章》	1981 年 6 月 27 日通过，共 3部分 4 章 68 条	未签署
消除对妇女一切形式歧视公约	1979 年 12 月 18 日，共 30 条	未签署

名　称	时间效力和规模	我国签署情况
关税与贸易总协定《东京回合达成的九个协议》	1982 年 11 月 29 日通过	参与
国际会计标准委员会《国际会计标准》	1982 年 11 月修正	参与
关于残疾人的世界行动纲领	1982 年 12 月 3 日通过,共 3 章 201 条	参与
关于医务人员、特别是医生在保护被监禁和拘留的人不受酷刑和其他残忍、不人道或有辱人格的待遇或处罚方面的任务的医疗道德原则	1982 年 12 月 18 日通过,共 6 项	未签署
反对劫持人质国际公约	1983 年 6 月 3 日生效,共 20 条	1992 年 12 月 28 日批准
关于保护面对死刑的人的权利的保障措施	1984 年 5 月 25 日通过,共 9 条	未签署
欧洲理事会《欧洲人权公约第六议定书》	1985 年 3 月 1 日生效,共 9 条	未签署
第七届联合国预防犯罪和罪犯待遇大会《关于司法机关独立的基本原则》	1985 年 9 月 6 日,共 20 条	未签署
*少年司法最低限度标准规则	1985 年 11 月 29 日通过,共 6 部分 30 条	参与
为罪行和滥用权力行为受害者取得公理的基本原则宣言	1985 年 11 月 29 日通过,共 21 条	未签署
美洲国家组织《美洲防止和惩治酷刑公约》	1985 年通过,共 24 条	未签署
世界贸易组织《关税与贸易总协定乌拉圭回合拟定的几个协议》	1986 年 10 月 31 日,共 5 章	2000 年 8 月 25 日批准

名　称	时间效力和规模	我国签署情况
国际原子能机构《核材料实物保护公约》	1987 年 2 月 8 日生效，共 23 条 2 个附件	1989 年 1 月 2 日生效
欧盟成员国部长会议《欧洲监狱规则》	1987 年 2 月 12 日通过	未参与
禁止酷刑和其他残忍、不人道或有辱人格的待遇或处罚公约	1987 年 6 月 26 日生效，共 3 部分 33 条	1988 年 11 月 3 日生效
制止在用于国际民用航空的机场发生的非法暴力行为以补充 1971 年 9 月 23 日订于蒙特利尔的制止危害民用航空安全的非法行为的公约的议定书	1989 年 8 月 6 日生效，共 9 条	1998 年 8 月 6 日生效
保护所有遭受任何形式拘留或监禁的人的原则	1988 年 12 月 9 日通过，共 40 项	未签署
欧盟《欧洲防止酷刑和不人道或有辱人格的待遇或处罚公约》	1989 年 2 月 1 日生效	未签署
有效防止和调查法外、任意和即决处决的原则	1989 年 12 月 15 日通过，共 16 条	未签署
伊斯兰会议组织《伊斯兰世界人权宣言》	1990 年 8 月 5 日通过，共 25 条	未签署
联合国《儿童权利公约》	1990 年 9 月 2 日生效，共 3 部分 54 条	1992 年 4 月 2 日生效
*执法人员使用武力和火器的基本原则	1990 年 9 月 7 日通过	未签署
*关于检察官作用的准则	1990 年 9 月 7 日通过，共 24 条	未签署
关于律师作用的基本原则	1990 年 9 月 7 日通过，共 29 条	未签署

名　　称	时间效力和规模	我国签署情况
禁止非法贩运麻醉品和精神药物公约	1990 年 11 月 11 日生效，共 33 条 1 个附件	1989 年 9 月 4 日批准
*非拘禁措施最低限度标准规则	1990 年 12 月 14 日通过，共 8 部分 23 条	未签署
囚犯待遇基本原则	1990 年 12 月 14 日，共 11 条	未签署
预防少年犯罪准则	1990 年 12 月 14 日通过，共 7 部分 66 条	未签署
刑事事件互助示范条约	1990 年 12 月 14 日，共 21 条	未签署
引渡示范条约	1990 年 12 月 14 日通过，共 18 条	未签署
刑事事件转移诉讼示范条约	1990 年 12 月 14 日通过，共 15 条	未签署
有条件判刑或有条件释放罪犯转移监督示范条约	1990 年 12 月 14 日通过，共 15 条	未签署
保护被剥夺自由少年规则	1990 年 12 月 14 日通过，共 87 条	未签署
旨在废除死刑的公民权利和政治权利国际盟约第二项任择议定书	1991 年 7 月 11 日生效，共 11 条	未签署
保护精神病患者和改善精神保健的原则	1991 年 12 月 17 日通过，共 25 项	未签署
制止危及海上航行安全非法行为公约	1992 年 3 月 1 日生效，共 22 条	1992 年 3 月 1 日生效
制止危及大陆架固定平台安全非法行为议定书	1992 年 3 月 1 日生效，共 10 条	1992 年 3 月 1 日生效
非洲人权和人民权利委员会《追索与公正审判权利决议》	1992 年 3 月 9 日	未签署

续表

名　称	时间效力和规模	我国签署情况
控制危险废物越境转移及其处置巴塞尔公约	1992 年 5 月 5 日生效，共 28 条 6 个附件	1991 年 9 月 4 日批准
保护所有人不遭受强迫失踪宣言	1992 年 12 月 18 日通过，共 21 条	未签署
世界人权组织《曼谷宣言》	1993 年 4 月 2 日通过，共 30 条	参与
*世界人权会议《维也纳宣言和行动纲领》	1993 年 6 月 25 日通过，共 9 部分 100 条	参与
残疾人机会均等标准规则	1993 年 12 月 20 日通过，共 22 项	参与
世界刑法学协会《关于刑事诉讼中的人权问题的决议》	1994 年 9 月 10 日通过，共 28 条	未签署
阿盟《阿拉伯人权宪章》	1994 年 9 月 15 日	未签署
消灭国际恐怖主义措施宣言	1994 年 12 月 9 日，共 12 条	参与
《非洲无核武器区条约》和第一号议定书、第二号议定书、第三号议定书	1996 年 4 月 11 日签署，共 22 条 4 个附件	1997 年 7 月 3 日批准
关于犯罪和公共安全问题的宣言	1996 年 12 月 12 日，共 11 条	参与
公职人员国际行为守则	1996 年 12 月 12 日，共 11 条	未参与
反腐败的行动	1996 年 12 月 12 日通过，共 11 条	未参与
反对国际商业交易中的贪污贿赂行为宣言	1996 年 12 月 16 日通过，共 12 条	未参与
刑事司法：监狱人满为患的挑战	1997 年 2 月 7 日通过，共 8 条	未参与
联合国人权委员会《艾滋病和人权的国际指导准则》	1997 年 4 月 11 日通过，共 12 项	参与

名　称	时间效力和规模	我国签署情况
关于禁止发展、生产、储存和使用化学武器及销毁此种武器的公约	1997 年 4 月 29 日生效，共 24 条	1997 年 4 月 29 日生效
*联合国经济及社会理事会《关于在国际商务交易活动中反行贿公约的修订建议案》	1997 年 5 月 23 日通过，共 8 部分 13 条	未参与
联合国经济及社会理事会《刑事立法及相关行动公认通则》	1997 年 5 月 23 日通过，共 8 条	未参与
巴塞尔银行监管委员会《有效银行监管的核心原则》	1997 年 9 月通过，共 25 项	1998 年 3 月 25 日中国人民银行批准
*联合国经济及社会理事会《在国际商业交易中反对行贿外国公职人员公约》	1997 年 11 月 21 日通过，共 13 条	未参与
国际合作打击国际商业交易中的贪污腐败和贿赂行为	1997 年 12 月 12 日，共 7 条	未参与
加强联合国预防犯罪和刑事司法方案，尤其是其技术合作能力	1997 年 12 月 12 日通过，共 10 项	参与
消除对妇女的暴力行为的预防犯罪和刑事司法措施	1997 年 12 月 12 日通过，共 17 项	参与
制止恐怖主义爆炸的国际公约	1997 年 12 月 15 日生效，共 24 条	2001 年 12 月 13 日生效
非洲社区服务裁决国际会议《卡多马社区服务宣言行动计划》	1997 年 12 月 28 日通过，共 4 条	未签署
*国际刑事法院罗马规约	1998 年 7 月 17 日通过，共 12 编 128 条	未签署
预防犯罪和刑事司法标准和规范	1998 年 7 月 28 日通过，共 10 项	未签署

续表

名　称	时间效力和规模	我国签署情况
联合国经济及社会理事会《开展国际合作，以求减少监狱人满为患和促进替代性刑罚》	1998 年 7 月 28 日通过，共 5 条	参与
执行《为罪行和滥用权力行为受害者取得公理的基本原则宣言》的行动计划	1998 年 7 月 28 日通过，共 5 部分 17 条	未签署
消除国际恐怖主义的措施	1998 年 12 月 8 日通过，共 16 条	参与
国际商业交易中的反贪污贿赂行动	1998 年 12 月 15 日通过，共 6 条	参与
联合国人员和有关人员安全公约	1999 年 1 月 15 日生效，共 29 条	2004 年 8 月 28 日批准
*国际检察官联合会《检察官职业责任准则和主要权利义务准则》	1999 年 4 月 23 日，共 17 条	未签署
巴塞尔银行监管委员会《核心原则评价方法》	1999 年 10 月 20 日通过，共 3 章	参与
非洲人权理事会《非洲儿童权利和福利宪章》	1999 年 11 月 29 日	未参与
人权和恐怖主义决议	1999 年 12 月 17 日，共 9 条	参与
亚洲开发银行与经济合作开发组织亚太地区反腐败行动组《新千年反腐败宣言——亚太地区反腐败行动计划》	2000 年通过，共 4 部分	参与
联合国经济及社会理事会《国际投资与跨国企业宣言》	2000 年 6 月 27 日，共 10 部分	参与

名　　称	时间效力和规模	我国签署情况
*欧洲理事会成员国部长会议《检察官在刑事司法制度中的作用》	2000 年 10 月 6 日通过，共39 条	未参与
联合国打击跨国有组织犯罪公约关于预防、禁止和惩治贩运人口，特别是妇女和儿童行为的补充议定书	2000 年 11 月 15 日	2003 年 9 月 29日批准
国际劳工组织《关于禁止和立即行动消除最有害的童工形式公约》	2000 年 11 月 19 日生效，共16 条	2002 年 6 月 29日批准
关于犯罪与司法：迎接二十一世纪的挑战的维也纳宣言	2000 年 12 月 4 日，共29 条	参与
打击跨国有组织犯罪公约关于打击陆海空偷运移民的补充议定书	2000 年 12 月 12 日通过，共25 条	未签署
《打击跨国有组织犯罪公约》关于预防禁止和惩治贩运人口特别是妇女和儿童行为的补充议定书	2000 年 12 月 12 日通过，共20 条	2009 年 12 月 26日批准
防止和打击贪污行为及非法转移资金并将这些资金返还来源国	2000 年 12 月 20 日通过，共6条	参与
欧洲理事会成员国部长会议《欧洲联盟基本权利宪章》	2000 年 12 月 7 日通过，共54 条	未参与
全球努力打击恐怖主义的宣言	2001 年 11 月 12 日	参与
《儿童权利公约》关于买卖儿童、儿童卖淫和儿童色情制品问题的任择议定书	2002 年 1 月 18 日生效，共17 条	2002 年 8 月 29日批准
执行《关于犯罪与司法：迎接二十一世纪的挑战的维也纳宣言》的行动计划	2002 年 1 月 31 日通过，共15方面48 条	参与

续表

名　　称	时间效力和规模	我国签署情况
制止向恐怖主义提供资助的国际公约	2002 年 4 月 10 日生效，共 28 条	2006 年 2 月 28 日批准
关于打击恐怖主义的宣言	2003 年 1 月 20 日，共 14 条	参与
上海合作组织《打击恐怖主义、分裂主义和极端主义上海公约》	2003 年 3 月 29 日生效，共 21 条 1 个附件	2001 年 10 月 27 日批准
上海合作组织《成员国关于地区反恐怖机构的协定》	2003 年 3 月 29 日生效，共 26 条	2002 年 12 月 28 日批准
欧洲理事会成员国部长会议《欧洲保护人权和基本自由公约第十三任择议定书》	2003 年 7 月 1 日生效	未签署
关于修改 2001 年 6 月 15 日在上海（中华人民共和国）签署的《打击恐怖主义、分裂主义和极端主义上海公约》的议定书》	2003 年 9 月 5 日	2004 年 6 月 25 日批准
*打击跨国有组织犯罪公约	2003 年 9 月 29 日生效，共 41 条	2003 年 10 月 23 日生效
打击恐怖主义和跨国犯罪喀土穆宣言	2004 年 5 月 12 日	未参与
*上海合作组织成员国《打击非法贩运麻醉品、精神药物及其前体协定》	2004 年 6 月 17 日签署，尚未生效，共 17 条	2004 年 12 月 29 日批准
*国际法学家委员会《针对反恐行动捍卫人权及法治宣言》	2004 年 8 月 28 日通过，共 11 条	未签署
*第十七届国际刑法学大会《国内法与国际法下的未成年人刑事责任决议》	2004 年 9 月 19 日通过，共 4 部分	参与

名　　称	时间效力和规模	我国签署情况
＊第十七届国际刑法学大会《国际经济交往中的腐败及相关犯罪决议》	2004 年 9 月 19 日通过，共 6 部分	参与
第十七届国际刑法学大会《刑事诉讼原则在纪律程序中的适用决议》	2004 年 9 月 19 日通过，共 10 项	参与
第十七届国际刑法学大会《国内和国际刑事司法管辖权竞合和"一事不再理"原则决议》	2004 年 9 月 19 日通过，共 4 部分	参与
《亚洲地区反海盗及武装劫船合作协定》	2004 年 11 月 11 日	2006 年 11 月 26 日生效
国家及其财产管辖豁免公约	2004 年 12 月 2 日	2005 年 9 月 14 日签署
世界卫生组织《烟草控制框架公约》	2005 年 2 月 27 日生效，共 11 部分 38 条	2005 年 8 月 28 日批准
就反恐怖主义、反腐败和打击跨国有组织犯罪开展国际合作的萨格勒布宣言	2005 年 3 月 10 日通过	参与
制止核恐怖主义行为国际公约	2005 年 4 月 13 日	2005 年 9 月 14 日签署
＊反腐败公约	2005 年 12 月 14 日生效，共 8 章 71 条	2005 年 10 月 27 日批准
欧洲理事会成员国部长会议《欧洲保护人权和基本自由公约第十二任择议定书》	2005 年 4 月 1 日生效	未签署

续表

名　称	时间效力和规模	我国签署情况
残疾人权利公约	2006 年 12 月 13 日	2008 年 5 月 3 日批准
国际民用航空组织《制止与国际民用航空有关的非法行为的公约》	2010 年 9 月 10 日	尚未生效
国际民用航空组织《制止非法劫持航空器公约的补充议定书》	2010 年 9 月 10 日	尚未生效

而基于上表，就各国附属性检察法律的存在形态而言，呈"四多四少"状态——专门性国际检察法律多，附属性国际检察法律少；双边国际检察法律多，多边国际检察法律少；隐性国际检察法律多，显性国际检察法律少；专门性国际检察法律多，国际检察法典和显性附属性检察法律少。

例如，就世界范围而言，一方面，诸如《联合国关于检察官作用的准则》、国际检察官联合会《检察官职业责任准则和主要权利义务准则》、《中华人民共和国最高人民检察院和乌克兰总检察院合作协议》（2003 年 9 月 5 日）等专门国际检察法律的数量，要多于诸如"请会员国提请有关非拘禁措施施行工作的人员，例如执法人员、检察官、法官、缓刑监护人员、律师、受害者、罪犯、社会服务部门和非政府组织以及行政部门、立法部门和一般公众注意《东京规则》"［《联合国非拘禁措施最低限度标准规则》第 4 条］、"本条第一款所指的中央机关，在中华人民共和国方面为最高人民检察院和司法部，在墨西哥合众国方面为总检察院"［《中华人民共和国和墨西哥合众国关于刑事司法协助的条约》（2005 年 1 月 24 日）第 2 条第 2 款］等附属性国际检察法律的数量。另一方面，诸如《联合国宪章》第 55 条、《公民权利和政治权利国际公约》第 14 条、《执法人员行为守则》第 2 条、《欧洲理事会欧洲人权公约》第 50 条等隐性国际检察法律的数量，要多于诸如《联合国反腐败公约》第11条、《检察官职业责任准则和主要权利义务准则》第1条等显性国际检察法律的数量。

而再以我国为例，据全国人大常委会办公厅"中国法律法规信息系统"（条约）数据统计显示，截止到2012年7月31日，我国签署并批准的诸如《联合国少年司法最低限度标准规则》（第11.2条、第11.4条）等多边国际检察法律仅7件、诸如《中华人民共和国和朝鲜民主主义人民共和国关于民事和刑事司法协助的条约》第2条等双边国际检察法律仅16件，而两者相加也不过23件。然而，据最高人民检察院国际合作局2008年3月编辑的《中华人民共和国最高人民检察院国际合作协议集》的统计显示，截止到2008年1月25日，我国已与88个国家签署了诸如《中华人民共和国最高人民检察院和阿富汗伊斯兰共和国总检察院合作协议》（1988年8月7日，共9条）等专门性国际检察法律（亦即双边国际法）94件。① 因此，从这个意义上说，世界各国双边国际检察法律的数量，要远远多于多边国际检察法律的数量，且数量众多。

之所以说专门性国际检察法律多，国际检察法典和显性附属性国际检察法律少，一方面，诸如《中华人民共和国最高人民检察院和卢旺达共和国最高法院总检察署合作协议》（1988年8月7日，共10条）等专门性国际检察法律的数量，要远远多于诸如《联合国关于检察官作用的准则》、国际检察官联合会《检察官职业责任准则和主要权利义务准则》、欧洲理事会成员国部长会议《检察官在刑事司法制度中的作用》等国际检察法

----

① 另据2012年8月22日出版的《检察日报》报道，昨天下午，最高人民检察院检察长曹建明在北京会见了毛里求斯共和国总检察长瓦尔马，双方签署了两国检察机关合作谅解备忘录。

典的数量。① 另一方面，诸如《中华人民共和国最高人民检察院和阿曼苏丹国总检察院合作协议》（2001 年 6 月 3 日，共 9 条）等专门性国际检察法律的数量，也要远远多于诸如"应授权处理少年犯案件的警察、检察机关或其他机构按照各法律系统为此目的规定的标准以及本规则所载的原则自行处置这种案件，无需依靠正式审讯"（《联合国少年司法最低限度标准规则》第 11.2 条）等显性附属性国际检察法律的数量。而除《少年司法最低限度标准规则》第 11.2 条之外，目前的显性附属性国际检察法律仅限于：

《联合国执法人员使用武力和火器的基本原则》序言："……下列各项基本原则是为了协助会员国确保和促进执法人员发挥正当作用而制订的，各国政府应在其本国立法和惯例范围内考虑并尊重这些基本原则，并应提请执法人员予以注意，并提请其他人员例如法官、检察官、律师、行政和立法部门人员及一般公众知照"；

《联合国非拘禁措施最低限度标准规则》："……并感谢参与此项工作的各政府间组织和非政府组织，还特别感谢国际惩教基金会为有关的筹备工作所做的贡献……4. 请会员国提请有关非拘禁措施施行工作的人员、例如执法人员、检察官、法官、缓刑监护人员、律师、受害者、罪犯、社会服务部门和非政府组织以及

---

① 而之所以将此三者视为国际检察法典，关键在于其法律结构与检察组织法典或检察官法典类似。例如，联合国《关于检察官作用的准则》就依次包括"资格、甄选和培训"、"地位和服务条件"、"言论和结社的自由"、"在刑事诉讼中的作用"、"酌处职能"、"起诉之外的办法"、"与其他政府机构或组织的关系"、"纪律处分程序"和"遵守准则"9 章；欧洲理事会部长级委员会《关于检察官在刑事司法制度中的作用》就依次包括"检察官的职责"、"检察官履行职责的保障措施"、"检察官与行政权、立法权的关系"、"检察官与法官的关系"、"检察官与警察的关系"、"检察官对个人的责任"和"国际合作"7 章；而国际检察官联合会《检察官职业责任准则和主要权利义务准则》也依次包括"职业行为"、"独立"、"中立"、"在刑事诉讼中的作用"、"合作"和"授权"6 章。因此，也完全可以将三者视为国际检察官法典。

行政部门、立法部门和一般公众注意《东京规则》"（序言）；
"在适当时并在不违反法律制度的情况下，应授权警察、检察部门或其他处理刑事案件的机构，在它们认为从保护社会、预防犯罪或促进对法律或受害者权利的尊重的角度来看，没有必要对案件开展诉讼程序时，可撤销对该罪犯的诉讼，为斟酌决定撤销诉讼或确定予以起诉的目的，应在每一种法律制度内拟订一套既定的标准，对轻微犯罪案件，检察官可酌情处以适当的非拘禁措施"（第5.1条）；

世界人权会议《维也纳宣言和行动纲领》第27条：每个国家均应提供一个有效的补救框架，解决人权方面的冤屈或人权遭受侵犯的问题。司法工作，包括执法和检察机关、特别是独立的司法和法律专业部门，完全符合国际人权文书所载的适用标准，是充分和不歧视地实现人权的关键，也是民主和可持久的发展进程所不可或缺的。在这方面，从事司法工作的机构应得到适当的资金，国际社会应增加技术和奖金的援助。联合国有责任优先安排利用咨询服务特别方案，实现有力的和独立的司法行政；

联合国经济及社会理事会《关于在国际商务交易活动中反行贿公约的修订建议案》之附件6——执行、联合国经济及社会理事会《在国际商业交易中反对行贿外国公职人员公约》之附件6——执行：……各国国家政府应当给检察机关安排足够的资源以便能行之有效地追究此类行贿外国公职人员的犯罪案件；

《联合国国际刑事法院罗马规约》第9条、第13~15条、第18~19条、第34条、第36条、第38条、第41~49条、第51~52条（内容略）等；

《联合国打击跨国有组织犯罪公约》："各缔约国均应在必要时为其执法人员，包括检察官、进行调查的法官和海关人员及其他负责预防、侦查和控制本公约所涵盖的犯罪的人员开展、拟订或改进具体的培训方案。这类方案可包括人员借调和交流。这类方案应在本国法律所允许的范围内特别针对以下方面：……"
（第 29 条第 1 款）；"缔约国应根据其本国法律基本原则，利用适
当的立法、行政或其他措施努力减少有组织犯罪集团在利用犯罪
所得参与合法市场方面的现有或未来机会。这些措施应着重于：
加强执法机构或检察官同包括企业界在内的有关私人实体之间的
合作"（第 31 条第 2 款第 1 项）；

上海合作组织成员国《打击非法贩运麻醉品、精神药物及其
前体协定》第 5 条第 1 款："各方根据本国法律确定的中央主管
机关通过直接接触、按本协议的规定开展合作。各方中央主管机
关为：外交部；麻醉药品和精神药物流通管制部门；总检察院
（检察院）……"

国际法学家委员会《针对反恐行动捍卫人权及法治宣言》之
"行动宣言"："……检察官：除了使恐怖行动之嫌犯受到制裁外，
检察官亦应于履行其专业任务的同时，遵守上述原则以维护人权
和法治。他们应拒绝采用严重违反嫌犯人权所得之证据，并应采
取所有必要之步骤确保违反人权者受到制裁。检察官亦有责任在
反抗恐怖主义的同时，起诉严重违反人权者并为受害者寻求救济
和赔偿"；

国际刑法学大会《国内法与国际法下的未成年人刑事责任
决议》第 16 条："立法体系、法院、检察机关以及其他处理未
成年人案件的机构应当按照与儿童权利有关的国际法律文件进
行操作。尤其重要的是要确保国内立法、司法及行政决定与该
国批准的国际公约或条约保持一致和有关的国际标准和规范相
符合"；

国际刑法学大会《国际经济交往中的腐败及相关犯罪决议》
第四部分第 1.1 条："有关公职人员腐败和贿赂的规定应当将主
体限定于代表国家或者任何行政层级和任何立法、执行、行政、
司法的公共管理部门的人员，包括国家或者地方政府的雇员、国
家和地方立法机关的成员、法官、检察官以及政府控制的实体和

企业的雇员";

《联合国反腐败公约》:"缔约国中不属于审判机关但具有类似于审判机关独立性的检察机关,可以实行和适用与依照本条第一款所采取的具有相同效力的措施"(第11条第2款);"一、各缔约国均应当采取必要的措施,根据本国法律鼓励本国侦查和检察机关与私营部门实体特别是与金融机构之间就根据本公约确立的犯罪的实施所涉的事项进行合作。二、各缔约国均应当考虑鼓励本国国民以及在其领域内有惯常居所的其他人员向国家侦查和检察机关举报根据本公约确立的犯罪的实施情况"(第39条)。

(三)适用对象、地域特定

第一,诸如联合国《反腐败公约》、《世界人权组织》等世界性国际检察法律,可适用于签署并批准该公约的联合国成员国。

第二,诸如欧洲理事会成员国部长会议《检察官在刑事司法制度中的作用》、上海合作组织成员国《打击非法贩运麻醉品、精神药物及其前体协定》等区域性国际检察法律,仅适用于签署并批准该公约的该州区域内国家。

第三,诸如国际检察官联合会《检察官职业责任准则和主要权利义务准则》等国际组织性国际检察法律,仅适用于签署并批准该公约的该国际组织的成员国。

第四,诸如《中华人民共和国最高人民检察院和斯洛文尼亚共和国总检察院合作协议》(2002年4月11日),只适用于签署并批准该协议的中国和斯洛文尼亚两国。

(四)其效力须经法定程序认可

与国际条约的适用效力一样,国际检察法律的效力也必须经过签署国的依法认可,并至少包括依法签署—依法批准两个阶段。而据《联合国维也纳条约法公约》(1969年5月23日,共8编85条,1997年10月3日对我国生效)的规定,认可国际检察法律

效力时，应遵循以下规则:①

第一，每一国家皆有缔结条约之能力（第6条）。

第二，任一人员如有下列情况之一，视为代表一国议定或认证条约约文或表示该国承受条约拘束之同意：（甲）出具适当之全权证书；或（乙）由于有关国家之惯例或由于其他情况可见其此等国家之意思系认为该人员为此事代表该国而可免除全权证书。下列人员由于所任职务无须出具全权证书，视为代表其国家：（甲）国家元首，政府首长及外交部长，为实施关于缔结条约之一切行为；（乙）使馆馆长、为议定派遣国与驻在国间条约约文；（丙）国家派往国际会议或派驻国际组织或该国际组织一机关之代表，为议定在该会议，组织或机关内议定之条约约文（第7条）。

第三，一国承受条约拘束之同意得以签署、交换构成条约之文书、批准、接受、赞同或加入，或任何其他同意之方式表示之（第11条）。

第四，一国得于签署、批准、接受、赞同或加入条约时，提具保留，但有下列情形之一者不在此限：（甲）该项保留为条约所禁止者；（乙）条约仅准许特定之保留而有关之保留不在其内者；或（丙）凡不属（甲）及（乙）两款所称之情形，该项保留与条约目的及宗旨不合者（第11条）。

第五，条约生效之方式及日期，依条约之规定或依谈判国之协议（第25条第1款）。

而我国《缔结条约程序法》（1990年12月28日）还明确规

---

① 其中，该条约第2条（用语）规定："条约"者，谓国家间所缔结而以国际法为准之国际书面协定，不论其载于一项单独文书或两项以上相互有关之文书内，亦不论其特定名称如何；"批准"、"接受"、"赞同"及"加入"者，各依本义指一国据以在国际上确定其同意受条约拘束之国际行为；"保留"者，谓一国于签署，批准、接受、赞同或加入条约时所做之片面声明，不论措辞或名称如何，其目的在摒除或更改条约中若干规定对该国适用时之法律效果。

定："中华人民共和国国务院，即中央人民政府，同外国缔结条约和协定。中华人民共和国全国人民代表大会常务委员会决定同外国缔结的条约和重要协定的批准和废除。中华人民共和国主席根据全国人民代表大会常务委员会的决定，批准和废除同外国缔结的条约和重要协定。中华人民共和国外交部在国务院领导下管理同外国缔结条约和协定的具体事务"（第3条）；"无须全国人民代表大会常务委员会决定批准或者国务院核准的协定签署后，除以中华人民共和国政府部门名义缔结的协定由本部门送外交部登记外，其他协定由国务院有关部门报国务院备案"（第9条）。

第二节　国外国际检察法律评介

一、法国国际检察法律评介

第一，《法兰西共和国宪法》（2008年修正）第55条：国际条约或协定经正式批准或认可，自公布之日起具有优于法律的效力，但以条约或协定对其他成员国的适用为限。

第二，作为欧盟的主要成员国和欧洲理事会部长级委员会《关于检察官在刑事司法制度中的作用》的签署批准国，在规范检方权力或行为时，法国应遵循以下原则：

一是检察官是公共权力机关，他们代表社会和公共利益，在法律规定了对违法者的刑事制裁时，确保法律的执行，同时考虑个人之权利和刑事司法制度之必需的有效性（第1条）。

二是检察官拥有以下权力：决定是否起诉或继续追诉；出庭支持公诉；对法院的全部或部分裁判可以上诉或进行与上诉有关的活动；执行国家刑事政策，并在适当时进行调整，以适应各地和地方的实际情况；进行侦查、指导或监督侦查；保证被害人得到有效的帮助；决定替代公诉的方式；监督法院裁判的执行（第3条）。

三是应当采取有效措施，以确保检察官能够在适足的法律和组织条件下以及利用各种措施特别是财政预算方面措施的条件下，履行其职务与责任。为确立这些条件，应当与检察官的代表进行密切合作（第 4 条）。

四是应当采取措施以确保：检察官的选任、晋升和调任应当依据公平、公正的程序进行；检察官的工作、晋升和调职应当按照公开和客观的标准进行，比如能力和经验；检察官的调职也应当根据工作的需要进行；检察官应该具有合理的工作条件；检察官的纪律处分程序应当由法律规定，并且应当确保公平、客观的评价和决定，评价和决定得经过独立的和公正的复查；检察官应当有机会利用可行的申诉程序，包括在其法律地位受到影响时有适当的获得法庭审判的机会；如果检察官因正常履行职责以致其本人及家庭的人身安全受到威胁，他们应当得到当局的切实保护（第 5 条）。

五是应采取措施，确保检察官有充分的表达、信仰、结社和集会自由的权利（第 6 条）。

六是在检察官任职前后，应采取有效措施以确保检察官受到良好的教育和培训。检察官尤其应当了解：其工作的原则和道德义务；对嫌疑人、被害人和证人的宪法与法律保护；《欧洲保护人权和基本自由公约》规定的人权和自由，特别是该公约第 5 条和第 6 条规定的权利；司法活动中工作规划、管理和人事的原则和惯例；促使检察工作保持统一的机制和条件（第 7 条）。

七是所有检察官均有权要求对其发布的指令以书面的形式进行。如果检察官认为一个指令是非法的或者违背其良知的，应当可以运用合理的内部程序，以使其工作可以被接替（第 10 条），以及该《作用》第 11 ~ 38 条所规定的下列内容。

八是应当采取适当措施，以确保检察官能够排除不正当干涉或不正当的民事、刑事或其他责任而履行其职务与责任。但是，检察官应当定期地和公开地就其全部活动进行说明，特别是执行优先事项的方式（第 11 条）。

第三，作为联合国《关于检察官作用的准则》、《反腐败公约》和《执法人员行为守则》以及国际检察官联合会《检察官职业责任准则和主要权利义务准则》等国际检察法律的签署国，法国也应遵守并履行其所签署并批准的国际检察法律规定。

第四，现行《刑事诉讼法典》除第 10 编规定有"在共和国领土范围以外的犯罪"外，还规定，检察官可以通过移交等方式在全国范围内执行刑罚，也可以根据国际条约的规定在申根国家和欧盟国家执行刑罚；涉及欧洲逮捕令，也是由驻上诉法院检察长采取必要措施，以便最迟在预审庭作出最终决定后的 10 日内将被追查人移送签发欧洲逮捕令的成员国的司法机关（第 695 - 37 条第 1 款）；如被追查人在预审庭作出批准移送的决定时人身自由仍然没有受到限制，检察长得命令将其逮捕并予关押；如当事人已被抓捕，检察长立即将此逮捕事由通知签发逮捕令的成员国的司法机关（第 695 - 37 条第 2 款）；如因不可抗力，被追查人不可能在 10 日之内移送，检察长应立即将此事通知签发欧洲逮捕令的成员国的司法机关，并与其商定移送日期。在此情况下，被追查人最迟于新商定的日期之后 10 日内移送该成员国的司法机关（第 695 - 37 条第 3 款）。

第五，法国与我国还签署有《中华人民共和国政府和法兰西共和国政府关于刑事司法协助的协定》（2006 年 4 月 29 日）、《中华人民共和国最高人民检察院和法兰西共和国最高法院检察院合作协议》（2006 年 10 月 21 日，共 8 条）、《中华人民共和国和法兰西共和国引渡条约》（2008 年 4 月 24 日）等双边条约。

二、德国国际检察法律评介

第一，《德意志联邦共和国基本法》（2012 年 7 月 11 日修正）第 23 条第 1 款：欧洲联盟承认民主、法治国家，社会国家和联邦制的各项原则以及辅助性原则，保障实施与本基本法实质内容类

似的基本权利保护制度，为实现统一的欧洲，德意志联邦共和国
参与欧洲联盟的发展。经联邦参议院批准，联邦可制定法律移交
有关主权。对于欧洲联盟的成立、欧洲联盟协议基础的修改以及
对本基本法内容予以修改或补充或使此类修改或补充成为可能的
类似规定，第 79 条第 2 款和第 3 款相应适用。

第二，作为欧盟的主要成员国和欧洲理事会部长级委员会
《关于检察官在刑事司法制度中的作用》的签署批准国，在规范
检方权力或行为时，德国除应遵循该《作用》的上述原则外，还
应遵循以下规定：

一是检察官不得干涉立法权和行政权，并采取以下措施：
（1）政府与检察机关之间的权力性质、范围应当由法律予以确
定；（2）政府应当采取透明的方式并且依照国际条约、国家立
法和一般法律原则行使其职权；（3）当政府向检察机关发布一
般性指令时，这样的指令必须以书面的形式，并且通过适当的
方式公开发表；（4）在政府有权指令检察机关起诉具体案件的
国家，这样的指令必须有足够的保证，以确保国家法律所规定
的公开性和公正性得到尊重；（5）检察官有权在法庭上自由陈
述自己选择的法律观点，即使检察官有义务向法庭书面提交所
收到的指令；（6）原则上不得对具体案件作出不起诉的指令
（第 12～13 条）。

二是为保护刑事政策的公正性和有效性，检察官应当与政府
部门和机构进行合作，这种合作应当依法进行；在任何情况下，
检察官应当能够在没有障碍的情况下起诉违法犯罪的官员，特别
是腐败、非法使用权力、严重侵犯人权和其他国际法认为的犯罪
案件（第 15～16 条）。

三是应当采取适当措施，确保以法律规定检察官的法律地位、
职权和在法律程序中的作用，以便法官的独立性和公正性明白无
疑。尤其是各国应当保证一个人不得同时履行检察官和法官的职
权（第 17 条）；检察官必须严格尊重法官的独立性和中立性，特

别是检察官既不能怀疑司法裁决，也不能阻碍司法裁决的执行，除非为行使对司法裁决上诉的权利或援引适用其他宣示性程序的权利（第19条）。

四是检察官应当监督、审查警察的侦查的合法性，至少在决定是否开始或者继续起诉时应当如此。在这方面，检察官应当监督警察遵守人权规则的情况（第21条）。

五是检察官在履行职责时，应当特别注重：公平、公正和客观地履行职责；尊重和努力维护《欧洲保护人权和基本自由公约》所规定的人权；努力确保刑事司法制度尽可能有效地运作（第24条）。

六是通过公正的侦查表明指控不成立时，检察官不得提起或继续起诉（第27条）。

七是当检察官明知或有合理根据相信证据是通过违法方式获取时，检察官不得提交这些不利于嫌疑人的证据；在存在任何怀疑的情况下，检察官应当要求法庭裁决该证据是否可予采用（第28条）。

八是检察官应当努力维护势均力敌的原则，除非法律另有规定，尤其应当向诉讼另一方展示检察官拥有的可能影响程序正当性的各种信息（第29条）；检察官应当对从第三方获得的材料保密，尤其是对贯彻无罪推定至关重要的材料，除非披露这些材料是司法公正的利益之所需或法律有此要求（第30条）。

九是为了保证检察官行为的公正、一致和高效，应当寻求：重点考虑建立等级式的组织体系，但应避免使这种组织方式导致低效率的或阻碍性的官僚主义结构；执行刑事政策确定一般的指导方针；确定一般的原则和标准作为处理具体案件的参考，以防止专断地作出决定。

第三，作为联合国《关于检察官作用的准则》、《反腐败公约》和《执法人员行为守则》以及国际检察官联合会《检察官职业责任准则和主要权利义务准则》等国际检察法律的签署国，德国也应遵守并履行其所签署并批准的国际检察法律规定。

第四，根据其本国法——《刑事诉讼法典》、《国际刑事司法协助法》等，检察院可执行外国判决，如果该国提出了这种执行请求；司法部长（亦即总检察长）有权从事国际刑事司法协助事宜。

三、俄罗斯国际检察法律评介

第一，《俄罗斯联邦宪法》（1993 年 12 月 12 日）规定："公认的国际法原则和准则以及俄罗斯联邦签署的国际条约，是俄罗斯联邦法律体系的组成部分。如果俄罗斯联邦国际条约规定了与法律不同的其他规则，那么应当适用国际条约的规则"（第 15 条第 4 款）；"在国内现有的法律保护手段都已穷尽的情况下，每个人都有权依据俄罗斯联邦签署的国际条约向保护人权和自由的国际机构提出控告"（第 46 条第 3 款）；"1. 俄罗斯联邦根据公认的国际法准则向外国公民和无国籍人提供政治避难。2. 在俄罗斯联邦，禁止向他国引渡因政治信仰，以及因实施在俄罗斯联邦不被视为犯罪的行为（或不作为）而受到追究的人。引渡被控告实施犯罪的人以及移交被判刑的人到他国服刑，应根据联邦法律或俄罗斯联邦国际条约的规定进行"（第 63 条）。

第二，作为联合国《关于检察官作用的准则》、《反腐败公约》和《执法人员行为守则》以及国际检察官联合会《检察官职业责任准则和主要权利义务准则》等国际检察法律的签署国，俄罗斯也应遵守并履行其所签署并批准的国际检察法律规定。

第三，现行《俄罗斯联邦刑事诉讼法典》第五部分"刑事诉讼领域的国际合作"依次包括第 53 章"关于法院、检察长、侦查员和调查机关与外国和国际组织的相应机关和公职人员合作程序的基本规定"、第 54 章"引渡犯罪人进行刑事追究或执行实行判决"、第 55 章"移交被判处剥夺自由的人在其本国服刑"等 3 章。同时，《关于俄罗斯联邦检察机关国际合作的组织》（1998

年8月3日）法律，也涉及国际检察法律问题。

第四，现行《俄罗斯联邦检察机关法》还规定："俄罗斯联邦总检察长在自身职权管辖范围之内，同其他国家与国际组织相关机构直接沟通，协调合作，就司法协助与惩治犯罪问题签属协议，参与俄罗斯联邦国际条约的拟制工作"（第2条）；"俄罗斯联邦检察机关活动的组织与程序，以及检察官职能权限由俄罗斯联邦宪法、本联邦法与其他联邦性法律及俄罗斯联邦签署加入的国际条约予以确定……"（第3条）。

第五，作为签署国，俄罗斯也应遵循《独联体成员国反犯罪斗争协调行动公约》（1999年4月2日）、《上海合作组织成员国总检察长会议联合声明》、《上海合作组织成员国总检察长第二次会议纪要》、《上海合作组织成员国总检察长第三次会议纪要》（2004年11月24日）等区域性国际检察法律规定。

第六，俄罗斯不仅与我国签署有《中华人民共和国最高人民检察院和俄罗斯联邦总检察院合作协议》（1997年3月29日，共15条）、《中国和俄罗斯联邦边境地区检察院检察长会晤纪要》（1997年10月15日）、《中俄边境地区检察院检察长第二次会晤纪要》（1998年5月9日）、《中华人民共和国最高人民检察院和俄罗斯联邦总检察院1998至2000年合作协议》（1998年5月9日）、《中俄边境地区检察院检察长第三次会晤纪要》（2001年5月13日）、《中俄边境地区检察院检察长第四次会晤纪要》（2002年6月18日）等国际检察条约，还签订有《中华人民共和国和俄罗斯联邦关于民事和刑事司法协助的条约》（1992年12月28日）、《中华人民共和国和俄罗斯共和国引渡条约》（1996年3月1日）、《中华人民共和国和俄罗斯联邦关于移管被判刑人的条约》（2003年12月27日）、《中华人民共和国和俄罗斯联邦关于打击恐怖主义、分裂主义和极端主义的合作协定》（2011年12月31日）等双边国际条约。

四、日本国际检察法律评介

第一，日本国宪法（1946 年 11 月 3 日）第 98 条第 2 款规定：
"日本国缔结的条约及已确立的国际法规，必须诚实遵守之。"

第二，作为联合国《关于检察官作用的准则》、《反腐败公
约》和《执法人员行为守则》以及国际检察官联合会《检察官职
业责任准则和主要权利义务准则》等国际检察法律的签署国，日
本也应遵守并履行其所签署并批准的国际检察法律规定。

第三，日本《国际移管被判刑人法》（2007 年 6 月 15 日修
正）规定，东京地方检察厅检事正负责办理国际移管被判刑人的
具体事宜（第 7～8 条、第 10～11 条、第 13 条、第 19～21 条、
第 26 条）。同时，《国际刑事司法援助法》（2004 年修正）、《国
际调查协助法》（2006 年 6 月 8 日修正，共 4 章 26 条）、《引渡
法》（2007 年 5 月 11 日修正）等法律，也有国际检察法律规定。

第四，日本与我国不仅签署有《中华人民共和国最高人民检
察院与日本国最高检察厅会谈纪要》（2002 年 10 月 1 日）等国际
检察条约，也签署有《中华人民共和国和日本国关于刑事司法协
助的条约》（2008 年 8 月 29 日）等双边国际条约。

五、加拿大国际检察法律评介

第一，其《引渡法》、《刑事问题相互法律援助法》规定，司
法部部长（亦即总检察长——引者注）负责处理国际间的相互协
助和引渡需求，具体工作由其下设的国际协助科负责；《司法部
法》（2006 年 12 月 12 日）第 5 条规定，司法部长履行刑事法的
修改和发展中的职能以及负责引渡和国际事务；《刑事事务相互
法律协助法》规定，加拿大政府有义务给外国政府提供在引渡和
相互法律援助事务上的咨询帮助，这些咨询帮助由司法部长负责；
《联邦检察署署长法》第 3 条第 3 款规定，加拿大联邦检察署署
长负责在（国际）引渡和相互司法协助事务上执行总检察长的权

利、义务和职责。

第二，作为联合国《关于检察官作用的准则》、《反腐败公约》和《执法人员行为守则》以及国际检察官联合会《检察官职业责任准则和主要权利义务准则》等国际检察法律的签署国，加拿大也应遵守并履行其所签署并批准的国际检察法律规定。

第三，加拿大与我国签署有《中华人民共和国和加拿大关于刑事司法协助的条约》（1995 年 2 月 28 日，共 3 章 25 条）等双边国际条约。其中第 2 条（司法协助的范围）规定："协助应包括：（1）刑事诉讼文书的送达；（2）调查取证和获取有关人员的陈述；（3）搜查和扣押；（4）获取和提供鉴定人鉴定；（5）移交物证；（6）提供犯罪记录和法庭记录；（7）提供书证；（8）准许或协助包括在押人员在内的有关人员赴请求方作证或协助调查取证；（9）涉及赃款赃物和归还被害人财物的措施。"①

六、其他

在大陆法系国家，《西班牙王国检察部组织章程》第 3 条第 14 项规定，（检察部有权）根据国际法、国际条约和协定的规定，促进并在必要时提供国际法律援助；

《爱沙尼亚共和国检察机关法》（2004 年 3 月 1 日）第 12 ~ 14 条规定，在总检察长办公室内有 4 个专门部门：一是检察官监督部门；二是专门处理贿赂和经济犯罪案件的部门；三是专门处理与麻醉品有关的犯罪以及暴力犯罪的案件；四是专门处理国际司法合作事务；

---

① 1999 年，厦门远华特大走私案被揭露。主犯赖昌星案发后逃往加拿大，一直滞留在温哥华。2011 年 7 月初被加拿大边境服务局拘留，加拿大联邦法院驳回赖昌星关于暂缓执行遣返令的申请。2011 年 7 月 23 日，赖昌星被遣返回国。随后，我国公安机关依法向其宣布了逮捕令。2012 年 2 月，检察机关依法向审判机关提起公诉。2012 年 4 月，厦门市中级人民法院依法公开开庭审理赖昌星案。2012 年 5 月 18 日，判处赖昌星无期徒刑，并处没收个人全部财产，赖昌星未提出上诉。

《立陶宛共和国检察院法》（2003 年 4 月 22 日）规定，检察机关有权参与国家和国际犯罪行为预防计划的起草和实施；

《匈牙利共和国刑事诉讼法》（2003 年 7 月 1 日）第 29 条规定，根据公法或者国际法的规定，犯罪嫌疑人享有豁免权时，可由检察官开展侦查；

《捷克共和国刑事诉讼法典》（2002 年 1 月 1 日修正）第 11 条规定，如果检察官认为，具有约束力的国际条约存在不允许刑事检控的理由时，刑事检控必须被毫不迟延地终止；

《蒙古国检察机关法》（1993 年 4 月 25 日）第 3 条（关于检察机关法规、国际条约）规定，（1）检察机关法规由宪法、本法和依据上述法所制定的其他法规组成。（2）蒙古国参加的国际条约与本法另有规定的，应服从国际条约规定；

《柬埔寨王国司法部设置法》第九章"检察事务部"第 11 条规定，司法部检察事务部有权参与国际检控合作；

《吉尔吉斯斯坦共和国打击恐怖主义法》（2006 年 11 月 8 日修正，共 14 章 57 条）第 54 条规定，总检察长或检察官有权参与并监督打击恐怖主义的国际合作。

在英美法系国家，根据澳大利亚《1983 年检察官法》、《1988 年金融市场报告法》、《1971 年犯罪学法》、《1914 年犯罪法》等规定，总检察长办公室下设的国际法办公室，负责提供国际公法领域的专门法律建议，包括国际贸易法及其在澳大利亚的实施问题；而其下设的刑法处，则负责协助总检察长安排多边和双边的国际事务。

《马来西亚共和国刑事诉讼法》第 376 条规定，总检察长办公室下设国际事务司，负责国际条约事宜。

《缅甸检察法》（2001 年 2 月 27 日）第 3 条规定，总检察长就与双边和多边条约、谅解备忘录、协议备忘录、当地和外国投资文件及其他文件有关的事务，向政府有关部门和组织提出司法建议。

另外，作为《联合国反腐败公约》、《联合国宪章》等国际检察法律的签署国，上述国家都有遵循其所签署公（条）约之义务。同时，它们都与我国签署有专门的国际检察条约。具体情况，可参见本章第三节的相关内容，此不赘述。

此外，社会主义法系国家，也存在国际检察法律问题。例如，《苏联检察院法》第 11 条规定，各级检察机关在其职权范围内，按照法定的秩序解决苏联参加的国际条约发生的问题；《保加利亚人民共和国检察院法》第 11 条规定，检察院在其权限范围内根据已确认的程序进行工作，并解决保加利亚人民共和国为一方的国际条约所引起的问题。

第三节　中国国际检察法律评介

一、中国国际检察法律概述

诚如我国现行《宪法》序言所云："中国是世界上历史最悠久的国家之一。中国各族人民共同创造了光辉灿烂的文化，具有光荣的革命传统。一八四〇年以后，封建的中国逐渐变成半殖民地、半封建的国家。中国人民为国家独立、民族解放和民主自由进行了前仆后继的英勇奋斗。二十世纪，中国发生了翻天覆地的伟大历史变革。一九一一年孙中山先生领导的辛亥革命，废除了封建帝制，创立了中华民国。但是，中国人民反对帝国主义和封建主义的历史任务还没有完成。一九四九年，以毛泽东主席为领袖的中国共产党领导中国各族人民，在经历了长期的艰难曲折的武装斗争和其他形式的斗争以后，终于推翻了帝国主义、封建主义和官僚资本主义的统治，取得了新民主主义革命的伟大胜利，建立了中华人民共和国。从此，中国人民掌握了国家的权力，成为国家的主人。"因此，尽管旧中国也签署有《联合国宪章》等隐性国际检察法律，但总的来说，我国国际检察法律的大量涌现，却在新中国特别是"文革"之后。究其主因，弱国无外交是也！也正基于此，旧中国检察制度及其法律基础——检察法律，才带有浓厚的殖民主义色彩。① 当然，从这个意义上说，旧中国之国际检察法律也是客观存在的。

另外，我国现行《刑事诉讼法》第 17 条规定："根据中华人民共和国缔结或者参加的国际条约，或者按照互惠原则，我国司法机关和外国司法机关可以相互请求刑事司法协助"；《刑法》第 9 条规定："对于中华人民共和国缔结或者参加的国际条约所规定的罪行，中华人民共和国在所承担条约义务的范围内行使刑事管辖权的，适用本法。"

此外，最高人民检察院《关于检察机关办理司法协助案件有关问题的通知》（1997 年 4 月 23 日）第 2 条规定："最高人民检察院外事局负责检察机关司法协助工作的管理、协调及对外联络。"第 3 条规定："高检院有关业务部门负责检察机关司法协助案件的审查和办理。"第 4 条规定："各省、自治区、直辖市人民检察院和军事检察院负责承办高检院交办的司法协助案件。根据案件情况，可指定下级检察院作为具体办理机关。"

二、当代中国国际检察法律评介

（一）名称众多

我国国际检察法律之名称囊括了国际检察法律 19 种常见名称之半数：诸如《联合国宪章》等国际检察宪章；诸如《联合国反腐败公约》等国际检察公约；诸如《中华人民共和国和俄罗斯联邦关于移管被判刑人的条约》（2002 年 12 月 2 日，共 20 条）等国际检察条约；诸如《中华人民共和国最高人民检察院和波兰人民共和国检察院合作议定书》（1988 年 6 月 7 日）等国际检察议定书；诸如《中华人民共和国最高人民检察院和古巴共和国总检察院合作协定》等国际检察合作协定；诸如《中华人民共和国最高人民检察院和斯洛伐克共和国总检察院合作协议》等国际检察合作协议；诸如

---

① 而具体情况，还可参见本书第三章的相关内容，不赘述。

《中华人民共和国最高人民检察院副检察长和以色列总检察长会谈纪要》(2000 年 5 月 31 日)、《中华人民共和国最高人民检察院副检察长和俄罗斯联邦边境地区检察院检察长会晤纪要》(1997 年 10 月 15 日)等国际检察会谈(晤)纪要;诸如《中华人民共和国最高人民检察院和英国及威尔士检察院合作谅解备忘录》(1999 年 11 月 9 日)、《中华人民共和国最高人民检察院和希腊共和国总检察院合作备忘录》等国际检察谅解(合作)备忘录;诸如《中华人民共和国最高人民检察院和吉尔吉斯共和国总检察院和合作意向书》(1995 年 10 月 15 日)等国际检察合作意向书;诸如《中华人民共和国最高人民检察院和阿塞拜疆共和国总检察院合作计划》(2003 年 9 月 5 日)等国际检察合作计划。

而比较而言,以"合作协议"为名者居多,其次是"合作谅解备忘录",再次是"条约"。而以"条约"为名的显性国际检察法律又可分为以下四种情形:一是诸如《中华人民共和国和菲律宾共和国关于刑事司法协助的条约》(2000 年 10 月 16 日);二是诸如《中华人民共和国和哈萨克斯坦共和国引渡条约》;① 三是诸

---

① 而我国现行《引渡法》规定:"外交部对请求国提出的引渡请求进行审查,认为符合本法第二章第二节和引渡条约的规定的,应当将引渡请求书及其所附文件和材料转交最高人民法院、最高人民检察院"(第 19 条);"最高人民检察院经审查,认为对引渡请求所指的犯罪或者被请求引渡人的其他犯罪,应当由我国司法机关追诉,但尚未提起刑事诉讼的,应当自收到引渡请求书及其所附文件和材料之日起一个月内,将准备提起刑事诉讼的意见分别告知最高人民法院和外交部"(第 21 条);"临时引渡的决定,由国务院征得最高人民法院或者最高人民检察院的同意后作出"(第 43 条第 2 款);"请求外国准予引渡或者引渡过境的,应当由负责办理有关案件的省、自治区或者直辖市的审判、检察、公安、国家安全或者监狱管理机关分别向最高人民法院、最高人民检察院、公安部、国家安全部、司法部提出意见书,并附有关文件和材料及其经证明无误的译文。最高人民法院、最高人民检察院、公安部、国家安全部、司法部分别会同外交部审核同意后,通过外交部向外国提出请求"(第 47 条);"被请求国就准予引渡附加条件的,对于不损害中华人民共和国主权、国家利益、公共利益的,可以由外交部代表中华人民共和国政府向被请求国作出承诺。对于限制追诉的承诺,由最高人民检察院决定;对于量刑的承诺,由最高人民法院决定"(第 50 条)。

如《中华人民共和国和俄罗斯联邦关于移管被判刑人的条约》
（2002 年 12 月 2 日）；四是诸如《中华人民共和国和朝鲜民主主
义人民共和国关于民事和刑事司法协助的条约》；其中，又以
"关于民事和刑事司法协助的条约"居多。而以"条约"为名的
隐性国际检察法律除具有上述四种情形之外，还有诸如《中华人
民共和国和塞浦路斯共和国关于民事、商事和刑事司法协助的条
约》（1995 年 10 月 30 日）等形态。

　　当然，也并非所有的"关于刑事司法协助的条约"、"引渡条
约"、"关于移管被判刑人的条约"、"关于民事和刑事司法协助的
条约"都含有显性国际检察法律规范。例如，《中华人民共和国
政府和意大利共和国政府关于刑事司法协助的条约》（2011 年 12
月 31 日）、《中华人民共和国和墨西哥合众国引渡条约》（2009
年 2 月 28 日）、《中华人民共和国和大韩民国关于移管被判刑人
的条约》（2009 年 4 月 24 日）、《中华人民共和国和白俄罗斯共和
国关于民事和刑事司法协助的条约》（1993 年 7 月 2 日）。

　　（二）数量众多

　　第一，据最高人民检察院国际合作局于 2008 年 3 月编辑的
《中华人民共和国最高人民检察院国际合作协议集》统计显示，
截止到 2008 年 1 月 25 日，我国已与波兰、罗马尼亚、阿尔巴尼
亚、南斯拉夫、克罗地亚、斯洛文尼亚、匈牙利、保加利亚、斯
洛伐克、法国、丹麦、瑞典、芬兰、葡萄牙、挪威、冰岛、希腊、
意大利、俄罗斯、白俄罗斯、乌克兰、立陶宛、阿塞拜疆、爱沙
尼亚，亚美尼亚、哈萨克斯坦、吉尔吉斯斯坦、乌兹别克斯坦、
塔吉克斯坦、印度尼西亚、泰国、蒙古、阿富汗、以色列、黎巴
嫩、巴林、阿曼、韩国、日本、越南、菲律宾、柬埔寨、老挝、
尼泊尔、埃及、阿尔及利亚、安哥拉、埃塞俄比亚、苏丹、刚果、
突尼斯、卢旺达、加蓬、佛得角、科摩罗、马里、智利、玻利维
亚、秘鲁、委内瑞拉、利比里亚、哥伦比亚、古巴、巴西、阿根

廷、墨西哥、密克罗尼西亚等 67 个大陆法系国家，以及英国、孟加拉、新加坡、缅甸、巴基斯坦、文莱、印度、南非、赞比亚、莫桑比克、塞舌尔、毛里求斯、纳米比亚、斐济、巴布亚新几内亚等 15 个英美法系国家，共计 82 个国家签订有 98 个专门国际检察双边条约。

第二，据本章第一节国际检察公（条）约一览表统计显示，截止到 2012 年 7 月底，在 153 个含有隐性或显性检察法律规范的国际公约中，我国共签署 57 个，包括联合国《打击跨国有组织犯罪公约》和《反腐败公约》以及上海合作组织成员国《打击非法贩运麻醉品、精神药物及其前体协定》等 3 个显性国际检察法律。同时，也反衬出我国签署的国际检察公约之数量要远远少于未签署的国际检察公约之数量——86 个。

第三，据《中国法律法规信息系统》（公约）数据统计显示，截止到 2011 年 7 月底，我国已签署并批准的刑事司法协助条约共计 76 件。其中，一方面，"引渡条约" 32 件，"关于刑事司法协助的条约" 24 件，"关于民事和刑事司法协助的条约" 13 件，"关于移管被判刑人的条约" 6 件，"关于民事、商事和刑事司法协助的条约 1 件"。另一方面，显性国际检察条约 15 件，隐性国际检察条约 61 件。

因此，目前我国的国际检察法律多达 230 余件。

（三）种类众多

除从名称上可将我国目前之国际检察法律分为许多种类外，还可将其分为：

1. 专门与附属国际检察法律两种。例如，《中华人民共和国最高人民检察院和莫桑比克共和国总检察院合作谅解备忘录》（2006 年 10 月 21 日）、"缔约国应根据其本国法律基本原则，利用适当的立法、行政或其他措施努力减少有组织犯罪集团在利用犯罪所得参与合法市场方面的现有或未来机会。这些措施应着重于：（一）加强执法机构或检察官同包括企业界在内的有关私人实体之间的合作……"（《联合国打击跨国有组织犯罪公约》第31条第2款）；

2. 显性与隐性国际检察法律两种。例如，《联合国打击跨国有组织犯罪公约》第31条第2款、"一方应另一方请求，应当根据本条约的规定，在侦查、起诉和其他刑事诉讼程序方面提供最广泛的司法协助"[《中华人民共和国和日本国关于刑事司法协助的条约》（2007年12月1日）第1条第1款]；

3. 世界性、区域性和两国间国际检察法律三种。例如，《联合国打击跨国有组织犯罪公约》第31条第2款、上海合作组织《打击非法贩运麻醉品、精神药物及其前体协定》和《中华人民共和国最高人民检察院和克罗地亚共和国总检察院合作谅解备忘录》（2006年10月25日）。

（四）显性国际检察法律之内容单一

就我国目前而言，所签署并批准的显性国际检察法律之内容，主要包括以下五个方面，并呈相对集中、单一态势：

第一，《联合国反腐败公约》第11条（与审判和检察机关有关的措施）："一、考虑到审判机关独立和审判机关在反腐败方面的关键作用，各缔约国均应当根据本国法律制度的基本原则并在不影响审判独立的情况下，采取措施加强审判机关人员的廉正，并防止出现腐败机会。这类措施可以包括关于审判机关人员行为的规则。二、缔约国中不属于审判机关但具有类似于审判机关独立性的检察机关，可以实行和适用与依照本条第一款所采取的具有相同效力的措施"；第39条（国家机关与私营部门之间的合作）："一、各缔约国均应当采取必要的措施，根据本国法律鼓励本国侦查和检察机关与私营部门实体特别是与金融机构之间就根据本公约确立的犯罪的实施所涉的事项进行合作。二、各缔约国均应当考虑鼓励本国国民以及在其领域内有惯常居所的其他人员向国家侦查和检察机关举报根据本公约确立的犯罪的实施情况。"

第二,《联合国打击跨国有组织犯罪公约》第 29 条(培训和技术援助):"一、各缔约国均应在必要时为其执法人员,包括检察官、进行调查的法官和海关人员及其他负责预防、侦查和控制本公约所涵盖的犯罪的人员开展、拟订或改进具体的培训方案。这类方案可包括人员借调和交流。这类方案应在本国法律所允许的范围内特别针对以下方面:(一)预防、侦查和控制本公约所涵盖的犯罪的方法;(二)涉嫌参与本公约所涵盖的犯罪的人所使用的路线和手段,包括在过境国使用的路线和手段,以及适当的对策;(三)对违禁品走向的监测;(四)侦查和监测犯罪所得、财产、设备或其他工具的去向和用于转移、隐瞒或掩饰此种犯罪所得、财产、设备或其他工具的手法,以及用以打击洗钱和其他金融犯罪的方法;(五)收集证据;(六)自由贸易区和自由港中的控制手段;(七)现代化执法设备和技术,包括电子监视、控制下交付和特工行动;(八)打击借助于计算机、电信网络或其他形式现代技术所实施的跨国有组织犯罪的方法;(九)保护被害人和证人的方法……"第 31 条(预防):"一、缔约国应努力开发和评估各种旨在预防跨国有组织犯罪的国家项目,并制订和促进这方面的最佳做法和政策。二、缔约国应根据其本国法律基本原则,利用适当的立法、行政或其他措施努力减少有组织犯罪集团在利用犯罪所得参与合法市场方面的现有或未来机会。这些措施应着重于:(一)加强执法机构或检察官同包括企业界在内的有关私人实体之间的合作……"

第三,上海合作组织成员国《打击非法贩运麻醉品、精神药物及其前体协定》第 5 条:"一、各方根据本国法律确定的中央主管机关通过直接接触、按本协议的规定开展合作。各方中央主管机关为:外交部;麻醉药品和精神药物流通管制部门;总检察院(检察院)……"

第四,《中华人民共和国和朝鲜民主主义人民共和国关于民事

和刑事司法协助的条约》第 2 条（司法协助的联系途径）："一、
除本条约另有规定外，缔约双方的法院及有权处理民事和刑事案件
的其他机关应当通过缔约双方的中央机关相互进行司法协助。二、
第一款所指的中央机关，在中华人民共和国方面为最高人民法院、
最高人民检察院和司法部。在朝鲜民主主义人民共和国方面为中
央裁判所和中央检察所。"与此同时，《中华人民共和国和罗马尼
亚关于民事和刑事司法协助的条约》第 8 条、《中华人民共和国
和乌克兰关于民事和刑事司法协助的条约》（1992 年 10 月 31 日）
第 2 条、《中华人民共和国和哈萨克斯坦共和国关于民事和刑事
司法协助的条约》（1993 年 1 月 14 日）第 2 条、《中华人民共和
国和希腊共和国关于民事和刑事司法协助的协定》第 1 条、《中
华人民共和国和吉尔吉斯共和国关于民事和刑事司法协助的条
约》（1996 年 7 月 4 日）第 2 条、《中华人民共和国和哈萨克斯坦
共和国引渡条约》第 6 条、《中华人民共和国和乌兹别克斯坦共
和国关于民事和刑事司法协助的条约》（1997 年 12 月 11 日）第
3 条、《中华人民共和国和越南社会主义共和国关于民事和刑事司
法协助的条约》第 4 条、《中华人民共和国和立陶宛共和国引渡
条约》（2002 年 6 月 17 日）第 6 条、《中华人民共和国和俄罗斯
联邦关于移管被判刑人的条约》（2002 年 12 月 2 日）第 3 条等，
也有类似规定。

　　第五，《中华人民共和国和葡萄牙共和国关于刑事司法协助
的协定》第 2 条（中央机关）："一、各缔约国应当指定中央机
关，负责提交、接收和转递本协定规定的司法协助请求。二、本
条第一款所指的中央机关，在中华人民共和国方面为最高人民检
察院和司法部，在葡萄牙共和国方面为共和国总检察院。三、任
何缔约国如果变更其对中央机关的指定，应当通过外交途径通知
另一缔约国。"与此同时，《中华人民共和国和蒙古人民共和国关
于民事和刑事司法协助的条约》（1989 年 8 月 31 日）第 2 条、
《中华人民共和国和罗马尼亚关于民事和刑事司法协助的条约》

第 1 条和第 8 条、《中华人民共和国和越南社会主义共和国关于民事和刑事司法协助的条约》第 1 条、《中华人民共和国和墨西哥合众国关于刑事司法协助的条约》（2005 年 1 月 24 日）第 2 条等，也有类似规定。

第六，《中华人民共和国和老挝人民民主共和国关于民事和刑事司法协助的条约》（1999 年 1 月 25 日）第 1 条（司法保护）："一、缔约一方国民在缔约另一方境内，在人身和财产的司法保护方面享有与缔约另一方国民同等的权利。二、缔约一方国民有权在与缔约另一方国民同等的条件下，在缔约另一方法院、检察院或其他主管民事和刑事案件的机关进行诉讼或提出请求。三、本条第一款和第二款的规定亦适用于依照缔约任何一方法律在其境内成立的法人。"与此同时，《中华人民共和国和哈萨克斯坦共和国关于民事和刑事司法协助的条约》（1993 年 1 月 14 日）第 1 条等，也有类似规定。

后　记

　　屈指一算，调最高人民检察院中央检察官管理学院筹备组，亦即后来的中央检察官管理学院和现今的国家检察官学院工作，已逾 25 年；

　　屈指一算，从那个能冻掉下巴儿的地方回京，已逾 35 年；

　　屈指一算，从光明殿降生，再过 16 天就知天命……

　　玛雅人预测世界末日之后的第三天，《中外检察法律研究》瓜熟蒂落了。此时此刻，不得不使我想起父亲——一个永远鼓励不责怪我的人！没有他的福佑，我也不会平平安安地走到今天！是的，按起名习惯，他并不希望我活得宏伟，但要像个人样而不是什么阿猫阿狗！

　　50 年的光阴告诉我，要感恩父母、家人和朋友，特别是我的夫人和女儿，能为你们做些什么？

　　35 年的岁月告诉我，要努力，努力，再努力！笨鸟更要先飞。尽管没有鸿鹄之志，也不能虚度每一天！对吗，闺女？

　　25 年的时光告诉我，要学会清零，而不能妄自菲薄，站直了就好……

　　2012 年 12 月 24 日的太阳依然升起，阳光依旧美丽。乐意年终盘点的我发现，也许巧合，本书从开写到付梓的 286 天，几乎

沐浴了每一天的朝晖。当然，倘若没有阮社长、安总编辑的斧正、鼎力帮助，本书也不会呱呱坠地，更不会圆我长期研究检察法律之梦……

躬谢了！愿你们，愿天下所有人，包括谋面与未谋面以及指出本书不足甚至错误者，开心度过每一个"平安日"，过好每一个"平安夜"！

2012 年 12 月 24 日平安夜于京西